Dogmatik in der Moderne

herausgegeben von

Christian Danz, Jörg Dierken, Hans-Peter Großhans
und Friederike Nüssel

11

Sabine Schmidtke

Schleiermachers Lehre von Wiedergeburt und Heiligung

‚Lebendige Empfänglichkeit' als soteriologische
Schlüsselfigur der ‚Glaubenslehre'

Mohr Siebeck

Sabine Schmidtke, geboren 1980; 2000–2007 Studium der Ev. Theologie; 2007–2012 wissenschaftliche Mitarbeiterin am Ökumenischen Institut der Theologischen Fakultät der Universität Heidelberg; 2012–2014 Vikarin der Ev.-luth. Landeskirche Hannovers; 2013 Promotion; seit 2014 wissenschaftliche Mitarbeiterin am Ökumenischen Institut der Theologischen Fakultät der Universität Heidelberg.

Gedruckt mit freundlicher Unterstützung der Geschwister Boehringer Ingelheim Stiftung für Geisteswissenschaften in Ingelheim am Rhein.

ISBN 978-3-16-153780-6
ISSN 1869-3962 (Dogmatik in der Moderne)

Die Deutsche Bibliothek verzeichnet diese Publikation in der Deutschen Nationalbibliographie; detaillierte bibliographische Daten sind im Internet über *http://dnb.dnb.de* abrufbar.

Das Buch wurde von Martin Fischer in Tübingen aus der Stempel Garamond gesetzt, von Laupp & Göbel in Nehren auf alterungsbeständiges Werkdruckpapier gedruckt und von der Buchbinderei Nädele in Nehren gebunden.

Vorwort

Die vorliegende Untersuchung wurde im Wintersemester 2012/13 von der Theologischen Fakultät der Ruprecht-Karls-Universität Heidelberg als Dissertation unter dem Titel „Gemeinschaft mit Gott in lebendiger Empfänglichkeit. Schleiermachers Lehre von Wiedergeburt und Heiligung" angenommen. Für die Drucklegung wurde die ursprüngliche Textfassung geringfügig überarbeitet.

Mein herzlicher Dank gilt allen, die auf vielfältige Weise mein Forschen und Schreiben unterstützt haben. An erster Stelle ist Frau Prof. Dr. Friederike Nüssel zu nennen. Sie bot mir durch eine wissenschaftliche Mitarbeiterstelle nicht nur den äußeren Rahmen, um mich diesem Forschungsvorhaben widmen zu können, sondern hat mir auch große Freiräume im eigenen Arbeiten gewährt sowie mit ihrer umfassenden Betreuung den Fortgang und Abschluss des Projekts maßgeblich gefördert und das Erstgutachten erstellt. Des Weiteren danke ich Prof. em. Dr. Dr. Dres. h.c. Michael Welker für die Erstellung des Zweitgutachtens, dessen konstruktiv-kritische Töne den Anlass zur Präzisierung mancher Ausführungen boten.

Eine große Freude ist es mir, dass diese Monographie in die Reihe *Dogmatik in der Moderne* aufgenommen wurde, deren Herausgebern Prof. Dr. Christian Danz, Prof. Dr. Jörg Dierken, Prof. Dr. Hans-Peter Großhans sowie Prof. Dr. Friederike Nüssel mein Dank ebenso gilt wie den Mitarbeitern des Verlags Mohr Siebeck für die verlegerische Betreuung. Die Drucklegung der Arbeit wurde dankenswerterweise finanziell durch die Geschwister Boehringer Ingelheim Stiftung für Geisteswissenschaften sowie die Schleiermachersche Stiftung unterstützt.

„Es ist ein Imperativ, daß die Menschen von allen Seiten angeregt werden müßen."[1] – Für die zahlreichen Anregungen aus dem Kollegen-, Freundes- und Familienkreis bin ich von Herzen dankbar. Namentlich möchte ich meiner ehemaligen Kollegin Dr. Anna Schneider für den fachlichen und freundschaftlichen Austausch und die Unterstützung in den schwierigen Phasen der Arbeit sowie ihrem Vater Helmut Schneider für das geduldige Korrekturlesen danken. In besonderem Maße bin ich Prof. Dr. Martin Laube dankbar, dessen Lehrveranstaltungen mein systematisch-theologisches Interesse geweckt haben und dessen stetige Ermunterung dazu geführt hat, dass meine lebendige Empfänglichkeit

---

[1] F. D. E. SCHLEIERMACHER, Gedanken I, in: DERS., Schriften aus der Berliner Zeit 1796–1799, KGA I.2, Berlin/New York 1984, 38.

im dogmatischen Bereich in belebte Selbsttätigkeit überging. Der unermüdlichen Recherche- und Kopierarbeit von Dipl.-Theol. Robert Schnücke verdanke ich es, dass mir in einer Phase der Abgeschnittenheit von Bibliotheken dennoch ein Abschluss der Arbeit gelang. Schließlich hat meine Familie dieses Projekt durch seine Höhen und Tiefen mitgetragen. Insbesondere meiner Mutter Doris Schmidtke danke ich für jegliche Unterstützung. Ihr sei diese Arbeit gewidmet.

Heidelberg, Februar 2015   Sabine Schmidtke

Inhaltsverzeichnis

[handwritten note: alles von Bg. de „lebendigen" Empfänglichkeit beurteilt.]

Vorwort V

I   Einleitung 1

   1 Zum Stand der Forschung 4
   2 Schleiermachers Verständnis dogmatischer Theologie
     als Ausgangspunkt 11
     2.1 Dogmatik als *theologische* Disziplin 12
     2.2 Das von der Dogmatik vorausgesetzte Verständnis von
        christlicher Kirche 19
     2.3 Dogmatik als Darstellung *geltender* Lehre 32
     2.4 Dogmatik als Darstellung des *Zusammenhangs* 36
     2.5 Fazit 39
   3 Die Auswahl der Bezugspositionen 40
   4 Der Aufbau der Untersuchung 45

II Der Kontext: Skizze der §§ 32–85 53

   1 „Das schlechthinige Abhängigkeitsgefühl als allgemeine
     Grundlage" 53
   2 Schlechthinnige Abhängigkeit der Welt: Schöpfung und Erhaltung 57
   3 Schlechthinnige Ursächlichkeit: göttliche Ewigkeit,
     Allgegenwart, Allmacht und Allwissenheit 66
   4 Allgemeinheit schlechthinniger Abhängigkeit: Vollkommenheit
     der Welt 70

III Die negative Voraussetzung: Darstellung des
    Erlösungsbewusstseins im Blick auf die Sünde 81

   1 Einleitung: Die Struktur des Erlösungsbewusstseins 81
   2 Die Explikation des Sündenbewusstseins 86
     2.1 Das Sündenbewusstsein 88
     2.2 Die kritische Auseinandersetzung mit der Erbsündenlehre ... 100
     2.3 Die kritische Auseinandersetzung mit der Lehre
        von der wirklichen Sünde 106

3 Die Wahrnehmung der Welt unter dem Sündenbewusstsein
als Ort der Übel 109
4 Gott als Urheber der Sünde? Die Entfaltung göttlicher
Eigenschaften im Zusammenhang des Sündenbewusstseins 111
5 Fazit 117

IV Das Gnadenbewusstsein: Gemeinschaft mit Gott
in lebendiger Empfänglichkeit 119
1 Einleitung: Entfaltung des Gnadenbewusstseins 119
2 Der Grundgehalt des Gnadenbewusstseins: Gemeinschaft
mit Gott in lebendiger Empfänglichkeit 130
3 „Lebendige Empfänglichkeit" in der ‚Glaubenslehre'
und ‚Psychologie' 132

V Christologie 153
1 Die Person des Erlösers: Stetige Kräftigkeit des
Gottesbewusstseins durch schlechthin lebendige Empfänglichkeit 155
1.1 Die Aussagen des christlich-frommen Selbstbewusstseins:
Geschichtlichkeit und Urbildlichkeit 155
1.2 Die kritische Auseinandersetzung mit der traditionellen
Christologie 164
2 Das Werk Christi: versöhnende Erlösung 177

VI Lebensgemeinschaft mit dem Erlöser in lebendiger
Empfänglichkeit – Wiedergeburt und Heiligung 187
1 Einleitung 187
2 Die Grundstruktur der Soteriologie 193
3 Die Frage der terminologischen Anknüpfung 201
4 Vom Geist absehen? 208
5 Der Anfang des neuen Lebens: Wiedergeburt 210
5.1 Die Grundstruktur der Explikation des Lehrstücks
von der Wiedergeburt 210
5.2 Der Anfang einer neuen Lebensform: Bekehrung 212
5.2.1 Die Terminologie: Bekehrung vs. Buße 214
5.2.2 Die Terminologie: Der Glaubensbegriff der
‚Glaubenslehre' 218
5.2.3 Bekehrung als ‚zwiefache Unthätigkeit' 227
5.2.4 Sinnesänderung – Gesinnungsänderung? 231
5.2.5 Lebendige Empfänglichkeit und belebte Selbsttätigkeit .. 236
5.2.6 Fazit 243

5.3 Das neue Gottesverhältnis: Rechtfertigung 252
   5.3.1 Einleitung 252
   5.3.2 Die Stellung der Rechtfertigungslehre 254
   5.3.3 Die Terminologie: Sündenvergebung und
       Gotteskindschaft 258
   5.3.4 ‚Effektive‘ Rechtfertigung allein aus Glaube 261
   5.3.5 Fazit 273
6 Die Stetigkeit des neuen Lebens: Heiligung 276
   6.1 Einleitung 276
   6.2 Die Sünden im Stand der Heiligung 282
      6.2.1 Unverlierbarkeit der Gnade der Wiedergeburt 283
      6.2.2 Sündenvergebung und Kampf gegen die Sünde im Stand
         der Heiligung 286
   6.3 Die guten Werke der Wiedergeborenen 288
   6.4 Fazit 295

VIII Schleiermacher und Melanchthon 297
  1 Die Heilslehre im Spätwerk Melanchthons 299
   1.1 Einleitung 299
   1.2 Die *applicatio ad beneficium* in der Buße (*poenitentia*) 302
      1.2.1 Der anthropologische Bezugsrahmen 304
      1.2.2 Die Funktion der *voluntas humana* in der Bekehrung ... 311
      EXKURS: Terminologische Schwierigkeiten in der
      Soteriologie Melanchthons 321
   1.3 Die Frage nach dem Synergismus und dem Verhältnis von
      Rechtfertigung und Heiligung 327
  2 Schleiermachers Melanchthonrezeption 334

VIII Fazit 343

Literaturverzeichnis 353

Personenregister 363

Sachregister 366

I Einleitung

Von den verschiedenen Themenfeldern, die Schleiermachers *Opus magnum*, die sogenannte ‚Glaubenslehre'[1], der wissenschaftlichen Untersuchung bietet, wurden einige in Monokultur derart beackert, dass sie inzwischen nahezu ausgelaugt erscheinen – wobei nicht auszuschließen ist, dass sich auch hier noch ein ‚Schatz im Acker' finden lässt. Andere wiederum lagen lange Zeit brach und wurden nur gelegentlich bestellt, so dass sie noch immer einen fruchtbaren Boden für genauere Analysen bieten, ohne dass Bodenverarmung droht.

Als besonders ertragfähig erweist sich in dieser Hinsicht das zweite Hauptstück des Abschnitts der ‚Glaubenslehre', in dem das Bewusstsein der Gnade entwickelt wird. Hier wird „[v]on der Art, wie sich die Gemeinschaft mit der Vollkommenheit und Seligkeit des Erlösers in der einzelnen Seele ausdrükkt"[2], gehandelt. Die vorliegende Arbeit widmet sich der Rekonstruktion und umfassenden Kontextualisierung der diesem Hauptstück subsumierten Lehrstücke von Wiedergeburt und Heiligung, mit dem Ziel, einerseits deren Relevanz für das Verständnis der ‚Glaubenslehre' zu erhellen, andererseits einen Beitrag zum genaueren Verständnis der Lehre von der Heilszu- und -aneignung zu leisten. Es wird zu zeigen sein, dass die beiden Lehrstücke gemeinsam mit der ihre Grundlage bildenden Christologie inhaltlich und formal das Zentrum der ‚Glaubenslehre' darstellen.[3] Daran schließt sich eine weitere Fragestellung an, die durch die Untersuchung einer Antwort zugeführt werden soll, ob und inwieweit Schleiermachers Auffassung und Entwicklung des ‚Prinzips' des Protestantismus einen Beitrag leisten zur Reformulierung und Förderung eines genuin reformatorischen Anliegens vor dem Hintergrund der Herausforderungen durch die Aufklärung.

Dass Schleiermacher in der Entfaltung der Soteriologie – wie auch sonst in der ‚Glaubenslehre' – begrifflich an die vorgängige dogmatische und kirchliche

---

[1] F. D. E. SCHLEIERMACHER, Der christliche Glaube nach den Grundsätzen der evangelischen Kirche im Zusammenhange dargestellt. Zweite Auflage (1830/31), 2 Bde., hg. v. R. SCHÄFER, Berlin/New York 2008 [im Folgenden: CG²].

[2] CG² II, 164; vgl. aaO., §§ 106–112, 164–228.

[3] Vgl. E. HIRSCH, Geschichte der neueren evangelischen Theologie im Zusammenhang mit den allgemeinen Bewegungen des europäischen Denkens, Bd. 5, Gütersloh ²1960, 330: „Schleiermachers Lehre von Christus und der aus der Kraft seines Lebens uns wiedergebärenden Gnade ist das Herzstück seiner Dogmatik." In dieser Stellung bilden sie Schleiermachers Auffassung des genuin Protestantischen ab (vgl. CG² I, § 24, 163–169).

Lehrbildung anknüpft, wurde in der bisherigen Forschung bereits angemerkt.[4]
Meist wird dabei herausgestellt, dass Schleiermacher sich in den entsprechenden
Lehrstücken eines Großteils der Begrifflichkeit der sogenannten ordo-salutis-
Lehre der altprotestantischen Orthodoxie bediene.[5] Zwei Aspekte bleiben dabei
aber unberücksichtigt: Zum einen übergeht diese Betonung der Verwandtschaft
von Schleiermachers Terminologie mit den Begriffen, die in der Dogmatik der
altprotestantischen Orthodoxie zur Beschreibung der ‚Heilsordnung' herangezogen werden, dass jene Dogmatiker diese Begriffe nicht erstmalig in den theologischen Diskurs einführen, sondern auf biblische Ausdrücke sowie deren lehrhafte Verwendung in reformatorischen Bekenntnisschriften und theologischen
Abhandlungen zurückgreifen. Zum anderen wird die Frage, ob sich über den
rein terminologischen Konnex hinaus auch weitere Beziehungen und Einflüsse
der dogmatischen Tradition – sei es direkt inhaltlicher Art oder aber auch nur
der vertretenen Intention nach – in der Soteriologie aufweisen lassen, entweder

---

[4] Vgl. U. Glatz, Religion und Frömmigkeit bei Friedrich Schleiermacher. Theorie der Glau-
benskonstitution, Forum Systematik 39, Stuttgart 2010, 343; J. Müller, Wiedergeburt und
Heiligung. Die Bedeutung der Struktur von Zeit für Schleiermachers Rechtfertigungslehre,
Leipzig 2005, 87–92; H. Stephan, Die Lehre Schleiermachers von der Erlösung, Tübingen/
Leipzig 1901, 88 f.
[5] Vgl. zur ordo-salutis Lehre bspw.: E. Fahlbusch, Art. Heilsordnung 1., in: EKL 2 (1989),
471–475; E. Herms, Die Wirklichkeit des Glaubens. Beobachtungen und Erwägungen zur
Lehre vom ordo salutis, in: EvTh 42 (1982), 541–566; R. Seeberg, Art. Heilsordnung, in: RE 7
(1899), 593–599; J. A. Steiger, Art. Ordo salutis, in: TRE 25 (1995), 371–375. Einen begriffs-
geschichtlichen Überblick zum ordo salutis bietet M. Matthias, Ordo salutis – Zur Geschichte
eines dogmatischen Begriffs, in: ZKG 115 (2004), 318–346. Er weist darauf hin, dass die in See-
bergs Artikel getroffene Behauptung, dass bei Buddeus der Begriff ordo salutis das erste Mal als
„Zusammenfassung der Wirkweisen der gratia applicatrix" (aaO., 323) verwendet werde, zwar
seit über hundert Jahren wiederholt wird, dennoch aber falsch ist. Eine – allerdings sehr kritische
und m. E. die Sache zum Teil verfehlende – Untersuchung der Lehre von der Heilsordnung bei
Quenstedt bietet M. Koch, Der ordo salutis in der alt-lutherischen Dogmatik, Berlin 1899,
5–108. Er wählt Quenstedts Darstellung als Basis seiner Analyse, weil „dessen Ausführungen
über die H. O. als die ausführlichsten und gewissermassen abschließenden" (aaO., 5 f.) gelten
können, und interpretiert sie „als streng nach den Lehren der Metaphysik vorgenommene
Deutungen der Heilsaneignung" (aaO., 35; vgl. zu den Differenzen in der Lehre von der Heilsordnung innerhalb der altlutherischen Dogmatik auch aaO., 52 ff.). Auch bei Hirsch wird im
‚Hilfsbuch' die Darstellung Quenstedts herangezogen, um das Lehrstück von der gratia spiritus
sancti applicatrice zu skizzieren (vgl. E. Hirsch, Hilfsbuch zum Studium der Dogmatik. Die
Dogmatik der Reformatoren und der altevangelischen Lehrer quellenmäßig belegt und verdeutscht, Berlin ³1958, 344–357). Eine Darstellung vor allem der Rechtfertigungslehre in der
Orthodoxie findet sich bei J. Baur, Salus Christiana. Die Rechtfertigungslehre in der Geschichte
des christlichen Heilsverständnisses, Bd. 1: Von der christlichen Antike bis zur Theologie der
deutschen Aufklärung, Gütersloh 1968, 68–86. Die Darstellung Wackers (E. Wacker, Ordo Salutis. Die Heilsordnung [1898], neu hg. von M. Pörksen, Breklum 1960) verbindet die Tradition
der Lehre von der Heilsordnung im Luthertum mit Einflüssen der Erweckungsbewegung. Sie
soll „für die Predigt, den Unterricht und die Seelsorge" (aaO., 10) dienen und ist stark biblisch,
wenn nicht gar biblizistisch gefärbt. Für eine systematisch-theologische Untersuchung der
Thematik scheint sie wenig geeignet.

„ganz bei Seite [ge]lassen"[6], zugunsten „eine[r] immanente[n] Interpretation"[7] nicht näher verfolgt oder im Interesse der Betonung der Schleiermacherschen Treue zu „seinem Ansatz"[8] abgewiesen.

Da aber schon Schleiermachers Verständnis dogmatischer Theologie[9] es herausfordert, die je gegenwärtige Formulierung geltender Lehre nicht isoliert, sondern in ihrem Traditionszusammenhang zu betrachten, um sie in Gänze erfassen zu können, wird die angestrebte Untersuchung unter zwei Perspektiven erfolgen: Zum einen wird eine gründliche Erschließung der Schleiermacherschen Lehrstücke von Wiedergeburt und Heiligung im Kontext der ‚Glaubenslehre' angestrebt,[10] zum anderen soll diese im kritischen Vergleich zur traditionellen Lehre von der Heilszu- und -aneignung vorgenommen werden. Das Bemühen richtet sich daher nicht nur darauf, einen Beitrag zur Erhellung des Verständnisses der ‚Glaubenslehre' zu leisten. Vielmehr gilt es auch, zu untersuchen, ob und wie es Schleiermacher mit seiner Entfaltung des Erlösungsgeschehens gelingt, eine den Bedingungen modernen Denkens adäquate Antwort zu geben auf eine das Zentrum reformatorischer Theologie betreffende Frage: die Frage danach, *„quomodo contingat fides"*[11] bzw. „wie es zugeht, wie ein Herz anfähet zu gläuben, wie es zum Glauben kommt"[12], welche als Frage nach der „*Wirklichkeit* des Glaubens"[13] auch das leitende Interesse in der Ausbildung der altprotestantischen *ordo-salutis*-Lehre bildet.[14] Es wird sich herausstellen, dass in dieser Hinsicht bei Schleiermacher dem Motiv der „lebendigen Empfänglichkeit"[15], das er besonders in der Entfaltung des Gnadenbewusstseins hervorhebt, eine entscheidende Funktion zukommt.

Der folgende Überblick über den Forschungsstand wird zeigen, dass die dargestellte Herangehensweise an die Lehrstücke zu deren Rekonstruktion, Kontextualisierung und ‚Fruchtbarmachung' in dieser Form noch nicht durchgeführt wurde und somit eine Forschungslücke füllt (Kap. I.1). Dass sie überdies durch Schleiermachers Verständnis der dogmatischen Theologie nahegelegt, wenn nicht sogar ausdrücklich gefordert wird, sollen die darauf folgenden Ausführungen verdeutlichen (Kap. I.2). Im Anschluss an diese ‚schleiermacherimmanente' Her-

---

[6] H. Stephan, Lehre, 89.

[7] J. Müller, Wiedergeburt, 14.

[8] U. Glatz, Religion, 343.

[9] Vgl. Kap. I.2. der vorliegenden Untersuchung.

[10] Die vorliegende Untersuchung arbeitet im Blick auf Schleiermachers Konzeption der Soteriologie nicht exklusiv, aber im Wesentlichen werkimmanent. Diese Vorgehensweise bietet sich aus verschiedenen Gründen an (s. u.), findet ihre Berechtigung aber vor allem darin, dass der Schlüsselterminus der ‚lebendigen Empfänglichkeit' (s. u.) erst in der zweiten Auflage der ‚Glaubenslehre' in signifikanter Weise gebraucht wird.

[11] ApolCA IV, in: BSLK, 172,26.

[12] ApolCA IV, in: BSLK, 172,27–29.

[13] E. Herms, Wirklichkeit, 560.

[14] Vgl. E. Herms, Wirklichkeit, 559–562.

[15] CG^2 II, § 108.6, 189 u. ö.

leitung der anvisierten Doppelperspektive – werkimmanente Rekonstruktion sowie Vergleich mit der Tradition – folgt die Begründung der Auswahl der zum Vergleich herangezogenen Positionen (Kap. I.3) sowie des Aufbaus der vorliegenden Untersuchung (Kap. I.4).

1 Zum Stand der Forschung

Der hier gebotene Überblick beschränkt sich auf diejenigen Veröffentlichungen, die sich explizit und in nennenswertem Umfang mit der Soteriologie innerhalb der ‚Glaubenslehre' befassen.

Es war Horst Stephan, der erstmalig die Bedeutung der „Lehre vom Heil"[16] bei Schleiermacher in den Mittelpunkt seiner Untersuchung gestellt hat.[17] Der Fokus liegt auf dem Zentralgedanken der Erlösung.[18] Stephan bietet einen die wesentlichen Punkte ansprechenden Überblick über die ‚aktive' und die ‚passive' Seite der Erlösung. Die Darstellung erfolgt äußerst knapp, allein durch die Kürze der Behandlung lässt er noch Raum für tiefergehende Untersuchungen. Darüber hinaus lässt er bewusst „das Verhältnis zur kirchlichen und dogmatischen Ueberlieferung fast ganz bei Seite", welches in der vorliegenden Arbeit gerade erhellt werden soll, und legt statt dessen den Schwerpunkt „auf die ästhetisch-philosophischen Einflüsse"[19]. Zudem scheint Stephan sich durch die Charakterisierung der Lehre der Wiedergeburt als ‚passive' Seite des Erlösungsgeschehen selbst den Weg verstellt zu haben, um sie in ihrem eigentlichen Gehalt umfassend zu verstehen.[20] Vor diesem Hintergrund erklärt sich auch sein schroffes Gesamturteil hinsichtlich der Schleiermacherschen Soteriologie: Schleiermacher habe

---

[16] H. STEPHAN, Die Lehre Schleiermachers von der Erlösung, Tübingen/Leipzig 1901, 6.

[17] Zuvor hat bereits C. G. SEIBERT eine Untersuchung vorgelegt, die sich ‚Schleiermacher's Lehre von der Versöhnung. In ihrem Zusammenhang mit der Schleiermacher'schen Christologie überhaupt, sowie in ihrem Verhältnis zur rationalistischen, altorthodoxen und rein biblischen Lehre' widmet (Wiesbaden 1855). Allerdings rekonstruiert er in der wenige Seiten füllenden Studie keineswegs „Schl. Versöhnungstheorie umfaßend" (aaO., 13), sondern bietet lediglich eine zitatreiche Zusammenstellung (durchaus wichtiger) Aussagen, um anschließend die „Lichtseite" (ebd.) der Theorie in ihrer Kritik am Rationalismus zu erblicken, ihre „Schattenseiten" (aaO., 19) aber im „Verhältnis zum rein biblischen und richtig gefaßten kirchlichen Lehrbegriff" auszumachen. Die Kritik (vgl. auch die zusammenfassende Ablehnung aaO., 32–34) zeigt m.E. auch, dass Seibert weder zum Dogmatikverständnis Schleiermachers noch zu seiner Versöhnungslehre einen umfassenden, verstehenden Zugriff erreicht hat.

[18] H. Stephan macht zu Recht darauf aufmerksam, dass der Versöhnungsgedanke innerhalb der ‚Glaubenslehre' eher im Schatten des Erlösungsbegriffs steht (vgl. H. STEPHAN, Lehre, 8f.).

[19] H. STEPHAN, Lehre, 89.

[20] Vgl. zum Beispiel die bezeichnende Aussage, dass die Art der Mittätigkeit des Menschen in der Bekehrung von Schleiermacher nicht erläutert werde (vgl. H. STEPHAN, Lehre, 76). Hier zeigt sich, dass Stephan aufgrund seines Verständnis der Wiedergeburt als ‚passiver' Seite der Erlösung nicht die Relevanz des Gedankens der lebendigen Empfänglichkeit für das Verständnis der Bekehrung erkennt. Aus dem gleichen Grund muss er auch die Aussagen zum

„seinen eigenen Gedankenbau […] mit der wirren Menge der biblisch-kirchlichen Begriffe verbinden und so zugleich diese ordnen und jenen bereichern [gewollt]. […] Der Erfolg ist Willkür gegenüber den biblischen Begriffen und anderseits Sprengung des eigenen Gebäudes."[21]

Zur Frage nach Schleiermachers Auffassung der Art der Heilsvermittlung hat Christiane Braungart 1998 eine umfassende Untersuchung veröffentlicht.[22] Ihre These, dass sich gemäß Schleiermachers Schriften die Heilsvermittlung wesentlich durch Mitteilung und (Selbst-)Darstellung vollziehe, gewinnt sie anhand einer Untersuchung der ,Reden', der ,Weihnachtsfeier', der ,Christlichen Sitte' und der ,Ästhetik'. In einem Teilkapitel widmet sich Braungart auch der Explikation der Heilsvermittlung in der ,Glaubenslehre'[23], wobei der leitenden Fragestellung ihrer Untersuchung entsprechend Christologie und Soteriologie thematisch werden. Zu Recht macht Braungart auf den „paradigmatischen Charakter" der Schleiermacherschen Darstellung der „Vereinigung Gottes mit der menschlichen Natur in der Person Jesu Christi […] für den gesamten Heilsprozeß"[24] aufmerksam. Ebenso verweist sie an einigen Stellen auf die ,lebendige Empfänglichkeit' als Voraussetzung der Vereinigung des Göttlichen mit der menschlichen Natur,[25] ohne jedoch dieses Motiv selbst in seiner Bedeutung – gerade auch als Voraussetzung der Möglichkeit einer Heilsvermittlung durch Mitteilung und Darstellung – zu analysieren. Wenn bei Schleiermacher die „Vereinigung des göttlichen Wesens mit der menschlichen Natur gleichzusetzen" sein soll mit dem „Begriff der Mitteilung"[26], dieser göttliche Mitteilungsakt sich beim Menschen aber sowohl in der Inkarnation als auch in der Bekehrung auf „eine überwiegend leidentliche Haltung […], in der aber als Rest von Selbsttätigkeit eine lebendige Empfänglichkeit gesetzt ist"[27], richte, so kann m.E. die Art der Mitteilung nur vollständig erfasst werden, wenn ihre Rezeptionsmöglichkeit geklärt ist. Dass Braungart diese Klärungsleistung nicht erbringt, zeigt sich u.a. auch darin, dass sie an anderer Stelle von der „Passivität der menschlichen Natur"[28] in der Vereinigung von Göttlichem und Menschlichen spricht, wodurch geradezu der Gedanke der ,lebendigen Empfänglichkeit' negiert wird, sowie darin, dass sie es nicht vermag, den Gedanken des Seins Gottes in Jesus Christus

---

Tätigkeitsverhältnis in der Bekehrung und Heiligung als „unbestimmte[] Formeln" (aaO., 77) charakterisieren, weil es ihm an einem ,hermeneutischen Schlüssel' zu ihrer Deutung mangelt.

[21] H. Stephan, Lehre, 31.
[22] C. Braungart, Mitteilung durch Darstellung. Schleiermachers Verständnis der Heilsvermittlung, MThSt 48, Marburg 1998.
[23] Vgl. C. Braungart, Mitteilung, Kap. IV.5, 165–247.
[24] C. Braungart, Mitteilung, 190.
[25] Vgl. z.B. C. Braungart, Mitteilung, 186 f.; 215.
[26] C. Braungart, Mitteilung, 244.
[27] C. Braungart, Mitteilung, 216.
[28] C. Braungart, Mitteilung, 193.

zu durchdringen.[29] Die Braungartsche Darstellung geht insgesamt zwar nicht an der Sache vorbei, aber sie lässt Fragen offen für weitere Untersuchungen.

Angesichts der Werke Stephans und Braungarts erstaunt es, dass Juliane Müller in ihrer 2005 erschienenen Arbeit über „Wiedergeburt und Heiligung. Die Bedeutung der Struktur von Zeit für Schleiermachers Rechtfertigungslehre"[30] die Soteriologie Schleiermachers als „bislang nicht beachteten Topos"[31] charakterisiert. Wenig beachtet mag sie sein, ignoriert wurde sie jedoch nicht. Ausgangspunkt der Untersuchung Müllers ist die These, dass „sich ohne ein Verständnis der Struktur von Zeit Schleiermachers Lehre von Wiedergeburt und Heiligung nicht verstehen und würdigen lässt"[32]. Von der Haltbarkeit dieser These abgesehen ist Müller mindestens in einer Hinsicht entschieden zu widersprechen: Diese Lehrstücke sind keineswegs, wie von ihr behauptet, die Entfaltung der Schleiermacherschen Rechtfertigungslehre.[33] ‚Rechtfertigung' ist bei Schleiermacher gerade nicht das Hyperonym von ‚Wiedergeburt' und erst recht nicht von ‚Heiligung'. Ein solches Verständnis der Rechtfertigung – als Wiedergeburt und Heiligung umfassend – charakterisiert Schleiermacher vielmehr als den „Sprachgebrauch der römischen Kirche"[34].

Eher verwunderlich erscheint es, dass Müller sich auf 50 Seiten der Erhebung von „theoretisch entwickelten Thesen" zum Schleiermacherschen „Zeitverständnis"[35] widmet, abschließend aber festhält, dass Schleiermacher „keine explizite Zeittheorie" biete und es seinem Ansatz widersprechen würde, „die verstreuten Äußerungen zu einer Theoriekonstruktion zusammenfügen"[36] zu wollen. Den-

---

[29] Vgl. Braungart, Mitteilung, 199–201.

[30] J. Müller, Wiedergeburt und Heiligung. Die Bedeutung der Struktur von Zeit für Schleiermachers Rechtfertigungslehre, Leipzig 2005.

[31] J. Müller, Wiedergeburt, 19.

[32] J. Müller, Wiedergeburt, 16. Die Relevanz der Zeitperspektive für die ‚Glaubenslehre' insgesamt wird m. E. von Müller stärker behauptet als nachgewiesen. Zum Teil kommt es zur massiven Überstrapazierung und Fehlinterpretation. So zeigt die Auseinandersetzung mit dem Kirchenbegriff (aaO., 60–65) aus CG² I, § 6, 53–59, dass Müller den Unterschied von ‚fließender' frommer Gemeinschaft einerseits und ‚begrenzter' Kirche andererseits nicht zu wahren vermag, sondern durch die Verbindung mit dem von ihr behaupteten Schleiermacherschen Zeitverständnis zu dem Schluss kommt (J. Müller, Wiedergeburt, 64f.): „Die Gemeinschaft ist deshalb trotz aller relativen Gleichheit eine fließende. Sie fließt in Hinsicht darauf, wer zu ihr gehört, und sie fließt in Hinsicht darauf, wie sie sich im Übergang der Momente entwickelt […]. Hier ist im Blick auf die fromme Gemeinschaft direkt ausgedrückt, was die Grundform von Zeit, die Bewegung ausmacht. […] Durch die Zusammensetzung der Gemeinschaft einerseits, durch das Fließen der Zeit andererseits ist die Kirche gleichwohl ständig fließende Gemeinschaft."

[33] Vgl. J. Müller, Wiedergeburt, 14: „[…] seine Rechtfertigungslehre, von Schleiermacher in freier Anknüpfung an die in der altprotestantischen Orthodoxie entwickelte ordo-salutis Tradition durchgeführt als Lehre von Wiedergeburt und Heiligung." Die ‚freie Anknüpfung' bestehe in der Terminologie, sie wird aber von Müller nicht näher ausgeführt (vgl. auch aaO., 90–92); vgl. zur Frage der terminologischen Anknüpfung Kap. VI.3 der vorliegenden Arbeit.

[34] CG² II, § 109.1, 193.

[35] J. Müller, Wiedergeburt, 73.

[36] J. Müller, Wiedergeburt, 71.

noch käme eben jenen Thesen nicht nur für das Verständnis von Wiedergeburt und Heiligung unverzichtbare Bedeutung zu, sondern sie seien sogar „anhand weiterer Abschnitte der Glaubenslehre bestätigt [worden] und konnten zuletzt auf andere theologische Werke Schleiermachers ausgedehnt werden"[37]. Die Frage, welcher Stellenwert diesen theoretisch gewonnenen Thesen über das Zeitverständnis Schleiermachers zukommen kann, wenn nicht zugleich davon ausgegangen werden dürfe, dass sie einer – wenn auch nur aus verschiedenen Äußerungen rekonstruierten – Zeittheorie Schleiermachers entsprechen, bleibt m. E. offen.

Die Rekonstruktion der Lehrstücke von Wiedergeburt und Heiligung schließlich leidet unter sprachlicher Unschärfe und Umprägung Schleiermacherscher Gedanken durch ihre Interpretation im Sinne der theoretisch erhobenen Thesen zum Verständnis der Struktur der Zeit. Zunächst wird einleitend erneut betont, dass es um eine Untersuchung „von Schleiermachers Rechtfertigungslehre – denn dabei handelt es sich bei den Lehrstücken von Wiedergeburt und Heiligung – [...]"[38] gehe, ungeachtet dessen, dass Schleiermacher ein solches Verständnis beider Lehrstücke als ‚seine Rechtfertigungslehre' in keiner Weise nahelegt – und auch Müller selbst an späterer Stelle festhält, dass Schleiermacher „einen engen Begriff von Rechtfertigung [verwende], indem er sie nicht als Umfassendes über beide Lehrstücke stellt, sondern sie mit der Bekehrung zusammen der Wiedergeburt unterordnet."[39]

Für das Verhältnis von Wiedergeburt und Heiligung, so Müller, sei

„der Moment des Übergangs von besonderer Wichtigkeit [...] und genau diesen Übergangsmoment nennt Schleiermacher Wiedergeburt. [...] Dieser Übergang [...] kann nun [...] auch in einem Verlauf beschrieben werden [...] und dies wird von Schleiermacher Heiligung genannt."[40]

Dass die Heiligung nach Schleiermacher gerade darin von der Wiedergeburt unterschieden ist, dass jene den in dieser vollzogenen ‚Übergang' voraussetze, wird m. E. nicht deutlich, wenn man die Identität und Relevanz des Übergangsmomentes für beide Lehrstücke behauptet. Dass umgekehrt „sowohl in der Wiedergeburt als auch in der Heiligung der Horizont von Vergangenheit und Zukunft, und zwar theologisch qualifiziert als Gegenüber von alt und neu, angelegt ist"[41], lässt sich nicht bestreiten, ist allerdings auch weder ein Spezifikum der Schleiermacherschen Lehre, noch bietet sich mit dieser Erkenntnis der ‚zeitlichen Struktur' der hermeneutische Schlüssel zur angemessenen Interpretation der Lehrstücke.

---

[37] J. Müller, Wiedergeburt, 188.
[38] J. Müller, Wiedergeburt, 75.
[39] J. Müller, Wiedergeburt, 163.
[40] J. Müller, Wiedergeburt, 97.
[41] J. Müller, Wiedergeburt, 97.

Auch die Behauptung Müllers, unter ‚Rechtfertigung' und ‚Bekehrung' gehe es „allein um die Bestimmtheit des Selbstbewusstseins ‚in seinem Übergang in Tätigkeit'"[42] widerspricht explizit der Zuordnung, die Schleiermacher im Paragraphen zur Wiedergeburt darlegt: Diese Charakterisierung stimmt demgemäß nur für die Bekehrung, nicht aber für die Rechtfertigung.[43] Dass Müller aber auch das, was Schleiermacher unter ‚Bekehrung' fasst, nicht adäquat zu deuten weiß, zeigt, dass sie trotz der deutlichen Aussage, dass das „Aufgenommenwerden in die Lebensgemeinschaft mit Christo […] als veränderte Lebensform betrachtet seine Bekehrung"[44] sei, zu dem Schluss kommt: „Bekehrung kann nach diesen Überlegungen nicht die Lebensform selbst meinen […]. Die Lebensform selbst dagegen ist die Heiligung."[45]

Ebenso an der Sache vorbei geht es, wenn Müller die „Buße als Wendepunkt"[46] bestimmt. ‚Buße' allein macht nach Schleiermacher gerade nicht den Wendepunkt im Leben des Menschen aus, sondern nur das Zusammenkommen von Reue, Sinnesänderung und Glaube in der Wiedergeburt.[47] Und auch in der Explikation der näheren Bestimmungen bleibt die Darstellung unpräzise: Nach Müller gilt für Schleiermachers Darstellung: ‚Reue […] ist ‚Hemmung des eigentlichen Lebens'"[48]. An entsprechender Stelle heißt es jedoch, dass das Bewusstsein der Reue „Aussage einer Störung oder Hemmung des eigentlichen Lebens"[49] sei, die Hemmung selbst ist ja gerade das, was Schleiermacher als ‚Sünde' bestimmt.[50]

Es ist nicht Müllers Anliegen, die Schleiermachersche Darstellung umfassend im Horizont traditioneller Soteriologie zu verorten. Dennoch kommt es bei ihr zu einer Benennung der „Besonderheiten der Position Schleiermachers gegenüber der Tradition"[51], die erneut einige überraschende Thesen bereit hält. Die Aussage, dass es ein spezifisches Charakteristikum der Schleiermacherschen Soteriologie sei, dass sie „einen engen Begriff von Rechtfertigung" biete, der sie „nicht als Umfassendes über beide Lehrstücke [sc. von Wiedergeburt und Heiligung] stellt"[52], scheint sich eher der verfasserinspezifischen Annahme über die ‚traditionelle' protestantische Auffassung von Rechtfertigung als einer Kenntnis

---

[42] J. Müller, Wiedergeburt, 101 f. (das Zitat selbst wird bei Müller nicht belegt; es stammt aus: CG² II, § 107.1, 168).

[43] Vgl. die Darstellung in Kap. VI.5 dieser Arbeit.

[44] CG² II, § 107, 168.

[45] J. Müller, Wiedergeburt, 102. Zugrunde liegt ein Verständnis, nach dem die Lebensform die zeitliche Aneinanderreihung von Lebensmomenten sei. Nach Schleiermacher ist Lebensform aber gerade „die *Art und Weise, wie* die einzelnen Zeittheile des Lebens werden und sich aneinander reihen" (CG² II, § 107.1, 168 [Hervorhebung durch die Vfn.]), nicht diese Reihe selbst.

[46] So die Überschrift zu J. Müller, Wiedergeburt, 110 f.

[47] Vgl. dazu die Darstellung in Kap. VI.5.2 dieser Arbeit.

[48] J. Müller, Wiedergeburt, 111 (Zitat aus: CG² II, § 108.2, 176).

[49] CG² II, § 108.2, 176.

[50] Vgl. Kap. III dieser Untersuchung.

[51] J. Müller, Wiedergeburt, 163.

[52] J. Müller, Wiedergeburt, 163.

derselben zu verdanken.[53] Und die Behauptung, dass Schleiermacher „im Zusammenhang der Rechtfertigung" nicht auf die Unterscheidung von „forensischem und effektivem Verständnis von Rechtfertigung"[54] eingehe, zeigt, dass Müller wohl wegen ihres ‚weiteren' Rechtfertigungsverständnisses das ‚enge' Verständnis Schleiermachers keiner gründlichen Untersuchung für würdig erachtet. Andere Differenzpunkte zur traditionellen Lehrbildung werden wiederum nicht erkannt, „[a]ufs Ganze gesehen", so Müller, seien „die Unterschiede zur reformatorischen Lehre marginal."[55]

Mag die ‚Bedeutung der Struktur von Zeit' für das Verständnis der Schleiermacherschen Theologie, insbesondere der Soteriologie, relevant sein oder nicht – es ist Müller jedenfalls weder gelungen, diese Bedeutung deutlich herauszustellen, noch, die Lehrstücke von Wiedergeburt und Heiligung angemessen zu rekonstruieren.

Während Müller mit ihrer Arbeit daran gelegen ist, auf die Relevanz des Zeitverständnisses aufmerksam zu machen und so einen „Beitrag zur immanenten Schleiermacherforschung"[56] zu leisten, ist die leitende Fragestellung bei Uwe Glatz erheblich weiter gefasst:[57] Die große und insbesondere für die protestantische Theologie in erheblichem Maße relevante „Frage nach der *Glaubenskonstitution*"[58] soll erwogen und einer näheren Klärung zugeführt werden. Zu diesem Zweck stellt Glatz einerseits die Position Martin Luthers dar,[59] der „gleichsam die theologischen Koordinaten abgesteckt" habe, „die als bleibende Herausforderung einer protestantischen Theorie der Glaubenskonstitution anzusehen sind"[60]. Die anschließende Behandlung der „Herausforderungen einer Theorie der Glaubenskonstitution"[61] unter gegenwärtigen Bedingungen dient der Skizze des Problemhorizontes, leitet aber auch über zu der Begründung, „[w]arum Schleiermacher"[62] herangezogen wird, um „zu einem vertieften Verständnis der Glaubenskonstition"[63] zu gelangen.

---

[53] Dass in der Konkordienformel, die Müller als „Zusammenfassung" „der lutherischen Traditionslinie" (J. MÜLLER, Wiedergeburt, 90) charakterisiert, die Heiligung innerhalb des dritten Artikels „Von der Gerechtigkeit des Glaubens" (in: BSLK, 913–936) *genannt* wird, bedeutet nicht, dass sie zur Rechtfertigung gehört. Dies wird an verschiedenen Stellen *deutlich* ausgesprochen, vgl. aaO., 923,18ff., 927,18–928,33.

[54] J. MÜLLER, Wiedergeburt, 164.

[55] J. MÜLLER, Wiedergeburt, 166.

[56] J. MÜLLER, Wiedergeburt, 19.

[57] U. GLATZ, Religion und Frömmigkeit bei Friedrich Schleiermacher. Theorie der Glaubenskonstitution, Forum Systematik 39, Stuttgart 2010.

[58] U. GLATZ, Religion, 18.

[59] Vgl. U. GLATZ, Religion, 19–45.

[60] U. GLATZ, Religion, 18.

[61] U. GLATZ, Religion, 46, vgl. aaO., 46–61.

[62] U. GLATZ, Religion, 61.

[63] U. GLATZ, Religion, 19.

Leben und Werk Schleiermachers werden dann von Glatz in nahezu allen Facetten zur Erörterung der Frage nach einer ‚Theorie der Glaubenskonstitution' behandelt. Nicht nur die biographische Skizze, sondern auch die Abrisse der ‚Dialektik', der ‚Philosophischen Ethik', der ‚Psychologie' sowie der ‚Hermeneutik' sollen die „Grundmotive in Schleiermachers Denken"[64] aufzeigen und Schleiermacher „als moderne[n] Denker des Christentums"[65] vor Augen treten lassen. Die Darstellung lässt eine breite Auseinandersetzung mit der Thematik erkennen, nicht jedoch immer den Neuigkeitswert oder die Relevanz für die leitende Fragestellung. Ähnliches gilt auch für die Darstellung und kritische Würdigung der ‚Reden über die Religion', die ein knappes Drittel der Glatzschen Arbeit ausmacht.[66]

Die Entfaltung des Schleiermacherschen Verständnisses der Glaubenskonstitution in der ‚Glaubenslehre' fällt gegenüber der Beschäftigung mit den ‚Reden' knapper aus, der eigentlichen Soteriologie der ‚Glaubenslehre' widmet sich Glatz auf nur gut dreißig Seiten.[67] Auf einzelne Argumente dieser Darstellung wird im Verlauf der vorliegenden Arbeit eingegangen werden. Grundsätzlich lässt sich festhalten, dass Glatz nicht daran gelegen ist, die Schleiermachersche Soteriologie in ihrem Verhältnis zu traditionellen Darstellungen zu erhellen. Außerdem gelingt es ihm nicht, die Relevanz und den Gehalt des Gedankens der ‚lebendigen Empfänglichkeit' zu erheben,[68] wodurch – wie in der vorliegenden Arbeit gezeigt werden wird – ihm auch ein eingehenderes Verständnis sowohl der Lehre von Wiedergeburt und Heiligung als auch der Christologie unmöglich wird. Es fällt daher auf, dass Glatz an den neuralgischen Punkten seinem Unverständnis offen Ausdruck verleiht,[69] es bei einem zitatreichen Referat der Position ohne Erläuterung des Gedankengangs belässt oder eine Terminologie verwendet, die gerade die Pointe des Gedankens ‚lebendiger Empfänglichkeit' verfehlt.[70]

---

[64] U. GLATZ, Religion, 136.

[65] U. GLATZ, Religion, 73, vgl. aaO., 73–143.

[66] Vgl. U. GLATZ, Religion, 145–272.

[67] Vgl. U. GLATZ, Religion, 342–374.

[68] Vgl. v. a. U. GLATZ, Religion, 329f.; 336f.; 357–362.

[69] Vgl. U. GLATZ, Religion, 330: „[…] Faktisch hält Schleiermacher an beidem fest: er plädiert für die lebendige Empfänglichkeit und behauptet gleichzeitig, dass dies kein Mitwirken […] sei, ‚sondern ein sich der Wirkung hingeben'. Der Hingabe-Begriff soll zwar Passivität suggerieren, tatsächlich bleibt es aber völlig unklar, wie man sich einen solchen Vorgang vorzustellen hat."

[70] Der Gehalt ‚lebendiger Empfänglichkeit' wird geradezu verdunkelt, wenn man sie „qualitativ *als Passivität*" (U. GLATZ, Religion, 360) bzw. „*passive*[] *Mitwirkung*" (aaO., 359) bestimmt. Auch ist ‚lebendige Empfänglichkeit' nicht die Formulierung für die „von Christus geschenkte[] Freiheit, die erstere [sc. die „schöpfungsgegebene Freiheit"] aus dem Zustand der Latenz erlöst" (aaO., 345). Ebenso entspricht die Bestimmung der – von Schleiermacher in Bezug auf die in der Bekehrung postulierten – „zwiefache[n] Unthätigkeit" (CG² II, § 108.2, 176) als Passivität (vgl. U. GLATZ, Religion, 349f.) gerade nicht der Schleiermacherschen Erklärung dieser Untätigkeit als „leidentlicher Nachklang im Gefühl" und als „leidentliche Vorahnung".

Es gelingt Glatz, auf wichtige Argumentationsfiguren und Aussageintentionen aufmerksam zu machen. Allerdings bleibt sein abschließendes Fazit hinsichtlich des Schleiermacherschen Verständnisses der Glaubenskonstitution in der ‚Glaubenslehre' erstaunlich mager: „Schleiermacher sieht die Unverfügbarkeit der Glaubenskonstitution in der Kontingenz geschöpflichen Daseins bzw. in der geschichtlichen Offenheit alles weltlichen Geschehens begründet. Dieser Einsicht stimme ich ausdrücklich zu."[71] Die Fortsetzung wirft die Frage auf, warum Glatz den Ansatz Schleiermachers herangezogen hat, um seine eigenen „Überlegungen zur kontingenten Konstitution des Glaubens"[72] vorzubereiten: „Dennoch möchte ich […] in dem nun folgenden Schlusskapitel die These erörtern, ob und inwiefern die Vorstellung von einer Passivität oder Kontingenz Gottes hinsichtlich der Glaubensgenese systematisch-theologisch gerechtfertigt werden kann."[73] – Die Vorstellung einer ‚Passivität' oder ‚Kontingenz Gottes' lässt sich in keiner Weise mit Schleiermachers Gottesbegriff bzw. dem diesem zugrunde liegenden Vorstellungsgehalt vereinbaren.

Neben den genannten Monographien ist noch der Abschnitt zu erwähnen, den Claus-Dieter Osthövener in seiner Untersuchung der Transformation der Erlösungsvorstellung im 19. Jahrhundert der Darstellung der Schleiermacherschen Auffassung der Erlösung – vor allem im Rekurs auf die erste Auflage der ‚Glaubenslehre' – widmet.[74] Osthövener befasst sich allerdings hauptsächlich mit der Frage der *„anthropologische[n] Fundierung"*[75] der Erlösungvorstellung und konzentriert sich daher in der Darstellung vor allem auf die Einleitung der ‚Glaubenslehre'. Die Untersuchung und Rekonstruktion der „materiale[n] Fülle der Soteriologie der ‚Glaubenslehre'"[76] ist ausdrücklich nicht das Ziel der Untersuchung Osthöveners und wird entsprechend auch nicht geboten.

2 Schleiermachers Verständnis dogmatischer Theologie als Ausgangspunkt

Legt schon die Forschungslage eine intensivere Beschäftigung mit den Lehrstücken von Wiedergeburt und Heiligung im Kontext der und in ihrer Relevanz für die ‚Glaubenslehre' sowie im Vergleich zu der ihnen vorangehenden theologischen Tradition nahe, so wird diese doppelperspektivische Herangehensweise m. E. durch Schleiermachers Verständnis dogmatischer Theologie, wie

---

[71] U. Glatz, Religion, 390.
[72] U. Glatz, Religion, 391, vgl. aaO., 391–406.
[73] U. Glatz, Religion, 390.
[74] Vgl. C.-D. Osthövener, Erlösung. Transformation einer Idee im 19. Jahrhundert, BHTh 128, Tübingen 2004, 58–101.
[75] C.-D. Osthövener, Erlösung, 100.
[76] C.-D. Osthövener, Erlösung, 90.

er es in der ‚Glaubenslehre', aber auch in der ‚Kurzen Darstellung'[77] entfaltet, ausdrücklich gefordert.

Grundlegend für die folgende Analyse der Implikationen des Dogmatikverständnisses sind die allgemeinen Bestimmungen, die man in der Einleitung der ‚Glaubenslehre' bzw. in der Einleitung über die Historische Theologie innerhalb der ‚Kurzen Darstellung' findet:

„Dogmatische Theologie ist die Wissenschaft von dem Zusammenhange der in einer christlichen Kirchengesellschaft zu einer gegebenen Zeit geltenden Lehre."[78] – „Die zusammenhängende Darstellung der Lehre wie sie zu einer gegebenen Zeit [...] geltend ist, bezeichnen wir durch den Ausdrukk Dogmatik oder dogmatische Theologie."[79]

Diese Bestimmungen fassen mannigfaltige Aspekte in komprimiertester Form zusammen. Im Folgenden sollen einige dieser Faktoren näher erhellt werden, allerdings nur skizzenhaft, da die unterschiedlichen Facetten dieser Definition teils Stoff für eigenständige Untersuchungen bieten, teils an anderer Stelle in dieser Arbeit genauer bestimmt werden. Hier nun geht der Blick auf die Implikationen der Begriffe ‚Theologie' (Kap. I.2.1), ‚christliche Kirchengesellschaft' (Kap. I.2.2), ‚geltende Lehre' (Kap. I.2.3) und ‚Zusammenhang' (Kap. I.2.4). Neben der Erhärtung der eingangs formulierten Vermutung, dass die einzelnen Lehrstücke sowie die ‚Glaubenslehre' insgesamt nur angemessen und in ihrem Vollsinn verstanden werden können, wenn man nicht nur den systemimmanenten Kontext beachtet, sondern – indem man Schleiermachers eigene Auffassung der dogmatischen Theologie und damit gewissermaßen eine ‚Selbsteinschätzung' seines Werks zugrunde legt – auch deren geschichtlichen Zusammenhang mit der Tradition der Lehre berücksichtigt, sollen hier auch schon einige der für das Verständnis der schwerpunktmäßig in den Blick kommenden Themen notwendigen Aussagen der Einleitung der ‚Glaubenslehre' eingeführt werden.

2.1 Dogmatik *als* theologische *Disziplin*

Die Implikate, die sich aus der Bestimmung der Dogmatik als eines Teils der Theologie ergeben, können v. a. aus den Ausführungen der ‚Kurzen Darstellung' erhoben werden und betreffen insbesondere den hier anvisierten Vergleich der Schleiermacherschen Darstellung mit der theologischen Tradition:

In seiner theologischen Enzyklopädie bestimmt Schleiermacher im ersten Paragraphen die Theologie als „positive Wissenschaft, deren Teile zu einem

---

[77] F. D. E. SCHLEIERMACHER, Kurze Darstellung des theologischen Studiums zum Behuf einleitender Vorlesungen (1811/1830), hg. v. D. SCHMID, Berlin/New York 2002 [im Folgenden KD[1] und KD[2]].

[78] CG[2] I, § 19, 143; vgl. auch F. D. E. SCHLEIERMACHER, Der christliche Glaube (1821/22), 2 Bde., hg. v. H. PEITER, Berlin/New York 1984 (Studienausgabe) [im Folgenden: CG[1]], I, § 1, 9.

[79] KD[2], § 97, 177. Vgl. auch KD[1] II. Teil, Einl., § 32, 84, und II. Teil, 3. Abschn., § 3, 102.

Ganzen nur verbunden sind durch ihre gemeinsame Beziehung auf eine bestimmte Glaubensweise"[80], die christliche Theologie sei somit konkret „der Inbegriff derjenigen wissenschaftlichen Kenntnisse und Kunstregeln, ohne deren Besiz und Gebrauch eine zusammenstimmende Leitung der christlichen Kirche [...] nicht möglich ist."[81] Da Schleiermacher der dogmatischen Theologie im Rahmen des Fächerkanons ihren Ort innerhalb der sogenannten Historischen Theologie[82] zuweist, ist zunächst zu klären, welchen Zweck diese Disziplin

---

[80] KD², § 1, 139. Vgl. zur Erklärung des ‚Positiven' auch Ammons Bestimmung, nach dessen ‚Summa theologiae Christianae' (1802) Schleiermacher zunächst seine Dogmatik-Vorlesungen hielt (vgl. die dt. Variante: C. F. Ammon, Inbegriff der evangelischen Glaubenslehre. Nach dem lateinischen, zu akademischen Vorlesungen bestimmten Lehrbuche, Göttingen 1805, X–XV).

[81] KD², § 5, 142. Im Hintergrund dieser Klassifizierung steht F. Schleiermachers Wissenschaftssystem, wie es in seinen ‚Vorlesungen über die Dialektik' (2 Bde., KGA II.10.1/2, hg. v. A. Arndt, Berlin/New York 2002) oder denen über die ‚Ethik' ([1812/13], mit späteren Fassungen der Einleitung, Güterlehre und Pflichtenlehre. Auf der Grundlage der Ausgabe von O. Braun, hg. u. eingel. v. H.-J. Birkner, Hamburg ²1990 [vgl. v. a. aaO., Einleitung, 5–18]) begegnet, wonach es neben den Realwissenschaften – spekulative Physik und Ethik und ihnen korrespondierende empirische Natur- und Geschichtskunde – auch die nicht-deduzierbaren, positiven Wissenschaften – neben der Theologie nennt Schleiermacher Medizin und Jurisprudenz – gebe, die „aber mit ihren Teildisziplinen auf dieses Wissenschaftsgefüge bezogen" (H. Fischer, Friedrich Daniel Ernst Schleiermacher, München 2001, 79) seien. Gerade in diesem Bezug liege die *Wissenschaftlichkeit* der einzelnen Disziplinen der Theologie, *theologisch* seien sie aber nur aufgrund ihrer gemeinsamen Abzweckung auf die Kirchenleitung (vgl. KD², § 6, 142; vgl. zur Theologie als positiver Wissenschaft in ihrem Bezug auf das Wissenschaftssystem auch H.-J. Birkner, Theologie und Philosophie. Einführung in Probleme der Schleiermacher-Interpretation [1974], in: Ders., Schleiermacherstudien, hg. v. H. Fischer, SchlA 16, Berlin/New York 1996, 157–192, 174–181). Schleiermachers System der Wissenschaften kann im Kontext der hier angestrebten Untersuchung nicht eigens rekonstruiert werden, vgl. dazu aber bspw. J. Dierken, Das Absolute und die Wissenschaft. Zur Architektonik des Wissens bei Schelling und Schleiermacher, in: PhJ 99 (1992), 307–328; H. Fischer, Schleiermacher, 75–83; einen sehr knappen Überblick bietet E. Herms, Philosophie und Theologie im Horizont des reflektierten Selbstbewußtseins, in: C. Helmer u.a. (Hgg.), Schleiermachers *Dialektik*. Die Liebe zum Wissen in Philosophie und Theologie, Tübingen 2003, 23–52, 24–26; vgl. auch I. Hübner, Wissenschaftsbegriff und Theologieverständnis. Eine Untersuchung zu Schleiermachers Dialektik, SchlA 18, Berlin/New York 1997; M. Rössler, Schleiermachers Programm der Philosophischen Theologie, SchlA 14, Berlin/New York 1994, 18–44.

[82] Die Historische Theologie umfasst nach Schleiermacher drei Teildisziplinen, die sich der geschichtlichen Betrachtung des Christentums unter drei Perspektiven zuwenden (vgl. KD², § 85, 172f.): Zusammen mit der kirchlichen Statistik widme sich die dogmatische Theologie (vgl. aaO., § 81, 171; §§ 94–98, 176–178; §§ 195–250, 207–227) dem gegenwärtigen Zustand, während die Kirchengeschichte i. e. S. (vgl. aaO., § 82, 171; §§ 149–194, 194–207) den geschichtlichen Verlauf, der diesem Zustand voraus ging, bzw. die geschichtliche Entwicklung, als deren Resultat der jeweilige Zustand begriffen werden könne, als ihr Aufgabegebiet betrachte. Der exegetischen Theologie (vgl. aaO., §§ 83 f., 171 f.; §§ 103–148, 179–193) schließlich komme es zu, den geschichtlichen Ursprung des Christentums zu untersuchen, der zwar einerseits zu dessen Verlauf gehöre, dem aber andererseits eine normative Stellung eingeräumt werde, insofern „in den frühesten [Erscheinungen einer geschichtlichen Größe] das eigenthümliche Wesen am reinsten zur Anschauung" (aaO., § 83, 172) komme.

in Bezug auf das ‚Kirchenregiment' erfüllt. Es komme ihr die Aufgabe zu, die „Kenntniß des zu leitenden Ganzen"[83], im Falle der christlichen Theologie also die Kenntnis des Christentums, bereit zu stellen. Für diese Arbeit müsse die Historische Theologie, indem sie das Christentum als eine relativ eigenständige, geschichtliche Größe voraussetze, auf die Ergebnisse der Philosophischen Theologie[84] zurückgreifen:[85] Diese ermittle in ihrer Teildisziplin der Apologetik durch ein kritisches, zwischen Empirie und Spekulation vermittelndes Verfahren[86] das Wesen des Christentums,[87] wodurch erst eine „geschichtliche Anschauung des Christenthums"[88] möglich werde. Denn eine wahrhaft historische Betrachtung bestehe in einer Verknüpfung von chronistischer und spekulativer Methode,[89] sie sei „das Zusammenfassen eines Inbegriffs von Thatsachen in Ein Bild des Innern, und die Darstellung des Innern in dem Auseinandertreten der Thatsachen"[90]. Damit also die Historische Theologie nicht nur eine wert-, dann aber auch nutzenfreie Beschreibung von zusammenhangslosen Einzelmomenten des Christentums sei, bedürfe sie der Wesensbestimmung des Christentums, um den „Entwicklungswerth der einzelnen Momente, d. h. wie sie sich verhalten zu dem richtig erkannten Wesen des Christenthums"[91], beurteilen zu können.[92]

Innerhalb der Historischen Theologie wird der dogmatischen Theologie (gemeinsam mit der kirchlichen Statistik)[93] von Schleiermacher die Aufgabe zuge-

---

[83] KD², § 26, 149. Vorausgesetzt ist beim Gedanken der Leitung der Kirche, dass diese nicht in vollem Umfang realisiert ist und nun als eine statische Größe existiert. Vielmehr sei „[d]ie christliche Kirche als das zu Regierende ein Werdendes, in welchem die jedesmalige Gegenwart begriffen werden muß als Produkt der Vergangenheit und als Keim der Zukunft" (KD¹, Einleitung, § 33, 68).

[84] Vgl. dazu: M. Rössler, Programm.

[85] Dieser Rückgriff könne und müsse trotz der Tatsache, dass die Philosophische Theologie für ihre Aufgabe den „Stoff der historischen als bekannt voraus[setzen]" (KD², § 65, 164) müsse, erfolgen, denn sie setze ihn eben als „nicht in wissenschaftlicher Bearbeitung" gegeben voraus, da diese Bearbeitung „nur möglich ist, wenn die philosophische Theologie schon ganz fertiggestellt ist" (F. D. E. Schleiermacher, Theologische Enzyklopädie [1831/32]. Nachschrift David Friedrich Strauß, SchlA 4, hg. v. W. Sachs, Berlin/New York 1987, § 65, 69 [im Folgenden: ThEnz]).

[86] Vgl. zum kritischen Verfahren M. Rössler, Programm, 78–94.

[87] Vgl. KD², § 32, 152. Vgl. auch CG² I, §§ 7–14, 60–127, in denen die religionsphilosophische (vgl. KD², § 23, 148) und die apologetische Aufgabe (vgl. aaO., § 39, 154) wahrgenommen werden.

[88] KD¹, I. Teil, Schluß, § 2, 78 (vgl. auch KD², § 65, 164).

[89] Vgl. zu den zwei Funktionen der Geschichtsdarstellung auch F. D. E. Schleiermacher, Kolleg (1821/22). Nachschrift Klamroth, in: F. D. E. Schleiermacher, Vorlesungen über die Kirchengeschichte, KGA II.6, hg. v. S. Gerber, Berlin/New York 2006, 467–661, 470 f.

[90] KD², § 150, 194.

[91] ThEnz, § 65, 69.

[92] Zur Behandlung der Frage nach dem Wesen des Christentums bei Schleiermacher vgl. M. Schröder, Die kritische Identität des neuzeitlichen Christentums. Schleiermachers Wesensbestimmung der christlichen Religion, BHTh 96, Tübingen 1996.

[93] Während die dogmatische Theologie konfessionell gebunden sei und sich auf die Erfassung

wiesen, die Darstellung des gegenwärtigen Zustands des Christentums zu leisten. Sie sei damit unmittelbar angewiesen auf die Kirchengeschichte im engeren Sinn, da, so Schleiermacher, „die Gegenwart nur verstanden werden kann als Ergebniß der Vergangenheit"[94]. Schon aus dieser Feststellung ergibt sich für die hier angestrebte Untersuchung, dass auch Schleiermachers eigene materiale Entfaltung der dogmatischen Theologie in ihrem vollen Umfang nur aufgefasst werden kann, wenn sie trotz ihrer Originalität ebenso auch als Resultat der vorhergehenden Entwicklung begriffen wird.

Wenn darüber hinaus der konkretere Sinn der Dogmatik für die Kirchenleitung in den Blick genommen wird, so erhärtet sich diese Annahme. Ist nach Schleiermacher zwar prinzipiell die gegenwärtige Gestalt einer geschichtlichen Größe als Resultat ihrer gesamten Vergangenheit zu begreifen, so gehöre sie doch in erster Linie „der lezten Epoche machenden Begebenheit"[95] an. Dementsprechend habe die

> „dogmatische Theologie [...] für die Leitung der Kirche zunächst den Nuzen, zu zeigen wie mannigfalt und bis auf welchen Punkt das Princip der laufenden Periode sich nach allen Seiten entwickelt hat, und wie sich dazu die der Zukunft anheim fallenden Keime verbesserter Gestaltung verhalten."[96]

Vorausgesetzt ist, dass das Christentum als abgrenzbare geschichtliche Größe existiert,[97] deren geschichtliche Entwicklung „abgeschlossen für sich in einer

---

und Darstellung der Lehre richte, ziele die kirchliche Statistik auf „Kenntniß des gesellschaftlichen Zustandes in allen verschiedenen Theilen der christlichen Kirche" (KD², § 195, 208).

[94] KD², § 82, 171.

[95] KD², § 186, 205. Ähnlich KD¹, II. Teil, II. Abschnitt, § 42, 99: „Jeder lezte Augenblik, an den sich ein künftiger knüpfen soll, ist vorzüglich gegründet in der lezten revolutionären Begebenheit."

[96] KD² § 198, 210.

[97] Diese geschichtliche Selbstständigkeit des Christentums gelte trotz der Tatsache, dass aus einer anderen Perspektive das Christentum lediglich als „eine einzelne Periode eines Zweiges der religiösen Entwiklung" (KD², § 79, 170 f.) erscheine. Diese Perspektive nehme die „Ethik als Wissenschaft der Geschichtsprincipien" (aaO., § 35, 153) ein, die, unter der Voraussetzung, „daß der menschliche Geist eine Lebenseinheit ist, die sich in Raum und Zeit entwickelt" (ThEnz, § 35, 39), die Geschichte als Prozess „von Aeußerungen einer und derselben Kraft" und somit als „Ein Ganzes" (KD², § 78, 170) betrachte. Diese ethische Perspektive auf das Christentum als einer (unter mehreren) Erscheinungsform des menschlichen Geistes ergibt sich als direkte Konsequenz der Annahme (und des Erweises), dass „das Wesen der Frömmigkeit und der frommen Gemeinschaften im Zusammenhang mit den übrigen Thätigkeiten des menschlichen Geistes zu verstehen" (aaO., § 21, 148) sei und insofern das Bestehen frommer Gemeinschaften „als ein für die Entwiklung des menschlichen Geistes nothwendiges Element nachgewiesen werden" (aaO., § 22, 148) könne und müsse (vgl. CG² I, §§ 3–6, 19–59, wo dieser Nachweis erbracht wird).
Für die Betrachtung der Historischen Theologie könne das Christentum aber nur als eigentümliche, abgeschlossene geschichtliche Größe in den Blick kommen (vgl. KD², § 80, 171), vgl. dazu auch: F. D. E. Schleiermacher, Manuskript zum Kolleg 1821/22, in: ders., Vorlesungen über die Kirchengeschichte, 19–121, 22 [die Hervorhebungen von aufgelösten Abbreviaturen werden hier und im Folgenden zugunsten der besseren Lesbarkeit nicht wiedergegeben]: „Mein

Reihe durch Epochen getrennter Perioden verläuft."[98] Die Unterscheidung von Perioden und Epochen wird begründet durch die Ansicht, dass innerhalb des Geschichtsverlaufs die einzelnen zu betrachtenden Momente unterschiedlich, allerdings nur in relativer Abgrenzung gegeneinander, charakterisiert werden könnten „entweder als plözliches Entstehen [...] oder als allmählige Fortbildung"[99], wenn aber eine Sequenz von Momenten der ersten Art vorliege, man von einer Epoche sprechen könne, während die Aneinanderreihung der Momente allmählicher Entwicklung eine Periode auszeichne.[100] Die Epoche sei nicht etwas schlechthin Neues, sondern verdanke sich Entwicklungen, deren Ursprung schon in der vorhergehenden Periode liege; ebenso sei die Epoche nicht dergestalt das Fundament der auf sie folgenden Periode, dass sie deren Prinzip in Form unabänderlicher Feststellungen hervorbringe. Vielmehr gehe von ihr ein neuer Impuls aus, der seinen Höhepunkt allerdings erst im Kulminationspunkt der Periode erreiche, der „das Größte der Entwiklung ihrer Anfangsepoche enthalte[], aber noch den Nullpunkt der Schlußepoche darstelle[]"[101].

Hat es folglich nach Schleiermacher die Dogmatik mit dem ‚Prinzip der laufenden Periode', das in der letzten Epoche aufgekommen ist, zu tun, so stellt sich die Frage, zu welcher Periode Schleiermacher seine Gegenwart rechnet, bzw. welches der letzte epochale Einschnitt war, der die gegenwärtige Periode prinzipiell bestimmt. „Abschnittspunkte [...] sind schwer zu bestimmen", so Schleiermacher im Manuskript einer Kirchengeschichtsvorlesung, „[u]m sie zu finden muß man den gegenwärtigen Zustand in seinen HauptMomenten und Gegensäzen unter sich und mit dem Anfang vergleichen. Was diese hervorgebracht sind die Hauptpunkte."[102] Aus einer solchen Betrachtung der den gegenwärtigen Zustand des Christentums charakterisierenden Differenzen und Hauptcharakteristika schließt Schleiermacher, dass der sie hervorbringende ‚Hauptpunkt', somit die „lezte Epoche in der Geschichte des Christenthums [...] die Reformation [ist], durch welche sich der Gegensaz zwischen Protestanten und Katholiken festgestellt hat."[103]

Glaubensbekenntniß ist: daß das Christenthum mit Christo anfängt; keine Fortsezung des Judenthums, kein gleichstehendes mit heidnischen Anfängen."

[98] KD² § 79, 171; vgl. auch KD¹, II. Teil, Einleitung, § 9, 80: „Die Geschichte des Christenthums läßt sich ansehen als eine einzelne Periode in der Religionsgeschichte überhaupt. Aber es läßt sich auch ansehn, als ein eignes geschichtliches Ganzes, sein Anfang als eine Entstehung, und sein ganzer Verlauf, als eine Reihe durch Epochen getrennter Perioden."

[99] KD², § 71, 168.

[100] Vgl. die der Historischen Theologie vorangestellte ‚Propädeutik' in der ‚Kurzen Darstellung' (KD², §§ 71–78, 168–170).

[101] KD², § 91, 175.

[102] F. D. E. SCHLEIERMACHER, Manuskript zum Kolleg 1821/22, 25.

[103] KD¹, II. Teil, Dritter Abschnitt, § 23, 105. Bemerkenswert ist in dieser Hinsicht, dass schon bald Schleiermachers Wirken selbst als Anbruch einer neuen Epoche der Theologiegeschichte gesehen wurde. So soll Neander in einer Vorlesung zum Tode Schleiermachers geäußert haben, „es sey der Mann dahingeschieden, von dem man künftig eine neue Epoche in

Nun sei jeder Gegensatz innerhalb des Christentums aufgrund des einheit-
lichen Wesens des Christentums, das seiner (fortschreitenden) Entwicklung
zugrunde liege,[104] dazu bestimmt, überwunden zu werden; und würde man
davon ausgehen, dass der Gegensatz zwischen der protestantischen und der
römisch-katholischen Kirche schon im Abnehmen sei, so käme es der dogma-
tische/Behandlung zu, diese Entwicklung durch vermittelnde Formulierungen
der Lehrsätze zu fördern. Gehe man aber davon aus, dass diese Entwicklung
zur Überwindung des Gegensatzes sich erst vollziehen könne, wenn der Gegensatz seinen Kulminationspunkt erreicht hat, so entstehe gerade die umgekehrte
dogmatische Aufgabe, die deutliche Explikation des Gegensatzes, um diesen
Prozess zu beschleunigen.[105]

Da Schleiermacher für seine Gegenwart den Gegensatz als noch nicht voll aus-
gebildet annimmt,[106] gilt für seine ‚Glaubenslehre‘, dass sie sich gegenüber „dem
Gegensaz zwischen dem römisch-katholischen und dem protestantischen nicht
gleichgültig verhalten"[107] kann. Vielmehr müsse sie ihrer Betrachtung des gegenwärtigen Zustandes des Christentums nicht nur dessen Wesensbegriff zugrunde
legen, sondern gerade auch „danach streben das Verhältniß eines jeden Lehr-
stüks zu dem unsere Periode beherrschenden Gegensaz zum klaren Bewußtsein
zu bringen."[108] Es gelte mithin analog zur Wesensbestimmung des Christentums
eine ebensolche auch für den Protestantismus zu erreichen, was allerdings nicht
die Aufgabe der Dogmatik selbst, sondern die der speziellen Apologetik sei.[109]

Schleiermacher erwägt diese Bestimmung des genuin Protestantischen daher
auch nicht in der materialdogmatischen Entfaltung der ‚Glaubenlehre‘, sondern in deren Einleitung, dort allerdings nicht innerhalb der „Lehnsäze aus der

---

der Theologie datiren werde" (zitiert nach: F. Lücke, Erinnerungen an Dr. Friedrich Schleiermacher, in: ThStKr 7/4 [1834], 745–813, 750), und Lücke stimmt diesem Urteil entschieden zu
(vgl. aaO., 750 f.; 775 f.). Berühmt geworden ist die Titulierung Schleiermachers als „Kirchenvater des 19. Jahrhunderts" (C. Lülmann, Schleiermacher, der Kirchenvater des 19. Jahrhunderts, SGV 48, Tübingen 1907). Und selbst Barth hält fest: „An die Spitze einer Geschichte der
Theologie der neuesten Zeit gehört und wird für alle Zeiten gehören der Name Schleiermacher
und keiner neben ihm" (K. Barth, Die protestantische Theologie im 19. Jahrhundert. Ihre
Vorgeschichte und ihre Geschichte, Zürich ³1946, 379).
[104] Zur Schleiermacherschen Auffassung der Perfektibilität des Christentums vgl. M. Ohst,
Schleiermacher und die Bekenntnisschriften. Eine Untersuchung zu seiner Reformations- und
Protestantismusdeutung, BHTh 77, Tübingen 1989, 36–45.
[105] Vgl. CG² I, § 23.2, 161 f.
[106] Vgl. CG² I, § 23.3, 163: „Wir aber können nicht die Spannung des Gegensazes schon als
im Abnehmen betrachten." Vgl. auch F. D. E. Schleiermacher, Gespräch zweier selbst überlegender Christen über die Schrift: Luther in Bezug auf die neue preußische Agende, in: KGA
I/9, hg. v. G. Meckenstock, Berlin/New York 200, 381–472, 471: „Die Reformation geht noch
fort!"
[107] CG² I, § 23, 160.
[108] KD², § 217, 216.
[109] Vgl. KD², § 39, 154, und § 50, 159.

Apologetik"[110], sondern im Zusammenhang der Frage nach der Methodik zur „Aussonderung des dogmatischen Stoffs"[111]. Entsprechend kommt es auch nicht zu einer Wesensbestimmung des Protestantismus, sondern lediglich zu einer ‚vorläufigen Formel'[112], die den Gegensatz

„zwischen Protestantismus und Katholizismus […] so fass[t], daß ersterer das Verhältniß des Einzelnen zur Kirche abhängig macht von seinem Verhältniß zu Christo, der leztere aber umgekehrt das Verhältnis des Einzelnen zu Christo abhängig von seinem Verhältniß zur Kirche."[113]

Schleiermacher setzt somit für die Entfaltung seiner Glaubenslehre voraus, dass diese zwar grundsätzlich der *allgemeinen* Wesensbestimmung des Christentums bedürfe, aber diese alles Christliche umfassende Bestimmung aufgrund der Abzweckung der Dogmatik auf die Leitung einer speziellen Individuationsgestalt des Christentums durch eine weitere Formel modifiziert werden müsse, die gleichsam das Prinzip der Periode, der diese eigene Gestaltung angehört, in vorläufiger Weise zum Ausdruck bringe. Da das Prinzip einer Periode aus der letzten Epoche – in Schleiermachers Fall aus der Reformation – herrühre, müsse die evangelische Glaubenslehre insbesondere die bisherige und weitere Entwicklung des ‚protestantischen Prinzips' aufzeigen können. Insofern nun dieses von Schleiermacher vorläufig so gefasst wird, dass es dem Protestantismus darum gehe, dass Verhältnis des Einzelnen zur Kirche von seinem Verhältnis zu Christus her zu bestimmen, so kann und muss gerade in der Betrachtung der dieses Verhältnis explizit behandelnden Lehrstücke untersucht werden, a) wie sie dieses Verhältnis explizieren, b) ob sie dabei noch als Entwicklung des Prinzips begriffen werden können, mithin also Anhalt an dem Impuls der sie bestimmenden Epoche haben[114] und c) inwiefern sie diesem Prinzip zur weiteren Entwicklung verhelfen. Diesen Fragestellungen entspricht die Herangehensweise der vorliegenden Arbeit.

---

[110] CG² I, §§ 11–14, 93–127.

[111] CG² I, §§ 21–26, 152–175.

[112] Zur Vorläufigkeit dieser Formel vgl. CG¹ I, § 28, Anm., 99: „Vorläufig soll hier nicht heißen, daß etwa in der Folge genaueres darüber vorkommen wird, sondern nur, daß dahin gestellt bleiben muß, ob sonst jemand eine genauere und zureichendere Formel aufstellen kann." Offensichtlich ist dies in Schleiermachers Wahrnehmung bis zur zweiten Auflage der ‚Glaubenslehre' niemandem gelungen.

[113] CG² I, § 24, 163 f. Mit dieser Bestimmung ist bei Schleiermacher nicht intendiert, dass der Einzelne eine vom christlichen Gesamtleben absehende Beziehung zum Erlöser haben könne.

[114] Aufs deutlichste wird dies von Brunner negiert, dessen „Hauptabsicht" es ist, „die Gegensätzlichkeit dessen, ‚was Schleiermacher wollte', und der Glaubenswelt der Apostel und Reformatoren aufzudecken" (E. Brunner, Die Mystik und das Wort. Der Gegensatz zwischen moderner Religionsauffassung und christlichem Glauben dargestellt an der Theologie Schleiermachers, Tübingen ²1928, 10). Insgesamt scheint es, dass dieses Hauptziel Brunners es ihm unmöglich macht, aufrichtig dem nachzugehen, ‚was Schleiermacher wollte' (und auch explizit so darlegte).

2.2 Das von der Dogmatik vorausgesetzte Verständnis von christlicher Kirche

Da Dogmatik als Einzeldisziplin der Theologie nach Schleiermachers Verständnis wesentlich auf die Kirche bezogen ist, kommt man nicht umhin, diesen im vorherigen Abschnitt schon mehrfach angeführten Begriff zu durchleuchten.[115] Und da Schleiermachers ‚Glaubenslehre‘ sich auf eine bestimmte Kirche bezieht, so muss ebenso untersucht werden, welche Näherbestimmung der Begriff ‚Kirche‘ durch das Adjektiv ‚christlich‘ erhält.

An dieser Stelle kommen einerseits die innerhalb der stark ‚beackerten‘ Einleitung der ‚Glaubenslehre‘ besonders kontrovers diskutierten §§ 3–6 in den Blick, die sich in ethischen Lehnsätzen dem „Begriff der Kirche“[116] widmen. Andererseits erfordert die Frage nach der Bedeutung von ‚christlich‘ die Untersuchung der Lehnsätze aus der Religionsphilosophie, um auf der Basis des vorher gewonnenen Kirchenbegriffs die Möglichkeit der „Verschiedenheit der frommen Gemeinschaften überhaupt“[117] zu erhellen – und somit die Grundlage der Unterscheidungsmöglichkeit von christlich und nicht-christlich nachzuvollziehen. Schließlich kommt es in den apologetischen Lehnsätzen[118] zu einer „Darstellung des Chistenthums seinem eigenthümlichen Wesen nach“[119], so dass erst hier die positiv-inhaltliche Füllung von ‚christlich‘ im Schleiermacherschen Sinne erkannt werden kann.[120]

Der folgende Abschnitt wird sich daher diesen Paragraphen widmen. Es soll jedoch nicht die Diskussion um die subjektivitätstheoretischen Ausführungen der Einleitung aufgenommen und weitergeführt werden, sondern lediglich erhoben werden, was Schleiermacher unter ‚christlicher Kirche‘ versteht und welche Konsequenzen sich für das Herangehen an die ‚Glaubenslehre‘ ergeben, wenn diese konstitutiv auf eine so verstandene Kirche bezogen ist. Von den genannten Paragraphen der ethischen Lehnsätze wird daher primär § 6 fokussiert werden, während der Inhalt der vorhergehenden Ausführungen bezüglich des

---

[115] Vgl. auch CG² I, § 2, 13 f.: „Da die Dogmatik eine theologische Disciplin ist, und also lediglich auf die christliche Kirche ihre Beziehung hat: so kann auch nur erklärt werden was sie ist, wenn man sich über den Begriff der christlichen Kirche verständiget hat.“

[116] Vgl. CG² I, §§ 3–6, 19–59.

[117] So in der Überschrift der §§ 7–10, in: CG² I, 60.

[118] Die „Sonderstellung“ der apologetischen Lehnsätze fasst Albrecht wie folgt zusammen (C. ALBRECHT, Schleiermachers Theorie der Frömmigkeit. Ihr wissenschaftlicher Ort und ihr systematischer Gehalt in den Reden, in der Glaubenslehre und in der Dialektik, SchlA 15, Berlin/New York 1994, 219): „Die (kritische) Methode der Apologetik ist aus der Religionsphilosophie übernommen, ihre Aufgabe dagegen ist im Vergleich […] noch einmal unter funktionalem Aspekt zugespitzt.“

[119] So die Überschrift zu den §§ 11–14, in: CG² I, 93.

[120] Vgl. zu den Lehnsätzen sowie den wissenschaftlichen Feldern, aus denen Schleiermacher die Sätze entleiht, den kurzen Überblick bei C. ALBRECHT, Theorie, 214–219, sowie die ausführliche Darstellung von D. OFFERMANN, Schleiermachers Einleitung in die Glaubenslehre. Eine Untersuchung der „Lehnsätze“, Berlin 1969.

Wesens der Frömmigkeit vorerst lediglich vorausgesetzt wird.[121] Es gilt hier in erster Linie zu zeigen, dass auch bezüglich des im Dogmatikverständnis vorausgesetzten Kirchenbegriffs eine genauere Analyse der Lehrstücke von Wiedergeburt und Heiligung (in ihrem Zusammenhang zur vorgängigen theologischen Tradition) zu einem umfassenderen Verständnis des Schleiermacherschen Werks beitragen kann. Eine darüber hinausgehende von der materialen Entfaltung isolierte Betrachtung dieser Paragraphen ist m. E. im Kontext der hier angestrebten Untersuchung nicht weiterführend; des Weiteren widerspricht sie Schleiermachers eigener Beurteilung des Status der einleitenden Paragraphen, wie er sie in der zweiten Auflage der ,Glaubenslehre' selbst,[122] aber auch im ,Zweiten Sendschreiben an Lücke' deutlich ausspricht:

„Denn wie die jetzige [sc. die erste Auflage der ,Glaubenslehre'] mißverstanden worden ist, sehe ich deutlich genug [...]. Oder ist etwa nicht die Einleitung, mit der ich doch nichts anderes beabsichtigte, als eine vorläufige Orientirung, die, genau genommen, ganz außerhalb unserer Disciplin selbst liegt, als die eigentliche Hauptsache, als der rechte Kern des Ganzen angesehen worden? [...] So ist die Sache ja angesehen worden fast überall; und da doch niemand gern so gänzlich mißverstanden wird: so werden Sie es mir nicht verdenken, daß es mir fast leid that, diese Stellung durchgeführt zu haben. Tadeln konnte ich mich freilich nicht eigentlich; denn wie hätte ich mir träumen lassen können, daß man von einer solchen Voraussetzung ausgehen würde, da doch ein wissenschaftliches Werk kein Gastmahl ist, wobei man auf einen gewissen Rausch durch das vorausgeschickte trefflichste Getränk rechnet, um dann geringeres Gewächs noch leidlich anzubringen."[123]

Mit den Lehnsätzen der Einleitung erfüllt Schleiermacher in Grundzügen ein Desiderat der wissenschaftlichen und theologischen Arbeit, indem er knapp die von der dogmatischen Theologie *vorauszusetzenden* Aufgaben der Philosophischen Theologie, insbesondere die der Apologetik,[124] behandelt, die wiederum für ihre Arbeit – die Erhebung des Wesens des Christentums „durch Gegeneinanderhalten dessen, was im Christenthum geschichtlich gegeben ist, und der Gegensäze, vermöge deren fromme Gemeinschaften können von einander ver-

---

[121] An späterer Stelle wird allerdings eine intensivere Auseinandersetzung mit den subjektivitätstheoretischen Aussagen der Paragraphen erfolgen, einerseits, wenn es um das Motiv der ,lebendigen Empfänglichkeit' gehen wird (vgl. Kap. IV.3), andererseits im Zusammenhang der Erörterungen über den Glaubensbegriff der Glaubenslehre (vgl. Kap. VI.5.2.2).

[122] Vgl. CG² I, § 1, 11–13.

[123] F. D. E. Schleiermacher, Über die Glaubenslehre. Zwei Sendschreiben an Lücke (ThStKr 2 [1829], 255–284, 481–532), in: ders., Theologisch-dogmatische Abhandlungen und Gelegenheitsschriften, KGA I/10, hg. v. H.-F. Traulsen, Berlin/New York 1990, 307–394, 339f. Vgl. zum Status der Einleitung auch C. Albrecht, Theorie, 198f.

[124] Vgl. die Lehnsätze aus der Apologetik CG² I, §§ 11–14, 93–127; zur Funktionsbestimmung der Philosophischen Theologie insgesamt und der Apologetik im Speziellen vgl. KD § 24, 149; §§ 32–53, 152–160.

schieden sein"[125] – auf die Darstellungen der Ethik[126] und der Religionsphilosophie[127] zurückgreifen müsse.[128]

Dass der *allgemeine* Begriff von Kirche[129] nicht von der Theologie, sondern von der Ethik zu bestimmen sei, erklärt sich aus Schleiermachers Annahme, dass Gemeinschaften, deren Existenz nicht „als ein für die Entwikkelung des menschlichen Geistes nothwendiges Element" erwiesen werden kann, als eine „Verirrung"[130] angesehen werden müssen.[131] Mit eben dieser Entwicklung des

---

[125] KD², § 32, 152.

[126] Vgl. die Lehnsätze aus der Ethik CG² I, §§ 3–6, 19–59; zum Rückgriff der Philosophischen Theologie auf die Ethik vgl. KD², § 24, 149.

[127] Vgl. die Lehnsätze aus der Religionsphilosophie CG² I, §§ 7–10, 60–93; was Schleiermacher unter dem Begriff ‚Religionsphilosophie‘ zusammenfasst, würde gegenwärtig wohl eher als ‚vergleichende Religionswissenschaft‘ bezeichnet werden. Zum Rückgriff der Philosophischen Theologie auf die Religionsphilosophie vgl. KD², § 24, 149.

[128] Dass Schleiermacher selbst Kirche als eine „durch freie menschliche Handlungen" (CG², § 2.2, 16) konstituierte, für die Entwicklung des menschlichen Geistes notwendige und damit in der Ethik zu verhandelnde Gemeinschaft versteht, kann auch seinen Manuskripten zur Ethik entnommen werden, vgl. F. D. E. Schleiermacher, Ethik (1812/13), Güterlehre, Dritter Teil, §§ 196–232, 119–126. Allerdings bemerkt er in einer Marginalie seines Handexemplar zur ‚Glaubenslehre‘, dass diese Verortung und Behandlung des Gegenstandes noch ungewöhnlich und wenig verbreitet scheint (vgl. CG² I, § 2.2, App. H, 16). Bezüglich der Religionsphilosophie, der es – auf Basis der Ergebnisse der Ethik (vgl. KD², § 23, 148) –, zukomme, „eine kritische Darstellung der verschiedenen gegebenen Formen frommer Gemeinschaften, sofern sie in ihrer Gesammtheit die vollkomne Erscheinung der Frömmigkeit der menschlichen Natur sind" (CG² I, § 2, Zusatz 2, 19), zu entwickeln, könne noch weniger auf allgemein Anerkanntes zurückgegriffen werden (aaO., § 2.2, 17 f.): „Die Lösung jener Aufgabe der Religionsphilosophie ist allerdings verschiedentlich versucht worden, aber nicht auf einem so allgemein geltenden wissenschaftlichen Verfahren ruhend, noch in solchem Gleichgewicht des geschichtlichen und speculativen sich haltend, daß wir uns darauf als auf etwas anerkannt befriedigendes in unsern theologischen Disciplinen berufen könnten." Die Philosophische Theologie wird von Schleiermacher selbst erst mit der ‚Kurzen Darstellung‘ als eigene Disziplin eingeführt (KD², § 24, 149); entsprechend gilt ihm die Apologetik, die auf die Ergebnisse der Religionsphilosophie zurückgreifen müsse, „als eine für unsere Zeiten neu zu gestaltende theologische Disciplin" (CG² I, § 2.2, 18).

[129] Schleiermacher verwendet als Oberbegriff ‚frommer Gemeinschaften‘ in der ‚Glaubenslehre‘ bewusst nicht mehr den Religionsbegriff, der noch bei den ‚Reden‘ (F. D. E. Schleiermacher, Über die Religion. Reden an die Gebildeten unter ihren Verächtern [1799], in: ders., Schriften aus der Berliner Zeit, hg. v. G. Meckenstock, KGA I.2, Berlin/New York 1984, 185–326 [im Folgenden: Reden]) die prominente Stellung im Titel inne hatte. Er begründet diese Vermeidung des Terminus mit dessen unklarer Bedeutung (vgl. CG¹ I, § 6, Anm., 20; CG² I, § 6, Zusatz, 58 f.).

[130] KD², § 22, 148. Vgl. dazu auch ThEnz, § 22, 21 f.: „Eine Gemeinschaft, und zwar eine so umfassende, wenn diese nicht eine nothwendige Basis hat, so ist sie eine Verirrung. […] Jede nicht nothwendige Verbindung ist eine Verirrung. Was nichts Nothwendiges ist im geistigen Leben, ist ein Verschwindendes. Was aber eine Gemeinschaft bildet das wird als ein Bleibendes betrachtet." Schleiermacher zieht hier die Analogie zum Staat und zu den „schönen Künsten", für die ebenfalls gelte, dass sie *notwendig* zur Entwicklung des menschlichen Geistes gehörten.

[131] Vgl. C. Albrecht, Theorie, 215: „Die Ethik weist die Legitimität menschlicher Gemeinschaftsformen und die Universalität der konstitutiven Elemente des Geistes ipso actu dadurch nach, daß sie das vollständige Deckungsverhältnis zwischen den die Entwicklung des geschicht-

menschlichen Geistes setze sich nun aber die Ethik auseinander: Sie wird von
Schleiermacher als „die der Naturwissenschaft gleichlaufende speculative Darstellung der Vernunft in ihrer Gesammtwirksamkeit"[132] verstanden. Als solche
sei sie die „Wissenschaft der Geschichtsprincipien"[133].

Das Ziel der §§ 3–6 ist mithin darin zu sehen, die allgemeine Auffassung von
‚Kirche' so herzuleiten, dass die Existenz von Kirche(n) als legitim und notwendig
erscheint. Zu diesem Zweck bestimmt Schleiermacher das der Kirchenbildung
zugrundeliegende Prinzip, im Rückgriff auf psychologische Erwägungen,[134] als
„Frömmigkeit"[135] bzw. „frommes Selbstbewußtsein"[136], um durch die daran
anschließende Wesensbestimmung[137] – Frömmigkeit als „das schlechthinige Abhängigkeitsgefühl, wie es sich als Gottesbewußtsein ausspricht"[138] – zu dem
Nachweis zu gelangen, dass dieses Prinzip *als* „höchste Stufe des menschlichen
Selbstbewußtseins"[139] „ein der menschlichen Natur wesentliches Element"[140]
sei.[141]

---

lichen Ganzen leitenden Prinzipien und den notwendigen Elementen des menschlichen Geistes
beschreibt." Vgl. aber auch D. OFFERMANN, Einleitung, 37 f., die darauf aufmerksam macht,
dass es, da es Schleiermacher um „das Nahziel" der Definition des Kirchenbegriffs gehe, nicht
notwendig sei, „auszumachen, in welcher Weise – bis in welche Breiten- und Tiefendimension
hinein – die am ehesten als ‚Kulturphilosophie' zu verstehende Ethik von Schleiermacher
gedacht, angelegt und ausgeführt worden ist" (aaO., 37).

[132] CG² I, § 2, Zusatz 2, 19; vgl. F. D. E. SCHLEIERMACHER, Ethik (1812/13), Einleitung I.16
u. I.18, 7: „Die Ethik ist also vorläufig Bezeichnung des Lebens der Vernunft, und dieses in
seinem nothwendigen Gegensaz ist Handeln auf die Natur. […] Wenn das Leben der Vernunft
als Handeln auf die Natur begriffen ist, so ist die Ethik mit ihrer entgegengesezten Wissenschaft,
nemlich der Physik, zugleich begriffen."

[133] KD², § 35, 153; vgl. auch F. D. E. SCHLEIERMACHER, Ethik (1812/13), Einleitung III.50, 11;
oder: ThEnz, § 35, 39: „Hier erst kann erörtert werden, wie fern die Ethik […] die Wissenschaft
der Geschichtsprincipien ist. Hier wird vorausgesezt, daß der menschliche Geist eine Lebenseinheit ist, die sich in Raum und Zeit entwickelt. Die Geschichte muß die Tendenz haben, die
wesentlichen Momente dieses Geistes der Erscheinung immer mehr einzubilden, und insofern
die Ethik jene Momente darstellt, so ist sie die Wissenschaft von den Principien der Geschichte."

[134] Vgl. CG² § 3.3, 24 f., wobei allerdings nach Schleiermacher die Gültigkeit der Bestimmung
der Frömmigkeit als Gefühl nicht an der Richtigkeit der psychologischen Erwägungen hängt.

[135] CG² I, § 3, 19.

[136] CG² I, § 6, 53.

[137] Vgl. D. OFFERMANN, Einleitung, 47: „Gefühl ist nicht als solches schon fromm, und nicht
jede Bestimmtheit des unmittelbaren Selbstbewußtseins ist Frömmigkeit. Also ist es notwendig,
an dem ‚Ort', der der Frömmigkeit zugewiesen ist, dessen ‚Wesen' auszumachen".

[138] CG² I, § 6.1, 53.

[139] CG² I, § 5, 40.

[140] CG² I, § 6.1, 54.

[141] Albrecht macht darauf aufmerksam, dass sich mit diesem Erweisziel der „intentionale[]
und argumentative Ansatz" (C. ALBRECHT, Theorie, 229) gegenüber der ersten Auflage der
‚Glaubenslehre' geändert habe, der es lediglich darum gehe, „die Frömmigkeit [als] ein *mögliches*
Element des Selbstbewußtseins" (ebd.) auszuweisen. Hinsichtlich der Zielrichtung und des
Inhalts von §§ 3–6 hält er fest (aaO., 231): „So bildet also die Frömmigkeit den eigentlichen
Gegenstand der §§ 3–6, während der aus ihr abzuleitende allgemeine Begriff der Kirche den
formalen Anlaß und den Bezugsrahmen dieser Erörterung darstellt." Gegen die These einer

Der Forderung aus § 22 der ‚Kurzen Darstellung' ist damit schon insofern genüge geleistet, als das frommer Gemeinschaft zugrunde liegende Prinzip als ein notwendig zur menschlichen Natur gehörendes aufgewiesen wird, und die Vergemeinschaftung aufgrund dieses Prinzips gleichsam natürlich sei, da ein jedes zur Natur des Menschseins gehöriges Element aufgrund des „Gattungsbewußt-sein[s]"[142] „in seiner Entwiklung nothwendig auch Gemeinschaft"[143] werde.[144] Den Zusammenhang von Selbst- und Gattungsbewusstsein, den Schleiermacher auch in seinen Vorlesungen zur Psychologie behandelt,[145] expliziert er in der materialdogmatischen Entfaltung als einen Aspekt der „ursprüngliche[n] Vollkommenheit des Menschen"[146]. Er gewährleiste „im allgemeinen alle Anerkennung Anderer als gleichartiger Wesen" und impliziere die „Mittheilbarkeit des inneren durch das äußere"[147]. Als solches bilde „[d]ieses Mitenthaltensein des Gattungsbewußtseins in dem persönlichen Selbstbewußtsein [...] die gesellige Grundbedingung, indem jede menschliche Gemeinschaft nur auf ihr beruht"[148].

Sei somit Frömmigkeit zwar als Gefühl prinzipiell ein ‚Inneres', so könne sie aufgrund des Gattungsbewusstseins nicht rein innerlich bleiben, sondern werde – mimisch, gestisch, akustisch, sprachlich – etwas Äußer- und somit auch von anderen Vernehmbares. Nun begründe das Gattungsbewusstsein nicht nur die ‚Äußerung des Inneren', zumal diese allein noch keine Gemeinschaft konstituiere, solange sie lediglich Darstellung wäre, der auf Seiten des Vernehmenden die Vorstellung korrespondiere, sondern auch die Fähigkeit des die Äußerung Vernehmenden, diese nicht nur als Ausdruck des Innenlebens des Äußernden

---

Änderung des Vorgehens der zweiten gegenüber der ersten Auflage spricht sich Offermann aus, die allerdings m. E. die Formulierungen der zweiten Auflage zu stark mit denen der ersten interpretiert und so die Änderungen gewissermaßen einebnet (vgl. D. Offermann, Einleitung, 58 f.).

[142] CG² I, § 6.2, 55.

[143] CG² I, § 6, 53.

[144] Diese ‚natürliche Wirkung' des Gattungsbewusstseins schränkt Schleiermacher allerdings in der materialen Entfaltung der ‚Glaubenslehre' insofern ein, als „erst durch Christum als Stifter einer solchen Verbindung, welche alle Menschen umfassen kann, [...] das Gattungsbewußtsein mit dem Gottesbewußtsein zugleich und in Bezug auf dasselbe zum kräftigen Impuls geworden [sei]. Eben deshalb aber ist es in dieser Kräftigkeit nicht ein natürliches Princip [...]. Vielmehr kennen wir dasselbe nur als die ursprünglichste Aeußerung des h. Geistes" (CG² II, § 121.3, 282 f.).

[145] F. D. E. Schleiermacher, Psychologie. Aus Schleiermachers handschriftlichem Nachlasse und nachgeschriebenen Vorlesungen, hg. v. L. George, Friedrich Schleiermachers sämmtliche Werke III.6/4, Berlin 1862, darin bspw. den Abschnitt einer Nachschrift der Vorlesung von 1818, 44–46; vgl. auch die Ausführungen in Kap IV.3 der vorliegenden Arbeit.

[146] CG² I, § 60, 371.

[147] CG² I, § 60.2, 373. Vgl. auch F. D. E. Schleiermacher, Die christliche Sitte nach den Grundsätzen der evangelischen Kirche im Zusammenhange dargestellt (Berlin ²1884), 2 Bde., neu hg. und eingel. v. E. Müller, ThST 7.1/7.2, Waltrop 1999 (im Folgenden: CS² I/II), II, 510: „[...] Ebenso, der einzelne Mensch könnte kein Individuum der Gattung sein ohne ein Aeußerlichwerden des inneren; denn nur unter dieser Bedingung kann die menschliche Natur an eine Totalität von Einzelwesen vertheilt sein."

[148] CG² I, § 60.2, 373.

wahrzunehmen, sondern sie – mittels des Gattungsbewusstsein – in die eigene Person durch „lebendige Nachbildung"[149] zu integrieren. Durch diesen Zusammenhang der Externalisierung des inneren Gefühls und Internalisierung der äußeren Mitteilung werde eine „mannigfaltige Gemeinschaft des Gefühls"[150] fundiert. Gelingende, gemeinschaftskonstituierende Mitteilung setzt somit nach Schleiermacher beim ‚Absender' die Fähigkeit zur Äußerung des Inneren voraus; weiter sei notwendig, dass dieser Äußerung eine „erregende Kraft"[151] innewohne, so dass sie schließlich dem ‚Adressaten' nicht als bloße Darstellung durch den Äußernden etwas Fremdes bleibe, sondern seinerseits als „Thatsache[] [einer] andere[n] Persönlichkeit in die eigene"[152] aufgenommen werde.

Allerdings sei mit dieser natürlichen Gemeinschaft in Beziehung auf Frömmigkeit noch nicht das beschrieben, was ‚Kirche' meint, da letztere voneinander verschiedene und gegeneinander relativ abgeschlossene Gemeinschaften bezeichne,[153] während sich die aus der natürlichen ‚Ausstattung' des Menschen erwachsende Gemeinschaft aufgrund des sich immer gleichen zugrundeliegenden Prinzips prinzipiell soweit wie das Gattungsbewusstsein erstrecke und somit eine „streng genommen unbegrenzte Gemeinschaft"[154] bedeute.

Hier ist nun die von Schleiermacher der Religionsphilosophie zugeschriebene Aufgabe – zumindest im Blick auf die christliche Kirche – zu lösen, in der „weitere[n] Entwikkelung des Begriffs frommer Gemeinschaften" zu zeigen, „auf welche Weise und in welchem Maaß die eine von der andern verschieden sein kann, imgleichen wie sich auf diese Differenz das eigenthümliche der geschichtlich gegebenen Glaubensgenossenschaften bezieht."[155] Der Weg zur Lösung dieser Aufgabe liege somit weder in einem rein empirischen Urteil über die

---

[149] CG² I, § 6.2, 55. Diese lebendige Nachbildung ist möglich durch die lebendige Empfänglichkeit, vgl. Kap. IV.3 der vorliegenden Untersuchung.

[150] CG² I, § 6.2, 56.

[151] CG² I, § 6.2, 56.

[152] CG² I, § 6.2, 55.

[153] Vgl. CG² I, § 6.4, 58 [Sperrung des Originals aufgehoben durch die Vfn.]: „Jede [...] relativ abgeschlossene fromme Gemeinschaft, welche einen innerhalb bestimmter Grenzen sich immer erneuernden Umlauf des frommen Selbstbewußtseins und eine innerhalb derselben geordnete und gegliederte Fortpflanzung der frommen Erregungen bildet, so daß irgendwie zu bestimmter Anerkennung gebracht werden kann, welcher Einzelne dazu gehört und welcher nicht, bezeichnen wir durch den Ausdrukk Kirche." Vgl. auch CG¹ I, § 12, Anm. c, 41. Vgl. zur Konstitution von ‚Kirche' durch das von brüderlicher Liebe motivierte, darstellende Handeln auch CS² II, 516–537.

[154] CG² I, § 6.4, 57. Allerdings könne innerhalb dieser universalen Gemeinschaft aufgrund der Ähnlichkeit bzw. Unähnlichkeit von Menschen („sowol was die Stärke ihrer frommen Erregungen betrifft, als auch in Beziehung auf die Region des sinnlichen Selbstbewußtseins, mit welcher sich am leichtesten das Gottesbewußtsein eines Jeden einigt" [aaO., § 6.3, 56]) wiederum die Intensität der Gemeinschaft des Einzelnen zu verschiedenen Menschen variieren, ohne dass jedoch Gemeinschaft je vollständig unmöglich würde. Aufgrund dieses Intensitätsunterschieds bezeichnet Schleiermacher die universale Gemeinschaft in Bezug auf die Frömmigkeit als „ungleichmäßig fließende" (aaO., § 6, 53).

[155] KD², § 23, 148.

Tatsächlichkeit verschiedener frommer Gemeinschaften, noch in der rein spekulativen Ableitung dieser aus dem Begriff frommer Gemeinschaft,[156] sondern in dem ‚kritischen Verfahren‘[157], das durch „eine begleitende Beziehung des einen auf das andere"[158] erst ein (relatives) Wissen[159] ermögliche. Auf diese Weise gelangt Schleiermacher in der ‚Glaubenslehre‘ zur Unterscheidung frommer Gemeinschaften einmal nach ihrer jeweiligen „Entwiklungsstufe[]", innerhalb dieser aber anhand „verschiedene[r] Arten."[160] Hinsichtlich des hier verfolgten Aufweises der Relevanz der Lehrstücke von Wiedergeburt und Heiligung für das Gesamtverständnis der ‚Glaubenslehre‘ sowie der Sachgemäßheit der angestrebten Behandlungsweise ist die zweite Unterscheidung die ertragreichere,

---

[156] Vgl. zu Urteil und Begriff: F. D. E. Schleiermacher, Ausarbeitung zur Dialektik (1814/15 mit späteren Zusätzen), KGA II.10.1, 73–197 [im Folgenden: Dial(1814/15)], I. Teil, §§ 138–197, 102–133. Wissen ist nach Schleiermacher unter der Form des Urteils und des Begriffs möglich. Beide stünden in einem gegenseitigen Abhängigkeitsverhältnis zueinander (vgl. aaO., § 140 und § 142, 103) und seien daher einander „nur relativ entgegengesetzt" (aaO., § 197, 133). Dies hält Schleiermacher als Kritik gegen einen einseitigen Idealismus einerseits, einen einseitigen Realismus andererseits fest (vgl. aaO., § 138, 102, und §§ 168–172, 109–112, sowie C. v. Sigwart, Schleiermacher's Erkenntnißtheorie und ihre Bedeutung für die Grundbegriffe der Glaubenslehre, in: JDTh 2 [1857], 267–327, 309).

[157] Vgl. auch Dial(1814/15), II. Teil, § 48, 180: „Das Fortlaufen des kritischen Verfahrens neben dem directen bestimt das Gebiet des Wissens im engeren Sinne."

[158] Dial(1814/15), I. Teil, § 210, 139.

[159] Vgl. auch ThEnz, § 21, 20f.: „Fragen wir aber; wie unterscheidet sich die von dieser Thatsache ausgegangene christliche Frömmigkeit von anderer? darüber ist ein Wissen <mög­lich> nöthig, welches nicht mehr das Thatsächliche ist, weil auf den allgemeinen Begriff der Frömmigkeit zurückgegangen <wird> und sie in ihrer Modificabilität erkannt werden muß. Dieß ist ein auf das Empirische gegründetes, aber wissenschaftliches Erkennen." Zum Verhältnis von Denken und Wissen vgl. CG² I, § 3.5, 30–32, sowie Dial(1814/15), I. Teil, §§ 86f., 90: „Jedes Wissen ist ein Denken, aber nicht jedes Denken ist ein Wissen. [...] Dasjenige Denken ist ein Wissen, welches a. vorgestellt wird mit der Nothwendigkeit daß es von allen Denkensfähigen auf dieselbe Weise producirt werde; und welches b. vorgestellt wird als einem Sein, dem darin gedachten, entsprechend."
‚Wissen‘ werde somit durch zwei Aspekte charakterisiert: die Übereinstimmung des Denkprozesses bei allen es zu produzieren Fähigen (die „Gleichmäßigkeit der Production" [aaO., § 88, 90]) sowie die Entsprechung zwischen Denken und Sein, wodurch „die das Wissen begleitende Ueberzeugung" (aaO., § 88, 90; vgl. auch aaO., § 95, 91) gegeben sei. Allerdings räumt Schleiermacher einerseits ein, dass sich in diesen zwei Merkmalen das Wissen nicht unbedingt erschöpfen müsse, und andererseits, dass „auch nicht jedes Wissen diesem Charakter rein entspricht" (aaO., § 97, 92). Vorausgesetzt wird bei dieser Bestimmung der Wissensmerkmale, dass ‚Denken‘ „das intellectuelle und das organische" (aaO., § 107, 94) Element umfasst, die in den „modi des Seins" (aaO., § 132, 100) als idealem und realem gründeten, so dass Schleiermacher zusammenfassend festhalten kann (aaO., § 122, 98): „Mit der Idee des Wissens ist gesetzt eine Gemeinsamkeit der Erfahrung und eine Gemeinsamkeit der Principien unter Allen, mittelst der Identität der Vernunft und der Identität der Organisation in Allen". Allerdings sei *faktisch* nicht nur von dieser Identität, sondern ebenso auch von einer Differenz auszugehen (vgl. aaO., § 123, 98), so dass „es in der Realität kein reines Wissen sondern nur verschiedene concentrische Sphären der Gemeinsamkeit der Erfahrung und der Principien" (aaO., § 125, 98) gebe. Diese Differenz tangiere allerdings nicht „die Reinheit der Idee des Wissens", die notwendig „hinter der Differenz des gesonderten Wissens eine allgemeine Identität" (aaO., § 126, 99) voraussetze.

[160] CG² I, § 7, 60.

weshalb die Begründung der verschiedenen Frömmigkeitsstufen lediglich kurz angeführt werden muss, der Schwerpunkt aber auf der Unterscheidungsweise der Arten innerhalb einer Stufe liegt.

Nach Schleiermacher muss die Bestimmung der Entwicklungsstufen, damit sie wirklich etwas über die *wesentliche* Unterscheidbarkeit der Gestaltungen frommer Gemeinschaften und nicht lediglich etwas über Differenzen, die sich aus anderen Faktoren zufällig ergeben, aussagt, in dem diesen Gemeinschaften zugrundeliegenden Prinzip gründen, also „eine Verschiedenheit in dem unmittelbaren Selbstbewußtsein"[161] zu ihrem Maßstab haben. Hier greift Schleiermacher auf das Modell der in § 5 entwickelten „drei Stuffen des Selbstbewußtseins"[162] zurück und konzipiert auf dieser Grundlage und in Analogie[163] dazu ein dreigliedriges Stufenschema frommer Gemeinschaften, wobei er von der höchsten Stufe, dem Monotheismus, ausgehend diesem Polytheismus und ‚Götzendienst' bzw. ‚Fetischismus' als niedrigere Stufen unterordnet. Während es dem unmittelbaren Selbstbewusstsein, dem als Frömmigkeitsform der Fetischismus entspreche, an dem „Sinn für eine Totalität"[164] mangele, es somit als Selbstbewusstsein (noch) nicht zum ‚Weltbewusstsein' erweitert sei,[165] sei dieses beim Polytheismus zwar nicht der Fall, doch werde zwischen frommen Gefühl und sinnlichem Selbstbewusstsein nicht deutlich differenziert, so dass das höhere Selbstbewusstsein selbst durch die das sinnliche bestimmenden Gegensätze beeinträchtigt werde: anstatt das ‚Woher' des *schlechthinnigen* Abhängigkeitsgefühl als *Eines* zu glauben, werde „eine Mehrheit gesezt […] von der es ausgehe."[166]

---

[161] CG² I, § 8.2, 66.

[162] CG² I, § 5.1, 43.

[163] Vgl. CG² I, § 8, App. H, 64. Diese Analogie darf m.E. nicht so verstanden werden, dass eine unmittelbare Koordination von der niedrigsten Stufe des Selbstbewusstseins mit der niedrigsten Stufe der Frömmigkeitsform vorliegt. Dies würde den Ausführungen Schleiermachers über die Stufen des Selbstbewusstseins widersprechen, denen zufolge das schlechthinnige Abhängigkeitsgefühl, welches das Wesen der Frömmigkeit ausmacht (aaO., § 4, 32–40), nicht hervortreten könne, solange „die niedrigste thierähnliche Stufe […] noch vorhanden ist" (aaO., § 5.3, 45). So auch D. OFFERMANN, Einleitung, 174ff.

[164] CG² I, § 8.1, 65.

[165] Vgl. dazu CG² I, § 4.2, 35f. [Sperrung des Originals durch Kursivsetzung wiedergegeben]: „Denken wir uns nun Abhängigkeitsgefühl und Freiheitsgefühl in dem Sinne als Eines, daß nicht nur das Subject, sondern auch das mitgesezte Andere in beiden dasselbige ist: so ist dann das aus beiden zusammengesezte Gesammtselbstbewußtsein das der *Wechselwirkung* des Subjectes mit dem mitgesezten Anderen. Sezen wir nun die Gesammtheit aller Gefühlsmomente beider Art als Eines, so ist auch das mitgesezte Andere eine Gesammtheit oder Eins zu sezen, und der lezte Ausdrukk also der richtige für unser Selbstbewußtsein im allgemeinen, […] sofern wir das Gesammte Außeruns als Eines, ja auch […] mit uns zusammen als Eines, das heißt als Welt sezen." Vgl. auch – schon im Blick auf den Monotheismus – CG¹ I, § 15.2, 50: „Denn es giebt keinen eigentlichen Monotheismus ohne die Fähigkeit sich im Selbstbewußtsein mit der ganzen Welt zu einen, d.h., sich selbst schlechthin als Welt oder die Welt schlechthin als sich selbst zu fühlen."

[166] CG² I, § 8, 67. Vgl. auch CG¹ I, § 15.2, 50f.

„Die verschiedenen Arten dasjenige außer uns, worauf das schlechthinige Abhängigkeits-
bewußtsein sich bezieht, vorzustellen hangen also zusammen theils mit der verschiedenen Ausdehnbarkeit des Selbstbewußtseins, indem so lange der Mensch sich nur noch
mit einem kleinen Theil des endlichen Seins identificirt sein Gott noch ein Fetisch sein
wird, theils auch mit der Klarheit der Unterscheidung des höheren Selbstbewußseins vom
niederen. [...] Ist aber das höhere Selbstbewußtsein noch nicht gänzlich vom sinnlichen
geschieden: so kann auch das mit gesetze nur sinnlich aufgefaßt werden, und trägt dann
den Keim der Mannigfaltigkeit schon in sich. Nur also wenn sich das fromme Bewußtsein so ohne Unterschied mit allen Zuständen des sinnlichen Selbstbewußtseins vereinbar,
aber auch so bestimmt von diesem geschieden ausprägt, daß in dem frommen Erregungen
selbst keine Differenz stärker hervortritt als die des freudigen oder niederschlagenden
Tons, dann erst hat der Mensch jene beiden Stufen glücklich überschritten und kann sein
schlechthiniges Abhängigkeitsgefühl nur auf Ein höchstes Wesen beziehen."[167]

Ist so ein Schema entwickelt, bei dem das Christentum gemeinsam mit Judentum
und Islam auf der höchsten Stufe der Entwicklung frommer Gemeinschaften, auf
der des Monotheismus, zu stehen kommt, so muss noch beantwortet werden,
worin sich jenes von diesen beiden unterscheidet. Zum einen behauptet Schleiermacher die Höherrangigkeit des Christentums aufgrund seiner höheren Entwicklung, da Judentum und Islam in Teilen noch den unteren Stufen verhaftet
seien.[168]

Aufschlussreicher und für die hier verhandelte Fragestellung ertragreicher
sind aber zum anderen seine Überlegungen bezüglich der „Queertheilung"[169]
der monotheistischen Frömmigkeitsstufe anhand der Unterscheidung ‚teleologischer' und ‚ästhetischer' Frömmigkeitsgestaltung.[170] Auch hier müsse – in der
Abzweckung auf die Erhebung eines *wesentlichen* Unterschieds – wieder auf
den Frömmigkeits*begriff* zurückgegangen werden. Da aber das schlechthinige
Abhängigkeitsgefühl immer sich selbst identisch sei, könne der ‚Teilungsgrund'
sich nicht aus diesem als sich selbst identischem ergeben. Hier erfolgt nun der
Rückgriff auf die ethischen Lehnsätze: Zum einen rekurriert Schleiermacher
auf die in § 4.1 eingeführten, das Sein des Subjekts im Bereich der Wechselwirkung kennzeichnenden, der Duplizität der Struktur des unmittelbaren Selbstbewusstseins (relatives Abhängigkeits- und Freiheitsgefühl) korrespondierenden
Aspekte der Empfänglichkeit und Selbsttätigkeit.[171] Zum anderen wird von ihm
§ 5 in Erinnerung gerufen,[172] wonach das „wirkliche[] Vorkommen" der „höchste[n] Stufe des menschlichen Selbstbewußtseins"[173] daran hängt, „daß zugleich

---

167 CG² I, § 8.2, 67 f.
168 Vgl. CG² I, § 8.4, 70 f.
169 CG² I, § 9.1, 74.
170 Vgl. zum Ganzen CG² I, § 9, 74–80. Vgl. auch C.-D. Osthövener, Erlösung, 68–74
(zwar in Bezug auf die Erstauflage, dennoch auch für die zweite Auflage der ‚Glaubenslehre'
erhellend).
171 Vgl. CG² I, § 4.1, 33 f.
172 Vgl. CG² I, § 9.1, 75.
173 CG² I, § 5, 40 f.

mit demselben auch das sinnliche Selbstbewußtsein gesezt sei"[174]. Dabei könne
„dieses Zugleichgeseztsein nicht als ein Verschmelzen beider gedacht werden",
sondern bedeute „vielmehr [...] ein Zugleichsein beider in demselben Moment,
welches allerdings, wenn das Ich nicht gespalten sein soll, ein Bezogensein beider
aufeinander in sich schließt."[175]
    Nun könne der Teilungsgrund nicht allein darin gefunden werden, dass hin-
sichtlich der Einigung des sinnlichen Selbstbewusstseins mit dem höheren „zu
einer Einheit des Moments"[176] sich bei einigen „die thätige Form des Selbstbewußtseins [...] leichter zur frommen Erregung steigert", bei anderen „es sich
[aber] umgekehrt verhält"[177]. Denn insgesamt sei „das ganze Leben ein Ineinandersein und Auseinanderfolgen von Thun und Leiden"[178], und es gelte, dass
„keine Bestimmtheit des unmittelbaren sinnlichen Selbstbewußtseins mit dem
höheren unverträglich"[179] sei, so dass durch diesen Differenzierungsversuch „lediglich ein fließender Unterschied bleibt zwischen einem mehr und minder"[180],
nicht aber ein Teilungsgrund gefunden werde. Dieser liege erst vor, wenn es zu
einer wirklichen Unterordnung der einen unter die anderen Zustände des sinnlich bestimmten Selbstbewusstseins in ihrer Beziehung auf das höhere Bewusstsein komme. Diese Unterordnung kann aus eben angeführten Gründen nicht
als Zustandsbeschreibung aufgefasst werden, sondern nur als „Selbstdeutung
des Subjekts"[181]. Das sich auf das „Ineinandersein und Auseinanderfolgen von
Thun und Leiden"[182] beziehende Bewusstsein sei das „Gesammtselbstbewußtsein [...] der Wechselwirkung des Subjectes mit dem mitgesezten Anderen."[183]
Die Frage ist daher, wie das Subjekt sich selbst in diesem Wechselwirkungszusammenhang deutet: ordnet es „in Bezug auf die frommen Erregungen [...]
das natürliche in den menschlichen Zuständen dem sittlichen [...] [oder] das
sittliche dem natürlichen unter[]"[184]? Die erste Art der Unterordnung, wonach

---

[174] CG² I, § 5.3, 46.
[175] CG² I, § 5.3, 46. Vgl. auch G. EBELING, Schlechthinniges Abhängigkeitsgefühl als Gottesbewußtsein (1972), in: DERS., Wort und Glaube, Bd. 3: Beiträge zur Fundamentaltheologie,
Soteriologie und Ekklesiologie, Tübingen 1975, 116–136, 130: „Löste sich diese höchste Stufe
von der des sinnlichen Selbstbewußtseins ab, so ließe sie auch die Existenzbedingungen menschlichen Daseins hinter sich."
[176] CG² I, § 5, 41.
[177] CG² I, § 9.1, 76.
[178] CG² I, § 9.1, 76.
[179] CG² I, § 5.5, 51 [Anpassung durch Umstellung im Satzbau durch die Vfn.].
[180] CG² I, § 9.1, 76.
[181] C.-D. OSTHÖVENER, Erlösung, 72.
[182] CG² I, § 9.1, 76.
[183] CG² I, § 4.2, 35.
[184] CG² I, § 9, 74. Zum Gegenüber von ‚natürlich' und ‚sittlich' vgl. die Definition in CG¹ I,
§ 16, Anm. b, 54: „Der Gegensaz zwischen dem natürlichen in den menschlichen Zuständen
und dem sittlichen darin ist hier so gefaßt, daß unter dem natürlichen verstanden wird das
leidentliche Bewegtsein des Menschen als eines Theiles der Natur von den Einwirkungen
alles dessen, womit er in Wechselwirkung steht, oder das ohne Bezug auf den Willen bewegte

„die leidentlichen Zustände, zur frommen Erregung gesteigert, nur Veranlassung
[werden], um eine bestimmte nur aus einem so modifizierten Gottesbewußtsein
erklärbare Thätigkeit zu entwikkeln"[185], bezeichnet Schleiermacher als ‚teleologische' Frömmigkeitsform, zu der somit die sittliche Dimension[186] wesentlich
dazugehöre, während ihr die ‚ästhetische' Weise der Frömmigkeit bei gegentei-
liger Unterordnung von ‚natürlich' und ‚sittlich' in Form einer Art ‚Schicksals-
glaubens'[187] gegenüberstehe.

Da Schleiermacher das Christentum aufgrund der Zentralität „der Idee vom
Reiche Gottes"[188] der teleologischen Frömmigkeitsrichtung zurechnet, ist es
m. E. hinsichtlich seiner eigenen Entfaltung des ‚christlichen Glaubens' erforderlich, dass dieser Zusammenhang von Gottesglaube und Sittlichkeit zum Tragen
kommt. Allerdings schließt sich Schleiermacher dem überkommenen Verfahren an, Dogmatik und ‚Sittenlehre' getrennt zu behandeln,[189] so dass gerade
der teleologische Charakter in der ‚Glaubenslehre' nicht durchgängig zu Tage
tritt, da es christlicher Glaubenslehre um „fromme Erregung […] als ruhender
Zustand"[190] gehe.[191] Umgekehrt geht er von einer wesentlichen Einheit von
Glaubens- und Sittenlehre aus, es gebe „Lehren, welche schon von selbst gleichsam beiden angehören"[192]. Zu diesen Lehren rechnet Schleiermacher diejenige
über die Heiligung;[193] entsprechend findet sich in diesem Zusammenhang auch

---

Selbstbewußtsein; unter dem sittlichen dagegen das bewegte Selbstbewußtsein des Menschen
als einer eigenthümlichen, dem ganzen Gebiet der Wechselwirkung selbstthätig gegenüber-
tretenden, geistigen Kraft, oder das in Bezug auf die Gesammtaufgabe der menschlichen Thätigkeit bewegte Selbstbewußtsein."

[185] CG² I, § 9.1, 76 f.

[186] Zur teleologischen Frömmigkeitsform gehöre, „daß die vorherrschende Beziehung auf die
sittliche Aufgabe den Grundtypus der frommen Gemüthszustände bildet" (CG² I, § 9.1, 77).

[187] Vgl. CG² I, § 9.1, 77. Im Blick auf den Islam, den Schleiermacher der ästhetischen Richtung zuordnet, spricht er von einem „fatalistischen Charakter" (aaO., § 9.2, 80), so dass m. E.
die ästhetische Frömmigkeit auch als Fatalismus beschrieben werden kann.

[188] CG² I, § 9.2, 78 f.; vgl. auch aaO., § 11, 93 (Bestimmung des Wesens des Christentums):
„Das Christenthum ist eine der teleologischen Richtung der Frömmigkeit angehörige monotheistische Glaubensweise […]."

[189] Zum Verhältnis von Glaubens- und Sittenlehre und zu Schleiermachers Argumenten für
und wider eine getrennte Behandlung vgl. auch KD², §§ 223–231, 218–221, sowie CS² I, 12–24.

[190] CG² I, § 26.1, 173.

[191] Demgegenüber bestimmt Schleiermacher den Fokus der christlichen Sittenlehre wie folgt
(CG² I, § 26.1, 173): „Aber jede solche [sc. fromme] Erregung geht auch […] eben so wesentlich in Thätigkeit aus; und werden die verschiedenen Modificationen des christlich frommen
Bewußtseins so als […] verschiedentlich werdende Thätigkeiten aufgefaßt, so entstehen Säze,
welche der christlichen Sittenlehre angehören." Vgl. auch CS² I, 23 [Sperrungen des Originals
durch Kursivsetzung wiedergegeben]: „Die Formel der dogmatischen Aufgabe ist die Frage,
Was muß *sein*, weil die religiöse Form des Selbstbewußtseins, der religiöse Gemüthszustand
ist? Die Formel unserer ethischen Aufgabe ist die Frage, Was muß *werden* aus dem religiösen
Selbstbewußtsein und durch dasselbe, weil das religiöse Selbstbewußtsein *ist*?"

[192] CG² I, § 26.2, 174.

[193] Vgl. CG² I, § 26.2, 174.

mehrfach der Verweis auf die christliche Sittenlehre.[194] Gleichzeitig wird die
Heiligung – wie an späterer Stelle noch ausführlich erläutert wird –[195] in engstem
Zusammenhang zur Wiedergeburt entfaltet. Und auch hier wird die teleologische
Ausrichtung christlicher Frömmigkeit thematisiert, indem der als Teil der Wiedergeburt verhandelte Aspekt der ‚Bekehrung‘ „als veränderte Lebensform"[196]
verstanden wird und somit der Blick auf „das Selbstbewußtsein […] in seinem
Uebergang in Thätigkeit"[197] gerichtet ist. Während die Einleitung der ‚Glaubenslehre‘ für die christliche Frömmigkeit, die christlicher Kirche und damit der
eigenen Darstellung zugrunde liegt, deren teleologische Richtung nur allgemein
im Rekurs auf die Reich-Gottes-Idee behauptet, wird diese Behauptung in den
Lehrstücken von Wiedergeburt und Heiligung nicht nur aufgegriffen, sondern
– im Rekurs auf die Christologie – erst eigentlich begründet.

Legt somit schon die religionsphilosophische Verortung des Christentums in
der ‚Glaubenslehre‘ für das Verständnis eben dieser die hier anvisierte Schwerpunktsetzung nahe, so wird die Annahme der eben dieser Schwerpunktsetzung
zugrundeliegenden Relevanz der Lehrstücke von Wiedergeburt und Heiligung
durch einen Blick auf die Wesensbestimmung des Christentum in den §§ 11–15
erhärtet. In dieser Hinsicht ist die Stellung und Gewichtung der Soteriologie
innerhalb der ‚Glaubenslehre‘ derart offenkundig, dass die Ausführungen sich
auf grobe Linien und zentrale Aussagen der Wesensbestimmung beschränken
können – zumal einzelne hier erstmalig begegnende Aspekte an späterer Stelle
ausführlich behandelt werden.[198]

Während die Bestimmungen ‚monotheistisch‘ und ‚teleologisch‘ vor allem eine
Verortung des Christentums in Beziehung zu anderen Frömmigkeitsgestalten ermögliche, sei sein *Wesen* damit noch nicht vollständig erfasst. Dieses könne man
nur erheben, „indem man nachweist, was auch in den verschiedensten frommen
Gemüthszuständen innerhalb derselben Gemeinschaft dasselbige ist, während

---

[194] Vgl. CG² II, § 111.4, 217; § 112.5, 228.

[195] Vgl. Kap. VI.2 sowie Kap. VI.6 dieser Arbeit.

[196] CG² II, § 107, 168. Vgl. zum Schleiermacherschen Verständnis der Bekehrung Kap. VI.5.2
der vorliegenden Untersuchung.

[197] CG² II, § 107.1, 168.

[198] So die hier angedeutete Christologie (s. CG² I, § 13, 106–114, vgl. Kap. V dieser Arbeit),
der Erlösungsbegriff (s. CG² I, § 11, 93–102) und v.a. der „Glaube[] an Jesum als Erlöser"
(CG² I, § 14, 115, vgl. Kap. VI.5.2.2 dieser Arbeit). Im Vergleich zwischen erster und zweiter
Auflage der ‚Glaubenslehre‘ fällt auf, dass viele doch zur Erlösung gehörige Aussagen, die jene noch
innerhalb der Einleitung in der Wesensbestimmung (vgl. CG¹ I, § 18, 61–68) verhandelt hat, in
der zweiten Auflage in die materiale Entfaltung innerhalb der Einleitungen zum zweiten Teil
der ‚Glaubenslehre‘ bzw. zur Explikation des Gnadenbewusstseins eingegangen sind. Vgl. dazu
M. JUNKER, Das Urbild des Gottesbewußtseins. Zur Entwicklung der Religionstheorie und
Christologie Schleiermachers von der ersten zur zweiten Auflage der Glaubenslehre, SchlA 8,
Berlin/New York 1990, 113: „Die methodische Selbstkontrolle der zweiten Auflage wird auch
daran sichtbar, daß ihre Erläuterung der Implikate des Erlösungsbegriffs auf Anleihen aus der
Dogmatik verzichtet."

es in analogen Zuständen innerhalb anderer Gemeinschaften fehlt."[199] Dieses Spezifikum des Christenthums gegenüber anderen Glaubensweisen sieht Schleiermacher nun darin, dass innerhalb desselben alle frommen Erregungen „auf die durch Jesum von Nazareth vollbrachte Erlösung"[200] bezogen würden. Rechne sich ein Einzelner zum Christentum, so könne er es somit nur legitim, wenn er „den Glauben an Jesum als den Erlöser"[201] habe. Schleiermacher betont nun selbst, dass „[d]ie nähere Entwiklung dieses Sazes, wie nämlich durch Jesum die Erlösung bewirkt wird und in der christlichen Gemeinschaft zum Bewußtsein kommt, […] der Glaubenslehre selbst anheim"[202] falle. Somit hat man es, wenn „die Entstehungsweise des Glaubens mit seinem Inhalt zugleich"[203] entwickelt wird – so Schleiermachers Aufgabenbestimmung hinsichtlich der Christologie und Soteriologie –, bzw. wenn man nach der Realisierung der Erlösung am Einzelnen in Wiedergeburt und Heiligung fragt, mit dem Kern des Christlichen zu tun.

Zusammenfassend lässt sich somit festhalten, dass der von Schleiermacher der ‚Glaubenslehre' als Bezugspunkt zugrundegelegte Begriff der ‚christlichen Kirche' zwar einerseits in den einleitenden Paragraphen in Grundzügen erläutert und der weiteren Darlegung vorausgesetzt wird, aber andererseits erst von der materialen Ausführung her seine volle inhaltliche Bestimmung und konsistente Begründung erhält. In diesem Zusammenhang gewinnt die Lehre von Wiedergeburt und Heiligung besondere Bedeutung, da sie nicht nur formal, sondern auch inhaltlich – wie bereits im vorherigen Abschnitt dargelegt – das Zwischenglied von Christologie und Ekklesiologie bildet.[204] Blickt man auf den eingangs als Ausgangspunkt genommenen zweiten Paragraphen der ‚Glaubenslehre' – „Da die Dogmatik eine theologische Disciplin ist, und also lediglich auf die christliche Kirche ihre Beziehung hat: so kann auch nur erklärt werden was sie ist, wenn man sich über den Begriff der christlichen Kirche verständiget hat."[205] –, so wird m. E. deutlich, dass ein umfassenderes Verständnis der gesamten Schleiermacher-

---

[199] CG² I, § 11.1, 94. Im Hintergrund stehen die religionsphilosophischen Ausführungen von § 10, wonach das Wesen einer bestimmten Frömmigkeitsgemeinschaft aus einem ‚äußerlichen' – der Abhängigkeit von einem geschichtlichen Ausgangspunkt – und einem ‚innerlichen' Grund – der „eigenthümliche[n] Abänderung alles dessen, was in jeder ausgebildeten Glaubensweise derselben Art und Abstuffung auch vorkommt" (aaO., § 10, 80) – bestimmt werden könne. Allgemeiner betrachtet vollzieht Schleiermacher seine Wesensbestimmung des Christentums gemäß der klassischen Regel: *Definitio fit per genus proximum et differentiam specificam.*

[200] CG² I, § 11, 93.

[201] CG² I, § 14, 115.

[202] CG² I, § 11.4, 98.

[203] CG² II, § 88.2, 23.

[204] Man könnte auch umgekehrt geltend machen, dass die Ekklesiologie das Zwischenglied zwischen Christologie und Soteriologie biete, da der Einzelne nur vermittelt durch das von Christus gestiftete Gesamtleben in die Lebensgemeinschaft mit dem Erlöser kommen kann. Vgl. jedoch dazu die Schleiermachersche Begründung der Anordnung der Stücke, wie sie in Kap. IV.1 dieser Arbeit dargestellt wird.

[205] CG² I, § 2, 13 f.

schen Dogmatik ermöglicht wird, wenn seine Auffassung christlicher Kirche
näher erhellt wird, wie es geschieht, wenn ihr ‚Fundament' – die Beziehung
zwischen dem Erlöser und den Erlösten, wie sie in der Christologie und der
Lehre von Wiedergeburt und Heiligung entfaltet wird – einer genaueren Untersuchung unterzogen wird.

2.3 Dogmatik als Darstellung geltender Lehre

Wie die beiden vorangegangenen Abschnitte gezeigt haben, ist es nach Schleiermacher die Aufgabe der protestantischen Dogmatik, die gegenwärtige Gestaltung des Epochenprinzips unter Einschluss von dessen vergangener und zu-
künftiger Entwicklung zu beschreiben, um so der Leitung der Kirche zu dienen.
Sie sei dabei konstitutiv auf die Kirche in zweierlei Hinsicht bezogen: einerseits,
indem sie ihren Beitrag zu deren Leitung leisten soll, und andererseits so, dass
sie ihr ‚Material' aus dem Leben einer bestimmten[206] Kirche schöpft.[207] Sie sei
 nicht Konstruktion, sondern „zusammenhängende *Darstellung*"[208] „der in einer
christlichen Kirchengesellschaft zu einer gegebenen Zeit *geltenden* Lehre"[209].
Das Material, auf das sie zu diesem Zweck zurückgreift, umfasse allerdings
nicht sämtliche Äußerungen christlicher bzw. christlich-protestantischer Frömmigkeit, sondern sie beziehe sich explizit und exklusiv auf die Lehre.[210] Es soll
daher einerseits rekonstruiert werden, was Schleiermacher unter ‚Lehre' im
Gegenüber zu anderen Formen der Äußerung und Mitteilung der Frömmigkeit
versteht, und andererseits dargelegt werden, welchen Charakter diese Lehre
 besitzen muss, um als ‚geltend' angesehen zu werden. Auf dieser Basis können
schließlich die Konsequenzen für das Schleiermachersche Dogmatikverständnis gefolgert und für die hier anzustellende Untersuchung fruchtbar gemacht
werden. Hinsichtlich der Begründung der für die gesamte Untersuchung an-

---

[206] Eine allgemein-christliche Dogmatik ist nach Schleiermacher zwar prinzipiell denkbar,
nicht aber, wenn bzw. solange faktisch mehrere christliche Kirchengemeinschaften bestehen
(vgl. KD², § 97, 177; CG² I, § 19.2, 144 f.). Allerdings könnte, selbst wenn die Kirche ungetrennt
wäre, keine dogmatische Darstellung Anspruch auf universale Geltung beanspruchen, da ihre
Validität nicht nur ‚räumlich' – i. S. von konfessionell – begrenzt sei, sondern auch und vor allem
zeitlich (vgl. aaO., § 19.2, 144 f., sowie CG¹ I, § 1.1, 9: „Die Beschränkung in der Zeit aber ist
unläugbar; denn jede Darstellung der Lehre, wie umfassend und vollkommen sie auch sei, ver-
liert mit der Zeit ihre ursprüngliche Bedeutung und behält nur eine geschichtliche.").
[207] Vgl. auch F. Lücke (ders., Erinnerungen, 777), der das hauptsächliche Verdienst der
‚Glaubenslehre' darin sieht, „daß Schleiermacher den positiven Charakter der christlichen Glaubenslehre, ihre innerste Bedeutung und Beziehung im Leben der Kirche auf eine so entschiedene
Weise von Anfang bis zu Ende hervorhebt. Bei aller Eigenthümlichkeit, Schärfe und Ehrlichkeit
der subjectiven Auffassung hat er dadurch ungleich mehr als andere […] dazu beigetragen, die
objective und ewige Wahrheit des christlichen Glaubens wieder in den Gemüthern und in der
Wissenschaft geltend zu machen."
[208] KD², § 97, 177 [Hervorhebung durch die Vfn.].
[209] CG² I, § 19, 143 [Hervorhebung durch die Vfn.].
[210] Vgl. CG² I, § 19, 143, und KD², § 97, 177.

gestrebten ‚Doppelperspektive' geht es an dieser Stelle primär um den Erweis der Sachgemäßheit eines Vergleichs mit der traditionellen Lehrbildung, während im vorangegangenen Teilkapitel vor allem die Konzentration auf die soteriologischen Paragraphen begründet wurde.

Zwei Fragen stellen sich vornehmlich in Bezug auf die Bestimmung der Dogmatik als Darstellung (des Zusammenhangs) geltender christlicher Lehre: Was genau wird mit dem Begriff ‚Lehre' bezeichnet und wodurch bestimmt sich ihre Geltung? Hinsichtlich der Geltung der Lehre wehrt Schleiermacher entschieden „das katholische Princip"[211] ab, wonach es nur *eine* Kirche, damit auch nur *eine* Lehre und folglich auch nur *eine* Lehrdarstellung gebe.[212] ‚Kirchlich geltend' bedeute somit nicht eine Uniformität der dogmatischen Darstellung – zumindest nicht für protestantische Glaubenslehren.[213] Vielmehr sei alles „als geltend anzusehen, was amtlich behauptet und vernommen wird, ohne amtlichen Widerspruch zu erregen."[214]

Neben dieser recht weiten Fassung dessen, was ‚Geltung' bedeuten kann, wird darüber hinaus von Schleiermacher ausdrücklich zugestanden, dass eine Dogmatik heterodoxe Elemente nicht nur enthalten dürfe, sondern sogar sollte, um „den Lehrbegriff beweglich zu erhalten und anderen Auffassungsweisen Raum zu machen"[215]. Und doch ist es Schleiermachers eigener Anspruch, seine Darstellung ‚nach den Grundsätzen der evangelischen Kirche' durchzuführen, zumal zu befürchten sei,

---

[211] ThEnz, § 196, 184.

[212] Vgl. KD², § 196, 209, und ThEnz § 196, 184–187.

[213] Es ist sicher kein Zufall, dass Schleiermacher hinsichtlich der Lehre von ‚geltend', nicht von ‚gültig' spricht. Vgl. auch H.-J. BIRKNER, Beobachtungen zu Schleiermachers Programm der Dogmatik. Wolfgang Trillhaas zum 60. Geburtstag (NZSTh 5 [1963], 119–131), in: DERS., Schleiermacher-Studien, 99–112, 107: „Der Begriff der geltenden Lehre hat [...] geschichtlichen Charakter. Er meint nicht eine Lehre, die ein für allemal fixiert ist, sondern er meint die ‚zu einer gegebenen Zeit' sich faktisch geltend machende Lehre. [...] Das Moment geschichtlichen Wandels ist also im Begriff der geltenden Lehre ebenso mitgedacht wie dann das Moment gegenwärtiger Verbindlichkeit."

[214] KD², § 196, 209; vgl. auch CG¹ I, § 1, Anm. b, 9, und CG² I, § 19.3, 145: „Geltend heißt die Lehre, welche in öffentlichen Verhandlungen als Darstellung der gemeinsamen Frömmigkeit gebraucht wird." – „Wenn nun gleich unter der geltenden Lehre keinesweges bloß das symbolische verstanden werden soll, sondern alle Lehrsäze welche ein dogmatischer Ausdrukk sind für das was in den öffentlichen Verhandlungen der Kirche wenn auch nur in einzelnen Gegenden derselben als Darstellung der gemeinsamen Frömmigkeit gehört wird ohne Zwiespalt und Trennung zu veranlassen, mithin dieses Merkmal schon eine bedeutende Manigfaltigkeit in den dogmatischen Darstellungen zuläßt: [...]." Vgl. zum Ausdruck ‚geltende Lehre' auch M. OHST, Schleiermacher, 197 f.

[215] KD², § 203, 212. Das notwendige Miteinander von Orthodoxie und Heterodoxie in der dogmatischen Theologie entfaltet Schleiermacher in den §§ 203–208 der ‚Kurzen Darstellung' (vgl. aaO., 212–214). Die Charakterisierung eines Lehrsatzes als ‚heterodox' impliziert gemäß dieser Darlegung keine negative Wertung und begründet – im Gegensatz zur Charakterisierung als ‚ketzerisch' bzw. ‚häretisch' (vgl. CG² I, § 21, 152–155) – keine Aussonderung aus dem dogmatischen System.

„daß ein Gebäude [...] von lauter ganz eigenthümlichen Meinungen und Ansichten, welche [...] an die Ausdrükke, welche in den kirchlichen Mittheilungen der Frömmigkeit
gebraucht werden, gar nicht anknüpften, immer nur für ein Privatbekenntniß nicht für
eine dogmatische Darstellung würde gehalten werden"[216].

Nun sei nicht jede kirchliche Verkündigung lehrhaft, geschweige denn dogmatisch; vielmehr umfasse sie gerade auch „die unmittelbar erregende Aeußerung
und Darstellung"[217] frommer Erregungen. Die verschiedenen Formen der Externalisierung des innerlichen frommen Gefühls wurden bereits im vorherigen
Kapitel angedeutet;[218] die dogmatische Theologie hat es nach Schleiermacher
allerdings nicht mit allen Äußerungsformen, sondern nur mit der sprachlichen
Äußerung, den Glaubenssätzen[219], zu tun. Innerhalb des christlich-frommen
Sprachgebiets könne man weiter verschiedene Arten des Ausdrucks unterscheiden: Ursprüngliche Formen seien zunächst der „rednerische Ausdrukk" sowie
der „dichterische"[220], die allerdings, weil sie verschiedene und momentgebun-
dene Zwecke verfolgten, untereinander in (scheinbaren) Widerspruch geraten
könnten.[221] Diesen beiden Formen stehe die – stärker vom konkreten Moment
abstrahierende und aus den beiden ursprünglichen abgeleitete – didaktische,
darstellend-belehrende Sprachform gegenüber,[222] deren Ziel es sei, dass sie „von
jenen scheinbaren Widersprüchen ganz oder größtentheils frei"[223] sei.[224]
    Das didaktische Sprachgebiet sei nicht ‚Alleinbesitz' der dogmatischen Theo-
logie, sondern bilde sich – aus einem Bedürfnis nach Klarheit heraus – gleichsam auf natürlichem Wege als Reflexion auf die Widersprüche der rednerischen

---

[216] CG² I, § 19.3, 145 f.

[217] CG² I, § 18.3, 141.

[218] Vgl. Kap. I.2.2 der vorliegenden Untersuchung.

[219] Vgl. dazu die Definition von Glaubenssätzen in: CG² I, § 15, 127: „Christliche Glaubenssäze sind Auffassungen der christlich frommen Gemüthszustände in der Rede dargestellt."

[220] CG² I, § 16.1, 130.

[221] Vgl. dazu CG² I, § 16.1, 130: Der dichterische Ausdruck beruhe „ursprünglich immer auf
einem rein von innen heraus erhöhten Lebensmoment" und sei „rein darstellend", während der
rednerische in „einem von außen erhöhten" Lebensmoment gründe und „rein bewegend" sei.

[222] Vgl. CG² I, § 16.1, 131: „Denken wir uns aber das Auffassen und Aneignen des in diesen
beiden Gestalten ursprünglich gegebenen auch an die Sprache gebunden und durch dieselbe
mittheilbar: so wird dieses nicht wieder die dichterische Form haben können, noch auch die
rednerische, sondern unabhängig von dem was in jenen beiden das momentane war und ein sich
gleich bleibendes Bewußtsein ausdrükkend wird es, weniger Verkündigung als Bekenntniß [...]
eben jenes dritte das didaktische, darstellend belehrende von jenen beiden zurückbleibend und
aus ihnen zusammengesezt als ein abgeleitetes und zweites."

[223] CG² I, § 16.3, 132.

[224] Die Selbstverkündigung Christi stelle insofern einen sprachlichen Sonderfall dar, als sie
zwar ihrer Form nach darstellend-belehrend sei, aber von der als Gegenüber zur rednerischen
und dichterischen Sprachform charakterisierten didaktischen Sprachform unterschieden werden
müsse, weil es dieser um den „höchst mögliche[n] Grad der Bestimmtheit" (CG² I, § 16, 130)
gehe, während in den „wesentlichen Bestandtheilen der Selbstverkündigung Christi die Bestimmtheit schlechthinig war" (aaO., § 16.2, 132).

und der dichterischen Rede:[225] „so verstehen wir unter christlicher Lehre mehr diejenige Mittheilung, welche sich des didaktischen Ausdrukks bedient […] wie es in dem homiletischen Gebrauch geschieht, oder […] das Geschäft der dogmatischen Schule ist."[226] Christliche Lehre gebe es somit auf wissenschaftlichem Gebiet in der Form dogmatischer Theologie, aber auch „in der loseren Form der Volksmäßigkeit"[227], wobei jene sich „der weiteren Ausbildung"[228] des in dieser noch nicht ‚reinen‘, sondern teils noch eng mit dem rednerischen, teils mit dem dichterischen verbundenen, didaktischen Ausdrucks widme.[229] Beide Formen würden somit nicht zusammenhangslos nebeneinander stehen, sondern sich wechselseitig beeinflussen,[230] indem die dogmatische Theologie zwar einerseits Darstellung kirchlicher Lehre sei, diese somit voraussetze, umgekehrt aber auch „der Ausübung die Norm für den volksmäßigen Ausdrukk"[231] gebe.[232]

Die ‚Glaubenslehre‘ hat es somit, wenn sie sich mit der zu einer bestimmten Zeit in einer bestimmten Kirchengemeinschaft geltenden Lehre befasst, nicht mit einem ‚traditionslosen‘ Gebiet zu tun. Vielmehr ist diese geltende Lehre schon durch die vorgängige dogmatische Tradition geformt und ‚normiert‘, so dass sich die Frage stellt, „welche Bedeutung die ‚alte Theologie‘, welche Bedeutung die

---

[225] Vgl. CG² I, § 16.3, 132 f.

[226] CG² I, § 18.3, 141 [Sperrung durch die Vfn. aufgehoben].

[227] CG² I, § 18.3, 141.

[228] CG² I, § 16.3, 132.

[229] Vgl. zum Unterschied zwischen der lehrhaft-kirchlichen und der lehrhaft-dogmatischen Darstellung auch CG¹ I, § 1.2, 11: „Die Forderung eines wissenschaftlichen Zusammenhanges scheidet das dogmatische Gebiet von dem der volksmäßigen zum gemeinsamen kirchlichen Unterricht bestimmten Darstellung in Katechismen und ähnlichen Werken, welche auch nicht ohne Zusammenhang sein darf, aber weder auf Gelehrsamkeit noch auf systematische Einrichtung Anspruch macht."

[230] Dieser wechselseitige Zusammenhang, bei dem allerdings der kirchlichen Lehre chronologisch das Primat zukommt, bringt CG¹ I, § 1.4, 12 – prägnanter noch als CG² I, § 19, Zusatz, 149 – zur Sprache: „Ueber der kirchlichen Lehre aber als Meinung kann auf dem Erkenntnißgebiet des Christenthums nur stehn die zu einer andern Zeit oder in einer andern Darstellung mehr gereinigte und vollkommner gefaßte kirchliche Lehre selbst. Diese Reinigung und Vervollkommnung der Lehre ist aber eben das Werk und die Aufgabe der dogmatischen Theologie, vermöge des allen Hervorbringungen auf diesem Gebiet wesentlichen kritischen Verfahrens."

[231] KD², § 198, 210.

[232] Es ist daher m.E. nicht zutreffend, dass bei Schleiermacher „die Dogmatik keine normative Funktion zugesprochen erhält" (C. ALBRECHT, Theorie, 198), auch wenn die Vermutung des rein deskriptiven Charakters dogmatischer Theologie sich aufgrund ihrer Einordnung in die Historische Theologie nahelegt. Vielmehr stehen sowohl in der ‚Kurzen Darstellung‘ als auch in der ‚Glaubenslehre‘ die deskriptive und normative Funktion dogmatischer Theologie in einem von Schleiermacher m.E. nicht eigens durchgeklärten (Spannungs-)Verhältnis: Indem Dogmatik in ihrer Darstellung der Glaubenssätze – als Ausdrücke des christlich-frommen Selbstbewusstseins – „den höchst möglichen Grad der Bestimmtheit" (CG² I, § 16, 130) anstrebt, stellt sie in dieser höheren Eindeutigkeit gegenüber den „Verwirrungen, welche auf dem Gesammtgebiet der Mittheilungen aus dem unmittelbar christlich frommen Leben immer wieder entstehen" eine „Norm" auf, um neue Verwirrungen „soviel an ihr ist zu verhüten" (aaO., § 28.2, 186).

vorgegebene Lehrtradition für Schleiermachers eigene Konzeption hat."[233] Die vorliegende Untersuchung versteht sich somit auch als Probe der von Birkner aufgestellten Schlussbetrachtung in seinen ‚Beobachtungen zu Schleiermachers Programm der Dogmatik':

> „Es spricht sich darin [sc. in Schleiermachers ‚Forderung einer geschichtlichen Haltung'[234]] eine Einsicht aus, die das Ganze seiner Dogmatik bestimmt: die Einsicht, daß die christliche Botschaft uns nicht anders erreicht als in geschichtlicher Vermittlung und daß die dogmatische Tradition ein Element dieser Vermittlung repräsentiert, welches die Dogmatik nicht ignorieren kann, ohne ihrer Aufgabe untreu zu werden. [...] Die Bedeutung seiner Theologie liegt nicht darin, daß sie eine radikale Neubestimmung der theologischen Arbeit gesetzt hätte. Sie dürfte eher darin liegen, daß sich in seiner Konzeption ein neuer Zugang zur protestantischen Lehrtradition eröffnet."[235]

2.4 Dogmatik als Darstellung des Zusammenhangs

Die im vorherigen Abschnitt thematisch gewordene Zielsetzung dogmatischer Sätze, die in den rednerischen und dichterischen Ausdrücken in scheinbaren Widersprüchen oder Mehrdeutigkeiten geäußerten frommen Auffassungen zur „Klarheit der Vorstellung"[236] zu bringen, beinhaltet nach Schleiermacher die Systembildung als „natürliche Folge"[237], da nur so gewährleistet sei, dass dogmatische Sätze nicht neue Widersprüche hervorbringen.[238] Insofern sei „jedes System der Glaubenslehre als Darstellung der dogmatischen Theologie ein in sich abgeschlossenes und genau verbundenes Ganze von dogmatischen Säzen"[239].

---

[233] H.-J. Birkner, Beobachtungen, 102.

[234] CG¹ I, § 1.2, 11.

[235] H.-J. Birkner, Beobachtungen, 112. Gerdes weist auf, dass die zweite Auflage der ‚Glaubenslehre' in dieser Hinsicht noch deutlicher wird als die erste (vgl. J. Ringleben [Hg.], Anmerkungen zur Christologie der Glaubenslehre Schleiermachers [1981, von H. Gerdes], in: NZSTh 25 [1983], 112–125, 116 f.: „[...] in der 1. Auflage § 34: dort steht der Satz mit der geschichtlichen Haltung. In der 2. Auflage verdeutlicht Schleiermacher durch die Zufügung, daß eine Dogmatik ohne Anschluß an die bisherige dogmatische Tradition gegenwärtig isoliert dastünde und damit den Zweck aller Dogmatik nicht erfüllen könne").

[236] CG² I, § 18.3, 141.

[237] CG² I, § 18, 139.

[238] Vgl. auch CG² I, § 28.2, 186 [Hervorhebung durch die Vfn.]: „Wenn [...] die Dogmatik ihre eigentliche Bestimmung erfüllen soll, nämlich die Verwirrungen, welche auf dem Gesammtgebiet der Mittheilungen aus dem unmittelbaren christlich frommen Leben immer wieder entstehen wollen aufzulösen theils auch durch die Norm, welche sie aufstellt, soviel an ihr ist zu verhüten: so ist ihr [...] auch eine möglichst *strenge systematische Anordnung* unerläßlich." Die Forderung einer vollständigen Widerspruchslosigkeit der Lehrsätze innerhalb einer Darstellung relativiert Schleiermacher allerdings im Rekurs auf die Auffassung der geschichtlichen Entwicklung der Lehre in Perioden und Epochen in der ‚Kurzen Darstellung' wie folgt (KD², § 200, 211): „Alle Lehrpunkte welche durch das die Periode dominirende Princip entwikkelt sind, müssen unter sich zusammenstimmen; wogegen alle andern, so lange man von ihnen nur sagen kann, daß sie diesen Ausgangspunkt nicht haben, als unzusammenhängende Vielheit erscheinen."

[239] CG² I, § 20, 150.

Nun werde aber keine bloße Zusammenstellung von Sätzen ein System genannt, sondern es müsse ein Prinzip ihrer Organisation zugrunde liegen. In der Behandlung der Frage nach diesem Prinzip zeigt sich m. E. wiederum die zentrale Stellung der Soteriologie im Blick auf die Gesamtkonzeption der Glaubenslehre:

In der Beantwortung der Frage, woraus die „dogmatische Anordnung"[240] hergeleitet werden kann, lehnt Schleiermacher sowohl die Deduktion „aus irgend einem höchsten Grundsaz"[241] als auch die Erhebung aus dem empirisch Gegebenen ab:

> „sondern statt des Grundsazes hat sie [sc. die dogmatische Anordnung] nur die innere Grundthatsache der christlichen Frömmigkeit, welche sie postulirt, und was sie zu ordnen hat, sind nur die verschiedenen Arten wie diese Thatsache in den verschiedenen Verhältnissen zu den andern Thatsachen des Bewußtseins modificirt erscheint."[242]

Der Ausdruck ‚innere Grundtatsache der christlichen Frömmigkeit' bedarf einer genaueren Erläuterung: Meines Erachtens ist der Genitiv hier explikativ bzw. begriffsbestimmend zu verstehen, d. h. es geht nicht um eine die christliche Frömmigkeit fundierende Grundtatsache, sondern die Grundtatsache *ist* die christliche Frömmigkeit. Diese nun umfasst nach Schleiermacher zwei ‚Pole': „das eigenthümliche Sein des Erlösers und der Erlösten in ihrem Zusammenhange"[243].

Dass die christliche Frömmigkeit als Grundtatsache weder als spekulativer Grundsatz noch als empirische Tatsache aufgefasst werden kann, wird deutlich, wenn Schleiermacher sich genötigt fühlt, das „Verhältniß der Grundthatsache zur Thatsächlichkeit im Allgemeinen"[244] zu behandeln. In diesem Zusammenhang negiert er zwar vehement eine *absolute* Übernatürlichkeit und -vernünftigkeit, gleichzeitig hält er aber ebenso bestimmt daran fest, dass die „Erscheinung des Erlösers in der Geschichte"[245] „als Anfangspunkt eines eigenthümlich gestalteten Daseins" sich nicht „aus dem Zustande des Kreises […] erklären [lasse], in welchem er hervortritt"[246], und dass „Christus auf keine Weise der Gesammtheit der Menschen als Erlöser gegenüberstehen [könne], wenn diejenigen seiner Lebensmomente, durch welche er die Erlösung vollbringt, aus der allen Andern gleichmäßig einwohnenden Vernunft zu erklären wären"[247]. Die ‚Grundtatsache' wird somit von Schleiermacher zumindest als *relativ* übernatürlich und übervernünftig charakterisiert.[248] Sie ist daher für ihn als Gegenstand dogmatischer

---

[240] CG² I, § 28.2, 187.
[241] CG¹ I, § 31.3, 110; vgl. CG² I, § 28.2, 187.
[242] CG² I, § 28.2, 187.
[243] CG² I, § 13, Zusatz, 112.
[244] CG² I, § 13, App. H, 106.
[245] CG² I, § 13, 106.
[246] CG² I, § 13.1, 107.
[247] CG² I, § 13.2, 110.
[248] Vgl. zum Eintreten des relativ Übernatürlichen in den natürlichen Entwicklungsprozess und zu seinem ‚Naturwerden' auch U. Hasler, Beherrschte Natur. Die Anpassung der Theo-

Theologie bzw. als Prinzip ihrer Anordnung nicht wie ein spekulativer Begriff oder eine empirische Tatsache zugänglich und behandelbar; dem entspricht meines Erachtens, dass die ‚Anteilhabe' an dieser Tatsache nach Schleiermacher nicht durch einen vernünftigen Denkakt vermittelt werden kann, sondern ausschließlich „durch den Glauben an Jesum als den Erlöser."[249]

Indem Schleiermacher die so verstandene Frömmigkeit zum Prinzip der Anordnung nimmt,[250] wird gleichzeitig die Realität dessen, was erst in den soteriologischen Paragraphen entwickelt wird, nämlich der christliche Glaube in seinem Ent- und Bestehen, zur Voraussetzung der eigenen Darstellung. Die sich darin äußernde Grundeinsicht Schleiermachers ist, dass die Explikation christlicher Frömmigkeit sich nicht von einem ‚neutralen Standpunkt' aus vollziehen lässt: Ihre Darstellung setzt ihre Wirklichkeit als eine, die den Darstellenden betrifft, voraus.[251]

Diese fundamentale Bedeutung der Hauptstücke über den Erlöser und die Erlösten für die Gesamtdarstellung der ‚Glaubenslehre'[252] spiegelt sich nun auch in ihrer Stellung im Aufbau wider:[253] Von den 138 Paragraphen, die den Corpus der

---

logie an die bürgerliche Naturauffassung im 19. Jahrhundert (Schleiermacher, Ritschl, Herrmann), Basel 1982, 87.

[249] CG² I, § 14, 115.

[250] Vgl. CG² I, § 29, 190: „Wir werden den Umfang der christlichen Lehre erschöpfen wenn wir die Thatsachen des frommen Selbstbewußtseins betrachten zuerst so wie der in dem Begriff der Erlösung ausgedrückte Gegensaz sie schon vorausszet, dann aber auch so wie sie durch denselben bestimmt sind."

[251] Vgl. auch CG² I, § 19.1, 143f: „Wie aber das dogmatische Verfahren sich ganz auf die Verkündigung bezieht und nur um ihretwillen besteht: so müssen wir auch bei Allen, welche sich damit beschäftigen, wenn sie ersprießliches darreichen sollen, denselbigen Glauben voraussezen [...]."

[252] Vgl. auch J. A. LAMM, Schleiermachers Treatise on Grace, in: HThR 101 (2008), 133–168, 138 f.: „In summary, we have two irreducible, correlative *loci* that form the heart of the heart (structurally and methodologically) of the *Glaubenslehre*."

[253] Die genaue Begründung des Aufbaus findet sich in: CG² I, §§ 29–31, 190–197. Eine gute Analyse der systematischen Struktur der ‚Glaubenslehre' findet sich bei H. FISCHER, Schleiermacher, 102–106. In der Architektonik der ‚Glaubenslehre' drückt sich die konsequente Umsetzung der Ergebnisse der Einleitung aus: Wenn die ‚Glaubenslehre' die Darstellung christlicher Frömmigkeit sein soll, dann muss sie sich an der Struktur dieser Frömmigkeit orientieren (vgl. C. ALBRECHT, Theorie, 203). Schleiermacher verknüpft daher zwei dreiteilige Gliederungsprinzipien miteinander: Das eine entspringt dem konstitutiven Erlösungsbezug der christlichen Frömmigkeit, das andere der Verankerung der Frömmigkeit im Subjekt. Das erste Gliederungsprinzip, das anhand des Erlösungsbezugs eine Einteilung der „Thatsachen des frommen Selbstbewußtseins" erlaubt, „wie der in dem Begriff der Erlösung ausgedrückte Gegensatz sie schon voraussetzt, dann aber auch so, wie sie durch denselben bestimmt sind" (CG² I, § 29, 190), entfaltet Schleiermacher in § 29; das zweite Gliederungsprinzip führt er in § 30 ein und orientiert sich dabei an den Größen, die in den ethischen Lehnsätzen bezüglich der Entwicklung der Bewusstseinstheorie eingeführt wurden: Mensch, Welt und Gott. Bemerkenswert ist hier v. a. die Reihen- oder, wenn man so will, Rangfolge: Die „dogmatische Grundform" (aaO., § 30.2, 194 f.) liege in der „Beschreibung menschlicher Gemüthszustände", da die Beschreibung solcher Zustände „nur aus dem Gebiet der innern Erfahrung" des Menschen schöpfe, woraus folge,

‚Glaubenslehre' bilden,[254] widmen sich 22 der Darlegung des „Grundbewußt-sein[s] eines jeden Christen von seinem Gnadenstande"[255]; ihnen gehen 59 Para-graphen[256] voraus, es folgen ihnen weitere 57, so dass sie, die vom Seitenumfang her fast ein Viertel der materialen Entfaltung ausmachen, auch formal das Zen-trum der ‚Glaubenslehre' bilden.

Es lässt sich somit festhalten, dass auch dieser Aspekt der Bestimmung der Aufgabe dogmatischer Theologie es nahe legt, für das Gesamtverständnis der ‚Glaubenslehre' der Soteriologie besondere Aufmerksamkeit zu widmen, da ihr in inhaltlicher und formaler Hinsicht eine zentrale Funktion zukommt.

2.5 Fazit

„Dogmatische Theologie ist die Wissenschaft von dem Zusammenhange der in einer christlichen Kirchengesellschaft zu einer gegebenen Zeit geltenden Lehre"[257] – diese Bestimmung der Schleiermacherschen ‚Glaubenslehre' wurde zum Ausgangspunkt gewählt, um zu zeigen, dass die für die vorliegende Unter-suchung angestrebte ‚Doppelperspektive' auf die Lehrstücke von Wiedergeburt und Heiligung nicht nur eine Forschungslücke füllt, sondern auch dem eigenen Verständnis Schleiermachers von dogmatischen Sätzen und dogmatischer Theo-logie entspricht. Das legitime ‚Zugleich' beider Perspektiven wurde am deut-lichsten durch die Explikation der Implikationen der Bestimmung der Dogmatik als einer Disziplin der Theologie. Demgegenüber wurde in der Entfaltung des der Dogmatik zugrundeliegenden Begriffs christlicher Kirche und in der Unter-suchung über die Bedeutung der Bestimmung der Dogmatik als Darstellung eines Zusammenhangs von Lehrsätzen stärker die Fokussierung auf die Soterio-logie begründet; der Traditionsvergleich als solcher hat wiederum seinen hinrei-chenden Grund in der Ausdeutung der Konsequenzen aus der Beschreibung der Dogmatik als Darstellung geltender Lehre gefunden. So ist m. E. die angestrebte Vorgehensweise in ausreichendem Maße als sachgemäß begründet: sie strebt da-nach, die Validität des Schleiermacherschen Entwurfs anhand der in ihm selbst gesetzten Ziele zu ermessen.

---

dass „sich [...] unter dieser Form nichts fremdes in die christliche Glaubenslehre einschleichen" (aaO., 194) könne. Aus der Verschränkung beider Gliederungsprinzipien ergibt sich der neun-gliedrige Aufbau der ‚Glaubenslehre' (vgl. aaO., § 31, 196 f.).

[254] Nicht berücksichtigt werden somit die 31 Paragraphen der Einleitung sowie die drei letzten Paragraphen, die sich – ausgegliedert aus dem System – mit der Trinitätslehre befassen.

[255] CG² II, § 91.1, 35.

[256] Bzw. 54 Paragraphen, wenn man die fünf Einleitungsparagraphen (CG² II, §§ 86–90, 13–34) des zweiten Bands nicht mitrechnet.

[257] CG² I, § 19, 143.

3 Die Auswahl der Bezugspositionen

In der Frage nach der Auswahl der zum Vergleich geeigneten Positionen ist zunächst Schleiermachers eigene Benennung der <u>Bezugsquellen der Dogmatik</u> zu beachten:

„Alle Säze, welche auf einen Ort in einem Inbegriff evangelischer Lehre Anspruch machen, müssen sich bewähren theils durch die Berufung auf evangelische Bekenntnißschriften und in Ermangelung deren auf die Neutestamentischen Schriften, theils durch Darlegung ihrer Zusammengehörigkeit mit andern schon anerkannten Lehrsäzen."[258]

Indem Schleiermacher selbst den evangelischen Bekenntnisschriften in gewisser Weise eine normative Funktion einräumt, ist diesbezüglich ein kritischer Vergleich unerlässlich.[259] Allerdings muss sogleich eingeräumt werden, dass Schleiermacher trotz dieser gewissen Normativität einen <u>durchaus freien, unbefangenen Umgang mit den ‚symbolischen Büchern' nicht nur legitimiert, sondern durchaus fordert.</u>[260] Denn nicht jede bekenntnishafte Aussage sei eine Bekenntnisschrift im eigentlichen Sinne und nicht jedes Bekenntnis sei insgesamt normativ, sondern nur das darin, was „das erste gemeinsam protestantische"[261] zum Ausdruck bringe.

Nun wurde bereits festgestellt, dass es nach Schleiermacher über das eigentümlich Protestantische keine allgemein anerkannte Formel gibt. Somit hängt die Einschätzung darüber, was in den Bekenntnissen das ‚erste gemeinsame Protestantische' wiedergibt, davon ab, welchen Begriff des Protestantischen man jeweils der Untersuchung zugrunde legt. In dieser Hinsicht muss gerade dem Bezug Schleiermachers auf die Bekenntnisschriften innerhalb der Lehrstücke von Wiedergeburt und Heiligung besondere Aufmerksamkeit zukommen, da

---

[258] CG² I, § 27, 175. Etwas anders in: KD², § 211, 215: „Für Säze, welche den eigenthümlichen Charakter der gegenwärtigen Periode bestimmt aussprechen, kann das Zurükkführen auf das Symbol die Stelle der kanonischen Bewährung vertreten, wenn wir uns die damals geltende Auslegung noch aneignen können". Der Vorrang der evangelischen Bekenntnisse vor dem neutestamentlichen Zeugnis wird von Schleiermacher aus dem Zweck der evangelischen Dogmatik begründet: durch Bezug auf das Neue Testament werde vor allem das allgemein Christliche, nicht aber das spezifisch Protestantische erwiesen. Zudem sei im Rekurs auf die (schriftgemäßen) Bekenntnisschriften die „mittelbare Zurükkführung […] auf den neutestamentischen Kanon" (aaO., § 209, 214) impliziert. Zu Schleiermachers Lehre von der Schrift vgl. J. Lauster, Prinzip und Methode. Die Transformation des protestantischen Schriftprinzips durch die historische Kritik von Schleiermacher bis zur Gegenwart, HUTh 46, Tübingen 2004, 49–65.

[259] Vgl. zur Thematik auch M. Ohst, Schleiermacher, bes. 195–267, sowie Schleiermachers kritische Auseinandersetzung ‚Über den eigentümlichen Wert und das bindende Ansehen symbolischer Bücher' (1819), in: F. D. E. Schleiermacher, Theologisch-dogmatische Abhandlungen und Gelegenheitsschriften, KGA I/10, hg. v. H.-F. Traulsen, Berlin/New York 1990, 117–144.

[260] Vgl. zum Folgenden CG² I, § 27.1 f., 175–178.

[261] CG² I, § 27.1, 176.

diesen (wie oben dargelegt)[262] hinsichtlich seines Protestantismusverständnisses eine exponierte Stellung zukommt.

Weiter sind nach Schleiermacher auch die Sätze aus dem Bekenntnis, die sich als nicht (ausreichend) schriftgemäß erweisen, nicht normativ. Außerdem könne, weil ein einheitliches protestantisches Prinzip angenommen werde, auch wenn es (noch) keine einheitliche Bestimmung desselben gebe, alles, was sich an Aussagen nur aus den innerprotestantischen Auseinandersetzungen ergeben hat, nicht den normativen Rang einer Bekenntnisschrift einnehmen. Einige Symbole hätten zudem nur einen lokal oder temporal gebundenen Sinn, auch sie könnten nicht als Bekenntnis im eigentlichen Sinne gelten. Zu prüfen gelte es ebenso, ob nicht einerseits das ein oder andere „Verdammungsurtheil"[263] zu voreilig ausgesprochen wurde, andererseits aber auch „ältere Lehrmeinung mit herüber genommen w[urde], von der man nur noch nicht gleich merkte, wie auch sie mit dem Wesen des Protestantismus im Widerspruch stehe."[264] Aus all diesen Kriterien und Bedenken folgt für Schleiermacher,

„daß bei dem Zurükgehn auf die Symbole, wenn es der gesunden Fortentwiklung der Lehre nicht hinderlich werden soll, theils mehr auf den Geist geachtet werden muß, als am Buchstaben festgehalten, theils auch, daß der Buchstabe ebenfalls der Anwendung der Auslegungskunst bedarf, um richtig gebraucht zu werden."[265]

Es ist somit geboten, die Lehrstücke von Wiedergeburt und Heiligung mit den korrespondierenden Aussagen verschiedener Bekenntnisschriften in einen Vergleich zu setzen, um zu prüfen, inwiefern Schleiermacher ihren ‚Geist' zu erfassen vermochte und ihn zu weiterer Entwicklung gebracht hat. Die in diesem Kontext am häufigsten auch explizit angeführten Quellen sind von den lutherischen Bekenntnissen die ‚Confessio Augustana' (CA) samt ihrer ‚Apologie' (ApolCA), sowie die ‚Formula Concordiae' (FC) sowohl in ihrer Kurzfassung (FC Ep) als auch in der ausführlichen Form (FC SD). Gelegentlich werden auch Luthers ‚Schmalkaldische Artikel'[266] (ArtSmalc), einmal Melanchthons ‚Confessio Doctrinae Saxonica'[267] (ConfDocSax) angeführt. Von den reformierten Bekenntnissen werden besonders häufig sowohl die ‚Confessio Helvetica Prior' (ConfHelvPrior) als auch die ‚Confessio Helvetica Posterior' (ConfHelvPost),

---

[262] Vgl. Kap. I.2.1 dieser Arbeit.

[263] CG² I, § 27.2, 178.

[264] CG² I, § 27.2, 178.

[265] CG² I, § 27.2, 178.

[266] Diese Bekenntnisse werden, wenn nicht anders vermerkt, aus den ‚Bekenntnisschriften der evangelisch-lutherischen Kirche' (BSLK. Hg. im Gedenkjahr der Augsburgischen Konfession 1930, Göttingen ¹²1998) zitiert. Zusätzlich werden die zeitgemäßeren und z. T. genaueren deutschen Übersetzungen aus ‚Unser Glaube. Die Bekenntnisschriften der evangelisch-lutherischen Kirche' (Ausgabe für die Gemeinde. Im Auftrag der Kirchenleitung der VELKD, hg. v. Lutherischen Kirchenamt, bearb. v. H. G. Pöhlmann, Gütersloh ⁴2000) hinzugezogen.

[267] P. Melanchthon, Confessio doctrinae saxononicarum Ekklesiarum (1551), StA VI, hg. v. R. Stupperich, Gütersloh 1955, 80–167.

sowie die ‚Confessio Gallicana‘ (ConfGall) und ‚Confessio Belgica‘ (ConfBelg) herangezogen. Mehrfach wird auch die ‚Confessio Anglicana‘ (ConfAngl) zitiert, nur je einmal dafür die ‚Confessio Tetrapolitana‘ (ConfTetr), die ‚Declaratio Thoruniensis‘ (DeclThor) sowie die ‚Basiliensis vel Mylhusiana Confessio‘ (ConfBasil).[268]

Was den Gebrauch und die „Anführungen späterer Dogmatik" betrifft, so hält Schleiermacher diesen „für etwas unwesentliches", wenn auch nicht Wertloses, da in der dogmatischen Entfaltung dort, „wo sei es nun nur der Bezeichnung oder auch dem Inhalte nach von den symbolischen Schriften abgewichen wird", um so mehr der Anspruch auf Geltung erhoben werden könne, wenn die entsprechende Äußerung „schon von verschiedenen Seiten gehört worden ist."[269] Da solche Aussagen aber in einer um ‚Kirchlichkeit‘ bemühten Entfaltung der gegenwärtig geltenden Lehre nicht deren Grundgehalt ausmachen könnten, finden sich in der ‚Glaubenslehre‘ insgesamt nur verhältnismäßig wenig explizite Verweise, wodurch die Auswahl der Quellen erschwert wird, weil einerseits erst erhoben werden muss, auf welche Position einige Aussagen implizit anspielen, und andererseits davon auszugehen ist, dass Schleiermacher, auch ohne seine Quellen offen zu legen, durchaus zumindest teilweise aus ihnen schöpft.[270] Ob und in welchem Umfang dies der Fall ist, lässt sich aber erst durch die Untersuchung erweisen.

Explizit wird in den zu berücksichtigenden Paragraphen von den reformatorischen Theologen nur Melanchthon in nennenswerter Weise zitiert; auf Luther bezieht sich Schleiermacher in diesem Teil nur über dessen ‚Schmalkaldische Artikel‘, und auch Calvin, obwohl sonst verhältnismäßig häufig in der ‚Glaubenslehre‘ angeführt, begegnet hier nur in zwei Anmerkungen.

---

[268] Der Text der entsprechenden Bekenntnisse wird, sofern nicht anders vermerkt, den ‚Bekenntnisschriften der reformierten Kirche‘ (BSRK. In authentischen Texten mit geschichtlicher Einleitung und Register, hg. v. E. F. K. MÜLLER, Leipzig 1903) und der ‚Collectio Confessionum‘ (Collectio Confessionum in Ecclesiis Reformatis publicatarum, hg. v. H. A. NIEMEYER, Leipzig 1840 [im Folgenden: CollNiem]) entnommen. Wo es notwendig und möglich ist, wird auf die Übersetzungen in ‚Reformierte Bekenntnisschriften. Eine Auswahl von den Anfängen bis zur Gegenwart‘ (hg. v. G. PLASGER/M. FREUDENBERG, Göttingen 2005) zurückgegriffen.

[269] CG² I, § 27 Zusatz, 182.

[270] Zum Umgang Schleiermachers mit der ‚theologischen Fachliteratur‘ vgl. auch F. LÜCKE, Erinnerungen, 764: „Er las sorgfältig, was in sein Fach einschlug, aber mehr auswählend, als sammelnd. Und wie er von Natur ein der Idee zugewendeter und zugleich künstlerischer Geist war, in der Art Plato's, forschend überall nach der lebendigen Idee, dem Zusammenhange des Ganzen, für die gefundene Idee aber die entsprechendste, lebendigste und reinste Form suchend, so war auch von Anfang seine Darstellung auf dem Gebiete der gelehrten Theologie überwiegend eine künstlerische, schlank und frei von der Noth und Zerstreuung gelehrter Citate." Vgl. aber auch aaO., 780: „Schleiermacher gehörte nicht zu denen, welche in der Wissenschaft egoistisch alles von sich anzufangen meinen. Er ging gerne auf die früheren Zustände und Entwicklungen in der Theologie zurück, lernte daraus, und knüpfte daran an."

Deshalb scheint im Blick auf die Soteriologie der Vergleich zu Melanchthons ‚Loci' von 1559[271] ertragreich zu sein.[272] Das Verhältnis bzw. die Beziehung zwischen Schleiermacher und Melanchthon wird im Allgemeinen so bestimmt, dass einerseits die Ähnlichkeit „in den Charakteren und der Lebensführung beider Männer"[273] herausgestellt wird, andererseits, wenn es um den konkreten Vergleich der theologischen Ansätze geht, meist das Frühwerk des letzteren, die ‚Loci' von 1521[274], und das reife System des erstgenannten, die ‚Glaubenslehre' in ihrer zweiten Auflage, nebeneinandergestellt werden. Die Berührungspunkte und damit die Vergleichsmöglichkeit der Werke werden nun in der anthropologischen und soteriologischen Konzentration gesehen, zudem könne Schleiermachers Christologie als konsequente Durchführung der viel zitierten Einsicht Melanchthons – „hoc est Christum cognoscere beneficia eius cognoscere"[275] – gelten.[276] Zwar gibt es kein „zusammenfassendes Votum Schleiermachers über Melanchthon"[277] und die Einschätzung von jenem über diesen scheint, wenn man der Nachschrift Klamroths einer Vorlesung Schleiermachers zur Kirchengeschichte von 1821/22 Vertrauen schenken darf, im Wesentlichen dem im 19. Jahrhundert gängigen Bild von Melanchthon als „nachvollziehende[m] Helfer und Freund"[278] Luthers zu entsprechen: Luthers Lehre von „der Rechtfertigung durch den Glauben allein", so Schleiermacher, „[…] faßte Melanchthon in seinen locis zusammen"[279]. Darin liegt aber keine Höherschätzung Luthers bzw. Abwertung Melanchthons seitens Schleiermacher – er zitiert „Melanch-

---

[271] P. MELANCHTHON, Loci praecipui theologici (1559), StA II/1+2, hg. v. H. ENGELLAND, Gütersloh 1952/3.

[272] Im Blick auf die ‚Glaubenslehre' insgesamt (auch hinsichtlich der ersten Auflage) fällt auf, dass der Rekurs auf Melanchthon insbesondere im zweiten Teil und dort noch stärker im Blick auf das Sündenbewusstsein als auf das Gnadenbewusstsein erfolgt. Implizit sind auch diese Bezüge für die Frage nach dem Heil relevant, da mit der Annahme der „Erlösung immer ein Zurükksehn auf die Sünde als das frühere verbunden ist" (CG² I, § 63.2, 396). Doch wird ebenso an den explizit für die Frage nach der Heilszueignung entscheidenden Stellen Melanchthon als ‚Gewährsmann' angeführt (vgl. v. a. CG² II, § 63.2, 396, und § 108, 171–191).

[273] P. WERNLE, Melanchthon und Schleiermacher. Zwei dogmatische Jubiläen, Tübingen 1921, 2; so auch bei R. PREUL, Schleiermachers Verhältnis zu Melanchthon, in: Melanchthons bleibende Bedeutung. Ringvorlesung der Theologischen Fakultät der Christian-Albrechts-Universität zum Melanchthon-Jahr 1997, hg. v. J. SCHILLING, Kiel 1998, 115–133, 116 f.

[274] P. MELANCHTHON, Loci communes (1521), lt.-dt., übers. v. H. G. PÖHLMANN, hg. v. Lutherischen Kirchenamt der VELKD, Gütersloh ²1997.

[275] P. MELANCHTHON, Loci (1521), 22 (0,13).

[276] Vgl. R. PREUL, Verhältnis, 116–123. Daneben geraten aber auch die Unterschiede nicht aus den Augen – bspw. könnten Melanchthons Affekt- und Schleiermachers Gefühlsbegriff keineswegs miteinander identifiziert werden –, „es kann nur von Ähnlichkeit und Vergleichbarkeit gesprochen werden, nicht von Identität und Übereinstimmung; denn es liegen Welten dazwischen, und im einzelnen ist bei Schleiermacher alles anders" (aaO., 18 f.).

[277] R. PREUL, Verhältnis, 115.

[278] C. GESTRICH, Luther und Melanchthon in der Theologiegeschichte des 19. und 20. Jahrhunderts, in: LuJ 66 (1999), 29–53, 32.

[279] F. SCHLEIERMACHER, Kolleg (1821/22). NS Klamroth, 631.

thons Arbeiten, insbesondere die Loci von 1559, gewissermaßen auf Augenhöhe als autoritative Texte (und etwa gleich häufig mit Luther)"[280] und versteht die einzelnen Positionen der Reformatoren als gleichwertigen Ausdruck des evangelischen Prinzips.[281] – Vielmehr scheinen ihm die Methode und die Position Melanchthons sogar näher[282] als die Theologie Luthers:[283]

---

[280] K. Fischer, Satis est. Theologische Perspektiven zum Projekt Europäische Melanchthon-Akademie Bretten (2005), 4 [http://www.konradfischer.de/pdfs/satis_est.pdf].

[281] Vgl. F. Schleiermacher, Kolleg (1821/22). NS Klamroth, 629: „Wir müssen nicht bei den einzelnen Personen stehen bleiben, in denen zwar herrliche Erscheinungen sich finden. Die Bewegungen mußten freilich in Einzelnen ihren Ursprung haben, da ein allgemeiner Act der Kirche es nicht war; in diesen Einzelnen concentrirten sich aber nur die allgemeinen Maximen die aber im Ganzen vorhanden waren, aus dem sie nur hervorgingen." Vgl. auch CG¹ I, § 28.1, 99, wo zwar einerseits festgehalten wird, dass der „eigenthümliche Geist" des Protestantismus bei den Reformatoren schwer hinter der „großen Menge sehr verschiedener und ganz ausgebildeter persönlicher Eigenthümlichkeiten" zu entdecken sei, andererseits aber vorausgesetzt werden müsse, da nur er als gemeinsames Prinzip habe bewirken können, „daß so sehr verschiedene Menschen als die Reformatoren [...] zu einer kräftig zusammenwirkenden Thätigkeit konnten vereint bleiben."

[282] Allerdings erfüllen in Schleiermachers Urteil die ‚Loci' gerade nicht das Kriterium echter evangelischer Dogmatik, es mangele ihnen einerseits an „einem größeren systematischen Zusammenhang" (F. Schleiermacher, Kolleg [1821/22]. NS Klamroth, 644) und andererseits seien sie nicht rein „aus dem evangelischen Princip hervorgegangen" (aaO., 656). Dieses Urteil widerspricht der gängigen Behauptung, Melanchthons ‚Loci' seien die erste evangelische Dogmatik. Allerdings steht Schleiermacher mit diesem Urteil nicht allein da: Ob Melanchthon aufgrund seines Lehrbuchs im Gegensatz zu Luther der Titel ‚Systematiker' gebühre, stellt K. Holl ernsthaft in Frage (K. Holl, Die Rechtfertigungslehre in Luthers Vorlesung über den Römerbrief mit besonderer Rücksicht auf die Frage der Heilsgewißheit [1910], in: ders., Gesammelte Aufsätze zur Kirchengeschichte I: Luther, Tübingen ²/³1923, 111–154, 117, Anm. 2): „Wenn man unter einem Systematiker einen Mann versteht, der imstande ist, große Gedankenzusammenhänge zu erschauen, dann war Luther in weit höherem Maß Systematiker als Calvin, um von Melanchthon gar nicht zu reden. Schulmeisterliche Art des Vortrags ist doch nicht das Kennzeichen des Systematikers." Und trotz einer insgesamt wohlwollenden Beurteilung der ‚Loci' muss auch Hoffmann zugestehen, dass das Verdienst der ‚Loci', nämlich „Melanchthons Bemühen um klare, faßliche Formulierungen der Glaubensgedanken", gleichzeitig die Konsequenz zeitigte, diese ‚Glaubensgedanken' „nicht in ihrer letzten, spannungsvollen Tiefe [zu] erfassen, sondern [...] eine nivellierende, auf Ausgleich bedachte Haltung [begünstige], die zur vorzeitigen Abrundung und Auflösung der Spannungen im Sinne einer verstandesmäßig faßbaren Einlinigkeit führte" (G. Hoffmann, Luther und Melanchthon. Melanchthons Stellung in der Theologie des Luthertums, in: ZSTh 15 [1938], 81–135, 107).

[283] An mehreren Stellen hebt Schleiermacher positiv Melanchthons Freiheit gegenüber dem Buchstaben der ‚Confessio Augustana' hervor, die davon zeuge, „daß sich der Gegenstand in ihm immer lebendig bewegte" und ihm daher „eine andere frische Darstellung desselben ab[nötigte]" (F. D. E. Schleiermacher, An die Herren D. D. von Cölln und D. Schulz [1831], KGA I.10, 395–426, 400), wohingegen Luther und den ihm in „steinerne[r] Anhänglichkeit" (F. D. E. Schleiermacher, Kolleg [1821/22]. NS Klamroth, 648) nachfolgenden Epigonen das „Phantom von einer Einheit der Lehre" (aaO., 633) vorschwebte. Es bilde sich bei einigen von diesen „der Wahn, daß durch den Buchstaben der Doctrin, wodurch die Reinheit bestimmt wurde, auch der Impuls bestimmt sey und daß das Wesen der evangelischen Frömmigkeit in diesem Buchstaben liege" (aaO., 656).

„Melanchthons im Vergleich zu Luther weniger steil von oben, sondern mehr vom menschlichen Bedürfnis herkommende Denkweise und Christlichkeit, sein Bündnis mit den Wissenschaften, sein ‚unionistisches‘ Wirken, ferner seine Konzentration auf die praktischen, insbesondere sittlichen Wirkungen der Religion – all' das schien bereits auf Friedrich Schleiermacher […] vorauszuweisen"[284].

Es lässt sich sogar – so Wernle – ein „Weg von Melanchthon zu Schleiermacher durch die drei Stadien Orthodoxie, Pietismus, Rationalismus"[285] skizzieren und bei aller nicht zu leugnenden Differenz

„treffen die beiden im Mittelpunkt zusammen: es gibt eine gegenwärtige Erlösung, es gibt ein neues Leben in Frieden und Freude, festem inneren Halt und sittlicher Kraft, das sich scharf abhebt vom Leben unter der Sünde in der Unseligkeit, und das wir alle der Wohltat Christi verdanken."[286]

Mit diesen Feststellungen wird deutlich, warum der Blick auf Melanchthon in der Analyse der Schleiermacherschen Erlösungskonzeption einen verhältnismäßig großen Raum einnehmen wird. Da Schleiermacher aber gerade nicht die ‚Loci‘ der *prima aetas* heranzieht, mit denen die ‚Glaubenslehre‘ häufig verglichen wird, sondern die in entscheidenden Themen abweichenden ‚Loci‘ der *tertia aetas*, werden diese der Untersuchung zugrunde gelegt.

Auch die Frage nach dem Verhältnis der Schleiermacherschen Entfaltung von Wiedergeburt und Heiligung zu der Lehre von der Heilsaneignung in der altprotestantischen Orthodoxie und im Pietismus scheint vielversprechend. Allerdings lässt sich aus den wenigen Verweisen, die Schleiermacher bietet, nicht eindeutig schließen, auf welche Quellen er sich beruft und von welchen konkreten Positionen er sich distanziert. Darüber hinaus ist die vielbeschworene ‚terminologische Anknüpfung‘ an die *ordo-salutis*-Lehre m. E. nur ein Scheinargument für die Nähe der Schleiermacherschen Soteriologie zu jener Lehre.[287] Im Rahmen der hier angestrebten Analyse kann keine Untersuchung aller denkbaren Bezugspositionen geleistet werden. Der Vergleich zur altprotestantischen und pietistischen Theologie erfolgt daher nicht in einem eigenen Abschnitt, sondern innerhalb der Rekonstruktion solcher Passagen, in denen sich Schleiermacher explizit auf diese bezieht.

4 Der Aufbau der Untersuchung

Es wäre reizvoll, die Analyse der Schleiermacherschen Soteriologie direkt bei dieser ansetzen zu lassen. Allerdings ist die Glaubenslehre so kunstvoll aufgebaut, dass es angeraten scheint, der Untersuchung der Lehrstücke von Wieder-

---

[284] C. GESTRICH, Luther, 33.
[285] P. WERNLE, Melanchthon, 13.
[286] P. WERNLE, Melanchthon, 51 f.
[287] Vgl. Kap. VI.3 dieser Arbeit.

geburt und Heiligung (Kap. VI) ihre Kontextualisierung vorangehen zu lassen. Die Stellung und Funktion jener Lehrstücke sollen daher im Folgenden kurz skizziert werden, um den Aufbau der Untersuchung zu begründen.

In der Struktur der ‚Glaubenslehre‘ bilden die Lehrstücke zur Wiedergeburt und Heiligung gemeinsam mit der Christologie den ersten Abschnitt innerhalb der Explikation des Gnadenbewusstseins.[288] Diesem Abschnitt kommt insofern eine besondere Funktion und Relevanz für diesen Teil der ‚Glaubenslehre‘ zu, als sich in ihm die Sätze der „dogmatische[n] Grundform"[289] finden. Gemäß den Ausführungen der Einleitung müssen daher die folgenden Abschnitte über die „Beschaffenheit der Welt bezüglich auf die Erlösung"[290] und über „die göttlichen Eigenschaften, welche sich auf die Erlösung beziehen"[291], „auf Säze von jener Form zurükgeführt werden […], wenn man vor dem Einschleichen fremdartiger rein wissenschaftlicher Säze sicher sein will"[292]. Die Christologie sowie die Lehre von Wiedergeburt und Heiligung werden somit gewissermaßen zur kritischen Norm der Schleiermacherschen Pneumatologie, Ekklesiologie, Eschatologie und schließlich auch der Gotteslehre[293] selbst.

---

[288] Vgl. zum Aufbau auch Kap. I.2.4 dieser Untersuchung. Die §§ 86–169 der ‚Glaubenslehre‘ werden unter der Überschrift „Des Gegensazes andere Seite. Entwiklung des Bewußtseins der Gnade" (CG² II, 13) behandelt.

[289] CG² I, § 30.2, 194 f. Der Kontext ist folgender: Schleiermacher führt in § 30 das zweite seiner Gliederungsprinzipien ein (aaO., § 30, 193): „Alle Säze, welche die christliche Glaubenslehre aufzustellen hat, können gefaßt werden entweder als Beschreibungen menschlicher Lebenszustände, oder als Begriffe von göttlichen Eigenschaften und Handlungsweisen, oder als Aussagen von Beschaffenheiten der Welt". Allerdings komme den drei Beschreibungsweisen nicht der gleiche Stellenwert zu: Die „dogmatische Grundform" (aaO., § 30.2, 194 f.) liege in den „Beschreibungen menschlicher Gemüthszustände", da diese „nur aus dem Gebiet der innern Erfahrung" schöpften, woraus folge, „daß sich also unter dieser Form nichts fremdes in die christliche Glaubenslehre einschleichen" (aaO., 194) könne, wogegen die abgeleiteten Aussagen über ‚Gott‘ bzw. ‚Welt‘ anfällig für metaphysische bzw. naturwissenschaftliche Einflüsse seien. Wenn Schleiermacher einerseits betont, dass „alle der christlichen Glaubenslehre angehörigen Säze in der Grundform unstreitig ausgedrükt werden" (aaO., § 30.3, 195) könnten, und andererseits dennoch die dreifache Beschreibungsform für seine ‚Glaubenslehre‘ wählt, so wird darin deutlich, inwiefern diese ihrem Untertitel, „nach den Grundsätzen der Evangelischen Kirche" durchgeführt zu sein, gerecht zu werden versucht. Schleiermacher sucht in seiner Weise der Darstellung den Anschluss an die kirchliche Verkündigung und die dogmatische Tradition: Faktisch gibt es in beiden Aussagen über Eigenschaften und Handlungsweisen Gottes sowie die Beschaffenheit der Welt. Wenn also eine Glaubenslehre den Zusammenhang mit der kirchlichen und dogmatischen Sprache nicht brechen möchte, müsse sie auch diese Aspekte behandeln.

[290] CG² II, 229. Unter dieser Überschrift werden die drei Hauptstücke der §§ 113–163 (aaO., 229–493) zusammengefasst.

[291] CG² II, 494, dies ist die Überschrift der zwei Lehrstücke samt Einleitung umfassenden §§ 164–169 (aaO., 494–532), welche den Abschluss der ‚Glaubenslehre‘ i. e. S. bilden (vgl. aaO., § 90, 32).

[292] CG² I, § 30.3, 195.

[293] Die „dem üblichen Schleiermacherbild zum Trotz" aufgestellte Behauptung Ebelings, dass durch die Anordnung der einzelnen Stücke der Gotteslehre im Gefüge der ‚Glaubenslehre‘ (s. dazu Kap. II.3 dieser Arbeit) diese „im Ganzen […] zu einer einzigen Entfaltung der Lehre von

Die zentrale Stellung der Sätze über „das Grundbewußtseins eines jeden Christen von seinem Gnadenstande"[294] gilt nun aber nicht nur im Blick auf die an sie anschließenden Aussagen, sondern auch für die Konzeption der ‚Glaubenslehre' insgesamt, insofern sie die Begründung, Entstehung und Art christlicher Frömmigkeit behandeln, die wiederum Grundlage der Gesamtdarstellung überhaupt ist.[295] Diese Schlüsselstellung der Lehrstücke von Wiedergeburt und Heiligung verbietet eine vom Kontext isolierende Darstellung.[296]

Gott" (G. EBELING, Schleiermachers Lehre von den göttlichen Eigenschaften [1968], in: DERS., Wort und Glaube, Bd. 2: Beiträge zur Fundamentaltheologie und zur Lehre von Gott, Tübingen 1969, 305–342, 333) werde, halte ich vor dem Hintergrund der Schleiermacherschen Erklärung dessen, was dogmatische Theologie betreibt (vgl. Kap. I.2 der vorliegenden Untersuchung) sowie den obigen Ausführungen zur Grundform dogmatischer Sätze schlicht für unhaltbar, woraus sich wohl auch erklärt, dass das ‚übliche Schleiermacherbild' sie nicht nahelegt. Ebeling selbst problematisiert seine Behauptung (vgl. G. EBELING, Lehre, 333–335), beruhigt sich aber bei der Feststellung, dass auch die Grundform dogmatischer Sätze „durchweg von der Beziehung zu Gott und zur Welt bestimmt" (aaO., 335) sei. Gerade diese auch von Ebeling geltend gemachte Relationalität, wie sie nach Schleiermacher im Gefühl schlechthinniger Abhängigkeit bewusst wird, zeitigt aber m.E. die Konsequenz, dass eben nicht im strikten Sinne von einer „Lehre von Gott" (ebd.) gesprochen werden kann, sondern es sich bei der Grundform immer um die „Beschreibung *menschlicher* Gemüthszustände" (CG² I, § 30.2, 194 [Hervorhebung durch die Vfn.]) handelt, wie ja auch schon der Begriff ‚Gott' selbst nur auf einer Vorstellung beruht, die als „unmittelbarste Reflexion" (aaO., § 4.4, 39) aus einem *menschlichen* Gemütszustand, nämlich dem der schlechthinnigen Abhängigkeit, hervorgeht (vgl. zur Problematik, die sich mit dem Gottesbegriff verbindet auch Kap. VI.5.2.2 dieser Untersuchung). Wenn bei Schleiermacher von ‚Gott' die Rede ist, muss daher m.E. immer ‚Gott, wie er vom Menschen aufgrund seines Gefühls schlechthinniger Abhängigkeit vorgestellt wird' gedacht sein. Damit ist aber auch die Behauptung, dass die ‚Glaubenslehre' im Ganzen eine Entfaltung der Lehre von Gott sei, entweder – wenn sie den Gottesbegriff im Schleiermacherschen Sinne auffasst – identisch mit der gängigen Auffassung der ‚Glaubenslehre' als Entfaltung der durch die menschliche Frömmigkeit hervorgebrachten Glaubenssätze, aber in ihrer Aussageweise irreführend, oder – wenn sie die Gottesvorstellung und den sie reflektierenden Begriff doch letztlich in eine Selbständigkeit gegenüber dem frommen Bewusstsein bringt – tatsächlich der geläufigen Ansicht entgegengestellt, aber in ihrem Inhalt auch nicht mit Schleiermachers Konzept vereinbar.

[294] CG² II, § 91.1, 35.

[295] Vorausgesetzt wird somit, dass die der Entfaltung des ‚Gnadengrundbewusstseins' eingegliederte Christologie gerade nicht „die große Störung in Schleiermachers Glaubenslehre" (K. BARTH, Theologie, 385; vgl. auch E. BRUNNER, Mystik, 120–147, der die Christologie als „große Einschiebung [aaO., 120] verhandelt und für sie geltend macht, dass sie mit dem ersten Teil der ‚Glaubenslehre' „absolut unvereinbar ist" [aaO., 133]), sondern vielmehr – mit den ihr korrespondierenden Lehrstücken von Wiedergeburt und Heiligung – deren systematisches Zentrum darstellt (vgl. auch D. LANGE, Neugestaltung christlicher Glaubenslehre, in: DERS. (Hg.): Friedrich Schleiermacher 1768–1834. Theologe – Philosoph – Pädagoge, Göttingen 1985, 85–105, 100: „Die Lehre von Christus ist also nicht ‚die große Störung', wie Karl Barth gemeint hat, sondern es liegt schlechthin alles an ihr." – Vgl. auch M. SCHRÖDER, Identität 55 f.).

[296] Vgl. auch die „interpretatorische Maxime" (C. ALBRECHT, Theorie, 196 f.), die Albrecht zu Recht hinsichtlich der ‚Glaubenslehre' geltend macht (aaO., 196): „Das sachgemäße Verständnis eines einzelnen Textinhaltes ist gebunden an ein vorangehendes Verständnis a) seines Ortes im Text und b) der Form dieses Textes."

Dass der Zusammenhang mit der Christologie in der Rekonstruktion nicht ausgeklammert werden kann, ist bereits durch die gemeinsame Einleitung zu beiden Hauptstücken der Grundform des Gnadenbewusstseins evident:

„Wir haben die Gemeinschaft mit Gott nur in einer solchen Lebensgemeinschaft mit dem Erlöser, worin seine schlechthin unsündliche Vollkommenheit und Seligkeit die freie aus sich herausgehende Thätigkeit darstellt, die Erlösungsbedürftigkeit des Begnadigten aber die freie in sich aufnehmende Empfänglichkeit."[297]

Wird das ‚Ziel', die Gottesgemeinschaft des Menschen,[298] sein Heil, derart an eine zweipolige Größe, nämlich die ‚Lebensgemeinschaft mit dem Erlöser', die durch die (freie) ‚produktive' Aktion einerseits, die (freie) ‚rezeptive' Reaktion[299] andererseits konstituiert wird, gekoppelt, so ist deutlich, dass die Rekonstruktion des einen Pols den anderen nicht außer Acht lassen kann. Schleiermacher stellt sich daher die Aufgabe, das „Grundbewußtsein eines jeden Christen von seinem Gnadenstande"[300] in zwei Richtungen zu entfalten, so „daß zuerst entwikkelt werde, wie vermöge dieses Bewußtseins der Erlöser gesetzt ist, dann aber wie der Erlöste."[301]

Diese Verknüpfung und gegenseitige Verwiesenheit wird auch deutlich, wenn bspw. der Berufungsbegriff, den man (vor dem Hintergrund der *ordo-salutis*-Lehre) im Zusammenhang der Entwicklung der rezeptiven Seite des Erlösungsgeschehens erwarten würde, bei Schleiermacher im Kontext der Christologie begegnet.[302] Entsprechend muss die vorliegende Untersuchung der Lehren von Wiedergeburt und Heiligung den Bezug zur Christologie entfalten, wobei aller-

---

[297] CG² II, § 91, 35.

[298] ‚Gemeinschaft mit Gott' darf nicht gegenständlich missverstanden werden. Es handelt sich auch hierbei um einen auf dem frommen Gefühl des Menschen basierenden Vorstellungsgehalt (vgl. Kap. I.4 und VI.5.2.2 der vorliegenden Untersuchung).

[299] Die von Schleiermacher gewählten Attribute ‚herausgehend' und ‚aufnehmend' werden m. E. besser mit ‚produktiv' und ‚rezeptiv' umschrieben, als mit ‚aktiv' und ‚passiv'. Zwar spricht Schleiermacher selbst in der Einleitung der ‚Glaubenslehre' in der Bestimmung des Wesens des Christentums von einer aktiven und passiven Seite der Erlösung (vgl. CG² I, § 11.2, 96), doch hält er an anderer Stelle entschieden daran fest, dass die für die Erlösung entscheidende Empfänglichkeit nicht *pure passive* sei, sondern ‚lebendig' (vgl. Kap. IV.3 dieser Arbeit). Gegen J. E. Thiel, Schleiermacher's doctrines of creation and preservation: some epistemological considerations, in: HeyJ 22 (1981), 32–48; H. Stephan, Lehre; E. Brunner, Mystik, 64. Letzterer treibt das (absichtliche?) Missverständnis des Schleiermacherschen Erlösungsverständnisses insofern auf die Spitze, als er erst die Identifikation von Empfänglichkeit und Passivität – gegen explizite Aussagen Schleiermachers – vollzieht und sie dann Schleiermacher zum Vorwurf macht.

[300] CG² II, § 91.1, 35.

[301] CG² II, § 91.2, 37.

[302] Vgl. CG² II, § 100.2, 108 [Sperrung aufgelöst]: „Mögen wir nun aber auf das Gesammtleben sehen, oder auf die Gemeinschaft des Einzelnen mit dem Erlöser: so werden wir den Anfang, da er doch durch eine freie Annahme bedingt ist, am besten durch den Ausdrukk Berufung bezeichnen […]." Der Berufungsbegriff verweist allerdings deutlich auf die Lehre von der Wiedergeburt.

dings keine vollständige und umfassende Rekonstruktion aller christologischen Aussagen erfolgen kann, sondern eine sachgemäße Einschränkung und Schwerpunktsetzung vollzogen werden muss (Kap. V).

Der Zusammenhang zum zweiten Abschnitt – die „Beschreibung dessen, was durch die Erlösung in der Welt gesetzt ist, […] [d. h. die Beschreibung des] durch Christum gestiftete[n] Gesammtleben[s]"[303] – und die Schwierigkeit einer gesonderten Behandlung thematisiert Schleiermacher in der Einleitung der Explikation des Gnadenbewusstseins:

> „Nun ist aber der Gnadenstand der Erlösten nichts anderes als ihre Thätigkeit in eben diesem Gesammtleben […], […] so daß beides ganz zusammenzufallen scheint. […] Auf der andern Seite besteht das Gesammtleben nur aus den Erlösten als solchen, und scheint also gar nicht verstanden werden zu können, wenn nicht deren eigenthümliche Beschaffenheit vorher eingesehen ist."[304]

Schleiermacher rechtfertigt seine gesonderte Behandlung durch eine Perspektivenunterscheidung: Der Darstellung der „Zustände des Einzelnen"[305] im neuen Gesamtleben stehe die Beschreibung eben solcher Zustände im alten, sündigen Gesamtleben gegenüber; das Gegenüber des neuen Gesamtlebens zur Welt bzw. seine Relevanz für die Welt werde wiederum nur erfasst, wenn dieses Gesamtleben in „seine[r] Organisation"[306] erläutert würde.[307]

Diese Begründung darf allerdings nicht so missverstanden werden, als ob gegenwärtig Einzelne unabhängig von der Gemeinschaft des neuen Gesamtlebens in ein unmittelbares Verhältnis zu Christus gelangen könnten. Die Wirksamkeit Christi ist an ihre Vermittlung durch die Verkündigung in dem von ihm gestifteten Gesamtleben gebunden. Trotz der Möglichkeit der Unterscheidung und gesonderten Behandlung bestehen somit enge Verweisungszusammenhänge zwischen dem ersten und zweiten Abschnitt der Entwicklung des Gnadenbewusstseins. Konkret zeigt sich dies zunächst daran, dass erst im ersten Haupt-

---

[303] CG² II, § 90.1, 32.

[304] CG² II, § 90.1, 32 f.

[305] CG² II, § 90.1, 33.

[306] CG² II, § 90.1, 33. Vgl. auch G. Wenz, Geschichte der Versöhnungslehre in der evangelischen Theologie der Neuzeit, 2 Bde., MMHST 9, München 1984/6, Bd. 1, 379: „Die personbildende Tätigkeit Christi leitet insofern notwendig zum Lehrstück von Wiedergeburt […] und Heiligung […], seine weltbildende Wirksamkeit zur Ekklesiologie […] über."

[307] Die Reihenfolge der Anordnung, die der Schleiermacherschen Auffassung des genuin Protestantischen entspricht, begründet Schleiermacher im Einleitungsparagraphen der Lehrstücke von Wiedergeburt und Heiligung (CG² II, § 106.1, 166 f.): „Und wie die Gemeinschaft ihrem wahren Wesen nach doch nur besteht aus der Gesammtheit der Heiligungsmomente aller in die Lebensgemeinschaft Christi aufgenommenen Einzelnen: so schließt auch wieder die Heiligung des Einzelnen alles in sich, wodurch die Gemeinschaft verknüpft und verbreitet wird. Bei dieser vollkommnen Gegenseitigkeit nun rechtfertigt sich diese Stellung dadurch, daß doch ursprünglich Einzelne von Christo ergriffen wurden, und auch jetzt noch es immer eine durch die geistige Gegenwart im Wort vermittelte Wirkung Christi selbst ist, wodurch die Einzelnen in die Gemeinschaft des neuen Lebens aufgenommen werden".

stück des zweiten Abschnitts die Rede vom heiligen Geist[308] thematisch wird, obwohl „in der öffentlichen Lehre häufig die Wiedergeburt dem göttlichen Geist zugeschrieben wird"[309]. Noch grundsätzlicher wird der Zusammenhang allerdings durch eine erneute Analogiebildung: Wie die Lehrstücke von Wiedergeburt und Heiligung analog zur Christologie gebildet werden, so auch die Lehrstücke von Entstehen[310] und Bestehen[311] der Kirche unmittelbar analog zu jenen und vermittelt darüber zu dieser.[312] Die Ekklesiologie wird von Schleiermacher ausdrücklich als Ergänzung bzw. als ‚zweite Seite' des schon Explizierten behandelt,[313] so ist beispielsweise das Lehrstück von der Taufe[314] aufs engste an die Frage ihrer Zusammengehörigkeit mit der Wiedergeburt geknüpft. Es scheint aufgrund dieses Befunds die Analyse der Lehrstücke von Wiedergeburt und Heiligung erst dann befriedigend gelöst zu sein, wenn zumindest in Ausblicken deren Fortführung im zweiten Abschnitt der Darlegung des Gnadenbewusstseins beleuchtet wird. Diese Ausblicke werden überwiegend in die Rekonstruktion der Soteriologie integriert (Kap. VI) und nur in einem Fall Thema eines eigenen Abschnitts (Kap. VI.4: Vom Geist absehen?).

Neben den unmittelbar benachbarten Lehrstücken innerhalb der Darlegung des Gnadenbewusstseins gilt es allerdings auch, die den christologischen und soteriologischen Lehrstücken schon vorausgehenden Ausführungen zu beachten, da in diesen Gedanken entwickelt werden, die für das Verständnis vorausgesetzt werden müssen. Offenkundig ist dies in Bezug auf die Explikation des Sünden-

---

[308] Vgl. CG² II, §§ 121–125, 278–303.

[309] CG² II, § 108.5, 184. Die Dogmatik der altprotestantischen Orthodoxie verhandelt die von Schleiermacher unter den Hyperonymen Wiedergeburt und Heiligung verhandelten Aspekte unter der Überschrift ‚De gratia spiritus sancti applicatrice' (vgl. exemplarisch H. Schmid, Die Dogmatik der evangelisch-lutherischen Kirche dargestellt und aus den Quellen belegt, neu hg. u. durchgesehen v. H. G. Pöhlmann, Gütersloh ⁹1979, Kap. III. De gratia spiritus s. applicatrice, §§ 39–49, 261–318).

[310] Vgl. CG² II, §§ 115–125, 239–303.

[311] Vgl. CG² II, §§ 126–156, 303–426.

[312] In allen drei Stücken geht es Schleiermacher um die Darstellung der Vereinigung des Göttlichen mit der menschlichen Natur. Dass dies für die Lehre vom neuen Gesamtleben, die Ekklesiologie, auch gilt, wird offenkundig in CG² II, § 123, 288: „Der heilige Geist ist die Vereinigung des göttlichen Wesens mit der menschlichen Natur in der Form des das Gesammtleben der Gläubigen beseelenden Gemeingeistes." Entsprechend gilt die reine und vollkommene Kirche Schleiermacher als „das vollkommne Abbild des Erlösers" (aaO., § 125, 299).

[313] Vgl. als exemplarisches Bsp. CG² II, § 114.2, 238: „Es giebt aber auch hier ein anderes als Ergänzung der früheren Behandlung nothwendiges Moment. Wir haben nämlich die Thätigkeit des Erlösers mit ihrer Wirkung in der Seele der Einzelnen oben betrachtet abgesehen von dem Gesammtleben, und so konnten wir auch hernach in der Lehre von der Heiligung den Einzelnen nur betrachten als ein selbständig in der Lebensgemeinschaft mit Christus handelndes Einzelwesen. Nun ist es freilich ganz derselbige Act, durch welchen der Einzelne wiedergebohren und durch welchen er ein selbstthätiges Mitglied der christlichen Kirche wird; aber wir haben diese Seite desselben dort nicht mit aufgenommen, und müssen also denselben Act hier noch einmal unabhängig von der früheren Darstellung beschreiben".

[314] Vgl. CG² II, §§ 136–138, 353–377.

bewusstseins,[315] insofern der Gedanke der Erlösung als negative Voraussetzung der Gnade den der Sünde impliziert. Der Rekonstruktion von Christologie und Soteriologie wird daher diejenige der Schleiermacherschen Hamartiologie vorangestellt (Kap. III).

Doch auch auf Ausführungen des ersten Teils der ‚Glaubenslehre' wird rekurriert: so ist beispielsweise der für Schleiermachers Auffassung der Erlösung unverzichtbare Gedanke der ‚lebendigen Empfänglichkeit'[316] bereits in der Beschreibung der „ursprünglichen Vollkommenheit des Menschen"[317] grundgelegt. Es sollen daher die §§ 32–85 zur Kontextualisierung skizziert werden, wobei in der Darstellung nur an den Punkten, die für die spätere Analyse von besonderer Relevanz sind, ins Detail gegangen werden kann (Kap. II).

Neben diesen immanenten Bezügen gilt es gemäß der hier angestrebten Doppelperspektive auf die Lehrstücke von Wiedergeburt und Heiligung auch, den kritischen Vergleich mit den explizit und implizit herangezogenen theologischen Positionen zu führen. Denkbar wären in dieser Hinsicht zwei Vorgehensweisen: Der Vergleich kann direkt innerhalb der Rekonstruktion erfolgen. Auf diese Weise werden die Kontinuität Schleiermachers zur theologischen Tradition einerseits und seine originale Reformulierung der Lehrstücke andererseits sogleich offensichtlicher, worin der Vorteil dieses Verfahrens liegt. Der Nachteil ist allerdings die größere Unübersichtlichkeit, wodurch ein zusammenschauender Überblick über die Konzeption der Lehrstücke erheblich erschwert wird. Daher wird hier für die Analyse der Lehrstücke von Wiedergeburt und Heiligung eine ‚Mischform' gewählt: Der Vergleich mit den von Schleiermacher ausdrücklich zitierten Bekenntnisschriften und Dogmatikern geschieht grundsätzlich innerhalb der Rekonstruktion der Lehrstücke von Wiedergeburt und Heiligung. Der ausführlichere Vergleich mit der aus oben genannten Gründen ausgewählten Position Melanchthons erfolgt hingegen erst im Anschluss an jene Darstellung (Kap. VII).

Die vorliegende Arbeit gliedert sich somit wie folgt: Zunächst werden zur Kontextualisierung die §§ 32–85 der ‚Glaubenslehre' skizziert (Kap. II), daran schließt die Rekonstruktion der Sündenlehre an (Kap. III). In drei Kapiteln werden das Gnadenbewusstsein als solches (Kap. IV), die Christologie (Kap. V) sowie die Soteriologie (Kap. VI) analysiert. Auf dieser Basis kann die Schleiermachersche Position mit der Melanchthons in einen Vergleich gestellt werden (Kap. VII). Ein Fazit (Kap. VIII) schließt die Untersuchung ab.

---

[315] Vgl. CG² I, §§ 65–85, 403–529.
[316] Vgl. dazu Kap. IV.3 der vorliegenden Arbeit.
[317] CG² I, 371. Die entsprechenden Paragraphen sind aaO., §§ 60f., 371–387.

II Der Kontext: Skizze der §§ 32–85

Die Zielsetzung und der gesteckte Rahmen der hier angestrebten Untersuchung erlauben keine tiefgehende und detaillierte Analyse aller der Christologie und Soteriologie vorausgehenden Paragraphen der ‚Glaubenslehre', auch wenn durch eine solche sicherlich noch stärker die Verknüpfungen, Bezüge und Analogien deutlich würden. Lediglich die zentralen Aussagen und Argumentationen sollen hier daher in groben Strichen skizziert werden; eine genauere Untersuchung erfolgt dort, wo wichtige Voraussetzungen für ein umfassendes Verständnis der Soteriologie eingeführt werden.

Der Aufbau folgt der Anordnung der Lehrstücke innerhalb der ‚Glaubenslehre'. Den Anfang bildet die Darstellung des Gefühls schlechthinniger Abhängigkeit „als allgemeine Grundlage"[1] (Kap. II.1), wie Schleiermacher es in drei Abschnitten – Schöpfungs- bzw. Erhaltungslehre (Kap. II.2), Eigenschaftslehre (Kap. II.3) und Lehre von der ursprünglichen Vollkommenheit (Kap. II.4) – entfaltet. Für das Verständnis von Christologie und Soteriologie finden sich hier wichtige Voraussetzungen bezüglich der Frage nach dem ‚übernatürlichen' Charakter der Erlösung einerseits, den ‚natürlichen' Bedingungen ihrer Realisierung andererseits, hinsichtlich des Verhältnisses von göttlicher Tätigkeit bzw. Ursächlichkeit zur Zeitlichkeit sowic der Frage nach menschlicher Freiheit.

1 „Das schlechthinige Abhängigkeitsgefühl als allgemeine Grundlage"[2]

Nachdem Schleiermacher in der Einleitung der ‚Glaubenslehre' die inhaltlichen und formalen Voraussetzungen dogmatischer Arbeit untersucht und bestimmt hat,[3] widmen sich die §§ 32–61[4] der „Entwiklung des frommen Selbstbewußtseins, wie es in jeder christlich frommen Gemüthserregung immer schon vorausgesezt wird, aber auch immer mit enthalten ist"[5]. Diese von dem – durch den Erlösungsgedanken implizierten – Gegensatz von Sünde und Gnade abstrahierende Darlegung erstaunt insofern, als gerade der Erlösungsbezug von Schleiermacher

---

[1] CG² I, § 32, App. H, 202.
[2] CG² I, § 32, App. H, 202.
[3] Vgl. dazu Kap. I.2 der vorliegenden Untersuchung.
[4] CG² I, §§ 32–61, 201–387.
[5] So die Überschrift zum ersten Teil der ‚Glaubenslehre', CG² I, 201.

als das genuin Christliche ausgemacht wird.[6] Schleiermacher selbst ist sich der Gefahr bewusst, dass der erste Teil, weil in ihm „das eigenthümlich christliche minder stark hervortritt", als eine Art „allgemeine[] oder [...] natürliche[] Theologie"[7] missverstanden werden könnte. Daher begründet er schon in der Einleitung, inwiefern auch das hier Verhandelte wahrhaft zu einer *christlichen* Glaubenslehre gehört:

> „Es ist zunächst klar, daß der Gegensaz zwischen der Unfähigkeit das schlechthinige Abhängigkeitsgefühl allen Lebensmomenten einzubilden und der uns dazu durch den Erlöser mitgetheilten Fähigkeit schon jenes Gefühl selbst und ein Wissen um dasselbe voraussetzt. [...] Der Zustand also, welcher der mitgetheilten Fähigkeit vorangeht, kann weder die absolute Gottvergessenheit sein noch auch das bloße gehaltlose Streben nach dem Gottesbewußtsein, sondern dieses muß irgendwie im Selbstbewußtsein gegeben sein. Nur könnte man sagen, daß solche Thatsachen des frommen Selbstbewußtseins [...] nicht könnten in die christliche Glaubenslehre gehören [...]. Hierauf ist zu erwiedern, daß diese frommen Gemüthszustände doch wenn das Gemüth christlich ergriffen wird nicht verschwinden [...]."[8]

Diese Begründung rekurriert indirekt auf die Ausführungen der Lehnsätze aus der Ethik:[9] Dort wird das Gefühl schlechthinniger Abhängigkeit – „wie es sich als Gottesbewußtsein ausspricht"[10] – als ein *wesentliches* Element des Menschseins überhaupt erwiesen. Daraus folge, dass es bei keinem Menschen – sofern er eine seinem Wesen entsprechende Entwicklung des Selbstbewusstseins erreicht hat – vollständig fehlen könne. Diese ‚*notitia Dei insita*'[11] müsse vorausgesetzt werden, weil ohne sie die beiden Pole, welche das Erlösungsbewusstsein ausmachen würden, keinen ‚Anknüpfungspunkt' beim Menschen fänden: Wüsste der Mensch in keiner Weise um das Gefühl schlechthinniger Abhängigkeit, so könnte er auch den „Gegensaz zwischen der Unfähigkeit das schlechthinige Abhängigkeitsgefühl allen Lebensmomenten einzubilden und der uns dazu durch den Erlöser mitgetheilten Fähigkeit"[12] nicht wahrnehmen.[13] Ein Wissen um das allgemeine schlechthinnige Abhängigkeitsgefühl setzt Schleiermacher somit einerseits für den Zustand vor der Erlösung voraus, andererseits nimmt er an,

---

[6] Vgl. CG² I, § 11, 93–102; vgl. in der vorliegenden Arbeit Kap. I.2.2.

[7] CG² I, § 29.2, 192.

[8] CG² I, § 29.1, 190f.

[9] Vgl. CG² I, §§ 3–6, 19–59; vgl. auch Kap. I.2.2 der vorliegenden Arbeit.

[10] CG² I, § 6.1, 53.

[11] Schleiermacher interpretiert die Rede „von einer ursprünglichen Offenbarung Gottes an den Menschen" im vierten Paragraphen so, dass sie – durch die Zusammengehörigkeit von Gottes- und Selbstbewusstsein – bedeute, „Gott sei uns gegeben im Gefühl auf eine ursprüngliche Weise" (CG² I, § 4.4, 40).

[12] CG² I, § 29.1, 190.

[13] Der Aspekt des nie gänzlich fehlenden Gottesbewusstseins wird im Zusammenhang des Lehrsatzes von der Bekehrung von entscheidender Bedeutung sein, wenn es um „den ersten Anknüpfungspunkt für alle göttlichen Gnadenwirkungen" (CG² II, § 108.6, 190) geht. Vgl. Kap. VI.5.2 dieser Untersuchung.

dass dieses Bewusstsein nicht von dem Erlösungsbewusstsein substituiert wird, sondern zusammen mit diesem das christlich-fromme Selbstbewusstsein konstituiert.[14] Entsprechend dürfe der erste Teil der Glaubenslehre nie isoliert für sich aufgefasst werden, sondern sei nur wahrhaft christlich durch seinen notwendigen Bezug auf das wesentlich Christliche, „die durch Jesum von Nazareth vollbrachte Erlösung"[15].

Dennoch führt die in der Darstellung vom Gegensatz abstrahierende Explikation dazu, dass zwischen den Ausführungen des ersten Teils der ‚Glaubenslehre' und den allgemeinen Ausführungen über die Frömmigkeit in der Einleitung starke Ähnlichkeiten bzw. Überschneidungen bestehen. Entsprechend vermerkt auch Schleiermacher in seinem Handexemplar, dass die einleitenden Paragraphen dieses Teils „schon in der Einleitung" vorkamen, hier nun aber „vorzüglich in ihrem Verhältniß zum eigenthümlich Christlichen"[16] behandelt würden.

Die einleitenden Paragraphen des ersten Teils der ‚Glaubenslehre' schließen daher eng an die Einleitung an, indem der Gedanke des schlechthinnigen Abhängigkeitsgefühls als „die einzige Weise wie im allgemeinen das eigne Sein und das unendliche Sein Gottes im Selbstbewußtsein Eines sein kann"[17], aufgenommen und als Konstituens des christlich-frommen Selbstbewusstseins bekräftigt wird. Dessen Gehalt sei somit immer durch zwei aufeinander bezogene Aspekte gekennzeichnet: Gottes- und Christusbeziehung.

Des Weiteren wird der schon in den Lehnsätzen aus der Ethik erbrachte Erweis, dass „das schlechthinige Abhängigkeitsgefühl, wie es sich als Gottesbewußtsein ausspricht, […] ein der menschlichen Natur wesentliches Element"[18] sei,[19] von Schleiermacher erneut aufgegriffen und dahingehend ausgeführt, dass

---

[14] Vgl. CG² I, § 29.2, 191 f. Vorausgesetzt ist aaO., § 5, 40–53, wonach das schlechthinnige Abhängigkeitsgefühl als solches nicht momenterfüllend, sondern als „höchste Stufe des menschlichen Selbstbewußtseins" (aaO., 40) zu einer „besondere[n] fromme[n] Erregung" (aaO., § 5.4, 48) nur durch das „Bezogenwerden des sinnlich bestimmten auf das höhere Selbstbewußtsein in der Einheit des Moments" (aaO., § 5.3, 46) werden könne. Indem so sinnliches und höheres Selbstbewusstsein in ihrem Aufeinanderbezogensein einen frommen Moment konstituierten, gewinne das schlechthinnige Abhängigkeitsgefühl „auch Antheil […] an dem Gegensaz des angenehmen und unangenehmen" (aaO., § 5, 41). Dieser Gegensatz bezeichne somit nicht etwas an dem sich selbst gleichen Gefühl schlechthinniger Abhängigkeit, sondern beziehe „sich auf nichts anderes, als wie sich beide Stufen des Selbstbewußtseins zu einander verhalten in der Einheit des Moments" (aaO., § 5.4, 49). Die spezifisch christliche Auffassung dieser allgemeinen Feststellung über „die Art, wie sich das Gottesbewußtsein an und mit dem erregten Selbstbewußtsein gestaltet" (aaO., § 63, 394), liege nun darin, diesen Gegensatz als den von Sünde und Gnade aufzufassen (vgl. aaO., § 63, 395). Vgl. dazu auch Kap. III.2 der vorliegenden Arbeit.

[15] CG² I, § 11, 93. Vgl. bspw. die christologischen Verweise in den Ausführungen zur ursprünglichen Vollkommenheit, bes. deutlich aaO., § 61.5, 387.

[16] CG² I, § 32, App. H, 201.

[17] CG² I, § 32, App. H, 201.

[18] CG² I, § 6.1, 53 f.

[19] Das Postulat des schlechthinnigen Abhängigkeitsgefühls als „allgemeines Lebenselement" (CG² I, § 33, 205) zeitigt hinsichtlich atheistischer Positionen die Konsequenz, dass diese nach

jener die Funktion innerhalb der ‚Glaubenslehre' einnimmt, die sonst (vermeintlich)[20] durch philosophische Gottesbeweise erfüllt würde.[21]

Bevor Schleiermacher schließlich den Aufbau der materialen Ausführungen
des ersten Teils gemäß dem in der Einleitung der ‚Glaubenslehre' entwickelten
Gliederungsprinzip[22] angibt, führt er aus, unter welchem Gesichtspunkt das
schlechthinnige Abhängigkeitsgefühl in christlich-frommen Erregungen bewusst
werde:

> „Das schlechthinnige Abhängigkeitsgefühl ist in jeder christlich frommen Erregung mit
> enthalten, in dem Maaß als darin, vermittelst dessen wodurch sie mit bestimmt wird, zum
> Bewußtsein kommt, daß wir in einen allgemeinen Naturzusammenhang gestellt sind, d. h.
> in dem Maaß, als wir uns darin unsrer selbst als Theil der Welt bewußt sind.“[23]

Der gesamte erste Teil der ‚Glaubenslehre' ist somit aufzufassen als Explikation
des in jedem Moment christlich-frommer Erregung implizierten „fromme[n]
Naturgefühl[s]“[24], das wiederum in seiner allgemeinen Form als „Weltbewusstsein“ schon in der einleitenden Explikation der Frömmigkeit begegnet: Eingeführt wird der Gedanke des Weltbewusstseins im Zusammenhang der Unterscheidung von relativen Freiheits- und Abhängigkeitsgefühlen. Er wird dort
zunächst hergeleitet aus dem „aus beiden [Gefühlen] zusammengesetze[n] Gesammtselbstbewußtsein […] der Wechselwirkung des Subjectes mit dem mitgesetzten Anderen.“[25] Dieses ‚Wechselwirkungsbewusstsein' gestalte sich, wenn
es sich soweit ausdehne, dass es nicht nur „das Gesammte Außeruns als Eines“,

---

Schleiermacher entweder als Unterentwicklung oder aber Krankheit des Selbstbewusstseins
eingeschätzt werden müssen (vgl. aaO., § 33.2, 207–209).

[20] Schleiermacher führt aus, dass Gottesbeweise, selbst wenn sie geführt und gelingen
würden, nicht für die dogmatische Behandlung in Betracht kämen, da sie „nur ein objectives
Bewußtsein hervorbringen“ (CG² I, § 33.3, 209) könnten, die Glaubenslehre aber „überall die
unmittelbare Gewißheit, den Glauben, voraussezen“ (aaO., 210) müsse. Insofern verfehlt die
Kritik Rohls, dass „nichts […] Schleiermachers Definition der Frömmigkeit als schlechthinniges
Abhängigkeitsgefühl vor den Einwänden der Religionskritik schützte“ (J. ROHLS, Frömmigkeit als Gefühl schlechthinniger Abhängigkeit. Zu Schleiermachers Religionstheorie in der
„Glaubenslehre“, in: K.-V. SELGE [Hg.], Internationaler Schleiermacher-Kongreß Berlin 1984,
Teilbd. 1, SchlA I.1, Berlin/New York 1985, 221–252, 251) m. E. die Intention, die Schleier-
macher mit der Rede des ‚Ersatzes' der Gottesbeweise durch den Nachweis der Allgemeinheit
des schlechthinnigen Abhängigkeitsgefühls verfolgt.

[21] Als Gewährsmänner für dieses Vorgehen zieht Schleiermacher u. a. Melanchthon und
Zwingli heran: Während er bei Melanchthon die positive Feststellung findet, dass es ein
dem menschlichen Geist ‚eingebranntes' Wissen über die Existenz Gottes gebe (vgl. P. ME-
LANCHTHON, Loci praecipui theologici [1559], StA II/1+2, hg. v. H. ENGELLAND, Gütersloh
1952/3, I, 173,13–15; in Ausschnitten zitiert in: CG² I, § 33, 206), schließt er sich bei Zwingli
an die Abwehr der Entlehnung philosophischer Aussagen über Gott für die Theologie an (vgl.
H. ZWINGLI, De vera et falsa religione [1525], in: CR 90, Leipzig 1940, 590–912, 643,20 f.; zitiert
in: CG² I, § 33, 206).

[22] Vgl. CG² I, § 30, 193–196.

[23] CG² I, § 34, 212.

[24] CG² I, § 34.3, 215.

[25] CG² I, § 4.2, 35.

2 Schlechthinnige Abhängigkeit der Welt: Schöpfung und Erhaltung

sondern es „mit uns selbst zusammen als Eines"[26] begreife, zum umfassenden Weltbewusstsein. Diese Extension des Selbstbewusstseins zum Weltbewusstsein sei Voraussetzung bzw. Basis dafür, dass sich die höchste Stufe der Frömmigkeit, die monotheistische, ausbilde, wie es in den religionsphilosophischen Lehnsätzen heißt.[27] In diesem Zusammenhang nennt Schleiermacher das Weltbewusstsein auch die Erweiterung des „Selbstbewußtsein[s] [...] zum allgemeinen Endlichkeitsbewußtsein"[28].

Im ersten materialen Teil der ‚Glaubenslehre' tritt nun ein Synonym zum Weltbewusstsein hinzu, das eine zentrale Stellung innerhalb der Ausführungen innehat: das „Bewußtsein [...], daß wir in einen allgemeinen Naturzusammenhang gestellt sind"[29].[30] Mit dieser ausdrücklichen Anerkennung und theologischen Hochwertung des Naturzusammenhangs wird gleichzeitig die Kopplung des Gottesbewusstseins an „das Wunderbare"[31], d. h. an die Durchbrechung bzw. Aufhebung des Naturzusammenhanges, negiert. Vor diesem Hintergrund müssen die Darstellungen zu Schöpfung und Erhaltung (Kap. II.2), zu Gottes Allmacht und Ewigkeit (Kap. II.3) und zur ursprünglichen Vollkommenheit von Welt und Mensch (Kap. II.4) begriffen werden.

2 Schlechthinnige Abhängigkeit der Welt: Schöpfung und Erhaltung

Dem Abschnitt, der sich der „Beschreibung unseres frommen Selbstbewußtseins, sofern sich darin das Verhältniß zwischen der Welt und Gott ausdrükkt"[32], verschreibt, stellt Schleiermacher eine Einleitung voran, in der er den „ursprüngliche[n] Ausdrukk"[33] der schlechthinnigen Abhängigkeit der Welt von Gott[34] mit

---

[26] CG² I, § 4.2, 36.
[27] Vgl. CG² I § 8.2, 66–68. Damit erscheint die „Ausdehnung des Selbstbewußtseins auf das Weltbewußtsein" als Bedingung dafür, „daß das mit dem sinnlichen Selbstbewußtsein vereinigte schlechthinnige Abhängigkeitsgefühl [...] die Reichweite des in ihm statuierten Letztbedingungsverhältnisses adäquat zur Darstellung bringt" (U. Barth, Die subjektivitätstheoretischen Prämissen der ‚Glaubenslehre'. Eine Replik auf K. Cramers Schleiermacher-Studie, in: ders., Aufgeklärter Protestantismus, Tübingen 2004, 329–351, 348).
[28] CG² I, § 8.2, 67.
[29] CG² I, § 34, 212.
[30] Zur Schleiermacherschen Auffassung des Naturzusammenhangs vgl. U. Hasler, Beherrschte Natur. Die Anpassung der Theologie an die bürgerliche Naturauffassung im 19. Jahrhundert (Schleiermacher, Ritschl, Herrmann), Basel 1982, 61–168, bes. 69–88, sowie 133–137.
[31] CG² I, § 34.2, 214.
[32] So die Überschrift der §§ 36–49 (in: CG² I, 218–299).
[33] CG² I, § 36, 218.
[34] Vgl. auch CG² I, § 36.1, 219: „Der Saz, daß die Gesammtheit des endlichen Seins nur in der Abhängigkeit von dem Unendlichen besteht, ist die vollständige Beschreibung der hier aufzustellenden Grundlage jedes frommen Gefühls." – ‚Gott' ist hier nicht als ein gegenständliches Gegenüber von ‚Welt' aufzufassen, sondern als Begriff einer auf dem Gefühl schlechthinniger Abhängigkeit basierenden Vorstellung (vgl. Kap. VI.5.2.2 dieser Untersuchung).

den überkommenen Ausdrücken der Schöpfung und Erhaltung in Verbindung
setzt. Es stellt sich damit die Frage nach dem Verhältnis beider Ausdrücke zueinander bzw. der Möglichkeit ihrer getrennten Behandlung, wenn sie beide als
Ausdruck des Grundgefühls gelten sollen.

Hinsichtlich der Trennung beider Aspekte gibt Schleiermacher zu bedenken,
dass sie weder religiös, noch dogmatisch begründet sei, sondern sich letztlich der
„menschliche[n] Einbildungskraft"[35] verdanke. Davon ausgehend sei sie allerdings fest in die „allgemeine[] religiöse[] Mittheilung"[36] und auch die Bekenntnisschriften[37] eingegangen, so dass die dogmatische Darstellung, die reinigend
und regulativ auf die „volksmäßige[] religiöse[] Mittheilung"[38] wirken solle,
nicht notwendig, aber aus ‚Anknüpfungsgründen' die gesonderte Behandlung
beibehalte.[39] Gerade dann sei es aber umso wichtiger, stets die einzelnen Aussagen an dem ihnen zugrundeliegenden ‚Ursprungsausdruck' zu prüfen und die
so begründete letztliche Identität von Erhaltungs- und Schöpfungsaussagen zu
beachten.[40] Allerdings wird trotz dieser Identität dem Erhaltungsgedanken von
Schleiermacher ein gewisser Vorzug eingeräumt, weil er, wenn er in seinem vollen
Gehalt gefasst wird, jenem Grundgefühl umfassend entspreche, so dass er der Ergänzung durch die Schöpfungsaussage nur bedürfe, wenn er in einer defizitären
Weise gebraucht würde, durch die „der Anfang aus dem Umfang des Begriffs der
Erhaltung ausgeschlossen bleibt."[41]

Betont Schleiermacher somit prinzipiell eine Identität der Aussagegehalte
von ‚Schöpfung' und ‚Erhaltung', so wird in bewusstseinstheoretischer Hinsicht
doch eine Unterscheidung und Reihenfolge geltend gemacht: unmittelbar könne nur „das endliche Sein […] [als] ein fortbestehendes" im Selbstbewusstsein
erfahren werden, d. h. sofern es erhalten werde; „von einem Anfang des Seins"
könne man „aber kein Selbstbewußtsein haben"[42]. Daher sei auch das „Interesse
der Frömmigkeit"[43] im Blick auf die Schöpfungsaussagen nur ein abgeleitetes,
woraus sich wiederum eine weitere Begründung der Sonderung beider Lehr-

---

[35] CG² I, § 36.2, 220.

[36] CG² I, § 36.2, 220.

[37] Vgl. CG² I, § 37, 221–224. Schleiermacher hält jedoch fest, dass die in die Bekenntnisschriften aufgenommenen Aussagen zu Schöpfung und Erhaltung keine protestantische Ausprägung
erhalten hätten, so dass in ihrer Behandlung größte Freiheit herrsche (vgl. aaO., § 37.2, 223).

[38] CG² I, § 38.3, 224; vgl. zur Aufgabe dogmatischer Theologie in der vorliegenden Untersuchung auch Kap. I.2.1 sowie Kap. I.2.3 der vorliegenden Untersuchung.

[39] Vgl. CG² I, § 36.2, 220; § 37.3, 224.

[40] Vgl. CG² I, § 38, 224–228.

[41] CG² I, § 36.1, 219. Mit dieser Aussage kehrt Schleiermacher die Aussagen der traditionellen
Dogmatik um, die zwar auch die Einheit von Schöpfung und Erhaltung in Gott betont, aber ge-
rade die Erhaltung aus dem Schöpfungsgedanken ableitet und sie deshalb *creatio continua* oder
continuata nennt (vgl. exemplarisch H. Schmid, Die Dogmatik der evangelisch-lutherischen
Kirche dargestellt und aus den Quellen belegt, neu hg. u. durchgesehen v. H. G. Pöhlmann,
Gütersloh ⁹1979, § 21.I, 121, samt den Belegstellen aaO., 126).

[42] CG² I, § 39.1, 229.

[43] CG² I, § 39.1, 229.

stücke bei Schleiermacher ergibt. Es wird jeweils eine besondere Perspektive an die Behandlung geknüpft: Er will die „Lehre von der Schöpfung [...] vorzüglich in der Hinsicht entwikkeln, daß fremdartiges abgewehrt werde", während es ihm in der Lehre von der Erhaltung darum gehe, das „Grundgefühl selbst vollkommen darzustellen."[44] Gemildert wird diese Hierarchisierung wiederum durch die Feststellung der Identität, die sich darin zeige, dass beide Lehren vollständig aufeinander zurückgeführt werden könnten. Denn das Entstehen von etwas könne eben nur in seiner Erhaltung bewusst werden, während umgekehrt Erhaltung „doch zugleich der Wechsel von Veränderung und Bewegungen", also „ein neues Entstehen" sei und somit „als eine Schöpfung angesehen werden"[45] könne.

Mit der Interpretation der Begriffe von Schöpfung und Erhaltung anhand des ihnen zugrundeliegenden Grundgefühls der schlechthinnigen Abhängigkeit der Welt von Gott ist offensichtlich, dass es Schleiermacher in ihrer Entfaltung nicht um naturwissenschaftliche oder metaphysische Fragen geht.[46] Vielmehr widmet sich die Explikation der Schöpfungslehre diesen Fragestellungen, wenn überhaupt, dann vor allem in Abgrenzung, indem festgehalten wird, dass vom christlich-frommen Selbstbewusstsein keine „Vorstellung vom Entstehen der Welt, durch welche irgend etwas von dem Entstandensein durch Gott ausgeschlossen, oder Gott selbst unter die erst in der Welt und durch die Welt entstandenen Bestimmungen und Gegensäze gestellt wird"[47], anerkannt werden könne.[48] In den Grenzziehungen liegt somit einmal der Schwerpunkt auf dem Geschaffenen, dann aber auf der damit verbundenen Vorstellung der göttlichen schöpferischen Tätigkeit. Es müsse jede Vorstellung von der Weltentstehung als dem Grundgefühl der schlechthinnigen Abhängigkeit der Welt von Gott widersprechend abgewiesen werden, die erstens etwas Entstandenes anerkenne, das nicht in schlechthinniger Abhängigkeit stehe, oder die zweitens die göttliche Tätigkeit selbst irgendwie im Bereich der Abhängigkeit verorte.

---

[44] CG² I, § 39, 228.

[45] CG² I, § 38.1, 226.

[46] Insofern kann man Schleiermachers Interpretation hier in einer Linie mit Luthers Explikation der Schöpfungsthematik im ‚Kleinen Katechismus' verstehen, da auch dort keine kosmologischen Spekulationen begegnen, sondern eine Entfaltung des Schöpfungsglaubens unter dem Aspekt der persönlichen Geschöpflichkeit und der damit zusammenhängenden Abhängigkeit vom Schöpfer erfolgt (vgl. M. LUTHER, Enchiridion. Der kleine Katechismus für die gemeine Pfarrherrn und Prediger [1529], in: BSLK, 499–542 [im Folgenden: KK], 510f.).

[47] CG² I, § 40, 230f.

[48] Bemerkenswert ist, wie Schleiermacher in der Erläuterung des Paragraphen letztlich schon die Möglichkeit des Konflikts von Theologie und Naturwissenschaft ausschließt, indem er zum einen deren unterschiedlich geleitete Interessen betont, andererseits aber festhält, dass die Theologie den Ergebnissen der Naturwissenschaft selbst dann gelassen gegenüber stehen könne, wenn und sofern diese „mit den Begriffen Gott und Welt arbeitet" (CG² I, § 40.1, 232), da sie diese Forschung dann in der Stringenz der Begriffe durchführen müsste, wodurch gleichzeitig die Negativbestimmungen des Lehrsatzes § 40 aufrechterhalten werden müssten, weil sonst der Unterschied von ‚Gott' und ‚Welt' nicht gewahrt bliebe.

Hinsichtlich des zweiten Aspekts übernimmt und interpretiert Schleiermacher die traditionelle Vorstellung der *creatio ex nihilo*;[49] außerdem liegt ein Schwerpunkt auf der Frage nach dem Verhältnis von Schöpfung und Zeit. Gemäß dem schlechthinnigen Abhängigkeitsgefühl sei deutlich, dass die schöpferische göttliche Tätigkeit nicht als eine zeitliche vorgestellt werden könne, da Zeitlichkeit selbst „das Gebiet des Wechsels" charakterisiere, somit eine zeitliche Tätigkeit Gottes den „Gegensaz zwischen ihm und dem endlichen Sein verringert, wodurch [...] die Reinheit des Abhängigkeitsgefühls gefährdet wird."[50] Die Frage nach dem Verhältnis der göttlichen Tätigkeit zur Zeitlichkeit wird innerhalb der Christologie erneut thematisch, wenn dort die „Vereinigung der göttlichen Natur mit der menschlichen"[51] beschrieben wird. Abgeleitet von den christologischen Bestimmungen begegnet sie erneut in der Soteriologie, insbesondere in der Frage nach der Rechtfertigung des Einzelnen.[52] Die hier getroffenen Bestimmungen werden daher in jenem Kontext zu berücksichtigen sein.

Nachdem Schleiermacher sich in zwei Anhängen mit den Vorstellungen von Engeln[53] und dem Teufel[54] äußerst kritisch bzw. im zweiten Fall strikt ablehnend auseinandersetzt, entfaltet er positiv das Grundgefühl der Abhängigkeit der Welt von der göttlichen Ursächlichkeit unter dem Begriff der Erhaltung.[55] Dieser Begriff wird in § 46 so interpretiert, dass er eine prinzipielle Übereinstimmung zwischen dem frommen und dem objektiven Selbstbewusstsein zum Ausdruck bringt: Das schlechthinnige Abhängigkeitsgefühl, das – aufgrund der Erweiterung des Selbst- zum Welt- bzw. „zum allgemeinen Endlichkeitsbewuß-sein"[56] – alles auf die Empfänglichkeit des Subjekts Einwirkende in ebensolcher schlechthinnigen Abhängigkeit von Gott begreife, stehe nicht im Widerspruch, sondern falle „ganz zusammen mit der Einsicht, daß eben dieses alles durch den Naturzusammenhang bedingt und bestimmt ist."[57] Dieser Aussage liegt die Annahme zugrunde, dass der objektive Wissenstrieb und das Gottesbewusstsein gleichermaßen „wesentlich in der menschlichen Seele"[58] zu verorten seien, so dass ein Widerspruch zwischen beiden einen Widerspruch im Wesen des Menschen selbst bedeuten würde. Schleiermacher kann sich zwar einerseits für seine These,

„daß die göttliche Erhaltung als die schlechthinnige Abhängigkeit aller Begebenheiten und Veränderungen von Gott, und die Naturursächlichkeit als die vollständige Bedingtheit

---

[49] Vgl. CG² I, § 41.1, 236–238.
[50] CG² I, § 41.2, 239. Vgl. auch § 51 f. (aaO., 308–317) zur Ewigkeit.
[51] CG² II, § 97, 70.
[52] Vgl. CG² II, § 109.3, 195–200.
[53] Vgl. CG² I, §§ 42 f., 241–249.
[54] Vgl. CG² I, §§ 44 f., 250–264.
[55] Vgl. CG² I, §§ 46–49, 264–299.
[56] CG² I, § 8.2, 67.
[57] CG² I, § 46, 264.
[58] CG² I, § 46.1, 266.

alles dessen was geschieht durch den allgemeinen Zusammenhang […] beide dasselbige sind nur aus verschiedenen Gesichtspunkten angesehen"[59],

auf Aussagen der traditionellen Dogmatik – namentlich auf Quenstedt[60] – berufen; andererseits muss er aber die Ausdifferenzierung der Erhaltungslehre, die durch die traditionelle Lehrbildung vollzogen wird, aufgrund seiner Interpretation der Lehre von der Erhaltung als Ausdruck des Gefühls schlechthinniger Abhängigkeit, strikt ablehnen.[61]

Eine weitere Konsequenz, die Schleiermacher aus seiner theologischen Deutung des Naturzusammenhangs zieht, besteht in einer radikalen Kritik an der Vorstellung von Wundern als „Unterbrechungen des Naturzusammenhanges"[62].[63] Solche ‚absoluten' Wunder seien nicht nur dem naturwissenschaftlichen, sondern gerade auch dem frommen Interesse entgegengesetzt, da sie den in der Erhaltungslehre implizierten Gedanken schöpferischer Allmacht nicht stärkten, sondern letztlich stürzen würden.[64] Diese erweise sich gerade nicht in der Durch-

---

[59] CG² I, § 46.2, 270.

[60] Schleiermacher führt ein Zitat Quenstedts an, in dem dieser hinsichtlich des *concursus* festhält, dass diese *actio* Gottes nicht den *actiones* der Geschöpfe vorangehe („non praevium actioni causae secundae"), noch ihnen unmittelbar folge („nec subsequentem"), sondern ein wirkliches Zugleich („simul") von göttlichem und geschöpflichen Handeln bedeute, so dass der *concursus* ein solcher *actus* sei, „qui intime in ipsa actione creaturae includitur, imo eadem actio creaturae est." (J. A. QUENSTEDT, Theologia didactico-polemica, sive, systema theologicum, in duas sectiones, didacticam et polemicam, divisum, Wittenberg ²1691, Pars I, Cap. XIII: De providentia, Thesis XV, 531 f.; zitiert in: CG² I, § 46.2, 270).

[61] Darunter fallen die Unterscheidung von allgemeiner und besonderer bzw. besonderster Erhaltung (vgl. J. F. KÖNIG, Theologia positiva acroamatica [Rostock 1664], hg. u. übers. v. A. STEGMANN, Tübingen 2006, I, §§ 253–261, 96–99, sowie die daran anschließende Darstellung bei J. A. QUENSTEDT, Theologia, Pars I, Cap. XIII: De Providentia, Thesis VII, 529) sowie die Einteilung der *providentia* in *conservatio, concursus* und *gubernatio* (vgl. dazu die Belegstellen in: H. SCHMID, Dogmatik, § 21, 120–134).

[62] CG² I, § 47.1, 278. Von hierher erhellt noch deutlicher, was bereits in der Einleitung hinsichtlich der „Erscheinung des Erlösers in der Geschichte" (aaO., § 13, 106) festgehalten wurde: Diese dürfe „weder etwas schlechthin übernatürliches noch etwas schlechthin übervernünftiges" (ebd.) sein. Wäre sie schlechthin übernatürlich, würde dies eine Durchbrechung des Naturzusammenhangs bedeuten, damit aber dem schlechthinnigen Abhängigkeitsgefühl widersprechen, so dass es letztlich keine ‚christliche Frömmigkeit' geben könne, da die beiden so zusammengefassten Aspekte sich gegenseitig ausschließen würden.

[63] Dass Schleiermacher damit einem Großteil der dogmatischen Tradition gegenübersteht, wird an den zahlreichen ‚Negativverweisen' in CC² I, § 47, 276–286 deutlich. Explizite und implizite Hinweise finden sich auf J. F. Buddeus, G. C. Storr, J. L. von Mosheim, F. V. Reinhard, S. J. Baumgarten, J. Gerhard, M. Chemnitz, J. A. Quenstedt, S. F. N. Morus und T. von Aquin.

[64] Die Erhaltung vollzieht sich nach Schleiermacher somit gerade nicht in ‚außerordentlicher' Form (gegen bspw. J. A. QUENSTEDT, Theologia, Pars I, Cap. XIII: De providentia, Thesis XXVII, 535 [Hervorhebungen durch die Vfn. aufgelöst]: „Distinguitur […] Providentia in extraordinariam & ordinariam. Extraordinaria est, quando Deus vel absque mediis vel praeter aut supra media, vel contra media eorumque naturam, sive quod idem est, supra & contra ordinem a se institutum operatur […]").

brechung natürlicher Bedingungen und Bestimmungen, sondern in ihrer vollkommenen Einrichtung.[65]

Ist in dieser Weise von Schleiermacher das gesamte Gefüge des Naturzusammenhangs theologisch aufgewertet durch seine Interpretation gemäß dem Gefühl
schlechthinniger Abhängigkeit, so mag sein Umgang mit der Problematik von
natürlichen und gesellschaftlichen Übeln sowie dem Bösen zwar nicht als befrie-
digende ‚Lösung‘ der Theodizeefrage gelten,[66] fügt sich aber folgerichtig in den
Gedankengang: „Erregungen des Selbstbewußtseins, welche Lebenshemmungen
ausdrükken, sind vollkommen eben so in die schlechthinige Abhängigkeit von
Gott zu stellen, wie diejenigen, welche eine Lebensförderung ausdrükken.“[67]
Kurz: Erkenne man Endlichkeit und Bedingtheit als das an, was das Sein der Welt
in ihrer schlechthinnigen Abhängigkeit von Gott i. S. schlechthinniger Ursächlichkeit ausmache, so seien die Übel, die als ‚Lebenshemmungen‘ aus Endlichkeit und Bedingtheit resultierten, ebenso als von ihm abhängig anzuerkennen.
Allerdings müsse beachtet werden, dass sie „nicht für sich als solche[] von Gott
geordnet“[68] seien, sondern immer in einer Verbindung zu ihrem Gegensatz,
den Gütern, stünden,[69] so dass es „eine Unvollkommenheit des Selbstbewußtseins“ sei, „wenn eine Hemmung als solche einen Moment vollkommen und
ausschließend erfüllt“[70].

Eine letzte Erörterung schließt den ersten Abschnitt des ersten Teils der ‚Glaubenslehre‘ ab. Sie soll genauer in den Blick genommen werden, da hier die für
die Frage der Heilsvermittlung relevante Diskussion der Frage nach der Freiheit
des Willens in den Blick gerät. Schleiermacher führt im Grunde genommen zu-

---

[65] Vgl. die prägnante Formulierung CG² I, § 47.1, 278: „Allein […] ist schwer zu begreifen,
wie sich die Allmacht größer zeigen sollte in den Unterbrechungen des Naturzusammenhanges
als in dem der ursprünglichen aber ja auch göttlichen Anordnung gemäßen unabänderlichen
Verlauf desselben, da ja doch das Aendernkönnen in dem geordneten für den Ordnenden nur ein
Vorzug ist, wenn es für ihn noch ein Aendernmüssen giebt, welches wieder nur in einer Unvollkommenheit seiner selbst oder seines Werkes gegründet sein kann.“ Vgl. dazu schon die kritischen
Ausführungen von Ammon in: C. F. Ammon, Inbegriff der evangelischen Glaubenslehre. Nach
dem lateinischen, zu akademischen Vorlesungen bestimmten Lehrbuche, Göttingen 1805, § 17,
34–36.

[66] Schleiermacher selbst (vgl. CG² I, § 48.3, 292–294) empfindet die Aporien der überkommenen Versuche zur Integration der Übel in den Gedanken der göttlichen Erhaltung und
Mitwirkung und verabschiedet sich daher von den traditionellen Unterscheidungen hilfreicher
bzw. nichthilfreicher göttlicher Mitwirkung einerseits (Schleiermacher verweist an der entsprechenden Stelle in CG¹ I, § 62.4, 183, auf Quenstedt; statt der dort angeführten Stelle muss es sich
m. E. um J. A. Quenstedt, Theologia, Pars I, Cap. XIII: De Providentia, Thesis XXX, 535 f.
handeln) und materieller bzw. formaler Mitwirkung andererseits (vgl. dazu bspw. D. Hollaz,
Examen theologicum acroamaticum universam theologiam thetico-polemicam, Stargard 1707,
Part. I, Cap. VI, Q. 17, 649–653).

[67] CG² I, § 48, 286.

[68] CG² I, § 48.2, 291.

[69] Vgl. CG² I, § 48.3, 294, wo Schleiermacher von den Übeln als „Mitbedingungen des
Guten“ spricht.

[70] CG² I, § 48.2, 292.

nächst nur ein Implikat des in § 46 ausgeführten Grundgehalts des Erhaltungs-
bewusstseins aus: „Ob das was unser Selbstbewußtsein erregt […] auf irgend
einen Theil des sogenannten Naturmechanismus zurükzuführen ist, oder auf
die Thätigkeit freier Ursachen: das eine ist vollkommen eben so wie das andere
von Gott geordnet.“[71] Das Problem, das sich hiermit verknüpfe, sei aber die
speziellere Frage, „ob nämlich das Bewußtsein unserer Willensfreiheit im Widerspruch stände mit dem Gefühl schlechthinniger Abhängigkeit“[72], so dass zwar
der Kausalitätszusammenhang des ‚Naturmechanismus‘ in schlechthinniger Abhängigkeit stehe, die menschlichen Handlungen samt ihren Wirkungen diesem
Komplex aber enthoben seien müssten, weil sie sich der freien Ursächlichkeit
des Geistes verdankten.

In der Behandlung dieser Thematik ruft Schleiermacher zunächst in Erinnerung, was er schon zuvor im Zusammenhang der Wunderkritik betont hat, dass
der Begriff ‚Welt‘ nicht einen Gegensatz von Geist und Natur, freier Handlung
und Naturmechanismus bezeichne, „sondern das Ineinandergreifen von diesem
und den freihandelnden Wesen, so daß bei jenem schon auf diese so wie bei
diesen auf jenen gerechnet ist.“[73] Diese wechselseitige Beeinflussung wird nun
zum einen im Blick auf die freie Ursächlichkeit menschlicher Handlungen expliziert: Es wird einerseits von Schleiermacher festgehalten, dass sicher „Freiheit
[…] in der Willensbestimmung und im Entschluß“ sei. Ebenso betont er jedoch
andererseits, dass in dem Moment, wo dieser Wille und Entschluss zu einer Tat
würden, es mithin zu einem „Heraustreten“, einer Wirkung komme, diese auch
„durch anderwärts her gegebenes so mitbestimmt [werde], daß sie, was sie wird,
nur als demselben allgemeinen Zusammenhang angehörig wird“[74].

---

[71] CG³ I, § 49, 294.
[72] CG² I, § 49.1, 294.
[73] CG² I, § 47.1, 279. Grundgelegt sind diese Aussagen wiederum durch die Explikationen der
Einleitung bezüglich des Verhältnisses von relativer Freiheit und Abhängigkeit einerseits und
schlechthinniger Abhängigkeit andererseits, vgl. aaO, § 4, 32–40. Behandelt wird das Verhältnis
von Freiheit und Notwendigkeit auch in Schleiermachers ‚Dialektik‘ (vgl. Dial[1814/15], I. Teil,
§ 198, 134; vgl. dazu C. v. Sigwart, Schleiermacher's Erkenntnißtheorie und ihre Bedeutung
für die Grundbegriffe der Glaubenslehre, in: JDTh 2 [1857], 267–327, 310 f.): „Frei ist Alles,
insofern es eine für sich gesetzte Identität von Einheit der Kraft und Vielheit der Erscheinungen
ist. Freiheit ist Aussichselbstentwicklung, Entwicklung des Seyns aus der Einheit zur bestimmten Vielheit. Die Erscheinung ist frei, sofern sie rein auf die Kraft bezogen wird. Nothwendig
ist Alles, insofern es in das System des Zusammenseyns verflochten als eine Succession von
Zuständen erscheint, das Seyn als ein sich gegenseitig durcheinander bedingendes. […] Die Betrachtung eines Dings als frei ist die Betrachtung im Begriffe. Der Begriff faßt das Ding wie es
an sich ist, als die innere, zeitlose Einheit aller seiner Aeußerungen. Die Betrachtung eines Dings
als nothwendig ist die Betrachtung im Urtheil. Das Urtheil faßt das Ding in einem einzelnen
Moment, in einer einzelnen Action, und diese ist jederzeit durch ein Anderes sollicitirt.“
[74] CG² I, § 49.1, 294. Vgl. zur Thematik auch die Ausführungen hinsichtlich des Verhältnisses
von individuellem und allgemeinem Prozess im Kontext der Erörterung des Gedankens der
lebendigen Empfänglichkeit in Kap. IV.3 der vorliegenden Untersuchung.

Zum anderen wird das Ineinandergreifen aber auch hinsichtlich des Naturmechanismus erläutert, und hier erhellt, warum Schleiermacher diesen Begriff
mit ‚sogenannt‘ versieht und selbst den Begriff des Naturzusammenhangs verwendet:[75] Indem er den Begriff der freien Ursächlichkeit zwar in seinem Vollsinn nur dem Menschen zuweist, Abstufungen davon aber allem Lebendigen
zugesteht,[76] wird deutlich, inwiefern der ‚Naturmechanismus‘ eben nicht rein
mechanisch zu verstehen ist. Deutlich grenzt sich Schleiermacher somit gegen ein
mechanistisches Weltverständnis ab, da dieses in letzter Konsequenz Ursächlichkeit im Bereich des Endlichen überhaupt negieren müsse, damit aber auch die
relative Freiheit des Menschen keine solche wäre. Dann sei aber auch die Voraussetzung für das Gefühl schlechthinniger Abhängigkeit ausgeschaltet,[77] so dass ein
deterministisch-mechanistisches Verständnis der Welt zugleich „alle Frömmigkeit vernichten würde“[78].[79]
    Die zu Beginn von § 49 aufgeworfene Frage nach der Freiheit wird somit auf
zwei Ebenen beantwortet:[80] Zum einen wird von Schleiermacher bekräftigt, was
er schon in der Einleitung festgehalten hat: In der Welt als Bereich der Wechsel-

---

[75] Vgl. auch C. v. SIGWART, Erkenntnißtheorie, 312.

[76] Vgl. CG² I, § 49.1, 296 f.: „Legen wir nun uns selbst mit der schlechtinigen Abhängigkeit zugleich freie Ursächlichkeit bei, allem lebenden aber doch auch eine Ursächlichkeit, so
gewiß wir es als ein für sich bestehendes sezen; und ist gänzlicher Mangel an Freiheit nur da,
wo ohne sich zu bewegen nur jedes sofern es bewegt wird, weiter bewegt: so werden wir die
Ursächlichkeit des Lebendigen nur als eine verminderte Freiheit ansehen können, und werden
sagen müssen, wahre Ursächlichkeit sei nur da wo Leben sei, der gänzliche Mangel an Freiheit
sei aber auch ein gänzlicher Mangel an Ursächlichkeit […].“ Vgl. auch E. HIRSCH, Geschichte
der neuern evangelischen Theologie im Zusammenhang mit den allgemeinen Bewegungen des
europäischen Denkens, Bd. 5., Gütersloh ²1960, 304 (unter Rekurs auf die ‚Dialektik‘, aber in
Bezug auf die entsprechenden Passagen der ‚Glaubenslehre‘): „Schleiermacher steht selbstverständlich nicht in der mechanistischen Auffassung des Naturzusammenhangs, wie sie im west-
lichen Denken damals herrschte, sondern in der – im weiteren Sinne des Worts – biologisch
oder vitalistisch zu nennenden Naturanschauung der damaligen deutschen Bildung. Indem
seine Dialektik die Welt als zugleich ein begrifflich erfaßtes System substantieller Formen und
ein urteilend erfaßtes System der Ursachverknüpfung beschreibt, will sie ausdrücken, daß die
Dinge gerade als individuelle für sich bestehende Kraft- und Lebenseinheiten, die zugleich durch
sich selbst bestimmt sind, zu einem in Wechselwirkung sich vollziehenden Ursachenzusammen-
hang verknüpft sind. Die menschliche Freiheit bedeutet eben deshalb kein Herausspringen aus
dem notwendigen Naturzusammenhang, weil sie, auch die geistige Seite unserer Selbsttätigkeit
nicht ausgenommen, lediglich höchste Gestaltung dieser Lebendigkeit der individuellen Kraft-
einheiten ist.“

[77] Vgl. CG² I, § 4.3, 37 f.

[78] CG² I, § 49.1, 296.

[79] Vgl. auch U. HASLER, Natur, 43; 65 u. ö.

[80] An späterer Stelle, an der innerhalb der Christologie auf den Schöpfungsgedanken rekurriert wird, gesteht Schleiermacher zu, dass „das Freibleiben des im Zusammenhang mit einem
größeren Ganzen geschaffenen weniger zu begreifen gefordert werden kann, als nur in unserm
Selbstbewußtsein aufzufassen“ (CG² II, § 100.2, 106) sei. Die Möglichkeit relativer Freiheit trotz
schlechthinniger Abhängigkeit sei somit weniger durch eine logische Überzeugungsleistung als
durch das Selbstbewusstsein, dass sich seiner Freiheit bewusst wird, anzuerkennen.

wirkung muss das Selbstbewusstsein, sofern es sich nicht in „selbstvernichten-
der Entsagung"[81] übt, wirkliche Ursächlichkeit und damit Freiheit annehmen,
welche dem Lebendigen in unterschiedlichen Graden zukommt.[82] Zum anderen
wird von Schleiermacher aber auch die zweite Seite dieses Gedankens, wie sie
ebenfalls schon in der Einleitung entfaltet wurde, erneut bejaht: Die relative Freiheit kann sich die Bedingungen ihrer selbst nicht selbst geben, schlechthinnige
Freiheit gibt es in der Welt nicht, daher gilt, dass „auch den freiesten Ursachen
[…] ihr Maaß von Gott geordnet ist."[83]

Schleiermacher versteht seine Ausführung als tiefergehende Aussage dessen,
was traditionell in der Lehre von der Erhaltung bzw. durch die Lehre von der
Mitwirkung (*concursus*) Gottes bei den geschöpflichen Tätigkeiten ausgedrückt
werden soll.[84] Die Intention der *Concursus*-Lehre liegt in der Ausmittelung
eines solchen Verständnisses göttlicher Mitwirkung, wodurch einerseits einer
Verselbständigung des Geschöpfes gegenüber Gott eine Grenze gesetzt ist,
andererseits aber dem Geschöpf auch eine Selbständigkeit zugestanden wird.[85]
Das Verhältnis von göttlicher Tätigkeit und Tätigkeit des Geschöpfs und die damit zusammenhängende Frage nach Determinismus oder Synergismus werden
wiederum relevant, wenn es um Sünde einerseits, Gnade andererseits geht.
Während hinsichtlich der Sünde gerade die Verantwortlichkeit des Geschöpfs
betont werden soll, so liegt hinsichtlich der Gnade der Fokus auf der Allein-
Wirksamkeit Gottes. Es ist an entsprechender Stelle somit zu untersuchen,
ob sich Schleiermachers Verständnis von (in schlechthinniger Abhängigkeit
stehender und daher selbst) relativer Freiheit als tragfähig erweist, um „[z]wi-
schen der Skylla des Synergismus und der Charybdis des Determinismus sicher
hindurch[zufahren]"[86].

---

[81] CG² I, § 49.1, 296.

[82] Vgl. Kap. IV.3 zu der lebendigen Empfänglichkeit.

[83] CG² I, § 49.1, 297.

[84] Die Unterscheidung von Erhaltung und Mitwirkung kritisiert Schleiermacher bereits im
Zusatz zu CG² I, § 46, 271–276, wo er sie auf einer unzweckmäßigen Abstraktion begründet
sieht (vgl. aaO., 273).

[85] Vgl. zur Lehre vom *concursus* in der traditionellen Dogmatik bspw. W. Pannenberg,
Systematische Theologie, 3 Bde., Göttingen 1988–1993, Bd. II (1991), Kap. 7.I.4.b: Gottes Mitwirkung bei den Tätigkeiten der Geschöpfe, 63–69; zur Lehre vom *concursus* in der Dogmatik
der altprotestantischen Orthodoxie vgl. H. Schmid, Dogmatik, § 21.II, 121 f. Schleiermacher
selbst verweist auf Quenstedt, insbesondere auf dessen Unterscheidung „eine[r] Mitwirkung
nach Art der freien Ursachen, und eine[r] andere[n] nach Art der natürlichen" (CG² I, § 49.2,
298, vgl. J. A. Quenstedt, Theologia, Pars I, Cap. XIII: De Providentia, Thesis XV, 531 f.).

[86] M. Marquardt, Die Vorstellung des ‚Ordo Salutis' in ihrer Funktion für die Lebensführung der Glaubenden, in: Lebenserfahrung, hg. v. W. Härle u. R. Preul, MJTh III, Marburg
1990, 29–53, 44.

3 Schlechthinnige Ursächlichkeit:
göttliche Ewigkeit, Allgegenwart, Allmacht und Allwissenheit

Obwohl die Gotteslehre[87] der ‚Glaubenslehre' sich gemäß dem dieser zugrundeliegenden Aufbauschema in drei Abschnitte gliedert,[88] steckt die den ersten Abschnitt eröffnende Einleitung nicht nur den grundsätzlichen Rahmen für den ersten Teil der Explikation der göttlichen Eigenschaften, sondern für alle Aussagen über diese ab: Soll nach Schleiermacher der Gottesbegriff bzw. die ihn hervorbringende Gottesvorstellung als „unmittelbarste Reflexion"[89] auf das schlechthinnige Abhängigkeitsgefühl gelten, indem er „das in diesem Selbstbewußtsein mit gesetzte *Woher* unseres empfänglichen und selbstthätigen Daseins [...] bezeichnet"[90], so müsse sich dieses ‚Woher', weil das schlechthinnige Abhängigkeitsgefühl für sich ein einfaches ist, durch Einfachheit[91] auszeichnen. Es biete für sich gesehen somit keinen Anhaltspunkt zur Unterscheidung verschiedener Eigenschaften.[92] Da aber das Gottesbewusstsein sich nur in der Verbindung mit dem sinnlichen realisieren könne, wodurch unterscheidbare fromme Momente entstünden, erlaube deren Analyse eine Unterscheidung „in der

---

[87] Vgl. zur Gotteslehre Schleiermachers u.a.: F. Christ, Menschlich von Gott reden. Das Problem des Anthropomorphismus bei Schleiermacher, ÖTh 10, Gütersloh 1982; G. Ebeling, Schleiermachers Lehre von den göttlichen Eigenschaften (1968), in: ders., Wort und Glaube, Bd. 2: Beiträge zur Fundamentaltheologie und zur Lehre von Gott, Tübingen 1969, 305–342; C.-D. Osthövener, Die Lehre von Gottes Eigenschaften bei Friedrich Schleiermacher und Karl Barth, TBT 76, Berlin/New York 1996, bes. 32–97.

[88] Vgl. CG² I, §§ 50–56, 300–356: Von den göttlichen Eigenschaften, welche sich auf das fromme Selbstbewußtsein, sofern es das Verhältnis zwischen Gott und der Welt ausdrückt, beziehen; aaO., §§ 79–85, 486–529: Von den göttlichen Eigenschaften, welche sich auf das Bewußtsein der Sünde beziehen; CG² II, §§ 164–169, 494–513: Von den göttlichen Eigenschaften, welche sich auf die Erlösung beziehen.

[89] CG² I, § 4.4, 39. Zur Schwierigkeit der Bestimmung der Gottesvorstellung als ‚unmittelbarste Reflexion' vgl. Kap. VI.5.2.2 der vorliegenden Untersuchung.

[90] CG² I, § 4.4, 39 [Sperrung des Originals durch Kursivsetzung wiedergegeben].

[91] Die Einfachheit unterscheidet Schleiermacher von den hier abgehandelten Eigenschaftsbegriffen und nennt sie – wie auch die Unendlichkeit – „eine Eigenschaft aller Eigenschaften Gottes" (CG² I, § 56.2, 355). Die Einfachheit bringe in dieser Funktion „nur das ungetrennte und untrennbare Ineinandersein aller göttlichen Eigenschaften und Thätigkeiten" zum Ausdruck und trage so dafür Sorge, „daß Gott nichts beigelegt werde, was nur mit seinen Schranken zugleich kann gedacht werden" (ebd.).

[92] Dass es sich bei der Frage nach dem Verhältnis der Eigenschaftsbegriffe zum Gottesbegriff nicht um ein rein spekulatives Problem handelt (vgl. CG² I, § 50.1, 300–302), sondern auch die Frömmigkeit nicht das Interesse haben könne, mit den Eigenschaftsbegriffen einzelne, von einander unterschiedene Aspekte für die Gottesvorstellung auszusagen, wird besonders greifbar aaO., § 50.2, 303: „Denn auch das schlechthinige Abhängigkeitsgefühl könnte nicht an und für sich betrachtet und sich selbst immer und überall gleich sein, wenn in Gott selbst differentes gesetzt wäre; es müßte dann Verschiedenheiten darin geben, die ihren Grund nicht in der Verschiedenheit der Lebensmomente hätten, durch die es im Gemüth zur Erscheinung kommt." Schleiermacher stellt mit dieser Aussage den dogmatischen Charakter der Ausführungen sicher.

Art, das schlechthinige Abhängigkeitsgefühl auf ihn [sc. Gott] zu beziehen"[93]. Diese Besonderheiten würden durch die Zuschreibung verschiedener göttlicher Eigenschaften zum Ausdruck gebracht. Die Eigenschaftsbegriffe seien somit weder auf spekulativem, noch auf dogmatischem Wege entstanden, sondern verdankten sich „dem Interesse der Frömmigkeit", „welches die einfache Vorstellung des höchsten Wesens dadurch zu beleben und zu befestigen sucht, daß in Ausdrükken, deren wir uns auch beim endlichen bedienen, davon gehandelt werde."[94] Der dogmatische Anspruch in der Behandlung sei es somit nicht, in der Beschreibung der Eigenschaften eine vollständige Erkenntnis des Wesens Gottes zu ermöglichen,[95] sondern vielmehr gelte es, die Arten menschlicher frommer Momente mit den Eigenschaftsbegriffen vollständig zu erfassen.[96] Die Schleiermachersche Gotteslehre handelt nicht in objektiver Weise von dem ‚Woher' schlechthinniger Abhängigkeit an sich, sondern von den durch das schlechthinnige Abhängigkeitsgefühl in verschiedenen frommen Momenten hervorgebrachten Vorstellungen von göttlichen Eigenschaften. Sein Anliegen sieht Schleiermacher durch seine Verfahrensweise angemessener gelöst als durch die Methodik und Kategorisierung[97] der traditionellen Dogmatik, wobei er methodisch die Interpretation der Eigenschaftsbegriffe durch das Gefühl schlechthinniger Abhängigkeit in engster Verwandtschaft mit dem traditionellen Weg der Ursächlichkeit (*via causalitatis*) sieht.[98]

---

[93] CG² I, § 50, 300.

[94] CG² I, § 50.1, 301. Die Aussage Ebelings, dass es Schleiermacher in seinen Ausführungen zur Eigenschaftslehre „ohne Frage [um] die zentrale biblische Prädikation Gottes als des Lebendigen" (G. Ebeling, Lehre, 321) gehe, muss insofern modifiziert werden, als es ihm nur um diese Prädikation gehen kann, sofern sie ein genuiner Ausdruck des frommen Selbstbewusstseins ist, sich also dem ‚frommen Interesse' verdankt.

[95] Wobei allerdings im letzten Teil der Eigenschaftslehre die „göttliche Liebe als die Eigenschaft" bestimmt wird, „vermöge deren das göttliche Wesen sich mittheilt" (CG² II, § 166, 500).

[96] Vgl. G. Ebeling, Lehre, 313: „In der Theorie der göttlichen Eigenschaften nimmt die Dogmatik das Interesse der Frömmigkeit wahr und unterscheidet sich darin grundlegend von dem spekulativen Interesse." Vgl. auch aaO., 340: „Durch die Art, wie Schleiermacher die Aufstellung und Ordnung der göttlichen Eigenschaftsbegriffe gewinnt, werden die Hauptdimensionen der Wirklichkeitserfahrung für die Bestimmung der göttlichen Eigenschaften in Anspruch genommen".

[97] Schleiermachers Kritik an den verschiedenen, in der dogmatischen Tradition gewählten Kategorien zur Einteilung göttlicher Eigenschaften (vgl. dazu H. Schmid, Dogmatik, § 18, 88–96, oder auf reformierter Seite H. Heppe, Die Dogmatik der evangelisch-reformierten Kirche. Dargestellt und aus den Quellen belegt, neu durchges. u. hg. v. E. Bizer, Neukirchen 1935, Locus V: De proprietatibus Dei, 45–86, bes. 46) besteht hauptsächlich darin, dass sie auf nahezu willkürlicher Setzung basierten oder die von ihnen postulierten Unterscheidungskategorien sich nicht konsequent auf die Eigenschaften anwenden ließen (vgl. CG² I, § 50.3, 303–307, bes. 305–307).

[98] Schleiermacher setzt sich kritisch mit den von Dionysios Areopagita entwickelten, in die dogmatische Tradition eingegangen drei Wegen (Weg der Überhöhung [*via eminentiae*], der Verneinung [*via negationis*] und der Ursächlichkeit [*via causalitatis*]) zur Erhebung von Eigenschaftsbegriffen auseinander. Seine „kritische Analyse dieser Verfahren ist ein Kabinettstück der Entwirrung" (G. Ebeling, Lehre, 318): Während er hinsichtlich der Wege der Verneinung und

Auf dieser Basis kann Schleiermacher dem schlechthinnigen Abhängigkeitsgefühl die schlechthinnige Ursächlichkeit korrespondieren lassen, auf die jenes
bezogen sei. Damit ist für den ersten Teil der Lehre von den göttlichen Eigenschaften, der als Explikation des Grundgefühls schlechthinniger Abhängigkeit
der Welt zu verstehen sei, zu klären, wie sich endliche Ursächlichkeit innerhalb
des Naturzusammenhangs und die Vorstellung schlechthinniger Ursächlichkeit
zueinander verhalten.[99] Zwei Grundfeststellungen seien aufgrund des Gefühls
schlechthinniger Abhängigkeit diesbezüglich zu treffen: Einerseits müsse endliche Ursächlichkeit von schlechthinniger unterschieden werden, da jene im
Bereich der Wechselwirkung zu verorten sei, dieser Wechselwirkungszusammenhang – also das „Ineinander von bedingter Abhängigkeit und bedingter Freiheit
oder theilweiser Ursächlichkeit und Leidentlichkeit"[100] – aber gerade bezüglich
der göttlichen Ursächlichkeit keine adäquate Vorstellung sei. Andererseits müsse
aber auch an einer Umfangsidentität von Ursächlichkeit innerhalb des Naturzusammenhangs und göttlicher Ursächlichkeit festgehalten werden, da sonst von
der göttlichen Ursächlichkeit unabhängige Ursächlichkeit angenommen werden
müsse, was wiederum ein dem schlechthinnigen Abhängigkeitsgefühl wider-
sprechender Gedanke sei.[101]

Diese beiden Aspekte sieht Schleiermacher nun in den Begriffen der Ewigkeit
und Allmacht ihren Ausdruck finden, die somit als – im Grunde identische,[102]
aber unterschiedliche Aspekte der schlechthinnigen Ursächlichkeit zum Ausdruck bringende – ‚Grundeigenschaften' gelten können. Die Ewigkeit reflektiere
dabei den Gedanken der Unterschiedenheit schlechthinniger Ursächlichkeit zu
endlicher, indem sie jene aus dem Bereich des Wechsels, der Zeitlichkeit, heraus-

---

Erhöhung festhält, dass sie letztlich auf das gleiche Verfahren hinausliefen und das prinzipielle
Problem enthielten, entweder bei einer willkürlichen Auswahl endlicher Eigenschaftsbegriffe
anzusetzen oder aber ihrerseits auf ein Auswahlkriterium angewiesen zu sein, sieht er den „Begriff der Ursächlichkeit mit dem schlechthinigen Abhängigkeitsgefühl selbst im genauesten Zusammenhange" (CG² I, § 50.3, 304) stehen. „Doch lassen sich die göttlichen Eigenschaften aus
dem Begriff der Ursächlichkeit nicht einfach deduzieren und als Modifikationen der Ursächlichkeit sind sie nur dann angemessen zu verstehen, wenn auch jene beiden anderen Verfahren [...]
als Korrektiv zur Anwendung kommen" (G. EBELING, Lehre, 318).

[99] Vgl. CG² I, § 51, 308–312.

[100] CG² I, § 51.1, 309.

[101] Vgl. dazu auch die Aussagen Schleiermachers in Dial(1814/15), I. Teil, § 219, 147f. [Her-
vorhebungen aufgehoben durch die Vfn.]: „Beide Ideen Welt und Gott sind correlata. 1. Identisch sind beide nicht denn im Gedanken ist die Gottheit immer als Einheit gesezt ohne Vielheit,
die Welt aber als Vielheit ohne Einheit; die Welt ist Raum und Zeit erfüllend, die Gottheit raum
und zeitlos; die Welt ist die Totalität der Gegensäze die Gottheit die reale Negation aller Gegensäze. 2[.] Zu denken ist aber eines nicht ohne das andere. Die Welt nicht ohne Gott. [...] Gott
ist auch nicht ohne die Welt zu denken [...]."

[102] Entsprechend dieser Identität schlägt Schleiermacher einen von dem traditionellen abweichenden Sprachgebrauch vor, vgl. CG² I, § 51.1, 310: „Anstatt also zu sagen, Gott sei ewig
und allmächtig, würden wir besser sagen, er sey allmächtig-ewig und ewig-allmächtig, oder auch
Gott sei die ewige Allmacht oder die allmächtige Ewigkeit."

hebe, der für diese wiederum maßgeblich sei.[103] Als Ausdruck für „die mit allem zeitlichen auch die Zeit selbst bedingende schlechthin zeitlose Ursächlichkeit"[104] werde sie durch die Allgegenwärtigkeit ergänzt, die dieselbe Differenz endlicher und göttlicher Ursächlichkeit hinsichtlich der Kategorie ‚Raum' entfalte.[105]

Dem Allmachtsbegriff komme es nun zu, die zweite Perspektive der Vorstellung über das Verhältnis von göttlicher und endlicher Ursächlichkeit unter sich zusammenzufassen. Dies geschieht wiederum unter zwei Sichtweisen: Zum einen bedeute Allmacht, „daß der gesammte [...] Naturzusammenhang in der göttlichen [...] Ursächlichkeit gegründet ist"[106], was nicht nur beinhalte, dass für jede endliche Ursächlichkeit eine göttliche angenommen werde, sondern auch, dass durch diese *„immer schon* alles gesetzt [ist], was durch die endliche Ursächlichkeit freilich in Zeit und Raum erst werden soll"[107]. Zum anderen impliziere die im Allmachtsbegriff zusammengefasste Vorstellung der Umfangsidentität endlicher und schlechthinniger Ursächlichkeit aber auch, „daß die göttliche Ursächlichkeit [...] in der Gesammtheit des endlichen Seins vollkommen dargestellt wird"[108].

Schleiermacher wehrt mit dieser Aussage ein Verständnis ab, wonach einerseits hinsichtlich des Allmachtsgedankens zwischen ‚möglich' und ‚wirklich'[109] bzw. zwischen ‚können' und ‚wollen'[110], andererseits hinsichtlich der Allmachtsausübung zwischen ‚unmittelbar' und ‚mittelbar' oder ‚absolut' und ‚geordnet'[111] und schließlich hinsichtlich des Willen Gottes zwischen ‚schlechthin' und ‚bedingt' und zwischen ‚wirksam' und ‚unwirksam' unterschieden wird.[112] Alle

---

[103] Vgl. CG² I, § 52, 312–317.

[104] CG² I, § 52, 312. Mit dieser Bestimmung kann Schleiermacher zwei Missdeutungen des Eigenschaftsbegriffs der Ewigkeit ausschließen: Weder könne Ewigkeit so als verlängerte, entschränkte Zeitlichkeit verstanden werden, wodurch die Phrase ‚Ewigkeit Gottes' seine Zeitlichkeit bedeuten müsste und damit die Gottheit Gottes aufhebe, noch erlaube diese Beschreibung die Fehlannahme, die Ewigkeit stehe als „eine sogenannte ruhende Eigenschaft" (aaO., § 52.1, 312) in keinerlei Beziehung zur Zeitlichkeit, was einen – dem schlechthinnigen Abhängigkeitsgefühl unangemessenen – Unterschied „von Ruhe oder Muße und Thätigkeit" (aaO., 313) bedeuten würde (gegen bspw. F. V. REINHARD, Vorlesungen über die Dogmatik mit literarischen Zusätzen, hg. v. H. A. SCHOTT, Sulzbach ⁵1824, § 32, 102 f.; § 33.3.b, 106 f.).

[105] Vgl. CG² I, § 53, 317–322. Auf die Vorstellung der Allgegenwart wird im Zusammenhang der Christologie zurückzukommen sein, wenn die Frage nach dem „Sein Gottes in irgend einem andern'" (CG² II, § 94.2, 55) behandelt wird.

[106] CG² I, § 54, 324.

[107] CG² I, § 54.1, 325 [Hervorhebung durch die Vfn.]. Dieser Aspekt wird im Zusammenhang der Behandlung der Erlösung erneut thematisch, wenn es um die Frage des Verhältnisses des einen, ewigen göttlichen Ratschlusses zu den ‚Einzelakten' Schöpfung und Erlösung geht.

[108] CG² I, § 54, 324.

[109] Vgl. CG² I, § 54.2, 326 f.

[110] Vgl. CG² I, § 54.3, 328 f. Vgl. als Beispiel einer solchen Einteilung J. A. QUENSTEDT, Theologia, Pars I, Cap. VIII: De Essentia Dei Absolute Considerata, Thesis XXXVI, 293.

[111] Vgl. zu diesen Unterscheidungen exemplarisch H. HEPPE, Dogmatik, Locus V: De proprietatibus Dei, 45–86, 53 (samt den Belegstellen aaO., 82–86).

[112] Vgl. CG² I, § 54.4, 329–334.

diese Kategorisierungen[113] würden einen Gegensatz in den Gottesgedanken selbst hineintragen, den das Gefühl schlechthinniger Abhängigkeit nicht gelten lassen könne.

Wie der Ewigkeitsbegriff, so erhält auch der Allmachtsbegriff eine Ergänzung. Der Begriff der Allwissenheit füge zwar der Vorstellung der Allmacht nichts hinzu, aber er spezifiziere sie: „Unter der göttlichen Allwissenheit ist zu denken die schlechthinige Geistigkeit der göttlichen Allmacht."[114] Diese Modifikation sei notwendig, um ein Verständnis der Allmacht „nach der Analogie der todten Kräfte"[115] auszuschließen.

In der Entfaltung dieser vier Eigenschaftsbegriffe – Ewigkeit und Allgegenwart, Allmacht und Allwissenheit – sieht Schleiermacher die Explikation der zum ersten Teil der ,Glaubenslehre' gehörigen Vorstellungen göttlicher Eigenschaften erschöpft. In verschiedenen Zusätzen und einem Anhang behandelt er zwar auch die Unveränderlichkeit,[116] Unermesslichkeit,[117] Unabhängigkeit,[118] Einheit, Unendlichkeit und Einfachheit,[119] nimmt sie aber aus verschiedenen Gründen, teils weil sie in den behandelten impliziert seien, teils weil sie nicht Eigenschaften im eigentlichen Sinne seien, nicht in die engere Darstellung mit auf.

4 Allgemeinheit schlechthinniger Abhängigkeit: Vollkommenheit der Welt

Der dritte Abschnitt des ersten Teils der ,Glaubenslehre' widmet sich „der Beschaffenheit der Welt, welche in dem frommen Selbstbewußtsein, sofern es das allgemeine Verhältniß zwischen Gott und der Welt ausdrückt, angedeutet ist"[120], und schließt damit die Explikation der Vorstellungsgehalte des vom Sünden-/Gnadengegensatz absehenden christlich-frommen Selbstbewusstseins ab. Der die Darstellung dominierende Begriff ist nun der der „ursprüngliche[n] Vollkommenheit der Welt"[121], der gewissermaßen die dem Weltverständnis zugewandte ,Kehrseite' des göttlichen Eigenschaftsbegriffs der Allmacht bildet: Werde durch den Allmachtsbegriff das im schlechthinigen Abhängigkeitsgefühl mitgesetzte

---

[113] Vgl. auch den Überblick der Einteilungsmöglichkeiten bei K. Hase, Hutterus Redivivus oder Dogmatik der evangelisch-lutherischen Kirche. Ein dogmatisches Repetitorium für Studirende, Leipzig ⁶1845, § 63: Attribute des göttlichen Willens, 136–144, bes. 136–138.
[114] CG² I, § 55, 335.
[115] CG² I, § 51.2, 311.
[116] Vgl. CG² I, § 52, Zusatz, 316f.
[117] Vgl. CG² I, § 53, Zusatz, 323f.
[118] Vgl. CG² I, § 54, Zusatz, 334f.
[119] Vgl. CG² I, § 56, 350–355. Vgl. C.-D. Osthövener, Lehre, 40: „Diese Metaprädikate […] werden […] innerhalb der Dogmatik nicht als sachhaltige Begriffe aufgestellt, sondern nur in methodischer Absicht verwendet."
[120] CG² I, 357, vgl. §§ 57–61, 357–387.
[121] CG² I, § 57, 357 u. ö.

Bewusstsein der Umfangsidentität von schlechthinniger und endlicher Ursächlichkeit innerhalb der Welt zum Ausdruck gebracht, so müsse umgekehrt auch
angenommen werden, dass dieser Zusammenhang so eingerichtet sei, dass jeder
aus der endlichen Ursächlichkeit resultierende Eindruck auf das empfängliche
Selbstbewusstsein aufgrund seiner Begründung in schlechthinniger Ursächlichkeit dazu geeignet sei, eine Einigung von sinnlichem und höheren Selbstbewusstsein im Moment, somit eine fromme Erregung hervorzubringen.[122]

In dieser Grundaussage des letzten Abschnitts des ersten Teils der ‚Glaubenslehre‘ wird wiederum augenscheinlich, was schon zu seinem Beginn von Schleiermacher eingeräumt wird, dass nämlich die Kernaussagen dieses Abschnitts
zum Teil schon in der Einleitung innerhalb der Explikation der Frömmigkeit
als schlechthinniges Abhängigkeitsgefühl begegnen. Dort wird bezüglich der
Frömmigkeit festgehalten, dass durch die Möglichkeit und Notwendigkeit, „daß
zugleich mit […] [dem höchsten Selbstbewusstsein] auch das sinnliche Selbstbewußtsein gesetzt sei", die Voraussetzung für die „Forderung einer Beharrlich-
keit des höchsten Selbstbewußtseins"[123] erfüllt sei. Die Konsequenz daraus sei,
dass prinzipiell „keine Bestimmtheit des unmittelbaren sinnlichen Selbstbewußtseins mit dem höheren"[124] unvereinbar sein könne. Hier wird diese prinzipielle
Feststellung als christlicher Glaubenssatz formuliert, der seinen Ausgangspunkt
allerdings nun beim schlechthinnigen Abhängigkeitsgefühl nehmen könne –
„Die Allgemeinheit des schlechthinigen Abhängigkeitsgefühls schließt in sich
den Glauben an eine ursprüngliche Vollkommenheit der Welt."[125] –, dessen konkreter Inhalt, die Vollkommenheit der Welt, aber wieder auf die Ermöglichung
der „Stätigkeit des frommen Selbstbewußtseins"[126] abzielt.

Vorarbeit wird von Schleiermacher an dieser Stelle im Blick auf die Christologie, dann aber auch auf die Frage nach der Heilsvermittlung geleistet, indem
einerseits nur unter den hier veranschlagten Grundbedingungen die „wesentliche
Unsündlichkeit und […] schlechthinige Vollkommenheit"[127] Christi gedacht
werden könne, ohne zugleich sein wahres Menschsein aufzuheben,[128] und andererseits nur aufgrund der zum Gedanken der Vollkommenheit der Welt gehörigen Vorstellung der Vollkommenheit des Menschen, die in der „Richtung auf
das Gottesbewußtsein"[129] bestehe, eine Erlösungsbedürftigkeit bei gehemmtem

---

[122] Vgl. CG² I, § 51.1, 357–359.

[123] CG² I, § 5.3, 46.

[124] CG² I, § 5.5, 51.

[125] CG² I, § 57, 357.

[126] CG² I, § 57.1, 357.

[127] CG² II, § 98, 90.

[128] In die gleiche Richtung tendiert auch Schleiermachers einleitender Paragraph zum Of-
fenbarungscharakter der „Erscheinung des Erlösers in der Geschichte" (CG² I, § 13, 106), der
schlechthinnige Übernatürlichkeit und Übervernünftigkeit für diese negiert.

[129] CG² I, § 60, 371 u. ö.

Gottesbewusstsein wahrgenommen werde,[130] die wiederum als „freie in sich aufnehmende Empfänglichkeit"[131] subjektive Bedingung der Realisierung der Erlösung sei – wie an späterer Stelle noch ausführlich zu zeigen ist. Aufgrund dieser Relevanz des letzten Abschnitts des ersten Teils der ‚Glaubenslehre' für die Christologie und Soteriologie ist eine eingehendere Darstellung notwendig:

Indem Schleiermacher den Glauben an die ursprüngliche Vollkommenheit der Welt als Ausdruck des schlechthinnigen Abhängigkeitsgefühls interpretiert, wehrt er zugleich die Vorstellung eines historisch verstandenen, paradiesischen Urstands von Welt und Mensch ab. ‚Ursprünglich' bezeichne nicht einen geschichtlichen Ursprungszustand, sondern die Vorstellung einer Begründung des endlichen Weltzusammenhangs in der schlechthinnigen Ursächlichkeit als seinem Ursprung.[132] Die Überzeugung von diesem Zusammenhang habe den Glauben an eine gewissermaßen strukturell-relationale Vollkommenheit der Welt zur Folge, die sich gemäß dem zum Weltbewusstsein erweiterten Selbstbewusstsein in zwei Perspektiven – als „Vollkommenheit der übrigen Welt in Beziehung auf den Menschen" sowie als „Vollkommenheit des Menschen selbst"[133] – beschreiben lasse. Innerhalb beider Perspektiven könne die Vollkommenheit wiederum anhand der das Subjekt in seinem Weltverhältnis kennzeichnenden Elemente der Empfänglichkeit und Selbsttätigkeit ausdifferenziert werden.[134] Deutlich hält Schleiermacher somit durch die Begründung der Vollkommenheitsaussage im schlechthinnigen Abhängigkeitsgefühl fest, dass sie einerseits nicht eine Vollkommenheit der Welt oder des Menschen ‚an sich' beschreibe, sondern eine relational bestimmte Vollkommenheit, und dass es andererseits auch nicht um eine ‚allgemeine' Vollkommenheit gehe, sondern um eine ursprüngliche Voll-

---

130 Auch diese Aussage ist vorbereitet in der Einleitung, vgl. CG² I, § 5.5, 50 [Hervorhebungen durch die Vfn.]: „Aus dem Obigen folgt nun zugleich, daß und in welchem Sinne eine ununterbrochene Folge frommer Erregungen als Forderung aufgestellt werden kann, wie ja auch die Schrift sie wirklich aufstellt, und jedes Leidtragen eines frommen Gemüthes über einen von Gottesbewußtsein ganz leeren Augenblikk sie bestätigt, *indem ja Niemand Leid darüber trägt, daß das für unmöglich erkannte nicht ist.*"

131 CG² II, § 91, 35.

132 CG² I, § 57, 357–361, zum Begriff ‚ursprünglich' vgl. v. a. aaO., § 57.1, 358 [Sperrung des Originals durch Kursivsetzung wiedergegeben]: „Durch den Ausdrukk *ursprünglich* aber soll bevorwortet werden, daß hier nicht von irgend einem bestimmten Zustand der Welt noch auch des Menschen oder des Gottesbewußtseins in dem Menschen die Rede ist, welches alles eine gewordene Vollkommenheit wäre, die ein Mehr oder Minder zuläßt, sondern von der sich selbst gleichen aller zeitlichen Entwicklung vorangehenden, welche in den innern Verhältnissen des betreffenden endlichen Seins gegründet ist. Eine solche Vollkommenheit in dem obigen Sinn wird also behauptet, das heißt, es wird gesetzt, alles endliche Sein, sofern es unser Selbstbewußtsein mitbestimmt, sei zurükführbar auf die ewige allmächtige Ursächlichkeit, und sowol alle Welteindrükke, welche wir empfangen, als die in der menschlichen Natur gesetzte Art und Weise, wie sich die Richtung auf das Gottesbewußtsein verwirklicht, schlössen die Möglichkeit in sich, daß sich mit jedem Welteindrukk das Gottesbewußtsein zur Einheit des Momentes bilde."

133 CG² II, § 58, 361.

134 Vgl. zum Zusammenhang von Selbst- und Weltbewusstsein sowie von Empfänglichkeit und Selbsttätigkeit CG² I, § 4, 32–40, sowie Kap. II.1 und Kap. IV.3 der vorliegenden Arbeit.

kommenheit im „Gebiet der religiösen Erregungen"[135], und kosmologische oder anderweitig gelagerte Überlegungen daher nicht tangiert werden.[136] Dadurch wird auch die Anthropozentrik, die diesem Vollkommenheitsverständnis innewohnt, nur auf das religiöse Gebiet beschränkt.[137]

Die ursprüngliche Vollkommenheit der Welt *in Beziehung* auf den Menschen entfaltet Schleiermacher entsprechend dem innerhalb der Welt herrschenden Wechselwirkungszusammenhang unter zwei Gesichtspunkten, die sich wiederum wechselseitig bedingten und somit nur relativ voneinander unterschieden werden könnten: Zum einen zeige sich die ursprüngliche Vollkommenheit darin, dass die Welt „dem [empfänglichen] menschlichen Geist eine Fülle von Reizmitteln darbiete zur Entwiklung der Zustände, an denen sich das Gottesbewußtsein verwirklichen kann", zum anderen darin, „daß sie sich" von eben diesem Geist, wenn er selbsttätig ist, „in mannigfaltigen Abstufungen [...] behandeln lasse, um ihm als Organ und Darstellungsmittel zu dienen."[138]

Innerhalb des ersten Aspekts, der sich auf die Rezeptivität des Menschen bezieht,[139] unterscheidet Schleiermacher wiederum eine ‚reale' und eine ‚ideale' Seite.[140] Die reale Seite setze eine Unterscheidung (aber nicht Trennung) von

---

[135] CG² I, § 58.2, 362.

[136] Vgl. auch den Zusatz zu CG² I, § 59, 366 f.

[137] Trotz dieser Beschränkung auf das religiöse Gebiet fallen die Analogien zwischen den dogmatischen Aussagen über die ursprüngliche Vollkommenheit der Welt und des Menschen zu entsprechenden Aussagen über das Verhältnis von Natur und Vernunft innerhalb der ‚Ethik' (vgl. F. D. E. Schleiermacher, Ethik [1812/13], 18 f.) bzw. über dasjenige von Sein und Wissen innerhalb der ‚Dialektik' (vgl. Dial[1814/15], I. Teil, §§ 86–137, 90–102, bspw. § 87, 90, und §§ 105 f., 93) auf. Dies steht aber nicht in einem Widerspruch zu der von Schleiermacher geltend gemachten ‚Selbstbeschränkung': Denn die konsequente Unabhängigkeit der jeweiligen Wissenschaften voneinander schließt ihre gegenseitige Kompatibilität und analoge (nicht: sich gegenseitig ergänzende!) Aussagen nicht aus.

[138] CG² I, § 59, 363.

[139] Dass trotz der teleologischen Ausrichtung der christlichen Frömmigkeit (vgl. CG² I, § 11, 93–102, samt seiner Voraussetzung aaO., § 9, 74–80) durch das schlechthinnige Abhängigkeitsgefühl auch eine Überzeugung von der ursprünglichen Vollkommenheit der Welt in Bezug auf die Empfänglichkeit entstehe, begründet Schleiermacher mit dem für die Unterscheidbarkeit von Momenten notwendigen Wechsel von Empfänglichkeit und Tätigkeit. Aus dem gleichen Grund gerät aber auch die Empfänglichkeit nicht an sich in den Blick, sondern in ihrer Ausrichtung auf die Motivation von Selbsttätigkeit (vgl. aaO., § 59.1, 363 f., sowie aaO., § 4.1, 33 f.).

[140] Mit diesen Begriffen ist der Querverweis auf die ‚Dialektik' nahezu zwingend. Dort wird der Zusammenhang von realem und idealen Sein im ‚transzendentalen Teil' thematisch (vgl. Dial[1814/15], §§ 86–229, 90–154). Dass dieser Zusammenhang beider Seinsmodi nur gewährleistet sei, wenn man ihre letztliche Identität zugrundelege, ist eine Annahme, die Schleiermacher schon in einer Rezension ‚Vorlesung über die Methode des akademischen Studiums' positiv hervorhebt (vgl. F. D. E. Schleiermacher, Rez. F. W. J. Schelling, Vorlesungen über die Methode des akademischen Studiums, Tübingen 1803, in: Jenaische Allgemeine Literaturzeitung 1 [1804], 137–151, 137; zur „Adoption schellingscher Gedanken" in naturphilosophischer Hinsicht bei Schleiermacher vgl. U. Hasler, Natur, 69–74).
In Bezug auf die ‚Dialektik' macht Barth darauf aufmerksam, dass Schleiermacher mit dem Einbezug der ethischen Dimension (Wollen) und der Einholung des Gegensatzes von real und ideal – durch die Zuordnung zum organischen und psychischen Sein – in den Bereich des Sub

Psyche und Physis des Menschen voraus, wobei das Gottesbewusstsein im Geist zu verorten sei,[141] während der leibliche Organismus von Schleiermacher dem „Weltkörper"[142] zugerechnet wird. Da die Realisierung des Gottesbewusstseins an der Einigung von höherem und sinnlichem Selbstbewusstsein hänge, letzeres sich aber nur durch körperlich vermittelte Wahrnehmung der Welt klar ausbilden könne, zeige sich die Vollkommenheit der Welt in dieser Hinsicht somit in der strukturellen Einrichtung, nach der eine leiblich-sinnlich vermittelte Erregbarkeit des Geistes ermöglicht werde: „Sonach läßt sich diese ganze Seite der ursprünglichen Vollkommenheit der Welt darin zusammenfassen, daß in ihr lebendig zusammenhängend mit allem übrigen für den Geist eine Organisation wie die menschliche gesezt ist, welche ihm alles übrige Sein zuleitet."[143] Die ideale Seite sei indirekt in dieser Bestimmung schon inbegriffen, indem die „Klarheit des Bewußtseins"[144], d. h. die deutliche Unterscheidung zwischen Objekt und Subjekt, „zwischen dem gegenständlichen Bewußtsein und dem Selbstbewußtsein"[145], für diese leiblich vermittelte Erregbarkeit des Geistes vorausgesetzt werden müsse. Diesen idealen Aspekt der die Empfänglichkeit betreffenden ursprünglichen Vollkommenheit der Welt in Bezug auf den Menschen fasst Schleiermacher als „Erkennbarkeit des Seins"[146] zusammen.[147]

Bezüglich der Selbsttätigkeit des Menschen könne die ursprüngliche Vollkommenheit der Welt nun in umgekehrter Richtung bestimmt werden: Da sich der Geist nicht nur rezeptiv gegenüber den auf ihn einwirkenden Eindrücken ver-

---

jekts eine „Erweiterung" und „Subjektivierung des transzendentalen Problems" (U. BARTH, Der Letztbegründungsgang der ‚Dialektik'. Schleiermachers Fassung des transzendentalen Gedankens, in: DERS., Aufgeklärter Protestantismus, 353–385, 362f. [Hervorhebungen aufgelöst durch die Vfn.]) vollzieht. Vgl. zum Verhältnis von Ethik und Physik, Idealem und Realem auch Ethik (1812/13), 8 (im Kontext der innerhalb der Einleitung vollzogenen „Deduction der Ethik aus der Dialektik" [aaO., 7]): „Die Ethik ist also Darstellung des endlichen Seins unter der Potenz der Vernunft, d. h. von der Seite, wie in dem Ineinandersein der Gegensäze die Vernunft das Handelnde ist, und das Reale das Behandelte, und die Physik die Darstellung des endlichen Seins unter der Potenz der Natur, d. h. wie das Reale das Handelnde ist, und das Ideale das Behandelte. [...] Im endlichen Dasein sowol als im endlichen Wissen als Darstellung des Absoluten ist der Gegensaz nur relativ. Also in der Vollendung ist Ethik Physik und Physik Ethik. [...] Daher ist auf dem Wege das Leben des Idealen ein Handeln auf das Reale und das Leben des Realen ein Handeln auf das Ideale."

[141] Es geht somit letztlich nicht um die ursprüngliche Vollkommenheit der Welt in Bezug auf den psychisch-physisch verfassten Menschen, sondern um „die Beziehungen der Welt zu dem Geist als dem Siz des Gottesbewußtseins" (CG² I, § 59.3, 366).

[142] CG² I, § 59.1, 364. Diese Zuordnung findet sich auch in: Ethik (1812/13), 9f.

[143] CG² I, § 59.1, 364.

[144] CG² I, § 59.1, 364.

[145] CG² I, § 59.1, 363.

[146] CG² I, § 59.1, 365.

[147] Vgl. auch U. HASLER, Natur, 75: „Für Schleiermacher ist das ‚ursprüngliche', d. h. jeder erkennenden und gestaltenden Tätigkeit vorausgehende, relative Ineinander von Realem und Idealem ontologische Bedingung der ‚Wechselwirkung' zwischen Natur und Vernunft, welche nicht nur die Bearbeitung der Natur, sondern auch ihre Erkenntnis erst möglich macht."

halte, sondern ihm auch „eine ursprüngliche von der Einwirkung unabhängige Selbstthätigkeit [...] beigelegt wird"[148], begründe das schlechthinnige Abhängigkeitsgefühl, das für den Weltzusammenhang den Komplex relativer Freiheits- und Abhängigkeitsgefühle voraussetze,[149] nicht nur einen Glaubenssatz bezüglich der Vollkommenheit der Welt in ,tätiger Beziehung' auf den Menschen, sondern auch in ihrer ,empfänglichen Beziehung'. Diesbezüglich komme der Welt, und hier erneut primär dem dieser zugerechneten menschlichen Organismus und erst vermittelt durch diesen dem übrigen Sein, die ursprüngliche Vollkommenheit insofern zu, als sie dem menschlichen Geist „als Organ und als Darstellungsmittel [...] dienen"[150].

Dieser Aspekt der ursprünglichen Vollkommenheit ist bei Schleiermacher vor allem hinsichtlich der Mitteilbarkeit des Gottesbewusstseins und der darauf beruhenden Gemeinschaftsbildung relevant, denn nur, wenn die ,geistigen Zustände' durch das Organische vermittelt äußerlich werden können,[151] sei eine ,natürliche', durch Raum und Zeit wirkende Verbreitung der Frömmigkeit denkbar.[152] Hier ist somit die Voraussetzung dafür gelegt, dass Schleiermacher trotz des historischen Abstands von einer „Lebensgemeinschaft mit dem Erlöser"[153] sprechen kann, sofern nämliche alle Tätigkeit „in dem von Christo gestifteten Gesammtleben"[154] auf dessen ursprüngliche, sein Gottesbewusstsein mitteilende Tätigkeit zurückgeführt wird, so dass die vom neuen Gesamtleben ausgehenden „Anregungen [...], aus denen [...] [das] Aufgenommen werden in die Lebensgemeinschaft mit Christo hervorgeht"[155], zugleich als „eine durch die geistige Gegenwart im Wort vermittelte Wirkung Christi selbst"[156] verstanden werden.[157]

Das zweite Lehrstück des dritten Abschnitts expliziert nun den zweiten Aspekt der Auffassung über die ursprüngliche Vollkommenheit, nämlich die Vorstellung der ursprünglichen Vollkommenheit des Menschen – konkret die seines Geistes, da der Organismus der Welt zugerechnet wurde –, wobei die hier getroffenen Aussagen aufgrund der relationalen Bestimmung der Vollkommenheit denjenigen über die ursprüngliche Vollkommenheit der Welt korrespondieren. Die Basis bildet wiederum das schlechthinnige Abhängigkeitsgefühl und die dem

---

[148] CG² I, § 59.2, 365.
[149] Vgl. CG² I, § 4.2, 34–37.
[150] CG² I, § 59, 363.
[151] Vgl. auch CS² I, 298 f.
[152] Vgl. dazu auch CG² I, § 6, 53–58, sowie § 15, 127–130.
[153] CG² II, § 91, 35.
[154] CG² II, § 91.2, 37.
[155] CG² II, § 106.2, 166.
[156] CG² II, § 106.2, 167.
[157] Vgl. auch H. Stephan, Die Lehre Schleiermachers von der Erlösung, Tübingen/Leipzig 1901, 64: „Mit der Entstehung einer christlichen Gemeinschaft [...] war die Erlösung in den Gang der geschichtlichen Entwicklung hineingetreten und verbreitete sich nun nach deren Gesetzen".

Menschen damit wesentliche „Richtung auf das Gottesbewußtsein"[158]. Auch
hier wird daher die Vollkommenheit in zwei Perspektiven – im Blick sowohl auf
die menschliche Empfänglichkeit als auch auf die Selbsttätigkeit – entfaltet. In
der ersten Hinsicht entspricht der Aussage über die Vollkommenheit der Welt
(in Form der Bereitstellung von Reizen) die Behauptung, dass zusammen mit
dem schlechthinnigen Abhängigkeitsgefühl „das Bewußtsein des Vermögens"
gegeben sei, „mittels des menschlichen Organismus zu denjenigen Zuständen
zu gelangen, an welchen sich das Gottesbewußtsein verwirklichen kann"[159]. Die
ursprüngliche Vollkommenheit des menschlichen Geistes bestehe mithin darin,
dass das Gottesbewusstsein so in ihm angelegt sei, dass es mit jeder (klaren) Form
des sinnlich bestimmten Selbstbewusstseins sich einigen und so den Moment erfüllend werden könne;[160] d. h. auch hier zielt die Intention erneut auf die Feststellung der prinzipiellen Möglichkeit einer „Stätigkeit des Gottesbewußtseins"[161].
    Der Zusammenhang des die Selbsttätigkeit betreffenden Aspekts der ursprüng-
lichen Vollkommenheit mit der Darstellung der entsprechenden ursprünglichen
Vollkommenheit der Welt – „als Organ und als Darstellungsmittel"[162] –, zeigt
sich nun daran, dass das Bewusstsein von jenem sich an den „Trieb, das Gottesbewußtsein zu äußern"[163], hefte. Der Gehalt dieses Bewusstseins ursprünglicher
Vollkommenheit sei der „Zusammenhang des Gattungsbewußtseins mit dem
persönlichen Selbstbewußtsein"[164]. Den Begriff des Gattungsbewusstseins hatte

---

[158] CG² I, § 60, 371.

[159] CG² I, § 60, 371. Allerdings wird hier deutlich, inwiefern doch noch mehr als nur die
‚Kehrseite' der ursprünglichen Vollkommenheit der Welt ausgesagt wird, da es zur Entwicklung
der „Zustände[] des Selbstbewußtseins […], an welchen sich das Gottesbewußtsein verwirklichen kann" (ebd.), nicht einer direkten Einwirkung der Welt bedürfe, sondern sich dieses auch
mit einem das Denken oder Tun begleitenden, sinnlich bestimmten Selbstbewußtsein, welches
somit nur vermittelt an der Empfänglichkeit hänge, einigen könne (vgl. aaO., § 60.1, 372 f.).

[160] Vgl. CG² I, § 5, 40–53, bes. § 5.3, 45–47, und § 5.5, 50 f.

[161] CG² I, § 60.1, 372.

[162] CG² I, § 59, 363.

[163] CG² I, § 60, 371.

[164] CG² I, § 60, 371. Vgl. zum Gattungsbewusstsein auch F. D. E. SCHLEIERMACHER, Psychologie (Ms. 1830), Nr. 11, in: DERS., Psychologie, 489–529 (im Folgenden: Psych [1830]), 497 f.,
sowie die entsprechende Nachschrift aaO., 1–405 (im Folgenden: PsychNS [1830]), 44 f. und
46 [Sperrung des Originals durch Kursivsetzung wiedergegeben]: „Wenn sich nämlich das
Bewußtsein seinem geistigen Gehalte nach nur entwikkelt unter der Form und Bedingung des
Zusammenseins mit anderen, so heißt das nichts anderes, als das Bewußtsein belebt sich durch
die Gemeinschaft mit anderen, und das sezt voraus eine Identität aller in Beziehung auf alles, was
zu diesem Entwicklungsprocesse gehört. Diese Identität ist nun ihrem Wesen nach das, was wir
durch den Ausdruck *Gattung* oder Natur bezeichnen. […] Ohne diese Identität würde nicht zu
begreifen sein, wie sich an dem einen Bewußtsein das andre entzünden könnte." „[W]enn wir
nicht dabei dächten, daß dieses *Gattungsbewußtsein*, diese Identität der Natur schon als eine
Voraussezung mit wirksam wäre, so hätten wir keinen Grund, warum das beginnende Leben
nicht ebenso außer seinem Kreise seine Entwikkelung suchen sollte als in demselben. Wir finden
aber keine Neigung bei den menschlichen Individuen, ihr Bewußtsein an ein anderes als menschliches Bewußtsein anzuknüpfen." Vgl. auch die Ausführungen zum Gattungsbewusstsein in
Kap. IV.3 der vorliegenden Arbeit.

Schleiermacher schon in der Einleitung im Zusammenhang der Entwicklung des Kirchenbegriffs eingeführt;[165] dort wie hier fungiert er in seiner naturgemäß gegeben Kopplung an das Selbstbewusstsein als ‚Gemeinschaftsgarant': Wie schon vorher im Blick auf die Welt, so steht auch hier hinsichtlich des Geistes die Frage der Mitteilbarkeit rein innerlicher Zustände im Fokus, da nur diese eine auf Gefühl basierende Gemeinschaft ermögliche. Es geht mithin im Blick auf die ursprüngliche Vollkommenheit des menschlichen Geistes hinsichtlich der Selbsttätigkeit nicht mehr um die „Forderung der Stetigkeit", sondern um die der „Allgemeinheit des Gottesbewußtseins"[166]. Wird daher von Schleiermacher der auf Selbsttätigkeit zielende Aspekt der ursprünglichen Vollkommenheit des menschlichen Geistes in der „innige[n] Vereinigung des Gattungsbewußtseins mit dem persönlichen Selbstbewußtsein" gesehen, so beinhalte dies „im allgemeinen […] [die] Anerkennung Anderer als gleichartiger Wesen", die „allein die Voraussezung erregt und im Ganzen erhält, daß mit und aus dem Aeußeren auch das Innere werde erkannt und aufgenommen werden"[167]. Auch hier handelt es sich somit um eine relational verstandene Vollkommenheit, indem sie nicht den Geist als solchen, sondern die Struktur, die eine ‚Gemeinschaft der Geister' ermögliche, beschreibt. Die Relevanz hinsichtlich der Christologie und Soteriologie entspricht der bereits im Kontext der ursprünglichen Vollkommenheit der Welt angesprochenen Bedeutsamkeit.[168]

Schleiermacher sieht in diesen Aussagen alles Wesentliche über die ursprüngliche Vollkommenheit von Welt und Mensch beschlossen. Daher erfolgt seine Auseinandersetzung mit der klassischen Urstandslehre – samt den dazugehörigen Vorstellungen der *imago Dei* und *iustitia originalis* –[169] eher anhangsweise. Ohne

---

[165] Vgl. CG² I, § 6.2, 54–56, sowie in der vorliegenden Untersuchung Kap. I.2.2.

[166] CG² I, § 60.3, 374.

[167] CG² I, § 60.2, 373.

[168] Dies deutet Schleiermacher im Eingangssatz des dritten Abschnitts des gerade behandelten Paragraphen selbst an, wenn es heißt (CG² I, § 60.3, 374 [Hervorhebungen durch die Vfn.]): „Da nun in den Aufstellungen unseres Sazes alle Bedingnisse enthalten sind, sowol um das Gottesbewußtsein in jedem menschlichen Einzelwesen zur Stetigkeit zu fördern, als auch um es von Jedem auf die Andern nach Maßgabe der verschiedenen Abstufungen menschlicher Gemeinschaft zu übertragen, *und zwar auch in der Vollkommenheit, wie es von dem Erlöser aus und durch ihn auf die Erlösten übertragen werden kann*: so ist durch denselben auch der Forderung unseres Abschnittes genügt."

[169] Vgl. CG² I, § 61.4, 380–383. Der Gottebenbildlichkeitsvorstellung gegenüber hat Schleiermacher große Bedenken, weil einerseits die als Sein Gottes im Menschen verstandene „Lebendigkeit des Gottesbewußtseins" (aaO., 381) mehr als nur eine Ähnlichkeit sei, in umgekehrter Richtung aber, weil auf menschlicher Seite das Gottesbewusstsein sich nur in Verbindung mit dem sinnlichen gestalten könne, was wiederum die Kooperation von Geist und Organismus voraussetze; so bestehe aber die Gefahr, aufgrund der Gottebenbildlichkeitsaussage auch für die Gottesvorstellung etwas der Physis Entsprechendes anzunehmen, was wiederum dem Gedanken der schlechthinnigen Geistigkeit Gottes widerspreche. Auch den Gedanken der Ursprungsgerechtigkeit kann Schleiermacher nur integrieren, indem er Gerechtigkeit als Ausdruck für „seiner Bestimmung angemessen" (aaO., 383) versteht. Unter dieser Voraussetzung kann er dann allerdings schließen (ebd.): „Denken wir nun an den göttlichen Rathschluß der Gesammt-

ins Einzelne gehen zu müssen, lässt sich hier festhalten, dass Schleiermacher die
Vorstellung einer ursprünglichen Vollkommenheit des Menschen – wie auch
schon die der Welt – nicht auf einen historisch verstandenen Urzustand bezieht;
da es einerseits hinsichtlich der Entwicklung des Gottesbewusstseins der „ersten
Menschen"[170] keinen historischen Bericht im eigentlichen Sinne gebe[171] und es
andererseits ganz allgemein keine Kenntnis eines „absoluten Anfang[s]"[172] geben
könne, sei im Blick auf die ‚ersten Menschen' hinsichtlich der „ursprünglichen
Vollkommenheit der menschlichen Natur"[173] nichts anderes festzuhalten, als was
auch allgemein als Glaubenssatz ausgesagt werden könne. Entsprechend dieser
Annahme kann Schleiermacher die Unterschiede, Unklarheiten und Schwierigkeiten, die sich in der Auffassung der ursprünglichen Vollkommenheit innerhalb der unterschiedlichen Bekenntnisschriften finden, kritisch durchleuchten.[174]
Diese Auseinandersetzung führt ihn zu einem Schluss, der wiederum den Ausblick auf die Christologie eröffnet:

> „Daher ist es wol zwekkdienlicher, über die ersten Zustände der ersten Menschen nichts
> genaueres zu bestimmen, und nur die sich immer gleiche ursprüngliche Vollkommen-
> heit der menschlichen Natur aus dem höheren Selbstbewußtsein in seiner Allgemeinheit
> betrachtet zu entwikkeln. Soll aber in einer einzelnen menschlichen Erscheinung alles
> zusammengeschaut werden, was sich aus solcher ursprünglichen Vollkommenheit ent-
> wikkeln kann: so wird dieses nicht in Adam aufzusuchen sein, in dem es wieder verloren
> gegangen sein müßte, sondern in Christo, in welchem es Allen Gewinn gebracht hat."[175]

Mit diesem Verweis schließt der erste Teil der Glaubenslehre. Erneut tritt deutlich vor Augen, was Schleiermacher selbst mehrfach betont, dass

> „dieses Gottesbewußtsein, so wie es hier beschrieben ist, nicht für sich allein einen wirk-
> lichen frommen Moment constituiere, sondern immer nur in Verbindung mit anderen
> näheren Bestimmungen […]. Daher […] in jeder christlichen frommen Erregung auch eine
> Beziehung auf Christum sein müsse."[176]

Diese Beziehung auf Christus als Erlöser tritt in dem nun folgenden zweiten Teil
der Glaubenslehre – in der Explikation „der Thatsachen des frommen Selbstbewußtseins, wie sie durch den Gegensaz bestimmt sind"[177] – deutlicher als
im ersten Teil zu Tage. Insofern die §§ 62–64 die Einleitung nicht nur zur Dar-

---

entwiklung des menschlichen Geschlechts vermittelst der Erlösung, und daß diese schon in
der Idee der menschlichen Natur von Anbeginn, wenn gleich dem Menschen selbst unbewußt,
eingeschlossen lag: so werden es eben die in dem vorigen Saz aufgestellten Eigenschaften sein,
worauf diese Angemessenheit derselben beruht."

[170] CG² I, § 61, 375.
[171] Vgl. CG² I, § 61.1, 377 f.
[172] CG² I, § 61.3, 378.
[173] CG² I, § 61, 375.
[174] Vgl. CG² I, § 61.5, 383–387.
[175] CG² I, § 61.5, 387.
[176] CG² I, § 32.1, 202.
[177] CG² I, 291.

stellung des Sündenbewusstseins, sondern zum zweiten Teil insgesamt bilden, dann aber auch diese Darstellung selbst als ‚negative Voraussetzung' für die Analyse der soteriologischen Abhandlung Schleiermachers zu beachten ist, wird das nun folgende Kapitel zwar insgesamt skizzenhaft bleiben, aber doch versuchen, die Passagen mit enormer soteriologischer Relevanz tiefergehend darzulegen. Insbesondere die Sätze der ‚dogmatischen Grundform' sollen eingehender untersucht werden, da sie das Pendant zur Christologie sowie der Lehre von Wiedergeburt und Heiligung darstellen.

III Die negative Voraussetzung: Darstellung des Erlösungsbewusstseins im Blick auf die Sünde

1 Einleitung: Die Struktur des Erlösungsbewusstseins

Bevor Schleiermacher die materiale Entfaltung des zweiten Teils der ‚Glaubenslehre' beginnt, begründet er zunächst einleitend (erneut) den Zusammenhang mit dem ersten Teil, wobei sich in vielen Punkten Anklänge an diesen sowie die Einleitung der ‚Glaubenslehre' finden. Anknüpfend an die Explikation der ursprünglichen Vollkommenheit des Menschen ruft Schleiermacher abermals in Erinnerung, dass die dort thematisierte „Richtung auf das Gottesbewußtsein"[1] sich nur realisieren könne, wenn das Gottesbewusstsein sich mit dem sinnlichen Selbstbewusstsein in einem Moment verbinde; dadurch partizipiere es dann aber auch an dessen Struktur – d. h. an „dem [relativen] Gegensaz von Lust und Unlust"[2] –, wobei diese Gegensätzlichkeit gerade nicht das schlechthinnige Abhängigkeitsgefühl als solches kennzeichne, sondern die „Bewegung"[3] in der Entwicklung des Gottesbewusstseins.[4]

Um diese ‚Bewegung' näher bestimmen zu können, unterscheidet Schleiermacher zunächst zwei denkbare Pole, die keine Veränderung in der Entwicklung des Gottesbewusstsein, d. h. in seiner Verbindung mit dem sinnlichen Selbstbewusstsein, sondern eine stetige Gleichförmigkeit aussagen würden. Diese „beiden Extreme"[5] – die letztlich auf der einen Seite dem bloßen Potential, das in der ursprünglichen Vollkommenheit mit der Richtung auf das Gottesbewusstseins

---

[1] CG² I, § 60, 371, sowie § 62.1, 391.

[2] CG² I, § 62, 392: „Das bisher beschriebene Gottesbewußtsein kommt als wirkliche Erfüllung eines Momentes nur vor unter der allgemeinen Form des Selbstbewußtseins, nemlich dem Gegensaz von Lust und Unlust." So auch schon aaO., § 5, 40 f.: „Das beschriebene bildet die höchste Stufe des menschlichen Selbstbewußtseins, welche jedoch in ihrem wirklichen Vorkommen von der niederen niemals getrennt ist, und durch die Verbindung mit derselben zu einer Einheit des Momentes auch Antheil bekommt an dem Gegensaz des angenehmen und unangenehmen."

[3] CG² I, § 62.1, 392.

[4] Vgl. F. Christ, Menschlich von Gott reden. Das Problem des Anthropomorphismus bei Schleiermacher, ÖTh 10, Gütersloh 1982, 209: „Lust und Unlust prägen die *Relation* der beiden Stufen des Selbstbewußtseins." Vgl. zur Grundlegung des Gedankens der Hemmung des Gottesbewusstseins in der Einleitung der ‚Glaubenslehre' auch C.-D. Osthövener, Erlösung. Transformation einer Idee im 19. Jahrhundert, BHTh 128, Tübingen 2004, 64–68.

[5] CG² I, § 62.1, 392.

angelegt ist, und auf der anderen Seite der faktischen Realisierung eines stetigen Gottesbewusstseins im Leben des Erlösers entsprechen – könne man nun so denken, dass entweder das Gottesbewusstsein nie über die Richtung auf dasselbe hinausgehe, somit im Verhältnis zum sinnlichen Selbstbewusstsein in „stetige[r] Zurükdrängung" stehe; oder es sei das umgekehrte Extrem denkbar, „eine[] stetige[] Obergewalt des Gottesbewußtseins" bzw. die „Leichtigkeit [...], es von jeder anderweitigen Thatsache des Bewußtseins aus in absoluter Stärke hervorzurufen"[6]. Keines der beiden Extreme sei erfahrungsgemäß hinsichtlich des christlich-frommen Selbstbewusstseins die Form seiner Realisierung, sondern dieses ‚bewege' sich zwischen ihnen als zwischen einem „Mehr und Minder"[7]. Sei dabei die Tendenz die vom Mehr zum Minder, so erscheine sie als „Hemmung"[8], während die Tendenz vom Minder zum Mehr als ‚freiere Entwicklung' der Richtung auf das Gottesbewusstsein wahrgenommen werde. Die sich an diesen Bewegungen entzündenden Gefühle der Lust und Unlust könnten aber gerade aufgrund des Ausschlusses der beiden Extrempositionen nicht in einem absoluten Gegensatz zueinander stehen:

„Wird nun die bestimmende Kraft des Gottesbewußtseins als begrenzt empfunden; so ist auch Unlust mitgesetzt, also selbst in der größten Lust. Erregt aber das Bewußtsein, daß diese Kraft gehemmt ist, Unlust: so wird doch das Gottesbewußtsein als eine solche Kraft gewollt, und ist mithin an und für sich ein Gegenstand der Lust."[9]

Hat Schleiermacher somit zunächst geklärt, inwiefern trotz der Einfachheit des schlechthinnigen Abhängigkeitsgefühls auch von dem Gegensatzbewusstsein die Rede sein kann, so erhellt dies den Zusammenhang vom ersten und zweiten Teil der ‚Glaubenslehre', indem das dort behandelte Gefühl schlechthinniger Abhängigkeit zwar notwendig einen Frömmigkeitsmoment mitbestimme, nie aber „an und für sich [...] allein"[10]. Ein christlich-frommer Moment konstituiere sich weder durch das schlechthinnige Abhängigkeitsgefühl allein abgesehen vom Gegensatz (Erster Teil der ‚Glaubenslehre') noch nur durch den Gegensatz absehend von der Einfachheit des schlechthinnigen Abhängigkeitsgefühls (Zweiter Teil der ‚Glaubenslehre'), sondern es gelte:

„In der Wirklichkeit des christlichen Lebens ist also beides immer in einander; kein allgemeines Gottesbewußtsein, ohne daß eine Beziehung auf Christum mitgesetzt sei, aber auch kein Verhältnis zum Erlöser, welches nicht auf das allgemeine Gottesbewußtsein bezogen würde."[11]

---

[6] CG² I, § 62.1, 391.
[7] CG² I, § 62.1, 392.
[8] CG² I, § 62.1, 392.
[9] CG² I, § 62.1, 392.
[10] CG² I, § 62.2, 392.
[11] CG² I, § 62.3, 394.

Während der erste einleitende Paragraph sich eher auf einer allgemeinen Beschreibungsebene befindet und nur in Einzelheiten auf die spezifisch christliche Frömmigkeitsform eingeht,[12] bringt der daran anschließende Paragraph umso deutlicher „das eigenthümliche der christlichen Frömmigkeit"[13] zur Sprache: die Verbindung der Hemmung bzw. Förderung des Gottesbewusstseins mit den Gedanken von Sünde und Gnade sowie die darin implizierte unterschiedliche ursprüngliche Urheberschaft für entsprechende Zustände. Vorausgesetzt werden hier vor allem die in der Einleitung behandelten apologetischen Lehnsätze über das Wesen des Christentums.[14] So betont Schleiermacher zunächst, dass eine Anwendung der innerhalb dieses Teils der ‚Glaubenslehre' relevanten „Begriffe Verdienst und Schuld […] in ihrem wahren Sinn"[15] nur innerhalb einer teleologischen Frömmigkeitsrichtung[16] sinnvoll erfolgen könne, weil hier sowohl Hemmung als auch Förderung des Gottesbewusstseins „auf die That des Einzelnen"[17] und nicht lediglich „auf leidentliche Zustände"[18] zurückgeführt würden – wodurch auch erst sinnvoll von Freiheit und damit von Verantwortlichkeit[19] gesprochen werden könne.[20]

---

[12] Es geht Schleiermacher zwar um die Begründung des Aufbaus der christlichen Glaubenslehre, aber die Aussagen über die Art der Einigung des Gottes- mit dem sinnlichen Selbstbewusstsein erheben, da sie sich auf ein dem Menschen wesentliches Moment beziehen, Anspruch auf Allgemeingültigkeit. Daher kommen in § 62 (CG² I, 391–394) auch andere fromme Gemeinschaften am Rande zur Sprache. Schleiermacher hält fest, dass die Realisierung des Gottesbewusstseins unter der Form relativer Gegensätze „auch von jeder nach einer andern Glaubensweise ausgeprägten Frömmigkeit" (aaO., § 62.2, 392) gelte. Daran schließt er an (aaO., 393): „Ein gemeinschaftlicher Punkt aber für alle Glaubensweisen, sofern sie alle an diesem Gegensaz teilnehmen, ist hier noch aufgestellt. Nämlich die als Zielpunkt aufgestellte absolute Leichtigkeit der Entwiklung des Gottesbewußtseins von jeder gegebenen Erregung aus und in jedem Zustande ist die stetige Gemeinschaft mit Gott, jede Bewegung rükwärts aber ist eine Abwendung von Gott. Kann nun vermöge der Anerkennung der Frömmigkeit als eines wesentlichen Lebenselementes nur die Gemeinschaft, nicht aber die Abwendung gewollt werden: so kann diese auch nur als die ursprüngliche Uebereinstimmung mit dem göttlichen Willen ins Bewußtsein aufgenommen werden".
[13] CG² I, § 63, 394.
[14] Vgl. CG² I, §§ 11–14, 93–127.
[15] CG² I, § 63.1, 395.
[16] Vgl. CG² I, § 11, 93–102, samt seiner Voraussetzung aaO., § 9, 74–80. Vgl. zur Unterscheidung ästhetischer und teleologischer Frömmigkeitsrichtungen auch Kap. I.2.2 dieser Untersuchung.
[17] CG² I, § 63, 394.
[18] CG² I, § 63.1, 395.
[19] Vgl. die Voraussetzung bei Kant im Kontext der Erläuterung des ‚Hangs zum Bösen' (I. KANT, Die Religion innerhalb der Grenzen der bloßen Vernunft [1793/²94], in: DERS., Werke in sechs Bänden, hg. v. W. WEISCHEDEL, Bd. IV, Darmstadt 1956, 649–879, 679 [Sperrung des Originals durch Kursivsetzung wiedergegeben]): „Nun ist aber nichts sittlich- (d.i. zurechnungsfähig-) böse, als was unsere eigene *Tat* ist. […]; da denn in dem Begriffe eines bloßen Hanges zum Bösen ein Widerspruch sein würde, wenn dieser Ausdruck nicht etwa in zweierlei verschiedener Bedeutung, die sich beide doch mit dem Begriffe der Freiheit vereinigen lassen, genommen werden könnten." Vgl. zu dem „Einfluß Kantischer Gedanken" auf Schleiermachers

Trotz dieser unmittelbaren Grundlegung beider Zustandsweisen in der Tat des Einzelnen sei aufgrund ihrer relativen Gegensätzlichkeit ebenso evident, dass der eigentliche und ursprüngliche Urheber nicht in beiden Fällen derselbe sein könne, „alsdann beides aufhören müßte, in Beziehung auf den Thäter entgegengesetzt zu sein."[21] Diese Unterscheidung sei im Christentum mit dem ihm wesentlichen Erlösungsbezug deutlich gewahrt, wie es auch schon durch den in der Einleitung der ‚Glaubenslehre' angeführten allgemeinen Erlösungsbegriff[22] deutlich werde:

„Denn ist das vorher gebunden gewesene schlechthinige Abhängigkeitsgefühl nur durch die Erlösung frei geworden: so hat die Leichtigkeit, mit welcher wir den verschiedenen sinnlichen Erregungen des Selbstbewußtseins das Gottesbewußtsein einzubilden vermögen, auch nur in den Thatsachen der Erlösung ihren Grund, und ist also eine mitgetheilte."[23]

Insofern deuten bei Schleiermacher die Gegensatzbegriffe ‚Sünde' und ‚Gnade' auf die unterschiedlichen ursprünglichen Urheber der Tat, die der Hemmung oder Förderung des Gottesbewusstseins zugrunde liegt. Ist „in unsern Zuständen Abwendung von Gott"[24], d. h. geht in der Einigung von Gottes- und sinnlichem Selbstbewusstsein die Richtung vom Mehr zum Minder, so dass ersteres durch letzteres gehemmt wird, so seien wir uns dieses Faktums „als unserer ursprünglichen That bewußt [...], welche wir *Sünde* nennen"[25]. Liege aber der umgekehrte Fall vor, so dass in den Zuständen „Gemeinschaft mit Gott" bestehe, d. h. die Richtung vom Minder auf das Mehr gehe, werde dies eben nicht als *eigene* Tat bewusst, sondern „als auf einer Mittheilung des Erlösers beruhend, welche wir *Gnade* nennen."[26]

Auffassung der Erlösung: H. STEPHAN, Die Lehre Schleiermachers von der Erlösung, Tübingen/ Leipzig 1901, 159–176.

[20] Vgl. CG² I, § 63.1, 395: „Man kann daher sagen, daß der Streit über die Freiheit, wie er auf diesem Gebiet geführt zu werden pflegt, nichts anders ist, als der Streit darüber, ob die leidentlichen Zustände den thätigen untergeordnet werden sollen oder umgekehrt, und daß die Freiheit in diesem Sinn die allgemeine Prämisse aller teleologischen Glaubensweisen ist, welche nur, indem sie von dem Uebergewicht der Selbstthätigkeit in dem Menschen ausgehen, in allen Hemmungen der Richtung auf das Gottesbewußtsein Schuld und in allen Fortschreitungen derselben Verdienst finden können." Zum Zusammenhang von Selbsttätigkeit und Freiheit vgl. auch CG² I, § 4, 32–40, sowie Kap. IV.3 der vorliegenden Untersuchung.

[21] CG² I, § 63.1, 395.

[22] Vgl. CG² I, § 11.2, 95 f.: „Der Ausdrukk [sc. Erlösung] selbst ist auf diesem Gebiet nur bildlich, und bedeutet im Allgemeinen einen Uebergang aus einem schlechten Zustande, der als Gebundensein vorgestellt wird, in einen bessern, und dies ist die passive Seite desselben; dann aber auch die dazu von einem Andern geleistete Hülfe, und dies ist die active Seite desselben."

[23] CG² I, § 63.2, 396. Mit dem Gedanken der Mitteilbarkeit greift Schleiermacher auf die Ausführungen über die ‚ursprüngliche Vollkommenheit' zurück, vgl. Kap. II.4 der vorliegenden Arbeit sowie die entsprechenden Paragraphen in: CG² I, §§ 59 f., 363–375.

[24] CG² I, § 63, 394.

[25] CG² I, § 63, 395 [Sperrung des Originals wird durch Kursivsetzung wiedergegeben].

[26] CG² I, § 63, 395 [Sperrung des Originals wird durch Kursivsetzung wiedergegeben].

Mit dieser Differenzierung der ursprünglichen ‚Motivatoren' der Tat – ungeachtet derer es doch (auch) die „That des Einzelnen"[27] bleibt – kann Schleiermacher zwei Anliegen der traditionellen Dogmatik aufnehmen: Zum einen kann er die in der traditionellen Dogmatik verhandelte Frage nach der „Ursach der Sünden"[28] so bearbeiten, dass er deren Intention – die Verortung der Ursache der Sünde im Menschen, nicht in Gott – aufnimmt und zugleich eine schlüssige, durch die vorherigen Ausführungen fundierte Begründung dafür bietet: Indem auch für die gehemmten Zustände des Gottesbewusstseins eine Tat angenommen werde, die nicht isoliert von diesem vollzogen werde, sondern „in Beziehung auf dasselbe zu Stande"[29] komme,[30] ist es Schleiermacher möglich, diesen der Erlösung vorangehenden Zustand des „Gebundenseins des schlechthinigen Abhängigkeitsgefühls" nicht lediglich als unverschuldete Unfähigkeit des Menschen, sondern als in ihm ursächlich begründete „Abwendung von Gott"[31] zu verstehen.[32] Zum anderen kann er, indem eine Tat des Menschen auch für solche Zustände angenommen wird, in denen die Förderung des Gottesbewusstseins herrscht, ohne dass sie jedoch ihren eigentlichen Ursprung in diesem Menschen habe,[33] die Rede von der „Aneignung der Erlösung […] als That, als ein Ergreifen Christi"[34] aufnehmen und deuten, ohne dass er Gefahr läuft, mit dem Gedanken der *fides* oder *fiducia apprehendens* einem Synergismus Vorschub zu leisten – wie an späterer Stelle noch ausführlicher zu behandeln ist.[35]

---

[27] CG² I, § 63, 394.

[28] CA XIX, in: BSLK, 75,1. Schleiermacher beruft sich in CG² I, § 63.2, 396, Anm. 3 auf diesen Artikel.

[29] CG² § 63.2, 396.

[30] Diese Beziehung sei gegeben, weil – wie schon an verschiedenen Stellen von Schleiermacher betont – das schlechthinige Abhängigkeitsgefühl nie vollständig fehle, es „keine eigentliche Nullität desselben" (CG² I, § 63.2, 396) gebe.

[31] CG² I, § 63.2, 396. Entsprechend zitiert Schleiermacher aus CA XIX (in: BSLK, 75,1–11: „De causa peccati docent, quod tametsi Deus creat et conservat naturam, tamen causa peccati est voluntas malorum, ut diaboli et impiorum, quae, non adiuvante Deo, avertit se a Deo […].") die Passage, die sich auf die willentliche Abkehr von Gott bezieht: „[…] voluntas … avertit se a Deo […].'" (CG² I, § 63.2, 396, Anm. 3).

[32] Vgl. allerdings die späteren Ausführungen innerhalb der Darstellung des Sündenbewusstseins, wo – unter dort zu erhellenden Voraussetzungen – auch von „Gott […] als Urheber der Sünde" (CG² I, § 79, 486) gesprochen werden kann und muss (vgl. Kap. III.4 der vorliegenden Untersuchung).

[33] An späterer Stelle spricht Schleiermacher diesbezüglich sehr prägnant vom „Thaterzeugen", so „daß die Förderung sei die zur eignen That gewordene That des Erlösers" (CG² II, § 100.1, 104). Ermöglicht ist dieses ‚Taterzeugen' durch die lebendige Empfänglichkeit (vgl. Kap. IV.3 dieser Arbeit).

[34] CG² I, § 63.2, 396, unter Verweis (vgl. aaO., Anm. 4) auf CA XX (in: BSLK, 83,10f.: „Darümb will er [sc. Paulus], daß man durch Glauben die Verheißung Gottes ergreifen müsse.") sowie auf Melanchthons ‚Loci' (DERS., Loci [1559], II, 370,3–5: „[…] si fides non est fiducia intuens Christum […] non applicamus nobis eius beneficium […]."). Zum Verhältnis von Schleiermacher und Melanchthon vgl. Kap. VII dieser Arbeit.

[35] Vgl. zu der Problematik der Synergismusfrage das Kapitel über Schleiermacher und Melanchthon (VII) innerhalb der vorliegenden Untersuchung.

Obwohl Schleiermacher einerseits mit dem Erlösungsbezug den Gegensatz von Sünden- und Gnadenbewusstsein deutlich hervorhebt, ist ihm andererseits aus dem gleichen Grund auch daran gelegen, diesen als einen nur relativen Gegensatz zu bestimmen: Kein christlich-frommes Selbstbewusstsein sei in einem Moment ausschließlich als Sünden- oder ausschließlich als Gnadenbewusstsein bestimmt, sondern die „entgegengesezten Elemente" seien „im christlich frommen Leben in jedem Moment nur in verschiedenem Maaß verknüpft"[36], so dass die separate Behandlung von Sünden- und Gnadenbewusstsein gemäß den „drei Formen dogmatischer Säze"[37] keine sachliche Trennung bedeute. Dass die Unterscheidung und Anordnung beider Aspekte dennoch einen Anhalt an der Sache habe, werde insbesondere im Blick auf die Grundform dogmatischer Sätze ersichtlich, indem hier hinsichtlich der „Entstehung des christlichen Bewußtseins" festgehalten werden könne, dass dem ersten

„Ergreifen der Erlösung, also auch der Gnade, eine Anerkennung der eignen Erlösungsbedürftigkeit vorangehn [muß], und diese ist nur mit dem Bewußtsein der Sünde gegeben. Also giebt es in ihnen [sc. den noch nicht erlösten Menschen] ein Bewußtsein der Sünde vor dem Bewußtsein der Gnade"[38].

Wenn Schleiermacher daher zuerst vom Sündenbewusstsein[39] und erst anschließend von dem der Gnade[40] handelt, entspricht dies seiner Auffassung entsprechend zwar einerseits der ‚Chronologie' im menschlichen Leben, macht es andererseits aber notwendig, stets den Zusammenhang beider Bewusstseinsformen zu beachten,[41] indem beide, weil sie gemeinsam das Erlösungsbewusstsein ausmachen und hierin ihre Einheit haben, nur in ihrem gegenseitigen Bezug expliziert werden können.

2 Die Explikation des Sündenbewusstseins

Den im vorherigen Abschnitt angesprochenen Bezugszusammenhang, der das Sündenbewustein einerseits in seinen Kontext mit den Ausführungen des ersten Teils der ‚Glaubenslehre' einordnet, es andererseits in einen Zusammenhang mit den noch folgenden zum Gnadenbewusstsein stellt, behandelt Schleiermacher explizit in einem der eigentlichen Darstellung des Sündenbewusstseins voran-

---

[36] CG² I, § 63.3, 398.
[37] CG² I, § 64, 398.
[38] CG² I, § 64.1, 399.
[39] Vgl. CG² I, §§ 65–85, 403–529.
[40] Vgl. CG² II, §§ 86–169, 13–513.
[41] Schleiermacher hält deutlich fest, dass eine Behandlung sowohl der Sünde als auch der Gnade ‚an sich' nicht in einer christlichen Glaubenslehre ihren Platz finden könne, da im ersten Fall „nur eine geschichtliche Schilderung" (CG² I, § 64.1, 398), im zweiten „nur eine Ahndung" (ebd.) möglich sei.

gestellten Paragraphen. Dort heißt es, die entsprechenden Erläuterungen über den Zustand des Menschen,[42] die Beschaffenheit der Welt[43] und die göttlichen Eigenschaften[44] könnten nur dann richtig erfasst werden, wenn sie – gemäß der strukturellen Beschaffenheit christlich-frommer Momente – nicht isoliert betrachtet würden, sondern in ‚Zusammenstimmung' mit den Glaubenssätzen „gleicher Form des ersten Theils" sowie in Vorausweisung „auf die Säze der zweiten Seite, welche das Bewußtsein der Gnade entwikkeln"[45]. Während die einleitenden Paragraphen zwar noch die Vorstellung eines dem Erlösungs-bewusstsein vorgängigen Sündenbewusstseins mit einbezogen haben, geht es hier primär um das in der christlichen Frömmigkeit mitenthaltene Sündenbewusst-sein. Ein umfassendes Sündenbewusstsein könne nur im Zusammenhang mit dem Bewusstsein der Gnade entstehen.[46]

Die in diesem Gedanken angelegte „christologisch vermittelte Bestimmtheit des Sündenbewußtseins" in Verbindung mit der „Bestimmung der Sünde auf der Basis seiner Subjektivitätstheorie" kann als „die Besonderheit von Schleier-machers Sündenlehre"[47] gelten.[48] Letztlich folge aus dem Zusammenhang von Sünden- und Gnadenbewusstsein, dass Aussagen über jenes nicht in einen unlös-

---

[42] Vgl. CG² I, §§ 66–74, 405–470.

[43] Vgl. CG² I, §§ 75–78, 471–485.

[44] Vgl. CG² I, §§ 79–85, 486–529.

[45] CG² I, § 65, 403.

[46] Diese Aussagepointe der Schleiermacherschen Sündenlehre missachtet Bader (vgl. G. Ba-der, Sünde und Bewußtsein der Sünde. Zu Schleiermachers Lehre von der Sünde [1981], in: ZThK 79 [1982], 60–79) konsequent und kann von seinem Ausgangspunkt her auch nicht zu einer positiven Würdigung ihrer kommen. Inwiefern seine Eingangsbehauptung, dass sich die „Wahrheitsfrage" für „jede reformatorische" (aaO., 60) Dogmatik daran entscheide, ob sie „[d]as Sündersein als die Wirklichkeit des Menschen" (aaO., 61) zur Geltung bringe, angesichts der Zentralstellung des Rechtfertigungsgedankens und der Betonung des *simul iustus et peccator* in der reformatorischen Theologie zu überzeugen vermag, sei dahingestellt.

[47] C. Axt-Piscalar, Art. Sünde VII. Reformation und Neuzeit, 4.6 Schleiermacher, in: TRE 32 (2001), 418–420, 418. Vgl. auch dies., Ohnmächtige Freiheit. Studien zum Verhältnis von Subjektivität und Sünde bei August Tholuck, Julius Müller, Sören Kierkegaard und Fried-rich Schleiermacher, BHTh 94, Tübingen 1996, 227–237. Zum Unterschied der Sündenlehre zwischen erster und zweiter Auflage vgl. M. Junker, Das Urbild des Gottesbewußtseins. Zur Entwicklung der Religionstheorie und Christologie Schleiermachers von der ersten zur zweiten Auflage der Glaubenslehre, SchlA 8, Berlin/New York 1990, 154–166.

[48] In der Betonung, dass volle Sündenerkenntnis nicht abgelöst vom Heilsgeschehen möglich sei, bzw. in der unhintergehbaren Rückbindung der Hamartiologie an die Christologie folgen bspw. Ritschl und Barth dem Schleiermacherschen Weg (vgl. A. Ritschl, Die christliche Lehre von der Rechtfertigung und Versöhnung, 3 Bde., Bonn 1870–1874, Bd. III, Kap. 5: Die Lehre von der Sünde, 286–338, bes. 286 und 288: „Die negative Voraussetzung der Versöhnung ist Sünde. […] Eine Vorstellung von der Sünde kann immer nur gebildet werden durch die Ver-gleichung mit einer Vorstellung vom Guten."; vgl. auch K. Barth, Die Kirchliche Dogmatik [im Folgenden: KD], Bd. IV/1: Die Lehre von der Versöhnung. Erster Teil, Zürich ⁴1982, § 60, 395; ders., KD IV/2: Die Lehre von der Versöhnung. Zweiter Teil, Zürich⁴1985, § 65, 423; ders., KD IV/3.1: Die Lehre von der Versöhnung. Dritter Teil. Erste Hälfte, Zürich 1959, § 70, 425, wo davon gesprochen wird, dass erst durch das Christusgeschehen die Sünde nachträglich ‚aufgedeckt' und in ihrem Wesen erkennbar wird.).

baren Widerspruch zu den Ausführungen des ersten Teils, insbesondere zu denen über die ursprüngliche Vollkommenheit und die göttliche Allmacht, gerieten, wodurch das im dogmengeschichtlichen Bereich in dieser Hinsicht anzutreffende „Schwanken" zwischen der „manichäische[n]" und der „pelagianische[n]"[49] ‚Ketzerei‘[50] annähernd ausgeglichen werde.

Die folgende materiale Entfaltung des ersten Abschnitts des Gehalts des Sündenbewusstseins gliedert sich in drei Teile: In einem ersten Schritt entwickelt Schleiermacher zunächst die aus dem Bewusstsein der Sünde resultierenden Grundaussagen (vgl. Kap. III.2.1).[51] Daran schließt sich die kritische Auseinandersetzung mit der klassischen Sündenlehre an, die anhand deren Unterscheidung von Erbsünde[52] und wirklicher Sünde bzw. Tatsünde[53] in zwei Teilen erfolgt (vgl. Kap. III.2.2/3). Wie oben angekündigt, soll dieser Abschnitt als ‚negatives Pendant‘ zur Christologie und Soteriologie eine eingehendere Untersuchung und Darstellung erfahren.

2.1 Das Sündenbewusstsein

Die Grundaussagen der einleitenden Paragraphen lassen sich wie folgt skizzieren: Zunächst ist Schleiermacher wie zuvor daran gelegen, festzuhalten, dass das Sündenbewusstsein nicht isoliert vom Gottesbewusstsein entstehen könne, sondern sich auf einen durch dieses – in seiner Art der Einigung mit dem sinnlichen

---

[49] CG² I, § 65.2, 404.
[50] Vgl. zu den „natürlichen Kezereien am Christenthum" CG² I, § 22, 155–160. Schleiermacher unterscheidet dort vier häretische Formen des Christentums, die gerade nicht das Wesen des Christentums selbst bestritten – dann wären sie nicht häretisch, sondern antichristlich –, sondern in der Ausführung der ‚Grundformel‘ so von ihr abwichen, dass es *faktisch* zu einer Aufhebung dieser komme. Diese Abweichung könne entweder den Erlöser oder die zu Erlösenden betreffen und in beiden Perspektiven könne man wiederum zwei Extrempositionen unterscheiden. Die manichäische und die pelagianische Abweichung betreffen die auf die menschliche Natur bezogene Perspektive: Hier könne entweder die Unfähigkeit des Menschen so stark betont werden, dass er zwar als erlösungsbedürftig, aber nicht als -fähig bestimmt wird, so dass eine vollständige „Umschaffung" (aaO., § 22.2, 156) zu seiner Erlösung notwendig wäre. Vorausgesetzt sei dieser Vorstellung aber ein Dualismus, nach dem „man ein Böses als ursprünglich und Gott entgegengesezt annimmt" (aaO., 157); daher nennt Schleiermacher diese ‚Ketzerei‘ manichäisch. Das andere Extrem, die pelagianische Abweichung, schätze umgekehrt die Erlösungsfähigkeit des Menschen so hoch ein, dass die Erlösungsbedürftigkeit (durch einen von den anderen Menschen unterschiedenen Erlöser) faktisch gen Null gehe. „Das Ganze der geschichtlichen Erscheinungen, von denen Schleiermacher die Namen für die vier Überschreitungen der Grenzen christlicher Lehre sich leiht, darf man natürlich nicht ins Spiel bringen. Es kommt Schleiermacher auf nichts an als auf die allgemeine Richtung des Gedankens in den beiden bestimmt bezeichneten Fragmalen" (E. Hirsch, Geschichte der neuern evangelischen Theologie im Zusammenhang mit den allgemeinen Bewegungen des europäischen Denkens, Bd. 5., Gütersloh ²1960, 322).
[51] Vgl. die „Einleitung" zum ersten Abschnitt CG² I, §§ 66–69, 405–421.
[52] Vgl. CG² I, §§ 70–72, 421–456.
[53] Vgl. CG² I, §§ 73 f., 457–470.

Selbstbewusstsein – bestimmten „Gemüthszustand"[54] beziehe. Auch wenn auf diese Weise die Entstehung des Sündenbewusstseins an das Vorhandensein des Gottesbewusstseins gebunden sei, so müsse doch der Ursprung der Sünde „einer Zeit" entspringen, „in welcher die Richtung auf das Gottesbewußtsein noch nicht in uns hervorgetreten war."[55] Den „Keim der Sünde"[56] sieht Schleiermacher sodann in „der ungleichmäßigen Entwicklung der Einsicht und der Willenskraft", welche zwar als „Störung der [menschlichen] Natur", nicht aber als Aufhebung ihrer „ursprünglichen Vollkommenheit"[57] verstanden werden könne.[58]

In einem letzten Schritt leitet Schleiermacher zu der traditionellen Unterscheidung von Erb- und Tatsünde über, indem er innerhalb seiner Konzeption eine Duplizität in der Struktur des Sündenbewusstseins ausmacht, nach der wir „uns der Sünde […] theils als in uns selbst gegründet, theils als ihren Grund jenseit unseres eignen Daseins habend"[59] bewusst würden. Diese Grundlinien sollen im Folgenden genauer beleuchtet werden.

Wie für die materiale Entfaltung der ‚Glaubenslehre' insgesamt, so gelte auch für die Explikationen hinsichtlich der „Sünde als Zustand des Menschen"[60], dass es nicht um einen (vermeintlich) objektiven Nachweis von Ursprung, Wirklichkeit und Beschaffenheit der Sünde als solcher gehen könne, sondern um die Entwicklung der Vorstellungsgehalte des *Bewusstseins* der Sünde. Die Grundlage der Beschreibung bilde somit wiederum „das eigne Selbstbewußtsein"[61], es gehe konkret um die Beschreibung des Bewusstseins solcher ‚Gemütszustände', in denen das „mitgesezte oder irgendwie hinzutretende Gottesbewußtsein unser Selbstbewußtsein als Unlust bestimmt"[62].

Um an dem Postulat des in jedem christlich-frommen Moment stets (mit-) vorhandenen Sündenbewusstseins festhalten zu können, muss Schleiermacher verschiedene Arten bzw. Grade desselben unterscheiden können. Drei mögliche

---

[54] CG² I, § 66, 405.

[55] CG² I, § 67, 409.

[56] CG² I, § 67.1, 409.

[57] CG² I, § 68, 412.

[58] Vgl. dazu auch U. HASLER, Beherrschte Natur. Die Anpassung der Theologie an die bürgerliche Naturauffassung im 19. Jahrhundert (Schleiermacher, Ritschl, Herrmann), Basel 1982, 49–152, der auf das Schleiermachersche Verständnis „des natürlich-geschichtlichen Prozesses" (aaO., 150) als Verstehenshintergrund für die Sündenlehre verweist. Im Hintergrund stehen die Erwägungen über Schleiermachers Verständnis des ‚Abnormen' überhaupt (vgl. aaO., 83–85). Gerade die Einordnung der Sünde in das „Schema des Entwicklungsgedankens" (D. LANGE, Historischer Jesus oder mythischer Christus. Untersuchungen zu dem Gegensatz zwischen Friedrich Schleiermacher und David Friedrich Strauß, Gütersloh 1975, 142) und die damit vermeintlich einhergehende ‚Verharmlosung' ihrer sind die Hauptkritikpunkte an Schleiermachers Sündenlehre (vgl. die übersichtliche Zusammenstellung bei M. JUNKER, Urbild, 162 f.).

[59] CG² I, § 69, 417.

[60] CG² I, 405 (Überschrift zu §§ 66–74, aaO., 405–470).

[61] CG² I, § 66.1, 405.

[62] CG² I, § 66, 405.

Formen des „immerwährende[n] Bewußtseins der Sünde"[63] unterscheidet er
gemäß ihrem Verhältnis zu dem entsprechenden, durch die Art des Verhältnisses
von Gottesbewusstsein und sinnlich erregtem Selbstbewusstsein bestimmten
‚Gemütszustand': das Bewusstsein, „welches nur bald der Sünde selbst als war-
nende Ahndung vorangeht, bald sie als innerer Vorwurf begleitet oder ihr als
Reue nachfolgt."[64] Gewonnen hat er mit dieser Differenzierung die Möglichkeit,
das Sündenbewusstsein in einem gewissen Grad selbst für solche Momente aussagen zu können, in denen das Gottesbewusstsein den Moment dominierte und
insofern auch „im höheren Selbstbewußtsein Lust gesetzt"[65] war. Daher kann von
‚Reue' sowohl im Kontext des Sünden-, als auch in dem des Gnadenbewusstseins gehandelt werden. Die hier getroffenen Bestimmungen sind daher im Zusammenhang des Lehrsatzes über die Bekehrungen erneut aufzunehmen.[66]

Auch wenn Schleiermacher keine objektive Beschreibung der Sünde ‚an sich'
liefern möchte, kann er dennoch darlegen, was der Inhalt des Sündenbewusstseins sei, welche Vorstellung von Sünde es generiere. Zur Erläuterung bedient
sich Schleiermacher der paulinischen Fleisch-Geist-Antithese[67], so dass er unter
‚Sünde' den „positiven Widerstreit des Fleisches gegen den Geist"[68] versteht.
Unter ‚Fleisch' begreift er sodann „die Gesammtheit der sogenannten niedern
Seelenkräfte"[69], d.h. als Sünde werde die „durch die Selbständigkeit der sinn-

---

[63] CG² I, § 66.1, 406.

[64] CG² I, § 66.1, 406. Interessant ist die von CG¹ II, § 84, 261, abweichende Wortwahl: Während Schleiermacher dort von ‚Traurigkeit' spricht, wählt er hier den traditionelleren Terminus
der ‚Reue'. Vgl. zum Begriff der Reue auch Kap. VI.5.2 dieser Arbeit.

[65] CG² I, § 66.1, 406.

[66] Vgl. CG² II, § 108, 171–191, sowie Kap. VI.5.2 der vorliegenden Arbeit.

[67] Scheinbar findet Schleiermacher diese Antithese nicht in befriedigender Weise in den Bekenntnisschriften behandelt, da er hier (vgl. CG² I, § 66.2, 407) explizit auf den Römer- und Ga-
laterbrief verweist, die „unmittelbare Berufung auf die Schrift […] [aber] nur dann nothwendig
[sei], wenn entweder der Gebrauch, den die Bekenntnißschriften von den neutestamentischen
Büchern machen, nicht zu billigen ist […] oder wenn Säze der Bekenntnißschriften selbst nicht
schriftmäßig oder protestantisch genug erscheinen" (aaO., § 27.1, 176).

[68] CG² I, § 66, 405.

[69] CG² I, § 66.2, 407. Zu Schleiermachers kritischer Auseinandersetzung mit der Annahme
verschiedener ‚Seelenvermögen' und der Seele als ‚Aggregat' dieser vgl. Psych (1830), Nr. 3, 491 f.,
sowie die entsprechende Vorlesungsnachschrift, PsychNS (1830), 1 f.: „Wenn man die Spaltung
noch weiter treibt und die Seele ansieht als ein Aggregat oder System von verschiedenen Vermögen, aus denen sie bestehe, so geht das Ich ganz und gar verloren. […] Aber alles dies sind rein
willkürliche Annahmen und es giebt keine sicherere Rettung aus diesem Labyrinthe, als daß man
sich immer an dem Ich orientirt und keine Formel gelten läßt, die sich nicht daran anschließt."
Schleiermacher spielt hier wie dort auf die platonische Unterscheidung der ‚Seelenteile' an (vgl.
F. Ricken, Art. Seele I. Antike, 2. Dichtung; Platon und Ältere Akademie, in: HWPh 9 [1995],
2–4, 3 f.) sowie deren Etablierung – in neuplatonischer Modifizierung – als ‚Seelenkräfte' durch
Augustin für weite Teile der christlichen Theologie (vgl. B. Mojsisch/U. R. Jeck/O. Pluta,
Art. Seele II. Mittelalter, in: HWPh 9 [1995], 12–22, 12). Dass Schleiermacher selbst *inhaltlich*
hinsichtlich der ‚Seelenlehre' eher in Übereinstimmung mit Aristoteles steht, zeigt E. Herms,
Platonismus und Aristotelismus in Schleiermachers Ethik, in: ders., Menschsein im Werden.

lichen Functionen verursachte[ ] Hemmung der bestimmenden Kraft des Geistes"[70] bewusst.

Wenn Schleiermacher hier die ‚sinnlichen Funktionen' zur Erhellung des Sündenbegriffs heranzieht, so müssen diese von seiner Konzeption des sinnlichen Selbstbewusstseins her verstanden werden,[71] wie er sie in der Einleitung der ‚Glaubenslehre' entwirft[72] und in der materialen Darstellung im Blick auf die ursprüngliche Vollkommenheit aufnimmt. Daraus erhellen verschiedene Aspekte für sein Verständnis der Sünde:[73] Zunächst umfasst für Schleiermacher ‚sinnlich' einerseits mehr als ‚körperlich' – es handelt sich um das sinnliche Selbst*bewusstsein,* welches „auch die geselligen und sittlichen Gefühle nicht minder als die selbstischen"[74] einschließe –, so dass sich eine Erklärung verbietet, wonach Schleiermacher die Sünde rein aus der an die Leiblichkeit des Menschen gebundene Sinnlichkeit verstehe. Andererseits beinhaltet bei Schleiermacher der Begriff des sinnlichen Selbstbewusstseins gerade auch die Leiblichkeit des Menschen, insofern das für das sinnliche Selbstbewusstsein konstitutive Weltverhältnis des Menschen als ‚organisch' vermittelt gedacht wird,[75] so dass sich auch das umgekehrte Verständnis von Sünde als rein geistiger Gegebenheit verbietet. In beiderlei Hinsicht wird deutlich, dass Schleiermacher, indem er die Geist-Fleisch-Antithetik aufnimmt, diesen Gegensatz nicht als einen Leib-Seele-Dualismus verstanden wissen möchte.

Das Sündenbewusstsein – als Bewusstsein der Hemmung des Gottesbewusstsein – kann somit aus zwei Richtungen beschrieben werden, wodurch auch deutlich wird, dass Schleiermacher nicht die ‚sinnlichen Funktionen' als solche zur Sünde rechnet, sondern deren Selbständigkeit – als Widerstand – in Beziehung auf das Gottesbewusstsein. Dass sie in dieser Beziehung auch ‚unsündig' sein könnten, wird ausdrücklich zur ursprünglichen Vollkommenheit der menschlichen Natur gerechnet. Die prinzipielle Möglichkeit stetiger Frömmigkeit in steter Einigung von Gottesbewusstsein und sinnlichem Selbstbewusstsein unter Dominanz von ersterem wird schon zuvor mehrfach betont und hier dahingehend spezifiziert, dass die Voraussetzung einer solchen ‚sündlosen' Entwick-

---

Studien zu Schleiermacher, Tübingen 2003, 150–172, bes. 170f. (vgl. dazu auch Schleiermachers Ausführungen über das Verhältnis von Geist/Seele und Leib in: CG² II, § 161, 474–480).

[70] CG² I, § 66.2, 408.

[71] Dass ‚Fleisch' für den Bereich des sinnlichen Selbstbewusstseins steht, wird deutlich, wenn man CG¹ I, § 86, 264f., hinzuzieht. Dort wird das Sündenbewusstsein als „Bewußtsein eines Gegensatzes zwischen dem Fleisch oder demjenigen in uns was Lust und Unlust hervorbringt und dem Geist oder demjenigen in uns was Gottesbewußtsein hervorbringt" (aaO., 264) bestimmt. ‚Lust' und ‚Unlust' charakterisieren aber – nach aaO., § 11, 38–40, sowie CG² I, § 5, 40–53 – das sinnliche Selbstbewusstsein.

[72] Vgl. v. a. CG² I, § 5.1, 41–43.

[73] Vgl. zum Folgenden auch C. Axt-Piscalar, Freiheit, 247–254.

[74] CG² I, § 5.1, 43.

[75] Vgl. dazu die Ausführungen zur ursprünglichen Vollkommenheit der Welt und des Menschen (vgl. Kap. II.4 dieser Untersuchung), insbes. CG² I, §§ 59f., 363–375.

lung darin liege, „daß das Fleisch [...] nur Empfänglichkeit hat für die von dem Ort des Gottesbewußtseins ausgehenden Impulse ohne ein selbständig bewegendes Princip zu sein"[76]. Ist nach Schleiermacher dies aber offenkundig nicht der Fall, sondern entstehe gerade durch die selbständige Tätigkeit der sinnlichen Funktionen, durch deren vom Gottesbewusstsein losgelösten Vollzug die Hemmung der Tätigkeit des Geistes, so werde diese als „Unvermögen des Geistes"[77] bewusst, da es eben dieser sei, der „auf jene vollkommne Einheit dringt"[78]. Es sei somit letztlich nicht allein die Macht des Fleisches, sondern vielmehr die Ohnmacht des Geistes,[79] die als Sünde bewusst werde.[80]

Dass Schleiermacher seine Auffassung der Gehalte des Sündenbewusstseins als vereinbar mit der Formulierung der ‚Confessio Augustana' und ähnlichen Aussagen sieht, nach denen die Sünde „eine Abwendung vom Schöpfer"[81] bedeute, wurde von ihm bereits in den einleitenden Paragraphen dargelegt.[82] Neben dieser Übereinstimmung mit der dogmatischen Tradition findet sich aber auch eine deutliche Abgrenzung ihr gegenüber: die Bezeichnung der „Sünde als Uebertretung des göttlichen Gesezes"[83] sei, wenn man den Gesetzesbegriff in seiner eigentlichen Bedeutung nehme, unzureichend, weil er nur eine Beziehung auf die äußeren Taten impliziere, nicht aber die Sündhaftigkeit „in Gedanken und Worten"[84] umfassen könne. Zudem werde im Gesetz das *eine* Gute nur in einer „Mannigfaltigkeit einzelner Vorschriften"[85] bruchstückhaft repräsentiert, so dass das anhand des Gesetzes gewonnene Sündenbewusstsein nicht eine umfassende, vollständige Sündenerkenntnis ermögliche. Der Kritik an einer derartigen Verbindung der Sündenthematik mit dem Gesetzesbegriff liegt somit

---

[76] CG² I, § 66.2, 407.

[77] CG² I, § 66.2, 408.

[78] CG² I, § 66.2, 407.

[79] Vgl. auch CG¹ I, § 94.3, 283, wo Schleiermacher von einer „innere[n] Erniedrigung des Geistes" spricht.

[80] Vgl. auch U. Hasler, Natur, 150. Mit dieser Bestimmung der Sünde als eines Missverhältnisses von ‚fleischlicher' und ‚geistlicher' Tätigkeit greift Schleiermacher auf Kants Ausführungen hinsichtlich des Bösen zurück, nach denen „der Unterschied, ob der Mensch gut oder böse sei, nicht in dem Unterschiede der Triebfedern, die er in die *Maxime* aufnimmt [...], sondern in der *Unterordnung* [...] lieg[t]: *welche von beiden er zur Bedingung der andern macht*" (I. Kant, Religion, 685 [Sperrung des Originals durch Kursivsetzung wiedergegeben]).

[81] CG² I, § 66.2, 408. Vgl. CA XIX, in: BSLK, 75,1–11.

[82] Vgl. CG² I, § 63.1, 396.

[83] CG² I, § 66.2, 408. In der ersten Auflage der ‚Glaubenslehre' zitiert Schleiermacher allerdings noch aus den ‚Loci' Melanchthons (vgl. CG¹ I, § 95.2, 302, mit dem Beleg aus P. Melanchthon, Loci praecipui theologici [1559], StA II/1+2, hg. v. H. Engelland, Gütersloh 1952/3, I, 273,4 f.: Die Sünde als „actio [...] pugnans cum Lege Dei") und versteht dort die Rede vom Gesetz noch so, dass seine Erfüllung und Übertretung (auch) „eine innere Thatsache" (CG¹ I, § 95.2, 302) seien.

[84] CG² I, § 66.2, 408.

[85] CG² I, § 68.3, 417.

ein umfassendes Sündenverständnis zugrunde.[86] Eine Auffassung, wie sie durch die Betonung des Tatcharakters der Sünde provoziert werden könnte, die das Schleiermachersche Verständnis der Sünde auf moralisch verfehlte Tathandlungen einschränkt, geht somit fehl und missachtet die das ganze ‚natürlich-sinnlich-bestimmte-Menschsein' umfassende Dimension.[87] Der hier begegnenden Reserviertheit gegenüber dem Gesetzesbegriff entspricht an späterer Stelle die Zurückhaltung oder sogar Ablehnung seiner Anwendung im Blick auf die Gerechtigkeit Gottes,[88] auf Christi Gehorsam[89] sowie hinsichtlich der Bekehrungsreue[90] und Heiligung.[91]

Hat Schleiermacher somit zunächst deutlich festgehalten, dass das Sünden-*bewusstsein* nicht isoliert vom Gottesbewusstsein entstehen könne, ist ihm umgekehrt auch daran gelegen, beide auseinanderzuhalten, damit nicht die Sünde letztlich als Produkt des Gottesbewusstseins erscheint.[92] Volles Sündenbewusstsein sei zwar nur in Beziehung auf das Gottesbewusstsein möglich, allerdings liege der „Keim der Sünde" gerade in der „Fürsichthätigkeit des Fleisches"[93] vor ‚Erwachen' des Gottesbewusstseins.[94]

Zur Erklärung der Tätigkeit von Fleisch (Widerstand) und Geist (Herrschaft) greift Schleiermacher auf den Kantischen Begriff[95] ‚intensiver Größen' zurück.[96]

---

[86] Dieses umfassendere Verständnis begegnet bereits in den Lutherschen Beichtformeln, vgl. M. Luther, Betbüchlein (1522), in: WA 10/2, Weimar 1907, 331–501, 470,13–19; 471, 8–13; 472; 28 f.: „Zerstoere auch in uns das reych der sünden, dempffe in uns die begirden, gedancken, wort und werck des fleysches und seines gangs."

[87] Das umfassende Sündenverständnis wird von Schleiermacher erneut in der Behandlung des Lehrstücks über die wirklichen Sünden gegenüber einem Verständnis, wonach „man die Sünde auf die Fälle beschränken wollte, wo die Sündhaftigkeit bis nach außen hin auf eine auch Andern wahrnehmbare Weise in aus dem Menschen herausgehenden Thaten hervorbricht" (CG² I, § 73.2, 458), stark gemacht.

[88] Vgl. CG² I, § 84.1, 517–519.

[89] Vgl. CG² II, § 104.3, 136–140.

[90] Vgl. CG² II, § 108.2, 176–180.

[91] Vgl. CG² II, § 112.5, 226–228.

[92] Vgl. CG² I, § 67.1, App. H, 409: „Die Sünde als solche ist nicht aus dem Gottesbewußtsein."

[93] CG² I, § 67.1, 409.

[94] Vgl. dazu das Schema der (Entwicklungs-)Stufen des Selbstbewusstseins in: CG² I, § 5.1, 41–43, auf das Schleiermacher in § 67.1 (aaO., 409) zurückverweist.

[95] Schleiermacher weicht allerdings gerade in diesem Versuch der Erklärung der Entstehungsmöglichkeit der Sünde von Kant ab, der hinsichtlich des Hang zum Bösen festhält, dass es „ein Widerspruch" sei, dessen „Zeitursprung […] zu suchen" (I. Kant, Religion, 689), und sein „Vernunfturprung […] uns unerforschlich" (aaO., 693) bleibe.

[96] Die Unterscheidung intensiver und extensiver Größe wurde nicht von Kant begründet, aber er hat sie in der ‚Kritik der reinen Vernunft' „neu belebt" (G. Böhme, Über Kants Unterscheidung von extensiven und intensiven Größen, in: KantSt 65 [1974], 239–258, 254). Da gerade die Frage, was Kant exakt unter einer ‚intensiven Größe' versteht bzw. ob er überhaupt ein einheitliches, stringentes Verständnis darbietet, innerhalb der Kant-Forschung umstritten ist, soll im Rahmen dieser Arbeit nicht versucht werden, diese Problematik zu lösen, sondern lediglich das herausgestellt werden, was Schleiermacher mit diesem Begriff – ob zu Recht oder

Woran Schleiermacher gelegen ist, sind zwei Aspekte, die sich mit diesem Begriff verbinden: Zum einen nimmt er mit der Aussage, dass Widerstand „des Mehr und Minder empfänglich"[97] sei, das Kantische Prinzip der „Antizipationen der Wahrnehmung"[98] auf, wonach „[i]n allen Erscheinungen [...] das Reale, was ein Gegenstand der Empfindung ist, intensive Größe, d.i. einen Grad"[99] habe. Zum anderen verbindet er mit dem Begriff der ‚intensiven Größe' ihre zeitliche Bedingtheit, worin sich zumindest Anklänge an Kants Ausführungen im Schematismuskapitel der ‚Kritik der reinen Vernunft' über das Reale als Quantum finden:

„Daher ist [...] das Schema einer Realität, als der Quantität von etwas, so fern es die Zeit erfüllt, [...] eben diese kontinuierliche und gleichförmige Erzeugung derselben in der Zeit, indem man von der Empfindung, die einen gewissen Grad hat, in der Zeit bis zum Verschwinden derselben hinabgeht, oder von der Negation zu der Größe derselben allmählich aufsteigt."[100]

Der Skopus liegt bei Schleiermacher darauf, dass die selbständige Tätigkeit des Fleisches in ihrer zeitlichen Kontinuität sich zu einer „Fertigkeit"[101] ausbilde. Nun sei aber auch die Geistestätigkeit eine intensive Größe und unterliege daher den gleichen Bedingungen. Insofern sei zwar der zeitliche „Vorsprung"[102], den die sinnlichen Funktionen gemäß der natürlichen Entwicklung des Menschen haben, gewissermaßen der ‚Ursprung' der Sünde, aber nicht so, dass die Tätigkeit des Fleisches für sich Sünde sei.[103] Vielmehr werde diese darin bewusst, dass der

---

nicht – verbindet. Vgl. zu der Frage nach der Kantischen Auffassung intensiver Größen neben o.g. Aufsatz von Böhme bspw. auch W. Bonsiepen, Die Begründung einer Naturphilosophie bei Kant, Schelling, Fries und Hegel: mathematische versus spekulative Naturphilosophie, PhA 70, Frankfurt a.M. 1995, 55–61; L. Kugelmann, Antizipation: eine begriffsgeschichtliche Untersuchung, FSÖTh 50, Göttingen 1986, 101–110.

[97] CG² I, § 67.2, 410.

[98] So die Überschrift des entsprechenden Unterabschnitts in: I. Kant, Kritik der reinen Vernunft (1781/²1787), in: ders., Werkausgabe III/IV, hg. v. W. Weischedel, Frankfurt a.M. 1974, 208.

[99] I. Kant, Kritik, 208 [Hervorhebungen durch die Vfn. aufgelöst].

[100] I. Kant, Kritik, 191. Vgl. dazu G. Böhme, Unterscheidung, 251: „Was in einem Augenblick gegeben ist, kann als ein Quantum gedacht werden, indem es als ein sukzessiv in der Zeit Erzeugtes vorgestellt wird. Es ist eine Abbildung in die Zeit, die es ermöglicht, Intensitäten als quanta zu begreifen."

[101] CG² I, § 67.2, 410.

[102] CG² I, § 67.2, App. H, 410.

[103] Gegen C. Axt-Piscalar, Freiheit, 248. Dort heißt es: „Ist der Widerstand als Widerstand gesetzt durch das Gottesbewußtsein und bildet dies den Ausdruck des Sündenbewußtseins, so ist ein bewußter Widerstand des Fleisches gegen den Geist für die Zeit des noch nicht gesetzten Gottesbewußtseins vom Sündenbewußtsein nicht ausgesagt, obgleich dieselbe retrospektiv als Zeit unter der Macht [der] Sünde bestimmt wird [...]." Dagegen steht Schleiermachers deutliche Aussage, dass diese „Fürsichthätigkeit des Fleisches, welche in Zukunft zwar ein Widerstand gegen den Geist der Natur der Sache nach werden wird, vorher aber nicht eigentlich als Sünde wol aber als Keim der Sünde betrachtet werden kann" (CG² I, § 67.1, 409). Es muss m.E. der Unterschied zwischen ‚Fürsichtätigkeit' und ‚Widerstand' bzw. zwischen ‚Keim der Sünde' und ‚Sünde' beachtet werden: solange das ‚Fleisch' für sich, aber nicht gegen eine andere, höhere

Geist als Sitz des Gottesbewusstseins es zwar trotz dieser selbständigen Tätigkeit des sinnlichen Selbstbewusstseins vermöge, überhaupt tätig zu werden,[104] aber seiner Intention, „über das Fleisch die Herrschaft zu erlangen"[105], nicht gerecht werden könne. Das bedeute, dass die geistigen Tätigkeiten ab dem Moment ihres Hervortretens sich nicht gleichförmig entwickeln können; die natürliche Entwicklung des Menschen ist nach Schleiermacher nicht die einer zunehmenden geistigen Vervollkommnung: „Wir finden uns […] immer in einer ungleichmäßigen Entwiklung, mithin den Geist in seiner Thätigkeit durch das Fleisch gehemmt, wodurch eben das Bewusstsein der Sünde bedingt ist."[106]

Diese Ungleichmäßigkeit wird von Schleiermacher wiederum in zwei Perspektiven erläutert, die vor dem Hintergrund der Aussagen über die ursprüngliche Vollkommenheit der menschlichen Natur gedeutet werden können:[107] Wird es dort zur Vollkommenheit der Welt und des Menschen in ihrer Beziehung zueinander gerechnet, dass prinzipiell jeder aus jener entstehende Reiz bei diesem „das Hervorgerufenwerden des Gottesbewußtseins"[108] „von dem Punkt an, wo die geistigen Functionen entwikkelt sind"[109], ermögliche, so gerät hier in den Blick, dass der Geist faktisch nicht durch alle Reize gleichermaßen zur Entwicklung komme, sondern seine „Entwiklung […] stoßweise erfolgt durch von einander entfernte Augenblicke ausgezeichneter Erleuchtung und Belebung."[110] Und entspricht es dort der Vollkommenheit des Menschen, dass er das Gottes-

---

Tätigkeit tätig sei, könne diese ‚Fürsichtätigkeit' auch rückblickend nicht als Sünde qualifiziert werden, sondern gehöre zur natürlichen Entwicklung der menschlichen Natur. Dem Glauben an die ursprüngliche Vollkommenheit der menschlichen Natur inhäriere der Gedanke der prinzipiellen Möglichkeit einer ‚unschuldigen' Selbsttätigkeit des Fleisches. Wichtig ist dieser Unterschied von ‚Sünde' und ihrem ‚Keim' im Blick auf die Christologie: Dort behauptet Schleiermacher „die vollständige Identität der menschlichen Natur" (CG² II, § 94.2, 52) zwischen Erlöser und zu Erlösenden, welche eben die „Ungleichmäßigkeiten" (aaO., 53) der Entwicklung mit umfasse, d. h. dass Christus „die ganze menschliche Entwiklung mit uns gemein […] [hat], so daß sich auch dieses Sein Gottes in ihm zeitlich entwikkeln mußte, und als das geistige seiner Persönlichkeit erst später als die untergeordneten Functionen in die Erscheinung treten konnte" (aaO., § 94.3, 56). Es gelte somit auch für die zeitliche Entwicklung des Erlösers, dass sein ‚Fleisch' vor seinem ‚Geist' tätig werde, ohne dass diese ‚Fürsichtätigkeit des Fleisches' ihm retrospektiv als Sünde bewusst werde. Schleiermacher verweist an dieser Stelle ausdrücklich auf die Sündenlehre und die dort getroffenen Bestimmungen: „Was wir oben nur als möglich aufstellen konnten, nämlich eine unsündliche Entwicklung eines menschlichen Einzellebens, das muß in der Person des Erlösers […] wirklich geworden sein, so daß wir das Werden seiner Persönlichkeit von der ersten Kindheit an bis zur Vollständigkeit seines männlichen Alters uns vorstellen können als einen stetigen Uebergang aus dem Zustand der reinsten Unschuld in den einer rein geistigen Vollkräftigkeit" (aaO., § 93.4, 49f.).

[104] Diese Möglichkeit rechnet Schleiermacher „zur ursprünglichen Vollkommenheit des Menschen" (CG² I, § 67.2, 410; vgl. aaO., § 59f., 363–375).

[105] CG² I, § 67.2, 410.

[106] CG² I, § 67.2, 411.

[107] Vgl. Kap. II.4 der vorliegenden Arbeit.

[108] CG² I, § 60.1, 373.

[109] CG² I, § 60.1, 372.

[110] CG² I, § 67.2, 411.

bewusstsein äußern und sich dazu der Welt (samt dem ihr zugehörigen leiblichen Organismus) „als Organ und als Darstellungsmittel"[111] bedienen könne, so macht Schleiermacher hier auf die Faktizität der ungleichmäßigen Aneignung der sinnlichen Funktionen als Organe des Geistes aufmerksam, die aber seinem allen niederen Funktionen gegenüber gleichen Anspruch entgegen stünden und somit als Schwäche des Geistes bzw. Stärke des Fleisches bewusst würden. Das Bewusstsein der Faktizität dieser Ungleichmäßigkeit negiere aber nicht die prinzipielle Möglichkeit einer gleichmäßigen Entwicklung, so dass durch das Bewusstsein der Sünde „der Begriff der ursprünglichen Vollkommenheit des Menschen nicht aufgehoben wird"[112]. Allerdings werde die Ungleichmäßigkeit „als eine Störung der Natur"[113] aufgefasst.

Denkt man an die Beschreibung der ursprünglichen Vollkommenheit der Welt zurück, so wird dort die ‚ideale' Seite der auf die Rezeptivität des menschlichen Geistes zielenden Vollkommenheit der Welt als deren „Erkennbarkeit"[114] bestimmt und zielt somit auf das Erkenntnisvermögen, den Verstand des Menschen ab, während die Beschreibung der Welt als empfängliches „Organ und als Darstellungsmittel"[115] auf Seiten des Menschen seine Tätigkeit, somit seinen Willen voraussetzt.[116] Vor diesem Hintergrund erhellt, inwiefern Schleiermacher die vorherigen Ausführungen über die Ungleichmäßigkeit, welche als Sünde bewusst werde, im Folgenden so zusammenfassen kann, dass er von einer „ungleichmäßigen Entwiklung der Einsicht und der Willenskraft"[117] spricht und so die Ohnmacht des Geistes näher konkretisiert.[118]

Nun scheint es, als klammere Schleiermacher ausgerechnet in der Behandlung des Sündenbewusstseins das Gefühl aus, indem er jenes Bewusstsein auf eine Asymmetrie zwischen Verstand und Willen zurückführt. Doch erläutert er, dass gerade dieses asymmetrische Verhältnis in dem „Verhältniß des [unmittelbaren] Selbstbewußtseins zu jenen beiden" gründe, so dass dieses „das Maaß der Ungleichmäßigkeit ihrer Entwiklung"[119] sei. Deutlich wird dieser Gedanke, wenn man die Ausführungen der Einleitung der ‚Glaubenslehre' vergegenwärtigt, nach denen es dem Gefühl zukomme, die Vermittlung „zwischen Momenten worin

---

[111] CG² I, § 59, 363.

[112] CG² I, § 68, 412.

[113] CG² I. § 68, 412.

[114] CG² I, § 59.1, 365.

[115] CG² I, § 59, 363.

[116] Vgl. zu der Zuordnung v. a. CG² I, §§ 3 f., 19–40, insbes. § 3.3, 24–26.

[117] CG² I, § 68, 412.

[118] Mit dieser Deutung wird jenen Auffassungen und Kritiken der Schleiermacherschen Sündenlehre widersprochen, die deren Problem darin sehen, dass „sie den Konflikt zwischen Geist und Fleisch und nicht in den Geist selbst setzt" (M. Junker, Urbild, 164). Die Asymmetrie von Einsicht und Willenskraft bezeichnet m. E. gerade die auf ‚geistiger' Seite liegende ‚Verkehrtheit', die sich allerdings in der Tat nicht als „in ihrer Verfehltheit ‚trotzig' bejahte Selbstwahl" (aaO., 165) charakterisieren lässt.

[119] CG² I, § 68.1, 412.

das Wissen und solchen worin das Thun vorherrscht,"[120] zu leisten. Durch diese
Vermittlungsfunktion liege der eigentliche Grund für die Asymmetrie zwischen
Verstand und Wille im Gefühl: Schleiermacher nimmt für das geistige Leben
„einen bewußten Anfang" an, „ein allgemeines gleichsam Sich selbst gebieten"[121],
das „nichts anders [sei] als die Einsicht von der ausschließenden Vorzüglichkeit
derjenigen Zustände, welche sich mit dem Gottesbewußtsein einigen ohne es zu
hemmen."[122] Die Relevanz, die dem Gefühl in dieser Hinsicht zukomme, liege
darin, dass erst durch dieses „unter der Form der Billigung und Anerkennung
diese Einsicht nun Gebot wird."[123] Bei einer gleichmäßigen, d. h. sündlosen Entwicklung müsste nun diese ‚Gefühlsreaktion' mit der Erhebung der Einsicht
zum Gebot *gleichzeitig* auch eine entsprechende Bestimmung des Willens leisten.
„Daß nun diese Aufregung des Selbstbewußtseins schneller auf die Einsicht folgt
als sie im Stande ist, die Willensregung zu bestimmen, ist eben die Ungleichmäßigkeit, mit welcher die Sünde und das Bewußtsein derselben gegeben ist."[124]
Damit aber diese Ungleichmäßigkeit als Sünde bewusst werden könne, müsse
gerade vorausgesetzt werden, dass sie nicht eine Annullierung der ursprünglichen Vollkommenheit bedeute, sondern eben diese die Voraussetzung für jenes
Bewusstsein sei, „[s]o daß die Sünde sich nur an schon gewordenem Guten und
vermöge desselben offenbart"[125]. Dieses Zusammenbestehen von ursprünglicher
Vollkommenheit und Sündenbewusstsein muss von Schleiermacher nun aber so
bestimmt werden, dass nicht der Anschein entstehen kann, als müsse sich vom
Zustand der ursprünglichen Vollkommenheit aus *immer* das entwickeln, was als
Sünde bewusst werde. Denn damit wäre die Sünde unumgänglich, könnte als eine
solche aber auch nicht als *Sünde* bewusst werden.
Gegen eine zwangsläufig sündhafte Entwicklung könnten zwei Einwände geltend gemacht werden, von denen einer aus der allgemeinen Erfahrung abzuleiten
sei, der andere, umfassendere, aber nur aufgrund der sündlosen Entwicklung des
Erlösers erfasst werde. Denn erstens entstehe das Bewusstsein der Vermeidbarkeit
der Sünde dann, wenn „wir uns des in einem ausgezeichneten Augenblick in uns
gesezten Guten bewußt sind", damit aber gleichzeitig „die Gewißheit von der Vermeidlichkeit aller Momente, in denen derselbe Grad der Willenskraft nicht nachzuweisen ist,"[126] bewusst werde. Diese gleichsam ‚natürliche' Sündenerkenntnis
wird m. E. von Schleiermacher nicht als ein Spezifikum christlicher Frömmigkeit
verstanden, sondern wird allgemein durch das ‚natürliche' Gewissen verbürgt.[127]

---

[120] CG² I, § 3.4, 26.
[121] CG² I, § 67.2, 411.
[122] CG² I, § 68.1, 412.
[123] CG² I, § 68.1, 412.
[124] CG² I, § 68.1, 412.
[125] CG² I, § 68.2, 415.
[126] CG² I, § 68.3, 416.
[127] Vgl. zum Gewissen CG² I, § 68.2, 414 f.: „Denn wir haben nur ein böses Gewissen, theils
in sofern wir die Möglichkeit eines besseren einsehn, und dieses also auf eine andere Art in uns

Während diese Erkenntnis allerdings letztlich unstet und sporadisch bleibe,[128] weil sie sich nur an herausragenden Zuständen entwickeln könne, bedürfe es zweitens zu voller Sündenerkenntnis, d. h. zum Bewusstsein der Möglichkeit „eine[r] gänzliche[n] Vermeidlichkeit des positiven Widerstandes, den das Fleisch leistet," der „Gewißheit einer seit dem ersten Hervortreten des Gottesbewußtseins stetig fortgegangenen Entwicklung seiner Gewalt bis zu einer absoluten Stärke, d. h. einer unsündlich entwikkelten menschlichen Vollkommenheit."[129] Wieder tritt somit deutlich vor Augen, was einleitend als Grundlinie der Schleiermacherschen Hamartiologie dargelegt wurde: ihre unlösbare Verknüpfung mit den Ausführungen über das Gnadenbewusstsein, insbesondere mit der Christologie. Das volle Bewusstsein über die Sünde ist nach Schleiermacher nur dem möglich, der in Christus die ‚Un-Sünde‘ (an-)erkennt; angesichts seiner Verwirklichung menschlicher Vollkommenheit wird eben diese geglaubt, die Sünde aber als ihre Störung bewusst.[130] Von dieser christologischen Fundierung her wird erneut offenkundig, inwiefern auch der erste Teil der ‚Glaubenslehre‘ nicht allgemein-monotheistische Glaubenssätze, sondern christliche enthält.[131]

In der Schleiermacherschen Explikation der Gehalte des Sündenbewusstseins gerät die Sünde in ihrer Begründung unter zwei Perspektiven in den Blick, die wiederum den das Leben kennzeichnenden Aspekten der Empfänglichkeit und

---

eingebildet ist, theils in sofern wir überhaupt ein Gewissen haben, d. h. die Forderung einer Zusammenstimmung mit dem Gottesbewußtsein in uns aufgestellt ist." Dass auch in allen anderen Frömmigkeitsgemeinschaften die stetige Entwicklung des Gottesbewusstseins das Ziel bilde, seine Hemmung aber als Abwendung von Gott verstanden werde, hat Schleiermacher einleitend aaO., § 62.2, 392 f., dargelegt. In der Behandlung der Heiligkeit Gottes kommt dann ausdrücklich die – vom Standpunkt christlicher Frömmigkeit eingesehene – Identität des Gehalts des „natürliche[n] Gewissen[s] unter der Idee des Guten" (aaO., § 83.1, 512) mit dem des ‚christlichen‘ Gewissens, wodurch „alle aus dem Gottesbewußtsein hervorgehenden und durch dasselbe anregbaren Handlungsweisen auch als Forderungen [...] sich im Selbstbewußtsein geltend machen" (aaO., 511), zur Sprache.

[128] Vgl. dazu auch die Frage der Sündenerkenntnis aus dem Gesetz CG² I, § 68.3, 417.

[129] CG² I, § 68.3, 416.

[130] Vgl. auch M. JUNKER, Urbild, 167: „Es bedurfte [...] der Anschauung der vollkommenen Unsündlichkeit in der Gestalt eines Lebens, um sie begrifflich nachbilden und die gewohnte Sündhaftigkeit sowohl als Störung der eigentlichen Natur des Menschen als auch als besiegbar erkennen zu können."

[131] Wird das geschichtliche Auftreten des Urbilds nicht nur als Bedingung der wahren Sündenerkenntnis, sondern auch als Voraussetzung des Glaubens an die ursprüngliche Vollkommenheit des Menschen und der Welt erkannt, so fällt von hier aus auch ein Licht auf die Ausprägungen der Kritik an Schleiermachers Christologie, die dieser vorwerfen, sie führe lediglich „die in der Einleitung grundgelegten Kategorien" (M. JUNKER, Urbild, 201) aus, indem das Gottesbewusstsein dort bereits anthropologisch grundgelegt sei. Vielmehr lässt sich m. E. umgekehrt behaupten, dass die Ausführungen der Einleitung hinsichtlich des ‚Herrschaftsanspruchs‘ des Gottesbewusstseins (vgl. CG² I, § 5.5, 50 f.) ihrem wahren Sinn nach erst (an-) erkannt werden können, wenn diese „ununterbrochene Folge frommer Erregungen" (aaO., 50) tatsächlich realisiert wurde (vgl. bspw. auch CG² I, § 61.1, 375 f.). Aus dieser Perspektive stellt sich daher eher die kritische Anfrage, ob die Einleitung der ‚Glaubenslehre‘ nicht bereits stark von der materialen Entfaltung her entworfen ist.

Selbsttätigkeit korrespondieren: Sofern wir empfänglich sind – und im Leben als Wechsel von Empfänglichkeit und Selbsttätigkeit ist jene immer das erste –[132], sind wir „uns der Sünde bewußt [...] als ihren Grund jenseit unseres eignen Daseins habend."[133] Diese gewissermaßen angeborene Sündhaftigkeit[134] gelte sowohl in Bezug auf die Anlage zur persönlichen Ausprägung der Ungleichmäßigkeit im Verhältnis von Geistestätigkeit und sinnlichen Funktionen, als auch für die individuelle Ausprägung eines eher theoretisch oder eher praktisch veranlagten Charakters, d. h. der Neigung eher zum Denken oder eher zum Tun.[135] Schließlich sei sie offenkundig hinsichtlich „der bei allen Menschen früher als die geistige eintretenden Entwiklung des sinnlichen Lebens [...]. Denn das Hineintreten des Ich in diese Welt durch Empfängniß und Geburt kann unser unmittelbares Selbstbewußtsein keineswegs als unsere eigne That erkennen"[136]. In allen diesen Richtungen lasse sich somit geltend machen, dass es einen vor allem eigenen Tun begründeten Zusammenhang der Sündhaftigkeit gebe, in den der Einzelne hineingeboren werde und durch ihn aufgrund seiner dem eigenen Tun vorangehenden Empfänglichkeit gewissermaßen eine ‚Grundrichtung' für das eigene Verhalten erhalte.[137]

Umgekehrt hat Schleiermacher schon zu Beginn des Abschnitts festgehalten, dass Sünde immer Tat des Einzelnen sei;[138] diese Grundannahme wird auch hier nicht preisgegeben, sondern sofern wir uns unserer selbst nicht nur als empfänglich, sondern auch als selbsttätig bewusst seien, würden wir uns auch unserer „Sünde bewußt [...] als in uns selbst gegründet"[139]. Entsprechend der Einheit von Empfänglichkeit und Selbsttätigkeit im Subjekt könne man nun aber nicht zwei unterschiedliche Arten des Sündenbewusstseins ausmachen, so dass man

---

[132] Vgl. CG² I, § 4.1, 34: „Wie wir uns aber immer nur im Zusammensein mit anderem finden: so ist auch in jedem für sich hervortretenden Selbstbewußtsein das Element der irgendwie getroffenen Empfänglichkeit das erste, und selbst das ein Thun [...] begleitende Selbstbewußtsein, wiewol es überwiegend eine regsame Selbsttätigkeit aussagt, wird immer auf einen früheren Moment getroffener Empfänglichkeit bezogen, durch welchen die ursprüngliche Agilität ihre Richtung empfing".

[133] CG² I, § 69, 417.

[134] Mit ‚angeboren' wird von Schleiermacher nicht ein biologischer Erbsündenzusammenhang impliziert; er zielt mit dem Begriff auf die „Abhängigkeit [...] der besonderen Gestaltung des einzelnen Lebens von einem großen gemeinsamen Typus" sowie auf die „Abhängigkeit der späteren Generationen von den früheren" (CG² I, § 69.1, 418) hinsichtlich der Konstitution der je eigenen *geistigen* Persönlichkeit.

[135] Vgl. CG² I, § 69.1 f., 417–419.

[136] CG² I, § 69.3, 419.

[137] Als Beleg für diese Deutung der traditionell sogenannten ‚Erbsünde' als „alle wirklichen Sünden jedes Einzelnen mitbedingende und vor aller That hergehende Beschaffenheit des handelnden Subjectes" (CG² I, § 69, Zusatz, 420) kann Schleiermacher die ‚Konkordienformel' heranziehen (FC Ep I, in: BSLK, 774,35–38): „Peccatum enim originis non est quoddam delictum, quod actu perpetratur, sed intime inhaeret infixum ipsi naturae, substantiae et essentiae hominis."

[138] Vgl. CG² I, § 63, 394 f.

[139] CG² I, § 69, 417.

sich der einen Sünde als ,ererbter', der anderen aber als ,eigener' bewusst würde, sondern beide Betrachtungsweisen könne man „in jedem Bewußtsein der Sünde wiederfinden", allerdings „in verschiedenem Maaß"[140], wodurch eine relative Unterscheidung der Perspektiven möglich werde.

In dieser Perspektivenunterscheidung sieht Schleiermacher den Ursprung der traditionellen Unterscheidung von Erb- und wirklicher Sünde, wobei er allerdings bezüglich der traditionellen Begrifflichkeit zu bedenken gibt, dass diese Missverständnisse provoziere. Daher versteht er seine nun folgende Behandlung der Lehrstücke „Von der Erbsünde"[141] und „Von der wirklichen Sünde"[142] als Beitrag zur „Aenderung dieser ungenauen in der Schrift auch gar nicht befindlichen Bezeichnungen"[143]. Darin gibt sich wiederum das Schleiermachersche Verständnis der Aufgabe dogmatischer Theologie deutlich zu erkennen, wonach diese als „Wissenschaft von dem Zusammenhange der in einer christlichen Kirchengesellschaft zu einer gegebenen Zeit geltenden Lehre"[144] diese Lehre nicht lediglich reproduziere und sammle, sondern sich auch ihrer „Reinigung und Vervollkommnung"[145] verschreibe.

2.2 Die kritische Auseinandersetzung mit der Erbsündenlehre

Vor dem Hintergrund seiner eigenen Entfaltung der Vorstellungsgehalte des Sündenbewusstseins setzt sich Schleiermacher zunächst mit den Aussagen und Begriffen der traditionell überkommenen Erbsündenlehre auseinander.[146] Summarisch lässt sich diesbezüglich zunächst festhalten, dass er zustimmend die in der Erbsündenlehre angelegte Vorstellung einer „vollkommne[n] Unfähigkeit zum Guten"[147] sowie den in ihr betonten Schuldcharakter und die Allgemeinheit dieses Zustandes – gefasst als „Anerkennung [...] der allgemeinen Erlösungsbedürftigkeit"[148] – aufnimmt. Er bricht aber – vor dem Hintergrund vorheriger Aussagen zu dieser Thematik wenig überraschend – mit der traditionellen Vorstellung der Verursachung dieses Zustands allgemeiner Sündhaftigkeit durch den sogenannten ,Sündenfall' der ersten Menschen und der damit vermeintlich

---

[140] CG² I, § 69, Zusatz, 419 f.
[141] CG² I, 421 (das Lehrstück umfasst aaO., §§ 70–72, 421–456).
[142] CG² I, 457 (das Lehrstück umfasst aaO., §§ 73 f., 457–470).
[143] CG² I, § 69, Zusatz, 420 f.
[144] CG² I, § 19, 143.
[145] CG² I, § 19, Zusatz, 149. Vgl. Kap. I.2.3 der vorliegenden Untersuchung.
[146] Er bezieht sich auf Aussagen der ,Confessio Augustana' samt ihrer ,Apologie' (sowie der ,Repetitio' Melanchthons), der ,Confessio Gallicana', der ,Confessio Helvetica Posterior' und ,Confessio Helvetica Prior', der ,Confessio Anglicana', der ,Confessio Belgica', der ,Konkordienformel', der ,Schmalkaldischen Artikel' und der ,Confessio Bohemica'; ebenso rekurriert er auf Origenes, Ambrosius, Augustin, Luther, Melanchthon, Calvin, Gerhard, Quenstedt und Reinhard.
[147] CG² I, § 70, 421.
[148] CG² I, § 71, 427.

einhergehenden Veränderung der menschlichen Natur.[149] Stattdessen macht er im Sinne wirklicher Allgemeinheit der Sündhaftigkeit die vollständige Unterschiedslosigkeit der ersten Menschen und der nachfolgenden Generationen hinsichtlich der ursprünglichen Vollkommenheit einerseits und der ursprünglichen Sündhaftigkeit andererseits, im Hinblick auf die Schuld und die Erlösungsbedürftigkeit geltend.[150] Die einzelnen Ausführungen zur Erbsündenthematik werden im Folgenden nur eingehender behandelt, sofern Schleiermachers kritische Auseinandersetzung mit der traditionell-dogmatischen Behandlung Konsequenzen für die Erhellung des Gnadenbewusstseins, insbesondere bezüglich der Lehrstücke von Wiedergeburt und Heiligung hat.

Schleiermacher kann die mit dem Gedanken der Erbsünde verbundene Annahme einer den Einzelnen noch vor seiner Selbsttätigkeit in seinem Selbstsein bestimmenden Sündhaftigkeit, die *de facto* seine „vollkommne Unfähigkeit zum Guten"[151] bedeute, zustimmend aufnehmen als Ausdruck für die „Verdunkelung des Gottesbewußtseins"[152]. Zwei Einschränkungen trifft er diesbezüglich, deren eine vor dem Hintergrund der traditionellen Behandlung der Erbsündenlehre samt der damit zusammenhängenden Frage nach der Freiheit des Willens keiner ausführlichen Begründung bedarf, während es Schleiermacher hinsichtlich der zweiten Limitation der Unfähigkeit zum Guten schwer fällt, seine Ausführungen durch Bekenntnisse zu stützen.

Was die erste betrifft, so hält auch Schleiermacher daran fest, dass sich die umfassende, vollständige Unfähigkeit zum Guten ausschließlich auf das Frömmigkeitsgebiet *coram Deo* beziehe, nicht aber das in Frage stelle, was „durch den Ausdrukk *bürgerliche Gerechtigkeit*"[153] bezeichnet werde.[154] Diese Freiheit in

---

[149] Entsprechend werden in den Belegstellen für CG² I, § 70, 421 f., auch bei allen Bekenntnissen die Passagen ausgelassen, die den Ursprung der Erbsünde in Adam betonen oder den Zustand der Erbsünde im Kontrast zur Urstandsgerechtigkeit charakterisieren.

[150] Vgl. CG² I, § 72, 437–456.

[151] CG² I, § 70, 421.

[152] CG² I, § 70.1, App. H, 423. Insbesondere die Formulierung der ‚Confessio Gallicana', wonach für den menschlichen Geist (wobei „mens humana" [CG² I, § 70, 422] eine Ergänzung Schleiermachers darstellt) gelte, dass auch „das, was er an Licht besitzt, sich in Finsternis wandelt, sobald es darum geht, Gott zu suchen, so dass er sich ihm keineswegs durch seine Einsicht und Vernunft nähern kann" und „er keine Freiheit zum Guten hat außer der, die Gott ihm gibt" (ConfGall XI, in: CollNiem, 332; dt. Übersetzung nach G. Plasger/M. Freudenberg [Hgg.], Bekenntnisschriften, 112), findet Schleiermachers volle Zustimmung. Er kommentiert sie im Handexemplar mit „Vorzüglich" (CG² I, § 70, App. H, 422).

[153] CG² I, § 70.3, 426 [Sperrung des Originals durch Kursivsetzung wiedergegeben].

[154] Allerdings wehrt Schleiermacher die Auffassung ab, die „jene Unfähigkeit nur auf die sogenannten Werke der ersten Tafel beschränkt" (CG² I, § 70.3, 426). Die Unterteilung des Dekalogs in zwei Tafeln, nach der die Gebote 4–10 den zwischenmenschlichen Bereich betreffen und somit in den Bereich der *iustitia civilis* gehörten, während nur die ersten drei Gebote das Gottesverhältnis betreffen würden und somit der Wille nicht frei sei, sie zu erfüllen, findet sich bspw. in der ‚Apologie' der ‚Confessio Augustana' (vgl. exemplarisch BSLK, 150,14–16).

‚äußeren Dingen' gemäß der *iustitia civilis* wird auch in zahlreichen Bekenntnissen und anderen dogmatischen Behandlungen der Frage zugestanden.[155]
    Interessanter und im Blick auf die Darstellung des Gnadenbewusstseins von
großer Relevanz ist die zweite Einschränkung, wonach Schleiermacher „jene
Unfähigkeit [sc. zum Guten] nur auf die Selbstthätigkeit in dem engeren und eigentlichen Sinn beziehn [will], nicht eben so auch auf die Empfänglichkeit"[156].[157]
Das bedeutet, dass er zwar uneingeschränkt die Unfreiheit des Willens *coram
Deo* bekräftigt, aber diese Unfähigkeit nicht als Totalkorruption des Menschen
versteht, sondern hinsichtlich der beiden Aspekte des Subjektseins der Empfänglichkeit eine ‚Restfähigkeit' zuerkennt, „die Fähigkeit die Erlösung in sich
aufzunehmen"[158].
    Eine in doppelter Hinsicht ‚symbolische' Legitimation für diese Annahme
findet er in einer Formulierung der ‚Confessio Belgica', deren vierzehnter Artikel zwar die Radikalität des durch die Sünde bewirkten Verlustes der von Gott
erhaltenen Gaben betont, aber dennoch einräumt, dass ‚Spuren' von diesen dem
Menschen erhalten bleiben.[159] Auf der anderen Seite unterschlägt Schleiermacher
nicht, dass es in der ‚Konkordienformel' Aussagen gibt, die explizit betonen,

> „daß in des Menschen Natur, [...] vor der Wiedergeburt, nicht ein Fünklein der geistlichen
> Kräfte übrig geblieben, noch vorhanden, mit welchem er aus ihme selber sich zur Gnade
> Gottes bereiten oder die angebotene Gnade annehmen noch derselben [...] fähig sein [...]
> könne"[160].

Im Hintergrund steht im zitierten Ausschnitt die Abwehr (tatsächlich oder vermeintlich) synergistischer Positionen,[161] denen „die reinen Lehrer Aug. Konfession"[162] gegenüber gestellt werden. Nun ist es auch nicht Schleiermachers
Intention, die menschliche Natur so zu bestimmen, dass sie trotz ihrer Störung

---

[155] Vgl. exemplarisch CA XVIII, in: BSLK, 73,2–5; FC SD I, in: BSLK, 849,5–12; Conf-
HelvPost IX, in: BSRK, 181,7–13; P. MELANCHTHON, Loci (1559), I, 236–252.
    [156] CG² I, § 70.2, 425.
    [157] Vgl. dazu auch Kap. IV.3 der vorliegenden Arbeit.
    [158] CG³ I, § 70.2, 423.
    [159] Vgl. ConfBelg XIV, in: BSRK, 238,6–8 (in Ausschnitten zitiert in: CG² I, § 70.2, 424,
Anm. 5): „Atque ita improbus perversusque effectus, et in viis studiisque suis corruptus, prae-
clara illa omnia dona, quae a Deo acceperat, amisit. Adeo ut ipsi tantum exigua quadam illorum
vestigia remanserint". Diese Aussage des Bekenntnisses ist umso auffallender, als hier eine
Änderung gegenüber der ‚Confessio Gallicana' vorgenommen wird (vgl. ConfGall IX, in: Coll-
Niem, 331 f.), die der ‚Confessio Belgica' als Vorlage zugrundelag.
    [160] FC SD II, in: BSLK, 874,3–10 (zitiert in: CG² I, § 70.2, 424, Anm. 6). Vgl. auch FC Ep I,
in: BSLK, 772,10–16 [Hervorhebungen durch die Vfn.]: „Vicissim autem credimus, docemus
atque confitemur peccatum originis non esse leve, sed tam profundam humanae naturae
corruptionem, quae *nihil* sanum, *nihil* incorruptum in corpore et anima hominis atque adeo in
interioribus et exterioribus viribus eius reliquit."
    [161] Vgl. FC SD II, in: BSLK, 871,27–872,4.
    [162] FC SD II, in: BSLK, 872,13 f.

durch die Sünde dazu fähig sei, ‚geistliche Dinge' zu be*wirken*;[163] doch ist ihm wohl daran gelegen, an der Erlösungs*fähigkeit* so festzuhalten, dass sie nicht die Möglichkeit einer aktiven Bewirkung, aber doch die eines empfänglichen „sich der Wirkung hingeben"[164] Könnens für die menschliche Natur bedeute.[165] Denn wäre eine derartige Erlösungsfähigkeit nicht für den Menschen aussagbar, so sei die Erlösungsvorstellung insgesamt hinfällig, da dann „eine solche bei gänzlicher Passivität des Menschen vorgehende Umschaffung des Menschen" vonnöten sei, „auf dieselbe Weise [aber auch] die vollkommne Heiligung des Menschen bewirkt werden"[166] könne.[167]

Aus der ‚erlösten' Perspektive lässt es sich so ausdrücken: Aus der Erfahrung christlicher Frömmigkeit, dass es keinen ‚absoluten' Bruch zwischen altem und neuen Menschen gebe und auch „das neue Leben in der Erscheinung nur ein

---

[163] Dementsprechend wird seine Position durch die sechste Verwerfung von FC Ep I, in: BSLK, 773,34–41, nicht getroffen.

[164] CG² I, § 70.2, 425. Der vollständige Satz – „Uebrigens aber ist das Geschäft der lebendigen Empfänglichkeit kein Anfangen, sondern zuerst muß dasjenige herankommen, was aufgenommen werden soll, und so auch ist es eigentlich kein Mitwirken, sondern ein sich der Wirkung hingeben." – will verdeutlichen, dass die von Schleiermacher selbst aus der ‚Konkordienformel' (aaO., Anm. 7) angeführte Verwerfung derjenigen, die lehren, dass der Mensch „noch aus und von der natürlichen Geburt, wie klein, wenig und gering es auch sei, dennoch etwas Guts [habe], als: Fähigkeit […] in geistlichen Sachen etwas anzufangen, wirken oder mitwirken" (FC SD I, in: BSLK, 851,20–40), seine eigenen Ausführungen nicht im eigentlichen Sinn trifft.

[165] Schleiermacher hätte sich für die Vorstellung einer Annahmefähigkeit ohne Eigenwirksamkeit durchaus auch auf Luther berufen können, der bspw. in ‚De captivitate' eine Formulierung bringt, die zwischen einer empfänglichen Annahme und einem eigenen Wirken unterscheidet (M. LUTHER, De captivitate Babylonica ecclesiae praeludium [1520], in: WA 6, Weimar 1888, 484–573, 520,27 f.): „Quis enim est uspiam tam insanus, ut promissionem acceptam aut testamentum donatum vocet opus bonum, quod suo testatori faciat accipiens?" Allerdings finden sich an gleicher Stelle auch wiederum Aussagen, die dieser zu widersprechen scheinen, wenn es über den Glauben heißt, dass Gott ihn „in nobis et sine nobis" (aaO., 530,17 f.) wirke. Der Widerspruch löst sich, wenn beachtet wird, dass an erster Stelle betont wird, dass der Glaube kein *menschliches* Werk sei, sondern Annahme des Geschenkten, während die zweite Stelle den Glaube gerade als Werk charakterisiert, „quae […] est omnium operum excellentissimum et arduissimum" (aaO., 530,14 f.), das aber somit nicht Menschen-, sondern Gotteswerk ist.

[166] CG² I, § 70.2, 425.

[167] Die Annahme einer solchen gänzlichen Erlösungsunfähigkeit ist das, was Schleiermacher als manichäische Ketzerei bewertet (vgl. CG² I, § 22, 155–160). Auch die Konkordienformel weist diesen Gedanken ab (vgl. FC Ep II, in: BSLK, 779,33–38), insofern steht Schleiermacher mit dieser Aussage wieder auf ‚symbolisch-gesichertem' Boden. Nach Koch zeichne es die ordo-salutis-Lehre einiger Vertreter der altprotestantischen Orthodoxie aus, dass sie die Unfähigkeit des Menschen in Bezug auf die Erlösung soweit ausdehne, dass selbst die Möglichkeit der „Aufnahme geistlicher, übernatürlicher Wirkungen" (M. KOCH, Der ordo salutis in der altlutherischen Dogmatik, Berlin 1899, 19) abhanden gekommen sei (ebd.): „Es muss also […] ehe es zur Einschaffung übernatürlicher Kräfte kommen kann, erst ein geeigneter Boden für diese gebildet werden, es muss, wie Calov es ausdrückt, die facultas non repugnantiae eingeschaffen werden." Die einzigen Anknüpfungspunkte für die Gnadenwirkungen seien das bloße Vorhandensein der Seelenvermögen (vgl. aber auch die Darstellung der Auseinandersetzung über diesen Punkt, aaO., 60 ff.).

werdendes"[168] sei, könne geschlossen werden, dass die Erlösung so angelegt sei, dass sie nicht auf eine kontinuitätslose Umschaffung des Menschen zielen könne; dann aber müsse sie an irgendeiner Stelle seines ‚alten Menschseins' einen Anknüpfungspunkt finden. Dieser ist nach Schleiermacher nun eben „die lebendige Intussusception"; diese Vorstellung „der lebendigen Empfänglichkeit"[169] wird daher in der Darstellung des Gnadenbewusstseins noch eingehender untersucht werden müssen.[170] Aber auch innerhalb der Sündenlehre lässt sich, wenn man auf eine spätere Formulierung vorgreift, die Vorstellung der lebendigen Empfänglichkeit schon ausweiten, insofern diese mit der Erlösungsbedürftigkeit verknüpft wird,[171] die wiederum im Zusammenhang der Erbsündenlehre und deren Schuldcharakter thematisch wird.

Im Kontext der Behandlung des Schuldcharakters der Erbsünde sind Schleiermacher zwei zusammenhängende Aspekte besonders wichtig: Zunächst betont er, dass die Erbsünde als Schuld nur angemessen aufgefasst werden könne, wenn sie nicht als Ausdruck „des persönlichen Selbstbewußtseins" aufgefasst werde, sondern als Ausdruck eines über die je eigene Situation hinausgehenden, Zeiten und Räume umspannenden „Gemeinbewußtseins"[172]. Insofern müsse sie „als die Gesammtthat und Gesammtschuld des menschlichen Geschlechtes vorgestellt"[173] werden. Dieser werde sich aber jeder auch als seiner „eigene[n] Schuld"[174] bewusst, sofern in ihm die Erbsünde nicht lediglich „verursachte"[175] bleibe, sondern (durch seine Selbsttätigkeit verstärkt) auch „verursachende Ursünde"[176] werde,[177] er somit als Einzelner auch „Repräsentant des ganzen Geschlechts"[178] sei.

Daran schließt sich der eigentliche Skopus der Ausführungen an, den Schleiermacher – meines Erachtens zu Recht – für die von ihm angeführten Belegstellen

---

[168] CG² II, § 106.1, 165.

[169] CG² I, § 70.2, 425.

[170] Vgl. die Analyse des Gedankens der lebendigen Empfänglichkeit in Kap. IV.3 dieser Arbeit.

[171] Vgl. CG² II, § 91, 35: „[...] die freie aus sich herausgehende Thätigkeit darstellt, die Erlösungsbedürftigkeit des Begnadigten aber die freie in sich aufnehmende Empfänglichkeit."

[172] CG² I, § 71.2, 431.

[173] CG² I, § 71, 427.

[174] CG² I, § 71, 427.

[175] CG² I, § 71.1, 429 [Sperrung des Originals aufgehoben].

[176] CG² I, § 71.1, 430 [Sperrung des Originals aufgehoben].

[177] Schleiermacher erklärt diese Verstärkung „aus ihrem Zusammenhang mit der wirklichen Sünde" (CG² I, § 71.1, 429), der s.E. von einigen der angeführten Bekenntnisse nicht ausreichend betont werde. Aufgrund dieses Zusammenhangs sei die Erbsünde „der hinreichende Grund aller wirklichen Sünden in dem Einzelnen" (ebd.), während umgekehrt die äußere Realisierung in Form der ‚wirklichen Sünde' durch die Selbsttätigkeit des Einzelnen auf die ‚angeborene' Sündhaftigkeit zurückwirke und sie zur „Fertigkeit" (ebd.) ausbilde.

[178] CG² I, § 71.1, 430.

geltend macht:[179] Die Betonung, dass die Schuld der Erbsünde für das gesamte menschliche Geschlecht gelte, geschehe nicht um ihrer selbst willen, sondern ihre Pointe liege in der Aussagbarkeit einer „allgemeinen Erlösungsbedürftigkeit"[180] und ziele damit auf die „Erlösung durch Christum"[181].[182] Indem die Erbsünde allgemein sei und als solche *bewusst* werde, könne man letztlich nur zwei Konsequenzen ziehen: entweder vollziehe sich eine resignative „Ergebung in die unüberwindliche Vergeblichkeit" des Strebens nach Herrschaft des Gottesbewusstseins – was allerdings seinem anerkannten Anspruch auf diese Herrschaft nicht gemäß sei – oder aber es entstehe „eine Ahndung jener Hülfe"[183], eben das *Bewusstsein* der Erlösungsbedürftigkeit und damit einhergehend eine ‚Ahnung' davon, wie diese Hilfe beschaffen sein müsse. Diese ‚Intuition' der Hilfe beinhalte, dass diese ihren Ursprung nicht selbst in „dem Gebiet jenes erweiterten Selbstbewußtseins"[184] haben dürfe, damit sich der Erbsündenzusammenhang nicht auch auf sie erstrecke.

Nun wird eben die Ausbildung dieses Erlösungsbedürftigkeitsbewusstseins seitens des zu Erlösenden von Schleiermacher schon in der Einleitung der ‚Glaubenslehre' im Kontext des Paragraphen, der sich mit dem Glauben

---

[179] Vgl. dazu die von Schleiermacher CG² I, § 71, 427 f. in Ausschnitten zitierten Bekenntnisse, beispielsweise die ‚Confessio Bohemica' – (ConfBoh IV, in: CollNiem, 790): „Ad haec docent, Necessum esse, ut animadvertant omnes, ac norint infirmitatem suam, extremamque inopiam et mala, in quae ob peccata coniecti sunt, quodque se ipsos modo nullo servare, nullisque suis operibus aut studiis iustificare possunt: Nec quicquam habere praeter Christum solum, cuius fiducia a peccatis, Satana, ira Dei, et morte aeterna, sese redimant ac liberent." – oder den dritten Teil der ‚Schmalkaldischen Artikel' (in: BSLK, 434,32–34.40 u. 435, 36 f. [Hervorhebungen durch die Vfn.]): „Quapropter meri sunt errores et caligines contra hunc articulum scholasticorum doctorum dogmata, quibus docetur: […] Item hominem posse naturalibus viribus omnia mandata Dei servare et facere. […] Si enim ista approbantur, *Christus frustra mortuus est, cum nullam peccatum* et damnum *sit in homine*, pro quo mori eum oportuerit".

[180] CG² I, § 71, 427.

[181] CG² I, § 71.3, 434.

[182] Aufgrund dieses „natürliche[n] Zusammenhang[s] zwischen dem Bewußtsein der allgemeinen ursprünglichen Sündhaftigkeit und dem der Nothwendigkeit einer Erlösung" hält es Schleiermacher für unsachgemäß, „wenn man das Bewußtsein von der Strafwürdigkeit der Erbsünde dazwischen schiebt" (CG² I, § 71.4, 435), zumal der Strafgedanke sinnliche und geistliche Aspekte vermische.

[183] CG² I, § 71.3, 435. In der ersten Auflage der ‚Glaubenslehre' knüpft Schleiermacher in diesem Kontext noch stärker an traditionelle Begrifflichkeiten an, indem er das Gefühl der Erlösungsbedürftigkeit als „Empfänglichkeit für den Geist der Weissagung" (CG¹ I, § 93.1, 281) charakterisiert. Ähnliche Formulierungen finden sich in der ‚Christlichen Sitte', wenn es um die Bedingung der Möglichkeit des verbreitenden Handelns Christi geht. Dies sei nur möglich, wenn durch jenes Handeln zwar einerseits Gemeinschaft gestiftet werde, es andererseits aber schon im Kontext einer Gemeinschaft geschehe. Konstituiert werde diese Gemeinschaft durch den allen Menschen gemeinsamen *nous*, durch den die Empfänglichkeit für bzw. das Verlangen nach dem *pneuma* entwickelt werden könne. Beide seien identisch, aber *nous* sei *pneuma* „auf einer niedrigeren Potenz" (CS² I, 303). Die „Periode der messianischen Weissagungen" (ebd.) zeuge von der „Ahndung von dem bevorstehenden Zustande" (aaO., 304).

[184] CG² I, § 71.3, 435.

als einziger Möglichkeit der Partizipation an der christliche Gemeinschaft auseinandersetzt,[185] als Voraussetzung für die Wirksamkeit „der erlösenden Kraft
Christi"[186] benannt. Es wird daher in der Untersuchung von Schleiermachers
Darstellung des Gnadenbewusstseins ein Schwerpunkt darauf liegen, diesen Gedanken des Bewusstseins der Erlösungsbedürftigkeit, das als Form lebendiger
Empfänglichkeit den Anknüpfungspunkt für die Wirkung der Erlösung bildet,
einer genaueren Analyse zuzuführen – insbesondere im Blick auf die schon
im Zusammenhang der Erbsündenlehre verhandelte Frage eines vermeintlichen
Synergismus, der sich mit ihm verbindet.[187]

Hier lässt sich abschließend für Schleiermachers Behandlung der Erbsündenlehre festhalten, dass es ihm durch seine Deutung jener, insbesondere durch
die Erklärung als „Gesammtthat und Gesammtschuld des menschlichen Geschlechtes"[188], gelingt, die vor dem Hintergrund der Aufklärung problematisch
gewordenen Implikate – die Herleitung vom sog. Sündenfall und die damit
einhergehenden Theorien – nicht nur einfach zu eliminieren, sondern auch zu
zeigen, inwiefern sie für das ‚Erb-Sündenbewusstsein' unnötig sind und auch
schon für die evangelischen Bekenntnisschriften nicht den wesentlichen Gehalt
der Lehre ausmachen.[189]

2.3 Die kritische Auseinandersetzung mit der Lehre von der wirklichen Sünde

Das folgende zweite Lehrstück widmet sich der Auseinandersetzung mit „der
wirklichen Sünde"[190]. Auch hier soll wieder zunächst ein Überblick geboten

---

[185] Vgl. CG² I, § 14, 115–127.

[186] CG² I, § 14.1, 116.

[187] Vgl. Kap. IV.3 der vorliegenden Untersuchung.

[188] CG² I, § 71, 427.

[189] Der Argumentationsgang von CG² I, § 72, 437–456, lässt sich wie folgt zusammenfassen:
Zunächst hält Schleiermacher – wie schon im Zusammenhang der Lehre von der ursprüng-
lichen Vollkommenheit des Menschen (vgl. aaO., § 61, 375) – fest, dass man hinsichtlich der
„Entstehungsweise der Sünde in dem ersten Menschen" (aaO., § 72.1, 437) aufgrund der für ihn
angenommenen besonderen Entstehung „kein Selbstbewußtsein über diesen Gegenstand" (aaO.,
438) habe, sondern dieses sich letztlich nur darauf erstrecken könne, *dass* er gesündigt habe. Die
Frage nach dem ‚Wie' der Entstehung könne daher nicht sicher geklärt werden und die gängigen
Erklärungen – freier Wille plus Verführung durch den Satan – seien weniger problemlösend als
-erzeugend (aaO., § 72.2, 439–444). Von diesen Grundvoraussetzungen her muss Schleiermacher
den Bekenntnisaussagen widersprechen, die die allgemeine Sündhaftigkeit aus der Vorstellung
des Sündenfalls ableiten (vgl. aaO., § 72.3 f., 444–452); daher spart er die entsprechenden Passagen
auch schon in den Belegstellen zu § 70 aus (vgl. aaO., § 70, 421 f.). Die Vorstellung, dass die erste
Sünde zur Erbsünde als Verderbnis der Natur geführt habe, sei schon aufgrund der Vorstellung
des Verhältnisses vom Einzelnen zu seiner Gattung undenkbar, denn das Einzelwesen könne
„immer nur mit der Natur seiner Gattung handeln, niemals aber auf dieselbe" (aaO., § 72.3,
445). Es bleibe daher dabei, dass sowohl hinsichtlich der ursprünglichen Vollkommenheit (aaO.,
§ 73.5, 452–455), als auch hinsichtlich der ursprünglichen Sündhaftigkeit eine „überall ohne Ausnahme sich selbst gleiche[] menschliche[] Natur" (aaO., § 72.6, 455) angenommen wird.

[190] CG² I, 457. Das Lehrstück umfasst aaO., §§ 73 f., 457–470.

werden, um dann die für die Entwicklung des Gnadenbewusstseins besonders relevanten Passagen genauer zu beleuchten. Zugrundegelegt wird von Schleiermacher hinsichtlich der Behandlung der Lehre von der wirklichen Sünde die Bestimmung der Erbsünde. Der schon dort thematisierte unlösbare Zusammenhang von Erbsünde und wirklicher Sünde[191] wird hier erneut aufgegriffen[192] und in zwei Richtungen auf die wirkliche Sünde hin präzisiert: Erstens gelte die durch das ‚Gemeingefühl‘, d.h. durch das „zum Gattungsbewußtsein erweiterte[] Selbstbewußtsein"[193], bewusste Allgemeinheit ebenso für die wirkliche Sünde wie schon für die Erbsünde.[194] Und zweitens müsse gerade aufgrund der Verwurzelung der wirklichen Sünde in der Erbsünde festhalten werden,[195] dass hinsichtlich der wirklichen Sünde an sich „kein Werthunterschied unter den Menschen bestehe", sondern eine Differenz sich erst daraus ergebe, dass die Sünde „nicht in Allen in demselben Verhältniß zur Erlösung steht."[196]
An dieser Stelle bricht Schleiermacher mit solchen Einteilungsschemata, wie sie sich in der Traditionslinie der altprotestantischen Orthodoxie finden,[197] insbesondere mit der Unterscheidung von „Todsünden und läßliche[n] Sünden"[198],

---

[191] Vgl. CG² I, § 71.1, 429, wo Schleiermacher auf eine Formulierung aus Melanchthons ‚Loci‘ zurückgreift, die er als „allgemein anerkannte Regel" (ebd.) aufnimmt (P. MELANCHTHON, Loci [1559], I, 271,33 f.): „Itaque semper cum malo originali simul sunt actualia peccata, […]."

[192] Auffällig ist, dass für CG² I, § 73, 457, nicht eine Reihe von Belegen aus Bekenntnisschriften angeführt wird, sondern einerseits die schon CG² I, § 71.1, 429, von Schleiermacher zitierte ‚Regel‘ Melanchthons, andererseits ein Augustinzitat, das allerdings vermutlich der ‚Apologie‘ entnommen ist (vgl. den kritischen Apparat zu CG² I, § 73, 457,6 sowie ApolCA II, in: BSLK, 154,22–28), und schließlich nur eine Bekenntnisformulierung, und zwar aus der ‚Confessio Gallicana‘, deren Erbsündenartikel Schleiermacher schon in CG² I, § 70, 422, besonders hervorgehoben hat. So heißt es in dem Bekenntnis: „Darüber hinaus ist es [sc. das Gebrechen der Erbsünde] eine Verderbtheit, die *immer* Früchte der Bosheit und des Aufruhrs hervorbringt, so dass selbst die Heiligsten, obwohl sie dem Widerstand leisten, nicht aufhören, mit Schwachheiten und Fehlern befleckt zu sein, solange sie auf dieser Welt wohnen" (ConfGall XI, in: CollNiem, 332; dt. Übersetzung nach G. PLASGER/M. FREUDENBERG [Hgg.], Bekenntnisschriften, 112).

[193] CG² I, § 73.1, 458.

[194] Vgl. CG² I, § 73, 457: „Aus der Erbsünde geht in allen Menschen immer die wirkliche Sünde hervor."

[195] Vgl. CG² I, § 71.1, 429 [Hervorhebungen durch die Vfn.]: Die Erbsünde ist nach Schleiermacher „der hinreichende Grund aller wirklichen Sünden in dem Einzelnen […]; so daß eben nur noch etwas *außer ihm und nicht etwas neues in ihm* hinzuzukommen braucht, damit die wirklichen Sünden sich entwikkeln."

[196] CG² I, § 74, 460.

[197] Einen Überblick über die Einteilung samt den entsprechenden Belege findet sich für die lutherische Dogmatik bei H. SCHMID, Die Dogmatik der evangelisch-lutherischen Kirche dargestellt und aus den Quellen belegt, neu hg. u. durchgesehen v. H.G. PÖHLMANN, Gütersloh ⁹1979, § 27, 170–174, und für die reformierte Seite bei H. HEPPE, Die Dogmatik der evangelisch-reformierten Kirche. Dargestellt und aus den Quellen belegt, neu durchges. u. hg. v. E. BIZER, Neukirchen 1935, Locus XV, 254–295, bes. 257–259.

[198] CG² I, § 74.2, 464 [Sperrungen des Originals aufgehoben]. Vgl. dazu schon J. CALVIN, Institutio Christianae Religionis (1559), II.VIII,58 f., in: CR 58, Braunschweig 1886, 307–309, bes. II.VIII,59, in: CR 58, 309: „Quod si delirare perseverant, illis valere iussis, habeant filii Dei, omne peccatum mortale esse; quia est adversus Dei voluntatem rebellio, quae eius iram

wenn sie etwas anderes zum Ausdruck bringen sollen als eben die unterschiedliche Stellung des Sünders zur Erlösung.[199] Grundsätzlich ist nach Schleiermacher jede wirkliche Sünde „sowohl ihrem Wesen und Charakter nach als ihrer Entstehung nach"[200] gleich.[201]

Was nun die Allgemeinheit der wirklichen Sünde, die Schleiermacher mit der Tradition als *concupiscentia* bestimmt,[202] betrifft, so lässt sich auch hier der christologisch-soteriologische Skopus der Behandlung erkennen, indem es Schleiermacher erneut darum geht, festzuhalten, dass nicht nur die ererbte Sündhaftigkeit an jedem hafte. Auch in seiner Selbsttätigkeit könne niemand sündlos bleiben, sondern die Korruption des Subjekts durch die Ursünde bestimme auch jede seiner Tätigkeiten mit, so dass es, abgesehen von der Wirksamkeit des Erlösers,

> „in dem ganzen Gebiet der sündigen Menschheit keine einzige ganz vollkommen gute, d. h. rein die Kraft des Gottesbewußtseins darstellende Handlung, und keinen ganz reinen Moment giebt, in welchem nicht doch noch irgend etwas in einem geheimen Widerspruch mit dem Gottesbewußtsein stände."[203]

Während in diesem Paragraphen der Erlösungsbezug nur implizit gegeben ist, wird er im anschließenden explizit, indem er nach Schleiermacher die einzige Unterscheidungsmöglichkeit bezüglich der Sünde eröffnet. Der wesentliche Unterschied könne aufgrund der vorherigen Ausführungen nun keineswegs so beschrieben werden, dass man behauptete, die Unerlösten sündigten, die Erlösten aber nicht. Vielmehr liege der wesentliche Unterschied darin,

> „daß die wirkliche Sünde derjenigen, welche in einen stetigen Zusammenhang mit der Kraft der Erlösung gestellt sind, nicht mehr verursachend ist weder in ihnen, noch auch

---

necessario provocat; quia est legis praevaricatio, in quam edictum est sine exceptione Dei iudicium: sanctorum delicta venalia esse, non ex suapte natura, sed quia ex Dei misericordia veniam consequuntur." Vgl. die dt. Übersetzung: J. Calvin, Unterricht in der christlichen Religion/ Institutio Christianae Religionis, n. d. letzten Ausg. von 1559 übers. u. bearb. v. O. Weber, i. A. d. Reformierten Bundes bearb. u. neu hg. v. M. Freudenberg, Neukirchen-Vluyn 2008, II.VIII,58 f., 222 f.

[199] In dieser Verständnislinie sieht Schleiermacher sowohl P. Melanchthon, Loci (1559), I, 272,22–24 u. II, 464,14–24 (allerdings nur eingeschränkt), als auch S. J. Baumgarten, Untersuchung theologischer Streitigkeiten, 3 Bde., hg. v. J. S. Semler, Halle 1762–1764, Bd. 2, 484 (vgl. CG² I, § 74.2, 464, Anm. 6).

[200] CG² I, § 74.1, 460 f.

[201] Eine einzige Ausnahme könnte nach ihm „die Sünde wider den heiligen Geist" (CG² I, § 74.2, 466) bilden, von der allerdings „die Auslegung der Schriftstellen streitig" (ebd.) sei. Daher müsse „die Glaubenslehre die Ausmittlung der Sache der Auslegungskunst, so wie die Behandlung der Fälle, wo jemand glaubt, diese Sünde begangen zu haben, der besonderen Seelsorge überlassen, und kann sich nicht anmaßen zu richten, was sie sei und in welchen sie sei" (ebd.).

[202] Schleiermacher nimmt „das Wort Begierde im weitesten Umfange" (CG² I, § 73.2, 459), so dass sich für ihn eine Unterscheidung der Sünde „bald mehr als Aeußerung der Begierde [...], bald mehr [...] [als] Verunreinigung des Gottesbewußtseins" (aaO., § 74.2, 462 [Sperrungen des Originals durch Vfn. aufgehoben]) als obsolet erweist, da beide „in ihrer ursprünglichen Wechselwirkung auf einander [...] gleich" (aaO., 462 f.) seien.

[203] CG² I, § 73.1, 458.

durch ihre Schuld außer ihnen. Denn sie ist durch die ihnen persönlich und selbstthätig eingepflanzte Kraft des Gottesbewußtseins gebrochen, so daß sie auch, […] keine anstekkende Kraft mehr ausübt. […] Wogegen die Sünden der Nichtwiedergebohrnen immer verursachend sind"[204].

Es gebe somit eine Differenz der Sünden und insofern kann sich Schleiermacher auch die Unterscheidung der Zustände von ‚Knechtschaft' und ‚Freiheit' aneignen;[205] allerdings behauptet er auch hier erneut keinen exklusiven Gegensatz, da „die Freiheit als Folge des Zusammenhanges mit der Erlösung nur aus der Knechtschaft entstehen kann: so begreift sich auch, daß die Freiheit in der Ausübung nur allmählig wachsend auch noch mit Spuren der Knechtschaft vermischt sein wird."[206] Dieser Progress in der Entwicklung der Freiheit sowie die Frage der Sünde der Erlösten wird wiederum ein bestimmendes Thema des Lehrstücks über die Heiligung bilden.[207]

3 Die Wahrnehmung der Welt unter dem Sündenbewusstsein als Ort der Übel

Während der erste Abschnitt der Schleiermacherschen Entfaltung des Sündenbewusstseins aufgrund seiner Parallelstellung zur Christologie sowie zur Lehre von Wiedergeburt und Heiligung eine eingehender Untersuchung und breitere Darstellung erfahren hat, sollen die in der ‚Glaubenslehre' nun folgenden Abschnitte, die aus dem Grundgefühl abgeleitet werden, nur in ihren Grundlinien skizziert werden.

Der zweite Abschnitt innerhalb der Darstellung des Sündenbewusstseins widmet sich der Auslegung „der Beschaffenheit der Welt in Beziehung auf die Sünde"[208]. Er stellt in gewisser Weise das Negativ des Abschnitts über die ursprüngliche Vollkommenheit der Welt dar,[209] wobei jedoch hinsichtlich dieser – wie schon im Blick auf die ursprüngliche Vollkommenheit des Menschen – festgehalten wird, dass sie nicht als solche aufgehoben werde, sondern durch die Sünde als Störung der Natur des Menschen es auch zu einer Störung seines

---

[204] CG² I, § 74.4, 468 f. Vgl. zum Unterschied von verursachter und verursachender Sünde aaO., § 71.1, 428–431.

[205] Vgl. CG² I, § 74.3, 466–468.

[206] CG² I, § 74.3, 467.

[207] Vgl. CG² II, §§ 110–112, 202–228, sowie Kap. VI.6 der vorliegenden Arbeit.

[208] So die Überschrift CG² I, 471, zu den §§ 75–78, aaO., 471–485.

[209] Vgl. CG² I, §§ 57–61, 357–387, sowie Kap. II.4 der vorliegenden Arbeit. Deutlich wird dies in CG² I, § 75.2, 474, zum Ausdruck gebracht: „Beide [sc. natürliche und gesellige Übel] sind aber wenn wir auf den Begriff der ursprünglichen Vollkommenheit zurükgehn nur dadurch Uebel, daß sie entweder die Fülle der Reizmittel vermindern, durch welche die Entwiklung des Menschen gefördert wird, oder indem sie die Bildsamkeit der Welt durch den Menschen beschränken; […]."

Weltverhältnisses komme.[210] Diese bestehe darin, dass der immer mit dem Sein in der Welt gegebene „relative Gegensaz zwischen dem äußern Sein und dem zeitlichen Dasein des Menschen"[211] unter dem Vorzeichen der Sünde „als Lebenshemmung"[212] empfunden werde. Nur im Sündenbewusstsein würden also diese gleichsam natürlichen Begrenzungen des zeitlich-leiblichen Daseins, d. h. also auch Krankheit und Tod, als Übel bewusst, während sie bei einer steten Herrschaft des Gottesbewusstseins dieses nicht tangieren und somit eben „nicht als Lebenshemmung in das Gesammtbewußtsein aufgenommen"[213] würden.

Was den Strafcharakter der Übel betrifft, so kann Schleiermacher diesen zwar prinzipiell in seine Darstellung mit aufnehmen, muss ihn aber nach zwei Seiten hin begrenzen:[214] Zunächst könne man im Rückblick auf die Unterscheidung natürlicher und geselliger Übel[215] nur letztere unmittelbar als Strafe betrachten, während hinsichtlich der natürlichen Übel gelte, dass sie nur vor dem Hintergrund schlechthinniger göttlicher Ursächlichkeit[216] als Strafe gewertet werden könnten, weil in diesem Kontext „jemandem um des Bösen willen übles nicht angethan wird, sondern widerfährt"[217] und somit der Begriff der Strafe im eigentlichen Sinne nicht Anwendung finden könne. Darüber hinaus könne der Zusammenhang von Sünde und Übel bzw. Strafe nicht im Sinne eines individuellen ,Tun-Ergehen-Zusammenhangs' aufgefasst werden, sondern müsse – entsprechend des Bewusstseins von der Erbsünde als „Gesammtthat und Gesammtschuld des menschlichen Geschlechtes"[218] – auch in diesem überindividuellen Rahmen verortet werden, so dass die „Abhängigkeit des Uebels von der Sünde" nur richtig begriffen werde, „wenn man ein gemeinsames Leben in seiner Vollständigkeit ins Auge faßt"[219].

An dieser Stelle findet sich erneut ein Vorverweis auf die Christologie, weil nur unter der Bedingung des richtigen Verständnisses des Sünden-Übel-Zusammenhangs die

> „dem Christenthum wesentliche[] Vorstellung, daß in einem gemeinsamen Gebiet der Sünde der Eine leiden kann für die Andern, [...] und daß die Strafübel sogar am meisten den treffen können, der selbst von der gemeinsamen Schuld am freiesten ist und der Sünde am kräftigsten entgegenarbeitet"[220],

---

[210] Vgl. CG² I, § 75.1, 471.
[211] CG² I, § 75.1, 473.
[212] CG² I, § 75.1, 472.
[213] CG² I, § 75.1, 472.
[214] Vgl. zum Folgenden CG² I, § 76, 475–479.
[215] Vgl. CG² I, § 75.2, 473 f.
[216] Vgl. CG² I, § 51, 308–312, sowie Kap. II.4 der vorliegenden Arbeit.
[217] CG² I, § 76.1, 476.
[218] CG² I, § 71, 427.
[219] CG² I, § 77, 479.
[220] CG² I, § 77.2, 481.

haltbar bleibe. Der Abschnitt endet mit einer auf die „christliche Sittenlehre"[221] verweisenden Behandlung der Frage, welche ‚praktischen Konsequenzen' sich aus diesem Verständnis des Übels für die Einstellung ihnen gegenüber ergeben.

4 Gott als Urheber der Sünde? Die Entfaltung göttlicher Eigenschaften im Zusammenhang des Sündenbewusstseins

Wenn Schleiermacher gemäß seinem Gliederungsschema der ‚Glaubenslehre' die Darstellung des christlich-frommen Selbstbewusstseins als Sündenbewusstsein auch auf die „göttlichen Eigenschaften, welche sich auf das Bewußtsein der Sünde beziehen"[222], ausdehnt, so kommt er, weil er hinsichtlich der Erhebung der Eigenschaftsbegriffe den Weg der Ursächlichkeit als dem Gefühl schlechthinniger Abhängigkeit angemessen bestimmt hat,[223] nicht umhin, von der Vorstellung von „Gott […] als Urheber der Sünde"[224] zu sprechen. Dabei ist er sich bewusst, mit dieser Aussage im krassen Widerspruch zur dogmatischen Tradition zu stehen.[225] Daher widmen sich die einleitenden Paragraphen dieses Abschnitts der Frage, ob und inwiefern es legitim ist, von Gott als Urheber der Sünde zu handeln.

Wichtig ist an dieser Stelle erneut der von Schleiermacher in der Darstellung schon mehrfach betonte Zusammenhang von Sünden- und Gnadenbewusstsein; bezogen auf die erörterte Frage bedeutet dies, dass eine erste ‚Abmilderung' in der Frage der Urheberschaft darin besteht, dass Gott auf keinen Fall als Urheber der Sünde ‚an sich' bewusst werde, sondern „nur so wie durch dieselbe die Erlösung bedingt ist"[226]. Es könne somit niemals eine *gesonderte* göttliche Ursächlichkeit in Bezug auf die Sünde angenommen werden, sondern nur *eine* schlechthinnige Ursächlichkeit Gottes.[227] Aber auch unter Berücksichtigung des Zusammenhangs von Sünde und Gnade müssen nach Schleiermacher weitere Ausdifferenzierungen getroffen werden: Unter Rekurs auf die Einleitung zur Entwicklung des Sündenbewusstseins, in der hinsichtlich Sünde und Gnade ein Unterschied zwischen dem ursprünglichen Urheber der Tat gemacht wird,[228]

---

[221] CG² I, § 78.1, 483.

[222] CG² I, 486, unter dieser Überschrift werden §§ 79–85, 486–529, zusammengefasst.

[223] Vgl. Kap. II.2 der vorliegenden Arbeit sowie CG² I, § 50.3, 303–307, insbes. 304.

[224] CG² I, § 79, 486.

[225] Vgl. CG² I, § 81 samt Belegstellen, 494 f.

[226] CG² I, § 79, 486.

[227] Vgl. M. Junker, Urbild, 152: „Was sich abstrakt zu widersprechen scheint, ist doch unbezweifelbar im Faktum des christlichen Selbstbewußtseins zusammen gegeben. […] Dann aber kann die Sünde, für sich gesehen das Gott Widersprechende, nicht dieselbe Valenz wie die göttliche Ursächlichkeit haben; ihr gegenüber ist sie nichts Selbständiges, sondern Teil des göttlichen Gesamtplans, der ihr nur eine konditionale Geltung in bezug auf die Erlösung beläßt."

[228] Vgl. CG² I, § 63, 394–398 sowie Kap. III.1 der vorliegenden Arbeit.

kann er auch hier geltend machen, dass „Gott *nicht auf dieselbe Weise* als Urheber der Sünde gedacht werden [könne], wie er Urheber der Erlösung ist.“[229]
Die göttliche Urheberschaft hinsichtlich der Sünde unterscheide sich somit in
der Art von derjenigen, die hinsichtlich der Gnade bewusst werde, ohne dass
sie allerdings in Bezug auf die Sünde vollständig ausgeschlossen werden könne.
Denn es sei eben die Beschaffenheit des christlich-frommen Selbstbewusstseins,
wie es nicht nur den Gegensatz, sondern auch das Zusammensein von Sünden-
und Gnadenbewusstsein umfasse,[230] auch der Grund, dass an dem Vorstellungsgehalt festgehalten werden müsse, „daß uns das Sein der Sünde mit und neben
der Gnade von Gott geordnet ist.“[231] Es herrsche somit ein Widerspruch, der
sich nicht einfach auflösen lasse, indem man einen der beiden Gedanken aus-
schließe, da dies nur in Form ‚pelagianischer‘ oder ‚manichäischer‘ Abweichung
geschehen könne.[232] Und auch der von der dogmatischen Tradition eingeschla-
gene Weg, die Sünde „in der Freiheit des Menschen“[233] gründen zu lassen und
so die Urheberschaft Gottes auszuschließen, führe letztendlich auf die gleichen
Schwierigkeiten, da der Mensch ja gerade in seiner relativen Freiheit schlechthin
abhängig und insofern „denn auch die Sünde als aus der Freiheit hervorgehend
in dieser Anordnung mitgesetzt“[234] sei.

Die von Schleiermacher für die weitere Behandlung in Anschlag gebrachte
‚Lösung‘ des Dilemmas liegt in dem Versuch einer Vereinigung beider Aussagen,
die dennoch deren Unterschied wahrt:

> „[...] so bleibt um den scheinbaren Widerspruch aufzulösen nur übrig, daß wir um die
> göttliche Allmacht unbeschränkt und unverkürzt zu erhalten behaupten, daß die Sünde,
> sofern sie nicht könne in göttlicher Ursächlichkeit gegründet sein, in sofern auch für Gott
> nicht sei, sofern aber das Bewußtsein der Sünde zur Wahrheit unseres Daseins gehöre,
> also auch die Sünde wirklich sei, sie auch als das die Erlösung nothwendig machende von
> Gott geordnet sei.“[235]

---

[229] CG² I, § 80, 488 [Hervorhebung durch die Vfn.]. Entsprechend gelte: „[D]ie allgemeine
Mitwirkung ist in beiden dieselbe; bei der Sünde aber fehlt die besondere Mittheilung, welche
eben jede Annäherung an die Seligkeit zur Gnade macht. [...] Schließt also dieser Gegensaz
in unserm Selbstbewußtsein eine besondere göttliche Mittheilung in sich: so können wir die
Frage, was für eine göttliche Thätigkeit denn auf der andern Seite der Wirklichkeit der Sünde
als solcher [...] zum Grunde liege, nur so beantworten, daß eine solche Thätigkeit sich gar nicht
nachweisen lasse.“

[230] Gelöst wäre der Widerspruch, wenn durch die Mitteilung der Gnade das Sündenbewusstsein aufgehoben wäre (vgl. CG² I, § 80.2, 489–491); dass dies nicht der Fall sei, wurde im ersten
Abschnitt zum Sündenbewusstsein dargelegt (vgl. aaO., § 63.3, 397 f.).

[231] CG² I, § 80, 488.

[232] Vgl. zu den „natürlichen Kezereien am Christenthum“ CG² I, § 22, 155–160.

[233] CG² I, § 81, 494.

[234] CG² I, § 81.2, 500.

[235] CG² I, § 81.3, 501 f. Es gelingt m. E. Käfer nicht, diese Unterscheidung bezüglich der
Frage von der göttlichen Urheberschaft im Blick auf die Sünde aufzunehmen, wenn sie festhält
(A. Käfer, Inkarnation und Schöpfung. Schöpfungstheologische Voraussetzungen und Im-
plikationen der Christologie bei Luther, Schleiermacher und Barth, TBT 151, Berlin/New York

Zur Erläuterung geht Schleiermacher erneut auf die Bestimmung dessen, was als Sünde bewusst werde, zurück: in „jedem […] abgeschlossenen sündlichen Moment [sei] auf der einen Seite eine Aeußerung eines sinnlichen Naturtriebes […], auf der anderen Seite […] das Gottesbewußtsein gesezt"[236]. Für beide werde – gemäß dem Gedanken der Mitwirkung[237] bzw. dem „der ursprünglichen Offenbarung"[238] – die schlechthinnige göttliche Ursächlichkeit angenommen. Da aber beide je für sich und in ihrer Beziehung zueinander nicht das seien, was ,Sünde' bezeichne, so könne man sagen, dass „auch diese göttliche Ursächlichkeit nicht auf die Sünde gerichtet"[239] sei. *Dass* aber dasjenige Verhältnis beider Seiten, welches durch „eine Ohnmacht des Gottesbewußtseins" charakterisiert sei, dem *Menschen* als Sünde *bewusst* werde – das geschehe, indem sich das „Gottesbewußtsein als Bewußtsein des göttlichen Willens"[240] gestalte,[241] zugleich aber auch die Ohnmacht als Negation dieses Willens erscheine –, könne auf die göttliche Ursächlichkeit zurückgeführt werden, ohne damit in Widerspruch zur vorherigen Aussage über die göttliche Urheberschaft bezüglich der Sünde zu geraten.[242] Indem somit die Vorstellung von Gott als Urheber des Sünden*bewusstseins* entstehe, sei wiederum deutlich, dass diese Aussage erneut nur „in Bezug auf die Erlösung" richtig aufgefasst werden könne, denn „das Bewußtsein eines Zustandes […], der einen Widerspruch gegen den göttlichen Willen in sich schließt, ist das Bewußtsein eines solchen, welcher aufgehoben werden muß."[243]

Mit der letzten Aussage ist ein Hinweis gegeben, inwiefern Schleiermachers Rede von der göttlichen Bewirkung des Sündenbewusstseins in uns nicht nur eine notwendige Konsequenz seiner Bestimmung göttlicher Allmacht ist, sondern hinsichtlich der Gnadenlehre eine wichtige Funktion erfüllt: Wird im ersten

---

2010, 107): „Wäre die Sünde des Menschen jedoch für Gott überhaupt nicht wirklich, so wäre Gottes Erlösungshandeln unverständlich; konsequenterweise macht die durch Gott gewirkte Befreiung von der Sünde nur Sinn, wenn angenommen wird, daß die Sünde auch für Gott real ist." – Vgl. dagegen auch die Betonung Schleiermachers, dass „der Ausdrukk Erlösung sich nicht auf dieselbe Weise dazu eignet den göttlichen Rathschluß zu bezeichnen, wie er die Wirkung desselben bezeichnet", das Erlösungsgeschehen aus ,göttlicher Perspektive' daher vielmehr „als die nun erst vollendete Schöpfung der menschlichen Natur zu betrachten" (CG² II, § 89.1, 29) sei, weil eben die Sünde – als eine dem Willen Gottes widerstrebende Macht – *für* Gott gerade keine Realität sei.

[236] CG² I, § 81.3, 502 f.

[237] Vgl. CG² I, § 49.2, 298: „[…], daß Gott mitwirkt in jedem Falle zu Thätigkeiten, die der Natur des ursächlichen Dinges gemäß sind, jedoch immer nur nach seiner eignen, von jeder die in dem Gebiet der Wechselwirkung liegt gänzlich verschiedenen, Ursächlichkeit."

[238] CG² I, § 81.3, 503; vgl. aaO., § 4, 32–40, bes. § 4.4, 38–40, zur „ursprünglichen Offenbarung Gottes an den Menschen" (aaO., 40).

[239] CG² I, § 81.3, 503.

[240] CG² I, § 81.3, 503; vgl. die Ausführungen zum ersten Abschnitt des Sündenbewusstseins Kap. III.2 der vorliegenden Arbeit.

[241] Vgl. CG² I, § 68.1, 412–414, zur ,Entstehung' des Gebots.

[242] Analoges gelte für die Übel, vgl. CG² I, § 82, 506–511.

[243] CG² I, § 81.3, 503 f.

Abschnitt der Sündenlehre dargelegt, dass das Sündenbewusstsein sich zugleich als Bewusstsein allgemeiner Erlösungsbedürftigkeit gestalte,[244] dieses aber als Form lebendiger Empfänglichkeit die Voraussetzung für das Wirksamwerden der Erlösung am Einzelnen sei,[245] so wird hier der Gefahr eines synergistischen Verständnisses dieser lebendigen Empfänglichkeit vorgebeugt, indem die Entstehungsbedingung dieses Sündenbewusstseins als göttliche Anordnung, nicht als menschliche Leistung bestimmt wird. Diese Grundannahme wird bei der Erörterung der Funktion des Gedankens der ‚lebendigen Empfänglichkeit‘ im Rahmen der Realisierung der Erlösung am Einzelnen deshalb in Erinnerung behalten werden müssen.[246]

Schleiermachers Überlegungen hinsichtlich der göttlichen Ursächlichkeit in Bezug auf das Sündenbewusstsein – und im Zusammenhang damit in Bezug auf die Übel – folgt die Explikation göttlicher Eigenschaftsbegriffe: es geraten in Bezug auf das Sündenbewusstsein die göttliche Heiligkeit, im Blick auf die Übel die göttliche Gerechtigkeit in den Blick. Unter der Heiligkeit werde die „göttliche Ursächlichkeit" verstanden, „kraft deren in jedem menschlichen Gesammtleben mit dem Zustande der Erlösungsbedürftigkeit zugleich das Gewissen gesetzt ist"[247], da das Gewissen gewissermaßen der Ort der Sündenerkenntnis respektive der Erkenntnis der Erlösungsbedürftigkeit sei. Die „Gerechtigkeit Gottes" verstehe man wiederum als „diejenige göttliche Ursächlichkeit, kraft deren in dem Zustand der gemeinsamen Sündhaftigkeit ein Zusammenhang des Uebels mit der wirklichen Sünde geordnet ist."[248] Hinsichtlich des Untersuchungsschwerpunkts der vorliegenden Arbeit scheint es folgend geboten, den Schleiermacherschen Gewissensbegriff kurz zu beleuchten:[249]

„Unter dem Ausdruck Gewissen verstehen wir eben dieses, daß alle aus dem Gottesbewußtsein hervorgehenden und durch dasselbe anregbaren Handlungsweisen auch als Forderungen nicht etwa theoretisch aufgestellt werden, sondern sich im Selbstbewußtsein geltend machen, so daß jede Abweichung der Lebensäußerungen davon als Lebenshemmung, mithin als Sünde aufgefaßt wird."[250]

Diese Definition, die Schleiermacher für den Gewissensbegriff bietet, wiederholt im Grunde die Ausführungen über die Bedeutung des unmittelbaren Selbstbewusstseins hinsichtlich der Asymmetrie von der „Entwiklung der Einsicht

---

[244] Vgl. Kap. III.2 der vorliegenden Arbeit.

[245] Vgl. CG² I, § 14, 115–127, sowie Kap. IV.3 der vorliegenden Arbeit.

[246] Vgl. Kap. IV.3 sowie Kap. VI.5.2 dieser Untersuchung.

[247] CG² I, § 83, 511.

[248] CG² I, § 84, 517.

[249] An dieser Stelle werden nur die Aussagen der ‚Glaubenslehre‘ herangezogen. Weitere Ausführungen zum Gewissen finden sich bspw. in: F. D. E. Schleiermacher, Vorlesungen über die Dialektik, vgl. z. B. Dial(1814/15), Erster Teil, § 216, 143–145; F. D. E. Schleiermacher, Ethik (1812/13), bes. 59; 72, Anm. 3; 158 f., Anm. 2. Zum ‚Gewissen bei Schleiermacher‘ vgl. den gleichnamigen Aufsatz von S. Hübsch, in: EvTh 56 (1996), 446–457.

[250] CG² I, § 83.1, 511.

und der Willenskraft"[251]. Hier nun wird der Sachverhalt, dass die Einsicht „durch einen Act des Selbstbewußtseins […] Gebot wird"[252], dem Gewissen zugeordnet, dessen Existenz wiederum auf die schlechthinnige göttliche Ursächlichkeit zurückgeführt wird, die daher in dieser Beziehung als Heiligkeit bewusst werde. Damit komme das Gewissen zwar in unmittelbarer Nähe zum Gottesbewusstsein selbst zu stehen,[253] sei aber nicht mit diesem identisch.[254] Vielmehr hänge es an der „Ungleichmäßigkeit, in dem Erscheinen desselben als Verstand und dem Hervortreten dessselben als Willen", so dass es „ohne diese Ungleichmäßigkeit verbunden mit der Richtung auf die Gleichmäßigkeit […] kein Gewissen geben"[255] würde. Folgt man Schleiermacher in dieser Bestimmung, kann es im Grunde kein ‚gutes Gewissen' geben, da es sich immer auf die Störung der menschlichen Natur bezieht.[256]

Scheint durch die bisherigen Ausführungen das Gewissen von Schleiermacher als eine Urteilsinstanz im Individuum charakterisiert zu werden, so erstaunt, dass er dennoch „das Gesammtleben als den eigentlichen Ort des Gewissens"[257] bestimmt. Dies erklärt sich m. E. dadurch, dass für Schleiermacher das Gewissen zwar „als die Stimme Gottes *im* Gemüth"[258] wahrgenommen wird, seine ‚Aus-

---

[251] CG² I, § 68, 412; vgl. Kap. III.2 der vorliegenden Arbeit.

[252] CG² I, § 68.1, 412.

[253] Schleiermacher kann das Gewissen „als die Stimme Gottes im Gemüth" und somit „als eine ursprüngliche Offenbarung Gottes" (CG² I, § 83.1, 512) beschreiben. Eine nahezu identische Formulierung findet sich aaO., § 4.4, 40, hinsichtlich des Gottesbewußtseins: „Insofern kann man wol auch sagen, Gott sei uns gegeben im Gefühl auf eine ursprüngliche Weise; und wenn man von einer ursprünglichen Offenbarung Gottes an den Menschen oder in dem Menschen redet, so wird immer eben dieses damit gemeint sein, daß dem Menschen mit der allem endlichen Sein nicht minder als ihm anhaftenden schlechthinigen Abhängigkeit auch das zum Gottesbewußtsein werdende unmittelbare Selbstbewußtsein derselben gegeben ist."

[254] Vgl. zum Verhältnis von Gottesbewusstsein und Gewissen H.-J. BIRKNER, „Offenbarung" in Schleiermachers Glaubenslehre (1956), in: DERS., Schleiermacher-Studien, hg. v. H. FISCHER, SchlA 16, Berlin/New York 1996, 81–98, 84: „Das Gewissen ist für Schleiermacher das Gottesbewußtsein in seiner kritischen Funktion."

[255] CG² I, § 83.1, 512.

[256] Entsprechend kann Schleiermacher festhalten, dass „das Gewissen immer Schmerzen bringt" (CG² I, § 83.2, 513). Da das Gewissen in einem Zusammenhang zur Sünde steht, sieht „Schleiermacher […] sich außerstande […], Jesus Christus ein Gewissen zuzuschreiben. Wegen seiner vollkommenen Sündlosigkeit ist Christus als Person nur vermittelst der ihn umgebenden Gemeinschaft mit dem Gewissen und seiner sündenaufdeckenden Tätigkeit bekannt, anders gesagt: in ihm macht sich die Funktion des Gewissens nur als Mitgefühl geltend" (C.-D. OST-HÖVENER, Die Lehre von Gottes Eigenschaften bei Friedrich Schleiermacher und Karl Barth, TBT 76, Berlin/New York 1996, 67). – Allerdings findet sich in § 6 eine Aussage, bei der Schleiermacher den Gewissensbegriff in anderer Bedeutung zu verwenden scheint (CG² I, § 6.2, 55 f.): „Dieser ganzen Leitung muß sich jeder von beiden Seiten her als Aeußernder und als Vernehmender aus Erfahrung bewußt sein, und also zugeben daß er sich *unter Zustimmung seines Gewissens* in einer mannigfaltigen Gemeinschaft des Gefühls als einem naturgemäßen Zustande immer befindet […]."

[257] CG² I, § 83.2, 514.

[258] CG² I, § 83.1, 512 [Hervorhebung durch die Vfn.].

richtung' aber gerade nicht durch das ‚Gemüt' selbst erhalten kann. Was im Einzelnen erscheine, sei daher etwas Allgemeines, wie ja auch für das im Individuum sich entwickelnde Sündenbewusstsein gelte, dass ihm die Sünde „als die Gesammtthat und Gesammtschuld des menschlichen Geschlechtes"[259] bewusst werde.[260] Vorausgesetzt werden muss somit an dieser Stelle wiederum die Erweiterung des Selbst- zum Gattungsbewusstsein. Ohne weitere Begründung (an dieser Stelle)[261] bestimmt Schleiermacher das Gewissen als das (sittliche, aber auch bürgerliche) Gesetz; von dieser Ineinssetzung erklärt sich seine vorher getroffene Aussage, dass „in der evangelischen Kirche [...] die Identität der von unserm Gottesbewußtsein ausgehenden mit den aus der Idee des Guten entwikkelten Handlungsweisen"[262] unbestritten sei.

Mit einem Anhang über die „Barmherzigkeit Gottes"[263] – die Schleiermacher für den dogmatischen Bereich aufgrund der implizierten ‚Leidentlichkeit' abweist – schließt die Behandlung und Entfaltung des Sündenbewusstseins. Die für die nun folgende Untersuchung und Darstellung relevanten Aspekte sollen daher noch einmal zusammengefasst und stichpunktartig in Erinnerung gerufen werden.

---

[259] CG² I, § 71, 427.

[260] Vgl. dazu auch die Bestimmung des Unterschieds des Schleiermacherschen Gewissensbegriffs gegenüber seiner Fassung bei Kant und Fichte in: S. Hübsch, Gewissen, 455: „Das Gewissen ist nicht dasjenige, wodurch sich der individuelle Wille zur Allgemeinheit der Selbstbestimmung erhebt. Es ist vielmehr als diejenige Instanz zu begreifen, durch die eine Handlungsgemeinschaft ihre Teilnehmer zu individueller Selbstbestimmung herausfordert, um sich selbst zu befestigen und zu erweitern. [...] Auf diese Weise verknüpft Schleiermacher in ingeniöser Weise die neuzeitliche Perspektive, in der sich Sittlichkeit allein in der menschlichen Subjektivität begründen läßt, mit der modernen, psychologisch und soziologisch entfalteten Einsicht, daß sich ein praktisches Selbstverhältnis nur im Zusammenhang eines gesellschaftlichen Bildungsprozesses zu entwickeln vermag."

[261] Vgl. allerdings bspw. F. D. E. Schleiermacher, Aufzeichnungen zum Kolleg (1831), KGA II.10.1, 317–354, 333 [Hervorhebungen durch die Vfn. aufgelöst]: „Der Ueberzeugungszustand in den auf das Wollen bezüglichen Denkbestimmungen stellt sich dar darin daß wir im denken eines ZwekBegriffs nur zur Ruhe kommen durch die Annahme der allgemeinen Zustimmung. Die Beziehung auf dieselbe ist das Gewissen, der Ausdrukk derselben ist im Gesez."

[262] CG² I, § 83.1, 512. Vgl. dazu auch die Verhältnisbestimmung von christlicher zur philosophischen Sittenlehre in CS² I, 24–30, 27: „Wir sind also nicht genöthigt, unseren theologischen Standpunkt aufzugeben und haben als höchstes Resultat dieses, daß das Christenthum die eigentliche Vollendung des religiösen Bewußtseins ist, und daß, wenn einerseits das Christenthum sich so in sich selbst wird vollendet haben, daß es alle sich einander aufhebenden Gegensäze aus seinem Gebiete überwunden hat, und andrerseits auch die Speculation zu absoluter und allgemein anerkannter Vollkommenheit wird gekommen sein, dann in den Resultaten der christlichen und der philosophischen Sittenlehre jeder Widerspruch unmöglich sein wird." Die bleibende Differenz, die ein Zugleichbestehen beider legitimiere, sei die unterschiedliche Quelle und damit einhergehend die unterschiedliche Form.

[263] CG² I, 527.

5 Fazit

In der Einleitung der vorliegenden Untersuchung wird hinsichtlich der christologischen und soteriologischen Paragraphen deren Zentralstellung im System der ‚Glaubenslehre' betont.[264] Die dort formulierte These, dass Schleiermacher die Realität dessen, was erst in der Lehre von Wiedergeburt und Heiligung entwickelt wird, zur Voraussetzung der eigenen Darstellung insgesamt macht, damit aber den entsprechenden Abschnitten formal und inhaltlich eine enorme Relevanz für das Verständnis der gesamten ‚Glaubenslehre' zukommt, wird durch die Ausführungen des letzten Kapitels insofern untermauert, als dort deutlich vor Augen tritt, dass nach Schleiermacher der eigentliche Gehalt der entsprechenden Lehraussagen erst dann erfasst ist, wenn die ganze Fülle des christlich-frommen Selbstbewusstseins beachtet wird. Insbesondere in der Entfaltung des Sündenbewusstseins wird dessen christologisch-soteriologische Vermittlung offenkundig, aber auch schon im ersten Teil der ‚Glaubenslehre', beispielsweise in der Entfaltung des Gedankens der ursprünglichen Vollkommenheit des Menschen zeigt sich, dass diese Lehre erst aufgrund der erfahrbaren Wirklichkeit einer Realisierung dieser Vollkommenheit geglaubt und erfasst werden kann.

Insgesamt wird deutlich, dass Schleiermacher nahezu durchgängig zwei Aspekte in den Vordergrund rückt – entsprechend der zwei ‚Pole', die die christliche Frömmigkeit ausmachen, „das eigenthümliche Sein des Erlösers und der Erlösten in ihrem Zusammenhange"[265]. Zum einen wird an verschiedenen Stellen der ‚Glaubenslehre' die Möglichkeit einer sündlosen Entwicklung – und damit einer stetigen Frömmigkeit im Sinne einer vollkommenen Entwicklung des Gottesbewusstseins – aufgezeigt, so dass die Aussagen der Christologie über das wahre Menschsein und das Sein Gottes im Erlöser vor diesem Hintergrund nicht als ‚schlechthin übernatürlich' oder ‚übervernünftig' erscheinen. Zum anderen wird dort ebenso hinsichtlich der zu Erlösenden unter verschiedenen Gedankenkomplexen deren Erlösungsbedürftigkeit und -fähigkeit als Voraussetzung der Wirksamkeit der Erlösung behandelt. In diesem Zusammenhang kommt dem Begriff der ‚lebendigen Empfänglichkeit' besondere Relevanz zu. Im Blick auf das Verhältnis des Erlösers zu den Erlösten bzw. auf die Realisierbarkeit von Erlösung weisen vor allem der Aspekt der Mitteilbarkeit des Inneren sowie der damit zusammenhängende Aspekt des Zusammenhangs von Selbst- und Gattungsbewusstsein den Weg für die weitere Entfaltung.

Hinsichtlich der Art der Erlösung – samt ihren Polen ‚Sünde' und ‚Gnade' – tritt als entscheidend – und der teleologischen Ausrichtung des Christentums entsprechend – der Tatcharakter in den Vordergrund. Neben diesen allgemeinen, stetig betonten Grundanschauungen treten auch einzelne, für die

---

[264] Vgl. Kap. I.2.4 dieser Arbeit.
[265] CG² I, § 13, Zusatz, 112.

Darstellung des Gnadenbewusstseins relevante Aspekte zu Tage, so in der Frage nach dem Verhältnis der göttlichen Tätigkeit zur Zeit, in den Ausführungen zur Willensfreiheit, zum Gesetz und zum Gewissen. An einigen Stellen wird explizit Späterem vorgegriffen, so z. B. in der Frage nach der Unterscheidungsmöglichkeit von Sünden den Ausführungen zur Heiligung oder in der Beschreibung des ‚immerwährenden Sündenbewusstseins‘ dem Gedanken der Reue, wie er auch im Zusammenhang der Lehre von der Wiedergeburt thematisch wird.

Es wird deutlich, dass zwar zum einen die Christologie sowie die Lehrstücke von Wiedergeburt und Heiligung durch die ihnen vorangehende Darstellung in der ‚Glaubenslehre‘ vorbereitet werden, zum anderen aber eben dieses Vorherige seinen vollen Gehalt erst durch die Ausführungen des Gnadenbewusstseins erhält. Die folgende Darstellung wird daher die bisherigen Ergebnisse zu berücksichtigen haben, will sie aber zum anderen auch einem tieferen Verständnis zuführen.

IV Das Gnadenbewusstsein:
Gemeinschaft mit Gott in lebendiger Empfänglichkeit

Während es das Ziel des vorherigen Kapitels war, die Verortung der Lehrstücke von Wiedergeburt und Heiligung (als Elemente der Darstellung des Gnadenbewusstseins) im Kontext der Glaubenslehre insgesamt zu erhellen, um deren inhaltliche Voraussetzungen und vor allem die Verweisungszusammenhänge herauszuarbeiten, widmet sich dieses Kapitel der Untersuchung der Grundlage von Christologie und Soteriologie, d. h. der grundlegenden Einleitung für die gesamte „Entwiklung des Bewußtseins der Gnade"[1]. In dieser wird auf noch sehr allgemeine, aber maßgebliche Weise der Erlösungsbegriff, die darin implizierte Vorstellung vom Erlöser sowie den zu Erlösenden und dem aus diesen bestehenden, von jenem gestifteten neuen Gesamtleben bestimmt (Kap. IV.1). Daran anschließend erfolgt die Behandlung der spezielleren Einleitung zum Abschnitt über den „Zustande des Christen, sofern er sich der göttlichen Gnade bewußt ist"[2], in der das „Grundbewußtsein eines jeden Christen von seinem Gnadenstande"[3] eingeführt und die weitere Anordnung der Darstellung begründet wird (Kap. IV.2). Da hier der Begriff der ‚lebendigen Empfänglichkeit', auf dessen Bedeutung im Vorfeld bereits mehrfach hingewiesen wurde, explizit thematisch wird, soll dieser genauer analysiert werden (Kap IV.3).

1 Einleitung: Entfaltung des Gnadenbewusstseins

Da für Schleiermacher eine vom Gottes- und Sündenbewusstsein isolierte Darstellung des Gnadenbewusstseins nicht sachgemäß ist, knüpft der erste einleitende Paragraph die Explikation des Gnadenbewusstseins an die vorherige Darstellung des Sündenbewusstseins an. In inhaltlicher Hinsicht begegnen kaum neue Aspekte, doch der Skopus scheint ein anderer zu sein. Das bereits dargelegte Bewusstsein des Zustands der Sündhaftigkeit des menschlichen Gesamtlebens wird nun unter dem Aspekt der „mit dem natürlichen Zustand verbundene[n]

---

[1] So die Überschrift der §§ 86–169, in: CG² II, 13–513, 13; die allgemeine Einleitung findet sich aaO., §§ 86–90, 13–34.
[2] Überschrift zu den §§ 91–112, in: CG² II, 35–228, 35.
[3] CG² II, § 91.1, 35.

Unseligkeit"[4] behandelt. Dabei greift Schleiermacher im Zusammenhang der Frage nach der Möglichkeit einer Aufhebung dieser Unseligkeit auf in der Hamartiologie eingeführte Vorstellungen zurück:[5] Mit dem Gedanken der jenseits des „eignen Daseins begründete[n] Sündhaftigkeit" und der damit zusammenhängenden „vollkommne[n] Unfähigkeit zum Guten"[6] ist nach Schleiermacher auch die „Anerkennung [verbunden], die Sünde sei unvermeidlich"[7]. Und ebenso wird von ihm innerhalb der Entfaltung des Sündenbewusstseins deutlich hervorgehoben, dass die Sünde „das Hervortreten des Geistes nicht an und für sich verhindern" könne, so dass man ebenfalls anerkennen müsse, dass die Sünde – weil auch die „Thätigkeit des Geistes […] eine intensive Größe"[8] sei – „im Abnehmen begriffen sei, insofern […] die Kräftigkeit des Gottesbewußtseins im Zunehmen ist"[9].

Die Hauptaussage des Paragraphen liegt nun m. E. nicht in der Betonung, dass aus diesen beiden Bewusstseinstatsachen nicht eine Aufhebung der Unseligkeit hervorgehe,[10] denn die Annahme einer solch „falschen Selbstberuhigung"[11] wird von Schleiermacher bereits innerhalb der Explikation des Sündenbewusstseins, zu dem beide Aspekte konsequenterweise gerechnet werden müssten,[12] als unangemessen für das christlich-fromme Selbstbewusstsein[13] abgewie-

---

[4] CG² II, § 86, 13. Die Wortwahl erstaunt allerdings, da die Sünde ja gerade als „Störung der Natur" (CG² I, § 68, 412) bestimmt wurde und der sündige Zustand des Menschen eigentlich nicht als sein ‚natürlicher' charakterisiert werden dürfte. Im Hintergrund steht vermutlich die dem Korintherbrief entstammende Rede vom ‚natürlichen Menschen' (vgl. IKor 2,14), dem der wiedergeborene Mensch gegenübergestellt wird (vgl. bspw. CA XVIII, in: BSLK, 73; FC Ep II, in: BSLK, 776–781). Allerdings ist auch in den exemplarisch angeführten Belegstellen die Redeweise m. E. inkonsequent, insofern ebenso deutlich festgestellt wird, dass die Erbsünde eine *Verderbung* der Natur des Menschen sei. Angemessener ist daher ein Sprachgebrauch, wie er sich bspw. bei Gerhard findet, der von dem korrumpierten, nicht-wiedergeborenen Menschen spricht (vgl. J. GERHARD, Loci theologici, 9 Bde., hg. v. E. PREUSS, Berlin 1863, Bd. 2, Locus 11, Cap. 2, 240).

[5] Vgl. Kap. III dieser Arbeit.

[6] CG² I, § 70, 421.

[7] CG² II, § 86, 13.

[8] CG² I, § 67.2, 410.

[9] CG² II, § 86.2, 15.

[10] Vgl. CG² II, § 86.2, 14–16.

[11] CG² II, § 86.3, 17.

[12] Vgl. CG² II, § 86.2, 14 f. Durch diese Verortung beider Tatsachen im Sündenbewusstsein wird im Grunde genommen schon deutlich, inwiefern sie nicht zur Aufhebung der Unseligkeit beitragen, denn könnten sie es, so würde dies bedeuten, „daß das Bewußtsein der Sünde durch sich selbst könne aufgehoben werden" (aaO., 15).

[13] Schleiermacher weist, über den eigentlichen Bereich des christlich-frommen Selbstbewusstseins hinausgehend, darauf hin, dass „sich fast in allen andern Glaubensweisen […] [auch] Zeugnisse" (CG² II, § 86.1, 13) für das Bewusstsein davon finden ließen, dass beide Aspekte nicht die mit der Sünde verbundene Unseligkeit aufheben. Diese ‚Zeugnisse' seien die „Opfer und Reinigungen oder Kasteiungen und Bußübungen" (ebd.); werde deren „Nichtigkeit […] als Beruhigungsmittel" bewusst, so sei dies „der Ausdrukk einer Hinneigung zum Christenthum,

sen.[14] Vielmehr wird der Blick hier von Schleiermacher auf die Konsequenzen dieser Auffassung für das Verständnis der Erlösung ausgerichtet: Je ausgebildeter das Sündenbewusstseins sei, d. h. gemäß dessen Entfaltung, je mehr sich das Bewusstsein der Erlösungsbedürftigkeit gestaltet habe,[15] „um desto höher steigt der Wert der Erlösung."[16] Je geringer man somit die Möglichkeiten und Fähigkeiten des menschlichen Geschlechts zur ‚natürlichen Selbsterlösung' einschätze, desto höher müsse die im Erlösungsbewusstsein enthaltene Aufhebung der Unseligkeit von „anderwärts her", damit aber auch dieses ‚Anderwärts' *selbst* geschätzt werden, zumal die so bewusst werdende Erlösung als Aufhebung der Unseligkeit sich *trotz* des „Bewußtseins der Unvermeidlichkeit eines Bleibens der Sünde bei ihrem allmähligen Verschwinden"[17] geltend mache.

Diesen Gedanken, der an dieser Stelle eher in Abwehr ‚ketzerischer' Erlösungsvorstellungen formuliert wird,[18] entfaltet Schleiermacher im folgenden Paragraphen in seiner Konsequenz positiv als „Inhalt des Bewußtseins der göttlichen Gnade"[19]: „Wir sind uns aller im christlichen Leben vorkommenden Annäherungen an den Zustand der Seligkeit bewußt als begründet in einem neuen göttlich gewirkten Gesammtleben, welches dem Gesammtleben der Sünde und der darin entwikkelten Unseligkeit entgegenwirkt."[20] Wird der Inhalt des Bewusstseins der Erlösungsbedürftigkeit von Schleiermacher so beschrieben, dass in diesem nicht nur ein Bewusstsein des eigenen Unvermögens zur Überwindung der Sünde und Unseligkeit, sondern gleichzeitig zumindest auch eine ‚Ahnung' über die Art der benötigten Hilfe herrsche,[21] so gewinne diese Ahnung im Gnadenbewusstsein eine konkrete Ausformung, indem dieses sich selbst in einem ‚neuen Gesamtleben' verwurzelt annehme, von dem gelte, dass es ‚göttlich gewirkt' sei. Dieser göttliche Ursprung müsse insofern behauptet werden, als durch die Entfaltung des Sündenbewusstseins in allen seinen Dimensionen deutlich werde, dass alles, was zur Welt als Wechselwirkungszusammenhang gehört, auch derart an der sündhaften Struktur partizipiere, dass aus diesem Komplex nicht etwas entstehen könne, das die Sünde überwindet.

---

indem sich darin die Wahrscheinlichkeit ausspricht, daß ein Erlöser, in welchem sich das Wesen darbietet statt des Schattens, werde angenommen werden" (aaO., 14).

[14] Vgl. Kap. III.2 der vorliegenden Arbeit. In CG² I, § 68.3, 415–417, wird allerdings darauf aufmerksam gemacht, dass die Unvermeidbarkeit der Sünde nicht als ‚absolute' bewusst werde, weil dann in der Tat eine ‚Selbstberuhigung' möglich sei.

[15] Vgl. CG² I, § 71, 427–437, bes. § 71.3, 434 f.

[16] CG² II, § 86, 13.

[17] CG² II, § 86.2, 15.

[18] Die umgekehrte Variante, d. h. die Hochschätzung der Möglichkeiten des ‚natürlichen Menschen' zur Selbsterlösung, entspricht der von Schleiermacher ‚pelagianisch' genannten ‚Ketzerei' (vgl. CG² I, § 22, 155–160, sowie CG² II, § 86.3, 16 f.).

[19] CG² II, § 87.1, 18.

[20] CG² II, § 87, 18.

[21] Vgl. CG² I, § 71.3, 434 f.

Auffällig sind an dieser Stelle zwei Aspekte der Grundbestimmung des Gnadenbewusstseins: Erstens, da das Gnadenbewusstsein zwar im Gegensatz zu demjenigen der Sünde beschrieben wird, dieser Gegensatz aber – aufgrund des Zusammenbestehens von Sünden- und Gnadenbewusstsein im Subjekt des christlichen Erlösungsbewusstseins – nicht absolut zu verstehen sei,[22] muss Schleiermacher auch das Verhältnis von Seligkeit und Unseligkeit entsprechend bestimmen. Würden beide in einem absoluten Exklusionsverhältnis zueinander stehen, so wäre angesichts des „immerwährende[n] Bewußtseins der Sünde"[23] unter ‚diesseitigen' Bedingungen nur Unseligkeit möglich. Diese Auffassung widerspreche aber dem Gehalt des christlich-frommen Selbstbewusstseins, woraus sich ergebe, dass dessen dogmatische Entfaltung die Verhältnisbestimmung nur adäquat zum Ausdruck bringe, wenn es „in jeder Kräftigkeit des Gottesbewußtseins auch […] Seligkeit" annimmt, „und schon diese werdende Seligkeit […] die Unseligkeit auf[hebt], welche zwar mit der Sünde wieder entstehen kann, aber nur um wieder aufgehoben zu werden."[24] Dieses ‚Zugleich' von ‚werdender Seligkeit' einerseits, von Weiterbestehen der Sünde andererseits, wird erneut thematisch in der Behandlung der Heiligung als Prozess.[25]

Der zweite Aspekt an der Grundbestimmung des Gnadenbewusstseins, der Aufmerksamkeit auf sich zieht, ist der, dass Schleiermacher, trotz seiner Formel für das Wesen des Christentums, hier nicht „die durch Jesum von Nazareth vollbrachte Erlösung"[26] in den Mittelpunkt rückt, sondern zunächst eine allgemeine Vorstellung des Gnadenbewusstseins entwickelt, „so wie es dem Bewußtsein der Sünde entgegengesetzt ist"[27] und sich somit auch (zwar nicht in umfassender Weise) in anderen Frömmigkeitstypen entwickeln könne – wie ja auch zugestanden wird, dass es dort ein Sündenbewusstsein geben könne, wenn auch nicht im vollen Umfang.[28] Das spezifisch Christliche bestehe nun gerade nicht darin, dass die christliche Frömmigkeit ein grundlegend anderes Gnadenbewusstsein hervorbringe, sondern darin, dass dieses dahingehend modifiziert werde, dass eine Identität zwischen der Aussage über den göttlichen Ursprung des neuen Gesamtlebens und der Aussage über die Stiftung eben dieses Gesamtlebens durch Christus bewusst werde.[29] Somit wird es Aufgabe der Christologie sein, dieses

---

[22] Vgl. Kap. III.1 der vorliegenden Arbeit.
[23] CG² I, § 66.1, 406.
[24] CG² II, § 87.1, 19.
[25] Vgl. CG² II, §§ 110f., 202–218, sowie Kap. VI.6 der vorliegenden Untersuchung. Es ist der Charakter der Seligkeit als werdende, der es Schleiermacher in der christlichen Sittenlehre erlaubt, die Seligkeit als Impuls für das wiederherstellende und verbreitende Handeln zu bestimmen (vgl. CS² I, 35–45, 38 [Sperrung des Originals durch die Vfn. aufgehoben]: „Woraus uns dieses hervorgeht, daß die beiden Begriffe, Seeligkeit und Impuls, nur so zu vereinigen sind, daß wir uns die Seeligkeit des Christen nicht als seiend denken, sondern als werdend.").
[26] CG² I, § 11, 93.
[27] CG² II, § 87.2, 18.
[28] Vgl. Kap. III.1 dieser Untersuchung.
[29] Vgl. CG² II, § 87.3, 19–21.

Bewusstsein der Identität in seinen Konsequenzen für das Verständnis des Erlösers zu entfalten.

Auf die trotz dieser Feststellung zurückbleibende Frage, warum Schleiermacher hinsichtlich des Gnadenbewusstseins zunächst beim neuen Gesamtleben und nicht bei Christus einsetzt, gibt Schleiermacher selbst die Antwort. Es ist ihm daran gelegen, zwei Auffassungen der „Annäherungen an den Zustand der Seligkeit"[30] auszuschließen:

„Zuerst dieses, als ob es einen Antheil an der Erlösung [...] durch Christum geben könne außerhalb des von ihm gestifteten Gesammtlebens, so daß der Christ dieses entbehren und mit Christo gleichsam allein sein könne. [...] Das zweite was ausgeschlossen wird ist die Annahme als ob ohne ein neu hinzutretendes und innerhalb des Gesammtlebens der Sünde selbst die besseren Einzelnen zu einer [...] Annäherung an die Seligkeit gelangen könnten."[31]

Festgehalten wird damit von Schleiermacher, dass das individuelle Gnadenbewusstsein nicht isoliert von der christlichen Gemeinschaft entstehen könne,[32] da sonst eine supranaturalistische Auffassung der Wirksamkeit Christi angenommen werden müsse, die zugleich durch ihre separatistischen Implikationen das Wesen des Christentums aufhebe.[33] Außerdem erfordere das christlich-fromme Selbstbewusstsein die Feststellung, dass das Gnadenbewusstsein sich aufgrund des Ursündenzusammenhangs im alten Gesamtleben auch nicht an herausragenden Individuen entwickle, da es sonst nicht eines Erlösers zur Aufhebung der Unseligkeit bedürfe. Insbesondere der erste Aspekt ist in der Untersuchung der Lehre von Wiedergeburt und Heiligung zu berücksichtigen, da diese sich in der Darstellung zwar auf den Einzelnen konzentriert, aber sein Gemeinschaftsbezug immer vorausgesetzt werden muss: „Denn jedem Einzelnen kommt [...] die Mittheilung der göttlichen Gnade nur aus d[e]m neuen Gesammtleben"[34], und umgekehrt „kann auch die Gemeinschaft aus nichts anderm bestehen, als aus allen Momenten welche den Stand der Heiligung aller Begnadigten angehören."[35]

Das ‚eigentümlich Christliche‘ erfährt in der Definition der Erlösung als „Mittheilung seiner [sc. Jesu] unsündlichen Vollkommenheit"[36] durch das von ihm

---

[30] CG² II, § 87, 18.

[31] CG² II, § 87.3, 20f. Vgl. auch CG¹ II, § 108.2, 2: „[...] denn alle rein separatistische Frömmigkeit ist wahrhaft unchristlich, und wenn sie noch so sehr auf Christum zurükgeht, weil dieser nur als Stifter eines Gesammtlebens ist was er ist."

[32] Vgl. zum wesentlichen Gemeinschaftsaspekt auch Gerdes (J. Ringleben [Hg.], Anmerkungen zur Christologie der Glaubenslehre Schleiermachers [1981, von H. Gerdes], in: NZSTh 25 [1983], 112–125, 122): „Das christliche Gesamtleben und sein geschichtlicher Urheber bilden für Schleiermacher eine geschichtliche Einheit, die sich in der frommen Erfahrung nicht auseinanderscheiden läßt."

[33] Vgl. CG² II, § 87.3, 20, sowie CG² I, § 11, 93–102.

[34] CG² II, § 90.1, 32f.

[35] CG² II, § 113.2, 232.

[36] CG² II, § 88, 21.

gestiftete neue Gesamtleben seine nähere, mehrere Aspekte umfassende Beschreibung.[37] In dem Schleiermacherschen Erlösungsbegriff stehen drei ‚Pole'
zueinander in Relation: Die Erlösung geht vom Erlöser aus; erlöst wird der
Einzelne, aber nicht unmittelbar als Einzelner, sondern durch das vom Erlöser
ausgehende Gesamtleben.[38] Nun ist nach Schleiermacher diese Beurteilung des
Erlösungsgeschehens gerade nicht ‚objektiv' beweisbar, sondern hängt – als
dogmatische Reflexion auf den Gehalt des christlich-frommen Selbstbewusstseins – daran, dass der Darstellende selbst die Erfahrung dieses Erlösungszusam-
menhanges teilt.

Daraus ergibt sich für die Darstellung ein besonderes Problem: Schleier-
macher muss es gelingen, in der Beschreibung der Relata das Missverständnis
auszuschließen, „daß [erst] der Glaube Jesum zum Erlöser gemacht habe"[39].
Allerdings kann dies, folgt man Schleiermacher, wiederum nicht in Form eines
Gegenbeweises erfolgen, sondern biete gleichsam die Vorgabe für die folgende
Darstellung, die deutlich zum Ausdruck bringen müsse, dass der Glaube als
„Anerkennen jener Vollkommenheit [sc. des Erlösers] ihr eignes Werk"[40] sei.[41]

Die Konsequenz, die sich für das Verhältnis der ersten Abschnitte der Entfaltung des Gnadenbewusstseins zueinander ergebe, sei die, dass diese zwar in der
Darstellung getrennt werden könnten, sich aber gegenseitig voraussetzten und
im Grunde als ‚gleichzeitig' zu verstehen seien. Denn die Aussage über die Besonderheit des Erlösers könne nur getroffen werden, weil diese ihren Ausdruck
in dem „ihr wesentliche[n] Werk", nämlich der „Stiftung des neuen Gesammtlebens" gefunden habe, durch welches die Vermittlung dieser Eigentümlichkeit
dem Einzelnen „dieselbige Erfahrung" ermögliche, wie es die ursprüngliche,
gemeinschaftsbegründende gewesen sei, so dass aber auch „die zum neuen Gesammtleben entschieden hintreibende Anerkennung der unsündlichen Vollkommenheit in Jesu Christo [...] eben so sein Werk sein"[42] müsse, was allerdings
wiederum nur aus der Perspektive des Glaubens evident sei. Die grundlegende

---

[37] Schleiermacher lehnt andere Erlösungsvorstellungen nicht als unchristlich oder unevan-
gelisch ab, sieht aber den Vorteil dieser Definition einerseits in ihrer unmittelbaren Nähe zur
urchristlichen Vorstellung, wie sie durch die Schrift verbürgt sei (vgl. CG² II, § 88.2, 23), und
andererseits in ihrer ‚strengen' Auffassung über das Gesamtleben der Sünde. Entsprechend ist
es ihm im Folgenden nicht an einem Wahrheitsbeweis der eigenen Auffassung gelegen, sondern
an deren Entfaltung (vgl. aaO., § 88.1, 21 f.).
[38] Dies gilt allerdings erst nach dem Tod Jesu. Seine Jünger kamen nach Schleiermacher durch
die unmittelbare Tätigkeit Christi zum Glauben und wurden so erlöst (vgl. CG² II, § 106.2, 167;
vgl. auch die Differenz zwischen jenen und den später ‚Berufenen' bezüglich des Gemeingeistes,
wie sie aaO., § 122, 283–287, entfaltet wird).
[39] CG² II, § 88.2, 23.
[40] CG² II, § 88.2, 24.
[41] Dass Schleiermacher dieses Vorhaben in seiner Darstellung gelungen ist, stellt Barth in
seiner Behandlung der Schleiermacherschen Christologie massiv in Frage, vgl. K. Barth, Die
protestantische Theologie im 19. Jahrhundert. Ihre Vorgeschichte und ihre Geschichte, Zürich
³1946, 412–424.
[42] CG² II, § 88.2, 24.

Schwierigkeit der folgenden Entfaltung benennt Schleiermacher daher prägnant: Es sei

„die Entstehungsweise des Glaubens mit seinem Inhalt zugleich zu entwikkeln, daß heißt, [...] zu zeigen, wie ursprünglich und auch jetzt noch die Ueberzeugung entstehen konnte [= Erster Abschnitt, Zweites Hauptstück], daß Jesus eine unsündliche Vollkommenheit habe [= Erster Abschnitt, Erstes Hauptstück], und daß in der durch ihn gestifteten Gemeinschaft eine Mittheilung [= Zweiter Abschnitt] derselben sei.“[43]

An den letzten Aspekt knüpfe sich eine weitere Schwierigkeit, da angesichts der faktischen Verfasstheit des Christentums Zweifel gehegt werden könnten, ob eine erlösende Mitteilung der „unsündlichen Vollkommenheit“[44] Christi in diesem und durch dieses wahrhaft stattfinde. Auch hier argumentiert Schleiermacher wiederum nicht mit einem ,äußerlichen‘, objektiven Aufweis, sondern mit der innerlichen Glaubenserfahrung,[45] die verbürge, dass eine der ursprünglichen, unmittelbaren Begegnung mit dem Erlöser gleichartige möglich sei vermittelt durch das von ihm gestiftete Gesamtleben, weil auch in dem gegenwärtigen, unvollkommenen Gesamtleben „eine von jener Vollkommenheit ausgehende Richtung gesetzt sei, die [...], als innerstes [...] oder als Impuls, ihrem Ursprung angemessen ist, und sich eben deshalb [...] auch in der Erscheinung immer mehr herausarbeiten wird.“[46] Für die hier angestrebte Untersuchung tritt somit erneut einerseits die Notwendigkeit der kontextbezogenen und -nahen Analyse der Lehrstücke von Wiedergeburt und Heiligung vor Augen, andererseits die besondere Relevanz der Glaubenserfahrung für die dogmatische Darstellung insgesamt.

Während bisher das komplexe Verhältnis zwischen den Aussagen des ersten und zweiten Abschnitts der Explikation des Gnadenbewusstseins von Schleiermacher behandelt wurde, leiten die Gedanken im Anschluss daran in der ,Glaubenslehre‘ zu den einleitenden Aussagen hinsichtlich der „göttlichen Eigenschaften und Handlungsweisen“[47] über. Zunächst geschieht dies nur indirekt, indem der in der Erlösungsvorstellung implizierte Gegensatz – von Sünde und Gnade, von ,alt‘ und ,neu‘ – überführt wird in die Frage nach dem Charakter des Ursprungs des ,Neuen‘: Wie bereits an vorherigen Stellen angedeutet,[48] könne dieser nicht im ,natürlichen‘, d. h. sündigen Gesamtleben liegen. Da aber dieses

---

[43] CG² II, § 88.2, 23.

[44] CG² II, § 88.3, 25.

[45] Allerdings wertet Schleiermacher die subjektive Glaubensgewissheit nicht geringer als eine solche, die ein „objective[s] Bewußtsein begleitet“ (CG² I, § 14.1, 116). Vgl. zum Glaubensverständnis Schleiermachers Kap. VI.5.2.2 der vorliegenden Arbeit.

[46] CG² II, § 88.3, 26. Konkretisiert wird dieser Gedanke eines dem christlichen Gesamtleben inhärierenden Impulses in der Pneumatologie, vgl. aaO., § 116, 241–244, sowie §§ 121–125, 278–303.

[47] CG² I, § 30, 193.

[48] Vgl. einerseits die Ausführung innerhalb der Sündenlehre über „das Bedürfniß einer außer dem Gebiet jenes erweiterten Selbstbewußtseins gestellten Hülfe“ (CG² I, § 71.3, 434 f. sowie

gemäß der Ursündenlehre „das ganze menschliche Geschlecht umfaßt", werde an denjenigen, von dem das neue Gesamtleben herrühre, „als an einen übernatürlich gewordenen"[49] geglaubt. Abgeleitet von diesem Glaubenssatz erscheine dann auch das neue Gesamtleben selbst seinem Ursprung nach übernatürlich und ebenso der „Uebergang jedes Einzelnen aus dem alten Gesammtleben in das neue"[50]. Allerdings dürfe diese Übernatürlichkeit – hier greift Schleiermacher auf die grundlegenden Aussagen der Einleitung der ‚Glaubenslehre' hinsichtlich des Offenbarungscharakters der „Erscheinung des Erlösers"[51] zurück – nicht in einem absoluten Sinne gefasst werden, sondern ‚übernatürlich' müsse als Bezeichnung des Verhältnisses zu dem vorherigen, ‚natürlichen' Zustand der Sünde gefasst werden, aus dem heraus das Neue nicht hätte auf ‚natürliche' Weise entstehen können. Darüber hinaus gelte sie nur für den Ursprung, nicht aber für die weitere Entwicklung.

Das Interesse, welches sich mit dieser Modifikation des Gedankens der Übernatürlichkeit verbindet, ist erneut, die Identität und Kontinuität der menschlichen Natur begreifbar zu machen, die zwischen Erlöser und zu Erlösenden als Voraussetzung der Wirksamkeit der Erlösung und zwischen dem zu erlösenden und dem erlösten Menschen als Voraussetzung seiner Erlösbarkeit überhaupt herrschen müsse, wenn nicht der Erlösungsgedanke in den einer vollständigen Neuschaffung überführt werden soll.[52] Die Voraussetzung, die Schleiermacher diese Modifikation der Übernatürlichkeit erlaubt, ist der Gedanke der lebendigen Empfänglichkeit, die gleichsam das ‚Vermittlungsorgan' für die Naturwerdung eines ursprünglich Übernatürlichen – und das heißt Göttlichen – sei:

> „Fassen wir nun dies alles zusammen, so sezen wir hier überall auf der einen Seite eine anfangende göttliche Thätigkeit als etwas übernatürliches, zugleich aber eine lebendige menschliche Empfänglichkeit, vermöge deren erst jenes übernatürliche ein geschichtlich natürliches werden kann."[53]

Der so explizit eingeführte Gedanke der göttlichen Tätigkeit bezüglich der Erlösung erfährt nun eine weitere Erläuterung, und es erhellt, warum die gerade angeführte Übernatürlichkeit insbesondere aus dieser Perspektive von Schleiermacher nicht als schlechthin bestimmt wird: In Rücksicht auf die Ausführungen des ersten Teils der ‚Glaubenslehre' und derer zum Sündenbewusstsein könne vor dem Hintergrund der dortigen Ablehnung der Vorstellung von Wundern als

---

Kap. III.2 der vorliegenden Arbeit), andererseits die in diesem Kapitel behandelten Aussagen über den göttlichen Ursprung des neuen Gesamtlebens (vgl. CG² II, § 87, 18–21).

[49] CG² II, § 88.4, 26.
[50] CG² II, § 88.4, 27.
[51] CG² I, § 13, 106, vgl. aaO., § 13.1, 106–110.
[52] Vgl. zur Thematik v. a. Kap. II.4 sowie Kap. III.2 der vorliegenden Arbeit.
[53] CG² II, § 88.4, 27. Vgl. Kap. IV.3 der vorliegenden Arbeit.

Durchbrechung des Naturzusammenhangs[54] sowie der Aussage, „daß die Sünde nicht von Gott geordnet und für ihn nicht sei"[55], auch das Christusgeschehen nicht als ‚übernatürliche Reaktion' Gottes auf die Sünde gefasst werden, sondern sei „von jenem Gesichtspunkt aus […] als die nun erst vollendete Schöpfung der menschlichen Natur zu betrachten"[56]. In dieser Hinsicht sei „Christus dann selbst der zweite Adam, der Anfänger und Urheber dieses vollkommnern menschlichen Lebens, oder die Vollendung der Schöpfung des Menschen"[57].

Zwar sei die Verwendung des Erlösungsbegriffs im Zusammenhang der Frage nach „eine[r] göttlichen Anordnung"[58] statthaft, sofern sich der in jenem Begriff implizierte Bezug auf das Sündenbewusstsein auch als göttliche Anordnung fassen lasse.[59] Doch stärker wiege die – auch in der kirchlichen Lehre entschieden vertretene – Auffassung, „daß Gott nicht Urheber der Sünde ist", und daher auch „der Ausdrukk Erlösung sich nicht auf dieselbe Weise dazu eignet den göttlichen Rathschluß zu bezeichnen, wie er die Wirkung desselben bezeichnet"[60]. Der Sachgehalt beider Ausdrücke – Erlösung und Vollendung der Schöpfung[61] des Menschen – unterscheide sich nicht,[62] aber es wechsle gewissermaßen die Per-

---

[54] Vgl. CG² I, § 34, 212–215, und § 47, 276–286, sowie den Abschnitt zu Schöpfung und Erhaltung (Kap. II.2) dieser Arbeit; vgl. auch die Entfaltung der Allmacht in: CG² I, § 51, 308–312, und § 54, 324–335, mit den Erläuterungen in Kap. II.2.1.2 der vorliegenden Untersuchung.

[55] CG² II, § 89, 27. Vgl. dazu auch v.a. CG² I, § 81, 494–506, sowie die entsprechenden Erläuterungen in Kap. III.4 der vorliegenden Untersuchung.

[56] CG² II, § 89, 27 f.

[57] CG² II, § 89.1, 29.

[58] CG² II, § 89.1, 28.

[59] Vgl. aus dieser Arbeit Kap. II.2.2.4 sowie CG² II, § 89.1, 28 f. [Hervorhebung durch die Vfn.]: „Inwiefern nun dieses [sc. eine göttliche Anordnung hinsichtlich des Sündenbewusstseins] möglich ist, wurde schon früher [sc. CG² I, § 80, 488–494] auseinandergesetzt, erhellt aber jetzt noch deutlicher, daß nämlich Gott geordnet hat, die frühere unübersteigliche Unkräftigkeit des Gottesbewußtseins solle als eigene That zum Bewußtsein der Sünde werden, um diejenige Sehnsucht zu schärfen, ohne welche auch die Begabung Jesu keine *lebendige Empfänglichkeit* gefunden hätte zur Aufnahme seiner Mittheilung."

[60] CG² II, § 89.1, 29.

[61] Schleiermacher macht darauf aufmerksam, dass auch hier – wie schon im ersten Teil der ‚Glaubenslehre' (vgl. CG² I, §§ 36–41, 218–240, sowie §§ 46–49, 264–299, samt den Erläuterungen in Kap. II.2.1.1 der vorliegenden Arbeit) – „der Begriff der Schöpfung auf den der Erhaltung müsse zurükkzuführen sein" (CG² II, § 89.3, 31): „Wie nun nicht nur der Mensch Jesus der zweite Adam heißt […], sondern auch alle Wiedergebohrenen die neue Kreatur heißen, und also auch das noch als Schöpfung aufgestellt wird, was wir mit vollem Recht ursprünglich als Erhaltung darstellen, nämlich als Erhaltung der sich immer weiter bewährenden Kräftigkeit Christi zur Erlösung und Beseligung: so ist auch umgekehrt die Erscheinung Christi selbst anzusehen als Erhaltung nämlich der von Anbeginn der menschlichen Natur eingepflanzten und sich fortwährend entwickelnden *Empfänglichkeit der menschlichen Natur* eine solche schlechthinige Kräftigkeit des Gottesbewußtseins in sich aufzunehmen" (ebd. [Hervorhebungen durch die Vfn.]).

[62] Vgl. CG² II, § 89.2, 29 f. Es lässt sich insofern m.E. auch nicht der „Wechsel von der bisherigen Leitkategorie der Erlösung zur übergreifenden Perspektive der Vollendung der Schöpfung" (M. JUNKER, Das Urbild des Gottesbewußtseins. Zur Entwicklung der Religionstheorie und Christologie Schleiermachers von der ersten zur zweiten Auflage der Glaubenslehre, SchlA 8,

spektive: Was sich für den Menschen in einer Entwicklung vollziehe, in Gegensätzen darstelle und die Vorstellung einer ‚gestaffelten' Heilsordnung[63] hervorbringe, sei aus der ‚göttlichen Perspektive' ein ewiger, ungeteilter Ratschluss.[64]

Die Perspektivenunterscheidung in der Vorstellung von dem einen göttlichen Ratschluss einerseits, seiner sich zeitlich in differenten Geschehnissen manifestierenden Realisierung andererseits wird auch in der Christologie – im Blick auf das Verhältnis der göttlichen und menschlichen Tätigkeit zur Zeitlichkeit bei der Vereinigung und dem Vereintsein der ‚Naturen' –[65] sowie in der Frage der Wiedergeburt, insbesondere der Rechtfertigung,[66] erneut thematisch werden. Dass allerdings die ‚Glaubenslehre' für Schleiermacher ihren Schwerpunkt nicht auf der Darstellung eines „Inbegriff[s] göttlicher Ratschlüsse"[67] haben kann, ist durch ihren Ausgangspunkt bei den vom christlich-frommen Selbstbewusstsein hervorgebrachten Glaubenssätzen evident:

„Denn ein Saz, der einen göttlichen Ratschluß ausspricht, ist nicht ein Ausdrukk des unmittelbaren Selbstbewußtseins. Wenn aber richtig und vollständig zum Bewußtsein gebracht wird, was in der Welt durch die Erlösung gesezt ist: so ist eben damit auch der Inbegriff der göttlichen Rathschlüsse gegeben."[68]

Berlin/New York 1990, 184) behaupten, da beide Ausdrücke keinen sachlich unterscheidbaren Gehalt haben und darüber hinaus die Erlösungsvorstellung auch in der zweiten Auflage von zentraler Bedeutung bleibt.

[63] Der Begriff ‚Heilsordnung' wird von Schleiermacher in der ‚Glaubenslehre' nur sporadisch verwendet. Andererseits lassen die wenigen Belege auch keine Bedenken Schleiermachers gegenüber diesem Begriff erkennen, so bspw. im Zusammenhang der Lehre von der Erwählung, innerhalb derer Schleiermacher von einer göttlich gewirkten „Heilsordnung für den menschlichen Geist" spricht, die der „Naturordnung des menschlichen Lebens" (CG² II, § 117.4, 248) korrespondiere. Anders verhält es sich in den ‚Reden', in deren zweiter sich ein deutlich negativ konnotierter Bezug auf den Gedanken der Heilsordnung findet (vgl. F. D. E. SCHLEIERMACHER, Reden, 222).

[64] Vor dem Hintergrund dieser Verhältnisbestimmung und sachlichen Identifikation von ‚Erlösung' und ‚vollendeter Schöpfung' verbietet es sich m. E., die „Erlösung als eine *Wiederherstellung* der ursprünglichen Vollkommenheit der menschlichen Natur zu verstehen", als ihre „Restitution" (U. GLATZ, Religion und Frömmigkeit bei Friedrich Schleiermacher. Theorie der Glaubenskonstitution, Forum Systematik 39, Stuttgart 2010, 324.361 [Hervorhebung durch die Vfn.]; dagegen auch: CG¹ I, § 11.2, 6). Zwar finden sich bspw. auch in der ‚Christlichen Sitte' Passagen, in denen Erlösung als Wiederherstellung beschrieben wird, allerdings wird hinzugefügt (CS² I, 45): „Nicht als sollte nur im besonderen ein Zustand wiederhergestellt werden, der schon einmal da war, sondern das soll wiederhergestellt werden, was mit dem Anfange des christlichen sittlichen Lebens im allgemeinen gesezt ist" (vgl. auch aaO., Anm., 292, die Ausführungen aus der Nachschrift der Vorlesung von 1824/25).

[65] Vgl. CG² II, § 97.2 f., 72–85, samt der Erläuterung in Kap. V.1 dieser Untersuchung.

[66] Vgl. CG² II, § 109, 191–202, sowie das diesen Paragraphen behandelnde Kap. VI.5.3 der vorliegenden Arbeit.

[67] CG² II, § 90.2, 34. In Abgrenzung gegen die Tradition der Dogmatik der altreformierten Orthodoxie, wo sich klassisch ein Locus *De decretis Dei* findet (vgl. H. HEPPE, Die Dogmatik der evangelisch-reformierten Kirche. Dargestellt und aus den Quellen belegt, neu durchges. u. hg. v. E. BIZER, Neukirchen 1935, Locus VII, 107–119).

[68] CG² II, § 90.2, 34.

Daher bilde die Explikation der Auffassung über die „göttlichen Eigenschaften, welche sich auf die Erlösung beziehen"[69], den Abschluss sowie die notwendige Ergänzung der bisherigen Eigenschaftslehre. Gemeinsam mit der ihr vorangehenden Darstellung des Gnadenbewusstseins im ersten und zweiten Abschnitt sei gemäß dem in der Einleitung entfalteten Aufbauprinzip[70] die Vollendung der „christlichen Glaubenslehre in den ihr hier gesteckten Grenzen"[71] erreicht.

Eigens thematisiert wird von Schleiermacher ferner die Anordnung der ersten zwei Abschnitte, da die Unterscheidung zwischen den Sätzen der Grundform, d.h. „der unmittelbaren Beschreibung des Gnadenstandes der Erlösten", und denen, die beschreiben, „was durch die Erlösung in der Welt gesetz sei"[72], erheblich durch die wechselseitige, konstitutive Abhängigkeit[73] von erlösten Einzelnen und neuem Gesamtleben erschwert werde. Dass dennoch die Darstellung zwischen beiden differenzieren und die sich auf den Einzelnen fokussierende Grundform zuerst behandeln könne, begründet Schleiermacher einerseits mit der unterschiedlichen Perspektive, die sich mit den jeweiligen Lehren verbindet,[74] dann aber auch von dem Standpunkt aus, dass es aufgrund der ursprünglichen Gleichzeitigkeit der Erlösung Einzelner und der Stiftung des neuen Gesamtlebens keines dogmatischen Vorwissens um dieses bedürfe, um jene adäquat zu beschreiben.[75] Für die hier angestrebte Untersuchung bedarf es daher keiner vollständigen Rekonstruktion auch des zweiten Abschnitts der Behandlung des Gnadenbewusstseins, doch wird zur Erhellung einzelner Aspekte an entsprechender Stelle gelegentlich ein Ausblick gegeben.

Worauf Schleiermacher zur Begründung des Aufbaus an dieser Stelle nicht eigens rekurriert, was aber meines Erachtens hinsichtlich der Anordnung ebenfalls vorausgesetzt werden kann, ist seine Auffassung bezüglich des wesentlichen Unterschieds zwischen Protestantismus und Katholizismus, gemäß derer „ersterer das Verhältniß des Einzelnen zur Kirche abhängig macht von seinem Verhältniß zu Christo, der leztere aber umgekehrt das Verhältnis des Einzelnen zu Christo abhängig von seinem Verhältniß zur Kirche."[76] Diese Bestimmung

---

[69] So die Überschrift zu CG² II, §§ 164–169, 494–513.

[70] Vgl. CG² I, §§ 29–31, 190–197.

[71] CG² II, § 90, 32.

[72] CG² II, § 90.1, 32.

[73] Vgl. CG² 90.1, 32 f.: „Denn jedem Einzelnen kommt auf der einen Seite die Mittheilung der göttlichen Gnade nur aus diesem neuen Gesammtleben [...]. Auf der andern Seite besteht das Gesammtleben nur aus den Erlösten als solchen [...]."

[74] Vgl. CG² II, § 90.1, 33 [Hervorhebungen durch die Vfn.]: „Das Gesammtleben besteht nämlich allerdings nur aus den erlösten Einzelnen; was es aber in der *Welt* bedeutet, das ist es durch seine *Organisation*. In dieser betrachtet fällt es mithin der zweiten Darstellungsweise anheim. Die *Zustände des Einzelnen* hingegen als solchen, wie sie den Gegensaz bilden zu seinen *Zuständen* im Gesammtleben der Sündhaftigkeit, sind von dem ersten Gesichtspunkt aus zu entwickeln."

[75] Vgl. CG² II, § 90.1, 33.

[76] CG² I, § 24, 163 f.

spiegelt sich in der Anordnung der Hauptstücke wider, insofern die Reihenfolge
eben ‚Christus – Einzelner – Kirche' und nicht ‚Christus–Kirche–Einzelner' ist.
Bezeichnender Weise bildet dabei das Verhältnis von Christus und Einzelnem gemeinsam einen Abschnitt, die Darstellung der ‚Grundform' dogmatischer Sätze,
aus denen der zweite Abschnitt, die entsprechende Aussage über die Kirche,
nur abgeleitet wird. Deutlicher tritt dieses Verhältnis dann im Einleitungsparagraphen der Lehrstücke von Wiedergeburt und Heiligung zu Tage; dort heißt
es, dass „die Gemeinschaft der Gläubigen ihrem wahren Wesen nach doch nur
besteht aus der Gesammtheit der Heiligungsmomente aller in die Lebensgemeinschaft Christi aufgenommenen Einzelnen", von daher aber die Vorordnung der
Aussagen über den Einzelnen vor die über die Gemeinschaft dadurch gerechtfertigt sei, „daß doch ursprünglich Einzelne von Christo ergriffen wurden"[77]. Es
wird erneut deutlich, welche Bedeutung der Darstellung des Erlösungsgedanken
im engeren Sinn, d.h. hier auf seine beiden ‚Hauptrelata' Erlöser und zu Erlösende bezogen, im Kontext der Entfaltung des Gnadenbewusstseins, dann aber
auch in dem der evangelischen Glaubenslehre insgesamt zukommt, da letztlich
hier thematisch wird, was das ‚Wesen des Protestantismus' ausmacht.

Mit dieser Pointierung der Untersuchungsschwerpunkte wird jedoch in keiner
Weise in Abrede gestellt, dass dem Schleiermacherschen Erlösungsverständnis
die soziale Dimension wesentlich ist. Wenn innerhalb der Lehren von Wiedergeburt und Heiligung von den Vorstellungen über die Vorgänge und Zustände
„in der einzelnen Seele"[78] gehandelt wird, so ist doch stets der Einzelne in seinen
gemeinschaftlichen Bezügen gemeint. Das neue Gesamtleben ist somit zwar
nicht explizit, aber doch implizit stets auch präsent. Insofern Schleiermacher
allerdings im 2. Abschnitt primär die „Organisation"[79] dieses Gesamtlebens
darstellt, ist es möglich, diesen Aspekt in der Darstellung der Auffassung über
die Erlösung des Einzelnen vorerst auszublenden, ohne eine unsachgemäße Verkürzung vorzunehmen.

2 Der Grundgehalt des Gnadenbewusstseins:
Gemeinschaft mit Gott in lebendiger Empfänglichkeit

Die Formel, auf die Schleiermacher das „Grundbewußtsein eines jeden Christen
von seinem Gnadenstande"[80] bringt, stellt gleichsam den Auftakt und Rahmen
der ihr folgenden Lehrstücke über Christi Person und Werk sowie über Wiedergeburt und Heiligung dar. Schleiermacher erhebt dabei den Anspruch, eine

---

[77] CG² II, § 106.2, 166 f.
[78] CG² II, 164.
[79] CG² II, § 90.1, 33.
[80] CG² II, § 91.1, 35.

‚universal-christliche' Grundanschauung zu formulieren, unter der alle konkreten, z. T. untereinander divergierenden christlichen Auffassungen der Gnade
zusammengefasst seien:[81]

> „Wir haben die Gemeinschaft mit Gott nur in einer solchen Lebensgemeinschaft mit dem
> Erlöser, worin seine schlechthin unsündliche Vollkommenheit und Seligkeit die freie aus
> sich herausgehende Thätigkeit darstellt, die Erlösungsbedürftigkeit des Begnadigten aber
> die freie in sich aufnehmende Empfänglichkeit."[82]

Zwei Aspekte werden deutlich festgehalten: Erstens, das *Telos* menschlichen Lebens,[83] die Gottesgemeinschaft in Form eines kräftigen, in der Einigung mit dem
sinnlich erregten Selbstbewusstsein den Moment bestimmenden Gottesbewußtseins, welche als Gnade bewusst werde,[84] könne der Mensch nicht unmittelbar
erreichen, sondern ausschließlich vermittelt über die Lebensgemeinschaft mit
Christus.[85]

Und zweitens, diese für die Gottesgemeinschaft notwendige Lebensgemeinschaft habe zwei ‚Pole': Auf Seiten des Erlösers sei nicht seine Person als solche
das Entscheidende, sondern die – in der Würde dieser Person gründende – eigentümliche Tätigkeit;[86] damit der Erlöser aber als ‚Aktivator' mit der erlösenden
Tätigkeit sein Ziel erreiche, müsse auf Seiten der zu Erlösenden ein ‚Rezeptor'

---

[81] Vgl. CG² II, § 91.1, 35 f. [Hervorhebungen durch die Vfn.]: „Dies ist das Grundbewußtsein *eines jeden Christen* […]. […] Eben so wenig aber ist zu läugnen, daß unser Saz noch einen
großen Spielraum *für die verschiedensten Auffassungen* dieses Verhältnisses zuläßt, die sich
doch alle innerhalb der aufgestellten Grenzen halten." So auch schon in der Einleitung zum
Erlösungsbewusstsein, vgl. CG² I, § 64.1, 398 f.

[82] CG² II, § 91, 35.

[83] Das mit dem Selbstbewusstsein geeinigte Gottesbewusstsein bildet gemäß der Einleitung
„die höchste Stufe des menschlichen Selbstbewußtseins" (CG² I, § 5, 40): das „Bezogenwerden
des sinnlich bestimmten auf das höhere Selbstbewußtsein in der Einheit des Moments ist der
Vollendungspunkt des Selbstbewußtseins" (aaO., § 5.3, 46). Insofern gilt Schleiermacher die
Realisierung dieser Möglichkeit der menschlichen Natur in der „Erscheinung Christi […] als
die nun erst vollendete Schöpfung der menschlichen Natur" (CG² II, § 89, 27 f.).

[84] Vgl. CG² I, § 63, 394–398.

[85] Diese Lebensgemeinschaft mit dem Erlöser werde wiederum – nach dessen Tod – nicht
unmittelbar konstituiert, sondern vermittelt durch das von ihm gestiftete neue Gesamtleben.

[86] Insofern ist Preul zuzustimmen, dass Schleiermachers Christologie als konsequente
Durchführung der viel zitierten Einsicht Melanchthons – „hoc est Christum cognoscere
beneficia eius cognoscere" (P. MELANCHTHON, Loci communes [1521], lt.-dt., übers. v.
H. G. PÖHLMANN, hg. v. Lutherischen Kirchenamt der VELKD, ²1997, 22 [0,13]; vgl. auch
ApolCA IV, in: BSLK, 181,14–20) – angesehen werden kann (vgl. R. PREUL, Schleiermachers
Verhältnis zu Melanchthon, in: Melanchthons bleibende Bedeutung. Ringvorlesung der Theologischen Fakultät der Christian-Albrechts-Universität zum Melanchthon-Jahr 1997, hg. v.
J. SCHILLING, Kiel 1998, 116–123). Vgl. auch H. STEPHAN, Die Lehre Schleiermachers von
der Erlösung, Tübingen/Leipzig 1901, 46: „Das Wichtige liegt für uns in seiner Wirksamkeit;
seine Würde vermögen wir nur in soweit recht zu erkennen, als wir ihre schöpferische Kraft
an uns spüren, und nur unter diesem Gesichtspunkt gehört sie in den Mittelpunkt der evangelischen Glaubenslehre."

für diese Tätigkeit veranschlagt werden: die lebendige Empfänglichkeit, auf die schon an früheren Stellen wiederholt hingewiesen wurde.[87]

Diese Formulierung wird meines Erachtens von Schleiermacher in nennenswerter Häufigkeit erst in der zweiten Auflage der ‚Glaubenslehre' verwendet.[88] Es scheint, dass er mit ihr einen verständnisrelevanten Aspekt in besonderer Weise zum Ausdruck zu bringen vermag. Es soll daher nun – unter Rückgriff auf die vorherige, aber auch unter Vorverweis auf die noch folgende Darstellung – der Schleiermachersche Begriff der ‚lebendigen Empfänglichkeit' einer genaueren Analyse unterzogen werden, da diesem sowohl innerhalb der Christologie als auch innerhalb der Lehrstücke von Wiedergeburt und Heiligung eine entscheidende Funktion zukommt.

3 „Lebendige Empfänglichkeit" in der ‚Glaubenslehre' und ‚Psychologie'

Eingeführt wird der Begriff der Empfänglichkeit im Kontext der ethischen Lehnsätze innerhalb der Einleitung;[89] es geht Schleiermacher an dieser Stelle primär um die Entwicklung eines allgemeinen Begriffs von Kirche, wie er der dogmatischen Behandlung zugrundeliege.[90] Zu diesem Zweck muss er zunächst das Wesen der Frömmigkeit erheben, da diese von ihm als „Basis aller kirchli-

---

[87] Es erstaunt, dass Junker zwar auf die Relevanz des Gedankens der ‚lebendigen Empfänglichkeit' aufmerksam macht (vgl. v. a. M. JUNKER, Urbild, 168 und 171, sowie die Vorverweise aaO., 119; 126; 129), jedoch nicht die Notwendigkeit sieht, diesen Begriff – in seiner Bedeutung und Funktion – genauer zu erläutern. Ebenso bemerkt Osthövener die soteriologische Relevanz der Schleiermacherschen Rede von der ‚lebendigen Empfänglichkeit' (vgl. C.-D. OSTHÖVENER, Erlösung. Transformation einer Idee im 19. Jahrhundert, BHTh 128, Tübingen 2004, 89 f. 93), geht seiner Bedeutung in der Skizzierung von Christologie und Soteriologie aber nicht weiter nach, obwohl es ihm gerade daran gelegen ist, die *„anthropologische Fundierung"* der Schleiermacherschen „Erlösungsvorstellung" (aaO., 100) herauszuarbeiten.

[88] Vgl. die anderslautende Formulierung bei prägnanten Passagen, so bei CG² II, § 91, 35, und dem entsprechenden Paragraphen in CG¹ II, § 112, 16; oder auch die Abweichungen zwischen aaO., § 109.4, 10,8–14, und CG² II, § 88.4, 27,7–11; schließlich auch in der Beschreibung des Seins Gottes im Erlöser, aaO., 94.2, 54–56, und CG¹ II, § 116.3, 28–30; auch in der Auseinandersetzung mit der Frage nach dem Glauben als *organon leptikon* findet sich die Erwähnung in der zweiten (vgl. CG² II, § 109.4, 202), nicht aber in der ersten Auflage (vgl. CG¹ II, § 129.4, 116). Allerdings kommt der Ausdruck im zweiten Zusatz zu CG¹ II, § 130, 133–135, am Rande vor, wird dort zwar auf Soteriologie und Christologie bezogen, aber anscheinend noch nicht vollständig in seinem Wert für die Durchdringung der Thematik erkannt. Vgl. dazu auch die Ausführungen im Fazit der vorliegenden Untersuchung (Kap. VIII).

[89] Die erste Nennung findet sich m. E. in CG² I, § 3.3, 25. Zur Gesamtkonzeption der Einleitung der ‚Glaubenslehre' vgl. C. ALBRECHT, Schleiermachers Theorie der Frömmigkeit. Ihr wissenschaftlicher Ort und ihr systematischer Gehalt in den Reden, in der Glaubenslehre und in der Dialektik, SchlA 15, Berlin/New York 1994, 199–203.

[90] Vgl. CG² I, § 2, 13–19, und § 19, 143–150, sowie KD², § 22, 148, und § 97, 177. Vgl. auch Kap. I.2.2 der vorliegenden Untersuchung.

chen Gemeinschaften"[91] postuliert wird. Der Argumentationsgang der ethischen Lehnsätze lässt sich daher wie folgt skizzieren: Zunächst ordnet Schleiermacher die Frömmigkeit im Bereich der geistigen Funktionen[92] des Menschen ein: sie sei „eine Bestimmtheit des Gefühls oder des unmittelbaren Selbstbewußtseins"[93] und somit von ‚Wissen' und ‚Tun' als den beiden anderen Funktionen zu unterscheiden.[94]

Nun sei jedoch nicht jedes Gefühl bzw. jede Bestimmtheit des unmittelbaren Selbstbewusstseins Frömmigkeit, weshalb es gelte, „das sich selbst gleiche Wesen der Frömmigkeit"[95] zu bestimmen und sie somit von anderen Gefühlszuständen zu unterscheiden.[96] Schleiermacher definiert dieses Wesen dahingehend, dass Frömmigkeit das Gefühl schlechthinniger Abhängigkeit bzw. das Bewusstsein der Beziehung mit Gott als „unmittelbarste Reflexion"[97] des schlechthinnigen Abhängigkeitsgefühls bezeichne. Um anschließend den Schritt von der Frömmigkeitstheorie zur Aufstellung des Begriffs der Kirche vollziehen zu können, muss es Schleiermacher gelingen, zu zeigen, dass es sich bei der Frömmigkeit als der „höchste[n] Stufe des menschlichen Selbstbewußtseins"[98] um „ein für die Entwikkelung des menschlichen Geistes nothwendiges Element"[99] handele, da dann die Gemeinschaftsbildung aufgrund des „jedem Menschen einwohnende[n] Gattungsbewußtsein[s]"[100] eine natürlich-legitime Konsequenz sei. ‚Kirche' kann dann abschließend von ihm als eine bestimmte Form auf Frömmigkeit

---

[91] CG² I, § 3, 19; vgl. aaO., § 3.1, 19–22.

[92] Man könnte mit Recht und unter Berufung auf Schleiermachers eigene Ausführungen zur ‚Psychologie' auch von ‚geistigen Tätigkeiten' (vgl. bspw. Psych [1830], Nr. 8, 495) sprechen. Schleiermacher verwendet den Tätigkeitsbegriff in Abgrenzung gegenüber dem Begriff ‚Vermögen', da letzterer häufig zu einem ‚personifizierten' (Miss-)Verständnis der Seelenvermögen geführt habe (vgl. aaO., 501). Zugunsten der möglichst hohen Klarheit der Darstellung ist m. E. der Tätigkeitsbegriff für die geistigen Funktionen zu vermeiden, sofern deren Zuordnung zu Empfänglichkeit und Selbsttätigkeit thematisch wird.

[93] CG² I, § 3, 20.

[94] Zum Hintergrund der Auffassung einer Dreiteilung der seelischen Funktionen und dem geistesgeschichtlichen Umfeld der ‚Gefühlstheorie' vgl. z. B. den knappen und informativen Überblick bei J. Rohls, Frömmigkeit als Gefühl schlechthinniger Abhängigkeit. Zu Schleiermachers Religionstheorie in der „Glaubenslehre", in: K.-V. Selge (Hg.), Internationaler Schleiermacher-Kongreß Berlin 1984, Teilbd. 1, SchlA I.1, Berlin/New York 1985, 238–243.

[95] CG² I, § 4, 32.

[96] Vgl. dazu auch C. Albrecht, Theorie, 234, Anm. 166: „Der Ausdruck ‚Bestimmtheit' drückt […] aus, daß zwischen ‚Frömmigkeit' und ‚Gefühl' bzw. ‚unmittelbarem Selbstbewußtsein' nicht etwa ein Identitätsverhältnis, sondern ein Teilmengenverhältnis besteht".

[97] CG² I, § 4.4, 39. Das Verhältnis von schlechthinnigem Abhängigkeitsgefühl und Gottesbewusstsein sowie die Schwierigkeit, die sich mit der Formulierung ‚unmittelbarste Reflexion' verbindet, wird an späterer Stelle thematisiert (vgl. Kap. VI.5.2.2).

[98] CG² I, § 5, 40.

[99] KD², § 22, 148. Vgl. CG² I, § 6.1, 53 f.

[100] CG² I, § 6.2, 55.

basierender Gemeinschaft charakterisiert werden, die sich durch (relative) Abgeschlossenheit auszeichne.[101]

Der Begriff der Empfänglichkeit begegnet innerhalb dieser Argumentationskette zur Erläuterung der Verortung der Frömmigkeit im Gefühl.[102] An dieser Stelle ‚entlehnt‘ Schleiermacher nicht nur Sätze aus der Ethik, sondern greift auch auf „geliehenes aus der Seelenlehre"[103] zurück. Es scheint daher geboten, zur Erläuterung des Empfänglichkeitsbegriffs im Allgemeinen und seiner Spezifizierung durch das Adjektiv ‚lebendig‘ nicht nur die Ausführungen der ‚Glaubenslehre‘, sondern auch Schleiermachers Darstellungen zur Psychologie[104] zu beachten.[105] Die Methode, mit der Schleiermacher dort zu Erkenntnissen bezüglich der menschlichen Seele zu gelangen strebt, ist wiederum das ‚kritische‘, zwischen Empirie und Spekulation vermittelnde Verfahren,[106] das in der vorliegenden Arbeit bereits innerhalb der Einleitung im Zusammenhang der Frage nach der Methode der Ermittlung des Wesens des Christentums dargestellt wurde.[107]

---

[101] Vgl. CG² I, § 6.4, 57f.

[102] Vgl. auch D. Offermann, Schleiermachers Einleitung in die Glaubenslehre. Eine Untersuchung der „Lehnsätze", Berlin 1969, 44: „Mir scheint, daß die für den Fortgang der Erörterung wesentliche Aussage dieses 3. Abschnittes in der Feststellung liegt, daß das Fühlen ‚ganz und gar der Empfänglichkeit‘ angehöre, denn diese Bestimmung wird im nächsten Paragraphen an entscheidender Stelle ausgewertet. So jedenfalls wird verständlich, warum Schleiermacher diesen Gedankengang hier einführt. Gegenüber der 1. Auflage ist er ein vollständiger Zusatz."

[103] CG² I, § 3.3, 24.

[104] Die Schleiermachersche Konzeption der Psychologie ist über Vorlesungsmanuskripte und -nachschriften zugänglich. Viermal hat er über die ‚Seelenlehre‘ gelesen (im Zeitraum von 1818–1833/34, vgl. H. Fischer, Friedrich Daniel Ernst Schleiermacher, München 2001, 83), Manuskripte zu den Vorlesungen von 1818, 1830 sowie 1833/34 finden sich als Beilagen A–C in der von George veröffentlichten Psychologienachschrift (vgl. F. D. E. Schleiermacher, Psychologie, 406–557). Aufgrund der zeitlichen Nähe zur zweiten Auflage der ‚Glaubenslehre‘ bietet es sich an, das Manuskript von 1830 (Psych [1830]) samt dessen Nachschrift (PsychNS [1830]) zur Erläuterung hinzuzuziehen, wobei v. a. die Einleitung (vgl. aaO., 1–59) und der elementare Teil (vgl. aaO., 60–286) ertragreich sind. Vgl. zu Schleiermachers ‚Psychologie‘ auch K. Huxel, Ontologie des seelischen Lebens. Ein Beitrag zur theologischen Anthropologie im Anschluß an Hume, Kant, Schleiermacher und Dilthey, RPT 15, Tübingen 2004, 145–235.

[105] Wo es hilfreich erscheint, werden auch die Ausführungen zur ‚Ethik‘ herangezogen (vgl. F. D. E. Schleiermacher, Ethik [1812/13]).

[106] Schleiermacher gelangt zu der Feststellung der Angemessenheit dieser Methode, indem er zunächst die Möglichkeiten einer rein empirischen oder einer rein spekulativen Psychologie durchdenkt (vgl. Psych [1830], Nr. 5, 493 f.) und zu dem Schluss kommt, dass beide für sich einen Skeptizismus zur Konsequenz hätten: „Das empirische giebt den materiellen Skepticismus, ob das auch ist, was wir als seiend sezen, das a priori giebt den formellen, ob das auch wahr ist, was wir wissen" (aaO., 494 [Hervorhebung des Originals durch Kursivsetzung wiedergegeben]). Die Folgerung, die er für das weitere Vorgehen zieht, ist eine Methode, die auf die gegenseitige Durchdringung zielt: „Daß heißt also, daß alle Annäherung zum Wissen nur wird in der Durchdringung des a priori und des a posteriori" (ebd. [Hervorhebungen des Originals durch Kursivsetzung wiedergegeben]). Dieser methodischen ‚Mittelstellung‘ entspricht gewissermaßen die Einordnung der Psychologie zwischen den Grenzen des rein Physiologischen auf der einen, des rein Ethischen auf der anderen Seite (vgl. aaO., Nr. 7–10, 495–497).

[107] Vgl. Kap. I.2.2 der vorliegenden Untersuchung.

Sowohl in der ‚Glaubenslehre' als auch in der ‚Psychologie' wird der Begriff der Empfänglichkeit mit dem Lebensbegriff verbunden:[108] der Lebensprozess des Subjekts, der als kontinuierlicher einerseits, veränderlicher andererseits bewusst werde, impliziere mit diesen beiden Aspekten, dass der „Grund der Veränderung"[109] nicht allein im Subjekt liegen könne, sondern „noch etwas anderes voraus[setze]"[110], das in der ‚Psychologie' von Schleiermacher als „Außer-ich"[111] bezeichnet wird. Auf das Subjekt finde eine stetige „Einwirkung von außen"[112] statt; würde es durch sie vollständig bestimmt, so wäre der Prozess nicht als Leben zu bezeichnen, sondern gehörte den unbelebten mechanischen Prozessen an.[113] Die Unterscheidung von Passivität und Empfänglichkeit hängt somit in der Schleiermacherschen Darstellung an demjenigen, auf das eingewirkt wird: Die Frage ist, ob es ein ‚unbelebtes Ding' ist, dem die Einwirkung von außen nur passiv widerfährt, oder ob es lebendiges Sein ist, bei dem einer solchen Einwirkung die Empfänglichkeit korrespondiert.[114]

Es stellt sich daher die Frage, wie Schleiermacher bestimmt, was die ‚Lebendigkeit' von etwas ausmacht, da sich daraus der Unterschied zwischen Passivität und Empfänglichkeit erklärt. Das Entscheidende wurde zu Beginn des Absatzes schon angedeutet, wobei allerdings die Betonung anders gelagert war. Lebendig ist nach Schleiermacher das, dessen Veränderung zwar einerseits ‚von außen'

---

[108] Auf die Relevanz des Themas ‚Leben' für das Verständnis des Schleiermacherschen Denkens verweisen auch G. EBELING in seinen ‚Beobachtungen zu Schleiermachers Wirklichkeitsverständnis' (1973, in: DERS., Wort und Glaube, Bd. 3: Beiträge zur Fundamentaltheologie, Soteriologie und Ekklesiologie, Tübingen 1975, 96–115) und – im deutlichen Anschluss an diesen – V. WEYMANN (Glaube als Lebensvollzug und der Lebensbezug des Denkens. Eine Untersuchung zur Glaubenslehre Friedrich Schleiermachers, STGL 25, Göttingen 1977). Dieser macht allerdings nur ‚am Rande' darauf aufmerksam, dass Empfänglichkeit als „Lebensvorgang" (aaO., 45) sich von „reine[r] Passivität" (ebd.) unterscheide. Indem er innerhalb der Empfänglichkeit wieder unterscheidet und ein „Moment der Passivität" sowie „ein Moment gewissermaßen von Aktivität in der Empfänglichkeit" (aaO., 50) geltend macht, vollzieht Weymann m. E. die von Schleiermacher kritisierte Aufteilung der Empfänglichkeit „in eine thätige und leidende" (CG² II, § 108.6, 189).

[109] Psych (1830), Nr. 11, 497.

[110] CG² I, § 4.1, 33.

[111] Psych (1830), Nr. 11, 497. Vgl. auch CG² I, § 4.1, 33: „In jedem Selbstbewußtsein also sind zwei Elemente, ein – um so zu sagen – Sichselbstsezen und ein Sichselbstnichtsogesezthaben, oder ein Sein, und ein Irgendwiegewordensein; das lezte also sezt für jedes Selbstbewußtsein außer dem Ich noch etwas anderes voraus, woher die Bestimmtheit desselben ist, und ohne welches das Selbstbewußtsein nicht gerade dieses sein würde."

[112] Psych (1830), Nr. 11, 497.

[113] Vgl. zur Form des Lebens auch F. D. E. SCHLEIERMACHER, Ethik (1812/13), 13; 19; 138 u. ö.

[114] Es ist m. E. der grundlegende Fehler Brunners in seiner Darstellung des Schleiermacherschen Gefühls-, Religions- und Glaubensbegriffs, dass er die Empfänglichkeit mit der Passivität identifiziert (vgl. E. BRUNNER, Die Mystik und das Wort. Der Gegensatz zwischen moderner Religionsauffassung und christlichem Glauben dargestellt an der Theologie Schleiermachers, Tübingen ²1928, 63 ff.).

begründet ist, das aber ebenso den „Grund der Veränderung"[115] in sich hat.[116] Damit wird mit dem Begriff der ‚Lebendigkeit' immer auch eine Selbsttätigkeit des Lebendigen impliziert, die der Empfänglichkeit in einem (relativen) Gegensatz[117] gegenüber stehe.[118] Nur durch die Selbsttätigkeit könne die individuelle Lebenseinheit gegenüber der Totalität der Tätigkeit des Außer-ich bestehen,[119] ohne in diesen Prozess aufgelöst zu werden: „Das Leben ist physiologisch das Fortbestehen des Gegensazes gegen den universellen Prozeß. [...] Tod ist Untergang des individuellen Prozesses im universellen. Auf der Seite der Erscheinung des Geistes im Bewußtsein ist es eben so."[120] Indem es also bei der ‚Selbst-Erhaltung' des Lebendigen darum gehe, die eigene Lebenseinheit gegenüber dem universalen Prozess zu behaupten, unterscheide sich die Empfänglichkeit von der Passivität darin, dass sie der äußeren Einwirkung, die „ein Eindringenwollen des äußern in das innere" bedeute, nicht nur ‚durchlässig-aufnehmend' gegenüberstehe, sondern zugleich eine „Gegenwirkung" ausübe, die sich der Tatsache verdanke, dass das Subjekt „sich in diesem Den-Grund-seiner-Veränderung-in-sich-selbst-haben erhalten will. Dadurch wird das, was durch die Einwirkung selbst etwas passives werden sollte, durch die Selbstbestimmung ein dem lebendigen Sein angehöriges und ihm angemessenes"[121].

Es zeigt sich hier, dass der Gegensatz von Empfänglichkeit und Selbsttätigkeit insofern nur ein relativer ist, als in der Empfänglichkeit immer ein ‚Minimum'

---

[115] Psych (1830), Nr. 11, 497.

[116] Vgl. dazu Psych (1830), Nr. 11, 497, oder die prägnante Definition aus dem Manuskript von 1818 (F. D. E. SCHLEIERMACHER, Psychologie [1818], in: DERS., Psychologie, 406–488, Nr. 8, 415): „Leben verstehen wir nur im Gegensaz mit dem Tode und schreiben Leben demjenigen zu, was im Gegensaz mit dem übrigen den Grund zu seinen Veränderungen zum Theil in sich selbst hat, todt aber nennen wir dasjenige, welches den Grund seiner Veränderungen ganz außer sich hat."

[117] Der Gegensatz ergebe sich „in Bezug auf das Verhältnis zwischen Ich und Außer-ich [...], weil der eine Moment beim Außer-ich anfängt, der andre dabei endet" (Psych [1830], Nr. 11, 497 f.). Er könne aber nicht als ein absoluter gelten, da dann die Kontinuität des individuellen oder des universalen Prozesses aufgehoben würde (vgl. Psych [1830], Nr. 15, 501 f.).

[118] Schleiermacher stellt den Begriffen der Empfänglichkeit und Selbsttätigkeit ergänzend die Synonyme Rezeptivität und Spontaneität zur Seite (vgl. PsychNS [1830], 42 f.).

[119] Vgl. PsychNS (1830), 64 f.

[120] Psych (1830), Nr. 10, 497.

[121] PsychNS (1830), 64. Vgl. Psych (1830), Nr. 15, 501 f., 502: „Die Einwirkung wird nur Ein Moment mit der Gegenwirkung zusammen, welche das Ergebniß nach der Weise des individuellen Prozesses gestaltet." Vgl. auch CG² I, § 59.2, 365: „Ist aber wenigstens die Empfänglichkeit eine lebendige und eigenthümliche, so daß dieselbe Einwirkung nicht in Allen dasselbe wird, [...]", sowie CG² II, § 91.1, 36: „Denn keine Veränderung in einem Lebendigen ist ohne eigne Thätigkeit [...]." Vgl. auch C. v. SIGWART, Schleiermacher's Erkenntnißtheorie und ihre Bedeutung für die Grundbegriffe der Glaubenslehre, in: JDTh 2 (1857), 267–327, 287 f.: „[...] Die andere Ansicht dagegen, daß der Geist die Außenwelt auch insofern, als sie ihn selbst zu bestimmen scheint, sich doch vorher selbst gesetzt hat, findet ihre volle Wahrheit darin, daß wir keine Einwirkung der Dinge auf unser Einzelleben kennen, ausgenommen, insoferne sie erst Bewußtseyn geworden sind, das Bewußtseyn aber ist doch das dem Geiste eigenthümliche, und nach dessen Gesetzen allein hat er die Außenwelt."

der Selbsttätigkeit mitgesetzt sein müsse,[122] da sie sich sonst von der Passivität nicht unterscheide, die dem lebendigen Sein insgesamt, dem menschlichen aber insbesondere unangemessen sei.[123] Das Gegenüber von Selbsttätigkeit und Empfänglichkeit bezeichnet bei Schleiermacher insofern nicht einen exklusiven Gegensatz, sondern wird durch ein ‚Übergewicht' von Spontaneität auf der einen bzw. Rezeptivität auf der anderen Seite konstituiert. ‚Empfänglichkeit' bedeutet somit im Schleiermacherschen Sinne gewissermaßen eine Aneignung des von außen Einwirkenden, so dass man sagen muss, dass die Lebendigkeit im Sinne eines Minimum von Spontaneität ihr inhäriert, weil sie sich nur durch diese von der Passivität unterscheidet. Dass Schleiermacher dennoch teilweise dem Begriff der Empfänglichkeit das Adjektiv ‚lebendig' dezidiert ergänzend zur Seite stellt, erklärt sich m. E. nur daraus, dass seiner Konzeption gemäß die Empfänglichkeit unterschiedliche Formen annehmen kann, die wiederum in unterschiedlichem Maße entwickelt sein können, so dass sich gewissermaßen ‚Grade' der Lebendigkeit unterscheiden ließen,[124] welche daher im Folgenden erhoben werden sollen.

Wird durch die Empfänglichkeit die äußere Einwirkung auf eine dem Empfangenden gemäße Weise modifiziert aufgenommen, so bleibt nach Schleiermacher darin doch auch der äußere Impuls erhalten, so dass es zu einer ‚Repräsentation'

---

[122] Vgl. auch die Formulierung der ‚Glaubenslehre' bezüglich der Frage der Mitwirkung innerhalb der Bekehrung (CG² II, § 108.6, 189): „Dieses Mittelglied [sc. die lebendige Empfänglichkeit], auf welches wir in allen ähnlichen Fällen zurükkommen, und welches ein leidentlicher Zustand ist, aber doch das Minimum von Selbstthätigkeit in sich schließt, welches zu jedem vollen Moment gehört, […]." Darüber hinaus vgl. auch CS² I, 67.

[123] Vgl. Psych (1830), Nr. 15, 501 f.; PsychNS (1530), 42 f. und 60–66; vgl. ergänzend auch die Formulierung der ‚Glaubenslehre' im Zusammenhang der Frage nach der Mitwirkung innerhalb der Bekehrung (CG² II, § 108.6, 190 [in Ablehnung von FC SD II, in: BSLK, 882,9–16]): „[…], so schließen wir nur jene gänzliche der menschlichen Natur durchaus nicht angemessene Passivität aus, vermöge deren der Mensch in dem Bekehrungsgeschäft den leblosen Dingen gleichen soll".

[124] Vgl. dazu schon eine Formulierung der Nachschrift von Heegewaldt zu einer Dogmatikvorlesung Schleiermachers im Wintersemester 1823/24 (in: F. D. E. SCHLEIERMACHER, Der christliche Glaube nach den Grundsätzen der evangelischen Kirche im Zusammenhange dargestellt [1821/22], Teilbd. 3: Marginalien und Anhang, KGA I.7/3, hg. v. U. BARTH, Berlin/New York 1984, Anm. zu Marg. 372 [Kursivsetzung durch Vfn. aufgelöst; Hervorhebung durch die Vfn.]): „Christus, das Christenthum ist offenbar etwas Erfahrungsmäßiges; der Eindruk gerade ist es der den Begriff produzirt, nicht das Gegebensein der Person allein, sondern das einer Erfahrung, d.i. *Receptibilitaet des Menschen in höchster Potenz.*" Vgl. auch die Formulierung aus CG² I, § 53.1, 318 f., im Kontext der Frage danach, ob die göttliche Ursächlichkeit „in Beziehung auf den Raum" ungleich sein könne, je nachdem, ob „der Raum nur erfüllt ist durch sogenannte todte Kräfte" oder aber durch wirksames „klares menschliches Bewußtseins": „Hiegegen nun muß zunächst gesagt werden, daß hiedurch wohlverstanden kein Unterschied in der allmächtigen Gegenwart Gottes gesezt ist, sondern nur in der Empfänglichkeit des endlichen Seins, auf dessen verursachende Thätigkeit eben die göttliche Gegenwart bezogen wird; denn so ist die *Empfänglichkeit* des Menschen dafür *größer* als irgend eines andern irdischen Seins, unter den Menschen aber ist sie bei den frommen *am größten*" [Hervorhebungen durch die Vfn.].

des Außer-ichs im Bewusstsein komme.[125] Dieses Resultat sei unter zwei Formen möglich, deren Unterscheidbarkeit mit den beiden ‚Polen' der Empfänglichkeit – Einwirkung und Gegenwirkung – begründet wird: „Das Ergebniß kann nun das Sein der Dinge in uns darstellen bald mehr unter der Form des einwirkenden = objectives Bewußtsein, bald mehr des wiegewordenen = Selbstbewußtsein."[126] Diese Differenz kommt in der unterschiedlichen Bezeichnung der Resultate zum Ausdruck, Schleiermacher spricht in der ‚Psychologie' von „Wahrnehmung" und „Empfindung"[127], aus den ‚Reden' sowie der ‚Glaubenslehre' kennt man die Gegenüberstellung unter den Begriffen „Anschauung" und „Gefühl"[128]. Wenn Schleiermacher bei der ‚Verortung' der Frömmigkeit im Subjekt[129] die Frömmigkeit als „Bestimmtheit des Gefühls oder des unmittelbaren Selbstbewußtseins"[130] charakterisiert, so ist mit ‚Gefühl' die nicht-objektive Seite der durch die Empfänglichkeit im Subjekt entstandenen Resultate gemeint.

Nun sind nach Schleiermacher allerdings weder Selbsttätigkeit und Empfänglichkeit, noch deren Resultate in objektiver und subjektiver Form in allem Lebendigen und zu jedem Zeitpunkt des Lebensprozesses in dieser Klarheit unterschieden: Zunächst könne und müsse ein grundlegender Unterschied zwischen animalischem und menschlichen Leben gezogen werden.[131] Beiden gemeinsam sei zwar „die ursprüngliche Indifferenz zwischen Receptivität und Spontaneität"[132] sowie „die Unvollkommenheit des Gegensazes von subjectivem und objectivem."[133] Allerdings seien sie selbst darin nicht identisch, sondern das eigentlich Menschliche müsse auch schon auf dieser Stufe, in dieser Indifferenz und scheinbaren Identität zum Tierischen verborgen sein. Zwei Unterscheidungsmerkmale macht Schleiermacher geltend, von denen das eine die ‚Offenheit' der Sinne, das andere aber die Kombination der Sinnestätigkeiten betrifft:[134] Während sich das menschliche Bewusstsein im anfänglichen Zustand der Indif-

---

[125] Vgl. PsychNS (1830), 66. Dem korrespondiere im Blick auf die Selbsttätigkeit die Repräsentation des Subjekts „in dem Außer-ihm" (ebd.), die sich allerdings nicht gleichermaßen auf das gesamte ‚Äußere' beziehen könne, sondern eine „Differenz von bewußtem und unbewußtem Sein in der Außenwelt" (ebd.) machen müsse. Vgl. dazu auch die Darstellung der analogen Ausführungen über die strukturelle Vollkommenheit in Kap. II.4 der vorliegenden Arbeit.

[126] Psych (1830), Nr. 16, 503.

[127] Psych (1830), Nr. 16 f., 502–504. Dem korrespondieren auf Seite der Selbsttätigkeit „Darstellung und Werkbildung" (aaO., Nr. 17, 504).

[128] CG² I, § 5.1, 42. Vgl. F. D. E. SCHLEIERMACHER, Reden, exemplarisch: 211.

[129] Vgl. CG² I, § 3, 19–32.

[130] CG² I, § 3, 20.

[131] Das dem Menschen Wesentliche, worin er sich vom Tier unterscheidet, wird in der ‚Glaubenslehre' als Gedanke seiner ursprüngliche Vollkommenheit verhandelt (vgl. Kap. II.4 dieser Untersuchung).

[132] Psych (1830), Nr. 19, 505.

[133] Psych (1830), Nr. 20, 506. Vgl. dazu das Stufenschema des Selbstbewusstseins in: CG² I, § 5.1, 41–43.

[134] Die Empfänglichkeit als „aufnehmende[] Thätigkeit[]" sei an die „organische Vermittlung" durch „die Sinne" (Psych [1830], Nr. 18, 504) gebunden, daher geht die Darstellung der

ferenz durch ein allgemeines „Geöffnetsein [sc. der Sinne] gegen das gesammte [Äußere]“[135] auszeichne und sich darin schon „ein Wollen“[136] – und damit auch ein Grad von Freiheit – andeute, sei diese Freiheit bei der animalischen Lebensform nicht zu attestieren, sondern deren Öffnung sei an den „Erhaltungstrieb“ gebunden, „wodurch ihnen das meiste gleichgültig ist.“[137]

Entscheidender sei allerdings die weitere Entwicklung, die sich aus der Triebverhaftung ergebe: „Nichts kann reine Wahrnehmung werden, weil es durch die Beziehung auf den Trieb bedingt ist, und nichts kann Selbstbewußtsein werden, weil sich vom einwirkenden Object nicht losreißen kann.“[138] Das bedeutet konkret, dass Schleiermacher den Unterschied zwischen animalischem und menschlichem Leben darin sieht, dass die Ausbildung eines klaren Subjekt-Objekt-Bewusstseins auf der Stufe tierischen Lebens aufgrund der Triebverhaftung nicht möglich ist, sondern das Proprium menschlichen Lebens darstellt, womit sogleich festgehalten wird, dass es dem Menschen nicht angemessen sei, auf der „thierartig verworrene[n]“[139] Stufe stehen zu bleiben. Das wesentlich Menschliche sei nun nicht dieser Gegensatz als solcher, sondern die sich darin ,spiegelnde‘ „Reinheit des Ich-sezens [einerseits], andrerseits die Freiheit des Geistes als sich gegenseitig bedingend.“[140] Es zeigt sich an dieser Stelle, dass für Schleiermacher ,Lebendigkeit‘ und ,Freiheit‘ in einem Korrespondenzverhältnis zueinander stehen, so dass der Grad dieser unmittelbar an dem Grad jener hängt.

Auch wenn man ausschließlich auf das menschliche Leben schaue, seien unterschiedliche Stufen der Resultate der Empfänglichkeit zu differenzieren. Auf der Seite des objektiven Bewusstseins, welche hier nicht näher verfolgt werden soll, sei die höhere Potenz der (bildlichen) Wahrnehmung das Denken (und einhergehend damit die Sprache), bei der der Anteil der Selbsttätigkeit gegenüber dem der Empfänglichkeit steige, so dass die Kombination, Reflexion, Begriffs- und Satzbildung nicht lediglich als fortgesetzte Sinnestätigkeit aufgefasst werden könne.[141] Dieser Zusammenhang von Denken und Sprache impliziere die Er-

---

geistigen Tätigkeiten in der ,Psychologie‘ von der Untersuchung der „Sinnesthätigkeiten“ aus (vgl. aaO., Nr. 18–26, 504–511).

[135] Psych (1830), Nr. 20, 505.
[136] Psych (1830), Nr. 19, 505.
[137] Psych (1830), Nr. 19, 505.
[138] Psych (1830), Nr. 20, 506.
[139] CG² I, § 5.1, 43.
[140] Psych (1830), Nr. 20, 506.
[141] Vgl. Psych (1830), 511–519. Dass das Denken mit dem stärkeren Anteil der Selbsttätigkeit gegenüber der bloßen Wahrnehmung, die sich durch einen stärkeren Anteil der Einwirkung von außen auszeichne, nicht bloß unterschieden wird, sondern als ,höhere Potenz‘ erscheint, ist grundgelegt in Schleiermachers ,Hierarchisierung‘ bezüglich der „Lebensäußerung“ in der Empfänglichkeit als „Mitwirkung“ und der „ursprüngliche[n] Selbstthätigkeit“ (Psych [1830], Nr. 11, 497), die wiederum auf der Bestimmung von Leben als ,Sich-gegen-den-universalen-Prozess-behaupten‘ ruht.

weiterung des Selbst- zum Gattungsbewusstsein, da beides „auf Mitteilung"[142] und Verbreitung angelegt sei.

Diese Ausdehnung des Selbst- zum Gattungsbewusstsein bilde eine höhere Stufe auch des *subjektiven* Bewusstseins:[143] Auf der Stufe des Selbstbewusstseins, wie es durch sinnlich vermittelte Reize von außen bestimmt sei, entwickle sich der „Gegensaz angenehm und unangenehm"[144], je nachdem, ob Lebensförderung oder -hemmung empfunden werde; eine höhere Potenz dieses sinnlichen Selbstbewusstseins müsse nun in Analogie zur objektiven Seite da angenommen werden, „wo der Gegensaz nicht auf das persönliche Selbstbewußtsein sondern auf das gattungliche bezogen würde"[145]. Hier setze die Entwicklung von „geselligge[n] [...] Empfindungen" gegenüber „den selbstischen"[146] ein. Schleiermacher verdeutlicht jene am Beispiel von „vermischten Empfindungen"[147] wie dem Mitleid, bei dem die empfundene Lebenshemmung im Selbstbewusstsein eines Anderen vermittelt durch das Gattungsbewusstsein zur selbst empfundenen werde, dabei durch die Identifikation mit dem Anderen aber zugleich eine Lebenserhöhung eintrete. Der Unterschied zur rein sinnlich bestimmten Ebene sei nicht, dass beide Seiten des Gegensatzes vorhanden, sondern dass sie auf zwei verschiedenen Ebenen zugleich existent seien.

Diese Stufe der Erweiterung des Selbst- zum Gattungsbewusstsein, das „auf der Anerkennung des menschlichen als uns gleichen"[148] beruhe, setzt Schleiermacher für die Entwicklung auf frommen Gefühlen basierender Gemeinschaften, so also auch für das Christentum, voraus.[149] Ihre Höherrangigkeit gründe darin, dass sie „als erweitertes und erhöhtes Leben aufgenommen"[150] werde, sie lässt sich somit m. E. als größere Lebendigkeit der Empfänglichkeit beschreiben.

Nun sei allerdings mit der Empfänglichkeit unter der Form des Gattungsbewusstseins noch nicht die höchste Stufe erreicht. Die ‚Psychologie' deutet dieses an, doch sind in dieser Hinsicht die Ausführungen der ‚Glaubenslehre' ergiebiger:[151] Diese ordnet der Selbsttätigkeit und Empfänglichkeit des Subjekts die Gefühle der Freiheit bzw. Abhängigkeit zu – nicht zu verwechseln mit den sinnlich bestimmten Empfindungen des Angenehmen und Unangenehmen. Wie schon der Gegensatz von Selbsttätigkeit und Empfänglichkeit nur relativ be-

---

[142] Psych (1830), Nr. 35, 516.
[143] Vgl. PsychNS (1830), 188: „Sobald in der Reihe der bloß auf das Einzelwesen gerichteten Bestimmtheiten des subjectiven Bewußtseins das Gattungsbewußtsein eintritt, so ist für das subjective dasselbe geschehen, wie auf der objectiven Seite, wenn die Denkthätigkeit eintritt."
[144] Psych (1830), 519; vgl. CG² I, § 5.4, 47–50.
[145] Psych (1830), Nr. 40, 519.
[146] Psych (1830), Nr. 40, 519.
[147] Psych (1830), Nr. 40, 519.
[148] Psych (1830), Nr. 40, 519.
[149] Vgl. CG² I, § 6, 53–59.
[150] Psych (1830), Nr. 40, 519.
[151] Vgl. zum Folgenden CG² I, § 4, 32–40, sowie Psych (1830), Nr. 41–45, 519–522.

stimmt sei, so auch derjenige von Freiheits- und Abhängigkeitsgefühl, sofern beide ihre Einheit im Subjekt einerseits, andererseits auch in dem auf das Subjekt Einwirkenden bzw. in dem, worauf das Subjekt wirkt, haben. Schleiermacher begreift somit das ‚Außer-ich' des Subjekts als Gesamtheit, und „so ist dann das aus beiden [sc. Freiheits- und Abhängigkeitsgefühl] zusammengesetzte Gesammtselbstbewußtsein das der *Wechselwirkung* des Subjectes mit dem mitgesetzten Anderen."[152]

Die Empfänglichkeit muss hier also wiederum ‚lebendiger' gedacht sein, sofern sie nicht nur vermöge des Gattungsbewusstseins zur ‚Aneignung' anderer Formen menschlichen Selbstbewusstseins befähigt ist, sondern zur Aufnahme des *gesamten* Seins – inklusive des unbelebten Seins. Auf dieser Stufe werde der „Gegensaz zwischen dem bewußten Sein als Gattung und dem dem Bewußtsein gegebenen Sein [...] im Selbstbewußtsein"[153] in eine Identität aufgehoben, indem „wir das Gesammte Außeruns als Eines, ja auch weil ja andere Empfänglichkeit und Selbstthätigkeit, zu welcher wir auch Verhältniß haben, darin gesezt ist, mit uns selbst zusammen als Eines, das heißt als *Welt* sezen."[154] Dieses Welt- als Wechselwirkungsbewusstsein impliziere, dass es innerhalb dieses Zusammenhangs kein Gefühl schlechthinniger Freiheit geben könne, denn diese sei nur möglich, wenn eine Tätigkeit nicht im Zusammenhang der Wechselwirkung stehe, sondern ein

„Gegenstand überhaupt durch unsere Thätigkeit erst würde [...]. Allein eben das [...] unser ganzes Dasein begleitende, schlechthinige Freiheit verneinende, Selbstbewußtsein ist schon an und für sich ein Bewußtsein schlechthiniger Abhängigkeit, denn es ist das Bewußtsein, daß unsere ganze Selbstthätigkeit eben so von anderwärtsher ist, wie dasjenige ganz von uns her sein müßte, in Bezug worauf wir ein schlechthiniges Freiheitsgefühl haben sollten."[155]

Es erscheint mithin im Schleiermacherschen Sinne die ‚lebendigste' Empfänglichkeit diejenige zu sein, deren Resultat im subjektiven Selbstbewusstsein die Frömmigkeit, das Gefühl schlechthinniger Abhängigkeit ist.[156] Analog der Schleiermacherschen Ausführungen zu diesem Gefühl[157] müsste auch für die ‚schlechthinnig lebendige Empfänglichkeit' gelten, dass ihre Offenheit sich nicht

---

[152] CG² I, § 4.2, 35 [Hervorhebung des Originals durch Kursivsetzung wiedergegeben].

[153] Psych (1830), Nr. 45, 522.

[154] CG² I, § 4.2, 36 [Hervorhebung des Originals durch Kursivsetzung wiedergegeben].

[155] CG² I, § 4.3, 37 f. Vgl. auch Psych (1830), Nr. 45, 522.

[156] Interessant ist in dieser Hinsicht, dass Albrecht darauf hinweist, dass Schleiermachers Grundintention der Bestimmung der Frömmigkeit eventuell deutlicher geworden wäre, wenn er nicht von einem schlechthinnigen Abhängigkeitsgefühl gesprochen, sondern „den Begriff des ‚schlechthinnigen Empfänglichkeitsgefühls'" (C. ALBRECHT, Theorie, 245, Anm. 217) verwendet hätte.

[157] Vgl. CG² I, §§ 4 f., 32–53. Vgl. auch die Auseinandersetzung mit der Frage des Verhältnisses von schlechthinnigem Abhängigkeitsgefühl, Gottesbewusstsein und Glaube in Kap. VI.5.2.2 der vorliegenden Untersuchung.

auf ein Gegenüber im eigentlichen Sinne richte.[158] Doch wie jenes Gefühl durch „unmittelbarste Reflexion"[159] eine Vorstellung von dem, „was in diesem Gefühl das Mitbestimmende ist"[160], vom „*Woher* unseres empfänglichen und selbstthätigen Daseins"[161] hervorbringe, die begrifflich mit dem Wort ‚Gott' fixiert werde, so müsste analog auch für die schlechthin lebendige Empfänglichkeit gelten, dass sie ‚unmittelbarst' eine Vorstellung von der auf sie treffenden Einwirkung hervorbringt.

Analog dem aus dem Gefühl schlechthinniger Abhängigkeit hervorgehenden Gottesbegriff könnte m. E. hinsichtlich der schlechthin lebendigen Empfänglichkeit die göttlich-schöpferische Tätigkeit als begriffliche Fixierung der aus jener hervorgehenden Vorstellung geltend gemacht werden: Denn Empfänglichkeit setzt nach Schleiermacher eine tätige Einwirkung voraus. Indem die schlechthin lebendige Empfänglichkeit aber nach Schleiermacher, wie oben gezeigt, nur unter der Bedingung möglich ist, dass das Selbstbewusstsein derart erweitert ist, dass es nicht mehr Bewusstsein individuellen Seins als solchem, sondern Bewusstsein von „endliche[m] Sein überhaupt" sei, so aber der gesamte Zusammenhang endlichen Seins – und damit auch endlicher Tätigkeit – in das Selbstbewusstsein integriert ist, so dass „hierin aller Gegensaz zwischen einem einzelnen und einem anderen aufgehoben ist"[162], kann folglich die in der schlechthin lebendigen Empfänglichkeit implizierte einwirkende Tätigkeit auch nur als ‚außerweltlich', d. h. göttlich bestimmt werden. Kurz: Die lebendigste Empfänglichkeit ist nach Schleiermacher diejenige, die gegenüber der göttlich-schöpferischen Tätigkeit geöffnet ist[163] und so ein Bewusstsein der Beziehung mit Gott hervorbringt. Da ‚Leben' nicht nur einzelne Momente und Punkte bezeichnet, muss aber noch ergänzt werden: es ist diejenige am lebendigsten, die ein *stetiges* Gottesbewusstsein hervorbringt.

Auf der Basis dieser Rekonstruktion der Grundaussagen über die lebendige Empfänglichkeit, lassen sich bei Schleiermacher Betrachtungsweisen der Lebendigkeit der Empfänglichkeit unterscheiden, die wiederum unterschiedliche Grade annehmen können. Die *Begrifflichkeit*, die in der folgenden Beschreibung gewählt wird, ist nicht die Schleiermachersche, erfasst aber m. E. die unterschied-

---

[158] Vgl. CG² I, § 4.3, 37 f.

[159] CG² I, § 4.4, 39 Vgl. zu der Deutung der Formulierung Kap. VI.5.2.2 der vorliegenden Untersuchung.

[160] CG² I, § 4.4, 40.

[161] CG² I, § 4.4, 39 [Sperrung des Originals durch Kursivsetzung wiedergegeben].

[162] CG² I, § 5.1, 43.

[163] Allerdings muss hier erneut daran erinnert werden, dass Schleiermacher nicht von einer zeitlichen göttlichen Tätigkeit ausgeht, sondern von der Repräsentation der göttlichen Ursächlichkeit in der Totalität endlicher Ursächlichkeit. Insofern ist die Erweiterung des Selbst- zum Weltbewusstsein im weitesten Sinne zwingend notwendig, um gegenüber der göttlichen Tätigkeit empfänglich sein zu können.

lichen Facetten, die sich aus dem Kontext von Schleiermachers *Verwendung* der Formel der ‚lebendigen Empfänglichkeit' ergeben.

Der erste Gesichtspunkt knüpft sich zunächst an die „organische Vermittlung aller aufnehmenden Thätigkeiten"[164], die durch die Sinne geschehe. Die Empfänglichkeit bedeute hier nicht eine passive ‚Durchlässigkeit' für die Reize von außen, sondern ein „Geöffnetsein des Sinnes", das schon „ein Wollen" – und damit zumindest ein Minimum an Selbsttätigkeit – einschließe, das „sich in Berührung mit der Außenwelt sezen wollen"[165]. Die Empfänglichkeit erscheint insofern lebendig, als sie sich gewissermaßen koaktiv[166] verhält.

Unter diesem Gesichtspunkt kann Schleiermacher in der ‚Glaubenslehre' eine „Bedingtheit" der „Wirksamkeit der göttlichen Gnade"[167] behaupten: Indem er entschieden daran festhält, dass die Wirksamkeit Christi an das Wort, an die Verkündigung gebunden sei,[168] sei sie insofern auch vom Menschen abhängig, als dieser sich dem Wort öffnen müsse,

> „wozu die Thätigkeit sowol seiner Sinneswerkzeuge als der innern Functionen des Bewußtseins erforderlich ist. Daher auch mit Recht die Fähigkeit zu dieser Auffassung, auch sofern die Thätigkeit aller jener Functionen von dem *freien* Willen des Menschen abhängt, ihm in seinem natürlichen Zustand beigelegt werden muß."[169]

Diese Offenheit für das Wort setze mehr als Passivität voraus, die lebendige Empfänglichkeit impliziere als „natürliche Thätigkeit" auf Seiten des Menschen

---

[164] Psych (1830), Nr. 18, 504.

[165] Psych (1830), Nr. 19, 505.

[166] Es wäre auch möglich, in dieser Hinsicht von einer kooperativen Seite der Empfänglichkeit zu sprechen (vgl. CG II, § 108.6, 187–191). Da allerdings dieser Begriff im Zusammenhang der Heilslehre, konkret in der Synergismusfrage, problematisch geworden ist – Schleiermacher setzt sich mit dieser Problematik aaO., § 70.2, 423–425, auseinander –, wird hier von Koaktion gesprochen, um festzuhalten, dass Schleiermachers Begriff der lebendigen Empfänglichkeit „eigentlich kein Mitwirken, sondern ein sich der Wirkung hingeben" (aaO., 425) bezeichnet, in dem das Empfängliche zwar nicht unbeteiligt, aber auch nicht verursachend ist. Es versteht sich aus dem bisher Gesagten im Grunde von selbst, dass der Begriff ‚koaktiv' nicht im Sinne des lateinischen Begriffs der ‚coactio' verwendet wird.

[167] CG² II, § 108.6, 188.

[168] Vgl. CG² I, § 14, 115–119; § 15.2, 128–130; CG² II, §§ 100 f., 104–120; § 103, 123–133; § 108.5, 184–187 u. ö. Vgl. dazu auch G. Ebeling, Interpretatorische Bemerkungen zu Schleiermachers Christologie, in: G. Meckenstock (Hg.), Schleiermacher und die wissenschaftliche Kultur des Christentums, TBT 51, Berlin/New York 1991, 125–146, 131: „Die[] Abgrenzung gegen eine rein empirische sowie gegen eine magische Auffassung […] läßt sich nur unter Ignorierung klarer Äußerungen Schleiermachers in einen Gegensatz gegen die Kategorie des Wortes umdeuten." Gegen die Darstellung Brunners, der Schleiermachers Auffassung einer „wortfremden, wortverachtenden, ja wortfeindlichen Mystik" (E. Brunner, Mystik, 97) zurechnet, die allerdings in der (s.E. ‚eingeschalteten') Christologie der ‚Glaubenslehre' dann nicht konsequent durchgehalten werde (vgl. aaO., 135 ff.).

[169] CG² II, § 108.6, 188 [Hervorhebung durch die Vfn.]. Schleiermacher beruft sich hier auf eine Passage der ‚Konkordienformel' über die Freiheit des Willens in ‚äußerlichen Dingen' (FC SD II, in: BSLK, 892,27–35). Vgl. dazu bspw. auch die Ausführungen über den *primus usus Legis* bei Melanchthon in Kap. VII.1.2.1 der vorliegenden Arbeit.

eine „Zustimmung des Willens"[170], denn bei Widerstand oder Neutralität gegenüber dem Wort könne auch keine Wirksamkeit dessen sich einstellen.[171] Es zeigt sich hier die enge Verbundenheit des Gedankens lebendiger Empfänglichkeit mit dem der Freiheit.[172]

Dass dieser Aspekt der Empfänglichkeit unterschiedliche Grade der ‚Lebendigkeit' bzw. Freiheit – je nach Entwicklung des Bewusstseins – besitzen könne, verdeutlicht Schleiermacher zunächst anhand des sinnlichen Bewusstseins des Menschen durch den Vergleich zum animalischen Leben. Aufgrund der Triebverhaftung könne von einer „Verschlossenheit des Sinnes bei den Thieren, wodurch ihnen das meiste gleichgültig ist"[173], gesprochen werden. Dass aber auch die menschliche Empfänglichkeit in unterschiedlichem Maße lebendig sein könne, zeigt Schleiermacher über die verschiedenen Stufen der Erweiterung des Selbstbewusstseins vom sinnlichen bis hin zum Welt- und Gottesbewusstsein, von denen das letzte die höchst mögliche Offenheit – damit aber auch Lebendigkeit – der Empfänglichkeit voraussetze.[174]

Diese Gedankenreihe ist im Blick auf die Christologie von Bedeutung, insofern die Aussage über das ‚Sein Gottes in Christus' gewissermaßen an ihr hängt, was hier nur knapp skizziert, an entsprechender Stelle aber detaillierter dargestellt wird:[175] Bezüglich der Frage, inwiefern überhaupt von einem Sein

---

[170] CG² II, § 108.6, 189. Vgl. auch CG¹ II, § 112.1, 16: „Denn da keine Veränderung eines lebendigen ganz ohne Thätigkeit ist, so kann auch die Fähigkeit aufzunehmen keine vollkommen leidentliche sein; das kleinste der Thätigkeit ist das reine Bejahen der mittheilenden Thätigkeit [...]; eine verneinende Thätigkeit wäre Widerstand, und eine Mittheilung durch den Widerstand hindurch wäre Gewalt."

[171] Dieses Interesse, festzuhalten, dass das Heilswirken nicht gegen den Widerstand des Menschen möglich ist, findet sich bspw. auch in der Konkordienformel (vgl. FC Ep II, in: BSLK, 779,39–780,4, sowie FC SD II, in: BSLK, 905,40–906,24). Allerdings gelingt es m. E. dort insgesamt nicht, nachvollziehbare, positive Aussagen über die Frage nach dem menschlichen Willen in der Bekehrung zu formulieren. Das Anliegen, einerseits ein striktes ‚pure passive' des Menschen und seines Willens abzuweisen, zugleich andererseits keine Ursächlichkeit dieser im Blick auf die Bekehrung anzunehmen (vgl. aaO., 780f. sowie 909–912), tritt deutlich zu Tage, führt aber zu keiner befriedigenden Klärung der Thematik.

[172] Vgl. bspw. auch CG² II, § 100.2, 106, in Bezug auf die Tätigkeit Christi: „[...]: so kann er auch auf das freie nur wirken nach der Ordnung wie es in seinen Lebenskreis eintritt, und nur nach der Natur des freien."

[173] Psych (1830), Nr. 19, 505.

[174] Damit ist nicht gesagt, dass sich das Gefühl schlechthinniger Abhängigkeit erst auf dieser Entwicklungsstufe des Selbstbewusstsein überhaupt zeige; doch könne es nur hier in Vollkommenheit und Stetigkeit realisiert werden, während es auf den Stufen des unentwickelten Selbstbewusstseins Vorstellungen hervorbringe, die ihm nicht angemessen seien (vgl. Schleiermachers Ausführungen über die Entwicklungsstufen der Frömmigkeitsformen CG² I, §§ 7f., 60–73, sowie Pych [1830], Nr. 45, 522).

[175] Vgl. den Abschnitt aus Kap. V.1 über CG² II, § 94.2, 54–56. Auch Schröder weist darauf hin, dass für das Sein Gottes in jemandem dessen „reine Empfänglichkeit korrespondier[en]" (M. Schröder, Die kritische Identität des neuzeitlichen Christentums. Schleiermachers Wesensbestimmung der christlichen Religion, BHTh 96, Tübingen 1996, 75) muss. M. E. gelingt es dafür bspw. Käfer nicht, die Schleiermachersche Auffassung vom ‚Sein Gottes im Erlöser' auf-

Gottes in einem Einzelnen gesprochen werden könne, macht Schleiermacher
die Voraussetzung geltend, dass es streng genommen „nur ein Sein Gottes in der
Welt" gebe, von einem Sein Gottes in einem Individuum daher nur gesprochen
werden könne, „sofern man von dem einzelnen als einem lebendigen sagen kann,
daß es in sich vermöge der allgemeinen Wechselwirkung die Welt repräsentirt"[176].
Umfassende Weltrepräsentation setze aber zunächst einmal eine Offenheit gegenüber den Eindrücken der gesamten Welt voraus, wie sie nur auf der Stufe des
intelligenten Seins zu finden sei.

Dass diese Voraussetzung umfassender Weltrepräsentation durch Erweiterung
des Selbstbewusstseins bis zum Äußersten dem Menschen aus seinem sündhaften
Zustand heraus auf natürlichem Wege nicht möglich sei, wird in der entsprechenden Darstellung der Schleiermacherschen Sündenlehre ausführlich dargelegt.[177]
Für den Menschen, sofern er an der Ursünde partizipiert, muss Schleiermacher
somit etwas anderes als Ausdruck höchster Lebendigkeit der Empfänglichkeit
annehmen: das Sündenbewusstsein – als Bewusstsein der Unfreiheit! –[178], wie
es zum Bewusstsein der Erlösungsbedürftigkeit gesteigert ist. Nur unter der
Voraussetzung der Entwicklung und Erweiterung des Selbstbewusstseins bis zu
diesem Punkt hin sei eine menschliche Aufnahme der in Christi Wirksamkeit
sich mitteilenden, schöpferischen göttlichen Tätigkeit möglich: „Aller wirkliche
Lebenszusammenhang mit Christo, bei welchem er irgend als Erlöser gesetzt sein
kann, hängt also daran, daß lebendige Empfänglichkeit für seine Einwirkung
schon, und daß sie *noch* vorhanden sei."[179]

Mit ‚schon' und ‚noch' verweist Schleiermacher auf zwei Aspekte: Zum einen
auf die in der Sündenlehre thematisierte Einschränkung der Unfähigkeit zum
Guten, sofern diese nicht eine Unfähigkeit und Unfreiheit der Empfänglichkeit
bedeuten dürfe, sondern diese sich ‚noch', d. h. trotz der Sünde der erlösenden
Wirksamkeit, öffnen könne; zum anderen deutet ‚schon' auf die Entwicklungsstufe des Subjekts, denn die Empfänglichkeit ist nicht von Beginn des Lebens
an in höchster Lebendigkeit, sondern wächst in dieser erst allmählich. Ihre Of-

---

zuschlüsseln. Ihre Beschreibung der „Gottheit des Erlösers" (vgl. A. KÄFER, Inkarnation und
Schöpfung. Schöpfungstheologische Voraussetzungen und Implikationen der Christologie bei
Luther, Schleiermacher und Barth, TBT 151, Berlin/New York 2010, 133–137) betont zwar den
Schleiermacherschen Inkarnationsgedanken, *erklärt* ihn aber nicht. Vgl. z. B. aaO., 133: „Weil
das unmittelbare *Selbst*-bewußtsein des Erlösers vollkommen durch sein Gottes-bewußtsein
dominiert werde, ist es in Konsequenz zu Schleiermachers Beschreibung als identisch mit dem
Gottes-bewußtsein anzunehmen. Das *Selbst*, dessen sich der Erlöser bewußt ist, kann kein anderes als das göttliche Wesen selbst sein. Weil nach Schleiermacher Gott allein uneingeschränkt
und unmittelbar das Selbst des Erlösers bestimmt, ist folglich das Sein oder Wesen Gottes auch
das Wesen des Erlösers: Der Erlöser ist seinem Wesen nach und in Wahrheit Gott selbst."

[176] CG² II, § 94.2, 55.
[177] Vgl. auch zum Folgenden Kap. III.2 der vorliegenden Arbeit.
[178] Vgl. CG² I, § 70, 421–427.
[179] CG² II, § 91.1, 36 [Hervorhebungen des Originals durch Kursivsetzung wiedergegeben].

fenheit gegenüber der Wirksamkeit des Erlösers erfordert eine ‚ausgereifte' Entwicklung:

„So haben sich von Anfang an nur diejenigen an Christum zu einer neuen Gemeinschaft angeschloßen, deren frommes Selbstbewußtsein als Erlösungsbedürftigkeit ausgeprägt war, und welche nun der erlösenden Kraft Christi bei sich gewiß wurden. […] Daher auch die, welche ungläubig blieben, nicht deshalb getadelt wurden, weil sie sich etwa durch Gründe nicht hätten bewegen lassen, sondern nur wegen des Mangels an Selbsterkenntniß, welcher zum Grunde liegen muß, wo sich eine Unfähigkeit zeigt den wahr und richtig dargestellten Erlöser als solchen anzuerkennen."[180]

Der zweite Aspekt, unter dem die Lebendigkeit der Empfänglichkeit in den Blick gerät, ist die Frage nach dem genaueren ‚Wie' der Aufnahme des von außen Einwirkenden in das Innere: „Die Einwirkung wird nur Ein Moment mit der Gegenwirkung zusammen, welche das Ergebniß nach der Weise des individuellen Prozesses gestaltet."[181] Die Resultate, die im Subjekt zustande kommen – Wahrnehmung und Empfindung – würden dasjenige, was aufgenommen wurde, nicht einfach widerspiegeln, sondern seien nach der Art des eigenen Seins gestaltet. Damit erscheint m. E. die lebendige Empfänglichkeit bei Schleiermacher gewissermaßen transformativ. Die transformative Funktion, die er der Empfänglichkeit zuschreibt, zeigt sich zum einen darin, dass nach Schleiermacher nicht jedes Sein anderes Sein gleichermaßen repräsentieren kann: Indem es dem Sein ohne Bewusstsein an lebendiger Empfänglichkeit gegenüber dem bewussten Sein mangele, dem bewussten Sein ohne Intelligenz an lebendiger Empfänglichkeit gegenüber intelligentem Sein,[182] führe die Transformationsleistung, die sich mit der Empfänglichkeit verbinde, nicht immer zu adäquaten Resultaten. Entspreche die Lebendigkeit des Empfangenden nicht dem Grad der Lebendigkeit des Einwirkenden, werde dieses – durch die transformative Empfänglichkeit von jenem – nicht der Form seines Seins entsprechend repräsentiert. Eine sachgemäße, ‚objektive' Wahrnehmung, die „das Sein der Dinge in uns darstell[t] unter der Form des einwirkenden"[183], sei damit auch an das Maß der Lebendigkeit der Empfänglichkeit gebunden. Zum anderen werde durch die Aufnahme nicht nur das Sein der Dinge, sondern auch die Veränderung durch deren Einwirkungen auf den Empfangenden bewusst: die ‚subjektive' Empfindung repräsentiere das Sein der Dinge „unter der Form […] des wiegewordenen = Selbstbewußtsein."[184] Sie sei damit gewissermaßen die Transformation des von außen Eindringenden in eine Bestimmtheit des Selbstbewusstseins.[185] Gerade in dieser Vorstellung der

---

[180] CG² I, § 14.1, 116 f.
[181] Psych (1830), Nr. 15, 502.
[182] Vgl. CG² II, § 94.2, 55.
[183] Psych (1830), Nr. 16, 503.
[184] Psych (1830), Nr. 16, 503.
[185] Da allerdings weder Wahrnehmung und Empfindung, noch die höheren Potenzen der Empfänglichkeit zu ihrer sinnlichen Form in einem exklusiven Gegensatz stünden, sei es mög-

Behauptung des eigenen Seins gegenüber dem Eindringenden zeigt sich erneut der Zusammenhang der lebendigen Empfänglichkeit mit der Freiheit, indem das Eindringende das empfängliche Subjekt nicht determiniert, sondern dieses dem Einwirkenden eine Gegenwirkung entgegenstellt, durch die jenes erst persönlich angeeignet wird.

Von wesentlicher Relevanz ist der transformative Charakter der lebendigen Empfänglichkeit hinsichtlich der Bedingung der Vorstellung von Gemeinschaft des Menschen mit Gott überhaupt. Unter der Voraussetzung, dass Gottes Sein wesentlich als Tätigkeit bewusst werde,[186] stellt sich die Frage, inwiefern der Mensch dieser Tätigkeit gegenüber ,aufgeschlossen' sein könne, sofern doch göttliche Ursächlichkeit „von der innerhalb des Naturzusammenhangs enthaltenen unterschieden, ihr also entgegengesetzt"[187] sei. Wenn das unbewusste Leben gegenüber dem bewussten keine lebendige Empfänglichkeit besitze usw., wie kann dann der Mensch gegenüber göttlicher Tätigkeit lebendig empfänglich sein? Woher kommt sein „Sinn und Geschmak fürs Unendliche"[188], wo er doch der Welt und damit auch seiner selbst nur unter der Form eines „allgemeinen Endlichkeitsbewußtsein[s]"[189] gewahr wird? Schleiermachers Antwort ist der Gedanke „einer ursprünglichen Offenbarung Gottes an den Menschen oder in dem Menschen"[190], die diesen zur Rezeption göttlicher Tätigkeit befähige: das Gefühl schlechthinniger Abhängigkeit, das als „Richtung auf das Gottesbewußtsein"[191] zur *anerschaffenen* ursprünglichen Vollkommenheit"[192] des Menschen gehöre und durch die Sünde zwar verdunkelt, nicht aber vollständig negiert werden könne.[193] Beachtet man den Zusammenhang der lebendigen Empfänglichkeit mit dem Freiheitsgedanken, wird deutlich, dass das Gefühl schlecht-

---

lich, dass durch falsche Beziehungen beziehungsweise ,Vermischung der Ebenen' der Irrtum entstehe, der als ein so beschaffener aber nie absolut sein könne, sondern nur ein Irrtum sein könne, der an der Wahrheit hafte (vgl. PsychNS [1830], 70–72; 95–96).

[186] Vgl. CG² II, § 94.2, 55.

[187] CG² I, § 51, 308 f.

[188] F. D. E. Schleiermacher, Reden, 212.

[189] CG² I, § 8.2, 67.

[190] CG² I, § 4.4, 40.

[191] CG² I, § 60, 371 u. ö.

[192] CG² I, § 72.5, 452 [Hervorhebung durch die Vfn.]. Vgl. zur ursprünglichen Vollkommenheit Kap. II.4 der vorliegenden Arbeit.

[193] Auch rechnet Schleiermacher damit, dass nicht nur Einzelne, sondern auch „Gesellschaften von Menschen" (CG² I, § 6.1, 54) existieren können, deren Bewusstsein sich im Allgemeinen noch nicht ausreichend über die „thierähnliche Verworrenheit" (ebd.) hinweg entwickelt habe, so dass unter dieser Voraussetzung das schlechthinnige Abhängigkeitsgefühl nicht hervortreten könne (vgl. aaO., § 5.3, 45–47). Dies negiere jedoch nicht, dass das Gefühl „zur Vollständigkeit der menschlichen Natur in Allen zu rechnen sei" (aaO., § 6.1, 54), da der Zustand selbst, der das Hervortreten verhindere, dem Menschsein auf Dauer nicht angemessen sei. Indem Schleiermacher die Frömmigkeit – und damit die Gottesbeziehung des Menschen – derart stark an die ausgeprägte Entwicklung des Selbstbewusstseins bindet, bleibt konsequenterweise keine Möglichkeit, jene im Vollsinn auch für Kinder (vgl. dazu auch CS² I, 221–224), für geistig Verwirrte oder demente Menschen etc. auszusagen.

hinniger Abhängigkeit zugleich verbunden ist mit der höchstmöglichen Freiheit innerhalb der Welt als dem Wechselwirkungszusammenhang,[194] die allerdings von Schleiermacher nicht als ‚Verdienst' des Menschen, sondern als dessen an- erschaffene ‚Auszeichnung' aufgefasst wird.

„Fassen wir nun dies alles zusammen, so sezen wir hier überall auf der einen Seite eine anfangende göttliche Thätigkeit als etwas übernatürliches, zugleich aber eine lebendige menschliche Empfänglichkeit, vermöge deren erst jenes übernatürliche ein geschichtlich natürliches werden kann."[195]

Die Transformation übernatürlicher, göttlicher Tätigkeit in natürliche Tätigkeit geschieht nach Schleiermacher vermittelst der lebendigen Empfänglichkeit des Menschen.[196] Aufgrund des Zusammenseins von Gefühl und Vorstellung sowie von höherem und sinnlichen Selbstbewusstsein – verbunden mit der allgemeinen Entwicklungsform des Selbstbewusstseins – könne es allerdings durch diese Transformationsleistung zu (teilweise) irrtümlichen Schlüssen kommen; auch hier gibt es Gradunterschiede der Lebendigkeit der Empfänglichkeit. Allgemein erkläre sich durch die transformative Seite der Empfänglichkeit die Entstehung der (unvermeidlichen) Anthropomorphismen „in den Aussagen über Gott"[197]. Aber auch die Unterscheidung verschiedener Stufen der Frömmigkeitsgestaltung vollzieht Schleiermacher vor dem Hintergrund dieser Gedanken. So würden sich die unteren Entwicklungsstufen durch eine mangelhafte Ausbildung des Selbstbewusstseins auszeichnen, wodurch diesem „der Sinn für eine Totalität"[198] fehle und dadurch eine irrige Vorstellung über das ‚Woher' schlechthinniger Abhängigkeit entstehe. Die ‚angemessenste' Transformationsleistung der Emp- fänglichkeit setze somit wiederum den höchsten Grad der lebendigen Empfäng- lichkeit voraus: Der ursprüngliche und eigentliche Ort der Vermittlung von Unendlichem und Endlichem liege daher nicht in jedem Einzelnen, sondern nur in Jesus Christus. Innerhalb der Christologie gewinnt die transformative, neben

---

[194] Schleiermacher spitzt den Zusammenhang von relativer Freiheit und schlechthinniger Abhängigkeit in der Einleitung der Glaubenslehre in der Aussage zu (CG² I, § 4.3, 38): „Ohne alles Freiheitsgefühl aber wäre ein schlechthiniges Abhängigkeitsgefühl nicht möglich." Vgl. auch G. EBELING, Beobachtungen, 115: „So gründet die Freiheit des Menschen in seiner Emp- fänglichkeit und damit in seiner Abhängigkeit. [...] Der Mensch erfährt sich in einem Sinne als abhängig, daß seine Freiheit weder als Beschränkung jener Abhängigkeit aufzufassen ist noch gar selber durch jene Abhängigkeit aufgehoben wird. Im Gegenteil: Die Erfahrung von Freiheit als nicht schlechthinniger ist geradezu die Bedingung der *Erfahrung* schlechthinniger Abhängigkeit."

[195] CG² II, § 88.4, 27.

[196] Vgl. auch CG² II, § 120.1, 267 f., wo Schleiermacher im Zusammenhang der lebendigen Empfänglichkeit für die göttliche Tätigkeit vom „Naturwerden des Uebernatürlichen" (aaO., 267) spricht.

[197] CG² I, § 5, Zusatz, 51–53. Zur Thematik insgesamt vgl. F. CHRIST, Menschlich von Gott reden. Das Problem des Anthropomorphismus bei Schleiermacher, ÖTh 10, Gütersloh 1982, bes. 184–215.

[198] CG² I, § 8.1, 65.

der koaktiven Seite der Empfänglichkeit, beispielsweise in der Aufnahme und Interpretation des Inkarnationsgedankens Bedeutung[199] und abgeleitet davon auch für die Vorstellung der „Thätigkeit des Erlösers als eine Fortsetzung jener personbildenden göttlichen Einwirkung auf die menschliche Natur"[200].

Ein dritter Gesichtspunkt hinsichtlich der Lebendigkeit der Empfänglichkeit ergibt sich aus deren Zusammenhang mit der Selbsttätigkeit: Leben, so wurde bereits festgehalten, ist nach Schleiermacher „ein Wechsel von Insichbleiben und Aussichheraustreten des Subjects"[201] bzw. von *„Empfänglichkeit und Selbstthätigkeit"*[202].[203] Da Schleiermacher eine Lebenseinheit bzw. einen Lebensprozess voraussetzt, kann der Gegensatz von beiden nicht exklusiv bestimmt werden, da sonst der Wechsel zwischen Momenten der Empfänglichkeit und solchen der Selbsttätigkeit einen Bruch, keinen Verlauf bedeutete. Es erscheine daher

> „das Leben [...] als ein Oscilliren zwischen den *überwiegend* aufnehmenden und *überwiegend* ausströmenden Thätigkeiten, so daß in der einen immer ein Minimum der andern mitgesetzt ist und das ganze sich darstellt als eine fortwährende Circulation, in welcher die Einwirkungen von außen her das einzelne Leben *anregen* unter der Form der *Empfänglichkeit* und dann das Lebens sich *steigert* zur *Selbstthätigkeit*, die in einem Ausströmen sich endigt, bis dann wieder Einwirkungen von außen kommen."[204]

Indem ihr eine solche Lebendigkeit zugeschrieben wird, gewinnt die Schleiermachersche Auffassung der Empfänglichkeit eine Facette, die sich gleichsam als ‚präaktiv' beschreiben lässt. Deutlich wird dieser Aspekt in der ‚Glaubenslehre' im Kontext der Zuordnung der Funktionen Wissen, Gefühl und Tun zum „Insichbleiben und Aussichheraustreten des Subjects"[205] sowie in der Beschreibung ihres Verhältnisses untereinander:[206] Während das Gefühl deutlich der Empfänglichkeit, das Tun ebenso eindeutig der Selbsttätigkeit zugeordnet werden könne, sei das Wissen „als Erkannthaben ein In sich bleiben [...], [...] doch als Erkennen [wird es] nur durch ein Aussichheraustreten [...] wirklich"[207]. Schon hier zeigt sich an der differenzierten Zuordnung des Wissens, dass Selbsttätigkeit und Empfänglichkeit nach Schleiermacher nicht strikt getrennt werden können. Es heißt weiter, dass „jeder wirkliche Moment des Lebens seinem Gesamtgehalte

---

[199] Vgl. CG² II, § 96.3, 68–70, sowie Kap. V.1 dieser Arbeit.

[200] CG² II, § 100.2, 107.

[201] CG² I, § 3.3, 25.

[202] CG² I, § 4.1, 34 [Sperrung des Originals durch Kursivsetzung wiedergegeben].

[203] Der Gewinn der Unterscheidung, die Ebeling zwischen Insichbleiben und Aussichheraustreten als *„Lebensbewegungen"* einerseits, Empfänglichkeit und Selbsttätigkeit als *„Lebensgenera"* (G. EBELING, Beobachtungen, 102) andererseits vollzieht, will sich mir nicht erschließen, zumal er die jeweiligen Aspekte sogleich wieder parallelisiert (vgl. aaO., 100 f.; 108). Die Sinnhaftigkeit dieser Differenzierung wird auch von C. ALBRECHT, Theorie, 239, Anm. 186, in Frage gestellt.

[204] PsychNS (1830), 66 [Hervorhebungen durch die Vfn.].

[205] CG² I, § 3.3, 25.

[206] Vgl. CG² I, § 3.3 f., 24–30.

[207] CG² I, § 3.3, 25.

nach ein zusammengeseztes aus jenen [...] dreien [ist], wenngleich zweie davon immer nur als Spuren oder als Keime vorhanden sein werden."[208] Daher müsse auch für Selbsttätigkeit und Empfänglichkeit gelten, dass sie beide in jedem Moment vorhanden seien, nur in unterschiedlichem Maß.

Dem Gefühl respektive dem unmittelbaren Selbstbewusstsein komme es nun zu, „zwischen Momenten, worin das Wissen und solchen worin das Thun vorherrscht", zu vermitteln,[209] „indem z. B. aus demselben Wissen, je nachdem eine andere Bestimmtheit des Selbstbewußtseins eintritt, auch in dem Einen ein anderes Thun hervorgeht als in dem Andern"[210]. Damit erscheint das Gefühl, welches rein durch die Empfänglichkeit konstituiert werde, als dasjenige, was aller Selbsttätigkeit, sie motivierend und ausrichtend, vorgängig ist.[211] Es würde einen Stillstand des (geistigen) Lebens bedeuten, wenn die Empfänglichkeit nicht eine entsprechende Selbsttätigkeit hervorrufen würde: „das heißt die lebendige Empfänglichkeit geht über in belebte Selbstthätigkeit"[212].

Vor diesem Hintergrund erhellen verschiedene Gedankengänge der ‚Glaubenslehre', so beispielsweise die Unterscheidung (und implizite Hierarchisierung)[213] von ästhetischen und teleologischen Frömmigkeitstypen: Werde der Wechsel von Empfänglichkeit und Selbsttätigkeit nicht nur als ein ‚Mehr oder Weniger', sondern solcherart als Gegensatz gefasst, dass sich der Lebensprozess durch eine Unterordnung des Einen unter das Andere auffassen lasse, so könne

---

[208] CG² I, § 3.3, 26.

[209] In der ‚Dialektik' behandelt Schleiermacher ebenfalls die ‚Vermittlungsfunktion' des Gefühls: Als ‚Repräsentant' des „transcendentalen Grundes" (Dial [1814/15], KGA II.10/1, § 214, 141) steht es für die „relative[] Identität des Denkens und Wollens" (aaO., § 215, 142) und vermittelt „als das lezte Ende des Denkens" und als „das erste des Wollens" (aaO., 143) „den strukturellen Gegensatz von Denken und Wollen" so, dass „die Einheit des mentalen Lebens [nicht] aufgehoben wird" (U. Barth, Der Letztbegründungsgang der ‚Dialektik'. Schleiermachers Fassung des transzendentalen Gedankens, in: ders., Aufgeklärter Protestantismus, 353–385, 364).

[210] CG² I, § 3.4, 26.

[211] Vgl. CG² I, § 4.1, 34: „Wie wir uns aber immer nur im Zusammensein mit anderem finden: so ist auch in jedem für sich hervortretenden Selbstbewußtsein das Element der irgendwie getroffenen Empfänglichkeit das erste, und selbst das ein Thun, worunter auch das Erkennen begriffen werden kann, begleitende Selbstbewußtsein, wiewol es überwiegend eine regsame Selbstthätigkeit aussagt, wird immer auf einen früheren Moment getroffener Empfänglichkeit bezogen, durch welchen die ursprüngliche Agilität ihre Richtung empfing, nur daß oft auch diese Beziehung eine ganz unbestimmte sein kann." Empfänglichkeit und Selbsttätigkeit stehen somit in keinem symmetrischen Verhältnis zueinander: „Sofern das Subjekt sich als immer schon bestimmte Bestimmbarkeit vorfindet, ist die Empfänglichkeit immer schon realisiert" (M. Junker, Urbild, 62).

[212] CG² II, § 108.6, 190.

[213] Es findet sich keine explizite Aussage Schleiermachers über die Superiorität des teleologischen Frömmigkeitstypus in der ‚Glaubenslehre' – und darf sich gemäß der religionsphilosophischen Schematisierung der Frömmigkeitstypen, wie sie von Schleiermacher in CG² I, §§ 7–10, 60–93, geboten wird, auch nicht finden, da dort der Unterschied von teleologischer und ästhetischer Frömmigkeitsrichtung gerade nicht einer Bestimmung von Entwicklungsstufen, sondern der Unterscheidung verschiedener Frömmigkeitstypen innerhalb einer Stufe dient.

man – je nachdem, zu welcher Seite die Unterordnung ausfällt – zwei Typen der „Gestaltungen der Frömmigkeit"[214] ausmachen, den teleologischen und den ästhetischen. Dass Schleiermacher implizit den teleologischen Frömmigkeitstypus höher bewertet als den ästhetischen – und das lässt sich schon aus seiner Zuordnung des Christentums zum ersteren erkennen –, ist m. E. zum einen in der prinzipiellen Höherschätzung der Selbsttätigkeit als Lebensäußerung gegenüber der bloßen Mitwirkung innerhalb der Empfänglichkeit,[215] zum anderen durch den im schlechthinnigen Abhängigkeitsgefühl gründenden, dieses reflektierenden Gottesbegriff begründet: sagt dieser „schlechthinige Ursächlichkeit"[216] bzw. „schlechthinige Lebendigkeit"[217] aus, so könne dieser Lebendigkeit nur eine solche Empfänglichkeit adäquat korrespondieren, die als lebendige übergehe „in belebte Selbstthätigkeit"[218]. Somit werde das Gefühl schlechthinniger Abhängigkeit der Impuls zum Freiheitsvollzug.

Ausgangspunkt dieser Analyse des Begriffs der ‚lebendigen Empfänglichkeit' war dessen zentrale Funktion innerhalb der Schleiermacherschen Formel für das „Grundbewußtsein eines jeden Christen von seinem Gnadenstande"[219]. Bereits innerhalb der Skizze der der Darstellung des Gnadenbewusstseins vorangehenden Paragraphen der ‚Glaubenslehre' wurde mehrfach auf diese Schleiermachersche Formel hingewiesen. In der genaueren Untersuchung unter Berücksichtigung der Ausführungen der ‚Psychologie' zeigte sich zunächst, dass dem Begriff der Empfänglichkeit im Gegenüber zu dem der Passivität die Lebendigkeit immer schon inhäriert. Dass Schleiermacher ihm dennoch auffallend häufig das Adjektiv ‚lebendig' zur Seite stellt, wurde als Indikator dafür angesehen, dass hierdurch auf unterschiedliche Grade und Facetten der Lebendigkeit hingewiesen werden soll, denen ein höherer Freiheitsgrad des entsprechenden Seins korrespondiert. Dies zeigte sich unmittelbar in der höheren Lebendigkeit der menschlichen gegenüber der tierischen Empfänglichkeit, aber auch in der Entwicklung des menschlichen Selbstbewusstseins ließen sich unterschiedliche Abstufungen ausmachen. Die Hinsichten, unter denen die Empfänglichkeit konkreter be-

---

[214] CG² I, § 9, 74. Vgl. zum Folgenden aaO. den gesamten § 9, 74–80.

[215] Vgl. Psych (1830), Nr. 11, 497. Barth macht darauf aufmerksam, dass die Betonung des passiven Moments von Religiosität bei Schleiermacher nur dann vorherrsche, wenn er apologetisch argumentiere, seine sachliche Darstellung des Christentums aber auf die aktive Komponente, die Tätigkeit abziele (K. BARTH, Theologie, 389 [Hervorhebungen durch die Vfn. aufgelöst]): „ihm geht es um das Leben, und das Leben, um das es geht, ist nicht etwa, wie man bei oberflächlicher Schau vermuten könnte, ein in der Innerlichkeit der Seele sich abspielendes, ein sich selbst genießendes, wesentlich passives Leben." Letzteres meint allerdings Brunner, der bezüglich der Schleiermacherschen Auffassung behauptet (E. BRUNNER, Mystik, 46f.): „Religion ist in jedem Fall ein passives Verhalten […]. Also weder direkt noch indirekt hat es Religion mit einem Handeln zu tun […]."

[216] CG² I, § 51, 308 u. ö. Vgl. dazu Kap. II.3 der vorliegenden Untersuchung.

[217] CG² I, § 51.2, 312.

[218] CG² II, § 108.6, 190.

[219] CG² II, § 91.1, 35.

trachtet werden können, führten zu einer ‚Übersetzung‘ bzw. Konkretisierung des Adjektivs ‚lebendig‘: Unterschieden wurde die koaktive, die transformative und die präaktive Seite der Empfänglichkeit.[220] In jeder der drei Hinsichten ließ sich nachweisen, dass den unterschiedlichen Graden der ‚Lebendigkeit‘ das unterschiedliche Maß von ‚Freiheit‘ korrespondiert. Zu jedem der Gesichtspunkte lässt sich in der ‚Glaubenslehre‘ ein entsprechender Gebrauch der Formel finden;[221] ihre jeweilige Verwendung und Bedeutung im Kontext der Explikation des Gnadenbewusstseins wird im Folgenden herausgestellt werden. Dabei steht die hier angestellte Untersuchung samt der ausgewählten Begrifflichkeit im Hintergrund und wird nicht erneut begründet werden.

Grundsätzlich zeigt sich in der Analyse des Begriffs lebendiger Empfänglichkeit ein deutlicher Bezug auf die Christologie. Meines Erachtens lässt sich die Schleiermachersche Auffassung des Inkarnationsgedankens, Jesu Urbildlichkeit *und* Geschichtlichkeit, nur dann verständlich und sachgemäß rekonstruieren und durchleuchten, wenn eben auch die Urbildlichkeit seiner Empfänglichkeit in jeder der drei hier skizzierten Hinsichten impliziert ist, d. h. ihm die lebendigste, schlechthinnige Empfänglichkeit zugeschrieben wird. Insofern die christologischen Ausführungen aufgrund der bereits thematisierten Analogie die Voraussetzung der Lehrstücke von Wiedergeburt und Heiligung bilden, ist auch das Gelingen der Analyse dieser abhängig von der Angemessenheit der Darstellung jener. Im Folgenden soll daher die Schleiermachersche Entfaltung der Christologie knapp rekonstruiert und in den für das Verständnis der Lehrstücke von Wiedergeburt und Heiligung besonders relevanten Passagen eingehender untersucht werden.

---

[220] Für diese Unterscheidung gilt dasselbe, was Schleiermacher durchgängig bezüglich der von ihm entwickelten ‚Gegensätze‘ festhält: Sie bedeutet keine Trennung der Pole, da diese sich ja aus einer Einheit ergeben haben, sondern verbindet sich mit einer Anschauung vom ‚mehr und minder‘ des jeweiligen Aspekts.

[221] Einige exemplarische Beispielstellen finden sich, a) zur koaktiven Dimension lebendiger Empfänglichkeit: CG² I, § 4.2, 34–37; § 14.1, 115–117; § 64.1, 398 f.; § 70.2, 423–425; CG² II, § 89.1, 28 f.; § 91.1, 35–37; § 100.2, 106–108; § 101.1, 112 f.; § 108.6, 187–191; § 109.4, 200–202; b) zur transformativen Dimension: CG² I, § 13.1, 107–110; CG² II, § 88.4, 26 f.; § 108.6, 187–191; § 120.1, 267 f.; c) zur präaktiven Dimension: CG² I, § 3.4, 26–30; § 4.1, 33 f.; CG² II, § 91.1, 35–37; § 94.2, 54–56; § 103.2, 124–128; § 108.6, 187–191; § 112.1, 219–222; d) zu den Stufen des Selbstbewusstseins und Graden der Empfänglichkeit: v. a. CG² I, § 5, 40–53; § 53.1, 317–319; CG² II, § 89.3, 31 f.; § 53.1, 317–319; CG² II, § 91.1, 35–37; § 114.2, 237 f.; § 118.1, 249–252; § 162.1, 481–483. Osthövener macht darauf aufmerksam, dass bereit in den ‚Reden‘ mit dem Motiv des ‚Triebs‘ eine Vorform des Gedankens der ‚lebendigen Empfänglichkeit‘ auszumachen ist (vgl. C.-D. OSTHÖVENER, Das Christentum als Erlösungsreligion, in: U. BARTH/C.-D. OSTHÖVENER [Hgg.], 200 Jahre „Reden über die Religion“. Akten des 1. Internationalen Kongresses der Schleiermacher-Gesellschaft Halle 14.-17. März 1999, SchlA 19, Berlin/New York 2000, 685–697, 689 f.).

V Christologie

Die Darstellungen und Interpretationen des christologischen Hauptstücks der ‚Glaubenslehre' münden in die unterschiedlichsten Bewertungen desselben: Dem einen gilt es als „Mittelpunkt"[1], dem anderen als „die große Störung in Schleiermachers Glaubenslehre"[2]. Schon in diesen divergierenden Urteilen zeigt sich, dass die entsprechenden Paragraphen ausreichend Material für eigenständige Untersuchungen bieten.[3] Im Rahmen der Analyse der Lehrstücke von Wiedergeburt und Heiligung bietet es sich an, zugunsten des eigentlichen Fokus auf eine Rekonstruktion der gesamten Christologie der ‚Glaubenslehre' zu verzichten. Der Schwerpunkt liegt vielmehr auf der Durchleuchtung der von Schleiermacher explizit gemachten Analogie[4] zwischen den Lehrstücken von Wiedergeburt und Heiligung und der – durch ihn stark kritisch bearbeiteten – ‚Zwei-Naturen-Lehre'[5] (V.1) sowie der Beschreibung des Werks Christi (Erlösung und Ver-

---

[1] W. Trillhaas, Der Mittelpunkt der Glaubenslehre Schleiermachers, in: NZSTh 10 (1968), 289–309.

[2] K. Barth, Die protestantische Theologie im 19. Jahrhundert. Ihre Vorgeschichte und ihre Geschichte, Zürich ³1946, 385.

[3] Vgl. den Vergleich von erster und zweiter Auflage bei M. Junker, Das Urbild des Gottesbewußtseins. Zur Entwicklung der Religionstheorie und Christologie Schleiermachers von der ersten zur zweiten Auflage der Glaubenslehre, SchlA 8, Berlin/New York 1990; W. Trillhaas, Mittelpunkt, 289–309; vgl. auch C. Braungart, Mitteilung durch Darstellung. Schleiermachers Verständnis der Heilsvermittlung, MThSt 48, Marburg 1998, 187–210; D. Lange, Historischer Jesus oder mythischer Christus. Untersuchungen zu dem Gegensatz zwischen Friedrich Schleiermacher und David Friedrich Strauß, Gütersloh 1975, 21–175.

[4] Zur Analogie vgl. exemplarisch CG² II, § 100.2, 107, sowie § 106.1, 165 f.: „Geht aber alle Thätigkeit des Erlösers von dem Sein Gottes in ihm aus; und war auch bei der Entstehung der Person des Erlösers die schöpferische göttliche Thätigkeit die sich als das Sein Gottes in ihm befestigte das einzig thätige; so läßt sich auch alle Thätigkeit des Erlösers als eine Fortsezung jener personbildenden göttlichen Einwirkung auf die menschliche Natur ansehen." – „Gehn wir […] auf das obige zurükk, daß das Verhältniß Christi zu der übrigen menschlichen Natur genau dasselbe ist, wie in seiner Person das Verhältniß ihres göttlichen zu ihrem menschlichen: so stellen auch beide Begriffe [sc. Wiedergeburt und Heiligung] genau die Analogie dar mit dem Act der Vereinigung und dem Zustand des Vereintseins." Vgl. auch J. A. Lamm, Schleiermachers Treatise on Grace, in: HThR 101 (2008), 133–168, 137.

[5] Dieser Oberbegriff wird hier – trotz Schleiermachers deutlicher Kritik am Natur-Begriff in Anwendung für das Göttliche (vgl. CG² II, § 96.1, 61–67) – der Einfachheit halber beibehalten, zumal auch Schleiermacher selbst sich des Begriffs der ‚göttlichen Natur' „lediglich der Bequemlichkeit halber" (aaO., § 92.2, 73, Anm. 2) nicht völlig enthält.

söhnung)[6] als wirksamen Ausdrucks dieser „Vereinigung des göttlichen mit dem menschlichen"[7] (V.2).

Für die Christologie gilt bei Schleiermacher der gleiche Ausgangspunkt wie für die ‚Glaubenslehre' insgesamt: Ihr Ansatzpunkt sind zunächst nicht die dogmatisch-christologischen Formeln, sondern sie wird vom „Selbstbewußtsein der Gläubigen"[8] aus entworfen, d.h. es wird dargestellt, „wie vermöge dieses Bewußtseins der Erlöser gesezt ist"[9]. Schleiermachers Konsequenz, die er von diesem Ausgangspunkt her für die Darstellung der Christologie zieht, erinnert an analoge Aussagen bezüglich des Verhältnisses und der Darstellung der Lehren von Schöpfung und Erhaltung:[10] Die gewählte Herangehensweise würde es eigentlich erlauben oder sogar fordern, das entsprechende Lehrstück entweder ganz auf die Person des Erlösers oder ganz auf sein Werk zu konzentrieren, da beide im frommen Selbstbewusstsein nur in ihrem notwendigen Zusammenhang bzw. ihrer Identität erscheinen würden.[11] Denn werde dieses durch die Empfänglichkeit konstituiert, so müsse vorausgesetzt werden, dass es nur dann entstehen könne, wenn der Erlöser eine entsprechende „eigenthümliche Thätigkeit"[12] ausgeübt habe; gerade die Eigentümlichkeit könne aber nur gewährleistet sein, wenn sie nicht zufällig bedingt sei, sondern „in einer ausschließlichen Würde"[13] der Person gründe.

---

[6] Vgl. v.a. CG² II, §§ 100f., 104–120, sowie Kap. V.2 der vorliegenden Untersuchung.

[7] CG² II, § 97.4, 86 u.ö.

[8] CG² II, § 92, 38.

[9] CG² II, § 91.2, 37.

[10] Vgl. CG² I, §§ 36f., 218–228, sowie Kap. II.2 dieser Arbeit. Diese Analogie, die für das Verhältnis der jeweiligen Lehrstücke – von Schöpfung und Erhaltung, von Person und Werk Christi, von Wiedergeburt und Heiligung, von Ent- und Bestehen der Kirche – zueinander geltend gemacht wird, wird m.E. von Schleiermacher erst CG² II, § 100.2, 108, explizit benannt, allerdings vorher schon mehrfach implizit thematisch, so bereits aaO., § 89, 27–34, u.ö. Es wird jeweils zwischen Anfang und Zustand unterschieden, wobei ein unmittelbares Bewusstsein immer nur von Letzterem möglich sei (vgl. bspw. CG² I, § 39.1, 229; CG² II, § 97.1, 71), auf Ersteren aber aufgrund des Gehalts des so konstituierten Bewusstseins geschlossen werden könne. Innerhalb der Lehrstücke begegnet diese Analogie auch in ‚kleinerer' Form, so bspw. in der Bestimmung des Verhältnisses von Anfang und Dauer der Person Jesu Christi (s.u.). Thiel führt diese, die Erkenntnisbedingungen des endlichen Seins abspiegelnde Herangehensweise überzeugend auf deren epistemologische Grundlegung in der ‚Dialektik' zurück (vgl. J.E. THIEL, Schleiermacher's doctrines of creation and preservation: some epistemological considerations, in: HeyJ 22 [1981], 32–48). Er hält im Blick auf die Lehre von der Erhaltung – entsprechendes gilt aber auch für die analogen Lehrstücke – fest, dass sie auf diese Weise „religiously satisfying and noetically tenable" (aaO., 47) werde: „The manner in which pious feeling is articulated must respect the canons of proper thinking if theology is to be critical or even intelligible" (aaO., 48).

[11] Anders noch in: CG¹ II, § 113.2, 18: „Eben deswegen nun ist es für die genauere Entwiklung dieses Elementes unsres christlichen Bewußtseins von großer Wichtigkeit, daß es aus diesen beiden Gesichtspunkten abgesondert betrachtet werde, damit so die eine Ansicht Gewähr leiste für die andere."

[12] CG² II, § 92, 38.

[13] CG² II, § 92.1, 39. Trillhaas sieht in dem Verzicht auf den Person-Begriff in diesem Paragraphen bereits eine Anzeige dafür, „daß […] schon hier, gleichsam mit einem unauffälligen

Dass Schleiermacher dennoch das Hauptstück der Christologie in zwei Lehrstücken, einem zur Person[14] und einem zum Werk[15] Christi, behandelt, erklärt sich aus dem Anspruch der Kirchlichkeit der ‚Glaubenslehre‘; es sei „nicht rathsam, zwischen einer von beiden Behandlungsweisen zu wählen, wenn wir nicht zugleich die kirchliche Sprache verlassen, und die Vergleichung unserer Aussagen mit andern Behandlungen der Glaubenslehre erschweren wollen.“[16] Die folgende Rekonstruktion der entsprechenden Passagen orientiert sich daher an der von der kirchlichen Tradition vorgegebenen und von Schleiermacher aufgenommenen Unterscheidung von Person (Kap. V.1) und Werk (Kap. V.II) Christi. Einzelne Paragraphen werden hier aufgrund ihrer höheren Relevanz hinsichtlich der Lehre von Wiedergeburt und Heiligung detaillierter zur Darstellung kommen, andere nur skizziert oder gar nicht dargestellt, sofern es ihnen an eben dieser unmittelbaren Relevanz fehlt.

1 Die Person des Erlösers: Stetige Kräftigkeit des Gottesbewusstseins durch schlechthin lebendige Empfänglichkeit

1.1 Die Aussagen des christlich-frommen Selbstbewusstseins: Geschichtlichkeit und Urbildlichkeit

Die Basis seiner Kritik der traditionell-kirchlichen Lehrbildung bezüglich der Person Jesu Christi entwickelt Schleiermacher in zwei Paragraphen. Gemäß dem der ‚Glaubenslehre‘ zugrundegelegten Ansatz beim christlich-frommen Selbstbewusstsein geht er von dessen spezifischem Gehalt als Gnadenbewusstsein aus, um die darin implizierten Annahmen über denjenigen, der dieses Bewusstsein durch seine Tätigkeit bewirkt, zu erheben.[17] Konkret muss Schleiermacher

---

Griff, die alte metaphysische Personenlehre aus dem Spiel gebracht ist“ (W. Trillhaas, Mittelpunkt, 300).

[14] Das Lehrstück „Von der Person Christi“ (CG² II, 41) findet sich aaO., §§ 93–99, 41–104.

[15] Schleiermacher spricht nicht vom Werk, sondern „Von dem Geschäft Christi“ (CG² II, 104), das er aaO., §§ 100–105, 104–164, entfaltet.

[16] CG² II, § 92.3, 40.

[17] Insofern stimmt es, dass „der gedankliche Weg Schleiermachers vom geglaubten zum historischen Christus und nicht umgekehrt [verläuft]. Dafür kann Schleiermacher immerhin geltend machen, daß es ohne den geglaubten Christus keine Kenntnis mehr von dem ‚historischen‘ Jesus gäbe“ (W. Trillhaas, Mittelpunkt, 308). Der Vorwurf aber, „daß Schleiermachers Christus auch für Schleiermacher selbst eine aus dem eigenen frommen Empfinden herausdestillierte Dichtung von einer Erlösergestalt sei, deren Wirklichkeit von ihm lediglich postuliert werde, [ist jedoch] sicher unrichtig. Er hat das Bewußtsein in sich getragen, daß sein […] Gottesverhältnis im Erleiden der geistigen Gewalt einer geheimnisvollen und überschwenglich großen geschichtlichen Persönlichkeit, eben der Persönlichkeit Jesu Christi, Grund und Ursprung habe“ (E. Hirsch, Schleiermachers Christusglaube. Drei Studien, Gütersloh 1968, 49f.; anders G. Wenz, Geschichte der Versöhnungslehre in der evangelischen Theologie der Neuzeit, 2 Bde., MMHST 9, München 1984/6, Bd. 1, 381: „Christus muß als eine Voraussetzung, die sich seine

daher entfalten, wie „die Würde des Erlösers [...] gedacht werden"[18] muss, damit sich seine wirksame Tätigkeit aus ihr hinreichend erklärt:[19] Der Erlöser wird daher von ihm als geschichtliches Urbild schlechthinniger Kräftigkeit des Gottesbewusstseins bestimmt,[20] der aufgrund dieser beiden Merkmale seines Daseins – Geschichtlichkeit und Urbildlichkeit –[21] in einem zweifachen Verhältnis zu allen anderen Menschen stehe, indem er ihnen der Natur nach gleich, dem Gottesbewusstsein nach aber von ihnen unterschieden sei.[22] Diese Aspekte sollen folgend näher erläutert werden.

Bereits in der Einleitung zum zweiten Teil der ‚Glaubenslehre' hat Schleiermacher ausgeführt, dass es dem Gehalt des christlich-frommen Selbstbewusstsein als Erlösungsbewusstsein entspreche, sich derjenigen Tätigkeiten, welche eine Gottesgemeinschaft zum Ausdruck bringen, nicht als eigener bewusst zu sein, sondern sie auf eine „Mittheilung des Erlösers"[23] zurück zu führen, so dass sie eben nicht als *eigene* bewusst würden. Diese Annahme wird hier nun in ihren Konsequenzen für das Verständnis des Erlösers ausgeführt: Mit ihr verbinde sich die

„Ueberzeugung, daß dem menschlichen Geschlecht keine vollkommnere Gestaltung des Gottesbewußtseins bevorsteht [...]; und daß [...] jeder Wachsthum an Wirksamkeit des Gottesbewußtseins nicht aus irgend einer neu hinzutretenden Kraft hervorgeht, sondern immer nur aus der regebleibenden Empfänglichkeit für seine [sc. Christi] Einwirkungen"[24].

Gemeinde selbst gesetzt hat, und somit bloße Konstruktion erscheinen."). Eben diese Tatsache ist es, die Schleiermacher die massive Kritik von Strauß eingebracht hat: „Als ächter Idealist geht zwar Schleiermacher in der Deduction seines Christus vom Subjecte aus; aber eben dass er aus demselben herausgeht, dass er allen absoluten Inhalt, den er in demselben antrifft, aus der Mittheilung von dem äusserlich dagewesenen Gottmenschen ableitet, ist der Rückfall auf den Boden des altkirchlichen Systems" (D. F. STRAUSS, Die christliche Glaubenslehre in ihrer geschichtlichen Entwicklung und im Kampfe mit der modernen Wissenschaft, 2 Bde., ND der Ausgabe Tübingen/Stuttgart 1841, mit einer Einführung von W. ZAGER, Darmstadt 2009, Bd. 2, 176).

[18] CG² II, § 93.1, 42.

[19] Vgl. CG² II, § 92, 38–41.

[20] Vgl. CG² II, § 93, 41–52. Es sind v.a. dieses „Rückschlußverfahren" (M. JUNKER, Urbild, 142) sowie die Verbindung von Geschichtlichkeit und Urbildlichkeit, die durch Baur, in Folge seiner Hegelrezeption, an der Schleiermacherschen Christologie der zweiten Auflage der ‚Glaubenslehre' kritisiert werden (vgl. aaO., 142–145). Vgl. zur Einschätzung dieser Kritik aaO., 148: „Die [...] beiden Kritikpunkte erscheinen [...] nur unter Hegelschen Voraussetzungen als zwingend."

[21] Dass der Aspekt der Geschichtlichkeit in Reaktion auf Baurs Kritik (vgl. die Darstellung bei M. JUNKER, Urbild, 133–150, sowie D. LANGE, Jesus, 196–205, und W. TRILLHAAS, Mittelpunkt, 293 f.) gegenüber der ersten Auflage innerhalb der zweiten stärker herausgestellt wird, verdeutlicht Gerdes anhand einiger prägnanter Beispiele (vgl. J. RINGLEBEN [Hg.], Anmerkungen zur Christologie der Glaubenslehre Schleiermachers [1981, von H. GERDES], in: NZSTh 25 [1983], 112–125, 115–117). Zur Geschichtlichkeit im Unterschied zur Historizität vgl. W. TRILLHAAS, Mittelpunkt, 308 f.

[22] Vgl. CG² II, § 94, 52–58.

[23] CG² I, § 63, 395.

[24] CG² II, § 93.2, 42.

Jeder ‚gnadenhafte‘, d. h. sich durch ein kräftiges Gottesbewusstsein auszeichnende Moment könne daher „nur Annäherung bleiben zu dem, was in dem Erlöser selbst gesetzt ist, und eben dies verstehen wir unter seiner urbildlichen Würde.“[25] Die im Gnadenbewusstsein erfahrene permanente Bezogenheit auf den Erlöser, die Unüberbietbarkeit seines Gottesbewusstseins, das sich in seiner Tätigkeit, der Stiftung des neuen Gesamtlebens, manifestiere und so dem Einzelnen in lebendiger Empfänglichkeit bewusst werde, legitimiere und erfordere[26] die Aussage, dass es sich bei dem Erlöser um das Urbild der „Kräftigkeit des Gottesbewußtseins“[27] handelt. Dass diese Urbildlichkeit überhaupt erfahren werden könne, setze jedoch zugleich ihre Geschichtlichkeit voraus, das heißt, dass sie sich in „geschichtliche[n] Moment[en]“[28] manifestiere und so in den Bereich der Welt als denjenigen der Wechselwirkung eintrete.[29]

Mit diesem Bewusstsein der Urbildlichkeit eines „wirklich geschichtlich gegebenen Einzelwesen[s]“[30] verbinde sich eine weitere Aussage über die Person des Erlösers: Soll dessen Gottesbewusstsein sich durch Urbildlichkeit, d. h. aber Vollkommenheit auszeichnen, so kann der Ursprung seiner Existenz nicht aus der Welt als dem „Gesammtleben der Sündhaftigkeit“[31] erklärt werden, da – dies wird von Schleiermacher in der Hamartiologie erläutert –[32] unter dieser Voraussetzung das Gottesbewusstsein sich nicht zu einer vollkommenen Kräftigkeit entwickeln könne, sondern durch den „Widerstreit des Fleisches gegen den Geist“[33] gehemmt werde. Daher werde die Existenz des geschichtlich-urbildlichen Erlösers zugleich

„als eine wunderbare Erscheinung anerkannt [...]. Sein eigenthümlicher geistiger Gehalt nämlich kann [...] nur aus der allgemeinen Quelle des geistigen Lebens durch einen

---

[25] CG² II, § 93.2, 42.

[26] Schleiermacher legt ausführlich dar, dass eine Auffassung Christi als bloßes Vorbild dem Gehalt des Gnadenbewusstseins nicht gerecht werde, zumal dann eine Entwicklung über ihn hinaus möglich wäre, eine solche Aussage aber „die Grenze des christlichen Glaubens“ (CG² II, § 93.2, 43) überschreite. Dass innerhalb dieser ‚Grenze‘ durchaus der Gedanke einer „Perfectibilität des Christenthums“ (aaO., 44) möglich sei, rechtfertigt Schleiermacher gerade mit der Geschichtlichkeit Christi, die die Annahme begründe, dass es erlaubt oder sogar erforderlich sei, „über vieles von demjenigen hinauszugehen, was Christus seine Jünger gelehrt“ (ebd.) habe, „weil er selbst, indem es menschliches Denken ohne Worte nicht giebt, durch die Unvollkommenheit der Sprache wesentlich verhindert worden sei, den innersten Gehalt seines geistigen Wesens ganz in bestimmten Gedanken zu verwirklichen“ (ebd.).

[27] CG² II, § 93.2, 42.

[28] CG² II, § 93, 41.

[29] Vgl. CS² I, 370, App.: „Alles christliche ist uns ein traditionelles, ausgehend von einem einzigen Punkte, von der Erscheinung Christi, von welcher auch der heilige Geist in seiner Erscheinung gar nicht zu trennen ist.“

[30] CG² II, § 93.3, 45.

[31] CG² II, § 93.3, 46.

[32] Vgl. Kap. III dieser Arbeit.

[33] CG² I, § 66, 405.

schöpferischen göttlichen Act [erklärt werden], in welchem sich als einem absolut größten der Begriff des Menschen als Subject des Gottesbewußtseins vollendet."[34]

Dass aber dieser Glaubenssatz über den göttlichen Ursprung der geistigen Eigentümlichkeit des Erlösers seiner Geschichtlichkeit nicht widerspreche, sieht Schleiermacher darin gesichert, dass das ‚Wunderbare' nur für „den Anfang des Lebens", d. h. seinen Ursprung, geltend gemacht werde, dieser aber auch im Allgemeinen sich einem wirklich begreifenden Zugriff entziehe, die weitere Entwicklung jedoch „in der dem menschlichen Geschlecht natürlichen Ordnung"[35] sich vollziehe. Diese geschichtliche Entwicklung des Erlösers habe wiederum zwei Konsequenzen im Blick auf die Urbildlichkeit des Gottesbewusstseins: Zum einen müsse davon ausgegangen werden, dass diese erst mit der vollen Entwicklung des Selbstbewusstseins auch vollkommen erscheinen könne, zum anderen seien die durch das Gottesbewusstsein motivierten Gedanken, Mitteilungen und Handlungen gewissermaßen folkloristisch geprägt.[36]

In einem weiteren Schritt muss Schleiermacher nun aber auch die ‚Kompatibilität' von Urbildlichkeit und Geschichtlichkeit gleichsam aus der anderen Perspektive aufweisen, dass nämlich die Geschichtlichkeit, wie sie gerade für die allgemeine Entwicklung und Prägung der Person des Erlösers behauptet wurde, dessen Urbildlichkeit nicht in Frage stellt. Für den mit der Geschichtlichkeit zusammenhängenden Gedanken des nur sukzessive sich realisierenden Gottesbewusstseins hat Schleiermacher bereits in der Sündenlehre die Möglichkeit „eine[r] unsündliche[n] Entwiklung eines menschlichen Einzellebens"[37] dargelegt. Insofern erscheinen die christologischen Aussagen an dieser Stelle als Umkehrungen der Darstellung dessen, was in der Hamartiologie hinsichtlich der Sünde und ihrer Entstehung erläutert wird: Für die Sünde gelte, dass sie als der „posi-

---

[34] CG² II, § 93.4, 4f. Schleiermacher verweist hier explizit auf die Einleitung der ‚Glaubenslehre', in der er diesen relativ übernatürlichen Aspekt der „Erscheinung des Erlösers in der Geschichte [...] als göttliche Offenbarung" (CG² I, § 13, 106) bereits erläutert hat: „Was Offenbarung anlangt, so ist bereits oben zugestanden, daß kein Anfangspunkt eines eigenthümlich gestalteten Daseins und noch mehr einer Gemeinschaft zumal einer frommen aus dem Zustande des Kreises zu erklären ist, in welchem er hervortritt und fortwirkt, indem es sonst kein Anfangspunkt wäre, sondern selbst Erzeugniß eines geistigen Umlaufs. Wiewol nun aber sein Dasein über die Natur jenes Kreises hinausgeht, hindert doch nichts anzunehmen, das Hervortreten eines solchen Lebens sei eine Wirkung der unserer Natur als Gattung einwohnenden Entwicklungskraft, welche nach wenn auch uns verborgenen doch göttlich geordneten Gesezen sich in einzelnen Menschen an einzelnen Punkten äußert, um durch sie die übrigen weiter zu fördern" (aaO., § 13.1, 107f.). Vgl. zum Begriff des ‚Wunders' auch den Zusatz zu CG² I, § 14, 119–127, bes. 119–123, sowie die Ausführungen dazu im Kontext der Darstellung des prophetischen Amts Christi CG² II, § 103, 123–133, insbes. § 103.4, 129–133.

[35] CG² II, § 93.3, 47. Vgl. zu der Entwicklung des menschlichen Lebens die entsprechenden Erläuterungen, die sich dazu einerseits im Kontext der Darstellung des Sündenbewusstseins finden (Kap. III) und andererseits im Zusammenhang der Abhandlung des Begriffs der ‚lebendigen Empfänglichkeit' (Kap. IV.3).

[36] Vgl. CG² II, § 93.3, 45–48, bes. 47f.

[37] CG² II, § 93.4, 49.

tive[] Widerstreit des Fleisches gegen den Geist"[38] bewusst werde, der durch die „Fürsichthätigkeit des Fleisches"[39] und durch die Ohnmacht des erst später „in das Gebiet des Bewußtseins"[40] eintretenden Geistes entstehe. Der Geist vermöge es nicht, sich den verschiedenen sinnlichen Funktionen gegenüber „gleichmäßig []zu verhalten"[41], so dass es zu einer „ungleichmäßigen Entwiklung der Einsicht und der Willenskraft" komme, aus der „die Sünde […] zu begreifen ist"[42]. Im Erlösungsbewusstsein nun werde umgekehrt hinsichtlich der Person des Erlösers geglaubt, dass dessen Entwicklung „ganz frei […] von allem, was sich nur als Kampf darstellen läßt", gewesen sei und dass bei „ihm auch ursprünglich keine Ungleichheit sein [konnte] in dem Verhältniß der verschiedenen Functionen der sinnlichen Natur des Menschen zum Gottesbewußtsein"[43]. Seine geschichtliche Entwicklung, „das Werden seiner Persönlichkeit", bedeute daher „einen stetigen Uebergang aus dem Zustand der reinsten Unschuld in den einer rein geistigen Vollkräftigkeit"[44]. Die stetige Kräftigkeit des Gottesbewusstseins sei insofern in ihrer Urbildlichkeit auch schon für den noch ‚unreifen' Erlöser festzuhalten, als die sündlose Entwicklung sich nicht „als eine Folge äußerer Bewahrung" verstehen lasse, sondern gerade nur dann möglich sei, wenn sie „in dem höheren ihm ursprünglich mitgegebenen Gottesbewußtsein"[45] gründe.[46] Und auch von Seiten des ‚Folkloristischen' sei die Urbildlichkeit nicht gefährdet: Schleiermacher argumentiert hier mit der Unterscheidung von Selbsttätigkeit und Empfänglichkeit und schränkt das ‚Volkstümliche' zunächst auf den Bereich der „Empfänglichkeit für die Selbstthätigkeit des Geistes" ein, so dass „das eigentliche Princip seines Lebens" dadurch nicht tangiert werde; dass aber auch die Empfänglichkeit selbst nicht ‚folkloristisch enggeführt' sei, sichert Schleiermacher mit dem Gedanken einer durch das Gattungsbewusstsein begründeten Offenheit bzw. lebendigen Empfänglichkeit des Erlösers „für alles andere menschliche"[47].

Nachdem Schleiermacher die prinzipielle Verträglichkeit von Urbildlichkeit und Geschichtlichkeit aufgewiesen hat, werden beide Merkmale der Person des

---

[38] CG² I, § 66, 405.
[39] CG² I, § 67.1, 409.
[40] CG² I, § 67.2, 410.
[41] CG² I, § 67.2, 411.
[42] CG² I, § 68, 412.
[43] CG² II, § 93.4, 49.
[44] CG² II, § 93.4, 50.
[45] CG² II, § 93.4, 50.
[46] Schleiermacher spricht daher von einer „indirekte[n] Wirksamkeit des Gottesbewußtseins" (CG² II, § 93.4, 50), indem dieses eine Entwicklung der sinnlichen Funktionen, die zu einem Widerstreit des Fleisches gegen den Geist führen könnten, verhindere.
[47] CG² II, § 93.3, 50. Vgl. Kap. IV.3 der vorliegenden Arbeit. Diesen zweiten Gedanken hat m. E. Strauß in seiner Kritik nicht berücksichtigt (vgl. D. F. STRAUSS, Glaubenslehre, Bd. 2, 187: „Die Volksthümlichkeit aber soll in Christo nicht Typus seiner Selbstthätigkeit, sondern nur seiner Empfänglichkeit, gewesen sein: leere Worte; da überall durch die eigenthümliche Form der Empfänglichkeit auch die Selbstthätigkeit bedingt ist.").

Erlösers in ihren Konsequenzen für sein Verhältnis zu den übrigen Menschen expliziert: Seiner menschlichen Natur nach sei er ihnen vollständig gleich, doch sein Gottesbewusstsein unterscheide ihn aufgrund der schlechthinnigen Kräftigkeit desselben von ihnen, denn durch die stetige Herrschaft des Gottesbewusstsein könne (und müsse) von einem „Sein Gottes in ihm"[48] im eigentlichen Sinne gesprochen werden.

Hinsichtlich des wahren Menschseins Jesu Christi verdeutlicht Schleiermacher erneut, dass diesem die Sündlosigkeit[49] nicht entgegen stehe, wurde doch schon innerhalb der Sündenlehre deutlich festgehalten, dass Sünde eine „Störung der Natur"[50] des Menschen sei, ihr somit nicht wesentlich angehöre. Darüber hinaus ist Schleiermacher daran gelegen, den Erweis zu bringen, „daß auch die Art und Weise, wie sich Christus von allen Andern unterscheidet, in dieser [sc. menschlichen Natur] ihren Ort hat"[51]. Ansatz- und Vergleichspunkt sind ihm die „sich differentiirenden Eigenschaften der menschlichen Natur"[52], aufgrund derer es überhaupt zur Hervorbringung besonderer Einzelner komme, die auf einem bestimmten Gebiet – zum Beispiel Kunst oder Wissenschaft – maßgeblich die Weiterentwicklung durch ihre persönliche ‚geistige Eigentümlichkeit' bewirken.[53] Allerdings seien die „Wirksamkeit und persönliche Würde"[54] Christi nicht vollständig in Analogie mit diesen Beispielen aufzufassen, weil ihm – so fasse es das christliche Selbstbewusstsein – im Gegensatz zu allen anderen eine ‚universale', d. h. alle Menschen zu allen Zeiten und überall betreffende Bedeutung zukomme. Diese sei nun gerade durch seine Urbildlichkeit in der schlechthinnigen Kräftigkeit des Gottesbewusstseins begründet, die gemeint sei, wenn von einem „Sein Gottes in ihm"[55] gesprochen werde. Die Identifikation beider Aussagen begründet Schleiermacher mit dem Gedanken der (schlechthin) lebendigen Empfänglichkeit.

---

[48] CG² II, § 94, 52.

[49] Wenn hier von ‚Sündlosigkeit' gesprochen wird, soll damit nicht weniger zum Ausdruck gebracht werden, als mit der Schleiermacherschen Rede von der „Unsündlichkeit" (CG² II, § 98, 90), die stärker zum Ausdruck bringt, dass es sich nicht um eine „nur zufällige Unsündlichkeit" (aaO., § 98.1, 90) handelt. Nur aus stilistischen Gründen wird hier die Begrifflichkeit variiert.

[50] CG² I, § 68, 412.

[51] CG² II, § 94.1, 53.

[52] CG² II, § 94.1, 54, erneut unter Verweis auf die entsprechende Behandlung der Thematik in: CG² I, § 13, 106–114.

[53] Vgl. dazu auch CG¹ II, § 116.3, 28: „Als Annäherung an diesen eigenthümlichen Vorzug des Erlösers und als mehr oder minder schwache Vorbildnisse desselben kann man alle diejenigen ansehen, welche auf irgend einem Gebiet des menschlichen Denkens und Lebens eine bedeutende neue Entwiklung begründet haben."

[54] CG² II, § 94.2, 54.

[55] CG² II, § 94.2, 55. Hier wird erneut deutlich und muss beachtet werden, dass der Begriff ‚Gott' bei Schleiermacher nicht auf ein gegenständlich vorgestelltes Gegenüber verweist, sondern als Ausdruck der auf dem Gefühl schlechthinniger Abhängigkeit basierenden Vorstellung des ‚Wohers' schlechthinniger Abhängigkeit gilt (vgl. Kap. VI.5.2.2 dieser Untersuchung).

Ausgangspunkt der Erörterung[56] ist die Frage, inwiefern überhaupt von einem „Sein Gottes in irgend einem andern‘"[57] die Rede sein könne. Schleiermacher spezifiziert diesen Gedanken dahingehend, dass diese Rede „nur das Verhältniß der Allgegenwart Gottes zu diesem andern ausdrükken"[58] könne.[59] Allgegenwart ist nach Schleiermacher der Begriff für „die mit allem räumlichen auch den Raum selbst bedingende schlechthin raumlose Ursächlichkeit Gottes"[60]. Zwei Punkte werden damit deutlich fixiert: Erstens, jede raumerfüllende endliche Ursächlichkeit steht in schlechthinniger Abhängigkeit von der schlechthinnigen Ursächlichkeit, ist durch sie bedingt. Zweitens, diese schlechthinnige Ursächlichkeit selbst ist raumlos. Beziehung und Unterschiedenheit werden damit von Schleiermacher zugleich betont. Geht es um die Frage des Verhältnisses der Allgegenwart zu einem einzelnen Sein, worin impliziert ist, dass dieses Verhältnis unterschiedlich bestimmt sein kann, so darf dies gemäß der Schleiermacherschen Gotteslehre nicht einen „Unterschied in der allmächtigen Gegenwart Gottes"[61] selbst bedeuten; vielmehr gründe dieses Verhältnis „in der Empfänglichkeit des endlichen Seins, auf dessen verursachende Thätigkeit eben die göttliche Gegenwart bezogen wird"[62]. Aufgrund der unterschiedlichen Grade der lebendigen Empfänglichkeit[63] könne somit ein unterschiedliches Verhältnis des Seins zu den *„Wirkungen* seines [sc. Gottes] ursächlichen Insichselbstseins"[64] veranschaulicht werden.

In der Christologie führt Schleiermacher weiter aus, dass die Voraussetzung eines ‚Seins Gottes in einem Einzelnen‘ die sei, dass dessen lebendige Empfänglichkeit derart gesteigert sei, dass seine

„leidentlichen Zustände nicht rein leidentlich sind, sondern durch die lebendige Empfänglichkeit vermittelt und diese sich dem gesammten endlichen Sein gegenüberstellt, d. h. sofern man von dem einzelnen als einem lebendigen sagen kann, daß es in sich vermöge der allgemeinen Wechselwirkung die Welt repräsentirt"[65].

Die missverständliche Aussage, die im Hintergrund steht, dass es „nur ein Sein Gottes in der Welt"[66] gebe, soll nicht einem Pantheismus das Wort reden, sondern muss wiederum auf die Aussagen des ersten Teils der Gotteslehre rückbezo-

---

[56] Diese Erörterung findet sich in diesem Umfang noch nicht in der ersten Auflage der ‚Glaubenslehre‘.

[57] CG² II, § 94.2, 55.

[58] CG² II, § 94.2, 55.

[59] Vgl. zum ersten Teil der Eigenschaftslehre, in dem Allgegenwart und Ewigkeit, Allmacht und Allwissenheit behandelt werden, Kap. II.3 dieser Untersuchung.

[60] CG² I, § 53, 317.

[61] CG² I, § 53.1, 318.

[62] CG² I, § 53.1, 318 f.

[63] Vgl. Kap. IV.3 der vorliegenden Untersuchung.

[64] CG² I, § 53.2, 321 [Hervorhebung durch die Vfn.].

[65] CG² II, § 94.2, 55.

[66] CG² II, § 94.2, 55.

gen werden:[67] Indem die im schlechthinnigen Abhängigkeitsgefühl implizierte schlechthinnige göttliche Ursächlichkeit nicht nur in ihrer Differenz zu endlicher Ursächlichkeit bewusst werde, sondern auch als Ursächlichkeit, die dem Umfang nach mit der „innerhalb des Naturzusammenhanges enthaltenen" Ursächlichkeit identisch sei, gelte tatsächlich, dass sie „in der Gesammtheit des endlichen Seins vollkommen dargestellt wird"[68].

Wenn Schleiermacher in der Christologie von einem Sein Gottes in der Welt spricht, so muss ‚Welt' hier als Inbegriff der Totalität endlicher Ursächlichkeit aufgefasst werden, die in ihrer schlechthinnigen Abhängigkeit von der schlechthinnigen Ursächlichkeit eben diese *repräsentieren* könne, nicht aber identisch mit ihr sei.[69] Sei die Voraussetzung der Rede von einem Sein Gottes in einem Einzelnen dessen Vermögen zur Repräsentation der so verstandenen Welt, so müsse seine Empfänglichkeit – in jeder Hinsicht – aufs höchste gesteigert sein, so dass sie koaktiv „sich dem gesammten endlichen Sein gegenüberstell[e]"[70], es transformativ in sich aufnehme und so die gesamte Welt repräsentiere. Insofern aber die im obigen Sinne verstandene Welt zugleich als Repräsentantin ihres Grundes, von dem sie schlechthin abhängig sei, erscheine, repräsentiere derjenige, der vermöge seiner lebendigen Empfänglichkeit jene repräsentiere, auch diesen. Repräsentation bedeute aber die Darstellung „des Sein[s] der Dinge […] unter der Form des einwirkenden = objectives Bewußtsein, […] [und] unter der Form […] des wiegewordenen = Selbstbewußtsein"[71], so dass man von einem Sein des Einwirkenden im Bewusstsein sprechen könne, in diesem Fall somit von einem Sein Gottes in dem schlechthin Empfänglichen.[72]

---

[67] Vgl. Kap. II.3 dieser Untersuchung.

[68] CG² I, § 54, 324.

[69] Gegen Junker, die gegen Scheels Rekonstruktion mit der Behauptung, dass „von Rechts wegen also nur von einem Sein Gottes in der Welt" (H. SCHEEL, Die Theorie von Christus als dem zweiten Adam bei Schleiermacher, Naumburg 1913, 70) die Rede sein könne, geltend macht, dass „ihr zufolge die Welt als ganze reine Tätigkeit sein müßte" (M. JUNKER, Urbild, 182 f., Anm. 200). Diese Kritik verkennt wiederum m. E. Schleiermachers eigene Aussage über das Sein Gottes in der Welt.

[70] CG² II, § 94.2, 55. ‚Gegenüberstellen' ist m. E. nicht so aufzufassen, dass sich das Gegenüberstellende aus dem Zusammenhang heraushebt, sondern muss i. S. einer ‚Offenheit gegenüber' aufgefasst werden, so dass die Betonung des Satzes nicht auf dem ‚gegenüber', sondern auf dem ‚gesamtem' liegt. Dieser Deutung entspricht, dass Schleiermachers Ausführungen dazu, für welches einzelne Sein eine solche Weltrepräsentation möglich sei, alle bewusstlosen und nicht-intelligenten Lebensformen ausschließt, weil sie sich einem Teil der Welt nicht lebendig empfänglich gegenüberstellen können.

[71] Psych (1830), Nr. 16, 503.

[72] Vgl. auch K. HUXEL, Ontologie des seelischen Lebens. Ein Beitrag zur theologischen Anthropologie im Anschluß an Hume, Kant, Schleiermacher und Dilthey, RPT 15, Tübingen 2004, 173: „Die *aufnehmenden* Tätigkeiten werden von Schleiermacher als das Sein der Dinge im Menschen identifiziert." – Vor dem Hintergrund des in Kap. IV.3 explizierten Zusammenhangs von Empfänglichkeit und Freiheit ist Junker zuzustimmen, dass „die Möglichkeit eines besonderen Seins Gottes in der Welt an der menschlichen Freiheit" (M. JUNKER, Urbild, 182) hängt.

Nach Schleiermacher ist es Ausdruck des christlichen Selbstbewusstseins, dass diese schlechthin lebendige Empfänglichkeit – und dadurch die schlechthinnige Vollkommenheit und Kräftigkeit des Gottesbewusstseins –, dem Erlöser allein zukomme, während es allen übrigen Menschen zwar nicht grundsätzlich an Gottesbewusstsein mangele, dieses aber als Gefühl weder ein ihm adäquates Denken noch ein ihm angemessenes Tun hervorbringe, sondern in beiderlei Hinsicht „von dem sinnlichen Selbstbewußtsein überwältigt"[73] werde. Dass Schleiermacher es nicht nur bei der Rede von der Vollkommenheit des Gottesbewusstseins des Erlösers belässt, sondern dieses als ‚Sein Gottes‘ in ihm beschreibt, verdankt sich m.E. nicht lediglich der Anknüpfung an die dogmatische und kirchliche Tradition, sondern muss als wirklicher Gehalt des christlich-frommen Selbstbewusstseins begriffen werden, das fordert, „daß auf das deutlichste das Sein Gottes in ihm [sc. dem Erlöser] ausgesprochen werde."[74] Nur dieses Sein Gottes im Erlöser kann gemäß der Schleiermacherschen Konzeption die in jenem bewusst werdende, unüberbietbare, weil dem Wechselwirkungszusammenhang entzogene Begründung der Würde seiner Person und die aus ihr hervorgehende, ‚genugtuende‘ Wirksamkeit verbürgen. In diesem Sinne kommt in Schleiermachers ‚Glaubenslehre‘ ausschließlich dem Erlöser die Mittlerfunktion zwischen Gott und Welt zu, „in sofern er die ganze neue eine Kräftigkeit des Gottesbewußtseins enthaltende und entwikkelnde Schöpfung in sich trägt."[75]

Den zuletzt angesprochenen Zusammenhang von Schöpfung und Christologie nimmt Schleiermacher in einer weiteren Überlegung bezüglich der Entstehung der Person des Erlösers auf: Anknüpfend an die Behandlung der relativen Übernatürlichkeit des Lebensursprungs des Erlösers entfaltet Schleiermacher zwei Betrachtungsweisen der Frage nach menschlicher Lebensentstehung. Man könne diese einerseits aus dem unmittelbaren Kontext von biologischer Herkunft und sozialem Umfeld erklären, aber auch als Produkt „der menschlichen Natur im Allgemeinen."[76] Die letzte Sicht werde geltend gemacht, wenn – wie oben bereits angedeutet – ein Einzelner sich besonders von dem ihn unmittelbar hervorbringenden Kreis von Personen unterscheide und so zum ‚Wegbereiter‘ auf einem bestimmten Gebiet werde.[77] Sie werde ausschließlich in Anschlag gebracht, wenn es um die Hervorbringung des Lebens des Erlösers gehe; dessen Anfang sei daher

---

[73] CG² II, § 94.2, 55.
[74] CG² II, § 96.1, 61.
[75] CG² II, § 94.2, 56.
[76] CG² II, § 94.3, 57.
[77] Gerdes bedauert, dass sich die „Analogie […] zwischen Christus und dem ‚großen Mann‘ […] in der 2. Auflage nicht mehr" findet, und empfiehlt zum besseren Verständnis die „1. Auflage als Interpretationshilfe", weil s.E. „an dieser Stelle das Herz der Schleiermacherschen Christologie schlägt" (vgl. J. RINGLEBEN [Hg.], Anmerkungen, 120). Diese Einschätzung der entsprechenden Passage halte ich für deren Überschätzung. Dennoch ist Gerdes zuzustimmen, dass von ihr aus Schleiermachers „Methode der Wechselbeziehung zwischen frommen Selbstbewußtsein und geschichtlicher Wirklichkeit Jesu" (ebd.) erhellt.

„eine ursprüngliche That der menschlichen Natur, d. h. [...] eine That derselben als nicht von der Sünde afficirter"[78]. Nur durch diese *Art* der Hervorbringung könne auch die *Eigen*art dieses Lebensanfangs – die „neue die *Empfänglichkeit* der menschlichen Natur *erschöpfende* Einpflanzung des Gottesbewußtseins"[79] – möglich werden; aber umgekehrt bedinge diese Besonderheit auch die Art, so dass beides nicht voneinander zu trennen sei, sondern zusammengenommen „als die vollendete Schöpfung der menschlichen Natur"[80] erscheine. In einer eigenen Aufnahme der ‚Adam-Christus-Typologie' stellt Schleiermacher daher die Schöpfung des Menschen in zwei Akten dar: Zum ersten Adam gehöre die Konstitution physischen Lebens, zum zweiten Adam diejenige des geistigen. Diese Ausdifferenzierung der Schöpfung des Menschen gelte allerdings nur für die zeitliche Realisierung, nicht für die göttliche Tätigkeit: es „gehen doch beide Momente auf Einen ungetheilten ewigen göttlichen Rathschluß zurükk, und bilden auch im höhern Sinne nur einen und denselben wenn auch uns unerreichbaren Naturzusammenhang."[81]

1.2 Die kritische Auseinandersetzung mit der traditionellen Christologie

Vor dem Hintergrund der Entfaltung der Aussagen des christlich-frommen Selbstbewusstseins widmet sich Schleiermacher der kritischen Auseinandersetzung mit den „kirchlichen Formeln von der Person Christi"[82]. Dass sie dieser Kritik bedürfen, erklärt Schleiermacher aus ihrer Entstehungsweise: Sie verdankten sich gerade nicht einer solchen „Analyse unsers christlichen Selbstbewußtseins"[83], wie er selbst sie geboten habe, sondern seien „Erzeugnisse des Streites"[84], der teils durch die Art dogmatischer Sprachbildung entstehen konnte,[85] teils sich dem scholastischen „Vorwiz" verdanke, „welcher mit gänzlicher Verkennung des wahren dogmatischen Interesse schwierige Fragen lediglich um

---

[78] CG² II, § 94.3, 57. Vgl. die Ausführungen zu Schleiermachers Darlegungen der ursprünglichen Vollkommenheit in Kap. II.4 der vorliegenden Untersuchung.

[79] CG² II, § 94.3, 57 [Hervorhebungen durch die Vfn.].

[80] CG² II, § 94.3, 57 f.

[81] CG² II, § 94.3, 58.

[82] CG² II, § 95, 58. Die Auseinandersetzung erfolgt aaO., §§ 96–99, 60–104.

[83] CG² II, § 95.2, 60.

[84] CG² II, § 95.1, 58.

[85] Gemäß CG² I, § 16, 130–136, komme es den dogmatischen Sätzen zu, die widersprüchlichen Elemente zwischen poetischer und rhetorischer Redeweise auszugleichen, indem sie „Glaubenssäze von der darstellend belehrenden Art, bei welchen der höchst mögliche Grad der Bestimmtheit bezwekkt wird" (aaO., 130), bildeten. Schon hier könne daher aber auch Uneinigkeit über die Ausmittelung der Widersprüchlichkeiten entstehen. Indem sich die Dogmatik gemäß CG² I, § 28.1, 182–186 (vgl. auch KD², § 214, 216), auch der Begrifflichkeit aus anderen Wissenschaften bediene, könne diese Anknüpfung der Reflexion auf das christliche Selbstbewusstsein an „schon gegebene Vorstellung[en]" (CG² II, § 95.1, 58) zu weiteren Konflikten über die Lehre führen.

der Begriffsbestimmung willen aufwarf."[86] Die Konsequenz dieser Entstehungsweise sei die begriffliche Übersättigung der Christologie, die wiederum zu zwei Extrempositionen führe, was den Umgang mit ihr betrifft: Während die einen jede Lehrbestimmung statuarisch aufrecht erhielten, wollten die anderen jeden Begriff zugunsten einer Rückkehr zum ursprünglichen, vordogmatischen Ausdruck aufgeben. Beide Verfahren seien aber der Aufgabe dogmatischer Theologie unangemessen; es gelte vielmehr, die vorhandenen Bestimmungen anhand des Maßstabs der gebotenen Analyse zu überprüfen, um so zum einen die Übereinstimmungen im Kern der Sache darzulegen und zum anderen die Begriffe auf ihre Adäquanz hin zu evaluieren. Insbesondere solche Positionen und Formulierungen, die sich nur aus der Auseinandersetzung mit einem Kontrahenten ergeben hätten, der nun aber nicht mehr vorhanden sei, fielen dabei „der Geschichte anheim[]"[87].

In vier Lehrsätzen geht Schleiermacher daher auf die in den verschiedenen protestantischen Bekenntnissen und dogmatischen Entwürfen überkommenen Grundaussagen und Begriffe der Zwei-Naturen-Lehre[88], auf die Lehren über Christi Sündlosigkeit und Vollkommenheit[89] sowie auf diejenigen über Auferstehung, Himmelfahrt und Wiederkunft zum Gericht[90] ein. Insbesondere die kritische Behandlung der Zwei-Naturen-Lehre vertieft zugleich die vorangehend dargestellten christologischen Aussagen und dient daher auch als Folie für das Verständnis der analog gebildeten Aussagen in der Lehre von Wiedergeburt und Heiligung,[91] weshalb jene hier umfassender dargestellt wird als die ihr folgenden Paragraphen.

Die Formulierung des ersten Lehrsatzes – „In Jesu Christo waren die göttliche Natur und die menschliche Natur zu Einer Person verknüpft."[92] – mag noch den Anschein erwecken, dass Schleiermacher die Zwei-Naturen-Lehre nun in die ‚Glaubenslehre' integriert, doch bleibt in der Erläuterung des Satzes im Grunde kein Stein auf dem anderen. Zunächst hält Schleiermacher jedoch grundlegend fest, dass in den von ihm angeführten Bekenntnissen die Aussageintention in der Aufnahme der Zwei-Naturen-Lehre die gleiche sei wie die seiner eigenen Explikation: Es gehe darum, „Christum so zu beschreiben […], daß in dem neuen Gesammtleben eine Lebensgemeinschaft zwischen uns und

---

[86] CG² II, § 95.1, 59.
[87] CG² II, § 95.2, 59.
[88] Vgl. CG² II, §§ 96 f., 60–89.
[89] Vgl. CG² II, § 98, 90–94.
[90] Vgl. CG² II, § 99, 95–104.
[91] Vgl. CG² II, § 106.1, 165 f.: „Gehn wir hiebei auf das obige [sc. § 100.2, 106–108] zurükk, daß das Verhältniß Christi zu der übrigen menschlichen Natur genau dasselbe ist, wie in seiner Person das Verhältniß ihres göttlichen zu ihrem menschlichen: so stellen auch beide Begriffe [sc. Wiedergeburt und Heiligung] genau die Analogie dar mit dem Act der Vereinigung und dem Zustand des Vereintseins."
[92] Vgl. CG² II, § 96, 60.

ihm möglich sei, zugleich aber auch, daß auf das deutlichste das Sein Gottes in ihm ausgesprochen werde."[93] Doch werde dieser Gehalt durch die klassischen Formulierungen nicht in eine angemessene dogmatische Sprachform gebracht, so dass der Zwei-Naturen-Lehre weder ein wissenschaftlicher noch ein kirchlicher Wert eigne.[94]

Unter dem Aspekt der Wissenschaftlichkeit dogmatischer Theologie seien vier Kritikpunkte anzuführen: Erstens liege vor allem in den altkirchlichen Bekenntnissen, aber auch in der ,Confessio helvetica prior' sowie in der ,Confessio belgica' eine „verwirrende Bezeichnung des Subjects"[95] vor, indem diese die zweite göttliche Person *vor* ihrer Vereinigung mit der menschlichen Natur Jesus Christus nennen würden.[96] Zweitens sei der Naturbegriff, weil er gerade „der Inbegriff alles endlichen Seins, oder [...] der Inbegriff alles körperlichen"[97] sei, in höchstem Maße ungeeignet zur Beschreibung des Göttlichen.[98] Drittens könne das Zusammensein zweier Naturen in einer Person nicht widerspruchsfrei gedacht und zum Ausdruck gebracht werden, sondern jegliche Versuche der Darstellung hätten letztlich die Tendenz entweder zur Vermischung der Naturen oder aber zur Aufhebung der Personeinheit. Viertens ergebe sich ein weiteres Problem hinsichtlich der Zwei-Naturen-Lehre, wenn beachtet werde, dass Wissenschaftlichkeit auch die Verknüpfung verschiedener Lehrsätze

---

[93] CG² II, § 96.1, 61. M. E. spiegelt sich in dieser Bestimmung des Grundanliegens auch Schleiermachers berühmte Aussage des zweiten Sendschreibens an Lücke, „daß der Spruch Joh. 1,14. der Grundtext der ganzen Dogmatik ist" (F. D. E. SCHLEIERMACHER, Sendschreiben, 342). Dies ist insofern von Interesse, als eben dieser Vers auch als der Ausgangspunkt des „christologischen Klärungsprozesses" (U. KÜHN, Christologie, Göttingen 2003, 149, Anm. 4, unter Berufung auf A. GRILLMEIER, Jesus Christus im Glauben der Kirche, Bd. 1: Von der Apostolischen Zeit bis zum Konzil von Chalcedon [451], Freiburg u. a. 1979, 130) überhaupt behauptet wird, wodurch Schleiermachers oben dargelegte Behauptung gestützt wird.

[94] Vgl. CG² II, § 96.1, 61 f. Zu den zwei Zielrichtungen dogmatischer Sätze vgl. CG² I, § 17, 136–139, sowie C. ALBRECHT, Schleiermachers Theorie der Frömmigkeit. Ihr wissenschaftlicher Ort und ihr systematischer Gehalt in den Reden, in der Glaubenslehre und in der Dialektik, SchlA 15, Berlin/New York 1994, 220: „Für jeden dogmatischen Satz muß sich der Bezug auf die [...] Erlösungstätigkeit Christi und damit auf die als Gemeinschaft der Erlösungsgläubigen konstituierte[] christliche[] Kirche herstellen lassen. Und das Maß, in dem der propositionale Gehalt der frommen Gemütserregung zur Abbildung gekommen ist, begründet den *kirchlichen Wert* eines jeden dogmatischen Satzes. Daneben muß jeder dogmatische Satz aber auch eine feste Stelle im vollständigen dogmatischen Gesamtsystem belegen und erkennen lassen. Und in dieser den Zusammenhang darstellenden Potenz liegt der *wissenschaftliche Wert* jedes einzelnen dogmatischen Satzes."

[95] CG² II, § 96.1, 62.

[96] Allerdings spricht die ,Confessio helvetica prior' im Blick auf den Sohn nur von ,Christus', nicht von ,Jesus Christus' (vgl. aaO., Art. XI, in: CollNiem, 117 f.).

[97] CG² II, § 96.1, 63.

[98] Schleiermacher führt den Naturbegriff auf seine griechische Wurzel, den *physis*-Begriff, zurück, um dann zu zeigen, inwiefern dieser Spuren einer polytheistischen Prägung enthält, insofern es gerade den Polytheismus kennzeichne, die Gottheiten in einer naturhaften Unvollkommenheit vorzustellen (vgl. CG² II, § 96.1, 63 f.; zum Polytheismus vgl. CG² I, § 8, 64–73).

bedeute:[99] Betrachte man die Aussagen jener Lehre im Zusammenhang mit der Trinitätslehre, so sei das Verhältnis der zwei Naturen in der einen Person Christi zu der in drei Personen vorhandenen Einheit des göttlichen Wesens vollständig fragwürdig.

Aufgrund der wissenschaftlichen Mangelhaftigkeit der Grundlage der Zwei-Naturen-Lehre eigne auch deren weiterer Ausbildung kein produktives Potential, so dass der „Werth dieser Theorie für den Gebrauch der Kirche nur sehr gering"[100] zu veranschlagen sei. Da sie darüber hinaus „bei der ursprünglichen Bildung des evangelischen Lehrbegriffes"[101] nur übernommen, nicht aber bearbeitet worden sei, sei die Entwicklung eines geeigneteren Ausdrucks des christlichen Selbstbewusstseins, wie sie zuvor geboten wurde, nicht nur legitim, sondern dringend erforderlich.[102] Schleiermacher bringt daher eine knappe Zusammenfassung seiner Auffassung

– „Nämlich das Sein Gottes in dem Erlöser ist als seine innerste Grundkraft gesetzt von welcher alle Thätigkeit ausgeht, und welche alle Momente zusammenhält; alles menschliche aber bildet nur den Organismus für diese Grundkraft, und verhält sich zu derselben beides als ihr aufnehmendes und als ihr darstellendes System, so wie in uns alle andere Kräfte sich zur Intelligenz verhalten sollen."[103] –,

die er als adäquateren Ausdruck des paulinischen und johanneischen Inkarnationsgedankens[104] behauptet. Diese prägnante Formel dient ihm daher auch in der Entfaltung des ‚Wie‘ der Vereinigung von Göttlichem und menschlicher Natur als kritischer Maßstab.

Der zweite Lehrsatz widmet sich der Frage der Art der Vereinigung der zwei ‚Naturen‘. Schleiermacher nimmt hier zunächst die traditionelle Unterscheidung von *unitio* bzw. *assumptio* und *unio* samt der ‚Tätigkeitszuweisungen‘ auf:[105]

---

[99] Vgl. zu diesem Aspekt der Wissenschaftlichkeit dogmatischer Theologie CG² I, § 18, 139–143.

[100] CG² II, § 96.2, 67.

[101] CG² II, § 96.3, 68.

[102] Vgl. CG² II, § 96.3, 68: „Daher besteht wenn die Glaubenslehre sich vom scholastischen immer mehr reinigen soll, auch für dieses Lehrstükk die Aufgabe, einen wissenschaftlichen Ausdrukk zu organisiren, in welchem sich der Eindrukk, den wir von der eigenthümlichen Würde des Erlösers aus den Zeugnissen über ihn gewonnen haben, nicht nur in verneinenden Formeln abspiegle, und der zugleich, wenigstens in demselben Verhältniß welches bei andern dogmatischen Bestimmungen eintritt, demjenigen nahe gebracht werde, was darüber in den religiösen Mittheilungen an die christlichen Gemeinen vorkommen kann."

[103] CG² II, § 96.3, 69. Schleiermacher beruft sich auf das ‚Athanasium‘ für diesen Gedanken (vgl. aaO., Anm. 8), in dem es heißt, dass Gott und Mensch ein Christus sind, wie vernünftige Seele und Fleisch ein Mensch seien („Nam sicut anima rationalis et caro unus est homo, ita Deus et homo unus est Christus." [BSLK, 30,10–12].)

[104] An späterer Stelle spricht Schleiermacher auch von dem „Menschwerden Gottes im Bewußtsein" (CG² II, § 97.2, 76).

[105] Zu diesem Aspekt der Lehre *De persona Christi* in der altlutherischen Orthodoxie vgl. H. SCHMID, Die Dogmatik der evangelisch-lutherischen Kirche dargestellt und aus den Quellen belegt, neu hg. u. durchgesehen v. H. G. PÖHLMANN, Gütersloh ⁹1979, § 32, 197–206. Für

„Bei der Vereinigung der göttlichen Natur mit der menschlichen war die göttliche allein thätig oder sich mittheilend, und die menschliche allein leidend oder aufgenommen
werdend; währendes Vereintseins beider aber war auch jede Thätigkeit eine beiden gemeinschaftliche."[106]

In fünf Punkten erläutert und modifiziert Schleiermacher diesen Lehrsatz: Er
geht zunächst der Frage nach, inwiefern überhaupt zwischen Anfang und Erscheinung einer Person unterschieden werden könne;[107] anschließend widmet er
sich einerseits dem Vereinigungsakt mit seinen Implikationen[108] und andererseits
dem Zustand des Vereintseins[109]; zum Ende untersucht Schleiermacher, inwieweit
es der traditionellen Dogmatik gelungen ist, das ‚Wie' des Zusammenseins von
göttlichem Wesen und menschlicher Natur in der Person Jesu Christi adäquat
zum Ausdruck zu bringen.[110] Im Blick auf die Lehrstücke von Wiedergeburt und
Heiligung sind vor allem die ersten drei Abschnitte von Interesse.

Dass zwischen dem Akt der Personkonstituierung und dem Zustand der so
konstituierten Person unterschieden wird, sei, so Schleiermacher, auch vom
Standpunkt des christlich frommen Selbstbewusstseins aus erfordert, obwohl
dieses von dem Anfang „gar nicht unmittelbar afficirt werde[ ]"[111]. Den Grund
hat Schleiermacher bereits in der eigenen Entfaltung dieses Selbstbewusstseins
angeführt, indem er dargelegt hat, inwiefern es für die Einschätzung der dem
Erlöser eigentümlichen Würde einen Unterschied ausmache, ob diese ihm ursprünglich eigne oder erst später hinzutrete.[112] Da aber das Selbstbewusstsein
über diesen ersten Anfang sich nur aus der Wirksamkeit der Person, die durch
diesen Anfang konstituiert werde, ergebe, so müsse der Lehrsatz, der zwischen
Akt und Zustand unterscheidet, dahingehend modifiziert werden, dass beide

„zugleich in einander aufgehen. Denn auf der einen Seite ist der Anfang der Person zugleich der Anfang ihrer Thätigkeit; auf der andern Seite ist jeder Moment, sofern er isolirt
und für sich betrachtet werden kann, zugleich ein neues Werden dieser eigenthümlichen
Persönlichkeit."[113]

Als „Kanon" zur Beurteilung und Anwendung nicht nur der im Paragraphentext aufgestellten Sätze, sondern auch aller „noch sonst vorkommenden und von

---

die altreformierte Orthodoxie bietet H. Heppe, Die Dogmatik der evangelisch-reformierten
Kirche. Dargestellt und aus den Quellen belegt, neu durchges. u. hg. v. E. Bizer, Neukirchen
1935, Locus XVII, 323–354, einen Überblick.
    [106] CG² II, § 97, 71.
    [107] Vgl. CG² II, § 97.1, 70–72.
    [108] Vgl. CG² II, § 97.2, 72–81.
    [109] Vgl. CG² II, § 97.3, 82–85.
    [110] Vgl. CG² II, § 97.4f., 85–89.
    [111] CG² II, § 97.1, 71.
    [112] Vgl. CG² II, § 93.4, 48–51.
    [113] CG² II, § 97.1, 71.

jenen abgeleiteten Formeln"[114] stellt Schleiermacher daher einen Satz auf, der die voneinander unterschiedenen Aussagen des Lehrsatzes in ein differenziertes ‚Zugleich' transformiert:

> „Und wie jede Thätigkeit Christi dasselbe Verhältniß zeigen muß, welches den Act der Vereinigung, die ja nur eine Vereinigung zu solchen Thätigkeiten war, ausdrükkt, nämlich daß der Impuls aus der göttlichen Natur herrührt: so auch umgekehrt der Act der Vereinigung, weil ja jede Thätigkeit nur eine einzelne Erscheinung dieser Vereinigung ist, dasselbe Verhältnis, durch welches jede Thätigkeit Christi besteht, nämlich daß beide Naturen zu einem zusammenwirken."[115]

Schleiermacher geht es in der Entfaltung dessen, wie der Vereinigungsakt des Göttlichen mit der menschlichen Natur verstanden werden kann, vor allem um zwei Aspekte: Zum einen müsse gemäß dem Lehrsatz daran festgehalten werden, dass die Vereinigung sich allein der göttlichen Tätigkeit verdanke. Zum anderen dürfe dabei aber nicht die „Wahrheit der menschlichen Natur in Christo"[116] fraglich werden, da die Darstellung sonst ins ‚doketische' abirren würde.[117] Darüber hinaus gerät bei Schleiermacher mit der Rede von der göttlichen Tätigkeit in Bezug auf die Konstitution der Person des Erlösers die Frage in den Blick, wie sich die Ewigkeit und Einheit des göttlichen Ratschlusses zu dessen zeitlicher Manifestation verhalten.[118]

Von der Grundlage seines ‚Kanons' ausgehend lehnt Schleiermacher als erstes die Lehrweise ab, die hinsichtlich der Inkarnation trinitätstheologische und christologische Aussagen dergestalt zusammenbringt, dass davon gesprochen wird, die Vereinigung sei Tat der zweiten Person der Gottheit, die die menschliche Natur in *ihre* Person mit aufnehme.[119] In diesem Falle sei die Person Jesu Christi als identisch mit der zweiten Person der Gottheit gedacht. Dann müsse

---

[114] CG² II, § 97.1, 72. Insofern die Lehrstücke von Wiedergeburt und Heiligung analog zur Christologie gebildet sind, ist dieser Kanon auch in ihrer Interpretation zu berücksichtigen.

[115] CG² II, § 97.1, 71 f.

[116] CG² II, § 97.2, 73 [fehlerhafte Orthographie der Edition durch Vfn. korrigiert].

[117] Im Vorgriff auf die Lehre von Wiedergeburt und Heiligung kann dieses Anliegen wie folgt interpretiert werden: Dort liegt die Schwierigkeit darin, einerseits jeglichen Synergismus auszuschließen, zum anderen aber darin, die Aufnahme in die Lebensgemeinschaft mit Christus auch nicht so zu verstehen, dass sich der Aufgenommene dabei rein passiv – und damit nicht seinem menschlichen Sein entsprechend – verhalte (vgl. Kap. VI.5 dieser Arbeit).

[118] Auch dieser Aspekt der christologischen Entfaltung wird im Zusammenhang der Lehre von der Wiedergeburt erneut in den Blick geraten, wenn es um die Rechtfertigung geht (vgl. Kap. VI.5.3).

[119] Vgl. CG² II, § 97.2, 72 f. So bspw. bei D. HOLLAZ, Examen theologicum acroamaticum universam theologiam thetico-polemicam, Stargard 1707, Part. III, Sect. I, Cap. III, Q. 20, 130: „Incarnatio est actio divina, qua filius Dei naturam humanam […] in utero matris virginis Mariae in unitatem personae suae assumsit". Gesondert kritisiert Schleiermacher Reinhard (vgl. CG² II, § 97.2, 72, Anm. 1), der es in seiner Formulierung zur Beschreibung des Vereinigungsakts wagt, der *natura humana* auch noch ein relativierendes *quaedam* zur Seite zu stellen (vgl. F. V. REINHARD, Vorlesungen über die Dogmatik mit literarischen Zusätzen, hg. v. H. A. SCHOTT, Sulzbach ⁵1824, § 91, 342).

aber auch der christliche Glaube mit der Anerkennung der Trinitätslehre einher-
gehen – eine Forderung, die Schleiermacher nicht unterstützen mag, zumal seiner
Auffassung nach auch der ursprüngliche Jüngerglaube ihr nicht gerecht werden
könne. Darüber hinaus hebe die Formulierung das wahre Menschsein Jesu in eine
doketische Anschauung auf.

Dass nun wiederum der Lehrsatz selbst, indem er den Anteil der menschlichen
Natur am Vereinigungsakt als reine Empfänglichkeit bestimmt, zur Wahrheit
des Menschseins aber das Ineinander von Selbsttätigkeit und Empfänglichkeit
gehöre, nicht doketisch sei, verteidigt Schleiermacher mit Hilfe des von ihm
formulierten Kanons: Zwar sei die menschliche Natur auch im Akt der Aufnahme tätig – und zwar „in einer personbildenden Thätigkeit begriffen"[120] –,
so dass ihrer Wahrheit kein Abbruch getan werde, doch sei eben diese Tätigkeit
nicht eine solche, die das Aufgenommenwerden durch das Göttliche bewirken
könne, sondern dieser Aufnahmeakt gehe allein von der göttlichen ‚Natur‘ aus,
die die menschliche *als tätige* aufnehme. Hinsichtlich der Aufnahme selbst müsse
der menschlichen Natur zwar nicht Tätigkeit zugestanden werden, aber „die
Möglichkeit [...], in eine solche Vereinigung mit dem göttlichen aufgenommen
zu werden"[121], mithin die Möglichkeit schlechthin lebendiger Empfänglichkeit
für die göttliche Tätigkeit.[122]

Nachdem Schleiermacher von der einen Seite aus dargelegt hat, dass der Lehrsatz der wahren Menschheit Jesu Christi nicht entgegen stehe, muss er von
der anderen Seite her auch festhalten, dass durch die Behauptung einer göttlichen Tätigkeit zur Konstitution der Person des Erlösers diese Tätigkeit selbst
nicht als zeitliche gefasst wird, weil damit der Ewigkeit Gottes[123] widersprochen

---

[120] CG² II, § 97.2, 73. Diese personbildende Tätigkeit der menschlichen Natur sei im Blick auf
die Konstitution des Menschen Jesus Christus, sofern er ein physisch-psychischer Organismus
ist, nicht nur möglich, sondern notwendig, da „die göttliche Thätigkeit nicht personbildend auf
dem Wege der Erzeugung ist" (ebd.). Diese physisch-psychische Koaktion der menschlichen
Natur wird im Blick auf die Bekehrung erneut geltend gemacht (vgl. Kap. VI.5.2 dieser Arbeit).

[121] CG² II, § 97.2, 73. Zum vollständigen Satz – „[...]: so stellt sich die Sache so, daß die
menschliche Natur allerdings dazu nicht habe thätig sein können von der göttlichen aufgenommen zu werden, so daß etwa das Sein Gottes in Christo sich aus der menschlichen Natur entwikkelt habe, oder auch nur so, daß in der menschlichen Natur ein Vermögen gewesen sei das
göttliche zu sich herabzuziehen; sondern nur die Möglichkeit war ihr allerdings miterschaffen,
und muß ihr auch während der Herrschaft der Sünde erhalten geblieben sein, in eine solche
Vereinigung mit dem göttlichen aufgenommen zu werden, aber diese Möglichkeit ist noch lange
weder Vermögen noch Thätigkeit." (ebd) – vgl. auch die bereits behandelten Ausführungen
innerhalb der Sündenlehre, v. a. CG² I, § 70.2, 423–425 (s. Kap. III dieser Untersuchung).

[122] Entsprechend wird im Lehrsatz von der Bekehrung die lebendige Empfänglichkeit als das,
weil „zur ursprünglichen Vollkommenheit der menschlichen Natur" gehörige, „nie gänzlich
erloschne Verlangen nach der Gemeinschaft mit Gott" als der „erste[] Anknüpfungspunkt für
alle göttlichen Gnadenwirkungen" (CG² II, § 108.6, 190) behauptet (vgl. Kap. VI.5.2 der vorliegenden Untersuchung).

[123] Vgl. CG² I, § 52, 312–317, wonach Ewigkeit „die mit allem zeitlichen auch die Zeit selbst
bedingende schlechthin zeitlose Ursächlichkeit Gottes" (aaO., 312) bezeichne (s. Kap. II.3
dieser Arbeit).

würde. Hätte sie allerdings keinerlei Bezug zur Zeit, so wäre sie entweder im Vereinigungsakt „keine besondere und unmittelbare gewesen"[124], wodurch die Urbildlichkeit Christi in Frage gestellt sei, oder aber der Akt selbst müsse als ewiger behauptet werden, wodurch umgekehrt die Geschichtlichkeit Christi bedroht würde.

Die Lösung, die Schleiermacher in dieser Hinsicht bietet, setzt wiederum für die menschliche Natur die lebendige Empfänglichkeit – und zwar vor allem in ihrer koaktiven und transformativen Funktion – voraus:[125] Er entfaltet jene Lösung wie folgt: Es müsse angenommen werden, dass

„die vereinigende göttliche Thätigkeit […] auch eine ewige [sei], aber nur wie in Gott kein Unterschied ist zwischen Beschluß und Thätigkeit, das heißt für uns nur noch als Rathschluß, und als solcher auch schon mit dem Rathschluß der Schöpfung des Menschen identisch und in demselben mit enthalten, zeitlich aber sei die uns als Thätigkeit zugekehrte Seite dieses Rathschlusses oder die Erscheinung desselben in dem wirklichen Lebensanfang des Erlösers, durch welchen jener ewige Ratschluß sich wie in Einem Punkte des Raumes, so auch in einem Moment der Zeit verwirklicht hat. So daß die Zeitlichkeit ganz auf die personbildende Thätigkeit der menschlichen Natur, während deren sie in die Vereinigung aufgenommen ward, zu beziehen ist, und man mit dem gleichen Recht auch sagen kann, Christus sei auch als menschliche Person schon immer mit der Welt zugleich werdend gewesen."[126]

Nur durch die lebendige Empfänglichkeit der menschlichen Natur könne die göttliche Tätigkeit im Akt der Personkonstitution des Erlösers Zeit und Raum ‚berühren wie eine Tangente den Kreis', womit der Erlöser als derjenige gelten müsse, durch den „allein alles Sein Gottes in der Welt und alle Offenbarung Gottes durch die Welt in Wahrheit vermittelt"[127] werde, so dass diese Personkonstitution zugleich als vollendete Schöpfung erscheine.[128] Der göttliche Ratschluss

---

[124] CG² II, § 97.2, 75.

[125] Vgl. Kap. IV.3 dieser Untersuchung.

[126] CG² II, § 97.2, 75. Vgl. dazu auch folgende Aussage, die sich in der Erörterung der Allmacht findet: „[…] durch sie ist immer alles schon gesetzt, was durch die endliche Ursächlichkeit freilich in Zeit und Raum erst werden soll" (CG² I, § 54.1, 325).

[127] CG² II, § 94.2, 56.

[128] Vor diesem Hintergrund ist zu verstehen, inwiefern die beiden Teilformeln des Lehrsatzes für sich auf keinen Zeitpunkt der geschichtlichen Erscheinung des Erlösers anzuwenden seien, sondern die sich auf die alleinige göttliche Tätigkeit beziehende Aussage nur „für den schlechthin ersten Anfang des Daseins als das Leben als ein einfaches wurde" gelte, „dieses [aber] vor die zusammenhängende Erscheinung Christi fällt" (CG² II, § 97.3, 84), während die zweite, auf die gemeinschaftliche Wirksamkeit von göttlicher und menschlicher ‚Natur' abzielende im Vollsinn erst „nach dieser Erscheinung" (aaO., 84f.) greife, „denn nur wenn das menschliche schlechthin vollendet ist, und nichts mehr wird in diesem Zusammensein mit dem Sein Gottes, kann es ausschließend mitwirkend sein" (aaO., 85). Die Aufnahme der urbildlichen menschlichen Natur Jesu Christi geschieht ‚aus der göttlichen Perspektive' somit durch den einen, ewigen Ratschluss, der die Welt und die menschliche Natur überhaupt konstituiert, nur dass diese Aufnahme zeitlich erst in dem geschichtlichen Erscheinen und Wirken Jesu Christi erfüllt wird, welches sein Ende allerdings auch erst mit der ‚schlechthinnigen Vollendung des Menschlichen' überhaupt erfahre.

bleibe dabei ewig und ungeteilt, Schöpfung und Erlösung fielen darin nicht zeitlich auseinander, sondern seien Eines; erfüllt und erkannt werden könne dieser
Ratschluss aber nur in seiner zeitlichen, die Akte vereinzelnden Realisierung.[129]
Diese zeitliche Realisierung geschehe nicht unabhängig vom ewigen Ratschluss,
sondern sei von diesem ‚schlechthinnig abhängig', insofern die schlechthinnige
göttliche Ursächlichkeit sowohl die „Naturordnung des menschlichen Lebens",
als auch die „Heilsordnung für den menschlichen Geist"[130] bedinge:

> „Alles in unserer Welt nämlich […] würde anders sein eingerichtet gewesen […], wenn
> nicht die Vereinigung des göttlichen Wesens mit der menschlichen Natur in der Person
> Christi, und in Folge dieser auch die mit der Gemeinschaft der Gläubigen durch den
> heiligen Geist, der göttliche Rathschluß gewesen wäre."[131]

Vor dem Hintergrund dieser grundsätzlichen Überlegungen zu dem Verhältnis
von göttlicher und menschlicher Tätigkeit im Zusammenhang des Konstitutions-
aktes der Person Jesu Christi erledigen sich für Schleiermacher zwei in der dogmatischen Tradition in diesem Zusammenhang verhandelte Lehren im Grunde
von allein: Die Intention der Lehre von der Unpersönlichkeit der menschlichen
Natur,[132] nämlich festzuhalten, dass diese aus sich heraus nicht hätte die Person Jesu Christi tätig hervorbringen können, sieht Schleiermacher vollständig
gewahrt, doch stehe ihre Aussageweise im Widerspruch zu dem bisher Darge-

---

[129] Vgl. auch CG² II, § 172.3, 532: Wir können „die göttliche Ursächlichkeit nur als Ratschluß
in ihrer Ewigkeit begreifen, die Erfüllung aber nur zeitlich vorstellen".

[130] CG² II, § 117.4, 248.

[131] CG² II, § 164.2, 496. Eine Antwort auf die Frage, *warum* durch die göttliche Ursächlichkeit die Weltordnung so begründet wird, dass der göttliche Ratschluss, der gemäß dem göttlichen Wesen als Liebe auf die „Vereinigung des göttlichen Wesens mit der menschlichen Natur"
(aaO., § 165.1, 499) ziele, sich (erst) in dieser einen geschichtlichen Person des Erlösers erfülle,
verbietet sich vom Ansatzpunkt der ‚Glaubenslehre' her, denn „ein Saz, der einen göttlichen
Rathschluß ausspricht, ist nicht ein Ausdrukk des unmittelbaren Selbstbewußtseins" (aaO.,
§ 90.2, 34). Somit kann nach Schleiermacher das christlich fromme Selbstbewusstsein letztlich
nur erfassen, *dass* der göttliche Ratschluss im Erscheinen Christi erfüllt wird, es weiß aber um
diesen Ratschluss auch nur *aufgrund* seiner Erfüllung in Jesus Christus. Der christliche Glaube
erfasst also das Erlösungsgeschehen in Christus *als* Erfüllung des göttlichen Ratschlusses *aufgrund* seiner Erfüllung und erkennt damit das Erlösungsgeschehen als ‚vollendete Schöpfung'
an, weil in ihm der Zweck der Schöpfung, die Vereinigung von Göttlichem und Menschlichem,
die sich im Vollsinn erst durch dieses Geschehen offenbart, auf die der Mensch aber naturgemäß
hin angelegt ist, erfüllt wird. Für das einzelne gläubige Subjekt folgt daraus, dass es sich seiner
eigenen Teilhabe an der Gemeinschaft mit dem Göttlichen nur insofern bewusst werden kann,
als es in diese zeitliche Erfüllung des Ratschlusses mit inbegriffen ist. Die Gottesgemeinschaft
hängt damit an der geschichtlichen Lebensgemeinschaft mit dem Erlöser, deren Zustandekommen und Vollzug in den Lehrstücken von Wiedergeburt und Heiligung thematisch wird
(vgl. Kap. VI dieser Untersuchung).

[132] Vgl. zur Lehre der *inpersonalitas* bzw. *anhypostasia* die Belegstellen zu Locus XVII unter
Nr. 7 bei H. Heppe, Dogmatik, 333 f., sowie diejenigen zu § 32 unter Nr. 6 bei H. Schmid,
Dogmatik, 201 f.

legten und bleibe darin „immer verkehrt"[133], denn die menschliche Natur als
solche könne nicht unpersönlich gedacht werden, sie „würde [bloß] nicht diese
Persönlichkeit Christi geworden sein"[134]. Die zweite Lehre, deren Verzichtbar-
keit sich aus der bisherigen Darstellung im Grunde schon von selbst ergibt, ist
die über die Jungfrauengeburt. Zwar wird von Schleiermacher bereits aus Sicht
des christlich-frommen Selbstbewusstseins die relative Übernatürlichkeit des
Ursprungs der Person des Erlösers und damit eine übernatürliche Erzeugung
anerkannt,[135] doch sieht er keinen Anlass und keine Notwendigkeit, diese Übernatürlichkeit dahingehend auszuweiten, dass man den Anteil des Mannes an der
Erzeugung leugnet. Das Interesse, das sich in einer entsprechenden Lehre kund-
tue, reiche in zwei Richtungen, es beziehe sich auf die Herauslösung des Erlösers
aus dem Erbsündenzusammenhang und „auf die Einpflanzung des göttlichen
in die menschliche Natur"[136]. In beiderlei Hinsicht leiste die Theorie der Jungfrauengeburt dogmatisch aber nicht das, was sie feststellen soll: „Allein wozu
die natürliche Erzeugung unzureichend ist, dazu muß die theilweise Aufhebung
derselben auch unzureichend sein."[137] Ebenso sei sie in beiderlei Hinsicht auch
entbehrlich. Ob man sie im *Glauben* annehme oder nicht, sei damit nicht vom
Glauben an den Erlöser, sondern von „der Lehre von der Schrift"[138] abhängig,
die zwar von der Jungfrauengeburt berichte, ihr aber keinen hohen Wert zumesse
und zugleich auch dieser widersprechende Genealogien biete. Eine *Lehre* über
die Jungfrauengeburt sei aber keinesfalls zu entwickeln, da „man nur gar zu leicht
in naturwissenschaftliche Untersuchungen verwikkelt wird, welche ganz außerhalb unseres Gebietes liegen."[139]
 Nachdem Schleiermacher die klassischen Lehraussagen über den Vereinigungsakt so einer kritischen ‚Bereinigung' unterzogen hat, widmet er sich
anschließend der „Formel […], welche den Zustand des Vereintseins beider
Naturen beschreibt."[140] Lege man den ‚Kanon' zugrunde, wonach die „Gemeinschaftlichkeit […] in jedem Moment eine solche sein [muss], daß von dem
Sein Gottes in Christo die Thätigkeit ausgeht, und die menschliche Natur in
die Gemeinschaft derselben nur aufgenommen wird"[141], so müsse dieser Kanon

---

[133] CG² II, § 97.2, 76. Deutlich milder urteilt Schleiermacher noch in CG¹ II, § 118.1, 39:
„Der Saz, daß die menschliche Natur in Christo unpersönlich sei ohne ihre Vereinigung mit der
göttlichen, oder daß sie keine eigne Subsistenz habe, sondern nur durch die göttliche subsistire,
ist eine zwar dunkle aber, wenn man von dem Ausdruk göttliche Natur absieht, doch tadellose
Formel für das Verhältniß des göttlichem zu dem menschlichen in Christo."
[134] CG² II, § 97.2, 76.
[135] Vgl. CG² II, § 88.4, 26 f.; § 93.4, 48–51 u. ö.
[136] CG² II, § 97.2, 78.
[137] CG² II, § 97.2, 79.
[138] CG² II, § 97.2, 80.
[139] CG² II, § 97.2, 80.
[140] CG² II, § 97.3, 82.
[141] CG² II, § 97.3, 82 [fehlerhafte Orthographie der Edition wurde korrigiert]. Die Gemeinschaftlichkeit der Tat bedeute somit nicht die Gleichheit des Anteils von menschlicher und

auch im Blick auf die Empfänglichkeit der menschlichen Natur in Anschlag
gebracht werden, weil sonst die „überwiegend leidentlichen Momente"[142] aus
dieser Gemeinschaftlichkeit herausfallen würden, damit aber die Personeinheit
verloren ginge. Dies wiege umso schwerer, als gerade Christi empfängliches
„Mitgefühl mit dem Zustand der Menschen [...] am bestimmtesten den Impuls
des versöhnenden Seins Gottes in Christo erkennen"[143] lasse. Hier bietet sich
Schleiermacher mit dem Gedanken der lebendigen Empfänglichkeit[144] eine Figur,
mit der er die Gemeinschaftlichkeit von Göttlichem und Menschlichen auch für
die ‚leidentlichen' Momente zum Ausdruck bringen kann, ohne dass zugleich das
Göttliche selbst in den Bereich der Wechselwirkung gezogen wird.

Zunächst wurde bereits dargelegt, dass die Empfänglichkeit auch ein Minimum von Selbsttätigkeit enthalte. Dies gelte insbesondere im Blick auf ihre koaktive Seite, so dass in dieser Hinsicht die göttliche Tätigkeit als impulsgebend
gelten könne, sofern „die göttliche Liebe in Christo [...] die Richtung auf die
Wahrnehmungen der geistigen Zustände der Menschen gab."[145] Hinsichtlich
der Resultate, die durch die rein ‚leibliche' Empfänglichkeit zustande kämen,
könne weiter festgehalten werden, dass diese gerade aufgrund des das Innerste
der Person des Erlösers ausmachenden göttlichen Impulses nicht als der Person
zugehörig angesehen werden könnten, bevor sie nicht – hier klingen sowohl
die transformative, als auch die präaktive Dimension lebendiger Empfänglichkeit an – durch diesen Impuls eine „Verwandlung in Thätigkeit"[146] erführen.[147]
Dass bei jeder dieser gemeinschaftlichen Tätigkeiten die göttliche selbst nicht
als zeitlich aufzufassen sei, könne wiederum durch die transformative Kraft der
lebendigen Empfänglichkeit – nur nicht mehr bezogen auf die ‚weltlichen' Eindrücke, sondern im Verhältnis zur göttlichen Tätigkeit – verbürgt werden, so
„daß auch während des Vereintseins das göttliche Wesen in Christo sich selbst
gleich bleibend, nur auf zeitlose Weise thätig gewesen, und nur die schon ver-
menschlichte in das Gebiet der Erscheinung übergehende Seite dieser Thätigkeit

---

göttlicher ‚Natur' an dieser: Da Schleiermacher – ohne weitere Begründung – „ein absolutes
Gleichgewicht" (ebd.) beider in der Tat ausschließt, muss von ihm, weil sich ein „Uebergewicht
auf Seiten der menschlichen Natur" (ebd.) verbiete, zugleich eben dieses ‚Übergewicht' für
das Göttliche geltend gemacht werden. Die einzelnen Momente des Vereinigungszustands
unterliegen somit der gleichen Struktur, die den Akt der Vereinigung kennzeichnet. Diese Bestimmung begegnet wieder bei der Verhältnisbestimmung von Wiedergeburt und Heiligung
(vgl. Kap. VI.2 der vorliegenden Arbeit).

[142] CG² II, § 97.3, 82.

[143] CG² II, § 97.3, 82. Vgl. auch CS² I, 39, wo Schleiermacher diesen Aspekt auf das „sym-
pathethisch[e]" Selbstbewusstsein Christi zurückführt, durch das er gleichsam „unseren Mangel
an Seeligkeit trägt, [...] damit sie Impuls werden kann" [Sperrung des Originals durch die Vfn.
aufgelöst].

[144] Vgl. Kap. IV.3 dieser Arbeit.

[145] CG² II, § 97.3, 82.

[146] CG² II, § 97.3, 83.

[147] In dieser Hinsicht lässt sich sagen, dass der Erlöser den Typus teleologischer Frömmigkeit
(vgl. CG² I, § 9, 74–80) in Vollkommenheit realisiert hat.

zeitlich sei."[148] Der Zustand des Vereintseins wird daher von Schleiermacher näherhin mit dem Gedanken der *unio personalis*[149] als eine Durchdringung der menschlichen Seele Christi samt ihrer Funktionen durch das ihm einwohnende Sein Gottes bestimmt.[150]

Die an die kritische Behandlung der Zwei-Naturen-Lehre anschließende Beschäftigung mit der „wesentliche[n] Unsündlichkeit" (ἀναμαρτησία[151] bzw. *impeccabilitas*[152]) und der „schlechthinige[n] Vollkommenheit"[153] trägt inhaltlich kaum etwas bei, das über die vorherige Darstellung des christlich-frommen Selbstbewusstseins bezüglich der Person des Erlösers hinausgeht. Vielmehr geht es Schleiermacher erneut um die Überprüfung kirchlicher Formeln auf ihre Angemessenheit gegenüber dem Gehalt des christlich-frommen Selbstbewusstseins. Dass die beiden Hauptaussagen des Lehrsatzes diesem entsprechen, ist vor dem Hintergrund der bisherigen Ausführungen evident, seien doch beide Eigenschaften Merkmale der Urbildlichkeit Christi. Die kritische Behandlung richtet sich vielmehr auf die verschiedenen Begriffe und Ideen, die sich in der dogmatischen Tradition mit diesen verbunden haben: Die Unterscheidung der Sündlosigkeit in *impeccantia* (‚posse non peccare') und *impeccabilitas* (‚non posse peccare')[154] – und einhergehend damit die Frage, inwiefern der Erlöser „versucht worden […] sein"[155] konnte –, der mit der Unsündlichkeit verbundene Gedanke der Irrtums-

---

[148] CG² II, § 97.3, 83.

[149] Vgl. zur Lehre von der *unio personalis* in der altprotestantischen Orthodoxie H. Heppe, Dogmatik, Locus XVII, 323–354, bes. 326–329, samt der Belege 341–354, sowie H. Schmid, Dogmatik, § 32, 197–206, bes. 198 f., samt der Belegstellen 204–206.

[150] Vgl. CG² II, § 97.3, 84, und analog dazu die Bestimmung der Heiligung CG² II, § 110, 202–210 (sowie Kap. VI.6 dieser Untersuchung). Der vierte und fünfte Abschnitt von CG² II, § 97, 85–89, werden hier nicht näher erläutert, weil an positiven Aussagen kaum etwas hinzugefügt wird. Die begriffliche, nicht sachliche Ablehnung der chalcedonensischen Negativformeln (vgl. aaO., § 97.4, 85–87) sowie der lutherischen Lehre der Idiomenkommunikation (vgl. aaO., § 97.5, 87–89) ergibt sich im Grunde als logische Konsequenz der Ablehnung des Begriffs ‚göttliche Natur'.

[151] Vgl. H. Schmid, Dogmatik, § 32, 198.

[152] Vgl. H. Heppe, Dogmatik, Locus XVII, 327.

[153] CG² II, § 98, 90.

[154] Vgl. CG² II, § 98.1, 90 f. Schleiermacher hält beide Formeln im Grunde für richtig, aber nur, wenn sie nicht als Alternativen, sondern als Äquivalente gefasst würden. Dem Erlöser war es möglich, nicht zu sündigen (*posse non peccare*), weil er nicht sündigen konnte (*non posse peccare*).

[155] CG² II, § 98.1, 91. Die Möglichkeit der Versuchung hängt mit Christi wahrem Menschsein zusammen, zu dem auch „die Empfänglichkeit für den Gegensaz des angenehmen und unangenehmen" bzw. von „Lust und Unlust" (ebd.) gehöre. Umgekehrt dürfe eine Versuchung gerade wegen der *wesentlichen* Unsündlichkeit nicht so verstanden werden, als hätte Christus tatsächlich sündigen können (*non posse peccare*!). Lust und Unlust könnten „auf unsündliche Weise" sein, und zwischen ihnen und „dem, wenn der Kampf beginnt," müsse „der Anfang der Sünde liegen" (ebd.). Lust und Unlust könnten, als Resultate der Empfänglichkeit, allerdings beim Erlöser, sofern sein Sein durch das Sein Gottes (reine Tätigkeit) in ihm bestimmt sei, nie einen Moment abschließen. Versuchung interpretiert Schleiermacher daher „als gesteigerte

losigkeit,[156] die „Meinung von der *natürlichen Unsterblichkeit* Christi"[157], die Ausdehnung der Vollkommenheit auf die „leibliche Trefflichkeit"[158].

Auch die Ablehnung einer Aufnahme der „Thatsachen der Auferstehung und der Himmelfahrt Christi, so wie die Vorhersagung von seiner Wiederkunft zum Gericht"[159] in die ‚Glaubenslehre‘,[160] die sich aus deren Charakter als Entfaltung des christlichen Selbstbewusstsein als Erlösungsbewusstsein ergibt,[161] bietet in den Einzelheiten ihrer Begründung keine Aspekte, die für die Erhellung der Lehre von Wiedergeburt und Heiligung von Relevanz wären. Es wird daher nun übergegangen zur Rekonstruktion der Schleiermacherschen Darstellung des Erlösungswerks.

Empfindungen, die [...] nie etwas anderes werden konnten, als Anzeiger eines Zustandes, aber ohne alle bestimmende oder mitbestimmende Kraft" (aaO., 92).

[156] Vgl. CG² II, § 98.1, 92: „Zu dieser Unsündlichkeit gehört aber auch noch, daß Christus wirklichen Irrthum weder selbst kann erzeugt, noch auch fremden mit wirklicher Ueberzeugung und als wohlerworbene Wahrheit in sich aufgenommen haben."

[157] CG² II, § 98.1, 92. Schleiermacher kann dieser Lehre nicht zustimmen, da für ihn die Endlichkeit zum Leben dazu gehört, und der Tod nur insofern als „Sold der Sünde" (aaO., 93) gelten könne, als er als Übel empfunden werde – was bei Christus nicht der Fall sei. Gerade die notwendige Behauptung der „Leidensfähigkeit der menschlichen Natur" (ebd.) Christi nötige aber dazu, seine Sterblichkeit anzunehmen – zumal sonst der freiwillige Tod als eine Selbsttötung erscheine. Vgl. dazu auch aaO., § 104.4, 140–148, 147 f., wo Schleiermacher es zur sittlichen Pflicht der Selbsterhaltung rechnet, dass Christus seinen Tod nicht freiwillig erlitten haben dürfe.

[158] CG² II, § 98.2, 93. Schleiermacher nimmt den Gedanken „eine[r] leibliche[n] Urbildlichkeit" (aaO., 94) durchaus bejahend auf, beschränkt sie aber auf die größtmögliche Vollkommenheit des Körpers *als Organ* des Geistes. Fasst man wie Schleiermacher die Erlösung als Mitteilungsgeschehen (vgl. aaO., § 88, 21), das sich vor allem sprachlich, durch Verkündigung, vollzieht, so könnte dieses allerdings durch eine körperliche Einschränkung tangiert werden: Die Mitteilungsfähigkeit eines stummen Erlösers beispielsweise erscheint als weniger vollkommen als die eines solchen, der sich zur Selbstmitteilung auch des sprachlich-sprechenden Ausdrucks bedienen kann.

[159] CG² II, § 99, 95.

[160] Allerdings wird Christi Wiederkunft zum Gericht zwar nicht im Zusammenhang der Lehre von seiner Person, aber im Zusammenhang der ‚prophetischen‘ Lehrstücke über die Vollendung der Kirche behandelt (vgl. CG² II, § 160, 471–473). Ebenso erscheint die Himmelfahrt im Zusammenhang der Darstellung des prophetischen Amts Christi als ein – aufgrund des Schriftzeugnis – als tatsächlich angenommenes Ereignis (vgl. aaO., § 103.2, 125).

[161] Vgl. CG² I, § 29.3, 192 f.: „[...]: so folgt daraus, daß streng genommen nichts, was ausschließend einer Zeit angehört, welche der christlichen Entwiklung jenes Gegensazes [sc. wie er im Erlösungsbegriff impliziert ist] vorangeht, und eben so wenig was einer Zeit angehört, welche erst beginnen soll, wenn die Unfähigkeit gänzlich besiegt und verschwunden ist, mit in den Umfang der christlichen Lehre im eigentlichen Sinn aufgenommen werden kann [...]. Dasselbe gilt nun auch, da alle christliche Frömmigkeit auf der Erscheinung des Erlösers beruht, von diesem, daß nämlich nichts ihn betreffendes als eigentliche Lehre aufgestellt werden kann, was nicht mit seiner erlösenden Ursächlichkeit in Verbindung steht, und sich auf den ursprünglichen und eigenthümlichen Eindrukk, den sein Dasein machte, zurükführen läßt." Dass diese Kriterien für Auferstehung, Himmelfahrt und Wiederkunft zum Gericht nicht geltend gemacht werden können, verdeutlicht Schleiermacher u. a. am Jüngerglauben, der ohne sie entstand.

2 Das Werk Christi: versöhnende Erlösung

Die Darstellung Schleiermachers „Von dem Geschäft Christi"[162] nimmt nicht nur formal, sondern auch inhaltlich eine Scharnierfunktion zwischen der Lehre über die Person des Erlösers und der dogmatischen Entfaltung von Wiedergeburt und Heiligung ein, insofern es gemäß der Schleiermacherschen Darstellung die Wirksamkeit des Erlösers ist, die einerseits den Menschen affiziert und so dessen Erlösungsbewusstsein hervorruft, wie es im zweiten Hauptstück hinsichtlich des Gnadenbewusstseins der Erlösten selbst entfaltet wird, und die andererseits gleichzeitig den Grund bietet, aufgrund dessen das so konstituierte Bewusstsein sich nicht nur auf diese Wirksamkeit zurückführt, sondern deren Besonderheit in einer ausschließlichen ‚Würde' des sie Hervorbringenden begründet wissen möchte. Es ist aufgrund dieser Stellung des Lehrstücks den Rück- und Vorverweisen, die den – in der schon mehrfach angeführten Analogie begründeten – Zusammenhang der Lehren von Erlöser und Erlösten herstellen, besondere Aufmerksamkeit zu widmen, zumal innerhalb der Darstellung mit der Berufung als Aspekt der Wirksamkeit des Erlösers ein Element begegnet, das in der Tradition altprotestantischer Dogmatik dem Lehrstück *de gratia spiritus sancti applicatrice* bzw. der Lehre von der Heilsordnung (*ordo salutis*),[163] der auch Wiedergeburt und Heiligung angehören, zugerechnet wird.

Das „Grundbewußtsein eines jeden Christen von seinem Gnadenstande"[164], so Schleiermacher in der Einleitung der Explikation von Christologie, Wiedergeburt und Heiligung, umfasse zwei Seiten: Der Christ sei sich einer nicht aus sich selbst begründeten „Kräftigkeit des Gottesbewußtseins"[165], damit einhergehend aber auch seiner „Seligkeit"[166] bewusst.[167] Da dieses Gnadenbewusstsein auf die Tätigkeit Christi zurückgeführt wird,[168] besteht die Aufgabe für Schleiermacher darin, diese Tätigkeit so zu beschreiben, dass sich darin eine hinreichende Begründung für jenen ‚Erfolg' finden lässt. Gemäß den zwei Elementen des Gnadenbewusstseins unterscheidet Schleiermacher zwei Aspekte der Tätigkeit Christi, die allerdings nicht eine Zweiteilung eben dieser bedeuteten, sondern sich aus ihrem Bezug auf die Empfänglichkeit der zu Erlösenden ergebe,

---

[162] So die Überschrift zum zweiten Lehrstück des ersten Hauptstücks des ersten Abschnitts der Explikation des Gnadenbewusstseins in: CG² II, §§ 100–105, 104–164, 104.

[163] Vgl. zur *ordo-salutis* Lehre bspw. E. Herms, Die Wirklichkeit des Glaubens. Beobachtungen und Erwägungen zur Lehre vom ordo salutis, in: EvTh 42 (1982), 541–566; R. Seeberg, Art. Heilsordnung, in: RE 7 (1899), 593–599.

[164] CG² II, § 91.1, 35.

[165] CG² II, § 91.1, 35.

[166] CG² II, § 91.1, 36.

[167] Vgl. auch die allgemeine Einleitung zum Erlösungsbewusstsein, CG² I, §§ 62 f., 391–398, und zum Gnadenbewusstsein CG² II, §§ 86–90, 13–34, samt der hier gebotenen Rekonstruktionen in Kap. II.1 und Kap. IV.

[168] Vgl. CG² I, § 63, 394–398.

durch die jene Tätigkeit erst Wirksamkeit werden könne:[169] Die Empfänglichkeit müsse eine solche sein, die durch das Sündenbewusstsein – als Bewusstsein
eines gehemmten Gottesbewusstseins und damit als Erlösungsbedürftigkeits-
bewusstsein – sich der die Vollkommenheit des Gottesbewusstseins mitteilenden
Tätigkeit Christi koaktiv gegenüber verhalte, damit diese am Empfangenden
wirksam werde.[170] Erst infolge dieser Koaktion könne die mitteilende Tätigkeit, vermittelt durch die transformativ-lebendige Empfänglichkeit, im Sinne
einer Bewusstseinsänderung wirksam werden. Diese Änderung bestehe in der
Aufhebung des Bewusstseins der Strafwürdigkeit, d. h. in der Aufhebung des im
Sündenbewusstsein hergestellten Zusammenhangs von Sünde und Übel. Dies sei
die Aufhebung der Unseligkeit in Form werdender Seligkeit. Das *Bewusstsein*
des Erlösten werde somit zweier aufeinander folgender Momente der Tätigkeit
gewahr, die aber sowohl in dieser Tätigkeit selbst, als auch in ihrer Realisierung
am Einzelnen als „Aufnahme in die Lebensgemeinschaft Christi"[171] identisch
seien. Diese beiden Aspekte der Tätigkeit fasst Schleiermacher unter den Begriffen der Erlösung und Versöhnung zusammen:

> „Der Erlöser nimmt die Gläubigen in die Kräftigkeit seines Gottesbewußtseins auf, und
> dies ist seine erlösende Thätigkeit."[172] – „Der Erlöser nimmt die Gläubigen auf in die
> Gemeinschaft seiner ungetrübten Seligkeit, und dies ist seine versöhnende Thätigkeit."[173]

Schleiermachers Entfaltung steht unter der Maxime, einen Mittelweg zwischen
einer ‚magischen' und einer ‚empirischen' Auffassung der Wirksamkeit Christi
zu entwickeln, der dem Gehalt des christlichen Selbstbewusstseins gerecht wird;
Schleiermacher nennt ihn – allerdings unter Bedenken – ‚mystisch'[174]. Während

---

[169] Vgl. CG² II, § 101.1, 112 f.

[170] An späterer Stelle (vgl. CG² II, § 108.6, 190) rechnet Schleiermacher eben diese Steigerung
zu den Wirkungen der vorbereitenden Gnade, sie sei somit kein ‚Verdienst' des Menschen, so
dass auch die von dieser Seite zugegebene ‚Bedingtheit' der Wirksamkeit des Erlösers durch den
Menschen keineswegs eine Mit*wirkung* bedeutet.

[171] CG² II, § 101.1, 113.

[172] CG² II, § 100, 104.

[173] CG² II, § 101, 112.

[174] Vgl. CG² II, § 100.3, 109: „[…]: so scheint zwar dieser Ausdrukk seiner großen Unbe-
stimmtheit wegen besser vermieden zu werden. Will man sich aber so nahe an die ursprüngliche
Gebrauchsweise halten, daß man darunter dasjenige versteht, was zu dem Kreise nur Wenigen
gemeinsamer Lehren gehört, für die Andern aber ein Geheimniß ist, so wollen wir uns das
gefallen lassen. Nur daß man in diesen Kreis nicht willkührlich kann aufgenommen werden,
weil eben die Lehren nur Ausdrukk der inneren Erfahrungen sind: so daß wer diese macht dem
Kreise von selbst angehört, wer aber nicht, auch gar nicht hinein kommt." Im Hintergrund der
Wortwahl könnten m. E. pietistisch-christologische Formulierungen stehen, deren Betonung
der persönlichen Christus*erfahrung*, die mit den Begriffen zum Ausdruck gebracht werden
soll, durchaus in Schleiermachers ‚Glaubenslehre' Niederschlag gefunden hat. So heißt es bspw.
bei Spener (P. J. Spener, Die evangelische Glaubens-Lehre 1688. Predigten über die Evangelien
[1686/87]. 1. Advent bis 4. p. Trin., eingel. v. D. Blaufuss/E. Beyreuther, in: P. J. Spener,
Schriften III.1/1, Hildesheim/Zürich/New York 1986, 418 [Hervorhebungen durch die Vfn.
aufgelöst]): „Wie also in Christo Gott und mensch persoenlich vereiniget worden / so muessen

das „magische Zerrbild"[175] die Bindung der „Wirksamkeit Christi von ihrem Ursprung an unter die[] geschichtliche[] Naturform"[176] missachte und stattdessen von „unmittelbare[r] Einwirkung"[177] ausgehe,[178] beschränke das andere Extrem, das empirische Verständnis, die Beziehung von Erlöser und Erlösten auf ein Lehrer-Schüler- bzw. Vorbild-Nachahmungs-Verhältnis, wodurch allerdings in letzter Konsequenz die Erscheinung des Erlösers überflüssig werde.[179] Beide würden so dem Gehalt des christlichen Gnadenbewusstseins nicht gerecht,[180] weil dieses sich einer durch das neue Gesamtleben geschichtlich-natürlich vermittelten Tätigkeit des Erlösers bewusst werde, die aber auch wirklich eine unhintergehbare und unüberbietbare Lebensgemeinschaft mit diesem begründe.[181]

Die erlösende Tätigkeit wird von Schleiermacher in strikter Analogie zur Lehre von der Person Christi und in direktem Vorverweis auf das folgende Hauptstück entfaltet. Er bestimmt sie gemäß seiner Entfaltung des Gnadenbewusstseins im Kontext teleologischer Frömmigkeit[182] als „Thaterzeugen in uns", weil die im Gnadenbewusstsein erfahrene Förderung des vorher gehemmten Gottesbewusstseins zugleich als „die zur eigenen That gewordene That des Erlösers"[183] bewusst werde. Indem allerdings sowohl diese Taterzeugung als auch die dadurch entstehende gemeinschaftliche Tätigkeit schon den Zustand der Gemein-

---

wir mit Christo und dem Vatter geistlicher weise und mysticè vereiniget werden / daß er in uns und wir in ihm seyen / daß nicht mehr wir / sondern er in uns lebe / wircke und herrsche."

[175] CG² II, § 101.4, 118.

[176] CG² II, § 101.4, 119.

[177] CG² II, § 100.3, 110.

[178] Missachtet werde so „die unserer Darstellung überall zum Grunde liegende Maxime, daß der Anfang des Reiches Gottes ein übernatürliches sei, welches aber, so wie es in die Erscheinung tritt, ein natürliches werde" (CG² II, § 100.3, 110 f.).

[179] Vgl. CG² II, § 100.3, 11 f., sowie § 101.4, 119 f.

[180] Schleiermacher stellt allerdings fest, dass sich Annäherungen zu beiden Extrempositionen innerhalb der christlichen Kirche finden ließen. Diese „Differenzen" erforderten „einen breiten Raum nach beiden Seiten offen [zu] halten, damit wo nur noch eine Anerkennung Christi ist […] immer die Gemeinschaft festhalten können, um durch dieselbe immer mehr alles der Mitte näher zu bringen" (CG² II, § 101.4, 120).

[181] Vgl. E. Hirsch, Geschichte der neuern evangelischen Theologie im Zusammenhang mit den allgemeinen Bewegungen des europäischen Denkens, Bd. 5., Gütersloh ²1960, 333 f. [Hervorhebungen des Originals aufgelöst]: Die mystische Auffassung „faßt die erlösende und versöhnende Mitteilung der Kraft und der Seligkeit des Gottesbewußtseins an die Gläubigen, wie sie der Erlöser gewährt, erstens als vermittelt durch die Stiftung eines von ihm ausgehenden, sich geschichtlich fortpflanzenden Gesamtlebens, zweitens als sich vollziehend durch Aufnahme in die Lebensgemeinschaft mit dem Erlöser. Damit ist das Leben der Gläubigen untereinander und mit Christus zu einer zugleich geschichtlich bedingten und persönlich wirksamen innern Einheit verbunden, in welcher Christus Quell und Ausgangspunkt eines die Menschheit vom Gottesverhältnis her erneuernden und vollendenden höhern Lebens wird."

[182] Vgl. zur teleologischen Frömmigkeitsrichtung allgemein CG² I, § 9, 74–80, zum Christentum als teleologischer Frömmigkeitsrichtung aaO., § 11, 93–102 (vgl. auch Kap. I.2.2 dieser Arbeit), und zum Bewusstsein der Gnade im Kontext teleologischer Frömmigkeit CG² I, § 63, 394–398 (vgl. Kap. III.1 dieser Arbeit).

[183] CG² II, § 100.1, 104.

schaft voraussetzten, sei „die rein abgesondert ihm [sc. dem Erlöser] angehörige
[...] ursprüngliche Thätigkeit des Erlösers die, vermöge deren er uns in diese
Gemeinschaft seiner Thätigkeit und seines Lebens aufnimmt, deren Fortdauer
hernach das Wesen des Zustandes der Gnade ausmacht."[184] Die Analogie zu den
Aussagen über das Verhältnis von göttlicher und menschlicher Tätigkeit, wie sie
innerhalb der Lehre von der Person Christi entfaltet wurden, ist überdeutlich.
Evident ist auch die Überleitung zum folgenden Hauptstück: Die Darstellung
der gemeinschaftlichen Tätigkeit erfolgt in der Lehre von der Heiligung, diejenige des Anfangs der Lebensgemeinschaft in der Lehre von der Wiedergeburt.[185]
    Hier führt Schleiermacher nun weiter aus, dass, indem Christi Tätigkeit ganz
von dem sein Innerstes ausmachenden ‚Sein Gottes' in ihm – das zugleich seine
„Unsündlichkeit und Vollkommenheit"[186] bedeute – abhänge, auch die durch
diese Tätigkeit hervorgebrachte gemeinschaftliche Tätigkeit von Erlöser und
Erlösten durch diese beiden Aspekte gekennzeichnet sein müsse. Dieses könne
aber gerade nicht in Bezug auf das individuelle Sein bewusst werden, da das Erlösungsbewusstsein immer auch ein Sündenbewusstsein impliziere. Nur „sofern
wir uns unseres Einzellebens nicht bewußt sind, sondern wie Er [sc. der Erlöser]
uns die Impulse giebt"[187], könne die Vollkommenheit und Sündlosigkeit, damit
aber das „Sein und Leben Christi in uns"[188] als Prinzip der Tätigkeit bewusst
werden. Ausgeführt wird dieser Gedanke im zweiten Hauptstück im Kontext
der Frage der Sünden und guten Werke der Wiedergeborenen.[189]
    Indem Schleiermacher die Tätigkeit des Erlösers konsequent von ihrer Quelle
her bestimmt, muss sie auch von dieser her ihren Charakter erhalten: Da es
„keine andere göttliche Thätigkeit als die schöpferische" gebe, müsse „auch
die Wirksamkeit Christi so anzusehen"[190] sein. Es stellt sich Schleiermacher im
Blick auf die Tätigkeit des Erlösers in ihrem Wirken auf den zu Erlösenden daher

---

[184] CG² II, § 100.1, 104 f.

[185] Vgl. zu den analogen Aussagen in der Lehre von der Person Christi (s. Kap. V.1 der vorliegenden Untersuchung) insbesondere CG² II, § 97, 70–89, zur Entfaltung der Tatgemeinschaft die Lehre von der Heiligung (vgl. Kap. VI.6 dieser Arbeit) CG² II, § 106.1, 164–166 und §§ 110–112, 202–228, zur Explikation der die Lebensgemeinschaft konstituierenden Tätigkeit Christi in ihrer Wirksamkeit am Einzelnen die Lehre von der Wiedergeburt (Kap. VI.5 dieser Untersuchung), CG² II, § 106–109, 164–202.

[186] CG² II, § 100.1, 105. Vgl. aaO., § 98, 90–94 (s. auch Kap V.1 der vorliegenden Arbeit).

[187] CG² II, § 100.1, 105.

[188] CG² II, § 100.1, 105, unter Verweis auf Gal 2,20, Röm 8,10, Joh 17,23 und IIKor 13,5.

[189] Vgl. CG² II, §§ 111 f., 210–228 (sowie Kap. VI.6 dieser Untersuchung).

[190] CG² II, § 100.2, 106. Dass göttliche Tätigkeit *per se* schöpferisch ist, erhellt vor den Ausführungen der Einleitung der ‚Glaubenslehre' sowie denen der Schöpfungslehre: ‚Gott' ist der Ausdruck für das im Gefühl schlechthinniger Abhängigkeit „mit gesetzte *Woher* unseres empfänglichen und selbstthätigen Daseins" (CG² I, § 4.4, 39 [Hervorhebung durch Kursivsetzung wiedergegeben]). „Nun versteht sich [...] von selbst daß derjenige schlechthin frei ist von welchem alles schlechthin abhängig ist" (aaO., § 41, Zusatz, 240). Schlechthinnige Freiheit bedeute aber, dass „der Gegenstand überhaupt durch [...] [die] Tätigkeit erst" (aaO., § 4.3, 37 f.) entstehe, d. h. durch die Tätigkeit schöpferisch hervorgebracht werde.

eine Frage, die auch im Bereich der Schöpfungslehre schon verhandelt wurde: wie nämlich der Schöpfungsgedanke – als begrifflicher Ausdruck des schlechthinnigen Abhängigkeitsgefühls – und ‚Freiheit' sich zueinander verhalten.[191]

Zwei Perspektiven eröffnet Schleiermacher in dieser Hinsicht: Zum einen wird analog zum Schöpfungsgedanken, der die relative Freiheit des Geschaffenen trotz oder gerade in der schlechthinnigen Abhängigkeit beinhalte,[192] festgehalten, dass auch hier die „Thätigkeit […] [zwar] eine schöpferische [ist], was sie aber hervorbringt durchaus freies"[193] sei. Zum anderen geschehe die Aufnahme in die Lebensgemeinschaft nicht durch einen ‚Gewaltakt'[194], sondern gemäß „der Ordnung, wie es [sc. das menschliche Leben] in seinen Lebenskreis eintritt, und nur nach der Natur des freien"[195].

Vorausgesetzt und von zentraler Bedeutung ist hier erneut der Gedanke der lebendigen Empfänglichkeit:[196] Die schöpferische Tätigkeit des Erlösers beziehe sich auf jene, sie sei „ein schöpferisches Hervorbringen des ihn in sich aufnehmen wollens, oder vielmehr – denn es ist nur Empfänglichkeit für seine in der Mittheilung begriffene Thätigkeit – nur die Zustimmung zu der Wirkung von dieser."[197] Der Erlöser missachte somit in seiner schöpferischen Tätigkeit nicht die relative Freiheit des Menschen, auf den er wirken will, indem er ohne oder gegen dessen Willen einen neuen Menschen ‚macht',[198] sondern er respektiere diese, wirke aber schöpferisch auf sie, indem er die lebendige Empfänglichkeit (in ihrer Ausprägung als Erlösungsbedürftigkeit) so steigere,[199] dass diese sich zustimmend der Wirkung seiner Tätigkeit hingeben wolle. Er bediene sich der lebendigen Empfänglichkeit als Anknüpfungspunkt seiner Tätigkeit, verändere jene aber zugleich durch diese:

„Die ursprüngliche Thätigkeit des Erlösers wird also am besten gedacht unter der Form einer eindringenden Thätigkeit, die aber von ihrem Gegenstand wegen der freien Bewegung mit der er sich ihr zuwendet als eine anziehende aufgenommen wird"[200].

---

[191] Vgl. zu der Behandlung der Frage im Kontext der Schöpfungslehre CG² I, § 49.1, 294–297 (s. Kap. II.2 dieser Arbeit).

[192] Vgl. Kap. II.2 dieser Arbeit.

[193] CG² II, § 100.2, 106.

[194] Vgl. dazu die Formulierung von CG¹ II, § 112.1, 16: „[…] das kleinste der Thätigkeit ist das reine Bejahen der mittheilenden Thätigkeit des Erlösers […]; eine verneinende Thätigkeit wäre Widerstand, und eine Mittheilung durch den Widerstand hindurch wäre Gewalt."

[195] CG² II, § 100.2, 106. Vgl. J. A. LAMM, Treatise, 158: „Christ works on us as we are."

[196] Vgl. Kap. IV.3 der vorliegenden Untersuchung.

[197] CG² II, § 100.2, 106.

[198] Dies wäre nach Schleiermacher eine ‚magische Verzerrung' des Erlösungsverständnisses.

[199] Partikulare Steigerungen, die nicht erlösende Wirkung haben, sind gemäß CG² I, § 108.6, 190, den vorbereitenden göttlichen Gnadenwirkungen, wie sie sich aus dem Einfluss des christlichen Gesamtlebens ergeben, zuzurechnen. Hier ist nur diejenige Steigerung gemeint, die zugleich eine Veränderung der Empfänglichkeit selbst nach sich zieht.

[200] CG² II, § 100.2, 107. Es bleibt allerdings m. E. fraglich, ob nicht auch die schöpferische Beeinflussung der Empfänglichkeit des ‚Gegenstandes' als eine faktische Aufhebung von dessen Freiheit gelten muss (vgl. dazu auch Kap. VI.5.2.4 zur Sinnesänderung). Dass seine Darstellung

Mit der Veränderung der lebendigen Empfänglichkeit selbst[201] vollziehe sich aber eine Neukonstitution der Lebensform des Subjekts der Empfänglichkeit insgesamt, insofern „das ganze Leben ein Ineinandersein und Auseinanderfolgen von Thun und Leiden ist"[202], damit auch eine Veränderung einer der beiden Aspekte den anderen sowie den Prozess insgesamt neu bestimme. Indem der Erlöser so auf das Innerste des Menschen einwirke und es verändere, erscheine seine Tätigkeit „als eine Fortsezung jener personbildenden göttlichen Einwirkung auf die menschliche Natur"[203], wie sie in der Lehre von der Person des Erlösers dargelegt wurde. Entsprechend heißt es an späterer Stelle in der Lehre von der Wiedergeburt, die die Realisierung der erlösenden Tätigkeit im Bewusstsein des Einzelnen beschreibt, dass sie der Ausdruck dafür sei, dass „der Einzelne, auf welchen diese Einwirkung sich äußert, eine religiöse Persönlichkeit erlang[t], die er vorher noch nicht hatte."[204] Gerade der Einzelne erscheine allerdings vor dem Hintergrund des Schöpferischen nicht als eigentlicher Gegenstand der Wirkung, sondern wie die göttliche Tätigkeit, vermittelt durch die Person Jesu Christi, ihre Ausrichtung „auf die gesammte menschliche Natur" habe, so sei „auch die Thätigkeit des Erlösers weltbildend, und ihr Gegenstand ist die menschliche Natur, deren Gesammtheit das kräftige Gottesbewußtsein eingepflanzt werden soll als neues Lebensprincip; die Einzelnen aber eignet er sich an in Beziehung auf die Gesammtheit"[205].

---

auch schon des „Freibleiben[s] des im Zusammenhang mit einem größeren Ganzen geschaffenen" (CG² II, § 100.2, 106) logisch nicht voll aufzuschlüsseln ist, ist Schleiermacher bewusst, wenn er festhält, dass sie „weniger zu begreifen gefordert werden kann, als nur in unserm Selbstbewußtsein aufzufassen" (ebd.). Analog müsste hier gelten: Der in die Lebensgemeinschaft mit Christus Aufgenommene fühlt sich in der Aufnahme frei – ungeachtet dessen, dass das christliche Selbstbewusstsein auch beinhaltet, dass die Aufnahmetätigkeit allein vom Erlöser vollbracht wird, der in schöpferischer Tätigkeit die Empfänglichkeit gestaltet hat. Allerdings hält Schleiermacher an anderer Stelle auch fest, dass nicht jede Form der Empfänglichkeit dem Erlöserwirken ausreichend ‚Boden' biete, sondern die Empfänglichkeit zum Bewusstsein der Erlösungsbedürftigkeit gesteigert sein müsse, damit die Tätigkeit wirksam werde (vgl. CG² I, § 14.1, 117, oder CG² II, § 117.2, 245 f.). Vor diesem Hintergrund erscheint es so, als ob ein gewisser Grad der Freiheit – als Minimum der Selbsttätigkeit – vorliege, wenn die schöpferische Tätigkeit nur an der Empfänglichkeit, die den Grad der Erlösungsbedürftigkeit erreicht hat, ihren Anknüpfungspunkt finden könne.

[201] Vgl. dazu CG² II, § 108.6, 190: „Jedes Gesteigertwerden jener lebendigen Empfänglichkeit ist ein Werk der vorbereitenden göttlichen Gnade; durch die zur Bekehrung wirksame Gnade aber wird sie in belebte Selbstthätigkeit verwandelt." Die nähere Erläuterung der Bekehrung findet sich in Kap. VI.5.2 dieser Arbeit.

[202] CG² I, § 9.1, 76.

[203] CG² II, § 100.2, 107.

[204] CG² II, § 106.1, 165. Vor dem Hintergrund der personbildenden Wirksamkeit der erlösenden Tätigkeit erhellt, inwiefern diese die Freiheit des Einzelnen nur im oben genannten Sinn wahren kann: zu der Hervorbringung einer *neuen* Persönlichkeit kann die alte Person aus sich heraus nichts beitragen (vgl. Kap. VI.5.2.4 zur Sinnesänderung). Indem der Erlöser aber deren Empfänglichkeit gleichsam als ‚Anknüpfungspunkt' seiner Wirkung wählt, bleibt trotz der Entstehung einer neuen Persönlichkeit eine Kontinuität des Lebens des Erlösten gewahrt.

[205] CG² II, § 100.2, 107.

Diese überindividuelle Ausrichtung schöpferischer Tätigkeit auf die Gesamtheit wird von Schleiermacher auch dort betont, wo er von Wiedergeburt und Heiligung des Einzelnen handelt, indem „die Momente der Wiedergeburt hauptsächlich anzusehen sind als die Verbreitung der Vereinigung des göttlichen mit der menschlichen Natur"[206]; sie erscheint auch als Hintergrund der „Bestimmungsgründe[] der Erwählung"[207], indem diejenigen erwählt würden, „von welchen aus das Größte der Wirksamkeit konnte gegeben werden."[208]

Zu der eigentlichen Lehre vom Geschäft Christi wird von Schleiermacher allerdings nicht die (unter ‚irdisch-zeitlichen' Bedingungen) partikulare Erwählung, sondern die universale „Berufung" gerechnet, der auf Seiten des Einzelnen seine Wiedergeburt als der Anfang eines neuen Lebens korrespondiere, während seiner Heiligung als andauerndem Zustand Christi Tätigkeit der „Beseelung"[209] entspreche. Da jedoch gelte, dass die Tätigkeit Christi selbst nicht in vereinzelten Handlungen bestehe, sondern seine Wirksamkeit sich nur als Einheit auffassen lasse, wird auch die Unterscheidung von Berufung und Beseelung erneut nur als eine relative gefasst, so „daß hier noch deutlicher ist sowol wie jeder Moment einer gemeinsamen Thätigkeit doch wieder kann als Berufung angesehen werden, als auch wie die eigentliche Berufung schon als Beseelung."[210] Erneut wird die Tätigkeit Christi in ausdrücklicher Analogie zu der göttlichen Tätigkeit in Bezug auf die Personkonstitution des Erlösers bestimmt und bildet so den Hintergrund zu der analogen Entfaltung von Wiedergeburt und Heiligung,[211] die entsprechend in einem eben solchen Verhältnis nur relativer Unterschiedenheit zueinander beschrieben werden.

Während die erlösende Tätigkeit vor allem hinsichtlich der aus ihr hervorgehenden Selbsttätigkeit der Erlösten in den Blick genommen wird, zielt die Darstellung der Versöhnung auf die Wirkung des Erlösers hinsichtlich der Empfänglichkeit der Erlösten:[212] Der Erlöste partizipiere nicht nur an dem göttlichen Sein

---

[206] CG² II, § 120.2, 268.
[207] So die Überschrift zu CG² II, § 120, 266–277, 266.
[208] CG² II, § 120.2, 269.
[209] CG² II, § 100.2, 108 [Sperrungen des Originals aufgehoben durch die Vfn.].
[210] CG² II, § 100.2, 108.
[211] Vgl. die Formulierungen CG² II, § 96.3, 69, zum Sein Gottes im Erlöser („Nämlich das Sein Gottes in dem Erlöser ist als seine innerste Grundkraft gesetzt von welcher alle Thätigkeit ausgeht, und welche alle Momente zusammenhält; alles menschliche aber bildet nur den Organismus für die Grundkraft, und verhält sich zu derselben beides als ihr aufnehmendes und als ihr darstellendes System, so wie in uns die andere Kräfte sich zur Intelligenz verhalten sollen.") mit der Beschreibung der Beseelung aaO., § 100.2, 108 („[…] den Antheil des Erlösers aber an dem gemeinsamen Leben in seiner Dauer werden wir mit vollem Recht Beseelung nennen zunächst in Beziehung auf das Gesammtleben wie ja die Kirche sein Leib genannt wird; aber eben so soll auch in der einzelnen Gemeinschaft Christus die Seele sein, jeder Einzelne aber der Organismus durch welchen sie wirkt." [Sperrung des Originals aufgehoben durch die Vfn.]).
[212] Vgl. CG² II, § 101.2, 114: „Wie demnach die erlösende Thätigkeit Christi eine dem Sein Gottes in Christo entsprechende Gesammtthätigkeit stiftet für alle Gläubige: so stiftet das versöhnende Element nämlich die Seligkeit des Seins Gottes in ihm ein seliges Gesammtgefühl für

in Christus als Impuls einer jeden Tätigkeit, sondern wie bei der Person Christi gelte, dass dieses göttliche Sein in ihm auch seine Empfänglichkeit ausrichte und in ihrer Lebendigkeit steigere,[213] so dass kein Lebensmoment rein ‚leidentlich' beschlossen werde,

> „so findet sich auch der Erlöste, sofern er in die Lebensgemeinschaft Christi aufgenommen ist, niemals von dem Bewußtsein eines Uebels erfüllt, weil es sein ihm mit Christo gemeinsames Leben nicht hemmend treffen kann. Sondern alle Lebenshemmungen natürliche und gesellige kommen auch in dieses Gebiet nur als Anzeigen"[214].

Schleiermacher behauptet somit nicht ein – der allgemeinen Erfahrung widersprechendes – Ende von ‚Lebenshemmungen', sondern ein Ende des Bewusstseins von diesen als Übeln,[215] indem das, was nun das Innerste und Eigentliche der Person des Erlösten ausmache – die Lebensgemeinschaft mit Christus – durch diese Hemmungen nicht betroffen sei. Auch in dieser Hinsicht erscheine die Tätigkeit des Erlösers insofern personbildend, als nicht nur der innerste Tätigkeitsimpuls, sondern auch die Stimmung des Gefühls grundlegend verändert werde.

Diese Fortführung des Gedankens der schöpferisch-personbildenden Tätigkeit erlaubt es Schleiermacher, die Rede vom Tod des alten Menschen aufzunehmen: In der Versöhnung

> „erstirbt zugleich die frühere Persönlichkeit, sofern sie die Abgeschlossenheit des Gefühls in einer sinnlichen Lebenseinheit war [...]. Was aber als Selbigkeit der Person übrig bleibt, das ist die eigenthümliche Auffassungs- und Empfindungsweise, die sich als individualisierte Intelligenz in jenes neue gemeinsame Leben hineinbildet"[216].

Erneut und analog zu der vorherigen Darstellung könne auch hier hinsichtlich der neuen Persönlichkeit zwischen ihrem Anfang und ihrer Dauer (relativ) unterschieden werden; während der Zustand als „der wirkliche Besiz der Seligkeit" angesehen werden könne, sei der Anfang durch die Aufhebung des Zusammen-

---

alle Gläubige und jeden besonders." Diesen zwei Perspektiven auf die Tätigkeit des Erlösers korrespondiert eine entsprechende Unterscheidung auch bei der Wirksamkeit dieser Tätigkeit am Einzelnen, insofern innerhalb des Gedankens der Wiedergeburt mit den Hyponymen ‚Bekehrung' und ‚Rechtfertigung' unterschieden wird zwischen einer Betrachtung des Selbstbewusstseins „in seinem Uebergang in Thätigkeit" (aaO., § 107.1, 168) und einer Beschreibung des „ruhenden Selbstbewußtsein[s]" (ebd.).

[213] Vgl. CG² II, § 97.3, 82–85 (s. Kap. V.1 dieser Arbeit).
[214] CG² II, § 101.2, 113 f.
[215] Vgl. CG² I, §§ 75–78, 471–485.
[216] CG² II, § 101.2, 114. Vgl. auch CS² I, 62 f. [Sperrungen des Originals durch die Vfn. aufgehoben]: „Der göttliche Geist ist zwar immer derselbe in allen, aber er wirkt doch verschieden in jedem und wird also in jedem ein anderer in seinen Aeußerungen; der göttliche Geist findet in jedem Menschen immer schon eine individualisirte Vernunft, deren Sein in der Sinnlichkeit sein nächstes Organ ist, und die er, je mehr beide, Verstand und Wille, eins werden, desto mehr durchdringen muß, so daß also die Eigenthümlichkeit des Menschen gleich in allem sein muß, was der göttliche Geist in ihm wirkt."

hangs von Sünde und Übel, d. h. durch die Überwindung „des Bewußtseins der Strafwürdigkeit" ausgezeichnet, daher könne man zusammenfassend als „das erste des versöhnenden Momentes die Sündenvergebung"[217] nennen. Sie wird in der Rechtfertigungslehre erneut thematisch.[218]

Zusammenfassend lässt sich festhalten,[219] dass die grundlegenden Aussagen Schleiermachers über die Wirksamkeit Christi in engstem Zusammenhang zur Lehre von Wiedergeburt und Heiligung stehen, indem sie einerseits sachlich deren Voraussetzung bilden, ihnen andererseits erkenntnistheoretisch ‚nach-geordnet' sind, indem nur durch das Bewusstsein der Faktizität der eigenen Wiedergeburt und Heiligung auf die Gründe derselben zurückgegangen werden kann. Somit wird durch die Darstellung der Tätigkeit die Verbindung zwischen der Person des Erlösers und den erlösten Persönlichkeiten herausgearbeitet. Die in der Christologie entfaltete und hier rekonstruierte Lehre muss somit in der nun folgenden Analyse der Lehrstücke von Wiedergeburt und Heiligung in Er-innerung gehalten werden.[220]

---

[217] CG² II, § 101.2, 115; vgl. zum Bewusstsein der Strafwürdigkeit CG² I, § 76, 475–479.

[218] Vgl. CG² II, § 109, 191–202 (s. auch Kap. VI.5.3 der vorliegenden Untersuchung).

[219] Die weiteren Erörterungen innerhalb der Darstellung der Versöhnung (kritische Aus-einandersetzung mit empirischer und magischer Fehlauffassung des Erlösungsverständnisses [vgl. CG² II, § 101.3, 115–117; Erörterung der Frage einer gesonderten Bedeutung des Leidens Christi für Erlösung und Versöhnung [vgl. CG² II, § 101.4, 117–120]) bieten hinsichtlich der Untersuchung der Lehrstücke von Wiedergeburt und Heiligung kaum Material und kommen daher hier nicht zur Darstellung.

[220] Schleiermachers Aufnahme und Modifikation der 3-Ämterlehre (vgl. aaO., §§ 102–105, 120–164) ist zwar hinsichtlich seines Umgangs mit der dogmatischen Tradition aufschlussreich, bietet aber für die Interpretation der Lehrstücke von Wiedergeburt und Heiligung nichts über das hinaus, was auch schon zuvor behandelt wurde. Die Rekonstruktion jener Lehrstücke wird, wo direkt auf die Ämterlehre zurückverwiesen wird, die für das Verständnis notwendigen Aspekte erläutern. Die Ämterlehre selbst wird deshalb hier nicht eigens behandelt. Eine knappe Übersicht insbes. über die besonders prägnante Umbildung der Lehre vom hohepriesterlichen Amt findet sich bei F. Nüssel, Die Sühnevorstellung in der klassischen Dogmatik und ihre neuzeitliche Problematisierung, in: J. Frey/J. Schröter (Hgg.), Deutungen des Todes Jesu im Neuen Testament, Tübingen 2005, 73–94, 88 f., sowie bei G. Wenz, Geschichte, Bd. 1, 366–374.

VI Lebensgemeinschaft mit dem Erlöser in lebendiger Empfänglichkeit – Wiedergeburt und Heiligung

1 Einleitung

Vor der eigentlichen Rekonstruktion der Lehrstücke von Wiedergeburt und Heiligung soll kurz in Erinnerung gerufen werden, inwiefern ihnen nicht nur für die ‚Glaubenslehre' selbst, sondern auch hinsichtlich Schleiermachers Verständnis des Christentums eine zentrale Bedeutung zukommt. „Das Christentum", so Schleiermacher, unterscheidet sich von anderen monotheistischen, teleologischen „Glaubensweise[n] […] dadurch, daß alles in derselben bezogen wird auf die durch Jesum von Nazareth vollbrachte Erlösung."[1] Es sei das Differenzmoment christlicher Frömmigkeit zu anderen Frömmigkeitsformen, dass in ihr das schlechthinnige Abhängigkeitsgefühl und das Erlösungsbewusstsein untrennbar zusammengehörten. Da ‚Erlösung' als Einheitsbegriff eines Gegensatzpaares fungiere,[2] könne das Erlösungsbewusstsein näherhin in Sünden- und Gnadenbewusstsein unterschieden werden, die aber aufgrund ihrer Einheit im Erlösungsbewusstsein in keinem exklusiven Gegensatz zueinander stünden.[3] Zwar könne das Sündenbewusstsein in der dogmatischen Behandlung separat dargestellt werden, seinem vollen Gehalt nach werde es aber erst in seinem Zusammenhang zum Gnadenbewusstsein verstanden – und umgekehrt.

Indem Schleiermacher prinzipiell weder das Sünden- noch das Gnadenbewusstsein als ausschließlich dem Christentum zugehörige Spezifika behauptet, erhalten sie für ihn ihren eigentlich christlichen Gehalt erst durch die unhintergehbare Rückbindung des Erlösungsgeschehens und -bewusstseins an die Person des Erlösers, das geschichtliche Urbild des Gottesbewusstseins.[4] Zu einer Überzeugung über diesen Gehalt christlicher Frömmigkeit und seiner Abhängigkeit von der in der Person des Erlösers begründeten Wirksamkeit komme es allerdings nicht durch objektive Beweisführungen, sondern allein „durch den Glauben an Jesum als den Erlöser"[5].

---

[1] CG² I, § 11, 93. Vgl. Wesensbestimmung auch Kap I.2.2 der vorliegenden Untersuchung.
[2] Vgl. CG² I, § 112, 95–97.
[3] Vgl. zum Verhältnis von Sünden- und Gnadenbewusstsein auch Kap. III.1 dieser Arbeit.
[4] Vgl. zur Christologie Kap. V der vorliegenden Untersuchung.
[5] CG² I, § 14, 115.

Dementsprechend sei es nicht Aufgabe der dogmatischen Theologie, objektive Lehren zu formulieren und die Wahrheit christlicher Glaubensaussagen zu konstatieren. Ihr komme es stattdessen zu, die christliche Frömmigkeit, wie sie ihren Ausdruck in vordogmatischen Glaubenssätzen finde, in der „darstellend belehrenden Art"[6] auf wissenschaftliche Weise darzulegen.[7] Diese Darstellung diene jedoch nicht lediglich der ‚Bestandssicherung': Der „höchst mögliche Grad der Bestimmtheit"[8] in ihr, durch den der „wissenschaftliche Werth eines dogmatischen Sazes"[9] bestimmt werde, begründe zugleich „einen ausgezeichneten kirchlichen Werth"[10] des entsprechenden Satzes. Dadurch zeichne sich dieser gegenüber anderen, nicht-dogmatischen Glaubenssätzen aus und gebe so „der Ausübung [d.h. der Verkündigung] die Norm für den volksmäßigen Ausdrukk"[11].

Diese Verkündigung wiederum ist nach Schleiermacher dasjenige, wodurch „die Selbstdarstellung Christi jetzt vermittelt ist", durch die „die Bekehrung bewirkt wird und der Glaube entsteht"[12], der seinerseits Grundlage der Glaubenssätze sei, die im dogmatischen Verfahren zu größerer Eindeutigkeit gelangen würden. Bezieht sich somit nach Schleiermacher „das dogmatische Verfahren [...] ganz auf die Verkündigung"[13], bestehe wiederum „das Wesen aller unmittelbaren christlichen Verkündigung" darin, „Zeugniß von der eigenen Erfahrung"[14] zu geben, um als „unmittelbar erregende Aeußerung und Darstellung"[15] „dieselbe innere Erfahrung in Anderen hervorzurufen"[16], und sei schließlich die Gewissheit dieser ‚inneren Erfahrung' der Glaube,[17] so lässt sich schließen, dass nach Schleiermacher auch die dogmatische Theologie selbst in ihrer Ausrichtung auf die Verkündigung *mittelbar* auf die Erhaltung, Verbreitung und Ermöglichung der Entstehung des christlichen Glaubens zielt.[18]

---

[6] CG² I, § 16, 130.

[7] Ihre unmittelbare Aufgabe fasst Schleiermacher in der ersten Auflage der ‚Glaubenslehre' in der prägnanten Formulierung zusammen, dass es der Dogmatik zukomme, „dem [G]läubigen seinen Glauben auseinander[zu]legen" (CG¹ I, § 1.3, 11). Vgl. zum Schleiermacherschen Dogmatikverständnis Kap. I.2 dieser Arbeit.

[8] CG² I, § 16, 130.

[9] CG² I, § 17.2, 137.

[10] CG² I, § 17.3, 139.

[11] KD², § 198, 210.

[12] CG² II, § 108.5, 185. Vgl. dazu v.a. die Einleitung zur Darstellung der „wesentlichen und unveränderlichen Grundzüge der Kirche" (aaO., 309), aaO., § 127, 309–315, in der die Weise der Vermittlung durch die Kirche beschrieben wird, deren „wesentliche[] Thätigkeit auch das Abbild der Thätigkeit Christi" (aaO., § 127.3, 314) sei. Die Verkündigung wird im Lehrstück über den „Dienst am göttlichen Wort" (aaO., 342) thematisch, vgl. aaO., §§ 133–135, 342–353.

[13] CG² II, § 19.2, 143 f.

[14] CG² I, § 14.1, 117.

[15] CG² I, § 18.3, 141.

[16] CG² I, § 14.1, 116.

[17] Vgl. CG² I, § 14.1, 115–117; vgl. zum Glaubensbegriff und -verständnis im Folgenden Kap. VI.5.2.2.

[18] Dieser Zweck ist es, der der Theologie insgesamt ihren positiven Charakter verleiht (ThEnz, 1 [Sperrungen des Originals durch Kursivsetzung wiedergegeben]): „So bezweckt [...]

Es zeigt sich in dieser knappen Rekonstruktion der Ausführungen Schleiermachers eine Zirkelstruktur zwischen Glaube, dogmatischer Theologie und Verkündigung, die als solche eine Beschreibung der Existenz sowie der Möglichkeiten der Weiterverbreitung und -entwicklung des Christentums als Frömmigkeitsgemeinschaft ist. Da nach Schleiermacher das so charakterisierte Christentum als selbständige geschichtliche Größe gilt,[19] stellt sich allerdings die Frage nach seiner geschichtlichen ‚Erstbegründung‘, d.h. nach seiner Stiftung, dann aber auch nach den jeweiligen geschichtlichen Anfängen, durch die eine Person diesem eingegliedert wird, sowie danach, inwiefern die Einzelnen, die an dieser Gemeinschaft partizipieren, diese zugleich begründen, festigen und verbreiten.

Eine dogmatische Behandlung dieser Frage nach den Konstitutions- und Entwicklungsbedingungen des Christentums kann jedoch gemäß dem Schleiermacherschen Verständnis dogmatischer Theologie keinen Standpunkt außerhalb des Zirkels einnehmen. Vielmehr gelte es, innerzirkulär die (ebenfalls innerzirkulär erfolgende) Selbstbeschreibung und -deutung des christlich-frommen Selbstbewusstseins bezüglich seiner Konstitutionsbedingungen in die dogmatische Deskription aufzunehmen und größerer Bestimmtheit zuzuführen, um so der Verkündigung darin zu dienen, dass diese ihren Beitrag zur Festigung und Verbreitung des Christentums leisten könne.[20]

Vor dem Hintergrund dieser Zirkelstruktur erhellt, inwiefern den Lehrstücken von Wiedergeburt und Heiligung im Kontext der ‚Glaubenslehre‘ sowie im Blick auf das Schleiermachersche Christentumsverständnis besondere Aufmerksamkeit gewidmet werden muss: Werden innerhalb der Christologie die Aussagen des christlich-frommen Selbstbewusstseins über die geschichtliche Stiftung des Christentums im Blick auf die Person seines Stifters behandelt, so kommt es hier – mit der Darstellung und Durchleuchtung der Frage nach „der Entstehung des Glaubens" und „seine[r] Währung"[21] im neuen Leben – zur Thematisierung der Teilhabe des Einzelnen an der „Gemeinschaft mit Gott" in der „Lebensgemeinschaft mit dem Erlöser"[22] als Partizipation an dem von diesem gestifteten Gesamtleben, der christlichen Frömmigkeitsgemeinschaft.

---

die Theologie die Erhaltung des christlichen Glaubens in der Gemeinschaft. Alle diese Wissenschaften sind positive, weil sie nicht blos ein Seyn *darstellen*, sondern eines *hervorbringen* wollen." Damit ist nicht der Einsicht Hirschs widersprochen, dass für Schleiermacher „[d]er Glaube [...] in der Dogmatik nicht begründet, sondern nach seinem inneren Wesen verständlich gemacht werden [will]" (E. Hirsch, Geschichte der neuern evangelischen Theologie im Zusammenhang mit den allgemeinen Bewegungen des europäischen Denkens, Bd. 5., Gütersloh ²1960, 319). Hirsch selbst hält fest, dass durch die dogmatische Anknüpfung an das Geltende dieses weitergeführt werden soll. Der Zweck der Weiterführung kirchlich-geltender Lehre besteht wiederum in Verbreitung und Stärkung des Glaubens.

[19] Vgl. Kap. I.2.1 der vorliegenden Untersuchung.
[20] Zur Verkündigung als Mittel der Ausbreitung des Christentums vgl. CG² I, § 15, 127–130.
[21] CG² II, § 108.1, 174.
[22] CG² II, § 91, 35. Man könnte in der Bestimmung der Tätigkeit des Erlösers als ‚mystisch‘ und ihrer Wirkung als Aufnahme in die durch die Lebensgemeinschaft mit dem Erlöser kon-

Mit den Selbstaussagen des frommen Bewusstseins als Ausgangspunkt der dogmatischen Behandlung wird deutlich, dass es Schleiermacher nicht um den objektiven Aufweis eines ‚Heilswegs' geht, dessen Zielpunkt der Glaube als Partizipationsform der durch Christus und das von ihm gestiftete Gesamtleben vermittelten Gottesgemeinschaft ist. Diese Teilhabe wird vielmehr vorausgesetzt und vom christlich-frommen Selbstbewusstsein in zwei Perspektiven zum Ausdruck gebracht: Zum einen sei es sich seines gegenwärtigen *Seins* in der christlichen Gemeinschaft – und vermittelt durch diese seines Seins in „der Lebensgemeinschaft mit Christo"[23] – bewusst. Der hier aufscheinende Aspekt der Partizipation wird unter dem Lehrstück von der Heiligung behandelt.[24] Der Zustand des Seins im neuen Gesamtleben werde aber, weil das christlich-fromme Bewusstsein gerade wesentlich Erlösungsbewusstsein sei, zum anderen bewusst als ein solcher, dem ein anderer, aus dem erlöst wurde, vorangig. Daher begreife es sein jetziges Sein nur unter der „Voraussezung eines Wendepunktes, mit welchem die Stetigkeit des alten aufhörte und die des neuen zu werden begann"[25]. Im

---

stituierte Gottesgemeinschaft an eine Reformulierung des altlutherischen Gedankens der *unio mystica* denken (vgl. H. Schmid, Die Dogmatik der evangelisch-lutherischen Kirche dargestellt und aus den Quellen belegt, neu hg. u. durchgesehen v. H. G. Pöhlmann, Gütersloh ⁹1979, § 47, 306–318; sowie exemplarisch J. A. König, Theologia positiva acroamatica [Rostock 1664], hg. u. übers. v. A. Stegmann, Tübingen 2006, §§ 564–587, 312–320). Koch sieht für die Theologie der altlutherischen Orthodoxie in der „unio mystica […] das Central-Dogma der H[eilsordnung] […], ja die Heilsaneignung im eigensten Sinne" (M. Koch, Der ordo salutis in der alt-lutherischen Dogmatik, Berlin 1899, 5). Allerdings wird der Gedanke der *unio mystica* von Schleiermacher nicht eigens erörtert und der Begriff auch nicht explizit angeführt. Ein wesentlicher Unterschied der Schleiermacherschen Lehre zu jener muss m. E. darin erblickt werden, dass in der Theologie der altlutherischen Orthodoxie die mystische Vereinigung logisch dem Glauben und der Rechtfertigung nachgeordnet wird (vgl. J. A. Quenstedt, Theologia didactico-polemica, sive, systema theologicum, in duas sectiones, didacticam et polemicam, divisum, Wittenberg ²1691, Pars III, Cap. X: De Unione Fidelium Mystica cum Deo, 614–640, sowie E. Hirsch, Hilfsbuch zum Studium der Dogmatik. Die Dogmatik der Reformatoren und der altevangelischen Lehrer quellenmäßig belegt und verdeutscht, Berlin ³1958, 355 f.), während bei Schleiermacher die Vereinigung mit dem Göttlichen durch die Lebensgemeinschaft mit dem Erlöser gerade der logische Grund der Rechtfertigung ist (von einer zeitlichen Nachordnung ist weder hier noch dort die Rede [vgl. auch J. A. Quenstedt, Theologia, Pars III, Cap. X, Thesis XVII, 621]). In dieser Hinsicht ist Schleiermachers Gedanke der Lebensgemeinschaft mit dem Erlöser in einer Linie mit der altreformierten Lehre der *unio cum Christo* (vgl. H. Heppe, Die Dogmatik der evangelisch-reformierten Kirche. Dargestellt und aus den Quellen belegt, neu durchges. u. hg. v. E. Bizer, Neukirchen 1935, Locus XX: De vocatione, bes. 404) zu sehen, welche als „Grundlage aller Zueignung des Heils" (aaO., 412) gilt (vgl. H. Witsius, De oeconomia foederum Dei cum hominibus libri quatuor, Utrecht ³1694, Lib. III, Cap. VIII: De iustificatione, 375; vgl. zur Heilsordnung in der altreformierten Orthodoxie auch M. Koch, Ordo, 111–141, zum *unio cum Christo*-Gedanken bes. 113–117). Diese Vereinigung mit Christus kann auch als ‚mystisch' bezeichnet werden (vgl. E. Hirsch, Hilfsbuch, 415 [Übersetzung zu M. Leydecker, Synopsis theologiae christianae, ut et Epistola de fecillima lectione textus Hebraici, Utrecht 1686]).
[23] CG² II, § 110, 202.
[24] Vgl. CG² II, §§ 110–112, 202–228.
[25] CG² II, § 106.1, 165.

dogmatischen Lehrstück von der Wiedergeburt[26] verhandelt Schleiermacher die entsprechenden Glaubenssätze über das „Aufgenommenwerden in die Lebensgemeinschaft mit Christo"[27], d. h. die Frage nach dem *Anfang* des unter dem Begriff der ‚Heiligung' verhandelten „neuen Lebens"[28].

Mit der dogmatischen Darstellung der Lehren von Wiedergeburt und Heiligung gibt sich somit bei Schleiermacher das christlich-fromme Selbstbewusstsein in lehrhafter Weise Auskunft über seine eigene Genese einerseits, über seine wirksame Existenz andererseits. Da die Glaubenssätze des christlich-frommen Selbstbewusstseins zugleich Grundlage der dogmatischen Theologie sind, lässt sich die dogmatische Behandlung der Frage nach dem Ent- und Bestehen des christlich-frommen Selbstbewusstseins zugleich als dogmatische Reflexion auf die eigene Voraussetzung deuten: Versteht sich die ‚Glaubenslehre' als darstellend-belehrender Ausdruck „der christlich frommen Gemüthszustände"[29], so muss die Realität dessen, was unter ‚Wiedergeburt' und ‚Heiligung' dogmatisch verhandelt wird, gleichzeitig als Basis eben dieser dogmatischen Behandlung vorausgesetzt werden. Insofern kommt diesem Teil der ‚Glaubenslehre' eine besondere Schlüsselfunktion zu: letztlich hängt von der Validität dieses Teilstücks die Berechtigung der Gesamtdarstellung ab. Zur Verdeutlichung kann das Gegenteil, ein ‚Misslingen' der dogmatischen Erörterung der Frage nach Ent- und Bestehen des christlich-frommen Selbstbewusstseins, in seiner Konsequenz überdacht werden: Wenn es Schleiermacher hier nicht gelingt, die Selbstaussagen christlicher Frömmigkeit in Bezug auf ihren Anfang und ihr Sein so in die dogmatische Darstellung aufzunehmen, dass sie der Intention jener Selbstdeskription gerecht werden, so müsste die Legitimität der übrigen Entfaltung eben dieses – seinem Ursprung und seinem Charakter nach missverstandenen – christlich-frommen Selbstbewusstseins ernsthaft in Frage gestellt werden.

Im Anschluss an die Ermittlung des werkimmanenten Stellenwertes und unter Berücksichtigung der Zirkelstruktur von Dogmatik, Verkündigung und Glaube kann dann auch die besondere Relevanz der soteriologischen Lehrstücke hinsichtlich des christlichen Gesamtlebens verdeutlicht werden: Nach Schleiermacher besteht „die Gemeinschaft der Gläubigen ihrem wahren Wesen nach [...] aus der Gesammtheit der Heiligungsmomente aller in die Lebensgemeinschaft mit Christi aufgenommenen Einzelnen"[30]. Das Christentum als das neue Gesamtleben, an dem der Einzelne durch Wiedergeburt und Heiligung partizipiere, werde zugleich durch die in der Wiedergeburt des Einzelnen wurzelnde

---

[26] Vgl. CG² II, §§ 107–109, 168–202.
[27] CG² II, § 107, 168.
[28] CG² II, § 106.2, 167.
[29] CG² I, § 15, 127.
[30] CG² II, § 106.2, 166 f.

Heiligung begründet, gefestigt und verbreitet.[31] ‚Wiedergeburt' und ‚Heiligung'
als dogmatische Lehrstücke thematisieren somit nicht nur die Konstitutions-
bedingung des einzelnen christlich-frommen Selbstbewusstseins, sondern vermittelt darüber auch diejenige des Christentums.[32]

Wie jedoch der dogmatischen Theologie insgesamt, so kann im Schleiermacherschen Sinn auch den Lehrstücken von Wiedergeburt und Heiligung nicht
eine *unmittelbare* Funktion hinsichtlich der Entwicklung des Christentums zugesprochen werden: Die ‚Glaubenslehre' zielt nicht direkt darauf, den Glauben
des Einzelnen zu begründen und so das neue Gesamtleben zu verbreiten. Dass
dies jedoch ihr *mittelbarer* Zweck ist, wurde bereits aufgewiesen. Zur Erreichung
dieses Zwecks dient nach Schleiermacher die dogmatische Theologie als Norm
der Verkündigung. Wenn die Verkündigung „Zeugniß von der eigenen [inneren]
Erfahrung"[33] christlicher Frömmigkeit gibt, um diese in anderen hervorzurufen,
so kommt der Validität der dogmatischen Behandlung der Konstitutionsbedin-
gung eben dieser inneren Erfahrung als Norm für die Verkündigung dieser
Erfahrung entsprechendes Gewicht zu. Dieses lässt sich wiederum anhand des
Gegenteils, des ‚Misslingens' der dogmatischen Erörterung, verdeutlichen: Wenn
in den Lehrstücken von Wiedergeburt und Heiligung der Gehalt der Selbstdeskription des christlich-frommen Selbstbewusstseins nicht erfasst wird, die
dogmatische Darstellung aber dennoch der weiteren Verkündigung als Norm
dient, so kann diese nicht authentisch Zeugnis ablegen, denn ihr mangelt es dann
an ihrem eigentlichen Fundament, ihrer inneren Kraft: dem christlich-frommen
Selbstbewusstsein. Wenn ihr diese „erregende Kraft der Aeußerung"[34] fehlt,
kann es ihr aber auch nicht gelingen, „dieselbe innere Erfahrung in Anderen hervorzurufen"[35], d.h. sie kann keinen Beitrag zur Stärkung und Verbreitung der
christlichen Gemeinschaft mehr leisten.

Somit kann festgehalten werden, dass von der Validität der dogmatischen
Entfaltung der Lehrstücke von Wiedergeburt und Heiligung nicht nur die Le-
gitimation der Darstellung der ‚Glaubenslehre' insgesamt abhängt. Vielmehr
muss festgestellt werden, dass sich die Relevanz der Lehrstücke – gerade in ihrer
Schlüsselrolle für das dogmatische System der ‚Glaubenslehre' – auch hinsicht-

---

[31] Vgl. J. DIERKEN, Individualität und Identität. Schleiermacher über metaphysische, religiöse und sozialtheoretische Dimensionen eines Schlüsselthemas der Moderne, in: ZNThG 15
(2008), 183–207, 199: „[…]; die Heiligung bildet sodann eine verstetigte Aneignung der mit-
geteilten Erlösung in der ‚organischen' Bildung einer Sozialgemeinschaft."
[32] Vgl. dazu die Erörterung der Anordnung der Lehrstücke innerhalb der Explikation des
Gnadenbewusstseins in Kap. IV.
[33] CG² I, § 14.1, 117.
[34] CG² I, § 6.2, 56.
[35] CG² I, § 14.1, 116.

lich der Verkündigung zeigt, sie damit aber auch Gewicht für das Christentum in seinem Fortbestehen und seiner Weiterentwicklung gewinnen.[36]

Im Folgenden wird zunächst die Grundstruktur der Soteriologie skizziert (VI.2) und der Frage nachgegangen, inwiefern Schleiermacher begrifflich an die ihm vorgegebene Tradition anknüpft (VI.3). Auf die Besonderheit der Schleiermacherschen Soteriologie, dass er sie nicht mit der Lehre vom heiligen Geist verbindet, wird vor der eigentlichen Rekonstruktion in einem eigenen Abschnitt eingegangen (VI.4). Anschließend erfolgt die Analyse von Wiedergeburt (VI.5) und Heiligung (VI.6).

2 Die Grundstruktur der Soteriologie

Vor einer Detailanalyse der einzelnen, ‚Wiedergeburt‘ und ‚Heiligung‘ subsumierten Begriffe, Argumentationsfiguren und Kernaussagen ist ein vereinfachender, schematischer Überblick über die Lehrstücke sinnvoll, der von den immanenten Bezügen und Problemkonstellationen zunächst absieht. Vor dem Hintergrund dieser allgemeinen Skizze treten die Besonderheiten und auch Schwierigkeiten der Einzelkomponenten der soteriologischen Konzeption Schleiermachers deutlicher vor Augen. Orientiert man sich ausschließlich an den (unerläuterten) Paragraphentexten,[37] so ergibt sich folgender Aufbau (s. Abb. auf S. 194):

Schleiermachers Ansatzpunkt der Entfaltung und Gliederung liegt bei „dem in d[ie] Lebensgemeinschaft Christi aufgenommenen eigenthümliche[n] Selbstbewußtsein“[38], das im Blick auf die *Wirksamkeit* der christologisch entfalteten Tätigkeit Christi expliziert wird. Der allgemeine Gehalt dieses Bewusstseins liege darin, dass sich das Subjekt seiner selbst als einer „frommen Persönlichkeit“[39] bewusst werde. Da aber – gemäß dem für die christliche Frömmigkeit konstitutiven Erlösungsbezug – dieser Gehalt des Gnadenbewusstseins nie für sich, sondern immer nur in seinem relativen Gegensatz zum Gehalt des Sündenbewusstseins entstehe, impliziere dieses Bewusstsein zugleich, dass das Subjekt nicht immer diese fromme Persönlichkeit gehabt, sondern diese erst durch die Einwirkung der erlösenden Tätigkeit erhalten habe. Die vorherige Beschaffenheit der Persön-

---

[36] Damit soll nicht gesagt werden, dass diese Funktion und Relevanz auf die Lehrstücke von Wiedergeburt und Heiligung beschränkt ist; vielmehr gilt sie für die dogmatische Darstellung als Ganze. Weil aber innerhalb der soteriologischen Entfaltung die Begründung der christlichen Frömmigkeit selbst thematisch wird, kommt ihr nicht nur innerhalb des Systems der ‚Glaubenslehre‘, sondern auch darüber hinaus die oben dargelegte besondere Relevanz zu.

[37] Vgl. CG² II, § 106, 164; § 107, 168; § 108, 171; § 109, 191; § 110, 202f.; § 111, 210; § 112, 218.

[38] CG² II, § 106, 164.

[39] CG² II, § 106.1, 165. Alternativ kann Schleiermacher auch von einer „religiöse[n] Persönlichkeit“ (ebd.) sprechen.

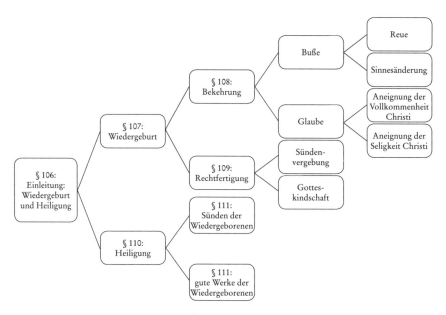

lichkeit ist Thema der Hamartiologie:[40] das innere Leben des Subjekts sei durch die Herrschaft des sinnlichen Selbstbewusstseins bzw. durch die Ohnmacht des Gottesbewusstseins bestimmt, seine Gesinnung sei ‚fleischlich‘.[41] Das, was die fromme Persönlichkeit ausmacht, wird von Schleiermacher daher als Gegensatz hierzu formuliert:

„Unter einer frommen Persönlichkeit [...] ist eine solche zu verstehen in welcher jeder überwiegend leidentliche Moment nur durch die Beziehung auf das in der Einwirkung des Erlösers gesetzte Gottesbewußtsein beschlossen wird, und jeder thätige von einem Impuls eben dieses Gottesbewußtseins ausgeht."[42]

Diese Charakterisierung des ‚neuen Menschen‘[43] erinnert an entsprechende Aussagen der Christologie[44] und eben diese Analogie der soteriologischen Lehrstücke zur Christologie wird von Schleiermacher hier erneut explizit gemacht. Wie in der Christologie zur Beschreibung der Person des Erlösers zwischen

---

[40] Vgl. Kap. III dieser Arbeit.

[41] Zum Gedanken der ‚fleischlichen Gesinnung‘ s. u., Kap. VI.5.2.4.

[42] CG² II, § 106.1, 164.

[43] Schleiermacher identifiziert (vgl. CG² II, § 106.1, 165) den Begriff der ‚frommen Persönlichkeit‘ mit den biblischen Ausdrücken ‚neuer Mensch‘ (Eph 4,24) bzw. ‚neues Geschöpf‘ (IIKor 5,17).

[44] Vgl. exemplarisch CG² II, § 97.3, 83: „So daß wir alles zusammengefaßt sagen können, kein thätiger Zustand könne in Christo gewesen sein, der nicht [...] von dem Sein Gottes in ihm wäre angefangen und von der menschlichen Natur vollendet worden, und eben so kein leidender dessen ihn erst zu einem persönlichen erhebende Verwandlung in Thätigkeit nicht denselben Gang genommen."

deren Anfang und Zustand unterschieden wird,[45] so sei dieser Unterschied auch hier hinsichtlich der Person des Erlösten geltend zu machen: Der Anfang der frommen Persönlichkeit wird als Wiedergeburt, ihr Zustand als Heiligung beschrieben.

Da nach Schleiermacher beide Sichtweisen auf die Person des Erlösten voraussetzen, dass diese in ihrem Ent- und Bestehen wesentlich von der Tätigkeit Christi abhängt, diese Tätigkeit aber innerhalb der Christologie aufgrund des sie bestimmenden Seins Gottes in Christus als schöpferische, personbildende Tätigkeit bestimmt wird, so würden sich im Blick auf die Person des Erlösten die gleichen Fragen wie dort im Blick auf die Person des Erlösers stellen, denn „das Verhältniß Christi zu der übrigen menschlichen Natur [ist] genau dasselbe [...], wie in seiner Person das Verhältniß ihres göttlichen zu ihrem menschlichen"[46]. Die Begriffe von Wiedergeburt und Heiligung stehen daher nach Schleiermacher in einer „Analogie [...] mit dem Act der Vereinigung und dem Zustand des Vereintseins"[47] des Göttlichen und Menschlichen in der Person des Erlösers. Zugleich erscheint die unter ihnen verhandelte Beschreibung der Wirksamkeit des Erlösers am Erlösten als ‚Gegenstück‘ der erlösenden Tätigkeit in ‚Berufung‘ und ‚Beseelung‘.[48]

Insofern bilden die christologischen Aussagen die Folie, vor der die Explikation des christlich-frommen Selbstbewusstseins bezüglich seiner eigenen Konstitution und Verfasstheit vollzogen werden muss. Daher kann der christologisch formulierte Lehrsatz über die Personkonstitution und Wirksamkeit des Erlösers samt seiner Näherbestimmung auch hier in Anschlag gebracht werden:[49]

„Bei der Wiedergeburt war der Erlöser allein tätig oder sich mitteilend, und der zu Erlösende allein leidend oder aufgenommen werdend; während der Heiligung aber war auch jede Tätigkeit eine beiden gemeinschaftliche. Beide Sätze dürfen nur so gefasst werden, wie sie zugleich in einander aufgehen. Denn auf der einen Seite ist die Wiedergeburt zugleich der Anfang der Heiligung; auf der anderen Seite ist jeder Heiligungsmoment zugleich eine

---

[45] Besonders sind hier die Ausführungen von CG² II, § 97, 70–89 (vgl. die Erläuterungen in Kap. V.1.2) zu beachten.

[46] CG² II, § 106.1, 165 f. Im Hintergrund steht v. a. aaO., § 100.2, 107: „Geht aber alle Thätigkeit des Erlösers von dem Sein Gottes in ihm aus; und war auch bei der Entstehung der Person des Erlösers die schöpferische göttliche Thätigkeit die sich als das Sein Gottes in ihm befestigte das einzig thätige; so läßt sich auch alle Thätigkeit des Erlösers als eine Fortsezung jener personbildenden göttlichen Einwirkung auf die menschliche Natur ansehen."

[47] CG² II, § 106.1, 166.

[48] Vgl. CG² II, § 100.2, 108 [Hervorhebung durch Kursivsetzung wiedergegeben]: „Mögen wir nun aber auf das Gesammtleben sehen, oder auf die Gemeinschaft des Einzelnen mit dem Erlösers: so werden wir den Anfang, da er doch durch eine freie Annahme bedingt ist, am besten durch den Ausdrukk *Berufung* bezeichnen [...]; den Antheil des Erlösers aber an dem gemeinsamen Leben in seiner Dauer werden wir mit vollem Recht *Beseelung* nennen [...]."

[49] Der folgende Ausdruck bietet eine auf die Soteriologie abzielende Umformulierung der christologischen Aussage aus CG² II, § 97, 70, die aaO., § 97.1, 71 f. durch den von Schleiermacher sogenannten ‚Kanon‘ modifiziert wird. Vgl. auch die Erläuterungen des Paragraphen in Kap. V.1.2 der vorliegenden Arbeit.

Wiederholung der Wiedergeburt. Und wie jeder Heiligungsmoment des Erlösten dasselbe Verhältnis zeigen muss, das für die Wiedergeburt gilt, nämlich dass der Impuls von der göttlichen Kraft des Erlösers ausgeht: so muss auch umgekehrt die Wiedergeburt dasselbe Verhältnis, durch das jeder Heiligungsmoment des Erlösten besteht, nämlich dass Erlöser und Erlöster zu einem zusammenwirken, zeigen."[50]

Die näheren Implikationen dieser Grundbestimmung von Wiedergeburt und Heiligung sind in der Einzelanalyse ihrer jeweiligen Komponenten darzulegen. Hier kann jedoch schon festgehalten werden, was auch innerhalb der Rekonstruktion der Christologie wiederholt betont wurde: In der Unterscheidung der Perspektiven auf Anfang und Zustand der Person (des Erlösers bzw. des Erlösten) für die Darstellung ist – gemäß dem obigen ‚Kanon‘ – keine sachliche Trennbarkeit intendiert.[51] Die Person ist, was sie ist, nur aufgrund ihrer besonderen Konstitutionsbedingungen, die sich in dem Wirken der Person Ausdruck verschaffen, das so den Rückschluss auf jene erlaubt.

Dass Schleiermachers Soteriologie trotz der Analogie zur Christologie nicht lediglich deren Reduplikation bietet, verdankt sich auch der Betonung der Grenze jener Analogie: Während im Blick auf den Erlöser „eine Person erst rein entstand und daher auch der Zustand der Vereinigung eine ununterbrochene Stetigkeit war", gebe es als Gegenüber zur frommen Persönlichkeit eine „frühere[] Persönlichkeit"[52], das Subjekt sei aber das gleiche und somit werde das „neue Leben also nur auf das alte gleichsam gepfropft"[53]. Die Beschreibung des Gnadenbewusstseins müsse daher sowohl die Kontinuität als auch die Diskontinuität im Leben des Erlösten zum Ausdruck bringen. Sein Leben stehe zwar „unter einer andern Formel"[54] und sei somit wirklich im Gegensatz zum ‚alten Leben‘ zu begreifen; dennoch seien aufgrund „der Identität des Subjects mit der früheren Persönlichkeit immer noch Elemente aus dem Leben der Sündhaftigkeit her als hemmend vorhanden"[55], so dass sowohl Wiedergeburt als auch Heiligung unter zwei Perspektiven in Betracht kommen: als „Verschwinden des Alten" einerseits, als „Kraft des Neuen"[56] andererseits.

Die Explikation des Gnadenbewusstseins des Erlösten erfolgt bei Schleiermacher daher als Beschreibung innerhalb eines durch zwei Grenzpunkte abgesteckten Rahmens: Es wird einerseits die Abgrenzung vom Leben ‚unter der Sünde‘ vollzogen und das ‚neue Leben‘ als Gegensatz hierzu begriffen. Andererseits gerät „die wachsende Stätigkeit des neuen"[57] und damit die Annäherung an

---

[50] Vgl. auch die entsprechende Formulierung in CG² II, § 110.3, 208 f.
[51] Dieser Zusammenhang der beiden Lehrstücke wird von Schleiermacher schon vorbereitend in CG² II, § 100.2, 115, deutlich hervorgehoben.
[52] CG² II, § 106.1, 166.
[53] CG² II, § 106.1, 165.
[54] CG² II, § 106.1, 165.
[55] CG² II, § 106.1, 166.
[56] CG² II, § 106.2, 167.
[57] CG² II, § 106.1, 165.

die Vollkommenheit des Erlösers in den Blick. Auch wenn beide soteriologischen Lehrstücke unter dieser Doppelperspektive verhandelt werden, ist die Schwerpunktsetzung von Schleiermacher so vollzogen, dass innerhalb der Lehre von der Wiedergeburt der Fokus auf dem Anfang des Neuen in seinem Gegensatz zum Alten liegt, während die Lehre von der Heiligung stärker unter dem Aspekt der Entwicklung des neuen Lebens als Annäherung an Christus entfaltet wird.[58]

Wie der schematische Überblick zeigt, ist die weitere Aufgliederung der Lehrstücke unterschiedlich komplex: Während hinsichtlich der Heiligung in zwei Lehrsätzen die Frage nach den Sünden und den guten Werken der Wiedergeborenen behandelt wird, strukturiert Schleiermacher das Lehrstück von der Wiedergeburt anhand verschiedener Gegensatzpaare. Zunächst wird das Gnadenbewusstsein des Erlösten, das als solches dem Gefühl angehöre, anhand seiner Beziehung auf die weiteren geistigen Funktionen, das heißt anhand seiner „Verbindung mit dem Wissen und Thun"[59] ausdifferenziert:[60] Als veränderter „Grund des Willens"[61] – und damit als „veränderte Lebensform betrachtet"[62] – könne das Selbstbewusstsein von der Lebensgemeinschaft mit dem Erlöser als Bekehrung betrachtet werden, während es als „ruhende[s] Selbstbewußtsein, wie es sich im Gedanken reflectirt festhält"[63], unter dem Ausdruck Rechtfertigung beschrieben werde, der ein „verändertes Verhältniß des Menschen zu Gott"[64]

---

[58] Diese Schwerpunktsetzung ist wiederum von Schleiermacher, allerdings nicht explizit, in der Christologie begründet. Dort wird hinsichtlich der Unterscheidung von Vereinigungsakt und „Zustand des Vereintseins" (CG² II, § 97.1, 71) festgehalten: „Denn jener war nur erst der Beginn der in der Welt zur Erscheinung kommenden Person Christi, und muß also auch durch eine Beziehung auf das frühere Nichtsein derselben ausgedrückt werden, wogegen dieser als das eigenthümliche Sein der Person selbst auch durch eine allen Momenten gleich angemessene Formel beschrieben werden muß" (ebd.). Analog kann für die Lehre von der Wiedergeburt festgehalten werden, dass diese sich überwiegend dem Verhältnis des Seins der frommen Persönlichkeit zu deren vorherigem Nichtsein widmet, während es für die Lehre von der Heiligung kennzeichnend ist, jenes Sein selbst in seiner Wirkweise zu beschreiben.

[59] CG² I, § 3.4, 26. Die Verbindung besteht nach Schleiermacher darin, dass es „der Frömmigkeit zukomm[t], Wissen und Thun aufzuregen", so dass „jeder Moment, in welchem überwiegend die Frömmigkeit hervortritt, […] beides oder eines von beiden als Keime in sich schließ[t]" (aaO., 26 f.). Es gibt somit eine der Frömmigkeit als Gefühl inhärierende ‚Richtung' auf Wissen und Tun. Zur ‚Vermittlungsfunktion' des Gefühls vgl. CG² I, § 3.4, 26, sowie Kap. IV.3 der vorliegenden Untersuchung.

[60] Glatz kritisiert Müller dafür, dass sie „das Dual ‚Ruhe' und ‚Bewegung' mit den beiden geistigen Grundtätigkeiten ‚Denken' und ‚Wollen'" (U. Glatz, Religion und Frömmigkeit bei Friedrich Schleiermacher. Theorie der Glaubenskonstitution, Forum Systematik 39, Stuttgart 2010, 363, Anm. 100; in Bezug auf J. Müller, Wiedergeburt und Heiligung. Die Bedeutung der Struktur von Zeit für Schleiermachers Rechtfertigungslehre, Leipzig 2005, 125 f.) verknüpft, weil damit die Schleiermachersche Intention verfehlt sei. M.E. vollzieht Schleiermacher aber selbst diese Zuordnung in CG² II, § 107.1, 168 f. derart explizit, dass wohl kaum behauptet werden kann, sie widerspreche seiner Intention.

[61] CG² II, § 107.1, 168.

[62] CG² II, § 107, 168.

[63] CG² II, § 107.1, 168.

[64] CG² II, § 107, 168.

bezeichne.[65] Deutlich wird erneut, dass die darstellende Unterscheidung beider Aspekte nach Schleiermacher keine sachliche Trennung bedeuten kann, sofern es sich in beiden Fällen um die Beschreibung des einen Gnadenbewusstseins handelt.

Auffällig ist, dass die Behandlung der Lehre von der Bekehrung größere Aufmerksamkeit erfährt als die Rechtfertigungslehre.[66] Dies zeigt sich auch anhand der näheren Ausdifferenzierung: Während hinsichtlich der Rechtfertigung gemäß den zwei Perspektiven, die für die Explikation des Gnadenbewusstseins geltend gemacht werden können, nur ein weiteres Gegensatzpaar in der Erläuterung angeführt wird – nämlich das auf das sündige Leben rückblickende Element der Sündenvergebung sowie der auf das neue Leben sich richtende Aspekt der Gotteskindschaft –,[67] findet sich im Lehrsatz von der Bekehrung eine komplexere Untergliederung.[68] Zwar wird auch hier zunächst anhand der beiden Perspektiven unterschieden zwischen der sich stärker auf das alte Gesamtleben beziehenden Buße und dem auf das neue Leben abzielenden Glauben, doch wird in den Aspekt der Buße mit der Unterscheidung von Reue und Sinnesänderung eine weitere Strukturierungsebene eingezogen. Rein formal lässt sich beim Glauben eine strukturelle Parallele ausmachen, indem dieser ebenfalls durch zwei Aspekte näher bestimmt wird: als „Aneignung der Vollkommenheit und Seligkeit Christi"[69]. Doch ist das Verhältnis dieser beiden Aspekte untereinander und zu ihrem Oberbegriff ‚Glaube' nicht dasselbe wie das von Reue und Sinnesänderung untereinander und zu ihrem Oberbegriff ‚Buße'. Vielmehr wird durch den Aspekt der Aneignung der Seligkeit auf den Lehrsatz der Rechtfertigung vorgegriffen und die Verklammerung beider Lehrsätze hergestellt.[70] In der Erläu-

---

[65] Anders lautet die Bestimmung noch in der ersten Auflage, wo der grundlegende Paragraph zur Wiedergeburt ausführt (CG¹ II, § 128, 106): „Die göttliche Thätigkeit, auf welcher der Anfang des neuen Lebens beruht, bezeichnen wir mit der Schrift durch den Ausdruck Rechtfertigung […]". Warum Schleiermacher von dieser Redeweise abweicht, wird die Erläuterung des Lehrsatzes zu Rechtfertigung zeigen, indem dort deutlich werden wird, dass der Begriff nicht die göttliche Tätigkeit selbst, sondern „das Resultat derselben andeuten soll" (CG² II, § 109.1, 193; vgl. Kap. VI. 5.2 dieser Untersuchung).

[66] Dass dies bereits für die erste Auflage der ‚Glaubenslehre' gilt, zeigt Osthövener (C.-D. Osthövener, Erlösung. Transformation einer Idee im 19. Jahrhundert, BHTh 128, Tübingen 2004, 97): „Die zentrale Stelle innerhalb dieses ausdifferenzierten Feldes kommt jedoch der Bekehrung zu, die im Blick auf das menschliche Subjekt nach Bedingungen und Verlauf des entscheidenden Übergangs fragt, den die Erlösung nach christlichem Verständnis darstellt."

[67] Vgl. CG² II, § 109, 191.

[68] Vgl. CG² II, § 108, 171.

[69] CG² II, § 108, 171.

[70] Vgl. CG² II, § 109.4, 201: „Wenn nach dem obigen in der Rechtfertigung die Mittheilung der Seligkeit Christi ist, wie in der Bekehrung die seiner Vollkommenheit, und zu dem Glauben nicht noch etwas zukommen muß: so ist der Glaube seligmachend". Die Schleiermachersche Unterscheidung von Bekehrung und Rechtfertigung korrespondiert damit seiner Unterscheidung von erlösender und versöhnender Tätigkeit Christi (vgl. aaO., § 100 f., 104–120), wobei hier wie dort gilt, dass die Unterscheidung keine Trennung bedeutet. Diese Unzertrennlichkeit

terung des Lehrsatzes schließlich kommt es zu einer Zuordnung der Elemente, durch welche die Nebeneinanderordnung von Buße und Glaube im Grunde aufgehoben wird, indem hier die Sinnesänderung als Zwischenglied zwischen Reue und Glaube erscheint, durch das „die wahre Einheit der Bekehrung"[71] verbürgt werde. Die Frage, ob nicht *de facto* durch diese Neuordnung der Begriff der Buße verzichtbar wird und welche Bedeutung es dann hat, dass Schleiermacher dennoch an ihm festhält, ist in der folgenden Einzelanalyse zu untersuchen.

Aus dem Überblick lässt sich erkennen, dass Schleiermachers Strukturierung der Explikation „der Art, wie sich die Gemeinschaft mit der Vollkommenheit und Seligkeit des Erlösers in der einzelnen Seele ausdrückt"[72], an die Systematisierung der Soteriologie in der Theologie der altprotestantischen Orthodoxie erinnert. Gerade die Ein-, ja sogar Unterordnung des für die reformatorische Theologie zentralen Rechtfertigungsbegriffs unter den Begriff der Wiedergeburt scheint Schleiermachers Soteriologie eher in eine Linie mit der *ordo-salutis*-Lehre zu stellen, deren „größte[s] Problem" nach Marquard gerade darin liegt, dass sie „der Rechtfertigung allein aus Gnade durch den Glauben ein[en] Platz auf der Ebene der (anderen) Stufen oder Stadien zugewiesen"[73] habe.[74] Allerdings findet sich innerhalb der Soteriologie kaum ein Verweis auf entsprechende Dogmatiker, lediglich zweimal bezieht sich Schleiermacher auf Johann Gerhard, jedoch beide Male nicht positiv.[75] Schleiermacher selbst führt seine Begriffs-

---

wird gerade anhand der Stellung des Glaubens wiederum deutlich. Vgl. dazu auch die Auseinandersetzung mit der Schleiermacherschen Rechtfertigungslehre in Kap. VI.5.3 dieser Arbeit.

[71] CG² II, § 108.2, 178.

[72] CG² II, 164.

[73] M. Marquardt, Die Vorstellung des ,Ordo Salutis' in ihrer Funktion für die Lebensführung der Glaubenden, in: Lebenserfahrung, hg. v. W. Härle u. R. Preul, MJTh III, Marburg 1990, 29–53, 48. Vgl. bspw. auch die Kritik bei M. Koch, Ordo, 55–57.

[74] Es lässt sich jedoch bei Schleiermacher aufgrund der konsequent betonten Untrennbarkeit der einzelnen Elemente kaum von ,Stufen' oder ,Stadien' sprechen; die Ausdifferenzierung der Darstellung bedeutet für ihn keine Ereignischronologie, die Unterscheidung der Aspekte keine Trennbarkeit. „Freilich war damals wie heute derjenige, der das Unterscheiden einschärft, seitens simplifizierender Schwärmer frömmelnder oder säkularistischer Observanz dem hartnäckigen Mißverständnis ausgesetzt: Was im Lebensvollzug zusammengehört, solle auseinandergerissen werden. Dieses Mißverständnis verrät aber nur die Verfallenheit an ein Denken, das in ideologischen Theorien und entsprechenden schematisierenden Alternativen befangen ist und deshalb die so gerühmte Praxis, statt ihr gerecht zu werden, vergewaltigt" (G. Ebeling, Schlechthinniges Abhängigkeitsgefühl als Gottesbewußtsein [1972], in: Ders., Wort und Glaube III, 116–136, 125). Seeberg macht darauf aufmerksam, dass auch bei den Dogmatikern der altprotestantischen Orthodoxie „die Theorie [sc. des *ordo salutis*] die Stufenfolge als logisch und nicht zeitlich gemeint" (R. Seeberg, Art. Heilsordnung, in: RE 7 [1899], 593–599, 598), das praktische Missverständnis allerdings provoziert habe. Vgl. auch J. A. Steiger, Art. Ordo salutis, in: TRE 25 (1995), 371–375, 371–373.

[75] Vgl. die Verweise in CG² II, § 108.6, 189, Anm. 20 (unter Verweis auf J. Gerhard, Loci theologici. Cum pro astruenda veritate, tum pro destruenda quorumvis contradicentium per theses nervose solide et copiose explicati (1657/1767), 9 Bde., hg. v. E. Preuss, Berlin 1863, Bd. 2, Locus 11, Cap. 4, 244f.) sowie CG² II, § 109.3, 197, Anm. 6 (in Bezug auf J. Gerhard, Loci, Bd. 2, Locus 7, 49).

wahl auf die „bildlichen Ausdrükke[] der Schrift"[76] einerseits und die diese
rezipierende Terminologie der protestantischen Bekenntnisschriften andererseits
zurück. Inwiefern sich Schleiermacher mit seiner Begriffswahl in eine bestimmte
Traditionslinie einreiht, wird im anschließenden Kapitel über die Terminologie
der Schleiermacherschen Soteriologie (VI.3) einer Klärung zugeführt. Ob umgekehrt seine auffällige Entscheidung, die Lehre von der Wiedergeburt nicht, wie
„in der öffentlichen Lehre" üblich, mit der „Lehre von dem heiligen Geist"[77] zu
verbinden, einen wirklichen Bruch mit der dogmatischen Tradition bedeutet,
wird anschließend untersucht (VI.4).

Schließlich sollen die Lehrstücke selbst eingehend analysiert werden (VI.5 f.),
wobei der Bezug auf die Bekenntnisschriften sowie die Abgrenzung gegenüber
anderen – meist altprotestantischen oder pietistischen Auffassungen – zugleich
mit herausgearbeitet wird, da Schleiermacher seine eigene Auffassung in deutlicher Auseinandersetzung mit diesen entwickelt. Er erhebt dabei den Anspruch,
durch die dogmatische Darstellung einen ‚klareren Ausdruck' zu gewinnen. Dies
zeitigt die Konsequenz, dass einige der biblischen und traditionellen Begriffe
nicht oder nicht an dieser Stelle[78] in die Behandlung aufgenommen werden, so
ausdrücklich die Erleuchtung (*illuminatio*)[79] und die Erneuerung (*renovatio*).[80]
Umgekehrt führt Schleiermacher in der Behandlung der Bekehrung mit der
Sinnesänderung (*resipiscentia*) ein Element ein, das in den Bekenntnisschriften
keine ‚prominente' Stellung innehat.[81] Insgesamt entsteht der Eindruck, dass

---

[76] CG² II, § 107.2, 170 f.

[77] CG² II, § 108.5, 184.

[78] Auf die Zuordnung der Berufung zur Christologie wurde schon an früherer Stelle verwiesen (vgl. Kap. V.2).

[79] Allerdings verwendet Schleiermacher den Begriff der Erleuchtung in der Entfaltung der
Heiligung einmalig als Bezeichnung für die „Klarheit des Selbstbewußtseins in Beziehung
auf das göttliche" (CG² II, § 110.3, 208). Dem entspricht die schon in CG¹ II, § 128.2, 108,
getroffene Festellung, dass die Erleuchtung den „Bezug auf die Verstandesseite" impliziert.

[80] Vgl. CG² II, § 107.2, 170, Anm. 2, unter Verweis auf Eph 3,9; 4,23; 5,14; Tit 3,5; Hebr 6,4–6.
In der ersten Auflage spielt Schleiermacher noch auf die Aufnahme dieser Ausdrücke in die
dogmatische Lehre an (vgl. CG¹ II, § 128.2, 107). Der Sachapparat verweist hier exemplarisch
auf Hollaz und es ist gut möglich, allerdings nicht zwingend, dass Schleiermacher an dessen *ordo*
denkt, da in diesem sowohl die Erleuchtung als auch die Erneuerung als eigener *locus* behandelt
werden (vgl. D. HOLLAZ, Examen theologicum acroamaticum universam theologiam thetico-
polemicam, Stargard 1707, Part. III, Sect. I, Cap. IV, Q. 3, 318: „Actus gratiae applicatricis I. est
Vocatio peccatoris ad Ecclesiam. II. Illuminatio. III. Conversio. IV. Regeneratio. V. Justificatio.
VI. Unio mystica cum DEO Triuno. VII. Renovatio. VIII. Conservatio fidei & sanctitatis.
IX. Glorificatio").

[81] Von den von Schleiermacher angeführten Bekenntnisschriften enthält m. E. nur eine
im Zusammenhang der Beschreibung der Buße den Begriff der *resipiscentia*, nämlich Conf-
HelvPost XIV: „Per poenitentiam autem intelligimus *(1.)* mentis in homine peccatore resipis-
centiam, verbo evangelij et spiritu sancto excitatam, fideque vera acceptam, quo protinus homo
peccator agnatam sibi corruptionem peccataque sua omnia, per verbum Dei accusata, agnoscit,
ac *(2.)* de his ex corde dolet, eademque coram Deo non tantum deplorat et fatetur ingenue cum
pudore sed *(3)* etiam cum indignatione execratur, *(4)* cogitans iam sedulo de emendatione et per-

Schleiermachers eigene Position am prägnantesten innerhalb des Lehrsatzes von der Bekehrung[82] zum Ausdruck kommt, weshalb diesem auch innerhalb der Rekonstruktion des Lehrstücks von der Wiedergeburt (VI.5) die größte Aufmerksamkeit zukommen wird (VI.5.2). Verglichen mit der Fülle an Fragen, die im Rahmen der Untersuchung des Lehrstücks von der Wiedergeburt thematisiert werden müssen, fällt die Behandlung der Heiligung verhältnismäßig knapp aus (VI.6). Dies liegt daran, dass die für sie grundlegenden Bestimmungen bereits im Rahmen der Wiedergeburtslehre eingeführt werden, wie noch zu zeigen ist.

3 Die Frage der terminologischen Anknüpfung

Hinsichtlich Schleiermachers Entfaltung der Soteriologie erscheint die Feststellung einer „terminologischen Nähe zur Tradition der Orthodoxie und des Pietismus"[83] bzw. die Aussage, dass Schleiermacher „[i]n den Lehrstücken von Wiedergeburt und Heiligung […] begrifflich an den in der altprotestantischen Orthodoxie entwickelten Locus des ordo salutis an[knüpft]"[84], zunächst unmittelbar einleuchtend. Allerdings werden durch diese Behauptungen zwei Aspekte vernachlässigt:

Zum einen wird die Begrifflichkeiten der *ordo-salutis*-Lehre nicht erst durch die altprotantische Orthodoxie gebildet, sondern diese greift auf die biblisch fundierte Terminologie der evangelischen Bekenntnisschriften zurück. Die Leistung besteht vielmehr in einer strikteren Systematisierung der Begriffe – in dieser Hinsicht ist die Vergleichsmöglichkeit zu Schleiermachers Soteriologie wesentlich stärker –, der allerdings zugleich das Potential innewohnt, den ‚Heilsweg' im Sinne einzelner, durch den Menschen zu bewerkstelligender Stufen fehlzudeuten.[85]

---

petuo innocentiae virtumque studio, in quo sese omnibus diebus vitae reliquis sancte exerceat" (in: BSRK, 188,43–189,5). Schleiermacher meint, sich sachlich auch auf ApolCA XII berufen zu können, wo die Möglichkeit eines dritten Teils der Buße – neben Reue und Glaube – eingeräumt wird (vgl. BSLK, 257,4–8: „Si quis volet addere tertiam, videlicet dignos fructus poenitentiae, hoc est mutationem totius vitae ac morum in melius, non refragabimur"). Allerdings zielt dort die Formulierung von der ‚Veränderung des ganzen Lebens und Charakters' deutlich auf die Frage nach den guten Werken ab, so dass Schleiermachers Behauptung, sie entspreche „unserm Ausdrukk Sinnesänderung" (CG² II, § 108.1, 173; vgl. auch die etwas ausführlichere Auseinandersetzung und Problematisierung in CG¹ II, § 130, Anm. a, 118 f.), eher fragwürdig erscheint.

[82] Vgl. CG² II, § 108, 171–191.

[83] U. Glatz, Religion, 343.

[84] J. Müller, Wiedergeburt, 90. Vgl. auch D. Schlenke, „Geist und Gemeinschaft". Die systematische Bedeutung der Pneumatologie für Friedrich Schleiermachers Theorie der christlichen Frömmigkeit, TBT 86, Berlin/New York 1999, 308.

[85] Dieser Gedanke ist jedoch eine *Fehl*deutung, nicht die Intention, die durch die Ausbildung der Lehre vom *ordo salutis* verfolgt wurde, vgl. J. A. Steiger, Art. Ordo salutis, 372: „Daß es sich hier um die Reflexion über ein und dieselbe Sache, nämlich die *iustificatio*, unter verschiedenen Aspekten geht, nicht aber um voneinander prozeßtheoretisch zu trennende Stufen, wird nicht nur aus dem Duktus der Behandlung des Stoffes deutlich, sondern auch aus der Tatsache,

Zum anderen täuschen die Aussagen über die begriffliche Anknüpfung über den Sachverhalt hinweg, dass es *die* Terminologie der dogmatischen Tradition hinsichtlich der Lehre von der Heilszu- und -aneignung nicht gibt:[86] Weder bei den Reformatoren noch in den Bekenntnisschriften, ja auch nicht in der Ausprägung der Lehre von der Heilsordnung als Locus ,*De gratia spiritus sancti applicatrice*' oder als *ordo-salutis*-Lehre gibt es eine klare Festlegung der Begriffe hinsichtlich ihres Bestands, ihrer An- und Zuordnung sowie hinsichtlich ihrer genauen Bedeutung.[87] Dieser Befund soll folgend anhand des Begriffs der Wiedergeburt,[88] den Schleiermacher als Hyperonym innerhalb der Soteriologie verwendet, exemplarisch verdeutlicht werden.[89]

Der Begriff der ,Wiedergeburt'[90] (gr.: παλιγγενεσία) findet sich wörtlich nur an zwei Stellen des Neuen Testaments und dort in grundverschiedener Bedeutung: Während er im Matthäusevangelium (Mt 19,18) auf ein eschatologisches Weltgeschehen verweist, erscheint er im Titusbrief (Tit 3,5) synonym zur Erneuerung (gr.: ἀνακαίνωσις) durch die Geisttaufe. An dieser Stelle verbindet sich ein präsentisch-soteriologisches Element[91] mit einer eschatologischen Dimension.[92]

---

daß die jeweils angeführten biblischen Belegstellen sich wiederholen." Allerdings sieht Steiger eine mit dem Pietismus ansetzende Umformung der Lehre in das „Theorem einer ethischen Perfektibilität im Heiligungsernst" (aaO., 374).

[86] Vgl. auch H. STEPHAN, Die Lehre Schleiermachers von der Erlösung, Tübingen/Leipzig 1901, 7: „Abgesehen von der ,Heilsaneignung' ist wohl auf keinem Gebiete der Dogmatik von Alters her die terminologische Verwirrung so groß, wie auf dem unseres Themas." Ebenso R. SEEBERG, Art. Heilsordnung, 596: „Diese geschichtliche Übersicht zeigt, daß zwar die von der altdogmatischen Arbeit geprägten Begriffe bis zur Stunde in Kraft stehen [...], daß aber hinsichtlich der Erklärung und Verbindung derselben die erheblichsten Schwankungen herrschen."

[87] Vgl. E. HERMS, Die Wirklichkeit des Glaubens. Beobachtungen und Erwägungen zur Lehre vom ordo salutis, in: EvTh 42 (1982), 541–566, 541: „Es gibt überhaupt nur einen einzigen zentralen Gegenstand reformatorischer Theologie, dem die protestantische Dogmatik bis auf den Tag nur eine klassische Bezeichnung, aber keine eindeutige Kontur als dogmatisches Thema zu geben vermochte: das mit den Ausdrücken ,ordo salutis', ,Heilsordnung' oder ,Heilsweg' bezeichnete Teilgewinnen und Teilhaben des einzelnen Menschen am christlichen Heil." Zur Variationsmöglichkeit der Begrifflichkeit in der altlutherischen Orthodoxie vgl. K. HASE, Hutterus Redivivus oder Dogmatik der evangelisch-lutherischen Kirche. Ein dogmatisches Repetitorium für Studirende, Leipzig ⁶1845, 282, Anm. 3.

[88] Vgl. dazu auch die dogmengeschichtliche Darstellung bis zur Wiedergeburtslehre bei Schleiermacher in: P. GENNRICH, Die Lehre von der Wiedergeburt, die christliche Zentrallehre in dogmengeschichtlicher und religionsgeschichtlicher Beleuchtung, Leipzig 1907, 1–225.

[89] Eine umfassende begriffsgeschichtliche Untersuchung aller in den Bereich der Lehre von der Heilszu- und -aneignung gehörigen Begriffe kann im Rahmen dieser Arbeit nicht erfolgen. Selbst bei einer Beschränkung auf die von Schleiermacher ausdrücklich in der ,Glaubenslehre' genannten Begriffe wäre dies vom Umfang her im Rahmen dieser Untersuchung nicht zu bewerkstelligen.

[90] Vgl. zum Folgenden bspw. J. GUHRT/K. HAACKER, Art. παλιγγενεσία, in: TBLNT 1 (1997), 657–659; W. POPKES, Art. Wiedergeburt II. Neues Testament, in: TRE 26 (2004), 9–14.

[91] Vgl. den Aorist Tit 3,5: „[...] ἔσωσεν ἡμᾶς διὰ λουτροῦ παλιγγενεσίας καὶ ἀνακαινώσεως πνεύματος ἁγίου."

[92] Vgl. die Fortführung in Tit 3,6f., wo der mit der Geisttaufe verbundene Gedanke der Gerechtwerdung aus Gnade mit der Hoffnungsdimension auf das ewige Leben verbunden wird.

Das zum Begriff gehörige Metaphernfeld[93] begegnet neutestamentlich allerdings häufiger, insbesondere in den johanneischen Schriften:[94] Hier gerät neben der soteriologischen, pneumatologischen und eschatologischen auch die ethische Dimension in den Blick: Der aus Gott Geborene zeichnet sich nicht nur durch Glaube, sondern auch durch rechtes Handeln in Liebe aus.[95] Insgesamt ist ein (nahezu) durchgängiges Motiv die Verbindung der (Wieder-)Geburts-Metaphorik mit der Taufe. Auffällig ist, dass sich Paulus der Geburtsmetapher nicht im Kontext der Heilsthematik bedient. Bei ihm findet sich statt dessen im Zusammenhang der Tauftheologie das Gegenüber von ,Tod' und ,Leben',[96] dem, „wenn sich wie in II Kor 4–6 das neue Leben *sub contrario* gerade im Sterben manifestiert"[97], der Begriff der Wiedergeburt gerade nicht entspricht.

Der Bedeutungsvielfalt und unterschiedlichen Relevanz des Begriffs der Wiedergeburt im Neuen Testament korrespondiert gewissermaßen seine Unschärfe in der reformatorischen Theologie. Luther verwendet ihn im Katechismus – im Anschluss an Tit 3,5 – im Zusammenhang der Taufe,[98] interpretiert ihn aber gemäß dem paulinischen Gegensatz von Tod und Leben.[99] Diese Deutung bringt den Gedanken der Wiedergeburt mit dem der „Reu und Buße"[100] einerseits, dem der „Erneuerung […], Gerechtigkeit und Reinigkeit für Gott"[101] andererseits in Verbindung. In den ,Thesen de fide' von 1525 wird mit der Identifikation von Rechtfertigung und Wiedergeburt allerdings das negative Element aus dem Begriff getilgt.[102]

---

[93] Bspw. ,wiedergebären' (gr.: ἀναγεννάω) (dieser Terminus findet sich allerdings ausschließlich in I Petr 1,3.23), ,gezeugt werden aus' (gr.: γεννηθῆναι ἐκ), ,von oben (oder: neu) gezeugt werden' (gr.: ἄνωθεν γεννηθῆναι), vgl. hierzu A. RINGWALD/V. GÄCKLE, Art. γεννάω, in: TBLNT 1 (1997), 651–654.

[94] Vgl. bspw. Joh 1,13; 3,3–9; I Joh 2,29; 3,9; 4,7; 5,1.

[95] Vgl. W. POPKES, Art. Wiedergeburt II, 10: „Die Metaphorik ,Entstehung neuen Lebens' ist eindeutig (ζωὴ αἰώνιος ist bei Johannes zentraler Heilsterminus). Johannes hebt den Ursprung aus Gott hervor […]. Der Kontrast ,Geist/Fleisch' […] betont die jenseitige Qualität und Unverfügbarkeit des neuen Lebens. Wiedergeburt ist Einlaßbedingung ins Reich Gottes […]; sie ist identisch mit Gotteskindschaft […] und dem Erhalt des ewigen Lebens […]. I Joh zieht Rückschlüsse auf das Tun der Gerechtigkeit, die Befreiung von der Sünde sowie auf Agape und Glauben."

[96] Vgl. Röm 6.

[97] W. POPKES, Art. Wiedergeburt II, 11.

[98] Vgl. M. LUTHER, Enchiridion. Der kleine Katechismus für die gemeine Pfarrherrn und Prediger (1529), in: BSLK, 499–542, 516 [im Folgenden: KK].

[99] Vgl. auch M. LUTHER, De captivitate Babylonica ecclesiae praeludium (1520), in: WA 6, Weimar 1888, 484–573, 534.

[100] M. LUTHER, KK, 516,33.

[101] M. LUTHER, KK, 516,23.37.

[102] Vgl. M. LUTHER, Die Thesen für die Promotionsdisputation von Hieronymus Weller und Nikolaus Medler (11. September 1535), in: WA 39/1, Weimar 1926, 44–77, Thesen de fide, aaO., 44–48, These 65, 48.

Auch Melanchthon identifiziert in der ‚Apologie'[103] Rechtfertigung und Wiedergeburt; in seinen ‚Loci' setzt er jedoch Wiedergeburt und Bekehrung in eins,[104] wobei diese wiederum im gleichen Werk mit der Buße gleichgesetzt wird, der Reue, Glaube und neuer Gehorsam als ihre Glieder zugeordnet werden.[105] In der ‚Konkordienformel' erkennt man ein Bewusstsein für die terminologischen Unklarheiten. Dort müht man sich um eine Unterscheidung zweier verschiedener Verwendungsweisen des Begriffs, um – im Interesse an einem rein forensischen Rechtfertigungsverständnis – die Aussagen von der Identität von Rechtfertigung und Wiedergeburt von denjenigen zu unterscheiden, die mit der Wiedergeburt auch die effektive Erneuerung zum Ausdruck bringen.[106]

Während ‚Wiedergeburt' bei Luther und Melanchthon als Terminus zwar verwendet wird, aber keine prominente Stellung innehat, „fällt der breite Rückgriff Calvins auf den johanneischen Begriff der Wiedergeburt auf. Calvin verwendet ihn, ohne ihn vom Begriff der Heiligung abzugrenzen."[107] Näherhin identifiziert er ihn mit der Buße,[108] die allerdings weder als dem Glauben vorgängig begriffen wird, noch – im Unterschied zum Bußverständnis Melanchthons – den Glauben unter sich als eines ihrer Glieder umfasst. Stattdessen erscheint die Buße – und damit auch die Wiedergeburt – als Folge und Frucht des Glaubens.[109] Ein ähnliches Verständnis der Wiedergeburt findet sich auch in der ‚Confessio Belgica'[110] sowie in der ‚Confessio Gallicana'[111].

Demgegenüber lässt die Theologie der altreformierten Orthodoxie eher die Tendenz erkennen, die Wiedergeburt, die durch die Berufung (*vocatio externa* und *interna*) bewirkt wird, als Voraussetzung des Glaubens zu charakterisieren,

---

[103] Vgl. ApolCA IV, in: BSLK, 174,37–44.

[104] Vgl. P. MELANCHTHON, Loci praecipui theologici (1559), StA II/1+2, hg. v. H. ENGELLAND, Gütersloh 1952/3, II, 384,16–18.

[105] Vgl. P. MELANCHTHON, Loci (1559), II, 541,36–542,4.

[106] Vgl. FC SD III, in: BSLK, 920,14–34. Allerdings wird, auch wenn die Wiedergeburt als effektive Erneuerung verstanden wird, ausgeschlossen, dass diese eine substantielle Neuschaffung des Menschen bedeute (vgl. FC SD II, in: BSLK, 905,12–39).

[107] C. STROHM, Ethik im frühen Calvinismus. Humanistische Einflüsse, philosophische, juristische und theologische Argumentationen sowie mentalitätsgeschichtliche Aspekte am Beispiel des Calvin-Schülers Lambertus Daneus, AKG 65 Berlin/New York 1996, 449; vgl. auch T. STADTLAND, Rechtfertigung und Heiligung bei Calvin, BGLRK 32, Neukirchen-Vluyn 1972, 180–184.

[108] Vgl. J. CALVIN, Institutio Christianae Religionis (Genf, 1559), CR 58, Braunschweig 1886, III.3: Fides nos regenerari; ubi de poenitentia, 434–455.

[109] Vgl. J. CALVIN, Institutio (1559), III.3.1, 434f.: „Quibus autem videtur fidem potius praecedere poenitentia quam ab ipsa *manare, vel proferri tanquam fructus ab arbore, nunquam vis eius fuit cognita, et* nimium levi argumento ad id sentiendum moventur."

[110] Vgl. ConfBelg XXIV, in: BSRK, 241 f., 241,33–36: „Credimus veram hanc fidem per auditum verbi Dei, et Spiritus S. operationem, homini insitam, eum regenerare, novumque hominem efficere, adeoque ad novam vitam vivendam excitare, et a peccatorum servitute liberum reddere."

[111] Vgl. ConfGall XXII, in: CollNiem, 334: „Credimus nos qui natura servi sumus peccati, hac eadem fide intercedente in novam vitam regenerari."

wobei ihr weiterhin ein effektiver Charakter[112] zugeschrieben wird.[113] Auch bei den Lutheranern König, Hollaz und Quenstedt geht dem Kapitel zur Wiedergeburt – die hier als ein Akt der heilszueignenden Gnade des heiligen Geistes verstanden wird – dasjenige über die Berufung voraus. Hollaz gliedert jedoch zwischen Berufung und Wiedergeburt noch die Abhandlung der Erleuchtung und Bekehrung ein.[114] Während sich die Erleuchtung primär auf den Intellekt beziehe,[115] wirkten Bekehrung und Wiedergeburt auf den Willen, wobei die Bekehrung auf Reue, die Wiedergeburt auf Glauben abziele.[116] Wiedergeburt sei der „Gnadenakt, durch den der hl. Geist dem sündigen Menschen den errettenden Glauben schenkt"[117]. Quenstedt begründet – im Anschluss an König –[118] die mögliche Unterscheidung der Wiedergeburt von der Bekehrung, die er im Anschluss an jene behandelt, „[r]atione *Subiectorum*"[119]: Während die Wiedergeburt – durch die Taufe – auch den Kindern möglich sei, geschehe die Bekehrung

---

[112] Trotz der Betonung der Effektivität der Wiedergeburt wird daran festgehalten, dass sie in diesem Leben aufgrund des bleibenden ‚fleischlichen' Einflusses *imperfecta* bleibt (vgl. bspw. J. H. HEIDEGGER, Corpus Theologiae Christianae, Bd. 2, Zürich 1700, Locus XXI: De Gratia Vocationis, 201–260, 234: „Neque enim vel regeneratio in hac vita perfecta, vel regeniti perfecti sunt. Quandiu enim in mortali hac carne peregrinantur, cum veteris Adami reliquiis nec prima, nec progrediente hujus vitae regeneratione penitus extinctis, luctantur, & ipsa regeneratio frequentissimas vicissitudines experitur, sic ut nunc major, nunc minor ejus progredientis operatio sit. Non enim spiritum duntaxat, sed etiam carnem regeniti habent […]."

[113] Vgl. bspw. Witsius (H. WITSIUS, De oeconomia, Utrecht ³1694), der über die Wiedergeburt zwischen den Kapiteln über Berufung und Glaube handelt (vgl. aaO., Lib. III, Cap. V–VII, 314–363) und sie mit der Bekehrung gleichsetzt (vgl. bspw. aaO., Cap. IV., 333 f.). Zur Wiedergeburt selbst vgl. aaO., 327 f.330: „Conveniens itaqueest, ut a *vocationis* meditatione ad meditationem Regenerationis nostra nos deducat oratio. […] *Regeneratio est actio Dei hyperphysica, qua homini electo, spiritualiter mortuo, nova ac Divina vita inditur, idque ex semine incorruptibili verbi Dei, faecundati per immensam Spiritus virtutem.* […] Per regenerationem autem nova iis [sc. electis] vita inditur: resultans ex gratiosa unione cum Deo illiusque Spiritu. Quod enim corpori anima, id animae Deus est." Witsius reflektiert selbst auf die unterschiedliche Verwendungsweise des Terminus (vgl. aaO., 335 f.).

[114] Zu der von Hollaz erhobenen Ordnung insgesamt vgl. D. HOLLAZ, Examen, Part. III, Sect. I, Cap. IV, Q. 3, 321 f.

[115] Vgl. D. HOLLAZ, Examen, Part. III, Sect. I, Cap. V, Q. 9, 359: „Primo & immediate illuminatur peccatoris ad Ecclesiam adducti intellectus."

[116] Vgl. D. HOLLAZ, Examen, Part. III, Sect. I, Cap. VI, Q. 5, 375: „Ita prior actus Conversio (strictissime sumpta) posterior Actus gratiae Regeneratio commode appellatur. Convertit DEUS peccatorem per legem, regenerat per Evangelium. Contritio est effectus Gratiae convertentis, Fides est effectus Gratiae regenerantis".

[117] Vgl. D. HOLLAZ, Examen, Part. III, Sect. I, Cap. III, 410–441, Q. 1, 410 [übers. durch die Vfn.]. Der Glaube selbst wird dann aber nicht im Kontext der zueignenden Gnade verhandelt, sondern unter *Sectio II: De Mediis Salutis* (vgl. aaO., Sect. II, Cap. VII, 279–323; so auch bei J. A. QUENSTEDT, Theologia, Pars IV: De mediis salutis, Cap. VIII: De fide justificante, 281–306).

[118] Vgl. J. A. KÖNIG, Theologia, § 451, 286.

[119] J. A. QUENSTEDT, Theologia, Pars III, Cap. VII: De Conversione, Thesis II, 488.

durch das Wort.[120] Wiedergeburt und Bekehrung könnten damit nur im Blick auf Erwachsene synonym verwendet werden. Bei beiden altprotestantischen Dogmatikern findet sich eine Reflexion über die Bedeutungsbreite des Wiedergeburtsbegriffs, deren Klärung zu versuchen sie sich herausgefordert fühlen.[121]

Die Notwendigkeit, den Wiedergeburtsbegriff seinem ‚rechten Verständnis‘ zuzuführen, wird auch im Pietismus wahrgenommen. Spener hebt dies besonders in seinen Predigten zum ‚hochwichtigen Articul von der Wiedergeburt‘[122] hervor:[123] „Wo eine materie unsers Christenthums noethig ist / so ist es gewiß die jenige von der wiedergeburt / als in welche unsere bekehrung / rechtfertigung / und der anfang unserer heiligung mit einlaufft / und sie auch der grund ist / aller übriger heiligung“[124]. Vor dem Hintergrund der verschiedenen, durch die theologische Tradition vermittelten Begriffsbestimmungen plädiert er gegen einen ‚engen‘ Begriff und für ein umfassendes Verständnis von Wiedergeburt.[125] Die Hochschätzung der Wiedergeburt findet sich ebenfalls bei Francke, ihre Behandlung ist ihm eine „hochtheure Lehre“[126], bezüglich derer gelte, „daß wol keine Lehre in der Christenheit nothwendiger sey“[127]. Angesichts der ‚Verwirrungen‘ über diese Lehre sieht er sich dazu herausgefordert, in fünf Punkten Ursprung, Mittel, Weise, ‚Adressaten‘ und Zweck der Wiedergeburt zu klären.[128] Wie Spener vertritt auch Francke ein ‚weites‘ Verständnis von der Wiedergeburt, sie sei

---

[120] Vgl. J. A. Quenstedt, Theologia, Pars III, Cap. VII: De Conversione, Thesis IX, Nota, 490.

[121] Vgl. bspw. D. Hollaz, Examen, Part. III., Sect. I., Cap. VII, 410f. sowie J. A. Quenstedt, Theologia, Pars III, Cap. VI: De Regeneratione, Thesis III–VI, 477f.

[122] P. J. Spener, Der hochwichtige Articul von der Wiedergeburt (1696), Frankfurt a. M. 1715, in: ders., Schriften, hg. v. E Beyreuther, Bd. VII/1+2, Hildesheim/Zürich/New York 1994.

[123] Wallmann, der einen „Diskussionsbeitrag“ (J. Wallmann, Wiedergeburt und Erneuerung bei Philipp Jakob Spener. Ein Diskussionsbeitrag, in: ders., Pietismus und Orthodoxie. Gesammelte Aufsätze III, Tübingen 2010, 40–65) zur Frage nach der Relevanz der Wiedergeburtslehre in der Theologie Speners bietet, macht allerdings darauf aufmerksam, dass „[v]on den 66 Predigten […] nur ganze fünf der Wiedergeburt selbst gewidmet [sind]. Allein 52 Predigten handeln von den Früchten der Wiedergeburt, dem Lebensstande des neuen Menschen. Speners Interesse gilt ganz offensichtlich nicht der Wiedergeburt selbst, sondern dem neuen Menschen“ (aaO., 53f.). Er bestätigt mit dieser Beobachtung die Annahme Steigers, dass im Pietismus eine Entwicklung abzulesen ist, die zu einer Betonung der ethisch verstandenen Heiligungslehre führt (vgl. J. A. Steiger, Art. Ordo Salutis, 371–376, bes. 374f.).

[124] P. J. Spener, Articul, 1.

[125] In der zehnten Predigt unterscheidet Spener das ‚spezielle‘ Verständnis der Wiedergeburt als Gabe der Glaubensfähigkeit, die die Wiedergeburt mit der Rechtfertigung identifizierende Auffassung sowie die Bestimmung der Wiedergeburt als effektiver Erneuerung voneinander. „Wir thun aber am besten, wir fassen alle drey stueck zusammen / wie dann gewiß ist, daß von dem, was die Schrifft die widergeburt nennet, keines der dreyen stuecke kan außgeschlossen werden“ (P. J. Spener, Articul, 151).

[126] A. H. Francke, Die Lehre unsers Herrn JESU Christi von der Wiedergeburt (30.05.1697), in: ders., Predigten, Bd. 1, hg. v. E. Peschke, TGP Abt. 2, Bd. 9, Berlin/New York 1987, 162–204, 165.

[127] A. H. Francke, Lehre, 168.

[128] Vgl. die Übersicht der zu behandelnden Punkte in: A. H. Francke, Lehre, 172.

die Entzündung des Glaubens, Erweckung einer „kindliche[n] Zuversicht"[129], die Rechtfertigung, die Annahme zur Gotteskindschaft sowie die Erneuerung.[130]

Diese knappe Darstellung der unterschiedlichen Relevanz und Bedeutung des Wiedergeburtsbegriffs führt vor Augen, dass die eingangs zitierten Aussagen hinsichtlich der terminologischen Anknüpfung der Schleiermacherschen Soteriologie an die Begrifflichkeiten der altprotestantischen und pietistischen Theologie zwar nicht falsch sind, aber – ohne weitere Erläuterung oder Untersuchung – zum Verständnis der Sache kaum etwas beitragen. Gleichermaßen, wenn nicht sogar mit besseren Belegen, kann man eine terminologische Anknüpfung an die evangelischen Bekenntnisschriften, die reformatorischen Theologen oder das Neue Testament geltend machen. Der Punkt, an dem m. E. tatsächlich eine stärkere Verbindungslinie von der altprotestantischen Orthodoxie hin zu Schleiermacher gezogen werden kann, ist das Bewusstsein dafür, dass es für die lehrhafte Darstellung einer Klärung der Begrifflichkeiten und ihrer Zusammenhänge bedarf.[131]

Den Grund der verschiedenen Begriffsbestimmungen sieht Schleiermacher in „dem großen Reichthum meist bildlicher Ausdrükke, deren sich die heiligen Schriftsteller für diesen Ort bedienen"[132]. Die Auswahl der dogmatischen Termini geschehe nun zwar nicht „willkührlich"[133], doch wichtiger als die Begriffe selbst sei „die genaue Erklärung dessen […], was bei den Ausdrükken gedacht werden soll"[134]. Schleiermachers eigener Entwurf der Soteriologie lässt sich daher auch als Versuch verstehen, durch eine Reduktion der Begriffe einerseits[135] sowie größere terminologische Schärfe andererseits inhaltliche Schwierigkeiten

---

[129] A. H. Francke, Lehre, 189.

[130] Vgl. dazu A. H. Francke, Lehre, 188–197.

[131] Vgl. auch E. Hirsch, Geschichte, Bd. 5, 345: „Die ältere evangelische Dogmatik hat […] aus dem Bestreben nach seelischer Deutlichkeit und biblischer Fülle einen Überreichtum sich z. T. überschneidender Begriffe entfaltet. Schleiermacher erweist sich als echter Systematiker dadurch, daß er vereinfacht und so einen durchsichtigen Aufriß von wenigen klaren Begriffen gewinnt."

[132] CG² II, § 107.2, 170.

[133] CG² II, § 107.2, 169.

[134] CG² II, § 107.2, 170. Interessant ist, dass Schleiermacher sich sogar hinsichtlich der in Anspruch genommenen Freiheit in der Begriffswahl bei gleichzeitiger Betonung der Notwendigkeit ihrer sachlichen Klärung auf Melanchthon beruft, vgl. die letzte Belegstelle zu CG² II, § 108, 172 (zitiert wird P. Melanchthon, Loci [1559], II, 369,36 f.): „[…] quibuscunque verbis alii uti volent, rem retinere cupimus."

[135] Nüssel macht darauf aufmerksam, dass die Schleiermachersche Konzentration der Soteriologie auf die Hauptbegriffe Wiedergeburt und Heiligung als Weiterführung der „Jenaer Konzeption der Heilsaneignung" (F. Nüssel, Bund und Versöhnung. Zur Begründung der Dogmatik bei Johann Franz Buddeus, FSÖTh 77, Göttingen 1996, 134) angesehen werden könne, wie sie von Baier, Musäus und Buddeus vertreten würde, die allerdings noch drei Hauptstücke, Wiedergeburt, Rechtfertigung und Heiligung unterschieden. Die Einordnung in die Jenaer Traditionslinie liegt auch Nahe, wenn man die Ausführungen Kochs zur Entwicklung und Differenz der Lehre(n) von der Heilsordnung für die Wittenberger und Jenaer Theologie beachtet (vgl. K. Koch, Ordo, 52–108).

und Widersprüche der ihm vorgängigen Tradition evangelischer Dogmatik zu beseitigen. In der folgenden Analyse ist daher der begriffsgeschichtliche Hintergrund nicht irrelevant, zumal Schleiermacher selbst zum Beispiel bezüglich des Begriffes der Buße auf ihn zu sprechen kommt,[136] doch sollte die Rekonstruktion des Ansatzes Schleiermachers vor allem beachten, welche Bedeutung dieser selbst den Begriffen beilegt.

4 Vom Geist absehen?

Der augenfälligste Unterschied der Schleiermacherschen Soteriologie gegenüber der traditionellen Heilslehre besteht wohl darin, dass er jene nicht im Kontext der Pneumatologie verhandelt.[137] Allerdings darf diese Differenz in ihrer Bedeutung nicht allzu hoch bewertet werden, denn es geht Schleiermacher nicht um einen grundsätzlichen Ausschluss des Geistwirkens aus der Soteriologie. Entsprechend heißt es, dass von der Wiedergeburt – samt der Entstehung des Glaubens – *„vorläufig* auch ohne die Lehre von dem heiligen Geist"[138] gehandelt werden könne. Dieses einstweilige Absehen vom Geist kann Schleiermacher an die Begründung knüpfen, die für die Anordnung von Soteriologie und Ekklesiologie gegeben wurde: es werden und wurden „ursprünglich Einzelne von Christo ergriffen"[139] und zwar zu Christi Lebzeiten durch Christi unmittelbare Wirksamkeit.[140] Diese ‚Einzelnen', d. h. die Jünger, haben aber „ihren eignen Zustand ohne"[141] die Vorstellung vom heiligen Geist zu deuten gewusst. Insofern es nun – nach Schleiermacher – für die Annahme der „Einheit der christlichen Kirche" des Grundsatzes bedürfe, dass „der Glaube der späteren Geschlechter […] derselbe sein [soll] wie der ursprüngliche"[142], müsse auch seine Entstehungsweise die gleiche sein, d. h. „die Bekehrung auf dieselbe Art geschehen."[143] Ein angemessenes Verständnis ihrer könne somit auch ohne die Pneumatologie gewonnen werden.

Allerdings muss implizit die Ekklesiologie – samt der ihr zugeordneten Pneumatologie –[144] für die Soteriologie vorausgesetzt werden:[145] Denn nach Schleier-

---

[136] Vgl. CG² II, § 108.1, 172–175.

[137] Vgl. zur Pneumatologie Schleiermachers D. SCHLENKE, Geist, bes. 317–449.

[138] CG² II, § 108.5, 184 [Hervorhebung durch die Vfn.]. Wenig später heißt es, dass die (in den Bekenntnisschriften zentrale) „Bezugnahme auf den heiligen Geist […] erst unten deutlich werden wird" (aaO., 185).

[139] CG² II, § 106.2, 167.

[140] Dementsprechend heißt es dann auch in der Lehre vom Heiligen Geist, dass dieser als „Gemeingeist erst nach der Entfernung Christi von der Erde vollständig mitgetheilt und aufgenommen werden" (CG² II, § 122, 283) konnte.

[141] CG² II, § 108.5, 184.

[142] CG² II, § 88.2, 24.

[143] CG² II, § 108.5, 184.

[144] Schleiermacher entwickelt nicht in dem Sinne eine Pneumatologie, dass er eine Lehre vom heiligen Geist als dritter trinitarischer Person bietet. Statt dessen bestimmt er das, was

macher ist „die Selbstdarstellung Christi jezt vermittelt [...] durch diejenigen, welche ihn verkündigen"[146]. Dass aber diese Vermittlung durch die Verkündigung tatsächlich authentisch geschehe, werde vom christlich-frommen Selbstbewusstsein dem heiligen Geist als „de[m] Gemeingeist[] des von Christo gestifteten neuen Gesammtlebens"[147] zugeschrieben. Dieser Gemeingeist bildet nach Schleiermacher das ‚Einheitsprinzip', das dem innerhalb des neuen Gesamtlebens sich vollziehenden „gemeinsamen Mit- und gegenseitig Aufeinanderwirken"[148] zugrundeliege, wodurch eben das Gesamtleben erst eine wirkliche Gemeinschaft sei. Wenn Schleiermacher gleichzeitig bereits in der Soteriologie festhält, dass „die Gemeinschaft der Gläubigen ihrem wahren Wesen nach [...] aus der Gesammtheit der Heiligungsmomente aller [...] Einzelnen"[149] bestehe, wird durch diese Nebeneinanderstellung der Konstitutionsbedingungen des neuen Gesamtlebens deutlich, dass die Heiligung nur möglich ist, sofern die sie ermöglichende „Kraft des neuen Lebens zugleich auch der Gemeingeist ist, welcher das Ganze beseelt."[150]

Die Ausklammerung der Pneumatologie darf somit nicht als eine sachliche Trennung, sondern nur als darstellende Unterscheidung aufgefasst werden. Der notwendige Zusammenhang von Christologie, Soteriologie und Pneumatologie wird allerdings von Schleiermacher explizit erst innerhalb letzterer formuliert. Mit der Beschreibung des heiligen Geistes als „Vereinigung des göttlichen Wesens mit der menschlichen Natur in der Form des das Gesammtleben der Gläubigen beseelenden Gemeingeistes"[151], d.h. als die (von Christus ausgehende) fortgesetzte Inkarnation,[152] wird dort auch schließlich die Begründung der zwischen

---

durch ‚heiliger Geist' bezeichnet wird, über die im Selbstbewusstsein hervorgebrachte Wirkung. Stärker noch als in der Christologie kommt es zu eine Konzentration auf die Wirksamkeit. Mit dieser Akzentsetzung steht Schleiermacher allerdings nicht alleine da: Schon Luther bestimmt im ‚Großen Katechismus' das Wesen des Geistes über sein Werk (M. LUTHER, Der große Katechismus deutsch [1529], in: BSLK, 543–733 [im Folgenden: GK], 654,3 f.): „so soll [...] der heilige Geist von seinem Werk ein Heiliger oder Heiligmacher heißen."

[145] Den „impliziten Hinweise[n] auf die systematische Fundierung der Soteriologie durch den pneumatologisch vermittelten, intersubjektiven Konstitutionszusammenhang des christlich frommen Bewußtseins" geht Schlenke in ihrer Arbeit nach (D. SCHLENKE, Geist, 308–317, 308).

[146] CG² II, § 108.5, 185.

[147] CG² II, § 121, 278; vgl. zur Verkündigung im engeren Sinne aaO., §§ 133–135, 342–353. Vgl. auch die Bestimmungen dessen, was unter dem Begriff ‚heiliger Geist' gefasst wird (aaO., § 116.3, 243, und § 123, 288 [Hervorhebungen aufgelöst]): „Unter dem Ausdrukk heiliger Geist aber wird zufolge des obigen die Lebenseinheit der christlichen Gemeinschaft als einer moralischen Person verstanden, und dies würden wir [...] durch den Ausdrukk ihres Gemeingeistes bezeichnen können." „Der heilige Geist ist die Vereinigung des göttlichen Wesens mit der menschlichen Natur in der Form des das Gesammtleben der Gläubigen beseelenden Gemeingeistes."

[148] CG² II, § 121, 278.

[149] CG² II, § 106.2, 166 f.

[150] CG² II, § 106.2, 167.

[151] CG² II, § 123, 288.

[152] Zur Schleiermacherschen Auffassung der Inkarnation als „Menschwerden Gottes im Bewußtsein" (CG² II, § 97.2, 76) vgl. Kap. V.1.2 der vorliegenden Untersuchung.

Christologie und Soteriologie herrschenden Analogie geboten. Dass damit faktisch die Wiedergeburt und Heiligung der Einzelnen nicht ohne das Geistwirken gedacht werden können, wird von Schleiermacher anschließend ausdrücklich festgehalten: „Jeder Wiedergebohrene ist des heiligen Geistes teilhaftig, so daß es keine Lebensgemeinschaft mit Christo giebt ohne Einwohnung des heiligen Geistes und umgekehrt."[153] Beide Aspekte seien in ihrem Grundgehalt identische Ausdrücke, die jedoch unterschiedliche Aspekte betonten.[154] Indem vom Geist erst im Zusammenhang der Entfaltung des neuen Gesamtlebens die Rede ist, verbindet Schleiermacher mit ihm – als Gemeingeist – das dem Christentum wesentliche Moment der Gemeinschaftlichkeit: Er verbürge nicht nur die Einheit des Wirkens, sondern man könne sich des heiligen Geistes auch nur insofern bewusst werden, als man „sich seines Seins in diesem Ganzen"[155], d. h. in dem durch den Geist beseelten christlichen Gesamtleben, bewusst werde. Ein individuell-persönliches Selbstbewusstsein über den Geist verbiete sich aufgrund des bleibenden Zusammenhangs der neuen, religiösen Persönlichkeit zum ‚alten Menschen'.

Die Entfaltung der Wiedergeburt als Vorstellung vom Anfang einer neuen, frommen Persönlichkeit, wie sie im Folgenden erläutert wird, kann daher im Sinne Schleiermachers nicht nur, sie muss sogar vom Geist zunächst absehen. Dies ist allerdings nur möglich und legitim, sofern der Fokus hier auf dem Individuum liegt. Dass es sich dabei um eine Abstraktion der Darstellung handelt, nicht um eine sachliche Trennung, muss stets in Erinnerung gehalten werden. Der Einzelne ist immer in intersubjektive Bezüge eingebunden, er gerät ja auch hier nur in den Blick, weil und sofern er Teil des neuen Gesamtlebens und seines Gemeingeistes teilhaftig ist.[156]

5 Der Anfang des neuen Lebens: Wiedergeburt

5.1 Die Grundstruktur der Explikation des Lehrstücks von der Wiedergeburt

Die grundlegenden Relationen, anhand derer bei Schleiermacher die Beschreibung „der Art, wie sich die Gemeinschaft mit der Vollkommenheit und Seligkeit des Erlösers in der einzelnen Seele ausdrükkt"[157], ausdifferenziert wird, wurde einleitend bereits dargelegt. Neben der Differenz zwischen ‚Anfang' und ‚Zu-

---

[153] CG² II, § 124, 293. In der ‚Christlichen Sitte' spricht Schleiermacher explizit „von der Wiedergeburt aus dem göttlichen Geiste" (CS² I, 63).

[154] Vgl. CG² II, § 124.3, 296–298.

[155] CG² II, § 123.3, 292.

[156] Den unlösbaren Zusammenhang von Individualität und Intersubjektivität stellt D. Schlenke in ihrer Monografie „Geist und Gemeinschaft" (Berlin/New York 1999) vehement heraus.

[157] CG² II, 164.

stand' einer Person, durch welche die darstellende Unterscheidung von Wiedergeburt und Heiligung begründet wird, kommen auch die Beziehung der Frömmigkeit als Gefühl auf Wissen und Tun sowie der durch den Erlösungsbezug implizierte Gegensatz von ,alt' und ,neu' in Betracht.[158] So ergibt sich für das Lehrstück von der Wiedergeburt folgender (schematischer) Aufbau:

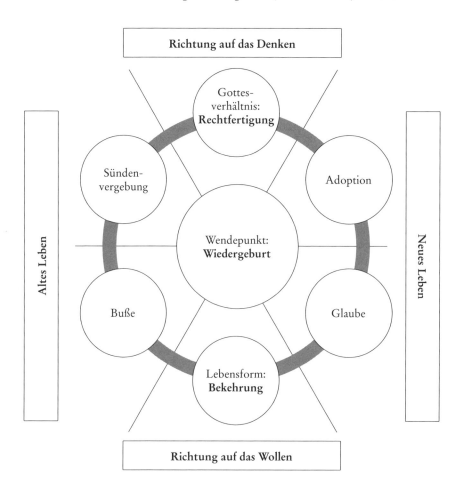

[158] Vgl. auch die Beschreibung der Wirkung des heiligen Geistes auf den Menschen in den Ausführungen zum verbreitenden Handeln der Kirche innerhalb der ,Christlichen Sitte' (CG² I, 372 [Sperrungen aufgelöst]): „[…] so daß das erste was geschieht dieses ist, daß der Geist eindringt in das Gefühl, in das unmittelbare Selbstbewußtsein, und das zweite dieses, daß er Spontaneität wird durch den Uebergang in die Duplicität des Verstandes und des Willens".

Aufgrund der Rückführung aller Momente auf das eine Grundbewusstsein ist deutlich, dass Schleiermacher mit der Unterscheidung der Einzelaspekte keine Ereignischronologie oder Realdifferenz intendiert. Vielmehr gelte gerade aufgrund der Begründung aller Einzelperspektiven im frommen Selbstbewusstsein, dass letztlich keine von diesen in ihrem vollem Gehalt vorgestellt werden könne, wenn sie nicht durch ihre ‚Gegenstücke' ergänzt werde.

Entsprechend hält Schleiermacher für die beiden die Wiedergeburt als Wendepunkt näher beschreibenden Perspektiven, die Rechtfertigung „als verändertes Verhältniß des Menschen zu Gott" sowie die Bekehrung „als veränderte Lebensform"[159], fest:

> „Offenbar ist [...], daß beide Momente nicht können von einander getrennt werden, so daß eine Bekehrung gedacht werden könnte ohne Rechtfertigung, oder eine Rechtfertigung ohne Bekehrung. [...] Ist nun beides, Bekehrung und Rechtfertigung, unzertrennlich von einander: so müssen auch beide als gleichzeitig gedacht werden, und jede ist das untrügliche Kennzeichen der andern."[160]

Bedenkt man die Rückbindung der Soteriologie an die Christologie, so korrespondiert die Unterscheidung der untrennbaren Aspekte der Wiedergeburt – Bekehrung und Rechtfertigung – der dort angeführten Unterscheidung der untrennbaren Aspekte der Tätigkeit Christi – Erlösung und Versöhnung.[161] Die generelle Analogie der Soteriologie zur Christologie wird von Schleiermacher somit auch in der Einzelentfaltung geltend gemacht und ist in der folgenden Analyse in Erinnerung zu halten.

5.2 Der Anfang einer neuen Lebensform: Bekehrung

Den Bekehrungsbegriff wählt Schleiermacher, um den Gehalt des Gnadenbewusstseins in seiner Beziehung auf den Willen zum Ausdruck zu bringen. Denn gehöre das fromme Bewusstsein der Lebensgemeinschaft mit Christus für sich

---

[159] CG² II, § 107, 168. Zu den genauen Gehalten dieser Begriffe vgl. Kap. VI.5 dieser Untersuchung.

[160] CG² II, § 107.1, 169.

[161] Vgl. CG² II, §§ 100f., 104–120, sowie Kap. V.2 dieser Untersuchung. In der ersten Auflage der ‚Glaubenslehre' verhandelt Schleiermacher die Rechtfertigungslehre noch vor der Bekehrung (vgl. CG¹ II, §§ 128–130, 106–135); die Umstellung in der zweiten Auflage scheint sich auch einer Angleichung an die entsprechenden christologischen Paragraphen zu verdanken. Sie ist darüber insofern folgerichtig, als Schleiermacher (in beiden Auflagen) den reformatorischen Gedanken der Rechtfertigung aufgrund des Glaubens (vgl. aaO., § 129, 108, sowie CG² II, § 109, 191) aufnimmt, die Entstehung des Glaubens aber als Teil der Bekehrung (vgl. aaO., § 108, 171, sowie CG¹ II, § 130, 118) geschildert wird (gegen H. Stephan, Lehre, 18f., der in der Anordnung den Ausdruck der Betonung des teleologischen Charakters des Christentums erblickt). Schleiermacher selbst hält in der zweiten Auflage hinsichtlich der Anordnung fest (CG² II, § 107.2, 171): „Die Ordnung scheint bei der Gegenseitigkeit der Beziehungen völlig gleichgültig, es wird aber in vieler Hinsicht bequemer sein die Bekehrung voranzuschikken."

genommen rein dem Gefühl an, so werde es als solches, wie es den Gegensatz
zum Sündenbewusstsein ausdrücke, auch notwendiger Weise zu einer Veränderung der „Lebensform"[162] führen. „Unter der Lebensform ist hier nichts anderes
zu verstehen, als die Art und Weise, wie die einzelnen Zeittheile des Lebens werden und sich aneinander reihen; und das Selbstbewußtsein wird also betrachtet in
seinem Uebergang in Thätigkeit, das heißt als Grund des Willens."[163]

Vorausgesetzt ist die Bestimmung des Gefühls oder des unmittelbaren Selbstbewusstseins als derjenigen geistigen Funktion, die im Wechsel von „Momenten
worin das Wissen und solchen worin das Thun vorherrscht"[164], den Übergang
vermittle und so die Einheit des Lebensprozesses des Subjekts konstituiere.[165]
Hier kommt bei Schleiermacher nun konkret das Gefühl in den Blick, sofern es
in seiner Bestimmtheit handlungsmotivierend wirke.[166] Werde diese Bestimmtheit grundlegend geändert – wie es der Gegensatz des Gnaden- gegen das Sündenbewusstsein aussage –, so könne dieser Wechsel nicht ohne Konsequenzen
für die übrigen geistigen Funktionen bleiben: das gesamte (mentale) „Leben steht
also unter einer andern Formel, und ist mithin ein neues"[167].

Schleiermachers Verständnis der Bekehrung soll im Folgenden genau rekonstruiert werden. In Betracht kommt hierzu zunächst die Analyse der gewählten
Begrifflichkeit, die zwar nicht im Sinne einer umfassenden Etymologie und Be-
griffsgeschichte erfolgt, aber doch zumindest die Begrifflichkeit in groben Zügen
erhellt. In dieser Hinsicht gilt es, vor allem die Begründung der Auswahl des Hyperonyms ‚Bekehrung' zu durchleuchten (VI.5.2.1) und das Glaubensverständnis
der ‚Glaubenslehre' zu untersuchen (VI.2.2). Diese ‚terminologische Verortung'
kann und wird von den Inhalten nicht absehen, doch liegt der Schwerpunkt
bei den Ausführungen zum Bekehrungsbegriff auf dem Verhältnis zu traditio-
nell-soteriologischen Begrifflichkeiten, bei der Rekonstruktion des Glaubensbegriffs auf dessen Bedeutung innerhalb der und für die ‚Glaubenslehre' insgesamt. Die inhaltliche Gesamtentfaltung des Lehrsatzes von der Bekehrung
wird anschließend rekonstruiert, indem zunächst der Sinn der Bestimmung des
Bekehrungsgeschehens als „zwiefache Unthätigkeit"[168] erklärt (VI.5.2.3), daran
anschließend die Bedeutung und Funktion der Sinnesänderung im Bekehrungs-
vorgang erhellt (VI.5.2.4) und schließlich die Schleiermachersche Auffassung

---

[162] CG² II, 107, 168.
[163] CG² II, § 107.1, 168.
[164] CG² I, § 3.4, 26.
[165] Vgl. Kap. IV.3 der vorliegenden Arbeit.
[166] Vgl. CG² I, § 3.4, 29: „Wir sind also nur an die Form, an die Art und Weise gewiesen,
wie das Thun zu Stande kommt. Diese aber ist nur aus den beiden Endpunkten zu begreifen,
dem zum Grunde liegenden Antrieb […] und dem beabsichtigten Erfolg […]. Sind wir aber auf
den Antrieb zurükgeworfen: so ist offenbar, daß jedem Antrieb eine Bestimmtheit des Selbstbewußtseins […] zum Grunde liegt".
[167] CG² II, § 106.1, 165.
[168] CG² II, § 108.2, 176.

des Verhältnisses von göttlicher und menschlicher Tätigkeit in der Bekehrung dargestellt wird (VI.5.2.5). Ein Fazit (VI.5.2.6) bündelt die Ergebnisse der Untersuchung des Schleiermacherschen Bekehrungsverständnisses und behandelt vor diesem Hintergrund seine Kritik an der pietistischen Vorstellung einer datierbaren Bekehrung mit vorgängigem Bußkampf sowie an der Behauptung der Nichtnotwendigkeit der Bekehrung für Getaufte.

5.2.1 Die Terminologie: Bekehrung vs. Buße

Als grundlegenden Ausdruck für das Bewusstsein vom „Anfang des neuen Lebens in der Gemeinschaft mit Christo"[169] in seiner Beziehung auf die ‚ethische' Dimension, d. h. für das Bewusstsein als motivierender Grund der Selbsttätigkeit, wählt Schleiermacher den Begriff der Bekehrung.[170] Anders als der übergeordnete Begriff der Wiedergeburt bringe der Bekehrungsbegriff deutlicher die Spannung von ‚alt' und ‚neu' zum Ausdruck.[171]

Es erstaunt angesichts der Wahl des Hyperonyms, dass nur eines der angeführten Quellenzitate zu § 108 überhaupt den Begriff der *conversio* verwendet, allerdings in einer enger gefassten Bedeutung als bei Schleiermacher.[172] Zwar kommt in der Tat dem Bekehrungsbegriff in reformierten Bekenntnissen keine nennenswerte[173] und in lutherischen Bekenntnisschriften gegenüber dem Buß-

---

[169] CG² II, § 108, 171.

[170] Für diesen – wie für die weitere Begrifflichkeit – macht Schleiermacher geltend, dass er in dem Sinn, wie er ihn ihm beilegt, wirklich nur als „Bezeichnung für den Anfang des neuen Lebens gebraucht werden" (CG² II, § 108.1, 174) könne. Er grenzt sich damit gegen die überkommenen Bestimmungen ab, die mit Bekehrung, Buße etc. einen dauerhaften, das Leben der Gläubigen auszeichnenden Prozess bezeichnen (so bspw. Luthers Verständnis der Taufe und damit zusammenhängend der Wiedergeburt, Buße und Reue, vgl. M. LUTHER, KK, 516,32–36: „Es bedeut, daß der alte Adam in uns durch tägliche Reu und Buße soll ersäuft werden und sterben mit allen Sunden und bösen Lüsten, und wiederumb täglich erauskommen und auferstehen ein neuer Mensch […]"). Im Hintergrund steht, dass Schleiermacher – gegen einen Großteil der Tradition – von der Unverlierbarkeit des Heiligungsstandes ausgeht, sofern in der Wiedergeburt tatsächlich die Lebensgemeinschaft mit dem Erlöser konstituiert werde (vgl. neben CG² II, § 108.1, 174, v. a. auch aaO., § 111.1, 210 f.), so dass hinsichtlich der Beschaffenheit bspw. der Reue „ein sehr großer Unterschied sein muß zwischen dem, was zum Umkehren von der Sünde gehört für die noch nicht, und was für die schon in der Gemeinschaft mit dem Erlöser lebenden" (CG² II, § 108.1, 174, unter Bezugnahme auf CG² I, § 74, 460–470).

[171] Vgl. CG² II, § 107.2, 169–171.

[172] Vgl. den Beleg zu CG² II, § 108, 171 f. aus ConfHelvPost XIV. Dort wird allerdings die *conversio* nur im positiven Sinne als „Hinwendung zu Gott" („ad Deum […] conversio", in: BSRK, 189,7) verstanden, der als ‚Negativfolie' die *aversio* als „Abwendung vom Teufel" („a diabolo […] aversio", in: BSRK, 189,8) dient. Schleiermacher hingegen möchte beide Aspekte, Ab- und Hinwendung, und die zwischen beide tretende Sinnesänderung mit dem Bekehrungsbegriff zum Ausdruck gebracht wissen.

[173] Exemplarisch sei auf das Register der BSRK verwiesen: Es finden sich dort lediglich acht Stellenangaben zu „Bekehrung" (BSRK, 950), während zur „Buße" (aaO., 951) über sechzig Treffer verzeichnet sind.

begriff allenfalls eine untergeordnete Funktion[174] zu; doch wird er beispielsweise bei Melanchthon, dessen ‚Loci‘ Schleiermacher ebenfalls zitiert, in einem ähnlich umfassenden Sinn wie in der ‚Glaubenslehre‘ verwendet.[175] Auf eine entsprechende Passage der ‚Apologie‘ verweist Schleiermacher immerhin in der Erläuterung zum Lehrsatz.[176] Aber auch in der ‚Konkordienformel‘ begegnet der Terminus *conversio* recht häufig, gelegentlich sogar als Oberbegriff von Buße und Glaube.[177] In der Theologie der altprotestantischen Orthodoxie lässt sich dann die Tendenz erkennen, dem Bekehrungsbegriff eine zentralere Stellung einzuräumen[178] und ihm die Buße, sofern sie überhaupt eigens verhandelt wird, unterzuordnen.

Über Schleiermachers Motivation zum Verzicht auf die Anführung dieser Stellen lassen sich nur Mutmaßungen anstellen. Vielleicht wollte er eine Dominanz lutherischer Bekenntnisschriften in den Belegen vermeiden, um den Anspruch, eine gesamtevangelische Darstellung zu bieten, nicht zu unterminieren. Der Verzicht auf Belege zum Bekehrungsbegriff aus Dogmatiken der altprotestantischen Orthodoxie könnte wiederum darin begründet sein, dass Schleiermacher die Implikationen der dortigen Begriffsverwendung nicht aufnehmen wollte: So kann beispielsweise die Ausdifferenzierung einer transitiven und intransitiven Bedeutung des Bekehrungsbegriffs auf lutherischer Seite[179] in der Schleiermacherschen Konzeption der ‚Glaubenslehre‘ keine Entsprechung finden, insofern diese aufgrund ihres Ansatzpunktes keine Aussagen über Akte Gottes trifft, sondern über die Gehalte des christlich-frommen Selbstbewusstseins.

Die Ablehnung des Begriffs der Buße als Oberbegriff zu Reue und Glaube, die sich bei Schleiermacher findet, ist nachvollziehbar und nicht grundlegend neu:

---

[174] Auch hinsichtlich der lutherischen Bekenntnisschriften wird die höhere Relevanz des Begriffs der Buße durch einen Blick ins Sachregister deutlich: Zu ihm finden sich etwa doppelt so viele Stellenangaben wie zum Bekehrungsbegriff (vgl. BSLK, 1164; 1166 f.).

[175] Melanchthon benutzt den Begriff der Bekehrung meist synonym zu dem der Buße, vgl. P. MELANCHTHON, Loci (1559), II, 541,36–542,4: „Voco poenitentiam […] conversionem ad Deum et huius conversionis partes seu diversos motus docendi causa discerno. Dico partes esse contritionem et fidem. Has necessario sequi debet nova obedientia, quam si quis vult nominare tertiam partem, non repugno.“

[176] Vgl. CG² II, § 108.1, 173, Anm. 1 (Verweis auf ApolCA XII, in: BSLK, 259,46–50).

[177] Im fünften Artikel wird über den Bußbegriff festgestellt, dass dieser, wenn er *nicht* synonym zu dem der Bekehrung gefasst werde, *weniger* als dieser bedeute, womit es aber eigentlich dem Bekehrungsbegriff zukomme, Buße und Glaube unter sich zu fassen (vgl. FC SD V, in: BSLK, 954,9–39).

[178] Bei Musäus findet sich sogar eine Identifikation der *conversio* mit der *resipiscentia* (vgl. J. MUSÄUS, De conversione hominis peccatoris ad deum, sive de resipiscentia theses theologicae, Jena 1670, These I; XXIII; XCI u. ö.). Schleiermacher wiederum nennt die Sinnesänderung „die wahre Einheit der Bekehrung“ (CG² II, § 108.2, 178).

[179] Vgl. D. HOLLAZ, Examen, Part. III, Sect. I., Cap. VI, Q. 2, 372; J. A. KÖNIG, Theologia, § 478, 290; J. MUSÄUS, De conversione hominis peccatoris ad deum, sive de resipiscentia theses theologicae, Jena 1670, These I; J. A. QUENSTEDT, Theologia, Pars III, Cap. IX: De Poenitentia et Confessione, Thesis III, 579.

Schon Calvin problematisiert – vor dem biblischen Hintergrund – den Gedanken, dass der Glaube in der Buße enthalten sein soll.[180] Auch Schleiermacher hält fest, dass „es [...] sehr befremdlich klingt, den Glauben [...] als einen Theil der Buße"[181] zu bewerten. Allerdings folgt er nicht Calvins Begründung: Meines Erachtens sieht Schleiermacher vielmehr den biblischen Begriff der μετάνοια durchaus als Oberbegriff zu Reue, Sinnesänderung und Glaube, er zieht als Übersetzung von jenem griechischen Begriff allerdings ‚Bekehrung' „dem Ausdrukk ‚poenitentia', im Deutschen Buße", vor, da der Bußbegriff „keine Andeutung von dem wirklichen Anfang einer neuen Lebensform enthält"[182].

Mit der Ablehnung des Bußbegriffs kommt es somit nicht zu einer sachlichen Ablehnung der – vor allem in den lutherischen Bekenntnissen anzutreffenden –[183] Zuordnung von *contritio* und *fides* zur *poenitentia*, sondern vielmehr zu einer Begriffskritik.[184] Schleiermacher konstatiert, dass es – trotz der Durchbrechung des in seiner Geschichte zunehmend entstellten Bußbegriffs durch die reformatorische Ausprägung des Bußverständnisses –[185] kirchlich und dogmatisch zu einem Bußverständnis gekommen sei, das nicht so umfassend sei, wie es der Begriff μετάνοια erfordere. So bildet tatsächlich ‚Buße' einerseits in der altprotestantischen Orthodoxie innerhalb der dogmatischen Darstellung keinen Kernbegriff mehr: Auf lutherischer Seite geht „die Buße meistens im Artikel von der Bekehrung auf[]"[186],[187] während auf reformierter Seite der Begriff über-

---

[180] Vgl. J. CALVIN, Institutio (1559), III.3.5, 437 f. Er beruft sich auf Act 20,21: Dort stehen μετάνοια und πίστις nebeneinander, jedoch nicht als Synonyme.

[181] CG² II, § 108.1, 173.

[182] CG² II, § 108.1, 173. Eventuell bezieht sich Schleiermacher auf Ammon, der in seiner ‚Biblischen Theologie' aufgrund des durch die kirchliche Tradition verengten Verständnisses von ‚Buße' für eine Übersetzung des Begriffs der μετάνοια mit ‚Sinnesänderung' plädiert (vgl. C. F. AMMON, Biblische Theologie, 3 Bde., Erlangen ²1801/02, III, 99) – ein Begriff, der, wie noch zu zeigen ist, für das Schleiermachersche Verständnis von Bekehrung von zentraler Bedeutung ist.

[183] Vgl. exemplarisch CA XII, in: BSLK, 66,15–67,8; ApolCA XII, in: BSLK, 252–291, bspw. 257,1–4; 261,30–37.

[184] Mit der Frage der angemessenen Übersetzung von μετάνοια setzt sich bspw. auch schon Quenstedt auseinander (vgl. J. A. QUENSTEDT, Theologia, Pars III, Cap. IX: De Poenitentia et Confessione, Thesis II, 578 f.).

[185] Vgl. G. A. BENRATH, Art. Buße V. Historisch, in: TRE VII (1981), 452–473, bes. 465–470.

[186] F. WAGNER, Art. Buße VI. Dogmatisch, in: TRE VII (1981), 473–487, 474. Von den bei Hase zu der begrifflichen Bestimmung der Heilsordnung angeführten Dogmatikern (vgl. K. HASE, Hutterus, 282, Anm. 3) hat lediglich Quenstedt der *poenitentia* einen eigenen Abschnitt gewidmet (vgl. J. A. QUENSTEDT, Theologia, Pars III, Cap. IX: De Poenitentia et Confessione, 578–614).

[187] Bei einigen Lutheranern findet sich eine Bestimmung der Buße, die diese als die Bezeichnung der intransitiven Seite der Bekehrung, die nicht das Handeln Gottes, sondern die Veränderung seitens des Menschen bezeichnet, bzw. als Folge der Bekehrung bestimmt (vgl. D. HOLLAZ, Examen, Part. III., Sect. I., Cap. VI, 372; J. A. QUENSTEDT, Theologia, Pars III, Cap. IX: De Poenitentia et Confessione, Thesis III, 579).

haupt kaum noch Verwendung findet.[188] Im Pietismus kommt es andererseits – namentlich bei Francke – mit dem Gedanken eines der Bekehrung vorgängigen Bußkampfes[189] zu einer Engführung des Bußbegriffs:

„Mit der Forderung des Bußkampfes wird nämlich das Moment der Reue gegenüber dem Moment des Glaubens derart verselbständigt, daß Selbstkritik und Weltentsagung der in der eigentlichen Bekehrung zuteil werdenden Heilszusage logisch und zeitlich vorhergehen müssen."[190]

Dass es insbesondere das pietistische Bußverständnis ist, vor dessen Hintergrund Schleiermacher den Bußbegriff als Oberbegriff ablehnt, zeigt sich darin, dass er der Auseinandersetzung mit dieser Auffassung einen eigenen Abschnitt in der Erläuterung widmet.[191] Dass er dennoch – zumindest vordergründig – an dem Begriff, wenn auch als Hyponym, festhält, lässt sich m. E. als ‚terminologisches Zugeständnis' an die reformatorische, insbesondere die lutherische Theologie begreifen.

In der Näherbestimmung der Buße als „Verknüpfung von Reue und Sinnesänderung"[192] scheint Schleiermacher eine terminologische Verbindung der lutherischen und reformierten Traditionen anzustreben: Dass die lutherischen Bekenntnisschriften Buße als Verbindung von Reue (*contritio*) und Glaube (*fides*) bestimmen, wurde bereits dargelegt. Der Begriff der Sinnesänderung (*resipiscentia*) findet, aufs Ganze gesehen, hingegen auf lutherischer Seite kaum Verwendung,[193] wird aber auf reformierter Seite schon bei Calvin als sachgemäße Übersetzung des griechischen Begriffs der μετάνοια angeführt,[194] die allerdings auf den Glauben folge. Daran schließt sich die Definition der Buße als Sinnesänderung in der ‚Confessio helvetica posterior' an, die von Schleiermacher zitiert wird.[195] Sinnesänderung wird allerdings auf reformierter Seite auch – beispielsweise bei Olevian und Heidegger – als Folge der *fides* der Heiligung zugerechnet.[196] Schlei-

---

[188] In Heppes kompendiarischer Darstellung der ‚Dogmatik der evangelisch-reformierten Kirche' findet sich im Sachregister nicht einmal der Begriff ‚poenitentia' bzw. ‚Buße' (vgl. H. HEPPE, Dogmatik, 574–579).

[189] Vgl. exemplarisch A. H. FRANCKE, Vom Kampff eines bußfertigen Suenders (05.06.1695), in: DERS., Predigten, Bd. 2, hg. v. E. PESCHKE, TGP Abt. 2, Bd. 10, Berlin/New York 1989, 15–41.

[190] F. WAGNER, Art. Buße VI., 475 f.

[191] Vgl. CG² II, § 108.3, 180–182. Zu Schleiermachers Kritik an der Vorstellung eines Bußkampfs s. u. (Kap. VI.5.2.6).

[192] CG² II, § 108, 171.

[193] Vgl. allerdings J. MUSÄUS, De conversione.

[194] Vgl. J. CALVIN, Institutio (1559), III.3.5, 437 f.;

[195] ConfHelvPost XIV, in: BSRK, 188–191, 188,43–189,5 (ausschnittsweise zitiert in: CG² II, § 108, 171 f.).

[196] Vgl. C. OLEVIAN, De substantia foederis gratuiti inter Deum et electos, itemque de mediis, quibus ea ipsa substantia nobis communicatur, Genf 1585, 256; 267 u. ö.; J. H. HEIDEGGER, Corpus, Bd. 2, Locus XXIII: De Gratia Sanctificationis, 310–374, 319. Schleiermacher selbst macht darauf aufmerksam, dass „die Veränderung zum Besseren [...] als fortdauerndes be-

ermacher nimmt nun beide Begriffe – *contritio* und *resipiscentia* – auf und stellt
sie, unter dem Oberbegriff der Buße, dem Glauben gegenüber.[197] Nur unter der
Voraussetzung der Sinnesänderung sei der notwendige Zusammenhang von Reue
und Glaube – bzw. *mortificatio* und *vivificatio* –[198] gewährleistet, daher müsse
diese auch dann implizit mitgedacht werden, wenn sie nicht explizit zur Sprache
komme. Was von Schleiermacher konkret mit ‚Sinnesänderung‘ bezeichnet wird,
soll weiter unten (VI.5.2.4) erörtert werden. Dringlicher stellt sich zunächst die
Frage nach dem Glaubensbegriff der ‚Glaubenslehre‘.

5.2.2 Die Terminologie: Der Glaubensbegriff der ‚Glaubenslehre‘

Was den Glaubensbegriff betrifft, so meint Schleiermacher, ihn „ganz so [zu] gebrauchen wie die Bekenntnißschriften"[199]. Allerdings führt er nur solche Belege
an, in denen der Glaube als Christus ergreifender Glaube, als *fiducia applicans*
oder als *motus in voluntate* bestimmt wird,[200] während gerade solche Passagen
der Bekenntnisse, die das Wesen des Glaubens in *fiducia*, aber auch in *notitia*
und *assensus* beschlossen sehen,[201] nicht zitiert werden.[202] In der Schwerpunktsetzung entspricht dies zwar der reformatorischen Betonung des Vertrauens-
aspekts, doch scheint Schleiermacher hier durch die Auslassung der weiteren
Bestimmungen der *fides* zwei Interessen zu verfolgen: Zum einen ist ihm an einer
Abgrenzung gegenüber der (vermeintlich) römisch-katholischen Lehre gelegen.
Diese begreife unter dem Glaubensbegriff „nur die göttlich mitgetheilte und von
uns angenommene Kenntniß von des Menschen Bestimmung […], weshalb sie

---

trachtet der Heiligung gleichkommt, als Anfang aber doch hieher [sc. zur Bekehrung] gehört"
(CG² II, § 108.1, 173).

[197] Allerdings wird diese Zuordnung in den Erläuterungen modifiziert (s. u.).

[198] Schleiermacher verweist (CG² II, § 108.1, 173) hinsichtlich der Identifikation von *contritio* und *fides* mit *mortificatio* und *vivificatio* auf einen Ausschnitt aus ApolCA XII (in: BSLK,
260,28–52). In der reformierten Traditionslinie begegnen *mortificatio* und *vivificatio* u. a. als
Merkmale der Sinnesänderung, die der Wiedergeburt (vgl. A. Polanus, Syntagma theologiae
christianae, 2 Bde, Hanau 1609/10, II, Lib. VI, Cap. XXXVII: De Regeneratione, 3009–3030,
3025) oder der Bekehrung (vgl. J. Coccejus, Summa theologiae ex scripturis repetita, Genf
²1665, Locus XVI, Cap. XLV: De Resipiscentia, 452–456, 453) zugeordnet wird, bzw. als Beschreibungen der *forma* der Heiligung (J. Wolleb, Compendium theologiae Christianae, accurata methodo sic adornatum, ut sit ad SS. Scripturas legendas, ad locos communes digerendos,
ad controversias intelligendas, manuductio, Amsterdam 1655, Cap. XXXI: De Sanctificatione,
190–194, 192).

[199] CG² II, § 108.1, 173.

[200] Vgl. die Belegstellen zu CG² II, § 108, 171 f., sowie zu aaO., § 108.1, 174, Anm. 4.

[201] Vgl. ApolCA IV, in: BSLK, 158–233, z. B. 219,37–41; ConfTetr V, in: BSRK, 59,21–24;
ConfHelvPost XVI, in: BSRK, 193,3–7 u. ö.

[202] In der ersten Auflage heißt es hingegen noch (CG¹ II, § 130, Anm. b, 120 [Hervorhebung
durch die Vfn.]): „Wir aber verstehen unter dem Glauben nicht eine Ueberzeugung *allein* oder
die Annahme einer Kenntniß, sondern nur eine solche, welche *zugleich auch* eine Bewegung des
Willens ist, nämlich die Ueberzeugung, daß wir in der Gemeinschaft mit Christo sind, und die
Bewegung des Willens selbstthätig in derselben zu verharren."

denn auch behauptet, der Glaube gehe der Buße und Bekehrung voran."[203] Zum anderen geht es Schleiermacher innerhalb des Lehrsatzes von der Bekehrung nicht um das Ganze des Glaubens, sondern ausschließlich um dessen Entstehung und Funktion als Grund des Willens. Dass Schleiermachers Glaubensverständnis insgesamt umfassender ist, lässt nicht nur der Titel seines Entwurfs erkennen, sondern wird auch deutlich, wenn man die entsprechenden Aussagen der Einleitung zur ‚Glaubenslehre' sowie die weitere Verwendung des Glaubensbegriffs in der materialen Entfaltung mit bedenkt, die daher im Folgenden knapp skizziert werden sollen:

Die Verwendung des Begriffes ‚Glaube' innerhalb der ‚Glaubenslehre' stellt vor nicht unerhebliche Schwierigkeiten. So ist es auffällig, dass der in der Einleitung im Kontext der Erörterung des Glaubens zentrale Begriff der Gewissheit[204] in der Erläuterung der Entstehung des Glaubens im Lehrsatz über die Bekehrung *keinerlei* Verwendung findet.[205] Weiter ist das Verhältnis dessen, was mit ‚Glaube', zu dem, was als ‚christlich-frommes Selbstbewusstsein' bzw. ‚christliche

---

[203] CG² II, § 108.1, 175. Lamm macht darauf aufmerksam, dass Schleiermachers Charakterisierung des römisch-katholischen Verständnisses nicht zutreffend sei (J. A. Lamm, Schleiermachers Treatise on Grace, in: HThR 101 [2008], 133–168, 150, Anm. 84): „The *Roman Catechism*, citing the Council of Trent, does maintain that faith precedes repentance [...]; however, it also clearly states that conversion precedes faith." Darüber hinaus wurde schon an vorheriger Stelle festgestellt, dass auch die reformierte Theologie ein Verständnis von Buße kennt, dass diese als Folge des Glaubens bestimmt. Die Bestimmung des Differenzpunktes zwischen dem katholischen und dem evangelischen Verständnis von Glaube, Buße usw. bei Schleiermacher scheint daher nicht sonderlich geglückt, allerdings liegt an dieser Stelle auch kein Schwerpunkt der Darstellung.

[204] Vgl. CG² I, § 14.1, 115–117.

[205] Es erstaunt angesichts der Thematik seiner Monographie, dass Glatz zwar sowohl den Glaubensbegriff der Einleitung als auch den der Soteriologie knapp behandelt und hinsichtlich des ersten dessen *„Bezug* auf das unmittelbare Selbstbewusstsein" (U. Glatz, Religion, 311 [Hervorhebung durch die Vfn.]) konstatiert, im Blick auf den zweiten jedoch seinen Gefühlscharakter betont (vgl. aaO., 348 f.), sich aber durch diesen Befund nicht dazu genötigt sieht, beide Auffassungen in ein Verhältnis zueinander zu setzen. Dieser Aufgabe widmet sich auch Müller nicht (J. Müller, Wiedergeburt), bei der allerdings der Glaubensbegriff der Einleitung gar nicht erst thematisch wird. Es ist das Verdienst Brunners, dass er in aller Deutlichkeit auf die diesbezügliche Problematik aufmerksam macht (vgl. E. Brunner, Die Mystik und das Wort. Der Gegensatz zwischen moderner Religionsauffassung und christlichem Glauben dargestellt an der Theologie Schleiermachers, Tübingen ²1928, 133), auch wenn er m. E. in seiner Darstellung dem Glaubensverständnis Schleiermachers nicht gerecht wird, zumal er nicht zwischen Empfänglichkeit und Passivität, Gefühl und Frömmigkeit, Frömmigkeit und Gottesbewusstsein, Gottesbewusstsein und Glaube sowie Glaube und Religion unterscheidet (vgl. aaO., 163: „Es ist höchst bezeichnend für Schleiermacher, daß für ihn Gottesbewußtsein und Frömmigkeit [bzw. Religion, Religiosität, Glaube] dasselbe ist."). Sein Urteil bezüglich der Frage des Verhältnisses von ‚Glaube' in der Einleitung und ‚Glaube' im zweiten Teil der ‚Glaubenslehre' lautet (aaO., 137): „Fragen wir uns nochmals, wie denn vom allgemeinen Religionsbegriff aus, [...] wie er die Einleitung und den ersten Teil der Glaubenslehre konkurrenzlos beherrscht, die Verbindung zu diesem neuen Glaubensbegriff gezogen werden könne, so muß die Antwort klipp und klar lauten: absolut gar nicht."

Frömmigkeit' bezeichnet wird, nicht eindeutig dargelegt.[206] Die Frömmigkeit, so auch die christliche, ist nach Schleiermacher rein Gefühl, doch ob dies auch für den christlichen Glauben gilt, bleibt zunächst unklar. Im Zusammenhang damit stellt sich somit auch die Frage der Relation von Glaube zu Wissen und Tun.

Dass ein genaueres Verständnis dessen, was ‚Glaube' im Schleiermacherschen Sinn bedeutet, von erheblicher Relevanz ist, erhellt schon vor dem Hintergrund des Titels seiner dogmatischen Entfaltung, in der ja ‚Der christliche Glaube' zur Darstellung gebracht werden soll. Darüber hinaus stellt sich Schleiermacher strikt in die Traditionslinie reformatorischer Theologie, indem er betont, dass der Glaube die einzige, exklusive Möglichkeit der Partizipation „an der christlichen Gemeinschaft"[207] sei, wenn er den Glauben als „Aneignung der Vollkommenheit und Seligkeit Christi"[208] und ihn als Bedingung der „Umänderung seines [sc. des Menschen] Verhältnisses zu Gott"[209] durch die Rechtfertigung bestimmt. In Anbetracht dieser Zentralstellung des Glaubens für das religiöse Leben und die dogmatische Darstellung ist offenkundig, dass es einer Klärung dessen bedarf, was genau Schleiermacher meint, wenn er von ‚Glaube' spricht. Ausgehend von § 14 der Einleitung, in dem Schleiermacher erstmalig ausführlicher auf den Glauben zu sprechen kommt, sollen daher die grundlegenden Aussagen gesichtet und in ein Verhältnis gesetzt werden.

„Es giebt keine andere Art an der christlichen Gemeinschaft Antheil zu erhalten, als durch den Glauben an Jesum als den Erlöser"[210] – so hält es Schleiermacher innerhalb der apologetischen Lehnsätze über das Wesen des Christentums fest. Was mit ‚Glaube' gemeint sein soll, wird im ersten Abschnitt des entsprechenden Paragraphen erläutert.[211] Verschiedene Aspekte, die sich mit dem

---

[206] Dass keine vollständige Identität herrscht, wird bereits in CG² I, § 3.3, 24, deutlich: „[...] theils wir uns auch anschicken müßten, das Verhältniß klar aufzufassen, welches zwischen der christlichen Frömmigkeit an sich und sowol dem christlichen Glauben, sofern er in die Form des Wissens gebracht werden kann, als auch dem christlichen Thun stattfindet."

[207] CG² I, § 14, 115.

[208] CG² II, § 108, 171.

[209] CG² § 109, 191.

[210] CG² I, § 14, 115.

[211] CG² I, § 14.1, 115 f. [Hervorhebungen durch die Vfn.]: „Da nun aber Jeder nur vermittelst eines eigenen freien Entschlusses [in die christliche Gemeinschaft] hineintreten kann: so muß diesem die *Gewißheit* vorangehen, daß durch die Einwirkung Christi der Zustand der Erlösungsbedürftigkeit aufgehoben und jener [sc. der Annäherung an die Leichtigkeit und Stetigkeit frommer Erregungen] herbeigeführt werde, und diese Gewißheit ist eben der *Glaube an Christum*. Dieser Ausdruck nämlich bezeichnet überall, auf unserm ganzen Gebiete nur die einen Zustand des höheren Selbstbewußtseins begleitende Gewißheit, die mithin eine andere, eben deshalb aber auch keine geringere ist, als diejenige, welche das objective Bewußtsein begleitet. In demselben Sinn war schon oben die Rede von dem *Glauben an Gott*, der nichts anders war, als die Gewißheit über das schlechthinige Abhängigkeitsgefühl als solches, d. h. als durch ein außer uns gesetztes Wesen bedingt und unser Verhältniß zu demselben ausdrükkend. Der hier in Rede stehende Glaube aber ist eine rein *thatsächliche Gewißheit*, aber die einer vollkommen *innerlichen Thatsache*. [...] Der Ausdrukk Glaube an Christum ist hier aber so wie dort Glaube an Gott die *Beziehung* des Zustandes als *Wirkung* auf Christum als *Ursache*."

Glaubensbegriff verbinden, werden hier angeführt. Zunächst ist offenkundig, dass nach Schleiermacher dem Glauben Relationalität wesentlich ist: Mit dem ,Glauben *an*' ist nicht die Anerkenntnis eines vorgegebenen Inhaltes gemeint, sondern der Ausdruck eines Relationsgefüges: Der eigene Zustand kommt als einer zu Bewusstsein, der durch einen – außerhalb dieses Zustands liegenden – Grund verursacht wird. Der Christusglaube bedeutet somit, dass der Glaubende seinen eigenen Zustand als Wirksamwerdung der ursächlichen Tätigkeit Christi begreift.

Die Frage ist nun aber, ob mit der Feststellung dieser dem Glauben inhärierenden Relationalität schon eine Entscheidung darüber getroffen ist, ob ,Glaube' dem unmittelbaren Selbstbewusstsein angehört oder nicht. Wenn Cramers Bestimmung des Gefühls zutreffend wäre – „Es unterscheidet als der Zustand, der es ist, nichts von diesem Zustand Unterschiedenes, auf das es sich zugleich bezieht."[212] – so wäre die Sachlage eindeutig: Da nach Schleiermacher der christliche Glaube „die Beziehung des Zustandes als Wirkung auf Christum als Ursache"[213] bezeichnet, unterscheidet und bezieht er sich auf etwas von dem Zustand selbst Unterschiedenes, könnte somit gemäß der Cramerschen Bestimmung nicht Gefühl sein. Doch macht Barth zu Recht darauf aufmerksam, dass diese Interpretation die „Intention" Schleiermachers nicht nur verdunkelt, sondern ihr sogar „widerspricht"[214]. Die Pointe des Schleiermacherschen Gefühlsbegriff sei gerade diese, dass das Gefühl – verstanden als unmittelbares Selbstbewusstsein – durchaus etwas von sich unterscheide und sich auf dieses beziehe; der Unterschied zu dem reflektierten Selbstbewusstsein liege allein darin, dass keine „Vorstellung des Unterschiedenen und Bezogenen als unabhängig eines von seinem Vorgestelltsein Existierenden"[215] entwickelt werde.[216] Somit kann allein

---

[212] K. CRAMER, Die subjektivitätstheoretischen Prämissen von Schleiermachers Bestimmung des religiösen Bewußtseins, in: D. LANGE (Hg.), Friedrich Schleiermacher 1768–1834. Theologe – Philosoph – Pädagoge, Göttingen 1985, 129–162, 157.

[213] CG² I, § 14.1, 116.

[214] U. BARTH, Die subjektivitätstheoretischen Prämissen der ,Glaubenslehre'. Eine Replik auf K. Cramers Schleiermacher-Studie, in: DERS., Aufgeklärter Protestantismus, 329–351, 342.

[215] U. BARTH, Prämissen, 342 (unter Bezug auf die im Anschluss an Hegels ,Phänomenologie des Geistes' gewonnenen „drei Bedingungen für den Sachverhalt Bewußtsein" [ebd.]). Vgl. auch U. BARTH, Gott – die Wahrheit. Problemgeschichte und systematische Anmerkungen zum Verhältnis Hirsch/Schleiermacher, in: J. RINGLEBEN (Hg.), Christentumsgeschichte und Wahrheitsbewusstsein. Studien zur Theologie Emanuel Hirschs, Berlin/New York 1991, 98–157, 128: „Unmittelbarkeit im Sinne Schleiermachers schließt Unterscheidung und Beziehung […] durchaus ein, und zwar notwendig."

[216] Der grundlegende Unterschied der Bewertung des Gefühlsbegriffs verdankt sich der unterschiedlichen Interpretation von CG² I, § 4.1, 33 f. Es ist Barth darin zuzustimmen, dass dieser Abschnitt „keinerlei Anhaltspunkte" bietet, die die von Cramer vollzogene Identifikation des „hier verwendeten Begriff des ,wirklichen Bewußtseins' […] mit dem Begriff Objektbewußtsein" (U. BARTH, Prämissen, 331) legitimieren würde. Deutlicher wird dies noch bei einem Blick auf die erste Auflage, wo im entsprechenden Erläuterungsabschnitt eindeutig von dem „unmittelbaren Bewußtsein des Menschen" (CG¹ I, § 9.1, 31) die Rede ist.

aus dem Faktum der relationalen Verfasstheit von Glauben nicht entschieden werden, ob er von Schleiermacher als ein Phänomen des unmittelbaren Selbstbewusstseins aufgefasst wird oder außerhalb dessen liegt.

Nun bietet die in § 14 dargelegte Erläuterung des Glaubensbegriffs einen weiteren Anhaltspunkt für die Erhebung des Glaubensverständnisses, indem Schleiermacher den Christusglauben analog zur „Rede von dem Glauben an Gott"[217] verstanden wissen möchte. Der Rückverweis auf § 4.4 stellt aber bei genauerer Betrachtung vor eine weitere Problematik: Zum einen ist an entsprechender Stelle gar nicht von Gottesglaube die Rede, sondern von Gottesbewusstsein. Zum anderen ist gerade die Frage, wie sich das Gefühl schlechthinniger Abhängigkeit und das Bewusstsein der „Beziehung mit Gott"[218] zueinander verhalten, nicht unumstritten.[219] Hinsichtlich der ersten Schwierigkeit lässt sich annehmen, dass mit dem Rückverweis aus § 14 nachträglich dasjenige, was in § 4 als Gottesbewusstsein bezeichnet wird, als Gottesglaube qualifiziert wird. Dann stellt sich allerdings umso dringlicher die Aufgabe, die zweite Schwierigkeit einer Lösung zuzuführen, da an ihr auch das Verständnis von ‚Glaube' überhaupt hängt.

Weil Schleiermacher in § 4 der zweiten Auflage eine offenkundige Veränderung gegenüber § 9 der ersten Auflage vornimmt,[220] stellt sich verschärft die Frage, wie sich das Gefühl schlechthinniger Abhängigkeit und das Gottesbewusstsein zueinander verhalten – und vor allem, ob dieses noch zum unmittelbaren Selbstbewusstsein gehört oder aber bereits dem gegenständlichen Selbstbewusstsein zuzurechnen ist, was dann, sofern die Identifikation von Gottesbewusstsein und Gottesglaube zutreffend ist, auch Konsequenzen für das Glaubensverständnis

---

[217] CG² I, § 14.1, 116, unter Verweis auf aaO., § 4.4, 38–40.

[218] CG² I, § 4, 32.

[219] Vgl. zur Problematik u. a.: U. Barth, Prämissen, 329–351; F. Christ, Menschlich von Gott reden. Das Problem des Anthropomorphismus bei Schleiermacher, ÖTh 10, Gütersloh 1982, 186–215; K. Cramer, Prämissen, 129–162; G. Ebeling, Abhängigkeitsgefühl, 116–136; P. Grove, Deutungen des Subjekts. Schleiermachers Philosophie der Religion, TBT 129, Berlin/New York 2004, 591–601; A. Krichbaum, Kierkegaard und Schleiermacher. Eine historisch-systematische Studie zum Religionsbegriff, Kierkegaard Studies. Monograph Series 18, Berlin/New York 2008, 245–248; R. Leuze, Sprache und frommes Selbstbewußtsein. Bemerkungen zu Schleiermachers Glaubenslehre, in: K.-V. Selge (Hg.), Internationaler Schleiermacher-Kongreß Berlin 1984, Bd. 2, SchlA I/2, 917–922; C.-D. Osthövener, Die Lehre von Gottes Eigenschaften bei Friedrich Schleiermacher und Karl Barth, TBT 76, Berlin/New York 1996, 20–25; F. Wagner, Schleiermachers Dialektik. Eine kritische Interpretation, Gütersloh 1979, 199–204; V. Weymann, Glaube als Lebensvollzug und der Lebensbezug des Denkens. Eine Untersuchung zur Glaubenslehre Friedrich Schleiermachers, STGL 25, Göttingen 1977, 51–66.

[220] Während in CG¹ I, § 9, 31, das Bewusstsein schlechthinniger Abhängigkeit mit dem Gefühl der Abhängigkeit von Gott identifiziert wird, spricht CG² I, § 4, 32, von jenem Bewusstsein, dem die Aussage, dass man sich einer „Beziehung mit Gott bewußt" (ebd.) sei, korrespondiere. „Die 2. Auflage schlägt also eine Korrektur der Formulierung der ersten vor, in der die intentionale Struktur des Bewußtseins der schlechthinnigen Abhängigkeit so weit abgeschwächt wird, daß ihre Identifikation mit so etwas wie einem Gefühl der Abhängigkeit von Gott nicht mehr erlaubt ist" (K. Cramer, Prämissen, 137, Anm. 11).

Schleiermachers im Allgemeinen hätte. Der entscheidende vierte Abschnitt der
Erläuterungen führt aus:

„Wenn aber schlechthinige Abhängigkeit und Beziehung mit Gott in unserm Saze gleich-
gestellt wird: so ist dies so zu verstehen, daß eben das in diesem Selbstbewußtsein mitgesetzte *Woher* unseres empfänglichen und selbstthätigen Daseins durch den Ausdrukk
Gott bezeichnet werden soll […]. Wenn aber das Wort überall ursprünglich mit der
Vorstellung Eins ist, und also der Ausdrukk Gott eine Vorstellung voraussezt: so soll nur
gesagt werden, daß diese, welche nichts anders ist als nur das Aussprechen des schlechthinigen Abhängigkeitsgefühls die unmittelbarste Reflexion über dasselbe, die ursprünglichste Vorstellung sei, mit welcher wir es hier zu thun haben, […] nur bedingt durch unser
schlechthiniges Abhängigkeitsgefühl, so daß Gott uns zunächst nur das bedeutet was in
diesem Gefühl das mitbestimmende ist, und worauf wir unser Sosein zurückschieben […].
Das schlechthinige Abhängigkeitsgefühl wird nur ein klares Selbstbewußtsein, indem
zugleich diese Vorstellung wird […]; und wenn man von einer ursprünglichen Offenbarung Gottes an den Menschen oder in dem Menschen redet, so wird immer eben dieses
damit gemeint sein, daß dem Menschen mit der allem endlichen Sein nicht minder als ihm
anhaftenden schlechthinigen Abhängigkeit auch das zum Gottesbewußtsein werdende
unmittelbare Selbstbewußtsein derselben gegeben ist.“[221]

Der Skopus der Erläuterung liegt darauf, dass Schleiermacher die Auffassung abwehren möchte, „daß das Abhängigkeitsgefühl erst entstehe aus dem anderwärts
her gegebenen Wissen um Gott.“[222] Einer solchen Auffassungsweise stellt er
eine Gottesvorstellung gegenüber, die ausschließlich durch das Gefühl schlechthinniger Abhängigkeit bedingt sei. Genau in dieser Aussage wird nun aber auch
deutlich, dass in Schleiermachers Darstellung keine Identität von Gottesbewusstsein und dem Gefühl schlechthinniger Abhängigkeit herrscht: Das unmittelbare
Bewusstsein *wird* nach Schleiermacher erst Gottesbewusstsein, und zwar dann,
wenn es zu Klarheit gelangt. Wodurch diese Klarheit erwächst, erläutert Schleiermacher allerdings erst anschließend: In seiner „Beziehung auf die Bestimmtheit
des sinnlichen Selbstbewußtseins entsteht“ „die Begrenztheit und Klarheit“[223]
für das schlechthinige Abhängigkeitsgefühl, so *wird* es zum Gottesbewusstsein.
  Mit der Feststellung, dass es das Bewusstsein der Beziehung mit Gott nur in
der Art gibt, dass es zur Beziehung zwischen sinnlichem und höheren Selbstbewusstsein kommt, ist allerdings noch nicht entschieden, welchen ‚Bewusst-

---

[221] CG² I, § 4.4, 38–40 [Sperrung des Originals durch Kursivsetzung wiedergegeben].
[222] CG² I, § 4.4, 38, App. H. Dem entspricht, dass es sich bei dem entsprechenden Abschnitt
um eine Ergänzung gegenüber der ersten Auflage handelt, die diese Frage lediglich in einem
kurzen Zusatz anschneidet (vgl. CG¹ I, § 9, Zusatz, 32f.). Vgl. auch die Formulierung aus dem
ersten Sendschreiben an Lücke (F. D. E. Schleiermacher, Sendschreiben, 318): „[…] Wenn
ich aber dann wieder sehe, wie auch dieser treffliche Mann zu glauben scheint, das Gefühl
gehe immer erst von der Vorstellung aus, und wie er deutlich ausspricht, der letzte Grund des
Glaubens bleibe immer die Einsicht in den nothwendigen Zusammenhang der ergriffenen Ideen:
so muß ich mich wieder darauf zurückziehen, daß, was ich unter dem frommen Gefühl verstehe,
gar nicht von der Vorstellung ausgeht, sondern die ursprüngliche Aussage ist über ein unmittelbares Existentialverhältniß […].“
[223] CG² I, § 5.3, 47.

seinsstatus' das Gottesbewusstsein selbst hat. Schleiermacher erleichtert an dieser Stelle nicht gerade das Verständnis seiner Auffassung, wenn er die Gottesvorstellung als „das Aussprechen des schlechthinigen Abhängigkeitsgefühls" bzw. als „die unmittelbarste Reflexion über dasselbe"[224] bezeichnet. Zu klären bleibt, ob diese Reflexionsleistung so beschaffen ist, dass sie innerhalb des Gefühls selbst vollzogen wird und so auch die Vorstellung, die mit ‚Gott' bezeichnet wird,[225] selbst eine ‚Gefühlsvorstellung' ist.[226] Zwar scheint der Begriff der Vorstellung deutlich auf den Bereich des durch das Denken vermittelten, gegenständlichen Selbstbewusstseins zu verweisen,[227] doch finden sich in der ‚Glaubenslehre' auch Formulierungen, die besagen, dass „in dem unmittelbaren Selbstbewußtsein" etwas zwar „nicht gegenständlich", aber doch „vorgestellt"[228] wird.[229]

Allerdings erklärt sich aus der Interpretation der Gottes- als Gefühlsvorstellung einerseits nicht, warum Schleiermacher dann von der Redeweise der ersten Auflage abgewichen ist. Meines Erachtens wäre mit diesem Verständnis der Gottesvorstellung die Rede vom Gefühl der Abhängigkeit von Gott unproblematisch(er). Andererseits findet auch die Rede von der ‚unmittelbarsten Reflexion' keine Begründung: Da sich ‚unmittelbarst' rein sprachlogisch nicht als Superlativ verstehen lässt,[230] scheint der Ansatz vielversprechend, den „Aus-

---

[224] CG² I, § 4.4, 39.

[225] Dass die Versprachlichung selbst kein Akt des unmittelbaren Selbstbewusstseins mehr sein kann, ist m. E. nicht zu bestreiten. Zwar findet sich bei Schleiermacher auch die Aussage, dass „das Wort überall ursprünglich mit der Vorstellung Eins ist" (CG² I, § 4.4, 39), so dass man vermuten könnte, wenn die Vorstellung, was noch zu untersuchen ist, zum unmittelbaren Selbstbewusstsein gehörte, so müsste dies auch für den Begriff Gottes gelten (in diese Richtung ließe sich auch die Formulierung über das Gottesbewusstsein als „das *unmittelbare* innere Aussprechen des schlechthinigen Abhängigkeitsgefühls" [aaO., § 5, Zusatz, 51 (Hervorhebung durch die Vfn.)] interpretieren). Doch diese Einheit von Wort und Vorstellung von Schleiermacher sogleich ‚gelockert', indem es folgend heißt, dass „der Ausdrukk Gott eine Vorstellung *voraussetzt*" (aaO., § 4.4, 39), somit der Begriff kaum in strikter Identität mit seiner Bedingung stehen kann, sondern die Einheit vielmehr so zu verstehen ist, dass jener nicht ohne und zugleich ausschließlich aus dieser resultiere. Für diese Zuweisung des Begriffs zum reflektierten Bewusstsein spricht auch, dass Schleiermacher an späterer Stelle die Sprachlichkeit deutlich als *mittelbare* Frömmigkeitsäußerung versteht und ihren Zusammenhang zum Denken betont (vgl. aaO., § 6.2, 55; § 15, 127–130).

[226] So vertritt es bspw. V. WEYMANN, Glaube, 60–67, bes. 66 f. Für die Reflexivität des Gefühls spricht sich auch E. HERMS (Philosophie und Theologie im Horizont des reflektierten Selbstbewußtseins, in: C. HELMER u. a. [Hgg.], Schleiermachers *Dialektik*. Die Liebe zum Wissen in Philosophie und Theologie, Tübingen 2003, 23–52, 23–52, bes. 34–40) aus, der allerdings gerade die interpretatorisch schwierige Formulierung ‚unmittelbarste Reflexion' konsequent ignoriert und von ‚unmittelbarer Reflexion' spricht.

[227] Vgl. CG² I, § 3.2, 22 f.

[228] CG² I, § 4.1, 33 (vollständig: „Dieses andere jedoch wird in dem unmittelbaren Selbstbewußtsein, mit dem wir es hier allein zu thun haben, nicht gegenständlich vorgestellt.").

[229] Vgl. dazu auch U. BARTH, Gott, 126 f.

[230] So allerdings bei F. WAGNER, Dialektik, 200, der aber selbst darauf hinweist, dass „in logischer Hinsicht" der Superlativ „überflüssig" ist.

druck [...] approximativ [zu] verstehen"[231], d. h. im Sinne einer größtmöglichen Annäherung an Unmittelbarkeit. Dann wäre er aber gerade ein Indiz gegen die Deutung der Gottesvorstellung als Reflexionsprodukt des unmittelbaren Selbstbewusstseins, denn eine in diesem selbst stattfindende Reflexion wäre nicht nur ‚unmittelbarst', sondern ‚unmittelbar'.

Da eine Interpretation der Gottesvorstellung und ihres Begriffs als Sonderfall, der gleichsam zwischen unmittelbarem und reflektierten Selbstbewusstsein ‚schwebt',[232] zwar einen gewissen Charme besitzt (zumal sie ähnlich der Schleiermacherschen Formulierung ‚unmittelbarste Reflexion' Raum zur Deutung gewährt), doch letztlich kaum einen Anhalt an Schleiermachers eigenen Ausführungen findet,[233] bleibt als letzte Lesart der Stelle nur noch die Auffassung, dass es sich bei dem Gottesbewusstsein um einen Fall des reflektierten Selbstbewusstseins handelt.[234] Dass die Gottesvorstellung als ‚unmittelbarste' Reflexion charakterisiert wird, ist dann m. E. so aufzufassen, dass sie, weil sie durch nichts anderes als das schlechthinnige Abhängigkeitsgefühl selbst bedingt ist, eine Reflexionsleistung darstellt, die in größtmöglicher Annäherung zur Unmittelbarkeit gegenüber dem Gefühl selbst steht. Nur das Gefühl schlechthinniger Abhängigkeit selbst generiert einen Vorstellungsgehalt über das in ihm „mit gesetzte *Woher* unseres empfänglichen und selbstthätigen Daseins"[235], der mit dem Gottesbegriff bezeichnet wird.

Vor dem Hintergrund der Ausführungen zum Gottesbewusstsein, die Schleiermacher ja retrospektiv als Explikation dessen, was Glaube an Gott bedeutet, charakterisiert, scheint somit das Schleiermachersche Verständnis von Glaube

---

[231] C.-D. Osthövener, Lehre, 23.

[232] Vgl. dazu die Darstellung Christs, wonach ‚Gott' als das innere Aussprechen des schlechthinnigen Abhängigkeitsgefühls „auf der Schwelle zur Reflexion" steht, aber „nicht durch Reflexion vermittelt" ist und somit „den Übergang dar[stellt] vom reinen schlechthinnigen Abhängigkeitsgefühl zu den bestimmten religiösen Vorstellungen" (F. Christ, Gott, 196).

[233] Dieser Eindruck wird verschärft dadurch, dass Christ ausgerechnet an dieser Stelle keinen Beleg aus einem Werk Schleiermachers anführt, sondern ein Zitat aus einem Schiller-Gedicht, das dann auch noch darüber hinaus m. E. seiner Deutung entgegensteht (vgl. F. Christ, Gott, 271, Anm. 267, die aus F. Schiller, Werke in zehn Bänden, hg. v. E. Jenny, Basel 1945/6, Bd. 1, 153 zitiert: „*Spricht* die Seele, so spricht ach! schon die *Seele* nicht mehr.").

[234] So auch U. Barth, Gott, 128 f., Anm. 93: „Als unmittelbares Selbstbewußtsein ist das Gefühl schlechthinniger Abhängigkeit hinsichtlich seiner Bewußtseinsform ein reines Selbstverhältnis. Zu einem intentionalen Bewußtsein von der Struktur der intentio recta, also dem Gottesbewußtsein, wird es erst, wenn das sinnliche Selbstbewußtsein hinzutritt. Dann wird jenes Gefühl zum Gegenstand der (dem sinnlichen Selbstbewußtsein zugehörigen) Reflexion. Seine ihm eigene, ursprüngliche Bestimmtheit wird dadurch zum Inhalt reflektierter Vorstellungen. Die Gottesvorstellung ist in diesem Sinne eine reflektierte Vorstellung." Vgl. bspw. auch P. Grove, Deutungen, 594, oder C.-D. Osthövener, Lehre, 20–25. Anders bei J. Müller, Wiedergeburt, 51 f., die sich allerdings der Schwierigkeit einer Interpretation des entsprechenden Abschnitts bei Schleiermacher durch ein weitläufiges, unerläutertes Quellenzitat entzieht und dann schließt (aaO., 52): „Gottesbewusstsein ist also unmittelbares Selbstbewusstsein schlechthinniger Abhängigkeit auf eine klare Vorstellung gebracht."

[235] CG² I, § 4.4, 39 [Sperrung des Originals durch Kursivsetzung ersetzt].

diesen in den Bereich des reflektierten Selbstbewusstseins zu weisen und ihm mit der Zuordnung zum Bereich des Denkens eine Tendenz zum Wissen hin zu-zuweisen.[236] Zu fragen ist, wie sich nun zu dieser Interpretation die Definition des Glaubens als Gewissheit in § 14 verhält und ob im Gegensatz zu jener Deutung der Gewissheitsbegriff dem Glauben seinen Ort im Gefühl zuweist. Für diese Auslegung ließe sich anführen, dass Schleiermacher bereits zuvor fest-gehalten hat, dass „den Bestimmungen des Selbstbewußtseins"[237] eine Gewißheit *einwohnt*"[238]. Doch spricht gegen sie die Äußerung, dass die Gewissheit die momentane Realisierung des höheren Selbstbewusstseins *begleitet*.

Die Spannung lässt sich auflösen, wenn man bedenkt, dass im ersten Fall ausschließlich vom unmittelbaren Selbstbewusstsein die Rede ist, während im zweiten von einem Zustand der wechselseitigen Bezogenheit von frommem Gefühl und sinnlichem Selbstbewusstsein gehandelt wird. Insofern kann die Gewissheit, die diesen Zustand beider begleitet, durchaus ihren *Grund* allein im unmittelbaren Selbstbewusstsein haben, ihm also insofern ‚einwohnen', dabei aber dennoch einen Bezug auf das sinnlich bestimmte Selbstbewusstsein haben. ‚Glaube' wäre dann immer noch auf das Denken bezogen, erschiene vor dem Hintergrund dieser Überlegungen aber nicht als die auf dem frommen Gefühl basierende reflektierte Form des Selbstbewusstseins, sondern vielmehr als die aus dem frommen Gefühl selbst hervorgehende „Überzeugung von einer zwischen beiden Relaten [sc. Gefühl und Vorstellung] bestehenden Adäquatheit."[239] Rück-bezogen auf die Ausführungen zum Gottesbewusstsein würde dies bedeuten, dass der ‚Glaube an Gott' nicht das Gottesbewusstsein als solches bezeichnen würde, aber auch nicht das Gefühl schlechthinniger Abhängigkeit, sondern – letztlich beide umfassend – die Gewissheit über das Entsprechungsverhältnis zwischen dem unmittelbaren Gefühl schlechthinniger Abhängigkeit und dem reflektierten Bewusstsein der Beziehung mit Gott. Ein solches Verständnis des religiösen Glaubens im Schleiermacherschen Sinne wird auch durch dessen ei-genen Verweis auf die Ausführungen Twestens in seinen ‚Vorlesungen über die Dogmatik' gestützt, wonach Glaube „ein auf dem Gefuehle beruhndes Fuer-wahrhalten"[240] ist.

---

[236] Vgl. als Beleg für diese Auffassung des Glaubens bspw. auch CG² I, § 3.3, 24: „[…] theils wir uns auch anschicken müßten auch das Verhältniß klar aufzufassen, welches zwischen der christlichen Frömmigkeit an sich und sowol dem christlichen Glauben, sofern er in die Form des Wissens gebracht werden kann, als auch dem christlichen Thun stattfindet."

[237] Gemeint ist an dieser Stelle unzweifelhaft das unmittelbare Selbstbewusstsein.

[238] CG² I, § 3.4, 29 [Hervorhebung durch die Vfn.].

[239] U. Barth, Gott, 129, Anm. 93.

[240] A. D. C. Twesten, Vorlesungen ueber die Dogmatik der Evangelisch-Lutherischen Kir-che. Nach dem Compendium des Herrn Dr. W. M. L. de Wette, Bd. 1, Hamburg 1826, 21. Im größeren Kontext heißt es dort (in deutlichem Anschluss an die erste Auflage der ‚Glaubens-lehre'): „Das religioese Gefuehl kann nicht seyn, ohne daß wir unmittelbar auch um dasselbe wissen; denn, wie bemerkt, eine einzelne Seite des Gemueths kann nicht erregt werden, ohne daß sich diese Erregung auch auf die andern fortpflanzt, und was das Gefuehl beruehrt, muß

Nun stellt sich allerdings die Frage, ob der so verstandene Glaube – mit seinem deutlichen Bezug auf das Wissen hin –, wie er in § 14 und an anderer Stelle verhandelt wird, in einen Zusammenhang mit der Explikation der Entstehung des Glaubens in § 108 gebracht werden kann, bei der vor allem die Funktion des Glaubens als Bestimmungsgrund des Willens in den Blick gerät. Einerseits muss diesbezüglich festgehalten werden, dass Schleiermacher eben diesen Zusammenhang nicht deutlich herstellt, dass er vielmehr in der ‚Glaubenslehre' den Glaubensbegriff nicht eindeutig definiert und ihn mit verschiedenen Bedeutungsgehalten versehen unterschiedlich verwendet. Andererseits lässt sich doch auch bereits in der Einleitung der ‚Glaubenslehre' die willensbestimmende Abzweckung des Glaubens feststellen, insofern er diejenige Gewissheit bezeichnet, die den *Entschluss* zum Eintritt in die christliche Gemeinschaft fundiert.[241]

Dieser Zusammenhang erhellt, wenn man eine entsprechende Passage der Sündenlehre hinzuzieht. Im Kontext der Verhandlung der Sünde als Störung der Natur wird von einem „Act des [sc. unmittelbaren] Selbstbewußtseins […] unter der Form der Billigung und Anerkennung" gesprochen, durch den „die Einsicht von der ausschließenden Vorzüglichkeit derjenigen Zustände, welche sich mit dem Gottesbewußtsein einigen ohne es zu hemmen", *angeeignet* und zum „Gebot"[242] erhoben werde. Auch hier wird somit einerseits die ‚Billigung' einer Vorstellung vom unmittelbaren Selbstbewusstsein selbst unterschieden, während sie zugleich auf das engste mit ihm verbunden ist und nur aus ihm hervorgeht; andererseits führt dieses Fürwahrhalten der Vorstellung zu ihrer Aneignung und hat so willensbestimmende Konsequenz, sie erhebt die Einsicht zur Handlungsmaxime.

Wenn somit im Folgenden von der Entstehung des Glaubens gehandelt wird, „welcher besteht in der Aneignung der Vollkommenheit und Seligkeit Christi"[243] und demgemäß den Willen motivierend ausrichtet, so ist m.E. diese Funktion nur denkbar, insofern er Gewissheit im oben beschriebenen Sinne ist.

5.2.3 Bekehrung als ‚zwiefache Unthätigkeit'

Nach der ‚terminologischen Verortung' kann Schleiermachers inhaltliche Explikation der Bekehrung genauer ins Auge gefasst werden. Nun übernimmt er, wie sich schon zeigte, nicht schlicht eine bestimmte Fassung der traditionellen Bestimmungen von Bekehrung, Buße etc., sondern expliziert diese Begrifflich-

---

auch das Wollen und Vorstellen beruehren […]. Diese Bestimmung unsers Vorstellens und Erkennens, die das religioese Gefuehl unmittelbar mit sich fuehrt, oder das Fuerwahrhalten, welches Kraft, Richtung und Inhalt vom Gefuehle empfaengt, nennen wir den *Glauben*, und zwar den religioesen Glauben. Glaube ist naemlich ueberhaupt ein auf dem Gefuehle beruhendes Fuerwahrhalten."

[241] Vgl. CG² I, § 14.1, 115.
[242] CG² I, § 68.1, 412.
[243] CG² II, § 108, 171.

keiten als Ausdrucksformen des christlich-frommen Selbstbewusstseins bezüglich dessen Konstitutionsakts. Wie der Begriff ‚Wiedergeburt' insgesamt, so stehe auch sein Hyponym ‚Bekehrung' für den Wendepunkt zwischen dem Sein im alten, sündigen Gesamtleben und dem Sein in der Lebensgemeinschaft mit dem Erlöser – letzteres vermittelt über das Sein in dem von diesem gestifteten, neuen Gesamtleben. Die tatsächliche Partizipation an beiden sei – gemäß dem teleologischen Charakter christlicher Frömmigkeit –[244] nur durch eine entsprechende Selbsttätigkeit in ihnen gegeben, zumal beide Formen des Gesamtlebens nur in dem ‚Auf- und Miteinandertätigsein' ihrer Glieder bestünden.[245] Entsprechend wird innerhalb der Christologie die erlösende Tätigkeit Christi als eine solche bestimmt, die in die Lebensgemeinschaft aufnehme und so ein „Thaterzeugen in uns"[246] bewirke.

Es geht Schleiermacher hier jedoch nicht um die aus der Lebensgemeinschaft als Zustand hervorgehende Selbsttätigkeit selbst, sondern um die sie als Grundlage des Willens ermöglichende Bestimmtheit des unmittelbaren Selbstbewusstseins in ihrer Beziehung auf das alte und auf das neue Gesamtleben:

„Betrachten wir Buße und Glaube in ihrer Bedeutung als das Ganze der Bekehrung umfassend: so muß in beiden zusammen […] auch das Sein des Menschen in dem Gesammtleben der Sünde aufhören und das Sein desselben in der Gemeinschaft Christi anfangen. Da wir aber in beiden nur als Selbstthätige sein können, entgegengesetzte Thätigkeiten aber nur nach einander sein können:[247] so ist der Wendepunkt zwischen beiden eine zwiefache Unthätigkeit in der Form eines Nichtmehrthätigseins in jener und Nochnichtthätigseins in dieser."[248]

Reue, Sinnesänderung und der Anfang des Glaubens[249] gründen somit nach Schleiermacher trotz ihres Tätigkeitsbezugs allein im Bereich des Gefühls und werden daher auch ausschließlich durch die Empfänglichkeit konstituiert.[250] Es seien jedoch nicht verschiedene Eindrücke, die das unmittelbare Selbstbewusst-

---

[244] Vgl. CG² I, § 9, 74–80; § 11, 93–102, sowie Kap. I.2.2 der vorliegenden Untersuchung.

[245] Vgl. dazu auch CG² II, § 115, 239 f., in dem die Bildung der christlichen Kirche als „das Zusammentreten der einzelnen Wiedergebohrnen zu einem geordneten Aufeinanderwirken und Miteinanderwirken" (aaO., 239) beschrieben wird.

[246] CG² II, § 100.1, 104. Vgl. Kap. V.2 dieser Arbeit.

[247] Vgl. dazu auch die Formulierung der ersten Auflage (CG¹ II, § 130.1, 121): „[…]; entgegengesetzte Thätigkeiten aber können nur auf einander folgen, weil gleichzeitig sie sich zerstören und also beide nicht sein würden."

[248] CG² II, § 108.2, 176.

[249] Mit dem Glauben ist nach Schleiermacher insbesondere die nur relative Unterscheidbarkeit von Wiedergeburt und Heiligung deutlich, sofern er nur im Blick auf seine Entstehung als Teil der Bekehrung beschrieben werden kann, in „seine[r] Währung aber der bleibende Grundzustand des neuen Lebens" (CG² II, § 108.1, 174) ist.

[250] Gegen Osthövener, der durch eine fehlerhafte Ergänzung eines Zitats aus der ersten Auflage der ‚Glaubenslehre' Buße und Glaube als Tätigkeiten im alten bzw. neuen Leben bestimmt und zwischen ihnen einen durch ‚zwiefache Untätigkeit' charakterisierten Wendepunkt ausmacht (vgl. C.-D. Osthövener, Erlösung, 97 f.).

sein als Reue bestimmten, eine Sinnesänderung bewirkten, und den Glauben entstehen ließen, sondern die Quelle der Bestimmtheit des Gefühls sei eine einzige: die Vollkommenheit und Tätigkeit des Erlösers.

Mit der konsequenten Rückbindung der soteriologischen Komponenten an die Christologie verbindet Schleiermacher eine Kritik an der – vor allem in der lutherischen Traditionslinie vertretenen –[251] Vorstellung von einer zur Buße gehörigen Reue, die sich „der aus dem Gesez entstehenden Erkenntniß der Sünde"[252] verdanke. Denn die wahre Bekehrungsreue als „der leidentliche Nachklang [sc. des Tätigseins im alten Gesamtleben] im Gefühl" in Form der „reinste[n] und vollkommenste[n] Unlust"[253] zeichne sich durch zwei Aspekte aus, die ihrerseits nicht als Wirkungen des Gesetzes begriffen werden könnten: Die Unlust beziehe sich erstens nicht nur auf Einzelmomente, sondern auf das sündige Gesamtleben als Ganzes, wie es am eigenen sündigen Leben als „Störung und Hemmung des eigentlichen Lebens"[254] bewusst werde. Diese umfassende Dimension der Unlust könne aber durch das Gesetz gar nicht bewirkt werden, weil dieses „seiner Natur nach vereinzelt"[255]. So sei eine durch das Gesetz bewirkte Reue zwar nicht ausgeschlossen, sie könne aber nicht die Bekehrungsreue sein;[256] und zweitens würde eine aus dem Gesetz resultierende Reue, könnte sie denn eine solche umfassende Dimension erreichen, „in ihrer Fortentwiklung ertödten oder verzweifeln machen"[257], weil sich aus ihrer Quelle nicht auch das positive Element der Bekehrung entwickeln könne. Zwar macht auch Schleiermacher (in Aufnahme der Interpretation der Reue als *mortificatio*[258]) geltend, dass die Bekehrungsreue „für sich allein betrachtet […] in ungestörter Steigerung gedacht […] das Leben auflösen könnte"[259], doch ist gemäß seiner Entfaltung des notwendigen Zusammenhangs dieser Reue mit dem Anfang des Glaubens aufgrund ihrer gemeinsamen Quelle zugleich deutlich, dass die Bekehrungsreue ‚für sich allein betrachtet' gerade nicht ihrem wahren Gehalt nach erfasst wird.

Gleichursprünglich zur Reue müsse daher in der Bekehrung auch die Glaubensgenese angesetzt werden:

„Christus kann nur die vollkommenste Reue erwekken, indem seine sich mittheilende Vollkommenheit uns in ihrer Wahrheit entgegentritt, welches eben geschieht in der Entstehung des Glaubens; und er kann uns nur mit seiner aufnehmenden Thätigkeit ergreifen,

---

[251] Vgl. bspw. ArtSmalc III,2 f., in: BSLK, 435–449, bes. 436 f.; P. MELANCHTHON, Loci (1559), I, 323,20–325,19; FC SD II, in: BSLK, 892,36–42.

[252] CG² II, § 108.2, 176.

[253] CG² II, § 108.2, 176.

[254] CG² II, § 108.2, 176.

[255] CG² II, § 108.2, 176 [Angleichung des Satzbaus durch die Vfn.].

[256] Vgl. zur Kritik an der Funktion des Gesetzes hinsichtlich der Sündenerkenntnis die entsprechenden Ausführungen innerhalb der Hamartiologie (s. Kap. III.2.1 dieser Arbeit).

[257] CG² II, § 108.2, 177.

[258] Vgl. CG² II, § 108.2, 176, Anm. 6, unter Verweis auf ApolCA XII, in: BSLK, 260,42–48.

[259] CG² II, § 108.2, 176.

wenn in Folge seiner uns bewegenden Selbstdarstellung unser bisheriger Zustand gänzlich abgestoßen wird [...]: so beginnt [...] das Sein in der Lebensgemeinschaft mit Christo [...] mit dem ruhenden Bewußtseins des Aufgenommenseins, welches [...] ursprünglich ein freudiges und im Gegensaz gegen die Reue aufrichtendes ist"[260].

Der Anfang des Glaubens erscheint somit bei Schleiermacher als das Gegenteil der Reue: Sei diese Unlust bezüglich des Seins im alten Gesamtleben, so jener freudiges Bewusstsein bezüglich des Seins in der Lebensgemeinschaft mit dem Erlöser.

Wie die Reue, so beziehe sich auch der Glaube als „ruhende[s] Bewußtsein"[261] auf Tätigkeit, allerdings nicht wie jene als „leidentliche[r] Nachklang"[262], sondern vielmehr – Schleiermacher bindet hier sein Glaubensverständnis erneut an die ‚Apologie' zurück, indem er diesen Aspekt der Bekehrung mit dem *vivificatio*-Gedanken verbindet –[263] als ‚Motivator' einer dem Gefühl entsprechenden Tätigkeit. Er knüpft damit seine Beschreibung an die melanchthonische Bestimmung des Glaubens als *motus in voluntate* an:[264] Zwar sei der Glaube selbst ruhendes Bewusstsein als eine aus einer Bestimmtheit des unmittelbaren Selbstbewusstseins unmittelbar hervorgehende Gewissheit, doch eine solche, die eine „Anregung des Willens [...] in sich schließt" und sich daher „durch stetige Fortbewegung [...] zur Willensthätigkeit ausbildet"[265]. Indem der Glaube in der Schleiermacherschen Erläuterung auf Tätigkeit hin angelegt ist, tritt der innere Zusammenhang von Wiedergeburt und Heiligung deutlich vor Augen: Diese ist nicht etwas zufällig oder beliebig zu jener Hinzutretendes, sondern wesensmäßig in ihr begründet. Der Glaubensentstehung könne man sich nicht als solcher in ihrem Moment bewusst werden, sondern nur „die stetigen Fortschritte in der Heiligung"[266] begründeten eine Gewissheit in Bezug auf jene.

Vor dem Hintergrund der Explikation des Sündenbewusstseins stellt sich die Frage, wie es zu diesem Gehalt des frommen Selbstbewusstseins kommen kann:[267] So lange das Leben des Menschen als ‚fleischlich' bestimmt gedacht

---

[260] CG² II, § 108.2, 177.

[261] CG² II, § 108.2, 177.

[262] CG² II, § 108.2, 176.

[263] Er bezieht sich in CG² II, § 108.2, 177, erneut auf ApolCA XII, in: BSLK, 260,48–50.

[264] In der ersten Auflage zitiert Schleiermacher diese Formulierung nicht nur in den einleitenden Anmerkungen zu § 130 (vgl. CG¹ I, § 130, 120, Anm. b mit Anm. 6), sondern erneut in der Behandlung des Glaubensbegriffs (aaO., § 130.1, 121). In der zweiten Auflage bleibt es nur bei der einleitenden Zitation (vgl. die Quellenbelege zu CG² II, § 108, 172), doch begegnet mit der Formulierung „Anregung des Willens" (aaO., § 108.1, 177) eine Übersetzung der ursprünglichen Phrase. Bei Melanchthon findet sich die entsprechende Formulierung in den ‚Loci' (vgl. P. MELANCHTHON, Loci [1559], II, 363,10f.); über das Verhältnis der Soteriologie Schleiermachers zu der Melanchthons handelt das Kap. VII der vorliegenden Arbeit.

[265] CG² II, § 108.2, 177.

[266] CG² II, § 108.2, 179.

[267] Vgl. zu diesem Hintergrund die Darstellung von CG² I, §§ 66–74, 405–470, in Kap. III.2 der vorliegenden Arbeit.

wird, d. h. – nach Schleiermacherscher Auffassung – solange der Herrschaftsanspruch des Gottesbewusstseins durch die Selbständigkeit der sinnlichen Funktionen gehemmt wird, diese Struktur aber das innere Leben des Subjekts selbst
auszeichne, ist logisch nicht zu erklären, inwiefern dieses Subjekt aus sich selbst
heraus 'Unlust' über den Gesamtzustand seines eigenen Lebens empfinden soll.
Zwar räumt Schleiermacher ein, dass es auch in dem 'alten' Leben partielle Reue
gebe, die aber nicht Bekehrungsreue sei, und ebenso Annäherungen an den Glauben, die jedoch nicht den Anfang des wahren Glauben bedeuteten.[268] Sie seien
nicht dasjenige, was im Gnadenbewusstsein als dessen Gehalt bewusst werde,
würden jedoch aus diesem heraus „der zuvorkommenden göttlichen Gnade
zugeschrieben"[269]. Um diese 'Vorformen' von den eigentlichen Bekehrungsele-
menten zu unterscheiden, sei ein drittes Element nötig, „welche[s] Reue und Entstehung des Glaubens verbindend die wahre Einheit der Bekehrung darstellt."[270]
Dieses bezeichnet Schleiermacher als „Sinnesänderung"[271].

5.2.4 Sinnesänderung – Gesinnungsänderung?

Während 'Reue' und 'Glaube' in den Erläuterungen (verhältnismäßig)[272] eindeutig bestimmt werden, schillert der Begriff 'Sinnesänderung': Schon ihre Charakterisierung als 'wahre Einheit der Bekehrung' wirft die Frage auf, inwiefern die
Begriffe 'Sinnesänderung' und 'Bekehrung' voneinander unterschieden werden
können.[273] Die Sinnesänderung sei „die Abwendung vom Bösen und Hinwendung zu Gott und dem Guten"[274] bzw. „die Veränderung zum Besseren", die
„Aenderung des innersten Strebens"[275], das „Mittelglied" zwischen Reue und

---

[268] Vgl. CG² II, § 108.2, 178 f.

[269] CG² II, § 108.2, 178 [Sperrung des Originals durch die Vfn. aufgelöst]. Schleiermacher
kritisiert allerdings den Ausdruck *gratia praeveniens*, da „alle göttliche Gnade immer zuvor-
kommend ist, und richtiger wäre vorbereitende zu sagen" (aaO., Anm. 8). Vor dem Hintergrund
der Ausführungen über das Verhältnis göttlicher zu endlicher, zeitlicher Ursächlichkeit (vgl.
Kap II.3 dieser Arbeit) ist evident, dass Schleiermacher die vorbereitenden Gnadenwirkungen
nicht als vereinzelt-zeitliche Handlungen Gottes versteht. Jene werden vielmehr als „vom
Einfluß des christlichen Gesammtlebens ausgehende Erregungen" (aaO., § 108.2, 178) charakterisiert, die auf die impulsgebende Tätigkeit des Erlösers, welche ihren Grund wiederum in
der die Person des Erlösers konstituierenden göttlichen Tätigkeit habe, zurückgeführt werden.

[270] CG² II, § 108.2, 177 f.

[271] CG² II, § 108.2, 177.

[272] Die Eindeutigkeit bezüglich der Bestimmung des Glaubens bezieht sich auf die Ausführungen innerhalb der Erläuterungen des Lehrsatzes. Auf die Schwierigkeiten bezüglich des
Glaubensbegriffs innerhalb der 'Glaubenslehre' als Ganzer wurde in Kap VI.5.2.2 eingegangen.

[273] Diese Frage stellt sich umso dringlicher, wenn man die Ausführungen der ersten Auflage
der 'Glaubenslehre' berücksichtigt. Dort wird der Begriff der Sinnesänderung als Übersetzung
des griechischen Begriffs der μετάνοια verhandelt (vgl. CG¹ II, § 130, 118 f., Anm. a). Wie oben
dargelegt, scheint Schleiermacher aber ebenso 'Bekehrung' als Übersetzung desselben Begriffs
anzuerkennen.

[274] CG² II, § 108.1, 172.

[275] CG² II, § 108.1, 173.

Glaube, ein „zweistrahlige[s] Verlangen"[276] mit einem „abstoßenden" und einem „anziehenden Strahl"[277], das nun aber nicht als Mittelglied Reue und Glaube verbinde, sondern ein Glied sei zwischen diesen als „ruhende[s] Bewußtsein" und der ihnen entsprechenden „wirkliche[n] Thätigkeit"[278]. Dass die Verbindung der Sinnesänderung mit der Reue und ihre Subsumption unter die Buße nicht zwingend sind, thematisiert Schleiermacher selbst.[279] Gerade aufgrund ihrer Vermittlungsfunktion zwischen Glaube und aus dem Glauben hervorgehender Tätigkeit erscheint diese Zuordnung dann auch eher problematisch. Nimmt man hinzu, dass es in der ersten Auflage der ‚Glaubenslehre' von der Sinnesänderung noch heißt, sie sei der Reue vorgängig, sie begleitend, den Glauben begleitend und ihm folgend,[280] so entsteht der Eindruck, dass sich Schleiermachers Gliederungsstruktur im Paragraphentext eher seiner Vorliebe für die Erläuterung eines Begriffs durch untergeordnete Gegensatzpaare als sachlichen Gründen verdankt.

Neben die eher strukturelle Problemstellung der genauen Zuordnung des Begriffs der Sinnesänderung zu den über- und beigeordneten Begriffen, die die Bekehrung beschreiben, tritt die Frage nach seinem Aussagegehalt. Weder die erste, noch die zweite Auflage der ‚Glaubenslehre' bieten in dieser Hinsicht eine zusammenhängende Erörterung oder eine prägnante Definition.[281] Einen Anhalt zur Interpretation bieten die Schleiermachersche Bestimmung der Sinnesänderung als „Verlangen"[282] sowie die sie umschreibenden Paraphrasen „Aenderung des innersten Strebens"[283] bzw. „geänderte Gesinnung"[284].

Der Gesinnungsbegriff selbst findet in der ‚Glaubenslehre' nur marginal Verwendung.[285] Es bietet sich zu seiner Erhellung ein Blick auf Schleiermachers Ausführungen zur Ethik an, obwohl beide Konzeptionen je selbständig für sich stehen.[286] Denn zum einen findet sich in der ‚Glaubenslehre' ein terminologischer Anknüpfungspunkt an die Ethik, insofern sich eine der wenigen expliziten

---

[276] CG² II, § 108.2, 177.

[277] CG² II, § 108.2, 178.

[278] CG² II, § 108.2, 177.

[279] Vgl. CG² II, § 108.2, 178.

[280] Vgl. CG¹ II, § 130.1, 122.

[281] Vgl. auch U. GLATZ, Religion, 352. Allerdings bleibt es hier bei einer Feststellung der Zweideutigkeit des Begriffes ‚Sinnesänderung', ohne dass das Problem einer Klärung zugeführt wird.

[282] CG² II, § 108.2, 177.

[283] CG² II, § 108.1, 173.

[284] CG² II, § 108.1, 174.

[285] Vgl. zu den Bedenken, die F. Schleiermacher gegenüber der Verwendung des Begriffs hat, DERS., Sendschreiben, 318,2–5.

[286] Auch die Ausführungen der ‚Christlichen Sitte' können den Gesinnungsbegriff erhellen. Dort wird die Gesinnung im Zusammenhang der einleitenden Erörterung zum verbreitenden Handeln thematisch (vgl. CS² I, 291–329, bes. 306–311). Da allerdings die Edition der ‚Ethik' den wissenschaftlichen Standards besser genügt als die der ‚Christlichen Sitte', wird in diesem Fall vor allem auf die ‚Ethik' rekurriert. Verweise auf die ‚Christliche Sitte' finden sich in den Anmerkungen.

Aussagen zur Gesinnung innerhalb des dritten Abschnitts der Lehre von der
„göttlichen Ursächlichkeit […] als Liebe und als Weisheit"[287] findet, diese beiden
Begriffe in der ‚Ethik' wiederum die Tugend als Gesinnung auszeichnen.[288] Innerhalb der Eigenschaftslehre zieht Schleiermacher zur Differenzierung göttlicher Liebe und Weisheit eine Analogie zu menschlicher Ursächlichkeit: Hinsichtlich dieser werde

> „die dabei zum Grunde liegende Gesinnung von der ihr mehr oder weniger entsprechen-
> den Art und Weise der Ausführung [unterschieden]. Jene stellt am meisten das innerste
> des selbstthätig ursächlichen Wesens in seiner Einheit dar als bestimmt erregten Willen;
> diese geht mehr auf den Verstand zurükk, und zeigt uns die Selbstthätigkeit in Bezug auf
> den Gegenstand als ein Mannigfaltiges."[289]

Indem nun allerdings die göttliche Liebe analog zur menschlichen Gesinnung
verstanden, die göttliche Weisheit aber gerade im (relativen) Unterschied zu
dieser bestimmt wird, zeigt sich, dass die Parallelen zur ‚Ethik' begrenzt sind,
die beide – Liebe und Weisheit – zur Gesinnung rechnet.[290]

Zum anderen bietet sich mit dem Gedanken der christlichen Gesinnung als
Liebe, der mehrfach zumindest indirekt in der ‚Glaubenslehre' begegnet,[291] ein
guter Grund für einen kurzen Ausblick auf die ‚Ethik', sofern Schleiermacher

---

[287] CG² II, § 165, 498 [Sperrungen des Originals durch die Vfn. aufgelöst].

[288] Vgl. F. D. E. Schleiermacher, Ethik (1812/13), 138 f.

[289] CG² II, § 165.1, 498 f. Vgl. auch die Definition in CS² II, Beilage A, § 187: „Gesinnung ist
das Gefühl in seiner Identität mit dem reagirenden Handeln gedacht, und umgekehrt."

[290] Vielmehr scheint das, was in der ‚Glaubenslehre' unter Weisheit verstanden wird, „die
richtige Entwerfung der Zwekkbegriffe" (CG² II, § 165.1, 499), dem zu korrespondieren, was in
der ‚Ethik' als erkennende Fertigkeit der Besonnenheit verhandelt wird (vgl. F. D. E. Schleiermacher, Ethik [1812/13], 157–160) und als solche der erkennenden Gesinnung der Weisheit
entspricht.

[291] Innerhalb der Lehre von der Heiligung wird als deren Ziel „ein in seinem ganzen Zusammenhang die Kraft und Reinheit der Gesinnung darstellender Wandel" (CG² II, § 112.5,
226 f.) aufgestellt. Die christliche Gesinnung finde wiederum im Liebesgebot ihren Ausdruck.
Schleiermacher problematisiert allerdings die Bezeichnung ‚Gebot' für „Säze, welche eine Gesinnung aussagen" (aaO., 227). Während in der zweiten Auflage die inhaltliche Bestimmung
der christlichen Gesinnung nur indirekt erfolgt (vgl. aber aaO., Anm. 6, sowie CG² I, § 70.3,
427, Anm. 9, unter Bezugnahme auf Mt 22,37 ff.; Joh 13,34), bietet die erste mit der Bindung
der Aussage „Für die unmittelbare Anwendung des Christen giebt es nur die Eine Vorschrift,
welche […] eigentlich nur die allgemeine Beschreibung der Gesinnung ist, welche die ganze
Thätigkeit des Glaubens umfaßt" (CG¹ II, § 132, Zusatz 1, 152) an Joh 13,34 eine eindeutigere
Bestimmung. – Ferner wird auch die ‚Gesinnung' Christi als Liebe bestimmt, insofern das „Sein
Gottes in dem Erlöser […] als seine innerste Grundkraft gesetzt [ist], von welcher alle Thätigkeit
ausgeht, und welche alle Momente zusammenhält" (CG² II, § 96.3, 69), das ‚Sein Gottes' aber
von Schleiermacher als Liebe bestimmt wird (vgl. aaO., § 167, 503–506). Vgl. dazu auch CS² I,
310: „Die christliche Gesinnung ist […] nur Eine und untheilbar. Wollten wir z. B. sagen, sie
sei […] die Liebe selbst, und in dieser lasse sich doch unterscheiden Liebe zum Erlöser, Liebe
zu den gläubigen, allgemeine Liebe: so läßt sich doch die eine Form von den anderen gar nicht
trennen, sondern alle müssen wesentlich zusammen sein, und zwar so, daß die eine keinen
anderen Maaßstab hat, als die anderen".

innerhalb dieser festhält, dass „[i]n der modernen christlichen Eintheilung die Liebe der unsrigen entspricht"[292].

Im Ethik-Manuskript von 1812/13 wird von der Gesinnung im Zusammenhang der Tugendlehre gehandelt.[293] Während die Güterlehre als „objective Darstellung"[294] des Handelns der Vernunft auf die Natur beide in ihrer Totalität fasse, sei der Gegenstand der Tugendlehre „die Vernunft in dem einzelnen Menschen"[295], so dass konkret das „Einswerden der Vernunft und Sinnlichkeit"[296] in den Blick gerate.[297] Anhand der Eigenart dieses Prozesses könne zwischen „Idealgehalt und [...] Zeitform"[298] unterschieden werden, so dass sich für die Tugendlehre folgende relative Unterscheidungsmöglichkeit biete: „Die Tugend als reiner Idealgehalt des Handelns ist Gesinnung. Die Tugend als unter die Zeitform gestellte Vernunft ist Fertigkeit."[299] Gekoppelt wird diese Doppelperspektive mit einer weiteren Gegensatzausdifferenzierung, die sich am Lebensbegriff orientiert und auch innerhalb der ‚Glaubenslehre' begegnet:[300] Aus dem das Leben auszeichnenden „Gegensaz des Insichaufnehmens und Aussichhinstellens" ergebe sich der relative Gegensatz der Tugend in ihrem Bezug auf die jeweilige Form, sie sei „erkennende" oder „darstellende"[301] Tugend. Daher unterscheidet Schleiermacher zwei Formen der Gesinnung: „die Gesinnung im Erkennen ist Weisheit, die Gesinnung im Darstellen ist Liebe."[302] Liebe wiederum wird konkreter bestimmt als „das Seelewerdenwollen der Vernunft, das Hineingehen derselben in den organischen Prozeß"[303], welches sich gemäß dem Verhältnis der Vernunft zur Sinnlichkeit und des Allgemeinen zum Individuellen „erkennend und bildend, individuell und universell" beschreiben lasse, wobei sich die Unterscheidung einer Abstraktion verdanke, während die Aspekte „in der Realität [...] nicht ohne

---

[292] F. D. E. SCHLEIERMACHER, Ethik (1812/13), 140 [Anpassung des Satzbaus durch die Vfn.].

[293] Vgl. F. D. E. SCHLEIERMACHER, Ethik (1812/13), 135–165.

[294] F. D. E. SCHLEIERMACHER, Ethik (1812/13), 16.

[295] F. D. E. SCHLEIERMACHER, Ethik (1812/13), 135.

[296] F. D. E. SCHLEIERMACHER, Ethik (1812/13), 138.

[297] Daher gehört die Tugend- wie auch die Pflichtenlehre zur „indirecten Darstellung" (F. D. E. SCHLEIERMACHER, Ethik [1812/13], 16). Während die Güterlehre selbständig sei, seien jene beiden „an sich selbst unvollständig", weil sie nicht den „sittliche[n] Prozeß zur vollen Darstellung" brächten, indem in ihnen „das Product nicht zur Erscheinung" (ebd.) komme.

[298] F. D. E. SCHLEIERMACHER, Ethik (1812/13), 138. Das Ideale sei dasjenige, „was in der Vernunft gesezt ist und nicht in der Sinnlichkeit" (ebd.), während die Zeitform das Umgekehrte bezeichne.

[299] F. D. E. SCHLEIERMACHER, Ethik (1812/13), 138. Anders erfolgt die Zuordnung in der ‚Christlichen Sitte'. Dort wird ‚Tugend' mit ‚Talent' identifiziert und als Fertigkeit in einen relativen Gegensatz zur Gesinnung gestellt (vgl. CS² I, 308 f.).

[300] Vgl. dazu CG² I, § 3.3, 24–26, sowie v. a. Kap. IV.3 der vorliegenden Untersuchung.

[301] F. D. E. SCHLEIERMACHER, Ethik (1812/13), 138 [Sperrungen des Originals durch die Vfn. aufgelöst].

[302] F. D. E. SCHLEIERMACHER, Ethik (1812/13), 139.

[303] F. D. E. SCHLEIERMACHER, Ethik (1812/13), 146.

einander sind"[304]. Als Gesinnung sei die Liebe „nichts anderes als das Produciren der Fertigkeit"[305]; im Verhältnis von Gesinnung als Idealgehalt und Fertigkeit als die „unter die Zeitform gestellte Vernunft"[306] bestehe die Vorstellung einer Vollendung darin, „daß es keine in der Sinnlichkeit selbst oder ihrem Für-sich-sein-wollen gegründete Thätigkeit oder Verknüpfung von Thätigkeit gebe, sondern jede Activität ihren Grund in der Vernunft habe."[307]

Nun ist die Vernunft in ihrem Verhältnis zur Natur nicht der Gegenstand der ‚Glaubenslehre'; doch finden sich hier analoge Formulierungen in Bezug auf das Verhältnis von Geist und Fleisch:[308] So wird bereits innerhalb der Rekonstruktion der Sündenlehre dargelegt,[309] dass ein „unsündlicher Zustand" dann vorliege, wenn das Verhältnis von Geist und Fleisch so bestimmt sei, dass der Geist, der auf eine „vollkommne Einheit" mit dem Fleisch dränge, diese Einheit so realisiere, dass alle Tätigkeit von ihm ausgehe, während das Fleisch, d.h. die Sinnlichkeit, sich dem gegenüber „als gesundes Organ"[310] verhalte. Umgekehrt macht Schleiermacher den „Keim der Sünde" gerade in der „Fürsichthätigkeit des Fleisches"[311] aus, insofern die selbständige Tätigkeit des Fleisches in ihrer zeitlichen Kontinuität sich zu einer „Fertigkeit"[312] ausbilde.

Vor dem Hintergrund der ethischen Ausführungen über das Verhältnis von Gesinnung und Fertigkeit lassen sich die Ausführungen innerhalb der Explikation des Sündenbewusstseins daher so interpretieren, dass die zugrundeliegende Gesinnung als ‚unsittlich' bzw. ‚fleischlich' bestimmt erscheint.[313] Die Konsequenz der ‚fleischlichen Gesinnung' sei die „vollkommne Unfähigkeit zum Guten"[314] hinsichtlich der Selbsttätigkeit. Dies erhellt vor dem Hintergrund der ethischen Ausführungen, denen zufolge die sittliche Gesinnung den idealen Gehalt einer Handlung ausdrücken soll; sollte sie selbst aber nicht-sittlich bzw. ‚fleischlich' sein, könne sie auch als Kraft keine sittlich bzw. geistlich bestimmte Selbsttätigkeit bewirken.

Die Notwendigkeit von ‚Erlösung' tritt noch deutlicher vor Augen, wenn man bedenkt, dass zwar „die Fertigkeit ein in der Zeit Wachsendes ist, die Gesinnung streng genommen aber nicht, sondern, wenn man sie als entstehend denkt, sie als

---

[304] F. D. E. SCHLEIERMACHER, Ethik (1812/13), 152.

[305] F. D. E. SCHLEIERMACHER, Ethik (1812/13), 155. Umgekehrt sei die Fertigkeit als „das organische und zeitliche Sein" (ebd.) der Gesinnung aufzufassen.

[306] F. D. E. SCHLEIERMACHER, Ethik (1812/13), 138.

[307] F. D. E. SCHLEIERMACHER, Ethik (1812/13), 155.

[308] Entsprechende Ausführungen finden sich in der ‚Christlichen Sitte', vgl. v. a. CS² I, 293–300.

[309] Vgl. Kap. III.2.1 der vorliegenden Untersuchung.

[310] CG² I, § 66.2, 407.

[311] CG² I, § 67.1, 409.

[312] CG² I, § 67.2, 410.

[313] Der Begriff begegnet dann auch innerhalb von CG² I, § 70.3, 426.

[314] CG² II, § 70, 421.

in Einem Augenblick ganz entstehend gedacht werden muß"[315]. Die Gesinnung kann nach Schleiermacher nicht aus sich selbst heraus ihre eigene Veränderung bewirken.[316] Eine Gesinnungsänderung setze somit eine von außerhalb ihrer herstammende, schöpferische Einwirkung voraus.[317]

Kehrt man zum Ausgangspunkt des Ausblicks auf die ‚Ethik' Schleiermachers zurück, der Frage danach, welcher Aussagegehalt mit dem Gedanken der Sinnes-änderung intendiert ist, so scheint diese der primäre Ausdruck für die Wirksam-werdung der durch das neue Gesamtleben vermittelten schöpferischen Tätigkeit des Erlösers zu sein:[318] Solange die Gesinnung, d. h. das „am meisten das innerste des selbstthätig ursächlichen Wesens in seiner Einheit"[319] Darstellende, fleisch-lich-sündhaft bestimmt ist, kann auch keine willensbegründende Bestimmtheit des Selbstbewusstseins eintreten,[320] die sich als ‚Unlust' am ‚fleischlichen Sein' und Freude am ‚geistlichen Sein' in der Lebensgemeinschaft mit dem Erlöser äußert. Reue und Glaube sind unter den Bedingungen einer ‚fleischlichen' Ge-sinnung nicht möglich.

Es bleibt zu fragen, wie die Erlösung als eine Änderung der Gesinnung von statten gehen kann, wenn die Gesinnung solcherart für das innerste Wesen des selbsttätigen Subjekts steht, ohne dass es dadurch zu einer „bei gänzlicher Pas-sivität des Menschen vorgehende[n] Umschaffung des Menschen"[321] kommt. Konkret stellt sich Schleiermacher mithin die Frage, „[w]ie sich das in dem Moment der Bekehrung gewiß vorhandene naturgemäße Thun des Subjekts zu der die Sinnesänderung und den Glauben hervorrufenden Einwirkung Christi verhält"[322].

5.2.5 Lebendige Empfänglichkeit und belebte Selbsttätigkeit

Hinsichtlich der Frage nach dem Verhältnis zwischen der Tätigkeit des Erlösers und dem Zustand des Erlösten in der Bekehrung ist die oben bereits angeführte

---

[315] F. D. E. SCHLEIERMACHER, Ethik (1812/13), 154.

[316] Vgl. auch E. HERMS, Reich Gottes und menschliches Handeln, in: D. LANGE (Hg.), Fried-rich Schleiermacher 1768–1834. Theologe – Philosoph – Pädagoge, Göttingen 1985, 163–192, 177: „Kein intelligentes Einzelwesen vermag den Inhalt und damit die Richtung seines grund-legenden Wollens (also seiner Gesinnung) durch sich selbst zu bestimmen."

[317] Vgl. CS² I, 308: „Gesinnung aber im christlichen Sinne ist die Richtung des Willens, welche durch das πνεῦμα ἅγιον hervorgebracht wird."

[318] Dem entspricht, dass Schleiermacher im ‚Ersten Sendschreiben' die Gesinnung mit einer „eigenthümliche[n] Gefühlsweise" (DERS., Sendschreiben, 318) identifiziert. Wenn Frömmigkeit wesentlich dem Gefühl angehört, so muss ihre Bestimmung als christliche Frömmigkeit auch eine ‚eigentümliche' Gefühlsweise' bedeuten.

[319] CG² II, § 165.1, 498.

[320] Vgl. CS² I, 307: „Denn unter Gesinnung verstehen wir im allgemeinen immer eine feste und entschiedene Richtung des Willens, verbunden natürlich mit Billigung dessen, was ihr ent-spricht, und Mißbilligung dessen, was ihr entgegengesezt ist."

[321] CG² I, § 70.2, 425.

[322] CG² II, § 108.6, 187 f.

Umschreibung der Sinnesänderung als Verlangen insofern von besonderem Interesse, als ‚Verlangen' an früherer Stelle – und ebenso innerhalb der Erläuterung des Lehrsatzes von der Bekehrung – auch als Paraphrase für einen anderen Sachverhalt dient:[323] das zu der „ursprünglichen Vollkommenheit der menschlichen Natur" gehörende, „nie gänzlich erloschne Verlangen nach der Gemeinschaft mit Gott", die „lebendige Empfänglichkeit", die „den ersten Anknüpfungspunkt für alle göttlichen Gnadenwirkungen" bildet und „sich als Erlösungsbedürftigkeit manifestirt"[324].[325]

Die Voraussetzung dafür, dass die schöpferische Wirksamkeit Christi, welche alleinursächlich die Aufnahme in die Lebensgemeinschaft bewirke,[326] nicht einen absoluten Bruch im Leben des zu Erlösenden bedeute, ist somit nach Schleiermacher die gleiche, die es ermögliche, dass die Vereinigung von Göttlichem und menschlicher Natur in der Personkonstitution des Erlösers bei alleiniger göttlicher Ursächlichkeit nicht dessen wahre Menschlichkeit auflöse: die der menschlichen Natur – trotz ihrer Störung durch die Sünde – nicht verloren gegangene „Möglichkeit […], in eine solche Vereinigung mit dem göttlichen aufgenommen zu werden"[327].

Mit dem Gedanken der lebendigen Empfänglichkeit begründet sich bei Schleiermacher erst die Analogie zwischen Christologie und Soteriologie, insofern jene zu der anerschaffenen ursprünglichen Vollkommenheit der menschlichen Natur im Allgemeinen gehöre und auch dem Einzelnen trotz seiner Partizipation am Gesamtleben der Sündhaftigkeit nicht verloren gehe. Als dieser ‚Anknüpfungspunkt' ist sie in der Schleiermacherschen Konzeption die Voraussetzung dafür, dass es denkbar wird, wie „eine anfangende göttliche Thätigkeit als etwas übernatürliches […] ein geschichtlich natürliches werden kann"[328]. Sie bildet damit

---

[323] Vgl. zum Folgenden Kap. IV.3 dieser Arbeit.

[324] CG² II, § 108.6, 190.

[325] Vgl. zur lebendigen Empfänglichkeit bzw. Erlösungsbedürftigkeit als Verlangen auch CG² I, § 68.3, 416, App. H; § 72.1, 438; CG² II, § 101.1, 113; § 156.2, 453. Vgl. zu diesem Gedanken die Explikation im Kontext der ‚Christlichen Sittenlehre' bezüglich der Möglichkeit des verbreitenden Handelns Christi (CS² I, 300–304; CS² II, § 199, 72): „Alles Verbreiten der Gesinnung ist Handeln, Selbstthätigkeit, und es ist keine reine Passivität dabei. Praktische Ansicht des Dogma vom Anfange des neuen Lebens. Das Gefühl von der Receptivität der Natur ist erste Bedingung und zugleich erster Anfang. Denn es ist darin, wenngleich als Minimum, auch das Gefühl der Spontaneität gesetzt; Sehnsucht und Streben ist Selbstthätigkeit."

[326] Vgl. CG² II, § 108.6, 187: „Ueber den Zustand des Subjectes selbst während der Bekehrung, insofern wir diese als den Moment betrachten, welcher den Eintritt in die Lebensgemeinschaft mit Christo vollendet, scheint sich von selbst zu verstehen, daß wenn dieser Moment der Anfang einer höheren Lebensform ist, welche nur von Christo mitgetheilt werden kann, weil sie nur in ihm ursprünglich gegeben ist, daß dem Aufgenommenwerdenden selbst keine Ursächlichkeit zukommen kann […]."

[327] CG² II, § 97.2, 73 (in Bezug auf die Personbildung Christi), vgl. CG² I, § 70.2, 423–425 (zur Beschränkung der Unfähigkeit zum Guten auf die Selbsttätigkeit, während die lebendige Empfänglichkeit als Erlösungsfähigkeit erhalten bleibt).

[328] CG² II, § 89.4, 27.

den Hintergrund dafür, zu verstehen, inwiefern von Schleiermacher sowohl hinsichtlich der Person des Erlösers als auch hinsichtlich der Persönlichkeit der Erlösten ein übernatürlicher Ursprung geltend gemacht werden kann, ohne dass dadurch die wirkliche Geschichtlichkeit des weiteren Lebensverlaufs aufgehoben wird.

Allerdings ist in Schleiermachers Darstellung die lebendige Empfänglichkeit auch als Bewusstsein der Erlösungsbedürftigkeit nicht identisch mit der Sinnesänderung, sondern vielmehr die Voraussetzung, dass trotz der ,fleischlichen Gesinnung' des Nichterlösten die schöpferisch-erlösende Tätigkeit Christi in Form der zur Bekehrung gehörigen Sinnesänderung wirksam werden kann. Die Steigerungen des Gefühls der Erlösungsbedürftigkeit fallen dagegen unter die von Schleiermacher – als Wirkung der vorbereitenden Gnade – eingeräumte Möglichkeit einer „Sinnesänderung vor dem stetigen Zusammenhang mit der Bekehrung"[329], die aber eben, sofern sie nicht in dem zur Bekehrung notwendigen Zusammenhang mit Reue und Glaube stehe, nicht die Bekehrungs-Sinnesänderung sei. Vor diesem Hintergrund erhellt, inwiefern, trotz der scheinbaren Identität der Begriffsgehalte von ,Bekehrung' und ,Sinnesänderung', zwischen ihnen unterschieden werden kann, denn der Bekehrungsbegriff als solcher kann nur sinnvoll zur Anwendung kommen, wenn wirklich alle seine Elemente in ihrem Zusammenhang bestehen, während ,Sinnesänderung' – wie auch ,Reue' und ,Glaube' – ihrem „höhere[n] Charakter"[330] nach zwar erst im Bekehrungszusammenhang verstanden würden, sich hier aber Vorformen und Annäherungen ausmachen ließen, die als Wirkungen der vorbereitenden Gnade auch mit diesen Begriffen bezeichnet würden.

Die einzelnen Ausführungen hinsichtlich des Verhältnisses von erlösender Tätigkeit Christi einerseits, der Selbsttätigkeit des Subjekts andererseits in und nach der Bekehrung erhellen vor dem Hintergrund der Interpretation der Sinnesänderung als der Wirksamwerdung der schöpferisch-erlösenden Tätigkeit Christi am Ort der lebendigen Empfänglichkeit und unter Berücksichtigung der analogen Verhältnisbestimmung von göttlicher und menschlicher Tätigkeit im Kontext der Christologie. Grundsätzlich hält Schleiermacher in Übereinstimmung mit der protestantischen Lehrtradition fest, dass dem Einzelnen im Blick auf seine Anteilhabe am Heil „keine Ursächlichkeit zukommen kann"[331]. Analog wird bereits innerhalb der Christologie festgestellt, „daß die menschliche Natur allerdings dazu nicht habe thätig sein können von der göttlichen aufgenommen zu werden"[332], denn dies würde bedeuten, dass die menschliche Natur auf das Göttliche

---

[329] CG² II, § 108.2, 178.

[330] CG² II, § 108.2, 179.

[331] CG² II, § 108.2, 187. Es lässt sich vermuten, dass Schleiermacher hier ausdrücklich gegen die *tres-causae*-Lehre Melanchthons, auf dessen ,Loci' er sich ansonsten mehrfach positiv beruft, die Nicht-*Ursächlichkeit* des zu Erlösenden betont.

[332] CG² II, § 97.2, 73.

hin tätig würde, wodurch aber die Schlechthinnigkeit göttlicher Ursächlichkeit aufgehoben würde. Für den zu Erlösenden gelte nun umso mehr der Ausschluss jeglicher Möglichkeit der Verursachung seiner Gottesgemeinschaft, als bei ihm – im Gegensatz zu der Personbildung des Erlösers, bei der die menschliche Natur „als nicht von der Sünde afficirte[ ]"[333] tätig gewesen sei –, die menschliche Natur durch die Sünde verdorben und er daher zu keinerlei ‚guter' Selbsttätigkeit im religiösen Bereich fähig sei.[334]

Doch in Analogie zur bereits innerhalb der Christologie erläuterten Frage, wie sich die Tätigkeit der menschlichen Natur zur göttlichen im Aufnahmeakt verhalte, stellt sich für die Bekehrung die entsprechende Frage. Ausgeschlossen werden müsse, dass gegenüber der von außen auf den Einzelnen einwirkenden erlösenden Tätigkeit dessen „natürliche Thätigkeit [...] als Widerstand"[335] gedacht werde, da unter dieser Voraussetzung die erlösende Tätigkeit nicht wirksam werden könne.

Auch mit dieser Feststellung bewegt sich Schleiermacher noch auf einer Linie mit der ‚Konkordienformel', die energisch festhält, dass der Geist nicht in den Widerstrebenden wirke.[336] Was allerdings dann in den Bekenntnisschriften keine Klärung erfährt, die Frage, wie eine Tätigkeit, die „weder Widerstand wäre noch Mitwirkung"[337], aufgefasst werden könne, will Schleiermacher näher bestimmen.[338] Es müsse, damit Christi erlösende Tätigkeit am Einzelnen zu einer diesen erlösenden Wirksamkeit werde, ein Bezug von der Selbsttätigkeit dessen auf jene geben.

---

[333] CG² II, § 94.3, 57.

[334] Die einzige Einschränkung dieser Unfähigkeit wird durch den Gedanken vorbereitender Gnadenwirkungen getroffen (CG² II, § 108.6, 188, unter Berufung auf FC SD II, in: BSLK, 897,30–898,4): „Allerdings ist dabei mitwirkend, was schon durch die vorbereitende Gnade in ihm gesezt ist, allein dies ist selbst ein Theil der göttlichen Gnadenwirkung und gehört ihm nicht als sein eignes Thun."

[335] CG² II, § 108.6, 189. Unter Widerstand versteht Schleiermacher nicht nur „Mißfallen", sondern ebenso auch die „Gleichgültigkeit" (ebd.).

[336] Vgl. z.B. FC Ep II, in: BSLK 779,24–780,1: „Reicimus [...], quod videlicet hominis voluntas ante conversionem, in ipsa conversione et post conversionem spiritui sancto repugnet; et quod spiritus sanctus iis detur, qui ex proposito et pertinaciter ipsi resistunt."; FC SD II, in: BSLK, 894,25–895,2: „Quare cum homo profanus instrumenta seu media spiritus sancti contemnit neque verbum Dei audire vult: non fit illi iniuria, si a spiritu sancto non illuminetur, [...]. Et hac ratione recte etiam dici potest hominem non esse lapidem aut truncum. Lapis enim aut truncus non reluctatur ei, a quo movetur".

[337] CG² II, § 108.6, 189.

[338] In der ersten Auflage der ‚Glaubenslehre' hält Schleiermacher allerdings noch daran fest, dass es sich bei dieser Thematik nur um „eine Frage der zweiten Ordnung" (CG¹ I, § 130, Zusatz 2, 131) handele, sofern der Inhalt des Gnadenbewusstseins auch ohne ihre Erörterung vollständig dargelegt sei. Hinzu komme, dass es sich bei der Beschreibung des Bekehrungsgeschehens insofern um eine Abstraktion handele, als „wir gestehen müssen, daß wir den Augenblick der Bekehrung niemals als solchen in einem bestimmten Bewußtsein fixiren können" (ebd.). Dann sei es aber umso ‚unzumutbarer', „in die inneren Verhältnisse desselben ein[ ]dringen" (ebd.) zu sollen.

Nun ist eine gewisse Weise der Mitwirkung auch von den Reformatoren, Bekenntnisschriften und der altprotestantischen Orthodoxie zugestanden worden. Sie hängt an der Art der Heilsvermittlung: Je entschiedener daran festgehalten wird, dass diese sich durch das Wort vollziehe,[339] desto deutlicher wird, dass sie zwar in keiner Weise durch den Menschen bewirkt, aber doch so eingerichtet ist, dass sie auf die Bedingungen des Menschseins eingeht und damit gewissermaßen durch diese bedingt wird. Denn das Wort, das verkündigt wird, muss gehört werden, damit es wirksam werden kann,[340] und es steht dem Menschen gemäß seiner Willensfreiheit in ‚äußeren‘ Dingen zu, zu hören oder auch nicht zu hören.[341] Neben der rein physischen Mitwirkung gerät z. T. auch schon die dazugehörige psychische Komponente, auf die Schleiermacher verweist,[342] in der theologischen Tradition in den Blick.[343]

---

[339] Schleiermacher führt selbst verschiedene Belege für diese Auffassung aus den Bekenntnisschriften an. Auffällig ist allerdings, dass er die Exklusivität der Wortbindung zum Teil durch bewusste Auslassung herausstellt. So bleibt von dem Satz aus ConfHelvPost XVI (in: BSRK, 193,8–11) – „Haec autem fides, merum est Dei donum, quod solus Deus ex gratia sua, electis suis, secundum mensuram, et quando, cui, et quantum ipse vult, donat, et quidem per spiritum sanctum, mediante praedicatione evangelij, et oratione fideli." – bei Schleiermacher folgender Bestand erhalten (CG² II, § 108.5, 185, Anm. 14): „Haec autem fides merum est Dei donum, quod solus Deus ex gratia sua ... donat, et quidem per Spiritum sanctum mediante praedicatione Evangelii [...]."
Vgl. aber zur exklusiven Wortgebundenheit weiter ArtSmalc III,8, in: BSLK, 453,33–35: „Et in his, quae vocale et externum verbum concernunt, constanter tenendum est Deum nemini spiritum vel gratiam suam largiri nisi per verbum et cum verbo externo et praecedente [...]"; CA XVIII, in: BSLK, 73,5–11: „Sed non habet vim sine spiritu sancto efficiendae iustitiae Dei seu iustitiae spiritualis, quia animalis homo non percipit ea, quae sunt spiritus Dei: sed haec fit in cordibus, cum per verbum spiritus sanctus concipitur"; ConfBelg XXIV, in: BSRK, 241,33 f.: „Credimus veram hanc fidem per auditum verbi Dei, et Spiritus S. operationem, homini insitam, eum regenerare [...]".

[340] Vgl. bspw. FC Ep II, in: BSLK, 777,31–40: „Conversionem autem hominis operatur spiritus sanctus non sine mediis, sed ad eam efficiendam uti solet praedicatione et auscultatione verbi Dei [...]. Et sane vult Dominus, ut ipsius verbum audiatur neque ad illius praedicationem aures obturentur"; J. GERHARD, Loci, Bd. 2, Locus 11, Cap. 6, 274.

[341] Schleiermacher beruft sich im Kontext der Frage dieser Form der Mitwirkung auf FC SD II, in: BSLK, 892,27–35 (ausschnittsweise zitiert in CG² II, § 108.6, 188, Anm. 19): „Hoc Dei verbum homo, etiam nondum ad Deum conversus nec renaturs, externis auribus audire aut legere potest. In eiusmodi enim externis rebus [...] homo adhuc etiam post lapsum, aliquo modo liberum arbitrium habet, ut ad coetus publicos ecclesiasticos accedere, verbum Dei audire vel non audire posset."

[342] Vgl. CG² II, § 108.6, 188: „Denn das Wort, durch welches die Einwirkung Christi vermittelt ist, kann diese Vermittelung nur leisten, sofern es in den Menschen eindringt, wozu die Thätigkeit sowol seiner Sinneswerkzeuge als der innern Functionen des Bewußtseins erforderlich ist."

[343] So beispielsweise bei Hollaz, der im Zusammenhang des Locus über die *Gratia Illuminante* (vgl. D. HOLLAZ, Examen, Part. III, Sect. I, Cap. V, 349–371) festhält, dass es nicht nur notwendig sei, dass das Wort gehört oder gelesen wird, sondern ebenso, dass es bedacht wird (vgl. aaO., Q. 8, 357: „DEUS benignissimus omnes homines illuminare quidem serio intedit. Actu illuminantur autem illi, qui ad Ecclesiam vocati & adducti gratiam Spiritus Sancti admit-

Schleiermacher fasst die Wortbindung der Heilsvermittlung exklusiv auf und negiert jegliche Möglichkeit einer vom Wort abgekoppelten Bekehrung,[344] da diese Vorstellung nicht nur die Gefahr großer Willkür und separatistischer Tendenzen in sich berge, sondern zugleich „das Wunder der Erscheinung Christi" schmälere, ja es letztendlich überflüssig mache, indem dieser „selbst nur unter der Form des Wortes wirken konnte"[345]. Ausgehend von der physisch-psychischen Weise der Mitwirkung kommt er nun aber zu einer Bestimmung des Verhältnisses von erlösender Tätigkeit und Tätigkeit des zu Erlösenden im Vorgang der Bekehrung, die weder die Alleinursächlichkeit jener Tätigkeit noch die ‚Lebendigkeit' des zu Erlösenden in Frage stellt. Da dessen Tätigkeit nicht als Widerstand bestimmt werden dürfe, müsse in der „Mitwirkung der psychischen Organe zur Auffassung des Wortes auch eine Zustimmung des Willens" angenommen werden, „die aber nichts weiter ist als das sich hingeben in die Einwirkung oder das Freilassen der lebendigen Empfänglichkeit für dieselbe."[346]

Vor dem Hintergrund der an früherer Stelle ausgeführten Darstellung des Gedankens der lebendigen Empfänglichkeit[347] ist deutlich, dass im Sinne Schleiermachers das hier angedeutete Tätigkeitsverhältnis auf Seiten des in der Bekehrung in die Lebensgemeinschaft Aufgenommenen keine Kooperation bedeutet, sondern eine ‚Koaktion', zu der ein „Minimum von Selbstthätigkeit"[348] notwendigerweise gehört. Die lebendige Empfänglichkeit wird ‚freigelassen' in Form einer koaktiven Öffnung für das Wort. Dass diese nicht wiederum synergistisch gedeutet werden darf, erhellt vor dem Hintergrund, dass einerseits die lebendige Empfänglichkeit gegenüber göttlicher Tätigkeit dem Menschen ausschließlich in Form „einer ursprünglichen Offenbarung Gottes an den Menschen oder in dem Menschen"[349] zukomme, so dass sie als „Verlangen [...] nur de[n] in dem menschlichen Geschlecht unaustilgbare[n] Rest jener ursprünglichen Mitthei-

---

tunt, verbumque divinum attente audiunt, legunt & meditantur."); vgl. auch J. GERHARD, Loci, Bd. 2, Locus 11, Cap. 6, 274.

[344] Schleiermacher führt als Beispiel für Aussagen, die diese exklusive Bindung der Heilsvermittlung an das Wort zumindest lockern, Ausschnitte aus der ‚Confessio Helvetica Prior' und der ‚Confessio Helvetica Posterior' an (vgl. CG² II, § 108.5, 185 f., Anm. 15). Vgl. dazu exemplarisch ConfHelvPost I, in: BSRK, 171,21–23: „Quanquam enim nemo veniat ad Christum, nisi trahatur a patre coelesti [...], ac intus illuminetur per spiritum sanctum, scimus tamen Deum omnino velle praedicari verbum Dei etiam foris".

[345] CG² II, § 108.5, 186. Die Wortgebundenheit der Tätigkeit Christi wird vor allem innerhalb der Schilderung seines prophetischen Amts (vgl. aaO., § 103, 123–133) betont. Dieses Amt zeichne sich vor allem durch die Lehre aus, welche als Quelle „die rein ursprüngliche Offenbarung Gottes in ihm" (aaO., § 103.2, 125) habe und deren wesentlicher Inhalt Selbstdarstellung sei, d. h. „die Lehre von seiner Person, welche nach außen hin die Lehre von seinem Beruf [...] und nach innen die Lehre von seinem Verhältniß zu dem ist, der ihn gesendet" (aaO., 126).

[346] CG² II, § 108.6, 189.

[347] Vgl. Kap. IV.3 dieser Untersuchung.

[348] CG² II, § 108.6, 189.

[349] CG² I, § 4.4, 40.

lung"[350] bezeuge, nicht aber ein Verdienst des Menschen sei; und dass andererseits das ‚Freilassen' wiederum eine Steigerung der lebendigen Empfänglichkeit zum Bewusstsein der Erlösungsbedürftigkeit voraussetze, die zu den vorbereitenden Gnadenwirkungen gerechnet werde, somit auch nicht ursächliche Tat des zu Erlösenden sei.

Dieses Verhältnis der Tätigkeiten wird bereits innerhalb der Christologie angedeutet: „Die ursprüngliche Thätigkeit des Erlösers wird also am besten gedacht unter der Form einer eindringenden Thätigkeit, die aber von ihrem Gegenstand wegen der freien Bewegung mit der er sich ihr zuwendet als eine anziehende aufgenommen wird"[351]. ‚Freiheit' kann hier von Schleiermacher nur geltend gemacht werden, weil der Zustand des Subjekts im Akt der Aufnahme nicht der reiner Passivität, sondern der lebendiger Empfänglichkeit ist. Dass diese nicht „in eine thätige und leidende"[352] unterschieden werden könne und dürfe, weil dann ihr Unterschied gegenüber der Passivität wieder verwischt wäre, hält Schleiermacher gegenüber anderslautender Bestimmungen, wie sie sich beispielsweise bei Gerhard finden,[353] fest.

Die lebendige Empfänglichkeit dient Schleiermacher auch als Erklärung für das Verhältnis des „vorausgesezte[n] leidentliche[n] Zustands währender Bekehrung zu der darauf folgenden Selbstthätigkeit in der Gemeinschaft Christi"[354]. Analog zu den christologischen Ausführungen über das Sein Gottes im Erlöser, welches als lebensbestimmender Impuls die Konsequenz habe, dass kein Lebensmoment abgeschlossen werde und als persönlicher gelten könne, wenn er nicht eine „Verwandlung in Thätigkeit"[355] erfahren habe, gelte auch für die in der Lebensgemeinschaft mit dem Erlöser Stehenden, „daß kein Moment bloß Leiden sein [kann], weil alles, was darin von ihm [sc. dem Erlöser] ausgeht und Impuls wird, nothwendig Thätigkeit ist."[356]

An dieser Stelle nun wird deutlich, inwiefern die Tätigkeit des Erlösers bei Schleiermacher wirklich als eine schöpferische gedacht ist. Mit der Aufnahme in die Lebensgemeinschaft bewirke sie – durch die transformative Dimension der lebendigen Empfänglichkeit – eine Umänderung des Innersten der aufgenommenen Person selbst, so dass die Empfänglichkeit in ihrer Präaktivität neu bestimmt werde:[357] „so daß man sagen kann die Bekehrung sei nichts anders als das hervorrufen dieser mit Christo vereinigten Selbsttätigkeit, das heißt die lebendige

---

[350] CG² II, § 108.6, 191.
[351] CG² II, § 100.2, 107.
[352] CG² II, § 108.6, 189.
[353] Vgl. J. Gerhard, Loci, Bd. 2, Locus 11, Cap. 4, 244 f.
[354] CG² II, 108.6, 188.
[355] CG² II, § 97.3, 83.
[356] CG² II, § 108.6, 190.
[357] Vgl. auch CS² I, 370 [Sperrungen aufgelöst]: „Folglich ist auch der Uebergang aus der Receptivität in die Spontaneität nur als Product einer Einwirkung von außen zu denken."

Empfänglichkeit geht über in belebte Selbsttätigkeit."[358] Indem das Innerste der Person schöpferisch verändert wird, wird diese wirklich eine ‚neue', nämlich religiöse Persönlichkeit. Da nun die Gesinnung „am meisten das innerste des selbstthätig ursächlichen Wesens in seiner Einheit dar[stellt]"[359], wird deutlich, was Schleiermacher meint, wenn er sagt, dass die Sinnesänderung „die wahre Einheit der Bekehrung darstellt,"[360] insofern tatsächlich nur durch die „Aenderung des innersten Strebens"[361] das unter der Sündhaftigkeit verdunkelte Gottesbewusstsein „zur bestimmenden Kraft erhoben"[362] werden kann. Der Zusammenhang von Reue und Glaube werde gewährleistet, indem eine solch zugrunde liegende ‚geistliche' Gesinnung erst die vollständige Unlust am ‚fleischlichen Sein' und zugleich „das Aufnehmenwollen der von Christo ausgehenden Impulse"[363] fundiere.

5.2.6 *Fazit*

Die Analogie zwischen Schleiermacherscher Christologie und Soteriologie lässt sich hinsichtlich des Lehrsatzes von der Bekehrung auch darin erkennen, dass – ähnlich wie bei der Zwei-Naturen-Lehre – die Formulierung des Lehrsatzes ‚klassisch' anmutet, die Erläuterungen aber anschließend den Lehrsatz selbst kritisch infrage stellen. Allerdings wird die Konsequenz der Kritik hier weniger deutlich von Schleiermacher herausgestellt als dort:

So hat die Untersuchung gezeigt, dass ‚Buße' als Hyperonym zu ‚Reue' und ‚Sinnesänderung' zwar durch den Lehrsatz vorgesehen ist, diese Zuordnung aber bereits von Schleiermacher selbst problematisiert wird. Dass sie, betrachtet man seine eigenen Erläuterungen, der Sache nicht entsprechen kann, wird m. E. deutlich, wenn man einerseits beachtet, welche Relevanz Schleiermacher der Sinnesänderung zuweist – sie stelle „Reue und Entstehung des Glaubens verbindend die wahre Einheit der Bekehrung dar[]"[364] –, und andererseits sein Urteil über den Bußbegriff – er enthalte „keine Andeutung von dem wirklichen Anfang einer neuen Lebensform"[365] – dazu in ein Verhältnis setzt: Wenn Schleiermacher Bedenken hat, den Glauben der Buße unterzuordnen,[366] so dürfte er ihr konsequenterweise auch nicht die Sinnesänderung subsumieren.

Weiterhin fällt auf, dass der Begriff der Buße keine nähere Explikation erfährt und auch in den weiteren Erläuterungen keine nennenswerte Verwendung mehr

---

[358] CG² II, § 108.6, 190.
[359] CG² II, § 165.1, 498.
[360] CG² II, § 108.2, 178.
[361] CG² II, § 108.1, 173.
[362] CG² II, § 108.6, 191.
[363] CG² II, § 108.6, 177.
[364] CG² II, § 108.2, 177f.
[365] CG² II, § 108.1, 173.
[366] Vgl. CG² II, § 108.1, 173.

findet – außer in der kritischen Auseinandersetzung mit dem methodistischen und pietistischen Gedanken des Bußkampfes.[367] Insgesamt wirkt der Schleiermachersche Bußbegriff leer und funktionslos; dass er ihn dennoch verwendet, kann sich dem Anspruch der Kirchlichkeit der ‚Glaubenslehre' verdanken: Zwar ist im Zuge der Lehrentwicklung sein Stellenwert in den dogmatischen Darstellungen zurückgegangen, doch gehört er zum ‚festen Bestand' der reformatorischen Bekenntnisschriften.[368] Gemäß den Ausführungen der Einleitung zur ‚Glaubenslehre' ist der Rückbezug auf diese Symbole die geeignete Methode, um „das kirchliche Verhältniß eines jeden Sazes" sowie „die Fortentwiklung des Lehrbegriffs […] leichter zu erkennen"[369].

Dennoch erscheint die Anknüpfung an dieser Stelle eher eine nominelle zu sein und angesichts der Aufgabe dogmatischer Theologie,[370] die „Reinigung und Vervollkommnung der Lehre"[371] zu leisten, wäre es konsequenter gewesen, wenn Schleiermacher aufgrund seiner Kritik am Bußbegriff auch die Konsequenz gezogen hätte, diesen nicht zu verwenden oder aber darzulegen, inwiefern er der geeignete Oberbegriff zu ‚Reue' und ‚Sinnesänderung' sei. Es lässt sich fragen, „ob das Messer Schleiermachers tief genug geschnitten habe"[372] – der „höchst mögliche Grad der Bestimmtheit"[373] wird hier keineswegs erreicht.

Ähnliches gilt für die Sinnesänderung: Fällt im Lehrsatz selbst der Begriff kaum ins Auge, so charakterisieren die weiteren Ausführungen die Sinnesänderung als eigentliches Zentrum der Bekehrung.[374] Schon in der Auseinandersetzung mit den verschiedenen Bekenntnisschriften und deren Explikation der μετάνοια fällt auf, dass Schleiermacher teils das Fehlen der Sinnesänderung bemängelt, teils unterstellt, dass diese dort notwendigerweise impliziert sei. In seiner eigenen Darstellung bestimmt Schleiermacher dann die „von Christo gewirkte Sinnesänderung" als „wahre Einheit der Bekehrung"[375]. Dadurch wird

---

[367] Vgl. CG² II § 108.3, 180–182.

[368] Vgl. Kap. VI.5.2.1 dieser Untersuchung.

[369] CG² I, § 27.1, 176 f.

[370] Vgl. dazu die einleitenden Überlegungen zur Aufgabe dogmatischer Theologie in dieser Arbeit (Kap. I.2).

[371] CG² I, § 19, Zusatz, 149.

[372] E. Hirsch, Geschichte, Bd. 5, 330.

[373] CG² I, § 16, 130.

[374] Die Relevanz der Sinnesänderung für das Bekehrungsgeschehen tritt vor dem Hintergrund der Ausführungen von Kap. VI.5.2.4 sowie der Nachschrift zur ‚Christlichen Sitte' deutlich vor Augen. Ist ‚Sinnesänderung' wirklich identisch mit ‚Änderung der Gesinnung' und gilt zugleich, dass „die Frömmigkeit […] die Gesinnung vom Standpunkte der religiösen Sittenlehre aus gefaßt" (CS² I, 309) ist, dann vollzieht sich mit der Sinnesänderung die Konstitution christlicher Frömmigkeit. Vgl. auch E. Herms, Reich, 181 f.: „Gerade als dieses Erlösungsbewußtsein ist der christliche Glaube in diesem strengen Sinne sittliche Bestimmtheit der ethischen Grundentschlossenheit, also der Gesinnung. Erlösung ist als Befreiung des Gottesbewußtseins zur Dominanz über das Weltbewußtsein die Ersetzung *einer* wirksamen Grundausrichtung des Willens durch eine *andere*: der unsittlichen durch die sittliche."

[375] CG² II, § 108.2, 178.

jedoch die Zuordnung des Lehrsatzes nahezu vollständig umgekehrt und es entsteht der Eindruck, nicht ‚Bekehrung‘, sondern ‚Sinnesänderung‘ müsste dort das
Hyperonym bilden. Gleichzeitig bleibt der Begriff der Sinnesänderung innerhalb
der ‚Glaubenslehre‘ auffallend vage, auch hier wird der „höchst mögliche Grad
der Bestimmtheit“[376] von Schleiermacher nicht erreicht. Die Stellung der Sinnesänderung im Gefüge ‚Bekehrung – Reue – Sinnesänderung – Glaube‘[377] ist nicht
eindeutig auszumachen und die inhaltliche Füllung des Begriffs lässt sich nur
schwer erheben.

Schließlich zeigt sich eine – angesichts seiner Zentralstellung – frappierende
Uneindeutigkeit des Glaubensbegriffs der ‚Glaubenslehre‘. Es lassen sich innerhalb des Werks verschiedene, nur schwer verein- und interpretierbare Aussagen darüber finden, was der Glaube sei. Die Untersuchung der verschiedenen
Passagen, die direkt oder indirekt den Glaubensbegriff verhandeln, erlaubt eine
Rekonstruktion, die den Glauben im Schleiermacherschen Sinn als eine allein
aus dem religiösen Gefühl hervorgehende Gewissheit über das Entsprechungsverhältnis zwischen den jenes Gefühl reflektierenden Vorstellungen des mittel-
baren und jenem unmittelbaren Selbstbewusstsein verständlich werden lässt, die
zugleich eine Aneignung dieser Vorstellungen bedeutet, deren Konsequenz eine
dieser aneignenden Gewissheit entsprechende Ausrichtung des Willens ist.

Es bietet sich daher folgendes Bild: Der „höchst mögliche Grad der Bestimmtheit“[378] wird von Schleiermacher im Lehrsatz zur Bekehrung angestrebt und mit
der schematischen Aufstellung des Lehrsatzes zunächst auch scheinbar eingelöst.
Er stellt den „Anfang des neuen Lebens in der Gemeinschaft mit Christo“[379] so
dar, dass dem Einzelnen diese Bekehrung als Verbindung von Buße und Glaube
bewusst werde, wobei Buße die „Verknüpfung von Reue und Sinnesänderung“
bedeute, der Glaube wiederum wesentlich „Aneignung der Vollkommenheit
und Seligkeit Christi“[380] sei. Allerdings bieten dann die Erläuterungen nicht
durchgängig „die genaue Erklärung dessen [...], was bei den Ausdrükken gedacht werden soll“[381].[382] Die dogmatische Darstellung bezüglich der den Kern
reformatorischer Theologie betreffenden Frage, „wie es zugehet, wie ein Herz

---

[376] CG² I, § 16, 130.
[377] Die Buße wird hier aus oben genannten Gründen nicht mehr eigens angeführt.
[378] CG² I, § 16, 130.
[379] CG² II, § 108, 171.
[380] CG² II, § 108, 171.
[381] CG² II, § 107.2, 170.
[382] Es ist vermutlich die Konsequenz des Verzichts nicht nur auf die ‚Nachzeichnung‘ der
„materiale[n] Fülle der Soteriologie der ‚Glaubenslehre‘“ (C.-D. Osthövener, Erlösung, 90),
sondern auch auf ihre intensivere Untersuchung, die Osthövener zu dem Urteil kommen lässt
(aaO., 96): „Hinsichtlich der soteriologischen Terminologie ist dieser Teil der ‚Glaubenslehre‘
ein Musterbeispiel für Schleiermachers differenzierte Einteilungskunst.“ Es lassen sich m. E.
bessere Beispiele der ‚Glaubenslehre‘ für eine *gelungene* Ausführung der Schleiermacherschen
‚Einteilungskunst‘ finden. Es ist bezeichnend, dass Osthövener in seiner Darstellung nicht auf
eine der oben dargelegten Schwierigkeiten hinsichtlich der soteriologischen Terminologie hin-

anfähet zu gläuben, wie es zum Glauben kommt"[383], scheint auch Schleiermacher vor nicht unerhebliche Schwierigkeiten gestellt zu haben. Die Struktur seiner Explikation des Bekehrungsbewusstseins wäre eventuell leichter zugänglich, wenn er weniger stark die Anknüpfung an die „kirchliche[] Sprache"[384] gesucht hätte und stattdessen die Bedeutung und Funktion der lebendigen Empfänglichkeit und der Sinnesänderung stärker herausgearbeitet hätte. „So hat Schleiermacher die Sprache seiner Zeit benutzt, um die Arbeit der Dogmatik an seinem Teile zu fördern. Wenn sich dabei einzelne Mängel ergaben, so bilden sie doch lediglich die Schatten, die eine Sonne wirft."[385]

Denn trotz der genannten Schwierigkeiten gelingt es Schleiermacher mit der Explikation des Gnadenbewusstseins in strikter Analogie zur Christologie unter Einbeziehung des schon dort zentralen Gedankens der lebendigen Empfänglichkeit ein Verständnis der Bekehrung darzulegen, durch das verschiedene Fragen, die in der evangelischen Dogmatik immer wieder vor Schwierigkeiten stellten, schlüssig einer Lösung zugeführt werden.[386] Der Gedanke der lebendigen Empfänglichkeit bietet Schleiermacher die Möglichkeit, Kontinuität und Diskontinuität im Lebensprozess der Erlösten plausibel darzulegen. Das der Botanik entlehnte Bild der ‚Aufpfropfung‘ des neuen auf das alte Leben, wie es Schleiermacher im einleitenden Paragraphen zu diesem Hauptstück heranzieht, lässt sich nicht nur auf die Art des „neue[n] Leben[s] in der Erscheinung"[387], d. h. die Heiligung deuten, sondern auch auf die Frage der Voraussetzung seiner Entstehung: Wie bei der Pflanzenveredelung die Veredelungsgrundlage das Kambium als Voraussetzung besitzen muss, damit es zur Verbindung zweier unterschiedlicher Pflanzen kommen kann, so braucht auch der ‚alte‘ Mensch einen „ersten Anknüpfungspunkt für alle göttlichen Gnadenwirkungen"[388], die lebendige Empfänglichkeit. Sie ist dasjenige, was er als Rest ursprünglicher Vollkommenheit besitzen muss, um überhaupt als erlösungsfähig gedacht werden zu können. Entsprechend dieser Auffassung bestimmt Schleiermacher in der Entfaltung seines Verständnisses der Rechtfertigung auch nicht den Glauben als *organon leptikon*, sondern die lebendige Empfänglichkeit sei „das wahre aufnehmende Organ"[389].

---

weist. Auf die Problematik der uneindeutigen Verhältnisbestimmung der Begriffe und ihrer nicht deutlich bestimmbaren Gehalte hat bereits H. Stephan, Lehre, 20, hingewiesen.

[383] ApolCA IV, in: BSLK, 172,27–29.

[384] CG² II, § 108.1, 174.

[385] H. Stephan, Lehre, 149.

[386] Gegen H. Stephan, Lehre, 31, der hinsichtlich der Soteriologie das Fazit zieht, dass Schleiermacher „seinen eigenen Gedankenbau […] mit der wirren Menge der biblisch-kirchlichen Begriffe verbinden" wollte, dadurch aber der „Erfolg […] Willkür gegenüber den biblischen Begriffen und andererseits Sprengung des eigenen Gebäudes" sei.

[387] CG² II, § 106.1, 165.

[388] CG² II, § 108.6, 190.

[389] CG² II, § 109.4, 202; vgl. dazu die Darstellung des Paragraphen im folgenden Kapitel dieser Arbeit.

Gleichzeitig ist es aber auch die lebendige Empfänglichkeit, anhand derer der Aspekt des wirklich Neuen, der Diskontinuität verdeutlicht wird. Wie an früherer Stelle dargelegt wurde,[390] kann nach Schleiermacher unter den Bedingungen des alten Lebens die Empfänglichkeit nicht in höchster Weise als lebendig gedacht werden. Ihre höchste Steigerung sei dann gegeben, wenn das Bewusstsein der eigenen Erlösungsbedürftigkeit entstehe. Dieses sei die Bedingung dafür, dass der alte Mensch sich der die Vollkommenheit des Gottesbewusstseins darstellenden und mitteilenden Tätigkeit Christi koaktiv gegenüber verhalte. Werde diese Tätigkeit am zu Erlösenden wirksam, so verändere sich aber auch die Lebens*form* des Empfänglichen selbst: Das Innerste des Empfänglichen wird grundlegend neu, so dass seine Gesinnung nicht mehr fleischlich bestimmt ist. Das ,neue Leben' unterscheidet sich grundlegend vom alten, wodurch auch die Ausrichtung des Willens eine neue wird, das heißt, die fromme Persönlichkeit stößt „das Sein in der Gemeinschaft der Sünde"[391] ab und verlangt zugleich nach dem „Sein in der Lebensgemeinschaft mit Christo"[392]. Dabei begründe und verbinde die Sinnesänderung Reue und Glaube in ihrem Zusammenhang.

Nicht nur Kontinuität und Diskontinuität erklären sich durch den Gedanken der lebendigen Empfänglichkeit, sondern auch die Frage nach dem Verhältnis von göttlicher und menschlicher Tätigkeit sowie Ursächlichkeit im Zusammenhang der Bekehrung. Letztere wird von Schleiermacher aus dem Möglichkeitsbereich des sündigen Menschen strikt ausgeschlossen. Die lebendige Empfänglichkeit verursache nicht die Aufnahme in die Lebensgemeinschaft, sondern sei nur die Möglichkeit des Aufgenommenwerdens. Und auch als diese sei sie nicht Verdienst des Menschen, sondern der „unaustilgbare Rest jener ursprünglichen göttlichen Mittheilung, welche die menschliche Natur constituirt"[393], der bereits die Voraussetzung dafür bildet, dass bei Schleiermacher die Entstehung der ,gottmenschlichen' Person des Erlösers ohne Gefährdung seiner Geschichtlichkeit und Urbildlichkeit beschreibbar wird. Selbst die der Bekehrung vorgängigen, partiellen Steigerungen der lebendigen Empfänglichkeit zum Gefühl der Erlösungsbedürftigkeit werden von Schleiermacher jedem Verdacht auf Synergismus entzogen, indem er sie „der zuvorkommenden göttlichen Gnade"[394] zuschreibt, sie daher ihre Ursache nicht in der alten Person hätten, sondern in der durch den göttlichen Impuls bestimmten Tätigkeit des Erlösers, wie sie dem Einzelnen, vermittelt durch das von jenem gestiftete christliche Gesamtleben, begegne.

Durch den konsequenten Ausschluss der Ursächlichkeit des Menschen in der Bekehrung wird jedoch von Schleiermacher nicht generell seine Tätigkeit

---

[390] Vgl. Kap. VI.3 der vorliegenden Untersuchung.
[391] CG² II, § 108.2, 176.
[392] CG² II, § 108.2, 177.
[393] CG² II, § 108.6, 191.
[394] CG² II, § 108.2, 178. Schleiermacher kritisiert allerdings auch hier die Begrifflichkeit (vgl. aaO., Anm. 8).

negiert. Auch hier gilt die Analogie zur Christologie: Wie dort von Schleiermacher dargelegt wird, dass die menschliche Natur im Akt der Personkonstitution vom Göttlichen als nicht-ursächlich Tätige aufgenommen werde, so ist auch in der Beschreibung der Bekehrung der Mensch nicht als *pure passive* gedacht. Indem die Empfänglichkeit als lebendige beschrieben wird, ist ein Minimum der Selbsttätigkeit mit gesetzt. Dass umgekehrt jedoch schon die koaktive Öffnung der lebendigen Empfänglichkeit gegenüber der Tätigkeit des Erlösers zwar Bedingung, nicht aber Ursache von deren Wirksamwerden ist, erhellt wiederum vor dem Hintergrund, dass diese Koaktion nur plausibel wird, insofern die lebendige Empfänglichkeit bereits zur Erlösungsbedürftigkeit gesteigert, damit aber auch von der Tätigkeit des Erlösers bestimmt ist.

„Die ursprüngliche Thätigkeit des Erlösers wird also am besten gedacht unter der Form einer eindringenden Thätigkeit, die aber von ihrem Gegenstand wegen der freien Bewegung mit der er sich ihr zuwendet als eine anziehende aufgenommen wird"[395]

– so bestimmt Schleiermacher diesen Vorgang innerhalb der Christologie.

Schließlich erhellt auch der Zusammenhang von Wiedergeburt und Heiligung unter dem Leitgedanken der lebendigen Empfänglichkeit. Hier ist erneut die Analogie zur Christologie zu beachten: Wie dort die Beschreibung des Seins Gottes in Christus, was sein Innerstes bestimme und kräftiger Impuls seiner gesamten Tätigkeit sei, nur anhand des Gedankens der lebendigen Empfänglichkeit verständlich wird, so kann, folgt man Schleiermacher, auch soteriologisch nur vom „wahre[n] Leben Christi in uns"[396] in dem Sinne gesprochen werden, dass durch die koaktiv-lebendige Empfänglichkeit gegenüber seiner Tätigkeit die transformativ-lebendige Repräsentation seines Seins im Empfänglichen zustande kommen kann,[397] wodurch die präaktiv-lebendige Funktion der Empfänglichkeit eine neue Ausrichtung erhält. „Das Leben steht also unter einer andern Formel"[398], es ist vom Sein Christi in der frommen Persönlichkeit bestimmt. Da jenes Sein Christi wesentlich von der Vereinigung des Göttlichen mit der menschlichen Natur bestimmt sei, der Zweck dieser Vereinigung aber in der Hervorbringung solcherart gemeinschaftlicher Tätigkeit liege, „daß der Impuls aus der göttlichen Natur herrührt"[399], so muss und kann Schleiermacher Analoges auch für das Sein der neuen, frommen Persönlichkeit geltend machen: Die ‚Vereinigung' mit dem Erlöser, die Konstitution der

---

[397] Dass die die Bekehrung bewirkende Tätigkeit des Erlösers dem Einzelnen nur vermittelt über das von jenem gestiftete Gesamtleben begegne, hindere nicht daran, dass „dem Bewußtsein des in der Bekehrung begriffnen jede menschliche Zwischenwirkung verschwindet, und Christus sich ihm ganz in seiner erlösenden und versöhnenden Thätigkeit [...] unmittelbar vergegenwärtigt" (CG² II, § 108.5, 187).

[398] CG² II, § 106.1, 165.
[399] CG² II, § 97.1, 71.

„Gemeinschaft mit Gott [...] in einer solchen Lebensgemeinschaft mit dem Erlöser, worin seine schlechthin unsündliche Vollkommenheit und Seligkeit die freie aus sich herausgehende Thätigkeit darstellt, die Erlösungsbedürftigkeit des Begnadigten aber die freie in sich aufnehmende Empfänglichkeit"[400],

ist immer eine Vereinigung zu gemeinschaftlicher Tätigkeit, wobei der Impuls vom tätigen Sein Christi im Erlösten ausgeht, das aber durch die lebendige Empfänglichkeit sich in einer diesem Sein entsprechenden gemeinschaftlichen Tätigkeit von Erlöser und Erlöstem, der Heiligung äußert.

Die Analogie zur Christologie wird auch noch an einem letzten Punkt bedeutsam: Zwar wird der Anfang der neuen, christlich-frommen Persönlichkeit von Schleiermacher insofern als übernatürlich charakterisiert, als alles, „was zur Bekehrung beiträgt, Wirksamkeit Christi"[401] sei, diese aber durch das Sein Gottes in ihm bedingt und in diesem Sinne übernatürlich sei. Wie aber auch für die Person des Erlösers geltend gemacht wird, dass ihr Ursprung übernatürlich, sie aber zugleich „geschichtlich und geschichtsbildend also natürlich"[402] sei, so wird auch für das neue Leben der frommen Persönlichkeit angenommen, dass es „sich nach den Gesezen der organischen Natur"[403] entwickele. Damit einher gehe, dass sich dieses Leben „anfangs nur in schwachen unterbrochenen Regungen verkündigt, und erst allmählig eine zusammenhängende Thätigkeit sich daraus bildet."[404]

Die dogmatische Entfaltung geht somit zwar vom Gnadenbewusstsein aus, wie es sich im Hinblick auf den „Anfang des neuen Lebens in der Gemeinschaft mit Christo"[405] als Bewusstsein einer zur Wiedergeburt gehörigen Bekehrung artikuliere. Dieses Bewusstwerden und seine Artikulation sind nach Schleiermacher aber gerade für den Anfang selbst nicht anzunehmen, sondern hier sei – in Analogie zur natürlichen Geburt – davon auszugehen, „daß sie [...] für den Neugebohrnen ein unbewußtes ist, und er sich nur allmählig als eine wirkliche Person in der neuen Welt finden lernt."[406] Erst durch den progressiven Heiligungsprozess könne retrospektiv eine Gewissheit darüber gewonnen werden, dass tatsächlich eine Bekehrung stattgefunden habe, die einen dauerhaft neuen Zustand konstituiert habe und so in ihren Teilaspekten – Reue, Sinnesänderung und Glaube – von den Annäherungen durch die Wirkungen der zuvorkommenden Gnade unterschieden werden könne. Dass Bekehrung erfahrbar ist, nicht jedoch, dass sie datierbar ist, ist nach Schleiermacher Voraussetzung ihrer dogmatischen Darstellbarkeit.

---

[400] CG² II, § 91, 35.
[401] CG² II, § 108.5, 187.
[402] CG² II, § 108.5, 187.
[403] CG² II, § 108.2, 179.
[404] CG² II, § 108.2, 179.
[405] CG² II, § 108, 171.
[406] CG² II, § 108.2, 180.

Vor diesem Hintergrund erstaunt Schleiermachers Ablehnung der pietistischen Forderung der genauen Datierbarkeit des Bekehrungszeitpunktes und nach einem der Bekehrung vorgängigen Bußkampf[407] nicht.[408] Gegen letzteren, verstanden als „ein[] an verzweifelnde Selbstverabscheuung gränzende[s] Hervortreten der Reue und [...] ein[] darauf folgende[s] eben so an unaussprechliche Seligkeit grenzende[s] Gefühl der göttlichen Gnade"[409], sei neben der Unmöglichkeit der genauen zeitlichen Fixierung des Beginns des neuen Lebens – im Unterschied zu den Wirkungen der zuvorkommenden Gnade – auch einzuwenden, dass einerseits gerade aufgrund der gleichen Ursache bzw. der gleichzeitigen Entstehung von Reue und Glaube die schroffe Entgegensetzung der Gefühlsbestimmungen nicht sachgemäß sei und dass andererseits der Grad und die Art der Reue von individuellen Bedingungen abhängig seien, so dass keineswegs die Forderung nach „einem beinahe das Dasein zersprengenden schmerzlichen Gefühl" allgemein aufgestellt werden dürfe, da sein Zustandekommen am individuellen „Maaß der Erregbarkeit"[410] hänge.

Ebenso vor dem Hintergrund der von Schleiermacher dargelegten „natürliche[n] Ordnung"[411] und natürlichen Bedingungen, nach denen sich die Bekehrung ungeachtet ihres gewissermaßen übernatürlichen Ursprungs vollziehe, erklärt sich, dass er die Behauptung der Nicht-Notwendigkeit einer Bekehrung bei denjenigen, die „im Schooß der christlichen Kirche geboren [...] und schon in der Taufe die Wiedergeburt erlangt hätten"[412], zurückweisen muss.[413] Der Ursündenzusammenhang gelte ebenso für diejenigen, die innerhalb der christ-

---

[407] Der Apparat verweist an entsprechender Stelle auf den Halleschen Pietismus (vgl. CG[2] II, § 108.3, 180). In der ersten Auflage der ‚Glaubenslehre' erscheint die entsprechende Passage noch als wörtliches Zitat (vgl. CG[1] II, § 130.2, 123 f.), ohne dass jedoch die Quelle angegeben wird. Als exemplarischer Beleg der von Schleiermacher abgelehnten Position können die Bußpredigten Franckes herangezogen werden. Dort heißt es beispielsweise (A. H. FRANCKE, Kampff, 18): „Es wird euch nun in dieser Stunde auch vorgeleget werden/ *der Kampff/ der euch vonnöthen ist/* so ihr wollet aus dem Verderben errettet werden." Francke legt in dieser Predigt nicht nur dar, *dass* ein Bußkampf notwendig sei, sondern auch, *wie* dieser beschaffen sein müsse, damit er als ‚rechter' Kampf gelte (aaO., 23): „Demnach ist der rechte Anfang unserer Busse die Zerknirschung des Hertzens ueber die Suende/ da wir fuehlen den Zorn GOttes wegen unserer Unreinigkeit und Ubertretung." Der Bußkampf solle dem Todeskampf Christi nachempfunden sein und gehe daher mit der „Buß-Angst" (aaO., 24) einher. Francke bestimmt in Auslegung von Ps 51,11–13 die Art des Bußkampfes als einen *„sechsfachen Kampff"* (ebd.).
[408] Vgl. CG[2] II, § 108.2–3, 176–182.
[409] CG[2] II, § 108.3, 180.
[410] CG[2] II, § 108.3, 181.
[411] CG[2] II, § 108.4, 183.
[412] CG[2] II, § 108.4, 182.
[413] Als Vertreter dieser Auffassung nennt Schleiermacher „mehrere Lehrer sowol der englischen als auch der deutschen Kirche" (CG[2] II, § 108.4, 182). Der Apparat der ersten Auflage der ‚Glaubenslehre' verweist auf Jeremy Tayler (1613–1667) und Wilhelm Abraham Teller (1734–1804) (vgl. CG[1] II, § 130.3, 126, App.).

lichen Gemeinschaft geboren werden, wie für alle anderen.[414] Wollte man behaupten, dass sich bei ihnen durch die Taufe im Kindesalter die ‚fleischliche‘
Gesinnung nicht zur Fertigkeit ausbilde, so dass verhindert werden könne, dass
„in ihnen die Sünde eine Macht wird"[415], so müsste man eine magische Wirkung
der Kindertaufe postulieren, da durch sie die Wiedergeburt bewirkt würde, ohne
dass die lebendige Empfänglichkeit des zu Erlösenden überhaupt den Grad des
Bewusstseins der Erlösungsbedürftigkeit erreicht hätte.[416] Die Notwendigkeit
der Bekehrung bestehe somit gemäß der natürlichen Ordnung auch für innerhalb des Christentums Geborene und im Kindesalter Getaufte, der Unterschied
zu den übrigen Unbekehrten außerhalb der christlichen Gemeinschaft bestehe
nur darin, „daß es bei den letzten zufällig ist, ob und wie der Ruf des Evangeliums an sie gelangt, jene aber sind schon dadurch berufen, daß sie in einem
natürlichen und geordneten Zusammenhang mit den Wirkungen der göttlichen
Gnade stehn."[417]

---

[414] Bemerkenswert ist, dass Schleiermacher in der zweiten Auflage eine wesentlich vor-
sichtigere Terminologie wählt: „die außer der Kirche Gebohrnen" (CG² II, § 108.4, 182) werden
in der ersten Auflage noch „Unchristen" (CG¹ II, § 130.3, 126) genannt.

[415] CG² II, § 108.4, 182.

[416] Den Zusammenhang von Wiedergeburt und Taufe sowie die sich daraus ergebenden
Fragen bezüglich der Kindertaufe thematisiert Schleiermacher erneut im Lehrstück zur Taufe
(vgl. CG² II, §§ 136–138, 353–377). Prinzipiell seien Wiedergeburt des Einzelnen und seine
durch die Taufe vollzogene Aufnahme in die christliche Gemeinschaft ein identischer Akt. Diese
Identität beruhe darauf, „daß Christus selbst die Taufe als den Act der Aufnahme in die Kirche
angeordnet hat", so dass daher „jede solche Aufnahme eine That Christi selbst" sei, „wenn
sie auf die von ihm angeordnete Weise und seinem Befehl gemäß vollzogen wird" (aaO., 354).
Diese Identität gelte aber nur, sofern als Akteur die Kirche als *Ganze* in den Blick genommen
werde. Faktisch werde aber „die Taufe immer nur zuerkannt und verrichtet von einem relativ für
sich abgeschlossenen Theil der Kirche, […] dem also keine solche kanonische Vollkommenheit
in seinen einzelnen Handlungen zukommt" (aaO., § 136.3, 357). Durch diese Partikularität
könne es zu einem zeitlichen, nicht aber absoluten Auseinanderfallen von Taufe und Wiedergeburt kommen, zumal ja „der Moment der Wiedergeburt des Einzelnen menschlicherweise
nicht genau bestimmt noch weniger genau vorausgesehen werden kann" (ebd.). Insofern aber
generell nach Schleiermacher die Taufe nur vollkommen ist, wenn sie mit der Wiedergeburt zu-
sammenfällt, kann er auch bestimmt festhalten, „daß auch der Glaube des Täuflings erfordert
wird" (aaO., § 137.2, 367). Zusammengenommen mit den soteriologischen Ausführungen kann
dies bei Schleiermacher nur die Konsequenz zeitigen, dass er die Kindertaufe für sich nicht als
„eine vollständige Taufe" (aaO., § 138, 373) gelten lassen kann. Sie bedürfe zu ihrer Vollendung
„das nach vollendetem Unterricht hinzukommende Glaubensbekenntniß" (ebd.), so dass es bei
Schleiermacher zu einer tauftheologisch begründeten Aufwertung der Firmung kommt. Obwohl unvollkommen vollzogene Taufen eine „Versündigung" (aaO., § 137.3, 372) darstellten
und die Unvollkommenheit der Kirche vergrößerten, sei die Kindertaufe nicht „der Kirche zum
Vorwurf" zu machen, da in diesem Fall „die wissentliche Abweichung gelinder muß beurtheilt
werden als die unwissentliche" (aaO., § 138.2, 376). Dennoch gebe es gute Gründe, von der
Praxis der Kindertaufe Abstand zu nehmen, nicht jedoch, sie für ungültig zu erklären. – Gegen
J. MÜLLER, Wiedergeburt, 117, ist insgesamt festzuhalten, dass Schleiermacher nicht die „Gefahr
jeder Kombination von Taufe und Wiedergeburt" bannen möchte, sondern beide in einem engen
Zusammenhang sieht, wenn nur die Taufe richtig verwaltet wird.

[417] CG² II, § 108.4, 182f.

Im Blick auf den Lehrsatz der Bekehrung in seiner Schleiermacherschen Durchführung in Analogie zur Christologie und anhand des Gedankens lebendiger Empfänglichkeit bestätigt sich, trotz der Kritik an einiger begrifflicher Unklarheit, das Urteil Marquardts:

„Zwischen der Skylla des Synergismus und der Charybdis des Determinismus sicher hindurchfahrend, bestimmt Schleiermacher den Ort und den Charakter des menschlichen Mitwirkens als Hingabe an das Wirken Gottes, das die Selbsttätigkeit der Person weder ausschließt noch zur gleichwertigen cooperatio macht, sondern sie durch Gottes schöpferisches und offenbarendes Handeln ermöglicht und von Gott in sein Heilshandeln einbezogen sieht."[418]

Inwiefern auch der Folgesatz – „Damit ist zugleich die reformatorische Erkenntnis neu zur Sprache gebracht, nach der es der Gottes Wohltat annehmende, Gottes Urteil gelten lassende, zu freiem Gehorsam befähigte und bereite Glaube ist, der rechtfertigt."[419] – eine treffende Beschreibung der soteriologischen Ausführungen Schleiermachers bietet, wird die nun anschließende Untersuchung des zweiten Lehrsatzes, des Lehrsatzes von der Rechtfertigung, zeigen.

5.3 Das neue Gottesverhältnis: Rechtfertigung

5.3.1 Einleitung

Die Aufgliederung des Lehrstücks von der Wiedergeburt in die Lehrsätze zur Bekehrung und zur Rechtfertigung wird von Schleiermacher in Analogie zur christologischen Ausdifferenzierung der Tätigkeit Christi in die erlösende und die versöhnende durchgeführt.[420] Während im Lehrsatz zur Bekehrung das Bewusstsein der Wirksamkeit der erlösenden Tätigkeit Christi, d. h. der Aufnahme „in die Kräftigkeit seines Gottesbewußtseins"[421], entfaltet wird, widmet sich der Lehrsatz zur Rechtfertigung einer entsprechenden Beschreibung der Wirksamkeit seiner versöhnenden Tätigkeit, d. h. der Aufnahme „in die Gemeinschaft seiner ungetrübten Seligkeit"[422]. Bereits innerhalb der Rekonstruktion der Christologie wurde festgehalten, dass für Schleiermacher die Unterscheidung zweier Aspekte der Tätigkeit Christi nicht eine Zweiteilung eben dieser bedeutet, sondern lediglich zwei unterschiedliche Perspektiven eröffnet werden. Diese Betonung der Einheit und Untrennbarkeit des Unterschiedenen begegnet in der Verhältnisbestimmung zu Bekehrung und Rechtfertigung wieder, es können „beide Momente nicht [...] von einander getrennt werden, so daß eine Bekehrung

---

[418] M. MARQUARDT, Vorstellung, 44.
[419] M. MARQUARDT, Vorstellung, 44.
[420] Vgl. dazu vor allem CG² II, §§ 100 f., 104–120, sowie deren Rekonstruktion in Kap. V.2 der vorliegenden Arbeit.
[421] CG² II, § 100, 104.
[422] CG² II, § 101, 105.

gedacht werden könnte ohne Rechtfertigung, oder eine Rechtfertigung ohne Bekehrung"[423].

Dennoch wird mit ‚Rechtfertigung' doch auch etwas von der Bekehrung Unterschiedenes und Unterscheidbares beschrieben. Während mit ‚Bekehrung' das Gnadenbewusstsein im Blick auf die handlungsmotivierende Funktion des frommen Gefühls beschrieben wird, soll hier „das Aufgenommenwerden in die Lebensgemeinschaft mit Christo […] als verändertes Verhältnis des Menschen zu Gott betrachtet"[424] werden.[425]

Die Frage des Bewusstseins der Beziehung zu Gott wird von Schleiermacher bereits im Kontext der Einleitung der ‚Glaubenslehre' erörtert.[426] Wie die Überlegungen zum Glaubensbegriff der ‚Glaubenslehre'[427] zeigen, inhäriert dem Gefühl schlechthinniger Abhängigkeit insofern eine Richtung auf das Denken, als es nur zu Klarheit kommen könne, wenn es sich in einer ihm entsprechenden Vorstellung ausspreche. Es wird deutlich, dass der ‚Indizienlage' nach das Gottesbewusstsein – als Bewusstsein einer Beziehung zu Gott – nach Schleiermacher dem Bereich des reflektierten Selbstbewusstseins angehört, aber ‚unmittelbarst' durch das Gefühl schlechthinniger Abhängigkeit generiert wird. Ähnliches klingt nun auch hinsichtlich der unter dem Begriff der ‚Rechtfertigung' verhandelten Veränderung des Gottesverhältnisses an: „Ein Verhältniß zu Gott haben wir nur wirklich in unserem ruhenden Selbstbewußtsein, wie es sich im Gedanken reflectirt festhält, und nur sofern das Gottesbewußtsein darin mitgesetzt ist."[428] Während mit ‚Bekehrung' das unmittelbare Selbstbewusstsein von Schleiermacher „in seinem Uebergang in Thätigkeit"[429] betrachtet wird, erscheint es hier in der Perspektive als Grundlage eines ihm entsprechenden Denkens.

Als Negativfolie fungieren wiederum die Ausführungen der Schleiermacherschen Hamartiologie: „Nun kennen wir, als dem Leben im Zustand der Sündhaftigkeit eigen, nur ein Verhältniß des Menschen zu der göttlichen Heiligkeit und Gerechtigkeit, und dieses ist nichts anderes als das Selbstbewußtsein der Schuld und der Strafwürdigkeit."[430] Die diesem Bewusstsein anhaftende Unse-

---

[423] CG² II, § 107.1, 169. Die entsprechende Passage (vgl. aaO., 168 f.) wurde bereits in den einleitenden Ausführungen zur Grundstruktur der Soteriologie und zur Wiedergeburt behandelt (vgl. Kap. VI.2 sowie Kap. VI.5.1 der vorliegenden Untersuchung).

[424] CG² II, § 107, 168.

[425] Vgl. zur Thematik auch H. GERDES, Das Christusbild Sören Kierkegaards. Verglichen mit der Christologie Hegels und Schleiermachers, Düsseldorf/Köln 1960, Kap. 7: Christologie und Rechtfertigung bei Schleiermacher, Kierkegaard und Hegel, bes. 90–104.

[426] Vgl. CG² I, § 4, 32–40.

[427] Vgl. Kap. VI.5.2.2 dieser Arbeit.

[428] CG² II, § 107.1, 168.

[429] CG² II, § 107.1, 168.

[430] CG² II, § 107.1, 168. Vgl. die entsprechenden Paragraphen der Explikation des Sündenbewusstseins, zum Schuldcharakter insbes. aaO., § 71, 427–437, zum Bewusstsein der Strafwürdigkeit bes. aaO., §§ 76 f., 475–481, und zur Beziehung auf Gottes Heiligkeit und Gerechtigkeit aaO., §§ 83 f., 511–527, sowie deren Behandlung in Kap. III.4 der vorliegenden Untersuchung.

ligkeit endigt nun nach Schleiermacher mit der Rechtfertigung des Gläubigen durch die Wirksamwerdung der versöhnenden Tätigkeit des Erlösers: „Daß Gott den sich Bekehrenden rechtfertigt, schließt in sich, das er ihm die Sünden vergiebt, und ihn als ein Kind Gottes anerkennt. Diese Umänderung seines Verhältnisses zu Gott erfolgt aber nur, sofern der Mensch den wahren Glauben an den Erlöser hat."[431] Wie in dem Lehrsatz zur Bekehrung finden sich somit dem Rechtfertigungsbegriff untergeordnet zwei Aspekte, die denen jenes Lehrsatzes korrespondieren, von denen einer auf das Leben im alten Gesamtleben zurückweist – die Sündenvergebung –, der andere aber das positive Element des Seins im neuen Gesamtleben bezeichnet, das als Bewusstsein der Annahme in die Gotteskindschaft beschrieben wird.

Nun wird von Schleiermacher entschieden betont und dargelegt, dass und inwiefern Bekehrung und Rechtfertigung nicht zwei sachlich oder zeitlich zu unterscheidende Aspekte der Heilszu- und -aneignung bezeichnen und dass die Bekehrung keine sei, wenn die Rechtfertigung fehle – oder umgekehrt. Dennoch stellt sich die Frage, ob es bei Schleiermacher durch die Einordnung der Explikation der Rechtfertigung in das Lehrstück von der Wiedergeburt, ihre Nachordnung hinter den Lehrsatz von der Bekehrung und ihre auffallend knappere Behandlung[432] im Vergleich zur Erörterung jenes Lehrsatzes zu einer prinzipiellen Infragestellung des Status der Rechtfertigungslehre im Kontext protestantischer Theologie bzw. zu ihrer unzulässigen Verkürzung kommt. Bevor daher die Entfaltung der Schleiermacherschen Rechtfertigungslehre im Einzelnen dargestellt wird (VI.5.3.3 f.), soll zunächst deren Stellung im System sowie Schlussfolgerungen, die sich aus ihr ergeben, bedacht werden (VI.5.3.2).

5.3.2 Die Stellung der Rechtfertigungslehre

Wer „nicht auf der Rechtfertigung durch den Glauben […] hält, der kann unmöglich ein protestantischer Lehrer seyn wollen"[433], so lautet ein Votum Schleiermachers von 1819. Mag auch hinsichtlich der Rechtfertigungslehre angenommen werden, „daß die Einschätzung ihrer Bedeutung für die Theologie als ganze […] strittig war und umstritten geblieben ist"[434] – Schleiermacher jedenfalls stellt sich in die Reihe derer, die ihr für die *protestantische* Theologie eine essentielle Bedeutung zumessen. Und dennoch nimmt ihre Behandlung nur ungefähr die Hälfte

---

[431] CG² II, § 109, 191.

[432] Diese Auffälligkeit verschwindet allerdings, wenn man wie Müller behauptet, Schleiermacher führe seine „Rechtfertigungslehre […] als Lehre von Wiedergeburt und Heiligung" (J. Müller, Wiedergeburt, 14) durch. Dass allerdings diese Bestimmung der Intention Schleiermachers diametral entgegensteht, wird deutlich, wenn man bedenkt, dass dieser es gerade als Charakteristikum der römisch-katholischen Lehre bestimmt, dem Rechtfertigungsbegriff Wiedergeburt und Heiligung zugleich zu subsummieren (vgl. CG² II, § 109.1, 193).

[433] F. D. E. Schleiermacher, Wert, 142.

[434] G. Sauter, Art. Rechtfertigung IV.: Das 16. Jahrhundert, in: TRE 28 (1997), 315–328, 316.

des Platzes ein, die der ihr vorgeordneten Entfaltung der Bekehrung eingeräumt wird; aufs Ganze gesehen macht die Rechtfertigungslehre nur etwa ein Prozent der ‚Glaubenslehre' aus. Es stellt sich daher die Frage, ob Schleiermacher hinter den von ihm selbst formulierten Anspruch konfessionell gebundener Dogmatik zurückfällt, dass diese das sie bestimmende Periodenprinzip einerseits in seiner bisherigen Entwicklung deutlich herausstellen und es andererseits durch Reinigung und Verbesserung in seiner weiteren Entwicklung fördern soll.[435] Ob sich aus Stellung und Umfang der Erörterung der Rechtfertigungslehre auf die ihr zukommende Relevanz schließen lässt, ist ebenfalls zu klären. Ein vergleichender Blick auf einige exemplarische Dokumente reformatorischer Theologie legt es nahe, dass dieser Rückschluss unzulässig ist.

So fällt bezeichnender Weise der Rechtfertigungsartikel der ‚Confessio Augustana', auf den auch Schleiermacher sich beruft,[436] auffallend kurz aus.[437] Und doch würde wohl niemand vermuten, dass er in diesem Bekenntnis beispielsweise der Lehre „[v]on der Polizei und weltlichem Regiment"[438] sachlich untergeordnet ist, nur weil deren Erörterung fast dreimal so viel Raum einnimmt wie die des Rechtfertigungsartikels.

Einleitend zu einer Disputation über Röm 3,28 hält Luther fest: „Der Artikel von der Rechtfertigung ist der Meister und Fürst über alle Arten von Lehre und regiert alle Gewissen und die ganze Kirche."[439] Dennoch finden sich weder in seinem ‚Kleinen' noch im ‚Großen Katechismus', die er selbst im Blick auf seine theologische Konzeption als maßgebliche Schriften bewertet hat[440] und die „als ein geeignetes Hilfsmittel [gelten], um die Theologie Luthers in einem kurzen Aufriß [...] kennenzulernen"[441], überhaupt die Begriffe ‚rechtfertigen' und ‚Rechtfertigung'.[442] Dies hinderte jedoch nicht daran, dass die Unterzeichner der ‚Konkordienformel' sich zu den Katechismen bekennen „als zu der Laien Bibel, dorin alles begriffen, was [...] einem Christenmenschen zu seiner Seligkeit zu wissen vonnöten ist."[443] Angesichts der Tatsache, dass ein nicht unerheblicher

---

[435] Vgl. dazu die Ausführungen zur Dogmatik als theologischer Disziplin in der Einleitung dieser Untersuchung (Kap. I.2.1).

[436] Vgl. die Belegstellen zu CG² II, § 109, 191.

[437] Vgl. CA IV, in: BSLK, 56.

[438] CA XVI, in: BSLK, 70 f.

[439] Übersetzung von M. LUTHER, Die Promotionsdisputation von Palladius und Tilemann (1. Juni 1537), in: WA 39/1, Weimar 1926, 198–257, 205,2–5, nach E. HIRSCH, Hilfsbuch,125.

[440] Vgl. M. LUTHER, Luther an Wolfgang Capito in Straßburg (9. Juli 1537), in: WA Br. 8, Weimar 1938, 99 f., 99: „Nullum enim agnosco meum iustum librum, nisi forte de Servo arbitrio et catechismum."

[441] G. HOFFMANN, Der Kleine Katechismus als Abriß der Theologie Martin Luthers, in: Luther 30 (1959), 49–63, hier: 51.

[442] Vgl. M. LUTHER, KK, in: BSLK, 499–542, sowie DERS., GK, in: BSLK, 543–733.

[443] FC Ep „Von dem summarischen Begriff, Regel und Richtschnur", in: BSLK, 767–769, dort: 769,6–10; vgl. auch FC SD „Von dem summarischen Begriff, Grund, Regel und Richtschnur", in: BSLK, 833–839, dort: 836,18–35.

Abschnitt der ‚Konkordienformel' sich der Klärung der innerprotestantisch auf-
gebrochenen Kontroversen um die Rechtfertigungslehre widmet und auch hier –
unter Rekurs auf die ‚Apologie' der ‚Confessio Augustana' – betont wird, dass
der „Artikel von der Rechtfertigung [...] ‚der fürnehmste der ganzen christlichen
Lehr' [ist], ‚ohne welchen kein arm Gewissen einigen beständigen Trost haben
oder den Reichtumb der Gnaden Christi recht erkennen mag'"[444], wäre diese
Würdigung der Katechismen Luthers m. E. nicht denkbar, wenn nicht die Überzeugung herrschte, dass die Rechtfertigungslehre auch dann in ihrer Bedeutung
für den evangelischen Glauben und die Theologie sachlich intendiert und impliziert sein kann, wenn sie nicht explizit zur Sprache kommt.

Auf Seiten der reformierten Theologie lässt sich die ‚Institutio' Calvins anführen: Zwar behandelt Calvin die Rechtfertigungslehre ab „der zweiten Fassung
(1539) [...] in einem eigenen Kapitel"[445], sie wird aber erst im elften Kapitel
des dritten Buches zur Frage nach der Art und Weise der Heilsteilhabe explizit
thematisch.[446] Dennoch hält auch Calvin für die „Frage [...] nach der Rechtfertigung" fest, „daß sie den hauptsächlichen Pfeiler darstellt, auf dem unsere Got-
tesverehrung ruht – Grund genug, hier die größte Aufmerksamkeit und Sorgfalt
walten zu lassen!"[447] Calvin mag in seiner Darstellung die Rechtfertigung der
Wiedergeburt bzw. der Buße nachgeordnet haben, er intendiert aber nicht, jene
diesen sachlich unterzuordnen.

Und auch der Blick auf solche Beispiele reformatorischer Bekenntnisse, in
denen die Rechtfertigungslehre an prominenter Stelle explizit und ausführlich
behandelt wird, kann hinsichtlich der Frage, welche Stellung ihr im Schleiermacherschen System eignet und ob die Kürze ihrer dortigen Darstellung Rückschlüsse auf ihre Relevanz erlaubt, erhellend sein:

In seiner ‚Apologie' der ‚Confessio Augustana' „hat Melanchthon die wesentlichen Züge des vierten Artikels der Augustana [...] schärfer herausgearbeitet und
unterbaut"[448], ein knappes Drittel der Darstellung handelt „De Iustifactione"[449].
Dem Umstand, dass es sich hier um den „höchsten fürnehmsten Artikel der
ganzen christlichen Lehre" handelt, „also daß an diesem Artikel ganz viel gelegen
ist"[450], wird hier somit auch schon äußerlich Rechnung getragen. Allerdings muss
dabei einerseits auch beachtet werden, dass sich etwa die Hälfte der Darstellung

---

[444] FC SD III, in: BSLK, 916,21–27.

[445] G. Sauter, Art. Rechtfertigung IV., 323.

[446] Vgl. J. Calvin, Unterricht in der christlichen Religion/Institutio Christianae Religionis,
n. d. letzten Ausg. von 1559 übers. u. bearb. v. O. Weber, i.A. d. Reformierten Bundes bearb.
u. neu hg. v. M. Freudenberg, Neukirchen-Vluyn 2008, III,11, 396–413.

[447] Vgl. J. Calvin, Unterricht, III,11,1, 396 f.

[448] W. Elert, Morphologie des Luthertums, Bd. 1: Theologie und Weltanschauung des
Luthertums hauptsächlich im 16. und 17. Jahrhundert, verbesserter ND der 1. Aufl. (1931),
München 1958, 85.

[449] Überschrift zu ApolCA IV, in: BSLK, 158–233.

[450] ApolCA IV, in: BSLK, 159,4–6.

als „Antwort auf die Argument der Widersacher"[451] versteht. Eine solch breite
Auseinandersetzung ist in Schriften, die der konfessionsinternen Klärung von
Themenbeständen dienen wollen – und dazu zählen sowohl die oben angeführten Katechismen Luthers als auch Schleiermachers ‚Glaubenslehre' – nicht zu
erwarten. Andererseits zeigt sich in der Durchführung der Rechtfertigungslehre
innerhalb der ‚Apologie', die nicht direkt die Auseinandersetzung mit gegneri-
schen Positionen sucht, dass hier mit der Untersuchung der Frage, „[w]as der
Glaub sei, der für Gott fromm und gerecht macht"[452] oder mit der Behandlung
„der Liebe und Erfüllung des Gesetzes"[453] Themen abgehandelt werden, die
andernorts nicht der Rechtfertigungslehre subsummiert, sondern eigenständig
behandelt und in ihrem Verhältnis zu dieser durchleuchtet werden. So ist auch
der Artikel der ‚Confessio Augustana' „[v]om Glauben und guten Werken"[454]
von rechtfertigungstheologischer Relevanz. Calvin klärt vorab „Wesen und […]
Eigenschaften"[455] des Glaubens, von dem er im Rechtfertigungskapitel sagt, dass
wir durch ihn „allein […] die Gerechtigkeit aus Gnaden durch Gottes Barmherzigkeit erlangen"[456]. Und Schleiermacher setzt sich mit der in der ‚Apologie'
im Rahmen der Rechtfertigungslehre verhandelten Frage, „quomodo contingat
fides"[457] bereits im Rahmen des Lehrsatzes zur Bekehrung auseinander.

Dieser kurze Ausblick zeigt: Eine anderen soteriologischen Themenbeständen
nachgeordnete Stellung der Rechtfertigungslehre oder ihre knappe Behandlung
erfordern nicht notwendig bzw. erlauben nicht zwingend den Schluss, dass sie
auch sachlich unterbestimmt bleibt oder verkürzt wird. Hinsichtlich der eingangs formulierten Frage, ob es Schleiermacher mit seiner Rechtfertigungslehre
gelingt, seinen eigenen Ansprüchen an dogmatische Theologie, das Prinzip der
laufenden Periode in seiner Fortentwicklung zu fördern, gerecht zu werden, ist
noch ein weiterer Punkt zu berücksichtigen:

Schleiermachers vorläufige Formel für den „eigenthümlichen Charakter des
Protestantismus"[458] gewinnt er anhand des periodenbestimmenden „Gegensaz[es] zwischen Protestantismus und Katholizismus"[459]. Diese Differenz sieht
Schleiermacher nun aber nicht im Verständnis der Rechtfertigung allein gegeben. Hier verhält es sich vielmehr so, dass er beispielsweise die Auffassung,
der Gegensatz der protestantischen gegenüber der katholischen Lehre liege in
„der declaratorischen Beschaffenheit des göttlichen Rechtfertigungsactes"[460],

---

451 So die Zwischenüberschrift in ApolCA IV, in: BSLK, 196,33 f.
452 Zwischenüberschrift zu ApolCA IV, in: BSLK, 169,31 f.
453 So die Zwischenüberschrift zu ApolCA IV, in: BSLK, 185,1 f.
454 CA XX, in: BSLK, 75,12.
455 J. CALVIN, Unterricht, III,2, 291.
456 J. CALVIN, Unterricht, III,11,1, 396.
457 ApolCA IV, in: BSLK, 172,26.
458 CG² I, § 24.2, 165.
459 CG² I, § 24, 163 f. Vgl. dazu Kap. I.2.1 der vorliegenden Untersuchung.
460 CG² II, § 109.3, 199.

als einen nur scheinbaren bestimmt.[461] Der entscheidende Gegensatz betrifft nach Schleiermacher vielmehr die Gesamtkonzeption hinsichtlich der Frage der Heilsteilhabe: Wird das Verhältnis des Einzelnen zu Christus abhängig gedacht von seinem Verhältnis zur Kirche – wie im Katholizismus – oder umgekehrt das Verhältnis zur Kirche abhängig gedacht vom Verhältnis zu Christus – wie im Protestantismus?[462] Hinsichtlich dieser Fragestellung kommt der Soteriologie als Ganzer und ihrer Stellung im Verhältnis zu Christologie und Ekklesiologie im Blick auf die Darstellung und Förderung des genuin Protestantischen ein hoher Stellenwert zu.

Nicht der Lehrsatz von der Rechtfertigung allein für sich betrachtet bringt also das ‚protestantische Prinzip‘ nach Schleiermacherscher Auffassung zum Ausdruck. Doch wenn er in seiner Durchführung als unverzichtbarer Bestandteil innerhalb der Erörterung „der Art, wie sich die Gemeinschaft mit der Vollkommenheit und Seligkeit des Erlösers in der einzelnen Seele ausdrückt"[463], erscheint, kommt ihm, auch im Blick auf jenes Prinzip, eine entscheidende Funktion zu. Die Frage, ob und wie Schleiermachers Komplex der Lehrsätze zu Bekehrung und Rechtfertigung die „entscheidend protestantische Lehrweise [...], daß wir allein aus Glauben gerechtfertigt werden"[464], aufzunehmen und zu deuten vermag, muss die inhaltliche Untersuchung der Rechtfertigungslehre vertiefen. Zuvor soll jedoch wiederum ein Blick auf die von Schleiermacher zur Entfaltung der Rechtfertigung herangezogene Terminologie geworfen werden.

5.3.3 Die Terminologie: Sündenvergebung und Gotteskindschaft

Hirsch hält in seiner ‚Geschichte der neuern evangelischen Theologie‘ fest, dass hinsichtlich der Gestalt der Lehre von der Rechtfertigung die „formelle Bestimmung des Begriffs [...] Schleiermachers Streben nach Anschluß an das Überlieferte"[465] zeige. In der Tat ist die Verbindung von Rechtfertigung und Sündenvergebung fester Bestandteil reformatorischer und altprotestantischer Theologie, auch wenn die Zuordnung – wie auch Schleiermacher bemerkt –[466] unterschiedlich ausfällt. Eine Nebeneinanderstellung beider wie in der ‚Confessio Augustana‘[467], so dass Rechtfertigung das positive, die Sündenvergebung aber das negative Element zum Ausdruck bringe, ist nach Schleiermacher zwar

---

[461] Vgl. dazu die Auseinandersetzung mit Schleiermachers Kritik an der Vorstellung des deklaratorischen Charakters der Rechtfertigung in Kap. VI.5.3.4.

[462] Vgl. dazu die Ausführungen von Kap. I.2.1 der vorliegenden Untersuchung.

[463] CG² II, 164.

[464] CG² II, § 109.4, 200.

[465] E. Hirsch, Geschichte, Bd. 5, 346.

[466] Vgl. CG² II, § 109.1, 192.

[467] Vgl. CA IV, in: BSLK, 56, wobei diese Beiordnung schon in der lateinischen Fassung in eine Subordination der Sündenvergebung – gemeinsam mit dem Gedanken der gnädigen Annahme – unter die Rechtfertigung transformiert wird.

prinzipiell denkbar. Da aber Rechtfertigung notwendigerweise auch Sündenvergebung impliziere ohne jedoch in ihr allein aufzugehen,[468] sei es sinnvoller, jene
dieser überzuordnen.

Ergänzend zur Sündenvergebung müsse dann aber zur erschöpfenden Beschreibung der Rechtfertigung noch ein zweiter, das positive Element zum Ausdruck bringender Begriff gefunden werden. Schleiermacher selbst wird in dieser
Hinsicht in den reformatorischen Bekenntnisschriften nicht fündig: Die dort
häufiger zur Bestimmung herangezogene Formulierung „Gnade erlangen"[469]
oder „zu Gnaden angenommen werden"[470] ist ihm inhaltlich zu vage und außerdem „unbequem weil derselbe Ausdrukk in dieser Region der Glaubenslehre überall von göttlicher Thätigkeit gebraucht hier nur das Resultat derselben
andeuten soll."[471]

Auffälliger jedoch ist, dass sich Schleiermacher im Lehrsatz zur Rechtfertigung ohne weitere Begründung ganz des *Imputatio*-Gedankens enthält,[472] ja
sich nicht einmal kritisch mit ihm auseinandersetzt. Allerdings hat er ihn bereits
innerhalb der christologischen Erörterung des hohepriesterlichen Amts thematisiert und dort herausgestellt, dass er „sehr leicht mißzuverstehen"[473] und nur
unter der Voraussetzung der Lebensgemeinschaft mit dem Erlöser zu verteidigen
sei. Faktisch wird diese Verteidigung in der Explikation der Rechtfertigung vollzogen, wobei aber einerseits der traditionelle Begriff der Zurechnung nicht mehr

---

[468] Gegen eine Identifikation von Rechtfertigung und Sündenvergebung oder eine Überord-
nung jener über diese (an das erste nähert sich die ‚Apologie' Melanchthons an, vgl. ApolCA IV,
in: BSLK, 175,31 f.: „Consequi remissionem peccatorum est iustificari"; das zweite findet sich in
der auch von Schleiermacher zu CG² II, § 109, 191 f., zitierten ‚Confessio Gallicana', in der es
heißt, dass die Sündenvergebung die Gerechtigkeit begründe und daher jene auch „unica nostra
felicitas" [ConfGall XVIII, in: CollNiem, 334] sei), wendet Schleiermacher nachvollziehbar ein,
dass „Sündenvergebung an und für sich nur die Aufhebung einer negativen Größe ist, und also
keine Bezeichnung für die ganze Glükkseligkeit sein kann" (CG² II, § 109.1, 192), weil der im
Rechtfertigungsbegriff mitklingende positive Aspekt fehle.
[469] CG² II, § 109.1, 193; ‚Gnade erlangen' wird beispielsweise in der ‚Apologie', sofern sie die
Rechtfertigung weiter bestimmt als nur durch Sündenvergebung, als positives Element benannt
(vgl. z. B. ApolCA IV, in: BSLK, 77,21).
[470] CG² II, § 109.1, 193; vgl. dazu bspw. ConfHelvPost VI, in: BSRK, 191,26–28: „Iustificare
significat […], peccata remittere, a culpa et poena absolvere, in gratiam recipere, et iustum pro-
nunciare."
[471] CG² II, § 109.1, 193.
[472] Vgl. z. B. ConfBelg XXII, in: BSRK, 241,5–9, oder FC SD III, in: BSLK, 918,20–25.
[473] CG² II, § 104.3, 138. Das mögliche Missverständnis entfaltet Schleiermacher im Anschluss
daran als Missverständnis der Stellvertretung: Man könne nicht sagen, „Christus habe den göttlichen Willen an unserer Stelle oder zu unserm Besten erfüllt. Nämlich nicht nur nicht in dem
Sinn an unserer Stelle, […] als ob wir dadurch der Erfüllung desselben entbunden wären, indem
ja die höchste Leistung Christi darin besteht uns so zu beseelen, daß eine immer vollkommenere
Erfüllung des göttlichen Willens auch von uns ausgeht. Aber auch nicht so als ob der bei uns an
und für sich anzutreffende Mangel an Gottgefälligkeit gleichsam durch einen Ueberschuß an
Gottgefälligkeit in Christo sollte oder könnte gedekkt werden" (aaO., 139 [Hervorhebungen
des Originals durch die Vfn. aufgelöst]).

aufgenommen wird und andererseits die Interpretation des Rechtfertigungsgedankens unter dem Aspekt der Lebensgemeinschaft mit Christus nicht nur
begrifflich, sondern auch inhaltlich eine Veränderung gegenüber der Tradition
bringt, wie im nächsten Kapitel gezeigt werden wird.

Die Vorstellung, die Schleiermacher schließlich wählt, um das positive Element der Rechtfertigung zum Ausdruck zu bringen, ist die der „Kindschaft oder
Adoption"[474]. Er selbst sieht sich genötigt, ihre Verwendung durch Bezugnahme
auf das Neue Testament[475] zu legitimieren, weil sie zwar „bei den Glaubens-
lehrern häufig" zur Anwendung komme,[476] „doch so wenig an dieser Stelle
symbolisch"[477] belegt sei. Die letzte Feststellung erstaunt allerdings angesichts
der Tatsache, dass es in der ‚Apologie‘ heißt, dass es die *iustificatio* bzw. die *fides*
sei, „qua efficimur filii Dei"[478], und angesichts der Tatsache, dass die ‚Confessio
Gallicana‘ die *adoptio* als Element des vor Gott gerechtfertigt Seins bestimmt[479]
und auch die ‚Konkordienformel‘ in ihrer Erörterung des Wiedergeburtsbegriffs
festhält, dass er nur dann synonym für die Rechtfertigung stehen könne, wenn
er „allein pro remissione peccatorum et adoptione in filios Dei"[480] gebraucht
werde. Die *iustitia fidei* wird in ihr so bestimmt, „quod homo peccator coram
Deo iustificetur, *hoc est*, absolvatur ab omnibus suis peccatis et adoptetur in
numerum filiorum Dei"[481]. Hinsichtlich der Terminologie also kann Schleiermachers Rechtfertigungslehre – entgegen seinen eigenen Bedenken – durchaus
auch in der Wahl des zweiten Hyponyms an die Tradition anknüpfen und ist
ausreichend ‚symbolisch‘ belegt.

Den Unterschied zur römisch-katholischen Lehrweise sieht Schleiermacher
schon insofern auf terminologischer Ebene verankert, als der Rechtfertigungsbegriff dort nicht ein der Wiedergeburt unter- und der Bekehrung zugeord-
neter sei, sondern vielmehr als Oberbegriff sowohl die Wiedergeburt als auch
die Heiligung bezeichne, wodurch die Differenz „zwischen dem, was göttliche
Wirkung auf den Menschen und dem was göttliche Wirkung in dem Menschen
ist"[482], nicht gewahrt werde. Ob es Schleiermacher durch seine Explikation der
Rechtfertigungslehre (in ihrem Zusammenhang zu derjenigen von der Bekehrung) und der anschließenden Darlegung der Lehre von der Heiligung gelingt,

---

[474] CG² II, § 109.1, 193.

[475] Schleiermacher verweist in den Belegstellen zu CG² II, § 109, 191 f., auf Joh 1,2; Gal 3,26
und 4,5.

[476] Vgl. zum Beispiel J. A. Quenstedt, Theologia, Pars IV, Cap. VIII: De fide, Thesis XV,
286: „Effectus fidei duplex est, immediatus & mediatus: Immediatus est, peccatorum remissio,
[…] adoptio, […] iustificatio, […] cum Christo unio, accessus ad Deum, & conscientiae tran-
quillitas […]."

[477] CG² II, § 109.1, 193.

[478] ApolCA IV, in: BSLK, 198,24.

[479] Vgl. ConfGall XVII, in: CollNiem, 333.

[480] FC SD III, in: BSLK, 920,21–23.

[481] FC SD III, in: BSLK, 917,19–23.

[482] CG² II, § 109.1, 193.

diese als „das folgende als in dem Wendepunkt begründet von diesem selbst als dem Begründendem wohl zu unterscheiden"[483], wird die folgende inhaltliche Analyse zeigen.

5.3.4 ‚Effektive' Rechtfertigung allein aus Glaube

‚Rechtfertigung' ist nach Schleiermacher wie auch ‚Bekehrung' Ausdruck des Bewusstseins des „Aufgenommenwerden[s] in die Lebensgemeinschaft mit Christo"[484]. Diese Aufnahme wird vom christlich-frommen Bewusstsein auf die Tätigkeit des Erlösers zurückgeführt. Den beiden in der Soteriologie unterschiedenen Aspekten korrespondiert die Unterscheidung von erlösender und versöhnender Tätigkeit Christi.[485] Während Schleiermacher innerhalb des Lehrsatzes von der Bekehrung daran gelegen ist, das Bewusstsein vom Anfang dieser Lebensgemeinschaft in Bezug auf die erlösende Tätigkeit zu explizieren, d. h. darzustellen, inwiefern die Kräftigkeit des Gottesbewusstseins des Erlösers in den sich Bekehrenden wirksam wird, soll die Explikation der Rechtfertigung dasselbe hinsichtlich der versöhnenden Tätigkeit leisten. Diese wird in der Christologie als Aufnahme „in die Gemeinschaft seiner [sc. Christi] ungetrübten Seligkeit"[486] bestimmt, so dass mit ‚Rechtfertigung' mithin beschrieben wird, inwiefern durch die Wiedergeburt, d. h. den Beginn der in der Tätigkeit Christi gründenden Lebensgemeinschaft mit diesem, nicht nur die Lebensform des Wiedergeborenen, sondern auch sein Gottesverhältnis neu bestimmt wird.

Würde diese Seite fehlen, d. h. würde das die Lebensgemeinschaft ausdrückende Bewusstsein zwar den Willen grundlegend neu bestimmen, nicht aber ein ihm entsprechendes Denken begründen, könnte nicht eigentlich von einem in der Wiedergeburt konstituierten ‚neuen Leben' gesprochen werden, da „der neue Mensch […] dann ein bewußtloser sein"[487] müsste. Sei Christi Tätigkeit schöpferisch-personbildend, so müsse ihre Wirksamkeit, aufgrund des Zusammenhangs von Empfänglichkeit und Selbsttätigkeit sowie von Gefühl, Tun und Wissen, an der neuen Persönlichkeit als Ganzer darstellbar sein. Analog legt Schleiermacher bereits in der Christologie dar, dass die Frage des Seins Gottes in Christus nicht ausschließlich auf die Konsequenzen hinsichtlich der Selbsttätigkeit Christi konzentriert werden dürfe, sondern auch im Blick auf die Empfänglichkeit der menschlichen Natur in Anschlag gebracht werden müsse, weil sonst die „überwiegend leidentlichen Momente"[488] aus dieser Gemeinschaftlichkeit herausfallen würden, damit aber die Personeinheit verloren ginge. Wie in der Christologie diese weitere Entfaltung des Zusammenseins von Göttlichem und

---

[483] CG² II, § 109.1, 193.
[484] CG² II, § 107, 168.
[485] Vgl. CG² II, §§ 100f., 104–120, samt ihrer Untersuchung in Kap. V.2 dieser Arbeit.
[486] CG² II, § 101, 112.
[487] CG² II, § 107.1, 169.
[488] CG² II, § 97.3, 82.

Menschlichen in der Person des Erlösers es Schleiermacher ermöglicht, das Vereintsein näherhin als *unio personalis*, als eine Durchdringung der menschlichen Seele Christi samt ihrer Funktionen durch das ihm einwohnende Sein Gottes, zu bestimmen,[489] so kann auch im Lehrstück von der Wiedergeburt nur von einem wirklichen „Einswerden mit Christo"[490] gesprochen werden, wenn Bekehrung und Rechtfertigung zusammenkommen.

Ist nach Schleiermacher ‚Rechtfertigung' das soteriologische Pendant zur christologisch entfalteten ‚Versöhnung' und diese die Aufnahme in die Gemeinschaft der Seligkeit, so ist es Aufgabe der Rechtfertigungslehre, das Bewusstsein der Aufhebung der Unseligkeit zu beschreiben.[491] ‚Unseligkeit' wiederum bezeichnet bei Schleiermacher das dem Sündenbewusstsein zugehörige „Verhältniß des Menschen zu der göttlichen Heiligkeit und Gerechtigkeit, und dieses ist nun nichts anderes als das Selbstbewußtsein der Schuld und der Strafwürdigkeit."[492] Entsprechend gewährt Schleiermacher schon in der Beschreibung der versöhnenden Tätigkeit Christi einen Ausblick auf die Lehre von der Rechtfertigung, wenn es dort heißt, dass sich der Anfang der werdenden Seligkeit durch die Überwindung „des Bewußtseins der Strafwürdigkeit" auszeichne und man daher zusammenfassend als „das erste des versöhnenden Momentes die Sündenvergebung"[493] nennen könne. Das Bewusstsein der Sündenvergebung erscheint daher innerhalb der Entfaltung der Rechtfertigung als der auf das ‚alte Leben' rückblickende und damit der Buße – bzw. angesichts der obigen Ausführungen: der Reue – als Aspekt der Bekehrung korrespondierende Aspekt.

Die entscheidende Frage ist nun, *wie* die Aufnahme in die Lebensgemeinschaft mit dem Erlöser zugleich als die Aufhebung des „Bewußtsein[s] der Verschuldung gegen ihn [sc. Gott] und der Strafwürdigkeit"[494] vorgestellt werden kann. Zunächst schließt Schleiermacher aus, dass dieses Ende des alten Gottesverhältnisses so zustande komme, dass das Sündenbewusstsein selbst aufgrund des Lebens des Erlösers im Erlösten endige, weil jenes Leben eine zunehmende Vollkommenheit bedeute, somit die Sünde aufgrund ihres abnehmenden Erscheinens gar nicht mehr zu Bewusstsein komme, dann aber auch nicht die ihr anhaftende Unseligkeit. Eine solche Auffassung würde den notwendigen Zusammenhang von Bekehrung und Rechtfertigung im Geschehen der Wiedergeburt aufheben: Einerseits würde gemäß einem solchen Verständnis des Endes von Schuld- und Strafwürdigkeitsbewusstsein die der Rechtfertigung zugehörige

---

[489] Vgl. CG² II, § 97.3, 84.

[490] CG² II, § 107.1, 169.

[491] Zum Verhältnis von Seligkeit und Unseligkeit vgl. die bereits dargelegte Rekonstruktion der Einleitung zur Darstellung des Gnadenbewusstseins in Kap. IV.1 der vorliegenden Untersuchung.

[492] CG² II, § 107.1, 169; vgl. CG² I, §§ 83 f., 511–527, samt der Darstellung in Kap. III.4 dieser Arbeit.

[493] CG² II, § 101.2, 115; vgl. zum Bewußtsein der Strafwürdigkeit CG² I, § 76, 475–479.

[494] CG² II, § 109.2, 194.

Sündenvergebung als Folge der Heiligung erscheinen und gerade nicht als deren Begründung. Anderseits könnten Bekehrung und Rechtfertigung dann gar nicht als Korrelata und zwei Elemente *eines* Geschehens begriffen werden, da bei der Bekehrung mit dem Element der Reue auch „die Erinnerung an die Sünde […] wesentlich mit enthalten sei"[495], was ihrem Vergessen widerspreche.

Sünden*vergebung* bezeichnet daher nach Schleiermacher nicht das Ende des Sündenbewusstseins, sondern gewissermaßen seine Transformation. Die Sünde werde bewusst, aber sie werde bewusst als dem alten Menschen angehörig, da das Sein des neuen Menschen bewusst werde als bestimmt durch das unsündliche Sein und Leben des Erlösers in ihm:

„so ist in dem neuen Menschen die Sünde nicht mehr thätig, sondern sie ist nur die Nachwirkung oder Rükwirkung des alten Menschen. Der neue Mensch also eignet sich die Sünde nicht mehr an, und arbeitet auch gegen sie als ein fremdes, wodurch also das Bewußtsein der Schuld aufgehoben ist."[496]

Weil die Kategorie der ‚Schuld‘ nur in einem auf Selbsttätigkeit bezogenen Bewusstsein sinnvoll zur Anwendung kommen könne,[497] die Selbsttätigkeit des ‚neuen Menschen‘ aber ursächlich in der durch das Sein Gottes in ihm bestimmten Tätigkeit des Erlösers gründe, ende für den neuen Menschen das Bewusstsein der Sünde als Bewusstsein der Schuld und einhergehend damit auch das der Strafwürdigkeit.

Denn dass Lebenshemmungen als Strafe bewusst würden, hängt nach Schleiermacher daran, dass ein Zusammenhang zwischen (schuldhafter) Selbsttätigkeit und (erlittenem) Übel bewusst werde. Nun legt er in der Christologie dar, dass dieser Zusammenhang nicht notwendig sei: Für den geschichtlich-urbildlichen Erlöser gelte, dass „Hemmungen des eignen natürlichen oder gesellingen Lebens in diesem innersten Bewußtsein", wie es durch das göttliche Sein in ihm bestimmt sei, nicht „als Hemmungen aufgenommen werden konnten, sondern nur als Anzeigen, welche Richtung seiner Thätigkeit gegeben sei"[498]. In diesem Sinne beschreibt Schleiermacher am selben Ort die Konsequenz der Lebensgemeinschaft mit Christus: Er behauptet nicht ein Ende von Lebenshemmungen,[499] sondern ein Ende des Bewusstseins von diesen als Strafübeln, indem das, was nun das Innerste und Eigentliche der Person des Erlösten ausmache – die Lebensgemeinschaft mit Christus – durch diese Hemmungen nicht betroffen sei.

Damit ist deutlich, *wie* Schleiermacher die Sündenvergebung im Kontext der der Wiedergeburt zugehörigen Rechtfertigung versteht. Inwiefern dem Einzel-

---

[495] CG² II, § 109.2, 193.

[496] CG² II, § 109.2, 193.

[497] Vgl. CG² I, § 63.1, 395, sowie die Darstellung in Kap. III.1 dieser Untersuchung.

[498] CG² II, § 101.2, 114; im Hintergrund stehen die Ausführungen von CG² II, § 97.3, 82–85.

[499] Stephan macht zu Recht darauf aufmerksam, dass es eine sprachliche Ungenauigkeit Schleiermachers sei, dass er in diesem Zusammenhang weiterhin von ‚Übeln‘ spricht (vgl. H. Stephan, Lehre, 22).

nen „*des Glaubens wegen* das Bewußtsein der Sünde zu dem der Sündenvergebung" wird, ist allerdings noch nicht deutlich von ihm herausgearbeitet. Hier
schließt er jedoch zunächst mit der Darstellung des positiven, auf das neue Leben
abzielenden und damit dem Aspekt des Glaubens innerhalb der Darstellung der
Bekehrung korrespondierenden Element der Adoption an.

Der Inhalt der Vorstellung einer in der Lebensgemeinschaft mit dem Erlöser
begründeten Annahme „als ein Kind Gottes"[500] wird von Schleiermacher äußerst
knapp beschrieben und innerhalb der Rechtfertigungslehre in keinem ihrer Aspekte näher begründet oder erläutert: Es sei

> „nicht möglich, daß Christus in uns lebe, ohne daß auch sein Verhältniß zu seinem Vater
> sich in uns gestalte, [...] welches die von ihm herrührende Macht ist Kinder Gottes zu sein;
> und dieses schließt die Gewährleistung der Heiligung in sich. Denn das Recht der Kind-
> schaft ist, zur freien Mitthätigkeit im Hauswesen erzogen zu werden, und das Naturgesetz
> der Kindschaft ist, daß sich durch den Lebenszusammenhang eine Aehnlichkeit mit dem
> Vater in dem Kinde entwikle."[501]

Die Knappheit der Behandlung korrespondiert derjenigen der Beschreibung des
Glaubens innerhalb der Lehre von der Bekehrung. Mit den Lehren von Reue und
Sündenvergebung wird auf das alte Gesamtleben zurückgeschaut. Daher muss
das Verhältnis zu diesem und die Änderung, die mit der Wiedergeburt eintritt,
ausführlich expliziert werden. Glaube und Gotteskindschaft eröffnen nun aber
die Perspektive auf das neue Leben in seiner *Konstanz*.[502] Entfaltet wird dieses
in seinem Vollzug in der Lehre von der Heiligung, so dass hier nur der Anfang
des neuen Bewusstseins als Grund bzw. „Gewährleistung der Heiligung"[503]
in den Blick gerät, seine Stetigkeit aber im Kontext der Heiligungslehre selbst
thematisch wird.[504]

Die Analogie zwischen der Lehre von der Adoption in die Gotteskindschaft
und der vom Glauben ist auch in einer problematischen Hinsicht geltend zu
machen: Hier wie dort wird m. E. das angestrebte Ziel, der „höchst mögliche
Grad der Bestimmtheit"[505] nicht erreicht.

Zunächst erstaunt die Begriffswahl Schleiermachers: Er selbst problematisiert
den fehlenden sprachlichen Zusammenhang zum Rechtfertigungs- und Sünden-
vergebungsbegriff, sieht diesen Nachteil aber durch seine Darlegung des Sach-
zusammenhangs ausgeglichen.[506] Es bleibt dennoch fraglich, warum er hier auf

---

[500] CG² II, § 109, 191.

[501] CG² II, § 109.2, 195.

[502] Vgl. CG² II, § 109.2, 195.

[503] CG² II, § 109.2, 195. Vgl. die analoge Formulierung zum Glauben in: CG² II, § 108.1,
174 f.

[504] Den Fokus auf die Heiligung innerhalb der Darstellung des Kindschaftsgedankens nimmt
auch H. Stephan, Lehre, 24 f., wahr.

[505] CG² I, § 16, 130.

[506] Vgl. CG² II, § 109.1, 193.

die Analogie zur „Sohnschaft"[507] Christi abzielt, obwohl innerhalb der Christologie die Bezeichnung ‚Sohn Gottes‘ nur in einem Zusatz zum Lehrstück von der Person Christi behandelt wird.[508] Auch erfährt sie dort keine weitere Beschreibung, außer dass sie auf den „Unterschied zwischen ihm und allen andern Menschen"[509] hinweise. Diesen Unterschied beschreibt Schleiermacher an vorheriger Stelle als die in der „wesentliche[n] Unsündlichkeit" und „schlechthinige[n] Vollkommenheit"[510] begründete *bleibende* Differenz zwischen dem Erlöser und allen anderen Menschen. Eine Teilhabe an der Sohnschaft erscheint vor diesem Hintergrund problematisch. Auch die inhaltliche Füllung des Kindschaftsgedankens ergibt sich nicht schlüssig aus der Analogie zur Christologie: Die Gedanken der ‚Erziehung zur Mittätigkeit‘ oder ‚Entwicklung der Ähnlichkeit mit dem Vater‘ finden von dort keine hinreichende Erklärung.

Die christologische Grundlage erhellt vielmehr, wenn man eine Überlegung aus dem folgenden Abschnitt über das Verhältnis zur traditionellen Rechtfertigungslehre hinzuzieht, in der stärker als in der eigentlichen Definition der Inhalt des Bewusstseins der Annahme zur Gotteskindschaft hervortritt: Es sei das Bewusstsein des göttlichen Wohlgefallens, das Bewusstsein „zu einem Gegenstand der göttlichen Liebe"[511] geworden zu sein. Für dieses Bewusstsein der Wirksamkeit der versöhnenden Tätigkeit Christi findet sich die korrespondierende Beschreibung eben dieser Tätigkeit in der Darstellung des hohepriesterlichen Amtes Christi und insbesondere des tätigen und leidenden Gehorsams.[512] Im Sinne der Lebensgemeinschaft mit Christus, seiner „Beseelung"[513] des Wiedergeborenen, könne Christus hinsichtlich des tätigen Gehorsams die hohepriesterliche Vertretung des Menschen vor Gott leisten,

„weil Gott uns nicht jeden für sich sondern nur in ihm sieht. […] Darum ist wie dort der Hohepriester so hier Christus derjenige, der uns rein darstellt vor Gott vermöge seiner eignen vollkommnen Erfüllung des göttlichen Willens, wozu durch sein Leben in uns der Trieb auch in uns wirksam ist, so daß wir in diesem Zusammenhang mit ihm auch Gegenstände des göttlichen Wohlgefallens sind."[514]

Und hinsichtlich des „hohepriesterliche[n] Werth[s] des leidenden Gehorsams" hält Schleiermacher an entsprechender Stelle fest, dass dieser darin bestehe, „daß wir Gott in Christo sehen und Christum als den unmittelbarsten Theilhaber der ewigen Liebe, welche ihn gesendet und ausgerüstet hat."[515]

---

[507] CG² II, § 109.2, 195.
[508] Vgl. CG² II, Zusatz, 99–104.
[509] CG² II, Zusatz, 101.
[510] CG² II, § 98, 90.
[511] CG² II, § 109.3, 198.
[512] Vgl. CG² II, § 104, 133–151.
[513] CG² II, § 100.2, 108 [Sperrungen des Originals aufgehoben durch die Vfn.].
[514] CG² II, § 104.3. 137.
[515] CG² II, § 104.4, 142.

Vor diesem Hintergrund lässt sich das Bewusstsein der Annahme in die Gotteskindschaft deuten als Bewusstsein, durch die Lebensgemeinschaft mit dem Erlöser, weil dieser „genugthuende[r] Stellvertreter"[516] für die Menschheit ist, in einem solchen Gottesverhältnis zu stehen, dass der Erlöste dauerhaft Gegenstand göttlichen Wohlgefallens und göttlicher Liebe ist.[517] Insofern dieses Bewusstsein an die im tätigen Gehorsam Christi begründete Vertretung vor Gott gebunden ist, der tätige Gehorsam von Schleiermacher aber als „die vollkommene Erfüllung des göttlichen Willens"[518] beschrieben wird und die Möglichkeit der Vertretung an der Lebensgemeinschaft hängt, durch die „der Trieb auch in uns wirksam ist"[519], besteht ein Zusammenhang zwischen dem Bewusstsein, Gegenstand göttlichen Wohlgefallens zu sein, und der ‚Mittätigkeit‘ im Gesamtleben gemäß dem Willen Gottes. Insofern mit diesem Bewusstsein aber die ‚Entwicklung der Ähnlichkeit mit dem Vater‘ verbunden ist, liegt der Fokus auf der im leidenden Gehorsam Christi erscheinenden göttlichen Liebe. Greift man auf den letzten Teil der Gotteslehre innerhalb der ‚Glaubenslehre‘ vor, so wird dort die Liebe als „die Richtung, sich mit andern vereinigen und in anderem sein zu wollen" beschrieben – die göttliche Liebe ziele somit „auf Vereinigung des göttlichen Wesens mit der menschlichen Natur"[520]. Sie sei die die Erlösung bzw. vollendete Schöpfung begründende ‚Gesinnung‘, ihr innerstes Motiv. Somit kann die Annahme zur Kindschaft in dieser Hinsicht das Bewusstsein einer in dieser Kindschaft begründeten, sich allmählich festigenden Gesinnung der Liebe bedeuten, deren ‚Frucht‘ sich in der Heiligung zeigt.

Insgesamt scheint die Einführung des *adoptio*-Gedankens sich stark dem Interesse an der Verzahnung von Wiedergeburt und Heiligung zu verdanken. Es lässt sich m. E. sogar fragen, ob Schleiermacher hier nicht – entgegen seiner expliziten Intention –[521] die Heiligung versehentlich in die Rechtfertigungslehre mit einzeichnet, indem er davon spricht, dass „der von seiner Entstehung an *durch die Liebe thätige* Glaube im Gedanken das Bewußtsein der Kindschaft Gottes ist"[522]. Warum fügt Schleiermacher hier die Ergänzung ein und spricht nicht nur vom Glauben? Es entsteht der Eindruck, dass das Bewusstsein der Gotteskindschaft erst dann entstehen kann, wenn der Glaube sich schon in einer ihm ent-

---

[516] CG² II, § 104.4, 146. Zur Umdeutung des traditionellen Gedankens der stellvertretenden Genugtuung in die Formel des genugtuenden Stellvertreters vgl. F. Nüssel, Sühnevorstellung, 88 f.

[517] Osthövener macht darauf aufmerksam, dass Schleiermachers Rechtfertigungslehre schon insofern eine besondere Relevanz eigne, als sie „genau genommen der einzige Ort in diesem dogmatischen Gebiet [sei], an dem ein unmittelbares Verhältnis zu Gott entfaltet wird" (C.-D. Osthövener, Lehre, 82). Allerdings lässt sich m. E. die behauptete *Unmittelbarkeit* angesichts der oben dargelegten christologischen Vermittlung in Frage stellen.

[518] CG² II, § 104.3, 139.

[519] CG² II, § 104.3, 137.

[520] CG² II, § 165.1, 499.

[521] Vgl. z. B. CG² II, § 109.3, 196.

[522] CG² II, § 109.2, 193.

sprechenden Tätigkeit als lebendig erwiesen hat. Sicher ist, dass dieser Eindruck nicht Schleiermachers Aussageinteresse entspricht, da dadurch sowohl das von ihm beschriebene Verhältnis der Gleichzeitigkeit von Bekehrung und Rechtfertigung in der Wiedergeburt als auch der Begründungszusammenhang zwischen dieser und der Heiligung aufgehoben würde. Es gelingt ihm allerdings nicht, in den knappen und wenigen Ausführungen zur Annahme in die Gotteskindschaft diese Verhältnisbestimmung eindeutig aufrecht zu erhalten.

Eventuell ist sich Schleiermacher dieser Schwierigkeit hinsichtlich des Adoptionsgedankens bewusst und betont deshalb im Kontext der Auseinandersetzung mit der „herrschenden Art und Weise" der Behandlung der Rechtfertigungslehre zunächst erneut, dass die Differenz zu der herkömmlichen Form nicht die Frage nach der Ursächlichkeit des Menschen in Bezug auf seine Rechtfertigungshandlung betreffe, da die Rechtfertigung mit ihren Elementen auch bei Schleiermacher „nicht etwa schon der Selbstthätigkeit des bekehrten wenngleich der durch Christum bedingten und von ihm hervorgelokten zugeschrieben" werde, „als ob die Rechtfertigung ein Theil der Heiligung wäre oder aus dieser hervorginge"[523]. Der Unterschied liegt nach Schleiermacher vielmehr darin, dass bei ihm Rechtfertigung nicht durch „die Formel eines göttlichen Actes der Rechtfertigung"[524] gedeutet, sondern als Wirkung der durch das göttliche Sein in ihm bestimmten Tätigkeit Christi beschrieben wird.

In drei Punkten bestimmt Schleiermacher das Verhältnis der eigenen Darstellung zur traditionellen Rechtfertigungslehre. Sie betreffen die Frage des Verhältnisses von göttlichem Akt und Wirksamkeit Christi, die Problematik der Vorstellung eines einzelnen, zeitlichen Aktes Gottes sowie die Auffassung, dass der göttliche Rechtfertigungsakt deklaratorischer Natur sei.

Hinsichtlich des ersten Punktes entsteht auf den ersten Blick der Eindruck, als ob Schleiermacher in der Verhältnisbestimmung von Wirksamkeit Christi und göttlichem Rechtfertigungsakt einen Widerspruch aufbaut, indem er zunächst betont, dass „wir uns diesen göttlichen Act keinesweges können *unabhängig* denken von der Wirksamkeit Christi in der Bekehrung"[525], dann aber damit schließt, dass weder bei dem Gedanken der Sündenvergebung noch dem der Adoption – ob „in den kirchlichen Formeln"[526] oder in ihrer Verwendung bei Schleiermacher – „irgend eine *Abhängigkeit* eines göttlichen Actes von der Wirksamkeit Christi oder ihrem Resultat"[527] impliziert sei. Was nun die Nicht-Unabhängigkeit betrifft, so soll damit festgehalten werden, dass die Rechtfertigung nicht losgelöst von der durch Christus bewirkten Bekehrung geschehen könne. Hinsichtlich seiner eigenen Darstellung wurde dieser notwendige Zu-

---

[523] CG² II, § 109.3, 196.
[524] CG² II, § 109.3, 196.
[525] CG² II, § 109.3, 196 [Hervorhebung durch die Vfn.].
[526] CG² II, § 109.3, 196.
[527] CG² II, § 109.3, 196 [Hervorhebung durch die Vfn.].

sammenhang von Schleiermacher bereits dargelegt. Dass dieser aber auch in den traditionellen Darstellungen gesetzt ist, verdeutlicht er anhand der Vorstellung vom Glauben als rezeptivem Organ:[528] Der Glaube entstehe durch das Wirken Christi in der Bekehrung und sei notwendig für die Heilsteilhabe des Menschen, weil nur durch ihn das Heil aufgenommen werden könne. Insofern bestehe eine Abhängigkeit zwischen göttlichem Rechtfertigungsakt und Wirksamkeit Christi,[529] Glaube und Rechtfertigung gehörten notwendig zusammen.

Diese Abhängigkeit ist aber nach Schleiermacher nicht so zu verstehen, dass der göttliche Rechtfertigungsakt durch die Wirksamkeit Christi verursacht wird. Es sei eine ‚Abhängigkeit *zwischen*‘, nicht eine ‚Abhängigkeit *von*‘. Diese Abgrenzung erhellt, wenn man Schleiermachers Gotteslehre mit dem Gedanken der schlechthinnigen Ursächlichkeit erinnert und erneut auf die Christologie zurückschaut: Dort wird von Schleiermacher innerhalb der Explikation des königlichen Amtes[530] Christi auf die „gewöhnliche Eintheilung des Reiches Christi in das Reich der Macht, das Reich der Gnade und das Reich der Herrlichkeit"[531] eingegangen. Er legt dar, inwiefern dem Erlöser kein Reich der Macht zukomme unabhängig von dem der Gnade, sondern das Reich der Macht im eigentlichen Sinne nur göttlicher Ursächlichkeit zukomme. Zum Reich der Macht gehöre die Ursächlichkeit in der Hinsicht, „welcher Theil der Welt vor dem andern und welcher Einzelne vor dem andern reif wird für die Fruchtbarkeit dieser Verkündigung [sc. der durch die christliche Gemeinschaft wirkenden Selbstmitteilung des Erlösers]"[532]. Daher kann Schleiermacher im Rahmen der Soteriologie auf diesen Gedanken rekurrieren und festhalten, dass die Wirksamkeit Christi nicht einen göttlichen Rechtfertigungsakt begründen könne, weil „auch dieses schon, wann Jeder […] zur Bekehrung gelange, nicht zu dem Reich der Gnade gerechnet also in die Abhängigkeit von Christo gestellt, sondern zum Reich der Macht und in die von Gott"[533] wird. Insofern löst sich der oben angedeutete Widerspruch.[534]

---

[528] Schleiermacher verweist hier auf keine spezielle Darstellung, vgl. aber bspw. D. Hollaz, Examen, Part. III, Sect. II, Cap. VII, Q. 11, 295: „Est enim fides iustificans organon receptivum, & quasi manus miseri peccatoris, qua sibi applicat, & ad se recipit, complectitur & possidet ea, quae in gratuita promissione evangelii offeruntur."

[529] In den Bekenntnissen habe der Zusammenhang beider auch Niederschlag gefunden, allerdings „nicht selten in schwankenden Ausdrükken, aus denen erst wenn man sich die Aufgabe stellt sie auszugleichen das Sachverhältnis klar hervorgeht" (CG² II, § 109.3, 196, Anm. 5). Schleiermacher verweist auf den fünfzehnten Artikel der ‚Confessio Helvetica Posterior‘, in dem es heißt, dass das *beneficium iustificationis* nicht aufgeteilt werden dürfe, dass sie von der göttlichen Gnade und vom Tun des Menschen abhänge, „sed in solidum gratia Dei in Christo per fidem tribuimus" (ConfHelvPost XV, in: BSRK, 192,26 f.).

[530] Vgl. CG² II, § 105, 151–164.

[531] CG² II, § 105.2, 155. Zur Lehre vom dreifachen Reich vgl. H. Schmid, Dogmatik, § 37, 240–243.

[532] CG² II, § 105.2, 156.

[533] CG² II, § 109.3, 197.

[534] Daher kann ich mich nicht der Auffassung anschließen, dass Schleiermacher hier „die

Hinsichtlich des zweiten Punktes, der Frage nach der Art des göttlichen Rechtfertigungsaktes, verschafft sich die Schleiermachersche Gotteslehre ihr Recht: Vor dem Hintergrund vor allem der Explikation der Ewigkeit als der „mit allem zeitlichen auch die Zeit selbst bedingende[n] schlechthin zeitlose[n] Ursächlichkeit"[535] ist es die logische Konsequenz, dass Schleiermacher auch hinsichtlich der Rechtfertigung keine zeitliche, auf ein Individuum gerichtete göttliche Tätigkeit gelten lassen kann. Nichtsdestotrotz nimmt auch Schleiermacher wahr, dass der Rechtfertigungsgedanke gerade das individuelle Gottesverhältnis betrifft und somit „die rechtfertigende göttliche Thätigkeit in ihrer Beziehung auf den Einzelnen"[536] behandelt. Dogmatisch legitim sei diese „Vereinzelung und Verzeitlichung göttlicher Thätigkeit"[537] aber gerade nur aufgrund des Ausgangspunktes dogmatischer Theologie: Weil diese ihren Ausgangspunkt beim individuellen Selbstbewusstsein nehme, welches sich – aufgrund des Zusammenhangs mit der Bekehrung – auch der Rechtfertigung als eines bestimmten zeitlichen, wenn auch nicht datierbaren Wendepunkts im Gottesverhältnis bewusst werde, könne aus dieser Perspektive eine einzelne, zeitliche Tätigkeit gedacht werden, „aber sie darf nicht für etwas an und für sich gehalten werden"[538].

Selbst die Vorstellung eines ewigen Ratschlusses, der aber auf Individuelles bezogen sei, verbiete sich.[539] Alles Vereinzelnde und Zeitliche würde das, was unter ‚Gott' vorgestellt werde, selbst unter den Gegensatz stellen und damit der dazugehörigen Auffassung über Einheit und Ewigkeit widersprechen. Indem aber die Christologie darlegt, inwiefern die Inkarnation ein ‚Naturwerden des Übernatürlichen' ist, so dass durch den urbildlichen Erlöser „allein alles Sein Gottes in der Welt und alle Offenbarung Gottes durch die Welt in Wahrheit vermittelt"[540] – und zwar auf natürlich-geschichtliche Weise vermittelt – wird, wird auch der Aspekt der zeitlichen Realisierung des göttlichen Ratschlusses einbezogen. Dieser Hintergrund erlaubt es, das individuelle Bewusstsein eines zeitlich verstandenen Rechtfertigungsakts dogmatisch zu entfalten, weil und sofern diese Zeitlichkeit und Vereinzelung nicht wieder auf die göttliche Tätigkeit selbst zurückgeführt wird.[541]

Argumentation deshalb ab[bricht]", weil ein „Weiterdenken an dieser Stelle […] unweigerlich zur Trinitätslehre" (J. MÜLLER, Wiedergeburt, 129) führen müsste.

[535] CG² I, § 52, 312. Vgl. Kap. II.3 der vorliegenden Untersuchung.

[536] CG² II, § 109.3, 197.

[537] CG² II, § 109.3, 197.

[538] CG² II, § 109.3, 197.

[539] Schleiermacher wendet sich hier gegen die Darstellung Gerhards (vgl. J. GERHARD, Loci, Bd. 2, Locus 7, 49).

[540] CG² II, § 94.2, 56.

[541] Vgl. auch U. GLATZ, Religion, 367: „Lediglich aufgrund der *ratio cognoscendi*, also aus der Erlebnis- und Deutungsperspektive endlicher Subjekte, scheint das Gottesverhältnis zeitlichen Veränderungen unterworfen zu sein. Nur *für* das Selbstbewusstsein des Menschen ist das Werk der göttlichen Gnade ein Individualisiertes und Geschichtliches. *Sub specie Dei* ist die Menschheit in Christus ein für allemal angenommen worden."

Die Formulierungen und Begründungen Schleiermachers gründen in der Gotteslehre und entsprechen denen innerhalb der Einleitung zum Gnadenbewusstsein sowie innerhalb der Christologie:[542] Es gebe

„nur Einen ewigen und allgemeinen Rathschluß der Rechtfertigung der Menschen um Christi willen. Dieser Rathschluß wiederum ist derselbe mit dem der Sendung Christi [...], und dieser wiederum ist nur Einer auch mit dem der Schöpfung des menschlichen Geschlechts [...]. Und wie in Gott denken und wollen, wollen und thun nicht zu trennen sind: so ist auch alles dieses nur Ein göttlicher Act zur Umänderung unsers Verhältnisses zu Gott, dessen zeitliche Manifestation in der Menschwerdung Christi [...] ihren Anfang nimmt. Und von da ab ist auch die zeitliche Kundgebung dieses göttlichen Actes eine wahrhaft stetige, erscheint aber uns ihrer Wirkung nach in soviel von einander getrennte Punkte gleichsam zerschlagen, als einzelner Menschen Vereinigung mit Christo gesetzt wird."[543]

Auch hier gilt somit nach Schleiermacher wieder: Für die Vorstellung der Tätigkeit Gottes und seines Ratschlusses gilt, dass sie als ewig und ungeteilt gedacht werden müssen; erfüllt und erkannt wird dieser Ratschluss aber nur in seiner zeitlichen, die Akte vereinzelnden Realisierung,[544] so dass der Einzelne sich seiner Rechtfertigung zeitlich und individuell bewusst wird. Durch die Lebensgemeinschaft mit Jesus Christus gewinnt der Einzelne Anteil an der Vereinigung des Göttlichen mit dem Menschen, die aber als Erfüllung des göttlichen Ratschlusses schon in diesem selbst begründet ist.

In Bezug auf den dritten Punkt, den Schleiermacher in seiner Verhältnisbestimmung zur traditionellen (protestantischen) Rechtfertigungslehre behandelt, tritt die Differenz zu dieser am gravierendsten hervor – auch wenn Schleiermacher diese „Abweichung von der in unserer Kirche herrschenden Darstellung"[545] selbst relativiert.[546] Dass der Unterschied zum römisch-katholischen Rechtfertigungsverständnis darin liegen solle, dass diese die Rechtfertigung effektiv verstehe, während die protestantische den forensischen bzw. deklaratorischen Charakter des Rechtfertigungsaktes festhalte,[547] hält Schleiermacher gerade nicht für die rechte Differenzbestimmung. Zum einen begründet Schleiermacher seine

---

[542] Vgl. insbes. CG² II, § 89, 27–32, samt seiner Darstellung in Kap. IV der vorliegenden Arbeit, sowie § 97.2, 72–81, bes. 74 f., samt der Rekonstruktion in Kap. V.1.2.

[543] CG² II, § 109.3, 197 f. Schleiermacher führt die Ablehnung eines gesonderten Rechtfertigungsaktes auch noch hinsichtlich seiner beiden Aspekte und im Rekurs auf die Ausführungen der Sündenlehre näher aus. Die Argumentationsfigur ist aber keine grundlegend andere als an vorherigen Stellen, so dass eine Darstellung hier verzichtbar erscheint.

[544] Vgl. auch CG² II, § 172.3, 532: Wir können „die göttliche Ursächlichkeit nur als Ratschluß in ihrer Ewigkeit begreifen, die Erfüllung aber nur zeitlich vorstellen".

[545] CG² II, § 109.3, 198.

[546] Vgl. E. HIRSCH, Geschichte, Bd. 5, 348: „Schleiermacher hat diese Abweichungen als wesentlich technischer Art angesehen."

[547] Vgl. dazu exemplarisch ApolCA IV, in: BSLK, 219,43–45: „Iustificare vero hoc loco forensi consuetudine significat, reum absolvere et pronuntiare iustum, sed propter alienam iustitiam, videlicet Christi, quae aliena iustitia communicatur nobis per fidem."

Ablehnung dieses Verständnisses damit, dass eine Deklaration hinsichtlich des allgemeinen, einen göttlichen Ratschlusses nicht sinnvoll gedacht werden könne, weil dann Gott „sich selbst sagte was er in einem andern thut", was „etwas völlig leeres"[548] aussagen würde. Aber selbst wenn man die von Schleiermacher im Vorherigen abgewiesene Annahme einzelner göttlicher Rechtfertigungsakte gelten lassen wollte, so würde ein rein deklaratorischer Rechtfertigungsakt nichts am Sünden- und Schuldbewusstsein ändern. Seine Kraft gewinne er erst durch den Zusammenhang mit dem durch die Tätigkeit Christi bewirkten Bewusstsein der Bekehrung, wodurch „uns das declaratorische wieder in dem schöpferischen"[549] verschwinde.

Allerdings kann Schleiermacher dem Deklarationsgedanken in einer Hinsicht doch etwas abgewinnen, indem er ihn wiederum nicht auf die göttliche Tätigkeit selbst, sondern auf ihre Realisierung am Einzelnen bezieht:

> „Wohl aber kann man mit Recht sagen, jeder Act der Bekehrung sei, in sofern zugleich das Bewußtsein der Sündenvergebung und der Kindschaft Gottes mit dem Glauben entsteht, in dem Menschen selbst eine Declaration des allgemeinen göttlichen Ratschlusses um Christi willen zu rechtfertigen."[550]

Dieses Verständnis des deklaratorischen Charakters der Rechtfertigung schließe aber gerade den effektiven[551] nicht aus, sondern sei nur sinnvoll zu denken im Zusammenhang mit der Wirksamkeit. Weil in der Bekehrung die Tätigkeit des Erlösers *wirksam* werde, so dass die Lebensgemeinschaft mit ihm, das Leben des Erlösers im Erlösten konstituiert werde, komme es auch *effektiv* durch Sündenvergebung und Adoption zur Teilhabe an dem Gottesverhältnis des Erlösers.[552] Der Unterschied zur römisch-katholischen Lehre liege gerade darin, dass bei dieser die Rechtfertigung erst durch die Werke bewirkt werde, während sich nach protestantischem Verständnis durch den Glauben auch wirklich und wirksam in Sündenvergebung und Annahme in die Gotteskindschaft die Rechtfertigung vollziehe.

---

[548] CG² II, § 109.3, 199.

[549] CG² II, § 109.3, 199.

[550] CG² II, § 109.3, 199.

[551] ‚Effektiv' meint hier nicht eine Rechtfertigung, die zugleich eine „völlige Verwandlung" (CG² II, § 110.1, 204) des Menschen zur persönlichen Heiligkeit bedeute, aber eine *wirksame* Veränderung: Die neue Persönlichkeit unterscheidet sich realiter und dauerhaft vom alten Menschen. „Die göttliche Rechtfertigung ist nicht rein ein Urteil, ein für gerecht Erklären. Sie ist eine von Christus ausgehende lebensetzende göttliche Tat. […] Predigtmäßig gesprochen: der Wahrhaftige kann den Menschen nicht für etwas ausgeben, was er nicht in irgendeinem Sinne ist" (E. HIRSCH, Geschichte, Bd. 5, 347).

[552] Schleiermachers gewissermaßen effektives Verständnis der Rechtfertigung ist nicht mit dem Gedanken der *iustificatio iusti* zu identifiziert, wie er als Spezifikum der altreformierten Theologie gilt. Gerdes sieht allerdings die Gefahr, dass Schleiermachers Rechtfertigungslehre drohe, „die iustificatio impii Luthers zu einer iustificatio pii zu verwandeln" (H. GERDES, Christusbild, 101).

Diesen Punkt, die „entscheidend protestantische Lehrweise [...], daß wir durch den Glauben gerechtfertigt werden"[553], behandelt Schleiermacher in einem letzten Abschnitt des Lehrsatzes von der Rechtfertigung in drei Unterpunkten. Das *sola fide* wird auf seine grundsätzliche Bedeutsamkeit hinsichtlich der Rechtfertigung und auf seine Exklusivität hin befragt, schließlich aber auch, was seine missverständlichen Spezifizierungen durch die kirchlich-dogmatische Tradition betrifft, hinterfragt.

Auch wenn man den Rechtfertigungsakt nicht rein deklaratorisch verstehe, sei es „notwendig den Punkt zu bestimmen und die Art, wann und wie die rechtfertigende göttliche Thätigkeit sich an dem Menschen vollendet."[554] Zum „Gegenstand des göttlichen Wohlgefallens und der göttlichen Liebe" könne ein Einzelner nun nicht anders werden, „als indem er Christus gläubig ergreift."[555] Denn erst durch diese „Aneignung der Erlösung [...] als That, als ein Ergreifen Christi"[556] werde die Lebensgemeinschaft mit dem Erlöser konstituiert, durch die es zu einer dem Sein des Erlösers im Erlösten entsprechenden Änderung des Gottesverhältnisses komme.[557] Diese Änderung impliziere jedoch nicht, dass vor der Realisierung des allgemeinen, ewigen Ratschlusses am Einzelnen ein Verhältnis bestehe, wodurch er „Gegenstand des göttlichen Mißfallens oder Zornes sei"[558], vielmehr sei das Gegenteil des göttlichen Wohlwollens und der Liebe das ‚Übersehen': *Sub specie Dei* ist nach Schleiermacher der Mensch vor seiner Partizipation am Leben Christi gar nicht Person, sondern „Theil der Masse, aus welcher erst durch die Fortwirkung des schöpferischen Actes, aus dem der Erlöser hervorging, Personen werden."[559] Diesem Gedanken korrespondieren die christologische Bestimmung der Tätigkeit des Erlösers als schöpferisch und personbildend[560] sowie die Ausführung der Wiedergeburt als Entstehung einer

---

[553] CG² II, § 109.4, 200.

[554] CG² II, § 109.4, 200. Zuvor stellt Schleiermacher heraus, dass die Verknüpfung von Rechtfertigung und Glaube in der protestantischen Tradition „um so nothwendiger" (ebd.) gewesen sei, je stärker man den deklaratorischen Charakter des Rechtfertigungsakts betont habe, da ohne eine solche Verknüpfung die Anwendung auf den einzelnen als bloße Willkür erscheine.

[555] CG² II, § 109.4, 200.

[556] CG² I, § 63.2, 396. Dieses gläubige Ergreifen dürfe wiederum nicht als Verdienst des Menschen, als in ihm ursächlich gründende Tat, verstanden werden, da ja – wie innerhalb des Lehrsatzes zur Bekehrung entfaltet wurde – „der Glaube nur aus der Wirksamkeit Christi entsteht" (CG² II, § 109.4, 201), in dieser somit seine Ursache habe.

[557] Schleiermacher verweist auf Calvin. In der ‚Institutio' heißt es, „daß Gott niemanden anders als in Christus liebt" (J. CALVIN, Unterricht, III,2,32, 313).

[558] CG² II, § 109.4, 200.

[559] CG² II, § 109.4, 201. Dieser Gedanke begegnet in der Erwählungslehre erneut im Blick auf die Frage, inwiefern von einer Verwerfung gesprochen werden kann. Für (aktuell) nicht-Erwählte gelte nicht, dass sie Verworfene seien, sondern „jener Ausdrukk des Uebergehens [sei] der angemessenste", denn sie seien „noch ohne geistige Persönlichkeit mit in die Masse des sündlichen Gesammtlebens versenkt" (CG² II, § 119.2, 262 [Hervorhebung durch die Vfn. aufgehoben]).

[560] Vgl. CG² II, § 100.2, 107.

neuen, religiösen Persönlichkeit[561] und schließlich die über das Sündenbewusstsein im Stand der Heiligung.[562]

Bezüglich der Exklusivität des Glaubens, d. h. der Betonung des *sola* rekurriert
Schleiermacher auf seine Bestimmung der Rechtfertigung als Wirksamwerdung
der versöhnenden, d. h. in die Gemeinschaft seiner Seligkeit aufnehmenden Tätigkeit Christi. Wenn allein durch den Christus ergreifenden Glauben die Rechtfertigung als diese Partizipation an der Seligkeit Christi bewirkt werde, so sei
auch nicht denkbar, dass etwas anderes als der Glaube diese Seligkeit potenzieren
könne, denn einerseits müsste dieses Andere dann auch als Grund der Seligkeit
denkbar werden und andererseits sei Seligkeit keines „Mehr oder Minder"[563]
fähig, sondern eine konstante Größe. Daher könne festgehalten werden, dass der
Glaube „allein seligmachend"[564] sei.[565]

Während Schleiermacher mit den ersten zwei Punkten den Anschluss an die
Tradition evangelischer Lehrbildung sucht, grenzt er sich in einem letzten Punkt
allerdings gegen diese ab. Die Formulierungen, der Glaube sei „causa instrumentalis oder das ὄργανον ληπτικὸν für die Rechtfertigung"[566], kann er für seine
Darstellung aus verschiedenen Gründen nicht aufnehmen: Die erste Formulierung berge die Möglichkeit des Missverständnisses in sich, dass der Glaube nach
dem die Rechtfertigung aneignenden ‚Gebrauch' verzichtbar werde; die zweite
lasse ihn aber als eine der natürlichen Beschaffenheit des Menschen zugehörige
Bedingung der Aufnahme erscheinen. Daraus könnte „sich also ein Schein bilden, als ob der Glaube etwas wäre, was Jeder zu der Wirksamkeit der Gnade
schon hinzubringen müsse"[567]. Es gebe zwar ein *organon receptivum*, dieses sei
aber nicht der Glaube, der ja erst aus der Wirksamkeit des Erlösers hervorgehe,
sondern „unsere *lebendige Empfänglichkeit*"[568]. Es zeigt sich hier erneut, welche
Relevanz diesem Gedanken innerhalb der Schleiermacherschen Darstellung zukommt, wenn die lebendige Empfänglichkeit als das bestimmt wird, was jeder als
Voraussetzung der Möglichkeit des Wirksamwerdens der Gnade besitzen muss.

5.3.5 Fazit

Ein zusammenfassendes Votum bezüglich der Schleiermacherschen Rechtfertigungslehre fällt schwer. Diese Schwierigkeit gründet weniger in der Frage ihrer

---

[561] Vgl. CG² II, § 106.1, 165.

[562] Vgl. CG² II, § 111.3, 216–218. Vgl. Kap. VI.6 der vorliegenden Untersuchung.

[563] CG² II, § 109.4, 201.

[564] CG² II, § 109.4, 201.

[565] Vgl. z. B. FC SD III, in: BSLK, 932,19–26 [Hervorhebungen durch die Vfn. aufgelöst]:
„Sed et hic error reiiciendus est, cum docetur hominem alio modo seu per aliquid alius salvari,
quam per id, quo coram Deo iustificatur, ita ut sine operibus per solam quidem fidem coram Deo
iustificemur, sed tamen absque operibus salutem aeternam consequi impossibile sit."

[566] CG² II, § 109.4, 202. Vgl. z. B. J. A. König, Theologia, § 550, 308.

[567] CG² II, § 109.4, 202.

[568] CG² II, § 109.4, 202 [Hervorhebung durch die Vfn.].

systemimmanenten Plausibilität und Stringenz,[569] sondern hängt vielmehr davon ab, welches Gewicht man der Lehre von der Rechtfertigungstheologie für das Gesamt protestantischer Theologie zumisst, wie man ihre Entwicklung seit der Reformation beurteilt, und im Zusammenhang damit auch, ob man eher an einzelnen Formulierungen und Bestimmungen oder an einer Gesamtaussageintention interessiert ist – und wie man letztere bestimmen möchte. Es lässt sich hinsichtlich dieser Aspekte exemplarisch auf die Erwähnung und Beurteilung der Schleiermacherschen Lehre in entsprechenden Lexikonartikeln verweisen: Während Sauter, der das ‚Anstößige‘ und ‚Unanschauliche‘ für den Kern reformatorischer Rechtfertigungslehre hält, in seiner theologiegeschichtlichen, den Zeitraum vom 16. bis 20. Jahrhundert überblickenden Darstellung eher eine Verfallsgeschichte der Rechtfertigungslehre skizziert, bei der Schleiermachers Darstellung lediglich als Anknüpfungspunkt für die (negativ bewertete) Transformation der Rechtfertigungslehre in eine „Theorie der Konstitution religiöser Subjektivität"[570] in den Blick gerät, betont Deuser, der davon ausgeht, dass es der Zweck der „Theologie der Rechtfertigung [...] [sei], den Vorgang der Gotteserfahrung zu beschreiben"[571], dass Schleiermacher „schon die wissenschaftliche Grundform [seines] Denkens nach dem Modell der reformatorischen Rechtfertigungslehre entw[irft]."[572]

Es lässt sich m. E. nicht bestreiten, dass Schleiermachers Rechtfertigungslehre einen stärkeren Bruch gegenüber deren reformatorischer und altlutherischer Fassung darstellt, als er selbst zugibt.[573] Zwar entwickelt sich die Vorstellung eines rein forensisch-deklaratorischen Rechtfertigungsaktes erst allmählich – auch bei Melanchthon finden sich noch in der ‚Apologie‘ Aussagen, die ein effektives Verständnis der Rechtfertigung nicht ausschließen –[574], doch scheint der mit ihr verbundene, vor dem Hintergrund der Aufklärung allerdings höchst problematische Gedanke der Zurechnung fremder Gerechtigkeit zu den Kernaussagen reformatorischer Theologie zu gehören. Es ist verständlich, dass Schleiermacher diesen Gedanken nicht aufnehmen kann; dieser Verzicht bedeutet m. E. aber nicht nur eine Änderung ‚technischer‘ Natur.

---

[569] Dass beispielsweise die Schleiermachersche Auffassung der Rechtfertigung vor dem Hintergrund seiner Gotteslehre im höchsten Maße konsequent ist, lässt sich m. E. nicht bestreiten.

[570] G. SAUTER, Art. Rechtfertigung VI: Das 19. und 20. Jahrhundert, in: TRE 28 (1997), 336–352, 338.

[571] H. DEUSER, Art. Rechtfertigung, in: EKL 3 (1992), 1455–1466, 1460.

[572] H. DEUSER, Art. Rechtfertigung, 1463. Diese Behauptung bleibt allerdings ohne nähere Begründung. Inhaltlich wird die Rechtfertigungslehre Schleiermachers nicht thematisiert.

[573] Diesen ‚Bruch‘ gesteht auch Deuser ein, wenn er betont, dass mit Schleiermachers (und Kierkegaards) Konzeption der dritte epochale Schritt in der Entwicklung der Rechtfertigungslehre sich vollziehe (vgl. H. DEUSER, Art. Rechtfertigung, 1463 f.).

[574] Vgl. dazu v. a. ApolCA IV, in: BSLK, 174,37–44: „Et quia iustificari significat ex iniustis iustos effici seu regenerari, significat et iustos pronuntiari seu reputari. Utroque enim modo loquitur scriptura. Ideo primum volumus hoc ostendere, quod sola fides ex iniusto iustum efficiat, hoc est, accipiat remissionem peccatorum."

Im Zusammenhang damit scheint es zu stehen, dass Schleiermachers Fassung der ‚effektiven‘ Rechtfertigung als Grundlage der Heiligung für die Spannung, die im Gedanken des *simul iustus et peccator* bzw. des *peccator in re, iustus in spe*[575] erscheint, keinen rechten Spielraum bietet. Letztere Formulierung, deren notwendiges Implikat der Gedanke der *imputatio* der *iustitia aliena* ist, kann allerdings vor dem Hintergrund des Schleiermacherschen Ansatzpunktes dogmatischer Theologie nicht in dieser Form aufgenommen werden: Abgesehen davon, dass seine Implikationen für Schleiermacher unhaltbar sind, würde der Ausgangspunkt dogmatischer Theologie beim christlich-frommen Selbstbewusstsein es unmöglich machen, auf ‚gesichertem dogmatischen Boden‘ von der Rechtfertigung und der mit ihr zusammenhängenden Seligkeit zu sprechen, wenn diese im Vollsinn ‚nur‘ als eschatologischer Gehalt denkbar wären.[576] Indem für Schleiermacher das Sündenbewusstsein in der Rechtfertigung seine Transformation in das Bewusstsein der Sündenvergebung erfährt, scheint das bleibende Sünder-Sein also nicht aufgenommen werden zu können. Allerdings wird vor dem Hintergrund der Lehre von der Heiligung deutlicher, inwiefern auch Schleiermacher durchaus von den „Sünden […] im Stande der Heiligung“[577] handeln und die bleibende Sündhaftigkeit in seine Darstellung integrieren kann.

Worin Schleiermacher der reformatorischen Tradition radikal verpflichtet bleibt, ist die Betonung des *sola fide* und *solus Christus*. Dass Rechtfertigung als Teilhabe an der Seligkeit Christi nur im Zusammenhang mit dem durch den Erlöser bewirkten Glauben denkbar ist, stellt sich bei ihm tatsächlich als notwendiger Gedanke dar. Die Exklusivität des *sola fide* ist es auch, die eine eschatologische Hoffnung auf Vermehrung der Seligkeit verzichtbar macht. Der rechtfertigende Glaube *ist* seligmachend, nicht nur Voraussetzung einer unter anderen Bedingungen zu erreichenden Seligkeit. Darin impliziert und auch explizit behandelt ist die ebenso reformatorische Betonung, dass Werke des Menschen dieser Seligkeit nichts hinzufügen können.

Worin die Schleiermachersche Rechtfertigungslehre m. E. aufgrund ihrer Scharnierfunktion zwischen dem Lehrsatz von der Bekehrung und dem Lehrstück von der Heiligung tatsächlich hinter der reformatorischen zurückbleibt, ist, dass es ihr nur sehr bedingt gelingt, den ‚Eigenwert‘ des veränderten Gottesverhältnisses aufzunehmen und darzulegen. Gerade das positive Element, die Aufnahme in die Gotteskindschaft, scheint primär als Gewährleistungsgrund der Heiligung in den Blick zu geraten, nicht aber als ‚Gut‘ für sich. Hier schlägt sich m. E. Schleiermachers Interesse am teleologischen Charakter des Christentums nieder. Der Vorteil seiner Darstellung liegt darin, dass es ihm tatsächlich gelingt zu zeigen, inwiefern die Heiligung notwendige Konsequenz der Wiedergeburt

---

[575] Vgl. M. LUTHER, Die Vorlesung über den Römerbrief, WA 56, Weimar 1938, 269,30.

[576] Sie würde dann zu den ‚prophetischen‘ Lehrstücken mit geringerem dogmatischen Wert gehören.

[577] CG² II, § 111, 210.

ist. Umgekehrt birgt seine Fokussierung auf die Begründung der Heiligung in der Wiedergeburt die Gefahr, dass ‚unter der Hand' doch Elemente von jener in diese mit eingetragen werden bzw. diese keinen ‚Selbstwert' zu besitzen scheinen. Inwiefern in der Darstellung der Heiligung diese Bedenken bestätigt oder aber auch relativiert werden, wird das nächste Kapitel zeigen.

6 Die Stetigkeit des neuen Lebens: Heiligung

6.1 Einleitung

Dass und wie das Lehrstück von der Heiligung dem der Bekehrung korrespondiert, wurde zu Beginn der Darstellung der Schleiermacherschen Lehre von Wiedergeburt und Heiligung ausführlich dargelegt.[578] Beide Lehrstücke müssten in „Analogie [...] mit dem Act der Vereinigung und dem Zustand des Vereintseins"[579] von Göttlichem und menschlicher Natur in der Person des Erlösers verstanden und entsprechend aufeinander bezogen werden. In Analogie zum Lehrstück von der Wiedergeburt werden auch hier die zwei Perspektiven – die Abgrenzung und Verhältnisbestimmung hinsichtlich des Seins im alten Gesamtleben einerseits, die im neuen Sein begründete Annäherung an den Erlöser andererseits – relevant: In zwei Lehrsätzen widmet sich Schleiermacher den „Sünden der Wiedergebohrenen"[580] sowie ihren „guten Werken"[581] und führt dort auch die Diskussion mit den traditionellen dogmatischen Darstellungen der Thematik. Zuvor legt er jedoch in einem einleitenden Paragraphen die Grundzüge und -argumente seiner Auffassung der Heiligung dar.

Voraussetzung der Darstellung der Heiligung bleibt bei Schleiermacher die Lehre von der Wiedergeburt: Von Heiligung könne erst dort gesprochen werden, wo von der „Lebensgemeinschaft mit Christo"[582], wie sie in der Wiedergeburt konstituiert werde, ausgegangen werden könne. Unter dieser Voraussetzung komme es dazu, dass die „natürlichen Kräfte der Wiedergebohrnen" Christus selbst „zum Gebrauch angeeignet" würden, dadurch aber auch das tätige Leben der Wiedergeborenen als Annäherung an das durch „Vollkommenheit und Seligkeit"[583] geprägte Leben des Erlösers verstanden werden könne.[584]

---

[578] Vgl. Kap. VI.2 dieser Arbeit zur Grundstruktur der Soteriologie.

[579] CG² II, § 106.1, 166.

[580] So der Titel zum Lehrsatz in: CG² II, § 111, 210–218.

[581] So im Titel des zweiten Lehrsatzes in: CG² II, § 112, 218–228.

[582] CG² II, § 110, 202. Diese Lebensgemeinschaft ist das erste Substantiv in der grundlegenden Beschreibung der Heiligung.

[583] CG² II, § 110, 202 f.

[584] Für den einzelnen Wiedergeborenen ist nach Schleiermacher nur diese Annäherung möglich, während die „von dem heiligen Geist beseelte christliche Kirche [...] in ihrer Reinheit und Vollständigkeit das vollkommne Abbild des Erlösers", „jeder einzelne Wiedergebohrne [...] ein ergänzender Bestandteil dieser Gemeinschaft" (CG² II, § 125, 299) sei.

Inwiefern dieses neuqualifizierte Leben treffend mit ‚Heiligung' bezeichnet werden könne, erläutert Schleiermacher anhand der sprachgeschichtlichen Beziehungen des Begriffs zu denjenigen des Heiligen und der Heiligkeit Gottes. ‚Heilig' sei – hier rekurriert Schleiermacher ausnahmsweise auf das Alte Testament – das aus dem profanen Bereich Ausgesonderte, Gott Geweihte. Die Lebensgemeinschaft mit dem Erlöser und die durch sie begründete Tätigkeit des neuen Menschen erlaube eine solche Qualifizierung für diese:

„Diese Beziehung auf Gott aber ist ohne Unterschied in jeder Thätigkeit, welche aus einem von Christo ausgehenden Impuls erfolgt, weil das absolut kräftige Gottesbewußtsein Christi sie hervorbringt, und schließt die Absonderung von der Mitthätigkeit in dem Gesammtleben der Sündhaftigkeit in sich."[585]

Der Bezug auf die Heiligkeit Gottes rekurriert auf deren Charakterisierung als derjenigen Eigenschaft, „kraft deren in jedem menschlichen Zusammenleben mit dem Zustande der Erlösungsbedürftigkeit zugleich das Gewissen gesezt ist."[586] Da durch die Wiedergeburt, konkret durch die Bekehrung, die Veränderung der Lebensform und -weise konstituiert werde, der Wiedergeborene mit dieser veränderten Lebensform aber auch nach außen trete, könne die Wirkung dieser veränderten Lebensweise auf Andere in Betracht gezogen werden: Der ‚neue Mensch' wecke und fördere in Anderen die Gewissensbildung, so dass auch hier durch den sprachlichen Bezug der Heiligungsbegriff dogmatisch nicht nur haltbar, sondern treffend sei.

Dass aber in Bezug auf das Leben des Wiedergeborenen gerade nicht von Heiligkeit gesprochen werden könne, liege an dem spezifischen Zusammenhang mit der Wiedergeburt: Indem diese keine vollständige Neuschöpfung des Menschen beschreibe – wodurch eine gesonderte Lehre zur Heiligung obsolet würde –, sondern die ‚Aufpfropfung' des neuen auf das alte Leben, entstehe erst die Notwendigkeit, das Werden des Neuen in seiner Beziehung zum Ausgangspunkt und Ziel zu beschreiben. Der Heiligungsprozess könne somit als ‚Degress' hinsichtlich der dem Wendepunkt vorgängigen Zeit und als ‚Progress' im Blick auf die „Ununterscheidbarkeit von Christo"[587] beschrieben werden.

Die Frage des Verhältnisses des neuen Lebens zum alten Zustand, d. h. der Partizipation am neuen im Gegensatz zu der am alten, sündhaften Gesamtleben, manifestiere sich nun insbesondere in der Frage nach dem Unterschied zwischen den durch die vorbereitende Gnade motivierten Handlungen der Nicht-Wiedergeborenen und den ‚guten Werken' der Wiedergeborenen, da die Resultate, die

---

[585] CG² II, § 110.1, 203. Schleiermacher entwickelt über den im Gattungsbewusstsein begründeten notwendigen Gemeinschaftsbezug hinaus eine Analogie zwischen dem Tempel und dem neuen Gesamtleben als ‚Orte' des Heiligen.

[586] CG² I, § 83, 511; vgl. zur Heiligkeit Gottes und zum Gewissen Kap. III.4 der vorliegenden Untersuchung.

[587] CG² II, § 110.1, 204.

äußeren Handlungen, ununterscheidbar seien.[588] Der Unterschied könne gerade nicht in dem Resultat, der Handlung, ausgemacht werden, sondern müsse als *wesentlicher*, d. h. im Wesen des Handelnden begründeter, gefasst werden: Während bei dem Nicht-Wiedergeborenen die durch Momente der vorbereitenden Gnade motivierten Handlungen „nicht dem eignen Leben des Handelnden" angehören würden, sondern der „Impuls" nur *durch* ihn wirke, ihm aber äußerlich bleibe, „ohne daß er im Stande wäre sich von innen her zu reproduciren"[589], sei das Leben des Wiedergeborenen durch das Sein Christi in ihm *wesentlich* neu qualifiziert.

Hier ist an den ‚Kanon' zu erinnern, der zu Beginn der Rekonstruktion der Soteriologie in Analogie zum christologischen Kanon bezüglich des Verhältnisses von göttlicher und menschlicher Tätigkeit im Vereinigungszustand dargelegt wurde.[590] Gemäß dieser Bestimmung müsse jeder Heiligungsmoment so verstanden werden, dass einerseits das Tätigkeitsverhältnis gewahrt werde, wie es für die Konstitution der Lebensgemeinschaft mit dem Erlöser in der Wiedergeburt ausgesagt werde, dass andererseits auch die in gerade dieser Lebensgemeinschaft begründete Gemeinschaftlichkeit jeder aus jener hervorgehenden Tätigkeit zur Geltung kommen könne. Zentral ist in dieser Hinsicht die bei Schleiermacher im Lehrsatz von der Bekehrung begründete Ansicht des Übergangs der „lebendige[n] Empfänglichkeit [...] in belebte Selbstthätigkeit"[591]. Beide Aspekte kommen in der Schleiermacherschen Formel der ‚belebten Selbsttätigkeit' zum Ausdruck: Sie sei *belebt*, d. h. dauerhaft abhängig „von dem sich der aufnehmenden Einwirkung Christi hingegeben haben"[592], so dass ihr genuiner Ursprung in der Tätigkeit des Erlösers liege, sie als „die zur eigenen That gewordene *That des Erlösers*"[593] bewusst werde. Sie sei aber eben auch *Selbsttätigkeit*, d. h. sie gründe im Wesen des ‚neuen Menschen', durch das „das Nichtmehreinwollen in dem die Sünde wiedererzeugenden Gesammtleben eine abstoßende Kraft geworden ist, welche in der Form einer wesentlichen Lebensverrichtung stetig fortwirkt"[594]. Sie werde mithin eben auch als „die zur *eigenen That* gewordene That des Erlösers"[595] bewusst.

Dass diese *wesentliche* auch die *einzige* Differenz zwischen den Handlungen der Erlösten und solchen der Nicht-Erlösten, die durch Wirkungen der vorgängigen Gnade hervorgerufen würden, sei, d. h. dass die Handlungen der Wiedergeborenen *äußerlich* nicht durchgängig von Handlungen der Nicht-Wieder-

---

[588] Vgl. – auch zum Folgenden – CG² II, § 110.2, 204–208.
[589] CG² II, § 110.2, 205.
[590] Vgl. CG² II, § 97, 70: „[...]; währendes Vereintseins beider aber war auch jede Thätigkeit eine beiden gemeinschaftliche." Vgl. dazu Kap. V.1.2 sowie Kap. VI dieser Untersuchung.
[591] CG² II, § 108.6, 190. Vgl. Kap. VI.5.2.4 dieser Arbeit.
[592] CG² II, § 110.2, 206.
[593] CG² II, § 100.1, 104 [Hervorhebungen durch die Vfn.].
[594] CG² II, § 110.2, 206.
[595] CG² II, § 100.1, 104 [Hervorhebungen durch die Vfn.].

geborenen unterschieden werden könnten, begründet Schleiermacher im Rekurs auf die Aussagen der Sündenlehre. Das neue Leben sei nur ‚aufgepfropft‘, so dass „das Wachsthum in der Heiligung nicht ohne […] Kampf vor sich geht zwischen dem neuen und dem alten Menschen“[596]. Im Hintergrund steht die hamartiologische Entfaltung der „Fürsichthätigkeit des Fleisches“[597] und seines Widerstandes gegen die geistliche Tätigkeit als „intensive Größe“[598]. Da Sünde als Widerstand gegen den Herrschaftsanspruch des Gottesbewusstseins eine sich in der Zeit entwickelnde und festigende Größe sei, könne sie „auch nur auf zeitliche Weise durch entgegengesetztes aufgehoben werden“, wobei jedoch die „schon zur Gewohnheit gewordne[] und also leicht und oft wieder angeregte[] Sünde“[599] auch noch in Erscheinung trete.

Neben diesem in der Art der Entstehung des neuen Lebens wurzelnden Grund führt Schleiermacher noch ein weiteres Argument an, das ebenfalls auf die Hamartiologie rekurriert. Der Grund der Sündhaftigkeit wird im Kontext dieser Lehre nicht nur dem Einzelnen zugeschrieben. Vielmehr macht Schleiermacher eine Duplizität in der Struktur des Sündenbewusstseins aus, nach der wir „uns der Sünde […] theils als in uns selbst gegründet, theils als ihren Grund jenseit unseres eignen Daseins habend“[600] bewusst würden. Diese außerhalb des Selbst gründende Struktur der Sündhaftigkeit bleibe offensichtlich für den neuen, wiedergeborenen Menschen bestehen, indem das sündige Gesamtleben ihn weiterhin umgebe. Es seien aber gerade „die Einwirkungen des uns umgebenden sündlichen Gesammtlebens“, durch die „die eigne Sündhaftigkeit eines jeden immer aufs neue aufgeregt“[601] werde.

Indem nach Schleiermacher das neue Leben zwar in der Wiedergeburt wirklich entsteht, aber erst allmählich wächst, besteht die im Verhältnis zum alten Leben des Einzelnen und zum sündigen Gesamtleben begründete Notwendigkeit zum ‚Kampf‘ gegen die bleibende Sündhaftigkeit. Gerade weil die Sündhaftigkeit nicht nur im Einzelnen gründe, sondern auch von außerhalb seiner gereizt und verstärkt werde, könne für diesen Kampf nicht einmal geltend gemacht werden, dass er sich als eine kontinuierliche, gleichmäßige ‚Verbesserung‘ vollziehe.[602] „Auch nach der Wiedergeburt also zeigt sich ein mannichfaltiger Wechsel von

---

[596] CG² II, § 110.2, 206.
[597] CG² I, § 67.1, 409.
[598] CG² I, § 67.2, 410. Vgl. dazu auch Kap. III dieser Untersuchung.
[599] CG² II, § 110.2, 206.
[600] CG² I, § 69, 417.
[601] CG² II, § 110.2, 207.
[602] Wäre der Kampf nur der gegen die im Einzelnen selbst begründete Sündhaftigkeit, so ließe sich eine stetige Zurückdrängung des alten durch das neue Prinzip denken. Da aber die Einwirkungen des sündigen Gesamtlebens in unterschiedlichem Grad den Einzelnen ergreifen würden, könnte ein stetiges, gleichmäßiges „Wachsthum des neuen Menschen […] nur durch ein besonderes Wunder nicht aus dem natürlichen Gang der göttlichen Gnade in dem Menschen erklärt werden“ (CG² II, § 110.2, 207).

Zuständen und mit demselben die Reue"[603]. Unterschieden werden müsse diese Reue der Wiedergeborenen über die Erscheinungen der bleibenden Macht der Sündhaftigkeit allerdings von der Bekehrungsreue, denn „das feststehende innere Nichtmehrseinwollen in der Gewalt der Sünde"[604], wie es durch die Entstehung des neuen Lebens in der Wiedergeburt konstituiert werde, könne durch jenen partiellen Widerstand nicht aufgehoben werden.[605]

Nur mit der Erweiterung des Bewusstseins auf das Ganze des Prozesses des neuen Lebens könne dieser auch als Progress bewusst werden, nicht aber im Blick auf seine Einzelmomente. Nicht die empirische Beobachtung einzelner Handlungen oder Handlungsverläufe, sondern

> „die Gewißheit des Glaubens als Verständnis des Zusammenhangs mit Christo und als Wohlgefallen an demselben" begründe auch das Bewusstsein davon, dass dieser Zusammenhang „so immer im Zunehmen sei, daß in den Christo angeeigneten Kräften die Sünde nicht kann irgendwann neuen Besiz ergreifen, während sie aus dem alten vertrieben wird."[606]

Schleiermacher nimmt hier in der Beschreibung der Heiligung somit durchaus den Gedanken des *simul iustus et peccator* auf und beschreibt damit das Verhältnis von altem und neuem Menschen. Indem allerdings die Wiedergeburt als ein effektives Neuwerden beschrieben wird, von dem ein – aufs Ganze gesehen – progressiver Heiligungsprozess begründet werde, wird die Formel im Blick auf das Leben des Gläubigen verändert. Der Wiedergeborene scheint sukzessive immer weniger *peccator* und immer stärker *iustus* zu sein. Allerdings bleibt auch Schleiermacher dabei, dass der Wiedergeborene nie vollständig *iustus* genannt werden könne; die Heiligung beschreibt bei ihm einen Prozess der Annäherung an das vollkommene Sein des Erlösers, der allerdings aufgrund des Zusammenhangs zum alten Leben des Erlösten und zum sündigen Gesamtleben nicht zur Identität mit jenem Sein des Erlösers führen könne. Die in der *„wesentliche[n] Unsündlichkeit"* und *„schlechthinige[n] Vollkommenheit"*[607] des Erlösers begründete Differenz zwischen dem Erlöser und allen anderen Menschen bleibe daher bestehen. Es ist diese in der bleibenden – individuellen, aber vor allem auch gemeinschaftlichen – Sündhaftigkeit gründende Unüberwindbarkeit der Differenz zur Vollkommenheit des Erlösers, die Schleiermacher – trotz seines Verständnisses dogmatischer Theologie als lehrhafter Beschreibung des christlich-frommen Selbstbewusstseins – an späterer Stelle dazu nötigt, über diesen Ansatzpunkt der ‚Glaubenslehre' hinauszugehen und in den ‚prophetischen Lehrstücken'[608] die eschatologische Dimension einzuholen, wenn auch diesen

---

[603] CG² II, § 110.2, 207.
[604] CG² II, § 110.2, 207.
[605] Diesen Sachverhalt erläutert Schleiermacher genauer im Paragraphen zu den Sünden der Wiedergeborenen, vgl. dazu die Darstellung weiter unten (vgl. Kap. VI.6.2).
[606] CG² II, § 110.2, 207 f.
[607] CG² II, § 98, 90 [Hervorhebungen durch die Vfn.].
[608] Vgl. CG² II, §§ 157–163, 456–493: Von der Vollendung der Kirche.

Lehrstücken ein anderer „Werth" als den eigentlich dogmatisch „behandelten Lehren"[609] zukomme.

Die bleibende Differenz von Erlöser und Erlösten ruft Schleiermacher auch in der näheren Bestimmung der Annäherung an die „Gleichheit mit Christo"[610] in Erinnerung. Sie gelte nun nicht nur für die offensichtliche Differenz in solchen Momenten, in denen sich – wegen der natürlichen, d. h. in der und durch die Zeit sich vollziehenden Entwicklung des neuen Lebens – die bleibende Sündhaftigkeit zeige, wie es im vorherigen Abschnitt vor Augen geführt wurde, sondern auch „in den Momenten, welche schon an und für sich eine Fortschreitung in der Aehnlichkeit mit Christo enthalten"[611], sofern die in belebte Selbsttätigkeit – sei es auch die rein innerliche – transformierte lebendige Empfänglichkeit dem sie belebenden Impuls nicht rein und vollkommen entspreche, es so also nur zu einer Aneignung der „natürlichen Kräfte der Wiedergebohrnen"[612] durch den Widerstand hindurch komme.[613] Es sei damit in *allen* Momenten der Heiligung auch eine vergegenwärtigende Rückerinnerung an das alte Leben, so dass zu jedem Heiligungsmoment auch ein „Bewußtsein der Sünde"[614] gehöre.

Das der Heiligung zugehörige Unvollkommenheitsbewusstsein dürfe und würde jedoch nicht in Frage stellen, dass ebenso „in jedem Moment des Standes der Heiligung der Zusammenhang mit Christo wirksam sei"[615]. Hier wird von Schleiermacher die schon oben angeführte Analogie zur Christologie geltend gemacht und mit ihr begründet, dass die Wiedergeburt nur als erfolgreiches Wirksamwerden der Tätigkeit des Erlösers gedacht werden könne, wenn in ihr effektiv ein neues, kontinuierliches Leben in der Lebensgemeinschaft mit dem Erlöser begründet werde. Jeder Heiligungsmoment müsse somit gemäß der in der Christologie entworfenen Formel zugleich auch als eine zeitliche Manifestation, als ‚Abbild' des Konstitutionsakts verstanden werden, „als ein neues von der aufnehmenden Thätigkeit Christi Ergriffenwerden"[616].

Der Zusammenhang von beiden Aspekten – Unvollkommenheit in der Selbsttätigkeit sowie stetige Wirksamkeit des Lebenszusammenhangs mit dem Erlöser – mache es daher notwendig, zwei Elemente im Heiligungsprozess zu unterscheiden. Durch die Wiedergeburt ist nach Schleiermacher etwas Kontinuierliches gesetzt, dass durch den Heiligungsprozess weder positiv noch negativ verändert werden könne: der von der Lebensgemeinschaft mit dem Erlöser ausgehende, wirksame

---

[609] CG² II, § 159, 466.

[610] Vgl. CG² II, § 110.3, 208–210.

[611] CG² II, § 110.3, 208.

[612] CG² II, § 110, 202.

[613] Diese Möglichkeit und Eigenart der gemeinschaftlichen Tätigkeit von Erlöser und Erlöstem wird bereits innerhalb der Darstellung des hohepriesterlichen Amts Christi von Schleiermacher benannt, vgl. § 104.3, 138.

[614] CG² II, § 110.3, 208.

[615] CG² II, § 110.3, 208.

[616] CG² II, § 110.3, 209.

Impuls und einhergehend damit die „Theilnahme an der Vollkommenheit und Seligkeit Christi"[617]. Mit dem letzten Punkt wird auf die Lehre von der Rechtfertigung zurückverwiesen: ‚Sündenvergebung' und ‚Annahme als Kind Gottes' sind nach Schleiermacher durch die Heiligung weder steigerbar, noch können sie durch die Unvollkommenheiten im Heiligungsprozess verloren gehen.[618] Dieses „sich gleich bleibende[ ] Element", der stetig wirksame Impuls, könne analog zur Christologie charakterisiert werden als „das sich immer erneuernde Wollen des Reiches Gottes, wie es in Christo allen einzelnen Handlungen und Willensacten zum Grunde lag" sowie als „das Bewußtsein von der Vereinigung des göttlichen Wesens mit der menschlichen Natur durch Christum, wie es auch in Christo dasselbe war in allen Bestimmtheiten seines Selbstbewußtseins."[619]

Neben diesem kontinuierlichen und mit sich selbst identischen Element sei jedoch auch das Variable gegeben, sofern jener Impuls sich aufgrund der bleibenden Differenz zum Erlöser im Einzelleben der Erlösten nicht rein Geltung verschaffen könne. Die wirkliche, zeiterfüllende Selbsttätigkeit, sei sie rein innerliche oder nach außen tretende Handlung, werde immer „in ihrer Ausführung mehr und weniger Sünde darbieten", so dass „denn auch das wirkliche einzelne Selbstbewußtsein in manchen Momenten Leidwesen" sei, „welches aber durch das zugleich gesetzte sich gleichbleibende beschwichtigt wird"[620].[621]

Diese grundsätzlichen Erwägungen zum ‚degressiven' und ‚progressiven' Aspekt des Heiligungsprozesses stehen im Hintergrund der Schleiermacherschen Auseinandersetzung mit der Frage nach den Sünden sowie den guten Werken der Wiedergeborenen, die im Anschluss rekonstruiert und in ihren Bezügen zu Aussagen der traditionellen Dogmatik erhellt werden soll.

6.2 Die Sünden im Stand der Heiligung

Dass die Wiedergeborenen nicht ein sündloses Leben führen würden, sondern durch den Zusammenhang mit dem alten Leben auch die Sünde noch hervortreten könne – wenn auch „keine neue Sünde sich erzeugen könne"[622] – und

---

[617] CG² II, § 110.3, 209.

[618] Vgl. dazu die Darstellung des Schleiermacherschen Verständnisses der Sünden sowie der guten Werke der Wiedergeborenen weiter unten.

[619] CG² II, § 110.3, 209.

[620] CG³ II, § 110.3, 209. Auch das umgekehrte sei möglich, dass das wirkliche Selbstbewusstsein zwar freudig sei, aber durch das Bewusstsein der eigenen Unvollkommenheit in „Demuth übergeht, weil sie nur durch dasselbe gerechtfertigt werden kann, wodurch das naheliegende Leidwesen beschwichtigt wird" (ebd.).

[621] Die Unterscheidung des Identischen und Variablen begegnet erneut in der Lehre vom Bestehen der Kirche: Die Gemeinschaft der Gläubigen müsse „beides in sich vereinigen, ein sich selbst gleiches, vermöge dessen sie im Wechsel dieselbe bleibt, und ein veränderliches, worin sich jenes kund giebt" (CG² II, § 126.1, 303).

[622] CG² II, § 111.1, 211. Gemeint ist, dass es logisch nicht denkbar sei, dass es im neuen Leben zu einer sündhaften, d. h. widerstandleistenden Fürsichtätigkeit sinnlicher Funktionen

auch die ‚guten Werke' in gewissem Maße an der bleibenden Sündhaftigkeit partizipieren würden, ist von Schleiermacher bereits einleitend dargelegt worden.[623] Der Lehrsatz über die „Sünden der Wiedergebohrnen"[624] setzt dies voraus und geht der Frage nach den Konsequenzen nach. Drei (zusammenhängende) Elemente werden hier behandelt: „Die Sünden derer im Stand der Heiligung bringen ihre *Vergebung* immer schon mit sich, und *vermögen nicht die* göttliche Gnade in der *Wiedergeburt aufzuheben*, weil sie schon immer *bekämpft* werden."[625] In der Reihenfolge der Erläuterung setzt Schleiermacher allerdings bei der Frage nach der Möglichkeit des Verlusts der Wiedergeburt durch die Sünden an und widmet dieser Erörterung zwei Abschnitte, indem er zunächst seine eigene Auffassung der Unverlierbarkeit begründet und anschließend die Auseinandersetzung mit „den entgegengesetzten Formeln"[626] führt (Kap. VI.6.2.1). Darauf folgend charakterisiert er die Art der Vergebung[627] sowie die Art des Kampfes gegen die Sünde[628] (Kap. VI.6.2.2) näher.

6.2.1 Unverlierbarkeit der Gnade der Wiedergeburt

Für seine Auffassung, dass der durch die Wiedergeburt begründete Stand nicht durch die sündigen Handlungen der Wiedergeborenen aufgehoben werden könne, führt Schleiermacher drei Argumentationsfiguren an.

Zunächst sei schon durch das unbestrittene Faktum, dass die Sünde nicht mit der Wiedergeburt verschwinde, sondern *alle* Momente der Heiligung unvollkommen seien, weil sie in einem gewissen Grade *immer* an der Sündhaftigkeit partizipieren würden, ausgeschlossen, dass hinsichtlich dieser Momente unterschieden werde zwischen solchen, durch die die Wiedergeburtsgnade verloren ginge und solchen, die als ‚lässliche' Sünden qualifiziert werden könnten.[629] Die Taten des Wiedergeborenen kämen immer durch den Kampf des neuen mit

---

kommen könne, die vor der Wiedergeburt nicht-sündlich waren oder noch geruht hätten. Bei einer solchen Entwicklung müsste konsequent festgehalten werden, dass „entweder die Sünde […] nicht neu […] oder die Wiedergeburt […] keine richtige und wahrhafte gewesen" (ebd.) sei.

[623] Er kann sich für diese Auffassung, dass auch die Wiedergeborenen nicht sündlos sind, auf die Breite reformatorischer Bekenntnisse berufen. Weniger häufig, aber durchaus auch gut symbolisch belegt, ist die Auffassung, dass auch die ‚guten Werke' der Gläubigen nicht vollkommen sind; vgl. dazu bspw. CA XII, in: BSLK, 66f.; ApolCA IV, in: aaO., 192f.; FC Ep IV, in: aaO., 788,38ff.; FC Ep VI, in: aaO., 793–795; ConfGall XI, in: CollNiem, 332 u. a. Schleiermacher selbst beruft sich explizit auf ConfHelvPost XVI, in: BSRK, 195,9–11; sowie auf ConfBelg XXIV, in: BSRK, 242,12f.

[624] Überschrift zu CG² II, § 111, 210.

[625] CG² II, § 111, 210 [Hervorhebungen durch die Vfn.].

[626] CG² II, § 111.2, 213.

[627] Vgl. CG² II, § 111.3, 216f.

[628] Vgl. CG² II, § 111.4, 217f.

[629] Schleiermacher hatte schon innerhalb der Hamartiologie diese Unterscheidung problematisiert, vgl. CG² I, § 74.2, 462–466, samt der Darstellung in Kap. III.2.3 der vorliegenden Untersuchung.

dem alten Menschen zustande, so dass gelte, dass „in allen sündlichen Handlungen ein Widerstand des neuen Menschen" wie in allen guten Werken ein „nicht zureichender Widerstand des alten Menschen"[630] gesetzt sei. Damit sei die Differenz der Handlungen eigentlich nur durch „eine Benennung vom überwiegenden Theil"[631] zu begründen, so dass vorausgesetzt werden müsse, dass in jeder sündlichen Handlungen „der neue Mensch thätig" sei, daher aber auch nicht „erstorben sein"[632] könne.

Die zweite Argumentationslinie knüpft Schleiermacher an seine Kritik der Lehre vom (vermeintlichen) Fall des Menschen und seinen Konsequenzen:[633] Wie die Vorstellung des Sündenfalls bei vorausgesetzter Urstandsgerechtigkeit letztlich unhaltbar bleibe, weil der Gedanke der Verderbnis der guten Natur des Menschen durch die Handlung eines aus dieser Natur heraus handelnden Menschen widersinnig sei, so könne auch nicht plausibel dargelegt werden, wie der wiedergeborene Mensch aus seinem Innersten heraus, das doch durch das ihm einwohnende Sein Christi bestimmt sei, eine Tat produzieren sollte, die zur Auflösung dieser Lebensgemeinschaft mit dem Erlöser führe: „Denn es müßte dann auch durch die Mitwirkung des von Christo ausgehenden Impulses der Mensch sich von der Lebensgemeinschaft mit Christo lossagen"[634].

Als letztes Argument führt Schleiermacher an, dass nur die ‚Stetigkeit' der Wiedergeburtsgnade es erlaube, sie von den vorbereitenden, der Wiedergeburt vorgängigen Gnadenwirkungen zu unterscheiden. Insgesamt müsse daher festgehalten werden, dass der dem christlich-frommen Selbstbewusstseins einwohnenden Gewissheit über den wirklichen Beginn eines neuen Lebens in der Wiedergeburt nur entsprochen werde, wenn man von seiner Unverlierbarkeit ausgehe. Schleiermacher sieht sich allerdings aufgrund der Dominanz der entgegengesetzten Auffassung in der kirchlich-dogmatischen Tradition dazu verpflichtet, sich mit dieser auseinander zu setzen.[635]

Die Möglichkeit, durch sündige Handlungen „die göttliche Gnade in der Wiedergeburt aufzuheben"[636], wird in den Bekenntnisschriften in unterschiedlichen

---

[630] CG² II, § 111.1, 210.

[631] CG² II, § 111.1, 210 f.

[632] CG² II, § 111.1, 210.

[633] Vgl. CG² I, § 72.3, 444–449.

[634] CG² II, § 111.1, 212.

[635] Für seine eigene Auffassung beruft sich Schleiermacher auf ConfHelvPost XVI, in: BSRK, 193,31 f., FC SD XI, in: BSLK, 1069,31–39, sowie ConfGall XXI, in: CollNiem, 334. Es ist allerdings anzumerken, dass nur in dem zuletzt genannten Bekenntnis tatsächlich nicht explizit die Rede davon ist, dass die Gnade verloren gehen könne, während das helvetische Bekenntnis den Unterschied von lässlichen Sünden, Todsünden und der Sünde wider den heiligen Geist aufnimmt (vgl. ConfHelvPost VIII, in: BSRK, 178 f.) und die Konkordienformel explizit die Verwerfung derer vollzieht, die „dichten, es könne der Glaube und die entpfangene Gerechtigkeit und Seligkeit durch keine, auch mutwillige und fürsätzliche Sünde oder böse Werke verloren werden" (FC SD IV, in: BSLK, 947,13–17).

[636] CG² II, § 111.

Kontexten thematisiert und mit verschiedenen Formulierungen zum Ausdruck gebracht. Es heißt, „daß der Glaube wieder könne verloren gehen, daß die Rechtfertigung könne verloren gehen und die Gnade könne verloren gehen"[637]. Schleiermacher setzt die verschiedenen Aussagen zur Thematik untereinander und zur eigenen Darstellung in ein Verhältnis und benennt drei Punkte, mit denen er meint, die Fragwürdigkeit der Lehre der Verlierbarkeit deutlich herausstellen zu können:

Erstens verweise die Terminologie, „der Begriff des Fallens"[638], auf den Zusammenhang der Lehre mit der altkirchlichen Apostatenproblematik. Hier wie dort sei aber die Lehre von der Verlierbarkeit der Gnade nicht die adäquate Lösung, denn es würden gleichsam äußerliche und innerliche Aspekte vermischt. Nicht jeder Getaufte, der von der Kirche ‚abfalle‘, sei vorher wirklich gläubig gewesen und nicht jeder unter äußerlichem Druck von der Glaubensgemeinschaft sich Abwendende habe auch innerlich seinen Glauben verloren.

Zweitens würden die verschiedenen Belege unterschiedliche Auffassungen darüber erkennen lassen, „was für eine Art von Sünde diesen Verlust bewirke"[639]. Je nach Bestimmung müsse man aber sagen, dass entweder Sünden dieser Art auch im Stande der Heiligung vorkommen würden – so die wissentliche, „da auch die Unvollkommenheit der guten Werke oft genug mit Wissen und Willen statt findet" – oder aber die Wiedergeburt, gemäß den vorherigen Ausführungen, gar nicht erst vorausgesetzt werden könne – so bei „einem wissentlichen gänzlichen Widerstand"[640].

Als dritten Punkt macht Schleiermacher geltend, dass die Bestreitung der Unverlierbarkeit der Gnade in protestantischen Bekenntnisschriften und Dogmatiken sich lediglich Kontroversen mit der katholischen Kirche und mit „fanatischen Sekten"[641] verdanke: Aus der Befürchtung heraus, die Lehre von der Unverlierbarkeit der Wiedergeburtsgnade könne einem ethischen Libertinismus das Wort reden, werde die Verlierbarkeit betont. Schleiermacher hält dem entgegen, dass eine solche Auffassung „in der Formel, wie sie hier aufgestellt ist, keinen Vorschub finden"[642] könne, die Möglichkeit der missbräuchlichen Auslegung der Lehre aber auch bei der Betonung der Verlierbarkeit möglich bleibe, sofern zugestanden werde, dass der Gefallene sich erneut bekehren könne.

---

[637] CG² II, § 111.2, 213. Vgl. aus den von Schleiermacher angeführten Belegstellen exemplarisch für die Aussage, a) dass der Glaube verloren gehe: FC Ep IV, in: BSLK, 788,21–29; b) dass die Rechtfertigung verloren gehe: DeclThor XI, in: CollNiem, 673–677, 676; c) dass die Gnade verloren gehe: P. MELANCHTHON, Loci (1559), I, 272,37–273,6.
[638] CG² II, § 111.2, 214.
[639] CG² II, § 111.2, 215.
[640] CG² II, § 111.2, 215.
[641] CG² II, § 111.2, 215.
[642] CG² II, § 111.2, 215.

6.2.2 Sündenvergebung und Kampf gegen die Sünde im Stand der Heiligung

Entsprechend seinen Ausführungen über die Unverlierbarkeit der Gnade der Wiedergeburt muss Schleiermacher einerseits festhalten, dass die Aussage, „daß die Sünden im Stande der Heiligung die Vergebung immer schon mit sich führen"[643], gerade nicht das im vorherigen Abschnitt angesprochene Missverständnis bedeute, dass im und durch das Bewusstsein der Sündenvergebung gesündigt werde; andererseits muss er sich der Aufgabe stellen, das Verhältnis der Sündenvergebung im Heiligungsstand zur Sündenvergebung in der Rechtfertigung zu bestimmen.

Zunächst gilt für Schleiermacher auch hinsichtlich der Sündenvergebung im Heiligungsprozess, dass ihr die Reue vorgängig sei, das Bewusstsein der Sünde somit auf die sündige Tat erst folgen, nicht in dieser selbst vorhanden sein könne. Allerdings seien der ‚Keim' sowohl zum Bewusstsein der Reue als auch zu dem der Sündenvergebung schon in der Tat, sofern der „Widerstand als Vorbote"[644] beider in ihr gesetzt sei. Da das Bewusstsein der Sündenvergebung nur entstehen könne, weil sich der sündigende Wiedergeborene seiner Partizipation an der Lebensgemeinschaft mit dem Erlöser, am neuen Sein, bewusst werde, wie sie in der Wiedergeburt konstituiert werde und die Sündenvergebung in sich schließe, müsse bestimmt werden, wie sich das auf einzelne Taten im Stand der Heiligung bezogene Bewusstsein der Sündenvergebung zu demjenigen in der Rechtfertigung verhalte.

Es muss nach Schleiermacher in dem Bewusstsein der Sündenvergebung im Heiligungsstand zwar „eine Beziehung auf diesen Act [sc. der Sündenvergebung im Rechtfertigungsgeschehen] geben, aber sie muß natürlicherweise auch eine andere sein"[645]. Die notwendige Differenz begründet Schleiermacher im Rekurs auf die Effektivität der Rechtfertigung: Wäre jedes Mal, wenn der Wiedergeborene eine sündige Handlung vollzieht, eine Wiederholung des rechtfertigenden Aktes der Sündenvergebung notwendig, so müsste umgekehrt geschlossen werden, dass mit der Wiedergeburt nicht wirklich ein Wendepunkt im Gottesverhältnis eingetreten ist.

Den Unterschied bestimmt Schleiermacher nun so, dass erst durch die Wiedergeburt die Sünde *persönlich* dem Einzelnen als Schuld zugerechnet werden könne. Demgegenüber sei das Sündenbewusstsein, wie es in der Rechtfertigung zum Bewusstsein der Sündenvergebung transformiert werde, das einer „Gesammtschuld"[646]. Der Gedanke der persönlichen Zurechenbarkeit korrespondiert den Ausführungen innerhalb der Rechtfertigungslehre, nach denen der

---

[643] CG² II, § 111.3, 216.
[644] CG² II, § 111.3, 216.
[645] CG² II, § 111.3, 216.
[646] CG² II, § 111.3, 216. Vgl. dazu die Grundlagen in der Sündenlehre, inbes. CG² I, § 71, 427–437, samt der Darstellung in Kap. III.2 dieser Arbeit.

Einzelne *sub specie Dei* erst durch die Partizipation am Leben Christi zur Person werde, vorher aber nur „Theil der Masse"[647] sei. Indem die neue, religiöse Persönlichkeit den Grund der Sünde insofern in sich habe, als „sie noch etwas aus dem vorigen Gesammtleben an sich" habe, könne ihr die Sünde persönlich zugerechnet werden; sie könne aber nicht „dem neuen Menschen [selbst] zugerechnet"[648] werden, sondern nur dem, was aufgrund der ‚Aufpfropfung‘ des neuen auf das alte Leben vom alten Menschen noch fortwirke. Darin bestehe zugleich die Vergebung der Sünden des Wiedergeborenen, „weil sie nur dem zugerechnet werden können, der er nicht mehr ist."[649]

Der Zusammenhang zum Rechtfertigungsbewusstsein in der Wiedergeburt, wie er hinsichtlich des Bewusstseins der Vergebung der Sünden im Stand der Heiligung von Schleiermacher geltend gemacht wird, ist es auch, der seine Aussagen über den „Kampf selbst gegen die Sünde"[650] bestimmt. Er hält sich in den Ausführungen sehr knapp, weil er sie eigentlich im „Gebiet der christlichen Sittenlehre" beheimatet sieht; es gehe ihm lediglich darum, Missverständnisse auszuschließen.

Denkt man an die Schleiermachersche Rechtfertigungslehre zurück, so korrespondiert dort der Sündenvergebung die Annahme in die Gotteskindschaft, die von Schleiermacher als „Gewährleistung der Heiligung" bestimmt wird, weil es „das Recht der Kindschaft ist, zur freien Mitthätigkeit im Hauswesen erzogen zu werden"[651], zur „Thätigkeit im Reiche Gottes"[652]. Schleiermacher hält nun fest, dass das „Versuchungsgebiet" eines jeden Wiedergeborenen nicht außerhalb seines „Berufsgebietes" liegen könne, weil sonst durch die Wiedergeburt zwei unterschiedliche Aufgaben eröffnet würden, „deren keiner in irgend einem Augenblikk genügt werden könnte ohne die andere zu beeinträchtigen."[653] Schleiermachers eigentliches Interesse ist es, die Missdeutung des Gedankens des Kampfes gegen die Sünde in Form besonderer Bußübungen auszuschließen.[654] Bekämpft werden müsse die Sünde da, wo sie realiter der Berufsausübung entgegenstehe; ein gesondertes Gebiet, ein ‚prophylaktischer‘ Kampf, ein Rückzug

---

[647] CG² II, § 109.4, 201.
[648] CG² II, § 111.3, 216.
[649] CG² II, § 111.3, 217.
[650] CG² II, § 111.4, 217.
[651] CG² II, § 109.2, 195.
[652] CG² II, § 111.4, 217.
[653] CG² II, § 111.4, 217 [Sperrung des Originals aufgehoben durch die Vfn.]. Das Versuchungsgebiet des Wiedergeborenen ergebe sich aus „denjenigen Zweigen der Sinnlichkeit [...], welche vor seiner Wiedergeburt am meisten Gewalt geübt, und in denen Verhältnissen ihren Siz hat, in welchen sich Gewohnheiten zu Gunsten seiner Neigungen am leichtesten ausbilden konnten" (ebd.). Das Berufsgebiet des Wiedergeborenen ergebe sich „aus den Aufforderungen, welche vermöge seiner Stellung im Gesammtleben an ihn ergehn, wodurch sich jenes Wollen [sc. des Reiches Gottes] zu bestimmten Zwekkbegriffen ausbildet" (ebd.). Vgl. zum Berufsgebiet auch CS² I, 78; 80.
[654] Vgl. CG² II, § 111.4, 218.

aus dem Versuchungsgebiet – und damit auch aus dem Berufsgebiet – sei hingegen nicht nur unnötig, sondern widerspreche der eigentlichen Aufgabe der Mitwirkung im neuen Gesamtleben.[655]

6.3 Die guten Werke der Wiedergeborenen

Indem Schleiermacher im zweiten Lehrsatz zur Heiligung die guten Werke als „natürliche Wirkungen des Glaubens"[656] charakterisiert, schließt er sich einerseits an die traditionellen Formulierungen an, dass die guten Werke als ‚Früchte' aus dem Glauben folgen würden;[657] andererseits klingt darin auch an, dass die folgende Darstellung letztlich nur noch die Ausführung dessen ist, was in der Explikation der Wiedergeburt schon implizit angelegt ist. Den größten Raum nimmt bei Schleiermacher daher auch nicht die positive Entfaltung des eigenen Verständnisses der guten Werke ein. Vielmehr vollzieht Schleiermacher die Auseinandersetzung mit solchen Fragen, die innerhalb der Bekenntnisschriften im Kontext der Behandlung der Lehre von den guten Werken verhandelt werden, die sich aber, wenn man die zuvor gebotene Darlegung des Zusammenhangs von Heiligung und Wiedergeburt akzeptiere, eigentlich gar nicht erst stellen würden. Hierher gehören die „Erörterungen darüber, daß die guten Werke nicht nothwendig sind zur Rechtfertigung"[658], die Leugnung, „daß der Glaube durch die guten Werke bewahrt oder festgehalten werde", die Frage, „ob die guten Werke auch frei wären"[659], die Vorstellung einer „mitwirkende[n] Gnade"[660] in den guten Werken, die „Vorstellung eines Lohns"[661] der guten Werke, die Unterscheidung von „Gnadenmitteln" und „guten Werken"[662] und schließlich auch die „Frage [...] nach der Nothwendigkeit und dem Nuzen des Gesezes"[663]. Nicht nur in Abgrenzung setzt sich Schleiermacher hingegen mit der Frage der Zurechenbarkeit der guten Werke[664] auseinander und bestimmt im Anschluss daran, inwiefern sie – wie es der Lehrsatz behauptet – „Gegenstand des göttlichen Wohlgefallens sind"[665].

Bevor die kritische Auseinandersetzung mit den verschiedenen Problemstellungen hier rekonstruiert wird, soll dargelegt werden, inwiefern Schleiermacher

---

[655] Dieser dogmatischen Kritik an den Bußübungen entspricht die Ablehnung von Selbstkasteiungen, Fasten und formularisiertem Gebet als Formen des reinigenden Handelns innerhalb der christlichen Sittenlehre (vgl. CS² I, 142–150).

[656] CG² II, § 112, 218.

[657] Vgl. dazu die von Schleiermacher selbst angeführten Belegstellen zu CG² II, § 112, 218 f.

[658] CG² II, § 112.1, 219.

[659] CG² II, § 112.1, 221.

[660] CG² II, § 112.2, 223.

[661] CG² II, § 112.3, 224.

[662] CG² II, § 112.4, 225.

[663] CG² II, § 112.5, 226.

[664] Vgl. CG² II, § 112.2, 222 f.

[665] CG² II, § 112.3, 223.

die guten Werke als *natürliche* Konsequenz des Glaubens bestimmen kann, wem er sie zurechnet und warum sie für ihn als natürliche ‚Glaubensfrüchte‘ Gegenstände göttlichen Wohlgefallens sind. Die Frage, inwiefern die guten Werke natürlicherweise aus dem Glauben folgen würden,[666] kann Schleiermacher im Rekurs auf die Lehre von der Wiedergeburt, insbesondere die der Bekehrung erläutern: Mit der Entstehung des Glaubens vollende sich die Bekehrung als „Anfang des neuen Lebens in der Gemeinschaft mit Christo“[667]. Erinnert man die Erörterung des Lebensbegriffs im Kontext der Behandlung der ‚lebendigen Empfänglichkeit‘,[668] so ist deutlich, dass nach Schleiermacher zum Leben einer Person ihre Selbsttätigkeit notwendig dazu gehört: ohne Selbsttätigkeit könne die individuelle Lebenseinheit nicht gegenüber der Totalität der Tätigkeit des Außer-ich bestehen,[669] ohne in diesen Prozess aufgelöst zu werden. Personsein und Tätigsein würden notwendig zusammengehören. Entsprechend wird von Schleiermacher auch in der Christologie betont, dass „der Anfang der Person zugleich der Anfang ihrer Thätigkeit“[670] sei. Und analog hält Schleiermacher im Lehrsatz zur Bekehrung fest: Weil

„das Leben des Erlösers überhaupt weil ausschließend durch das Sein Gottes in ihm bestimmt nur Thätigkeit ist [...]: so kann auch in der Gemeinschaft seines Lebens kein Moment bloß Leiden sein, weil alles, was darin von ihm ausgeht und Impuls wird, nothwendig Thätigkeit ist.“[671]

Weil die neue, religiöse Person gar nicht anders könne als tätig zu werden, weil aber diese Tätigkeit durch den vom Sein Christi in ihr ausgehenden Impuls bestimmt sei, müsse sie Werke vollbringen, die aufgrund ihrer Abhängigkeit vom Impuls *gute* Werke seien.[672]

---

[666] Der Begriff ‚folgen‘ ist allerdings nicht so zu verstehen, als ob erst der Glaube da sei und im Anschluss an ihn die guten Werke, so dass diese jenen gleichsam hinter sich zurückließen. In den guten Werken erweise sich der Glaube selbst als lebendig (vgl. auch CG[1] II, § 130, Anm. b, 119).

[667] CG[2] II, § 108, 171.

[668] Vgl. Kap. IV.3 dieser Untersuchung.

[669] Vgl. PsychNS (1830), 64 f.

[670] CG[2], § 97.1, 71. Vgl. aaO., § 108.6, 189 f.:

[671] CG[2] II, § 108.6, 190.

[672] Vgl. CG[2] II, § 112.1, 221: „Das richtige bleibt immer zu sagen, daß unsere Vereinigung mit Christo im Glauben wenn auch nicht eben so vollständig, doch eben so wesentlich ein thätiger Gehorsam ist, wie sein Leben ein thätiger Gehorsam der menschlichen Natur gegen das ihm einwohnende Sein Gottes war, und unsere Aufnahme in seine Lebensgemeinschaft schon eben so der befruchtende Keim aller guten Werke wie der Vereinigungsact schon der Keim war aller erlösenden Thätigkeit. Kann dieses nun auch so ausgedrückt werden, daß der Wiedergebohrne nicht anders kann, als vermöge des Glaubens gute Werke verrichten: [...]“. Schleiermacher rekurriert hier erneut auf die Grundlagen der Soteriologie in der Christologie: In aaO., § 94.2, 54–56, wird das Sein Gottes als Tätigkeit beschrieben und die Frage der Möglichkeit des Seins Gottes in der Person des Erlösers thematisiert, aaO., § 97.1, 70–72, stellt die Vereinigung von Göttlichem und Menschlichem in einer Person als Vereinigung zu gemeinschaftlicher Tätigkeit dar (vgl. auch aaO., 97.3, 82–85), in aaO., § 100.1, 104–106, wird Christi erlösende Tätigkeit als

Mit dieser Bestimmung der Genese guter Werke stellt sich für Schleiermacher die Frage, wem sie zuzurechnen seien. Konkret müsse aufgrund der Vermittlung der erlösenden Tätigkeit Christi durch das von ihm gestiftete Gesamtleben geklärt werden, ob sie Christus und/oder dem Einzelnen und ob sie dem Einzelnen und/oder dem Gesamtleben zuzurechnen seien.[673] Was das „Verhältniß des Einzelnen zum christlichen Gesammtleben" betrifft, so sieht Schleiermacher hier nicht die Notwendigkeit einer Erläuterung des Verhältnisses, sondern hält schlicht fest, dass „alles schlechthin gemeinsam" sei und es „nur ein mißverstandenes Interesse" sein könne, „wenn sich Jeder seinen Antheil an der Gesammtthätigkeit bestimmen wolle."[674]

Hinsichtlich der ersten Frage hält Schleiermacher es für unerlässlich, die christologisch begründete, in der grundlegenden Erörterung zur Heiligung soteriologisch reformulierte Formel zu beachten, wonach die in der Wiedergeburt konstituierte Vereinigung auch „einen beharrlichen Zustand lebendigen Vereintseins"[675] von Erlöser und Erlöstem hervorgebracht habe, so „daß vermöge der Lebensgemeinschaft, welche zwischen beiden besteht, das was in den guten Werken Christo angehört, nicht von demjenigen getrennt werden kann, was dem Einzelnen selbst angehört, denn dadurch würde die Gemeinschaft auseinandergesezt"[676]. Es könne in dieser Hinsicht somit nicht um eine reale Unterscheidung der Urheberschaft für verschiedene Werke gehen, da alle Werke dem gemeinsamen Leben von Erlöser und Erlöstem entspringen würden, sondern nur um eine Bestimmung des jeweiligen ‚Anteils'.

Zum Zweck dieser Bestimmung unterscheidet Schleiermacher zwischen ‚Wachstum' und ‚Besitzstand' des neuen Lebens: Alles, was in den guten Werken „das neue Leben wachsen machen"[677] könne, d. h. jeder Fortschritt in der Heiligung, müsse – in Analogie zum Tätigkeitsverhältnis bei der Bekehrung – ursächlich auf Christus zurückgeführt werden. Denn alles, was die Potenzierung einer Sache ermögliche, müsse auch den Anfang derselben begründen können;[678] in diesem Sinne sei jeder Heiligungsmoment eben auch Wiederholung der Wiedergeburt. Bei der Steigerung des neuen Lebens sei daher – wie in der Bekehrung – „Christus allein thätig, und der Einzelne nur in dem Zustand der lebendigen Empfänglichkeit"[679]. Da aber für den Einzelnen in der Wiedergeburt *wirklich* ein neues Leben entstehe, eine Sinnesänderung, durch die der Grund des Willens

---

ein Taterzeugen im Erlösten beschrieben, die Erörterung des hohepriesterlichen Amtes bringt schließlich die Beschreibung von Christi tätigem Gehorsam (vgl. aaO., § 104.2f., 135–140).

[673] Vgl. CG² II, § 112.2, 222 f.

[674] CG² II, § 112.2, 223.

[675] CG² II, § 110.3, 208.

[676] CG² II, § 112.2, 222.

[677] CG² II, § 112.2, 222.

[678] Diese Argumentationsfigur begegnet bereits innerhalb der Entfaltung der Aussage, dass allein der Glaube seligmachend sei (vgl. CG² II, § 109.4, 201.

[679] CG² II, § 112.2, 222.

neu bestimmt sei, sei „das darin entstandene Wollen des Reiches Gottes unser Wollen"[680], gehöre also wirklich dem Wiedergeborenen an. Ein durch dieses Wollen bestimmtes Werk als „Ausdrukk des jedesmaligen Besitzstandes"[681] sei daher als Glaubenswerk auch dem Einzelnen zuzurechnen.

Hinsichtlich der Frage, inwiefern „die guten Werke ein Gegenstand des göttlichen Wohlgefallens sind"[682], kann Schleiermacher zunächst im Rekurs auf die bisherigen Ausführungen festhalten, dass sie es keinesfalls als einzelne, äußerliche Handlungen sein könnten, da zum einen für jede solche Handlung geltend gemacht werde, dass sie in irgendeinem Grad unvollkommen sei, und zum anderen es nicht denkbar sei, dass das göttliche Wohlgefallen sich auf etwas Einzelnes richte, „was bald ist bald nicht ist"[683]. Weil göttliches Wohlgefallen sich also nur auf etwas Kontinuierliches richten könne, komme in dieser Hinsicht bei der Heiligung nur das „in allen Momenten […] sich selbst gleiche[]"[684] in Betracht.

Dieses Identische wird von Schleiermacher in den grundlegenden Ausführungen zur Heiligung bereits bestimmt als „das sich immer erneuernde Wollen des Reiches Gottes" sowie als „das Bewußtsein von der Vereinigung des göttlichen Wesens mit der menschlichen Natur durch Christum"[685]; nun wird dieser Gedanke dahingehend modifiziert, dass „nur die Liebe in unsern guten Werken das Gottgefällige sei"[686]. Dass diese Aussage jenen beiden entspricht, erhellt, wenn man die – erst an späterer Stelle angeführte – Definition Schleiermachers der Liebe hinzuzieht: Liebe sei „die Richtung, sich mit andern vereinigen und in anderem sein zu wollen"[687]. Im Sinne dieser Definition drücken die beiden vorherigen Bestimmungen die „Liebe zu den Menschen und die Liebe zu Christo und die Liebe zu Gott […] und zugleich auch die in uns und durch uns fortwirkende Liebe Christi selbst"[688] aus: Sowohl das Wollen des Reiches Gottes als auch das Bewusstsein der Vereinigung von Gottheit und Menschheit würden nur konstituiert durch die in der erlösenden Tätigkeit Christi sich manifestierende Liebe Christi selbst. Diese Tätigkeit konstituiere ein neues Leben, ein Leben, das durch das Leben Christi in ihm bestimmt sei, d. h. in allen Lebensmomenten durch den vom Erlöser ausgehenden, ‚liebenden' Impuls. Diese Richtung auf Vereinigung ziele nun auf die Vereinigung mit anderen Menschen, die Vereinigung mit Gott sowie den Erhalt der Vereinigung mit dem Erlöser.

Insofern sich das göttliche Wohlgefallen auf dieses Kontinuum, die Liebe, richte, seien die Werke nicht als solche, sondern als Ausdruck der die Handlung

---

[680] CG² II, § 112.2, 223.
[681] CG² II, § 112.4, 225.
[682] CG² II, § 112.3, 223.
[683] CG² II, § 112.3, 224.
[684] CG² II, § 112.3, 224.
[685] CG² II, § 110.3, 209.
[686] CG² II, § 112.3, 224.
[687] CG² II, § 165.1, 499.
[688] CG² II, § 112.3, 224.

motivierenden Gesinnung Gegenstand des Wohlgefallens; damit sei aber die Person selbst der eigentliche Gegenstand. Da aber gerade die Gesinnung als das den innersten Wesenskern der Person Bezeichnende sich nicht ursprünglich dieser Person selbst, sondern dem schöpferischen Wirken des Erlösers verdanke,[689] sei „eigentlich nur die Person [...] wie Gott sie in Christo sieht, Gegenstand des Wohlgefallens"[690].

Vor dem Hintergrund dieser Ausführung Schleiermachers und derjenigen zur Bekehrung stellt sich allerdings die Frage, ob die guten Werke wirklich als natürliche, notwendige Folgen des *Glaubens* in Betracht kommen oder ob sie nicht vielmehr als Ausdruck und Folge der *Sinnesänderung* Gegenstände des göttlichen Wohlgefallens sind – und nur, sofern der Glaube mit der Sinnesänderung zusammenhängt, auch von diesem abhängen. Hier ergibt sich erneut die Frage nach der Beziehung von Sinnesänderung und Glaube bei Schleiermacher: Während es im Lehrsatz von der Bekehrung eher so scheint, als ob die Sinnesänderung gewissermaßen dem Glauben vorgängig sein müsse, weil nur durch sie erklärt werden könne, inwiefern der vorher ‚fleischlich‘ bestimmte Mensch Reue und Glaube entwickeln könne,[691] rückt hier eine Betrachtung näher, wie sie in der ersten Auflage der ‚Glaubenslehre‘ explizit geltend gemacht wird, wonach die Sinnesänderung den Glauben begleitend und ihm folgend[692] sei, sie also zwischen den Glauben als ‚ruhendes Bewusstsein‘ und die konkrete Willensbestimmung trete: der Glaube sei die „Zustimmung" zum vereinigten, neuen Leben, die „ein beständig thätiger Wille"[693] *werde*, aus dem die Werke hervorgehen würden. Dieses Werden des Willens, das ihn begründende „Verlangen [...] als das Aufnehmenwollen der von Christo ausgehenden Impulse"[694] ist nach Schleiermacher wiederum die Sinnesänderung. Die nicht eindeutigen Bestimmungen von Glaube und Sinnesänderung sowie von ihrem Verhältnis innerhalb des Lehrsatzes von der Bekehrung haben insofern Konsequenzen für die Heiligungslehre, als hier nicht eindeutig die guten Werke als Früchte des Glaubens bestimmt werden können, wenn das Wohlgefällige an ihnen gerade die sie motivierende Gesinnung der Liebe ist.

In der kritischen Auseinandersetzung mit den traditionell im Kontext der Heiligung verhandelten Fragestellung, widmet sich Schleiermacher zunächst der in protestantischen Bekenntnisschriften häufig in verschiedener Form begegnenden Betonung, „daß wir Vergebung der Sunde und Gerechtigkeit vor Gott nicht erlangen mogen durch unser Verdienst, Werk und Genugtun"[695].

---

[689] Vgl. dazu die Ausführungen zur Bekehrung, Kap. VI.5.2.

[690] CG² II, § 112.3, 224.

[691] Vgl. Kap. VI.5.2.4 dieser Untersuchung.

[692] Vgl. CG¹ II, § 130.1, 122.

[693] CG² II, § 112.1, 220.

[694] CG² II, § 108.2, 177.

[695] CA IV, in: BSLK, 56,2–5. Vgl. dazu auch ConHelvPost XVf., in: BSRK, 191–195; ConGall XXII, in: CollNiem, 334 f. u. ö.

Vor dem Hintergrund seiner eigenen Entfaltung des Verhältnisses von Bekehrung und Rechtfertigung kann Schleiermacher diese Aussage aber „nur als etwas fremdes anführen"[696]: Die Bedingung der Rechtfertigung sei bereits entfaltet, das Bewusstsein der mit ‚Rechtfertigung' bezeichneten Veränderung im Gottesverhältnis könne nur eintreten, „sofern der Mensch den wahren Glauben an den Erlöser hat"[697], wie er in der Bekehrung konstituiert werde; damit sei aber jede weitere Bedingung für die Rechtfertigung und die damit zusammenhängende Anteilhabe an der Seligkeit ausgeschlossen.[698] Werde Heiligung so aufgefasst, dass im neuen Leben „jede[ ] Thätigkeit [...] aus einem von Christo ausgehenden Impuls erfolgt"[699], so sei deutlich, dass die Lebensgemeinschaft schon immer vorausgesetzt werden müsse, also nicht von den guten Werken abhängen könne.

Indem die Werke als *natürliche* Konsequenz des Glaubens erscheinen würden, könne aber auch weder behauptet werden, sie seien „schädlich zur Seligkeit"[700], noch bestritten werden, dass der Glaube durch sie bewahrt werde.[701] Verschiedene Glaubensmomente seien nur unterscheidbar, sofern sie durch ein ‚gutes Werk' beschlossen seien, die Bewahrung des Glaubens in einer Reihe von Momenten sei daher „immer durch gute Werke vermittelt"[702]. Schließlich bedeute die Bestimmung der Werke als natürlicher Folge des Glaubens nicht ihre Unfreiheit, denn dasjenige, was aus einer inneren Stärke und Gewissheit heraus als Handlung entstehe, könne nicht aufgrund der Beständigkeit des sie motivierenden Grundes als unfrei charakterisiert werden.

Im Zusammenhang der Erörterung der Urheberschaft bzw. des jeweiligen ursächlichen Anteils an den guten Werken kritisiert Schleiermacher den *Begriff* der mitwirkenden Gnade (*gratia cooperans*)[703]. Dies erhellt vor dem Hintergrund seiner oben dargelegten Ausführungen zur Verhältnisbestimmung: „Denn zu dem, was unser ist an unsern guten Werken, wirkt sie nicht mit, sondern hat im-

---

[696] CG² II, § 112.1, 219.

[697] CG² II, § 109, 191.

[698] Schleiermacher führt neben der Seligkeit auch „das ewige Leben" (CG² II, § 112.1, 219) an, das nicht durch die Werke gewonnen werden könne, sondern „mit dem Glauben" (aaO., 220) beginne. Allerdings wurde dieser Aspekt an entsprechender Stelle nicht von ihm zur Sprache gebracht und auch nicht näher expliziert, was unter ‚ewigem Leben' zu verstehen sei.

[699] CG² II, § 110.1, 203.

[700] CG² II, § 112.1, 220. Gegen diese Behauptung richtet sich auch eine Verwerfung aus FC Ep IV, in: BSLK, 789,22–25 (gegen die Lehre von Nikolaus von Amsdorff): „Wir vorwerfen und vordammen auch diese bloße Rede als ärgerlich und christlicher Zucht nachteilig, wann geredet wird: Gute Werke seind schädlich zur Seligkeit."

[701] Letzteres betont Schleiermacher gegen FC Ep IV, in: BSLK, 789,4–7: „Wir glauben, lehren und bekennen auch, daß den Glauben und die Seligkeit in uns nicht die Werk, sondern allein der Geist Gottes durch den Glauben erhalte [...]."

[702] CG² II, § 112.1, 221.

[703] Vgl. z. B. J. A. Quenstedt, Theologia, Pars III, Cap. I: De Principiis Salutis, Thesis XXIX, Nota I, 497: „Gratia enim Dei agit ante conversionem, in conversione, & post conversionem; Ista dicitur praeveniens, praeparans & excitans, illa operans & perficiēs in prima significatione; haec cooperans, adiuvans, & perficiens in secundá significatione."

mer schon dazu gewirkt; was hingegen das ihre ist, das bewirkt sie auch allein."[704] Ebenso vor jenem Hintergrund der Verhältnisbestimmung des jeweiligen Anteils an den guten Werken sowie des Verhältnisses von Wachstum und Besitzstand in der Heiligung kritisiert Schleiermacher die Unterscheidung von „Gnaden-mitteln [...], durch welche die Heiligung gefördert wird," und „guten Werken" als „Erzeugnisse[n] der Heiligung"[705]; jede gute Handlung sei gutes Werk und Gnadenmittel zugleich, die Heiligung könne durch nichts gesteigert werden, was nicht auch gutes Werk sei.

Der in fast allen Aussagen zur Heiligung mitklingende Rekurs auf das Lehr-stück von der Wiedergeburt wird auch in der Ablehnung der Lohnvorstellung von Schleiermacher geltend gemacht:[706] Da durch die Wiedergeburt der Einzelne Anteil an der Seligkeit erhalte, gebe es kein Bedürfnis für eine (weitere oder andere) Belohnung. Andererseits könne diese aber auch nicht für die Werke erfolgen, da diese ja – wie oben dargelegt – aus sich heraus und für sich gesehen immer unvollkommen seien.

Die Lehre von der Heiligung wird durch eine Auseinandersetzung mit der Frage „nach der Nothwendigkeit und dem Nuzen des Gesetzes"[707] abgeschlos-sen. Einen *tertius usus legis* lehnt Schleiermacher vor dem Hintergrund seiner Entfaltung des Grundes und der Motivation guter Werke als unangemessen ab: Als Ausdruck einer liebenden Gesinnung könne zwar die „Gesetz*gebung* [...] auch ein gutes Werk sein"[708], einzelne Gesetze selbst hätten aber für das „Gebiet der Heiligung keinen Werth",[709] „weil die Liebe immer viel mehr ist und thut, als das Gesez leisten und sein kann"[710]. Nicht einmal die Sündenerkenntnis könne das Gesetz für die Wiedergeborenen, im Heiligungsstand Stehenden bewirken, da es auf die äußere Handlung, nicht aber auf deren Grund gerichtet sei. Mit ei-nem Ausblick auf die ‚Sittenlehre' schließt Schleiermacher daher die Behandlung der Heiligung ab: Diese würde „ihrer unmittelbaren Bestimmung weit besser entsprechen, wenn sie die imperative Form fahren läßt, und nur die Lebensweise in dem Reiche Gottes in allen Beziehungen beschreibt."[711]

---

[704] CG² II, § 112.2, 223.

[705] CG² II, § 112.4, 225 f.

[706] Zum Lohngedanken vgl. z.B. ApolCA IV, in: BSLK, 198,12–17, sowie 227,28 f.; Conf-HelvPost XVI, in: BSRK, 193–195, bes. 194 f. Betont wird allerdings, dass der Lohn nicht die Triebfeder zu guten Handlungen sein soll und dass er auch nicht gewährt wird, weil er durch die Werke verdient wird, sondern weil die Schrift ihn verheißt.

[707] CG² II, § 112.5, 226.

[708] CG² II, § 112.5, 226 [Hervorhebung durch die Vfn.].

[709] Vgl. auch CG¹ II, § 132, Zusatz 1, 151: „Denn das Gesez ist nur eine Sammlung einzelner Vorschriften, das Ziel der Heiligung aber ist der richtige Zusammenhang des Lebens, welcher in solchen nicht kann dargestellt werden".

[710] CG² II, § 112.5, 226.

[711] CG² II, § 112.5, 228.

6.4 Fazit

Schleiermachers Lehre von der Heiligung folgt strikt ihrer Begründung in der
Lehre von der Wiedergeburt und beide Lehrstücke verhalten sich zueinander
wie es die von Schleiermacher wiederholt betonte Analogie zur Christologie
erwarten lässt. Durch den Gedanken der lebendigen Empfänglichkeit, der schon
innerhalb der Entfaltung des Bewusstseins vom Anfang des neuen Lebens eine
zentrale Funktion innehat und es erlaubt, die Bekehrung des Menschen als ein
Geschehen verständlich werden zu lassen, an dem der Mensch zwar tätig, nicht
aber ursächlich beteiligt ist, gelingt es Schleiermacher auch, den notwendigen
Zusammenhang von Wiedergeburt und Heiligung darzulegen. Insofern nach
Schleiermacher die lebendige Empfänglichkeit selbst in der Bekehrung durch
die Tätigkeit des Erlösers transformiert wird und übergeht in ‚belebte Selbsttätigkeit‘, begründet dieses Geschehen, dass diese Tätigkeit notwendig aus ihm
hervorgeht und eine neue Qualität gegenüber derjenigen gewinnt, die im Nicht-
Wiedergeborenen ihren Grund hat. Insofern die Qualität der Selbsttätigkeit des
Wiedergeborenen aber immer daran hänge, dass sie *belebt* sei, kann Schleiermacher auch hier ein Verständnis hinsichtlich der Urheberschaft der ‚guten Werke‘
geltend machen, das die Einsicht wahrt, dass diese nicht als ein ‚verdienstlicher‘,
die Heiligung oder Seligkeit steigernder Akt des Menschen aufgefasst werden
können.

Zwar bricht Schleiermacher auch innerhalb der Lehre von der Heiligung mit
einigen ‚klassischen‘ Vorstellungen und Aussagen; allerdings ergibt sich diese
Zurückweisung der Behandlung gewisser Fragestellungen oder der Aufnahme
einiger Gedanken schlüssig aus seiner die Lehre von der Heiligung grundlegenden Darstellung der Lehre von der Wiedergeburt. Insgesamt werden in dieser
die Weichen für die weitere Behandlung der Soteriologie gestellt, während die
konkreten Ausführungen über das der neuen Gesinnung gemäße Leben in der
christlichen Sittenlehre ihren Platz finden würden, so dass die Behandlung der
Heiligung entsprechend wenig Raum in der Glaubenslehre einnimmt.[712]

Daher sollen der nun anschließende Rekurs auf eine ‚traditionelle‘ Darstellung
der Soteriologie und der Vergleich mit dieser ihren Schwerpunkt nicht auf der
Heiligung als solcher haben. Vielmehr wird folgend der Fokus auf der Frage nach
der Vergleichbarkeit in der Lehre von der Bekehrung liegen.

---

[712] Vgl. auch H. Stephan, Lehre, 17.

VII Schleiermacher und Melanchthon

Die ausführliche Begründung dafür, warum zum Vergleich die Position Melanchthons herangezogen wird, wurde bereits in der Einleitung der vorliegenden Untersuchung gegeben.[1] In beiden Auflagen der ‚Glaubenslehre‘ zitiert Schleiermacher Melanchthons ‚Loci‘ der *tertia aetas* verhältnismäßig häufig, hinzu kommen zahlreiche Belege aus der ‚Confessio Augustana‘ und deren ‚Apologie‘. Der Rückgriff Schleiermachers auf Melanchthons ‚Loci‘ verdient umso mehr Beachtung, als Schleiermacher selbst in der Einleitung der ‚Glaubenslehre‘ darauf hinweist, dass nur dort auf die „Anführungen späterer Dogmatik"[2] zurückgegriffen werde, „wo sei es nun nur der Bezeichnung oder auch dem Inhalte nach von den symbolischen Schriften abgewichen wird"[3]. Der Rekurs auf Melanchthon erfolgt insbesondere im zweiten Teil beider Auflagen der ‚Glaubenslehre‘ und dort stärker im Blick auf das Bewusstsein der Sünde als auf das Bewusstsein der Gnade.[4] Implizit sind auch jene Bezüge für die Soteriologie relevant, da nach Schleiermacher mit der Annahme der „Erlösung immer ein Zurükksehn auf die Sünde als das frühere verbunden ist."[5]

Es wird aber ebenso an den explizit für die Frage nach der Heilszueignung entscheidenden Stellen Melanchthon als ‚Gewährsmann‘ angeführt. Zum einen belegt Schleiermacher im zweiten Einleitungsparagraphen des zweiten Teils der ‚Glaubenslehre‘ seine Aussage, dass „die Aneignung der Erlösung überall als That, als ein Ergreifen Christi und ähnlicherweise dargestellt"[6] wird, gleich mit mehreren Zitaten, die auf Melanchthon zurückzuführen sind:

„Darum will er [sc. Paulus], daß man durch Glauben die Verheißung Gottes ergreifen müsse."[7] – „[…] si fides non est fiducia intuens Christum […] non applicamus nobis eius

---

[1] Vgl. Kap. I.3 dieser Arbeit.

[2] CG² I, § 27, Zusatz, 182.

[3] CG² I, § 27, Zusatz, 182.

[4] In der ersten Auflage wird der Bezug auf Melanchthon v. a. in den §§ 91–96 hergestellt (vgl. CG¹ I, 273–312), Analoges gilt für die §§ 70–74 der zweiten Auflage (vgl. CG² I, 421–470), in beiden Auflagen handelt der Abschnitt, in dem die jeweiligen Paragraphen zu finden sind, von der „Sünde als Zustand des Menschen" (CG¹ I, 264–312; CG² I, 405–470).

[5] CG² I, § 63.2, 396.

[6] CG² I, § 63.2, 396. In den entsprechenden Paragraphen der ersten Auflage (CG¹ I, § 79f., 255–257) findet sich dieser Verweis auf die ‚Loci‘ noch nicht.

[7] CA XX (ed. princ.), in: BSLK, 83,10f. (vgl. CG² I, § 63.2, 396, Anm. 4).

beneficium [...]."[8] – „[...] pia mens [...] intelligit hanc misericordiam fide, id est, fiducia apprehendendam esse."[9]

Zum anderen greift Schleiermacher in beiden Auflagen der ‚Glaubenslehre' innerhalb der Lehre von Wiedergeburt und Heiligung im Lehrsatz von der Bekehrung[10] mehrfach auf Auszüge der ‚Confessio Augustana', deren ‚Apologie' und der ‚Loci' zurück. Dabei erläutert er den Glaubensbegriff durch leicht veränderte Zitate aus den ‚Loci' von 1559:[11] „Necesse est igitur fide intelligi fiduciam applicantem nobis beneficium Christi."[12] – „Nam fiducia est motus in voluntate [...], quo voluntas in Christo acquiescit [...]."[13]

Schleiermacher nimmt somit im Rahmen seiner Explikation der Erlösung und im Speziellen in der Entfaltung des Bewusstseins der Bekehrung Melanchthons Bestimmung des Glaubens auf – die *fides* als *fiducia*, die wiederum ein *motus in voluntate* sei. Melanchthons Bestimmungen selbst greifen auf seine psychologischen Erwägungen hinsichtlich des Glaubensbegriffs und des Bekehrungsgeschehens zurück. Gerade diese Ausführungen haben ihm jedoch den Synergismusvorwurf[14] eingebracht bzw. die Kritik hervorgerufen, er laufe „Gefahr, [...] an die Stelle der abgewiesenen Werkgerechtigkeit eine Art Glaubenswerkgerechtigkeit"[15] treten zu lassen.

Aus diesen ersten Beobachtungen erwächst die Frage, ob Schleiermacher sich mit seiner Rezeption Melanchthons zwangsläufig die gleichen kritischen Anfragen hinsichtlich seiner Entfaltung der Erlösung und speziell der Bekehrung einhandelt. Damit verbunden ist zu klären, ob diese Kritik hinsichtlich Melanch-

---

[8] P. MELANCHTHON, Loci praecipui theologici (1559), StA II/1+2, hg. v. H. ENGELLAND, Gütersloh 1952/3, II, 370,3–5 (vgl. CG² I, § 63.2, 396, Anm. 4).

[9] P. MELANCHTHON, Loci (1559), II, 559,31–34 (vgl. CG² I, § 63.2, 396f., Anm. 4).

[10] Vgl. CG¹ II, § 130, 118–135; CG² II, § 108, 171–191.

[11] Vgl. CG¹ II, § 130, 120, Anm. b mit Anm. 6, und die Belege zu CG² II, § 108, 172.

[12] P. MELANCHTHON, Loci (1559), II, 370,6f.

[13] P. MELANCHTHON, Loci (1559), II, 363,10f.

[14] Vgl. bspw. W. ELERT, Morphologie des Luthertums, Bd. 1: Theologie und Weltanschauung des Luthertums hauptsächlich im 16. und 17. Jahrhundert, verbesserter ND der 1. Aufl. (1931), München 1958, 130; oder E. HIRSCH, der in den Aussagen der *Loci, tertia aetas* die „synergistische Erweichung der Lehre Luthers" (DERS., Hilfsbuch zum Studium der Dogmatik. Die Dogmatik der Reformatoren und der altevangelischen Lehrer quellenmäßig belegt und verdeutscht, Berlin ³1958, 160) erblickt.

[15] G. HOFFMANN, Luther und Melanchthon. Melanchthons Stellung in der Theologie des Luthertums, in: ZSTh 15 (1938), 81–135, 112. Hoffmann sieht diese Gefahr insbesondere dann gegeben, wenn der Glaube nicht mehr „streng als Gottes Werk verstanden wird" (ebd.), sondern „als menschliche Leistung" (aaO., 113). Um dieser Gefahr zu entgehen, müsste Melanchthon also zeigen können, dass der Glaube zwar ein *motus in voluntate* sei, dieser sich aber nicht dem menschlichen Vermögen verdanke. Dieser Problematik einer möglichen ‚Glaubenswerkgerechtigkeit' bei Melanchthon geht auch K. HAENDLER nach und sieht die Lösung in der Unterscheidung von *conditio efficiens* und *conditio instrumentalis* (vgl. DERS., Wort und Glaube bei Melanchthon. Eine Untersuchung über die Voraussetzungen und Grundlagen des melanchthonischen Kirchenbegriffs, QFRG 37, Gütersloh 1968, 432–439).

thons eigenen Ausführungen zutreffend ist bzw. ob Schleiermacher Melanchthons Darlegungen auf eine Weise rezipiert, die zwar dessen Intention aufzunehmen trachtet, aber dennoch über seinen Ansatz hinausgeht. Von Interesse sind Melanchthons soteriologische Ausführungen auch insofern, als hier – stärker als beispielsweise bei Luther – die psychologische Komponente im Heilsgeschehen erwogen, mit anthropologischen Grundannahmen in Verbindung gesetzt und die Lehre insgesamt in Begriffe, Formeln und Definitionen gebracht wird. Die „Lehre von der Heilsordnung (ordo salutis), die in der folgenden Orthodoxie genau und detailliert beschrieben wird, findet sich [somit] bereits bei Melanchthon."[16]

Im Folgenden wird daher zunächst die Soteriologie Melanchthons als solche untersucht, wobei aus oben angeführten Gründen insbesondere das Spätwerk Melanchthons in Betracht gezogen wird (Kap. VII.1). Im Anschluss daran wird anhand der Rezeption Melanchthons in der ‚Glaubenslehre' sowie vor dem Hintergrund der Analyse der Schleiermacherschen Position selbst die oben aufgeworfene Frage einer Beantwortung zugeführt (Kap. VII.2).

1 Die Heilslehre im Spätwerk Melanchthons

1.1 Einleitung

Obwohl in den ‚Loci' der *tertia aetas* die ausschließliche Reduktion auf die aus dem Römerbrief gewonnenen, den Menschen existentiell betreffenden *loci salutares*[17] – Sünde, Gesetz und Gnade – aufgegeben ist und sie um die *loci supremi*[18] erweitert werden,[19] ist die soteriologische Konzentration des Werkes noch immer deutlich erkennbar. Melanchthon kombiniert die Anordnung des Stoffs gemäß der aus der gesamten Schrift entnommenen *historica series* mit der paulinischen „disputation[i] in Epistola ad Romanos de discrimine Leges et Evangelii, de Peccato, de Gratia seu Reconciliatione"[20]. Es bleibt mithin nicht

---

[16] L. HAIKOLA, Melanchthons Lehre von der Kirche, in: Philipp Melanchthon. Forschungsbeiträge zur vierhundertsten Wiederkehr seines Todestages dargeboten in Wittenberg 1960, hg. v. W. ELLIGER, Göttingen 1961, 91–97, 96.

[17] P. MELANCHTHON, Loci communes (1521), lt.-dt., übers. v. H. G. PÖHLMANN, hg. v. Lutherischen Kirchenamt der VELKD, Gütersloh ²1997, 24 (0,19).

[18] Von diesen heißt es 1521 noch, dass sie als *mysteria divinitatis* lieber anzubeten als zu erforschen seien (vgl. P. MELANCHTHON, Loci [1521], 18 [0,6]): „Mysteria divinitatis rectius adoraverimus quam vestigaverimus.").

[19] Zu den Änderungen seit der *secunda aetas* vgl. auch U. KÖPF, Melanchthon als systematischer Theologe neben Luther, in: Der Theologe Melanchthon, hg. v. G. FRANK, Melanchthon-Schriften der Stadt Bretten 5, Stuttgart 2000, 103–127, 126 f.; W. MATZ macht hinsichtlich der sukzessiven Erweiterungen der ‚Loci' darauf aufmerksam, dass diese sich meist auch aus dem „zeitlich kontextualen Hintergrund" (DERS., Der befreite Mensch. Die Willenslehre in der Theologie Philipp Melanchthons, FKDG 81, Göttingen 2001, 159) ergeben.

[20] P. MELANCHTHON, Loci (1559), I, 170,20–22.

bei einer bloß ‚historischen Reihenfolge‘, sondern die Verknüpfung lässt die
Geschichte als Heilsgeschichte erkennbar werden, von der und innerhalb derer
der Mensch in der Anrede durch Gesetz und Evangelium in seiner Existenz betroffen ist. Vom Locus *de gratia et de iustificatione* heißt es schließlich, er enthalte
die *summa Evangelii*,[21] so dass auch für die späte Ausformung der Theologie
Melanchthons noch gilt, dass sie „in dem Sinn evangelische und reformatorische
Theologie [bleibt], daß sie Theologie des Glaubens und der Rechtfertigung ist.“[22]

Diese Einschätzung der (Spät-)Theologie Melanchthons ist nicht unumstrit-
ten. Konkret wird Melanchthons theologischer Ansatz und insbesondere seine
Rechtfertigungslehre mit Luthers Position verglichen und an dieser gemessen.
Der Frage nach dem Verhältnis von Melanchthon und Luther widmet sich eine
Fülle an Forschungsliteratur und die Urteile könnten in ihrer Unterschiedlichkeit
kaum extremer ausfallen:[23] Während man auf der einen Seite in Melanchthons
Spätwerk den Untergang lutherischer Rechtfertigungstheologie erblickt,[24] geht
man auf der anderen Seite „von einer ständig fortschreitenden Annäherung des
Reformators an Melanchthons Gestalt der Rechtfertigungslehre“[25] aus. Einigkeit
herrscht zumindest meist hinsichtlich dreier Aspekte:

Erstens wird die Tatsache, dass Melanchthons theologischer Ansatz sich von
dem Luthers unterscheidet, von Kritikern vehement betont und auch von Melanchthon gegenüber freundlicher Gesinnten zugegeben. Der Streitpunkt in
dieser Hinsicht ist daher nicht die Differenz überhaupt, sondern die Frage, ob
diese die Konsequenz einer Weiter- oder aber einer Fehlentwicklung des Ansatzes Luthers ist.

Zweitens wird Melanchthons Verdienst darin gesehen, dass er „die Neigung
und das Geschick zur Didaktik, die für die Abfassung eines Lehrbuchs nötig
sind“[26], besessen habe und somit durch „[e]indeutige Begriffe, saubere Defini-

---

[21] Vgl. P. MELANCHTHON, Loci (1559), II, 353,11.

[22] K. HAENDLER, Wort, 125.

[23] Eine detaillierte Darstellung der Erforschung dieses Verhältnisses ist im Rahmen der vorliegenden Arbeit nicht sinnvoll. Kurze Übersichten dazu finden sich u.a. bei C. GESTRICH,
Luther und Melanchthon in der Theologiegeschichte des 19. und 20. Jahrhunderts, in: LuJ 66
(1999), 29–53, 32–42; G. HOFFMANN, Luther, 82–97; W. MATZ, Mensch, 12–20.

[24] Vgl. z.B. K. HOLL, Die Rechtfertigungslehre in Luthers Vorlesung über den Römerbrief
mit besonderer Rücksicht auf die Frage der Heilsgewißheit (1910), in: DERS., Gesammelte Auf-
sätze zur Kirchengeschichte I: Luther, Tübingen [2/3]1923, 111–154, 128f. [Hervorhebungen des
Originals aufgelöst]: „Melanchthon hat die lutherische Rechtfertigungslehre verdorben […].
Was Melanchthon aus eigenen Kräften beisteuerte, war ein übler Ersatz für den angerichteten
Schaden. Denn seine Imputationslehre gibt folgerichtig dem Glauben die Bedeutung eines Verdienstes.“ Ähnlich urteilen bspw. auch R. Seeberg, E. Hirsch, R. Thiel (vgl. G. HOFFMANN,
Luther, 89–92). In der neueren Luther- bzw. Melanchthonforschung fällt allerdings in der Regel
die Beurteilung Melanchthons wesentlich differenzierter und milder aus.

[25] M. GRESCHAT, Melanchthon neben Luther. Studien zur Gestalt der Rechtfertigungslehre
zwischen 1528 und 1537, UKG 1, Witten 1965, 10.

[26] U. KÖPF, Melanchthon, 115.

tionen und prägnante Zusammenfassungen"[27] gewissermaßen „die erste evangelische Dogmatik"[28] verfasst habe – auch wenn hinsichtlich der Qualität dieses
Werkes die Meinungen erneut divergieren[29] und die vielerorts anzutreffende
Einschätzung, dass Melanchthon mit den späten ‚Loci' der ‚Wegbereiter der lutherischen Orthodoxie'[30] geworden sei, keineswegs positiv gemeint ist.

Mit der letzten Feststellung ist ein dritter Konvergenzpunkt der Forschungs-
meinung zu Melanchthon berührt, das Zugeständnis, dass seine Lehrformulie-
rungen, ob man sie nun billigt oder nicht, von beachtlicher Wirkung waren:

> „Die Entwicklung der Rechtfertigungslehre Philipp Melanchthons wird zwar in der
> Forschung sehr unterschiedlich gedeutet und bewertet, aber dennoch kann als unbe-
> stritten gelten, daß sowohl seine Auslegung des reformatorischen Zentralartikels in der
> Apologie der Confessio Augustana als auch seine Erklärung der Rechtfertigung in den
> verschiedenen Ausgaben der Loci nach 1521 bis hin zu seinen Äußerungen im osiandri-
> schen Streit die nachreformatorische Entwicklung der Rechtfertigungslehre entscheidend
> geprägt haben."[31]

Um zu einem differenzierten Urteil über die Heilslehre in Melanchthons Spätwerk zu gelangen, scheint eine genaue Untersuchung der Quellen angesichts der
dargelegten Divergenzen in der Forschungsliteratur umso notwendiger. Dabei
sollte m. E. einerseits der Wortlaut des Textes zwar genau beachtet werden,
andererseits aber auch die Intention Melanchthons, die hinter mancher ‚Abweichung' stehen mag, nicht außer Acht gelassen werden. Der Fokus liegt auf
den ‚Loci' von 1559, zum Aufweis von Entwicklungslinien und Änderungen im

---

[27] U. Köpf, Melanchthon, 118. Dass allerdings nicht alle Ausführungen und Begriffe Melanchthons sich wirklich durch Eindeutigkeit auszeichnen, zeigt sich auch in den beträchtlich
voneinander abweichenden Ergebnissen der Melanchthon-Forschung. Der Frage nach der Eindeutigkeit der melanchthonischen Begriffe wird auch in der vorliegenden Untersuchung an
anderer Stelle weiter nachgegangen (vgl. Kap. VII, Exkurs).

[28] C. Schwöbel, Melanchthons ‚Loci communes' um 1521. Die erste evangelische Dog-
matik, in: Melanchthons bleibende Bedeutung. Ringvorlesung der Theologischen Fakultät zum
Christian-Albrechts-Universität zum Melanchthon-Jahr 1997, hg. v. J. Schilling, Kiel 1998,
57–82, 77; vgl. auch aaO., 77–79. So auch R. Seeberg, Lehrbuch der Dogmengeschichte,
Bd. IV/2: Die Fortbildung der reformatorischen Lehre und die gegenreformatorische Lehre,
Graz [4]1954, 421.

[29] Schleiermachers Bedenken hinsichtlich der Bewertung der ‚Loci' als evangelischer Dogmatik wurden bereits erläutert (vgl. Kap. I.3).

[30] Belege für diese Einschätzung der Lehre Melanchthons bspw. durch Ritschl und Hirsch
finden sich bei G. Hoffmann, Luther, 86–90. Hoffmann räumt selbst ein, dass Melanchthon
der Gefahr, „daß gesunde Lehrhaftigkeit in ungesunden Doktrinarismus umschlagen kann"
(aaO., 106), nicht entgangen sei und dass, „wenn das spätere orthodoxe Luthertum doktri-
närer Erstarrung aufweist[,] […] die Anbahnung dazu und damit auch die Verantwortung
hierfür bereits bei Melanchthon [liegt]. Der Begriff der *doctrina evangelii* hat sich bei ihm nicht
in seiner anfänglichen Lebendigkeit und Weite erhalten, […] sondern wurde immer mehr einge-
engt in Richtung auf eine schulmäßige, autoritativ vorgetragene, ein für allemal geregelte Form
der Rechtfertigung" (ebd.).

[31] F. Nüssel, Allein aus Glauben. Zur Entwicklung der Rechtfertigungslehre in der konkordistischen und frühen nachkonkordistischen Theologie, FSÖTh 95, Göttingen 2000, 31.

theologischen System Melanchthons werden aber auch frühere Werke herangezogen. Mit Rücksicht auf die konstatierten Bezugslinien zwischen Schleiermacher und Melanchthon sollen vornehmlich die ‚problembehafteten' Passagen
der ‚Loci' genauer in den Blick genommen werden, besonders daher die *loci de
humanis viribus seu de libero arbitrio*[32], *de gratia et de iustificatione*[33] und *de
poenitentia*[34]. Um Redundanzen zu vermeiden, wird – soweit möglich – keine
chronologische Rekonstruktion, sondern vielmehr eine Systematisierung der
Aussagen angestrebt.

Im Folgenden wird daher ausgehend vom Verständnis der Buße bei Melanchthon (Kap. VII.1.2) die anthropologische Fundierung jenes Verständnisses rekonstruiert (Kap. VII.1.2.1), um vor diesem Hintergrund die Funktion
des menschlichen Willens im Bekehrungsgeschehen untersuchen zu können
(Kap. VII.1.2.2). Auf dieser Basis kann der Frage nach dem (vermeintlichen) Synergismus sowie dem (vermeintlichen) Auseinanderklaffen von Rechtfertigung
und Heiligung bei Melanchthon nachgegangen werden (Kap. VII.1.3).

1.2 Die applicatio ad beneficium *in der Buße (*poenitentia*)*

Will man die Entfaltung der Heilslehre in Melanchthons Spätwerk systemati-
sierend zusammenfassen, so bietet es sich an, beim Begriff der Buße einzusetzen.[35] Unter den Begriff der *poenitentia* subsummiert Melanchthon die sub-
jektiv-erfahrbare Seite des Heilsgeschehen, sie wird wiederum mit der *conversio*
(Bekehrung) identifiziert. Das Bußgeschehen umfasse ein ‚negatives' und ein
‚positives' Element, die *contritio* (Reue) und die *fides* (Glaube),[36] die faktisch

---

[32] Vgl. P. MELANCHTHON, Loci (1559), I, 236–252.

[33] Vgl. P. MELANCHTHON, Loci (1559), II, 353–386.

[34] In dieser Hinsicht sind v. a. die Unterpunkte *de contritione* und *de fide* von Interesse, vgl.
P. MELANCHTHON, Loci (1559), II, 540–561.

[35] Dass die Buße bei Melanchthon zunehmend in den Vordergrund tritt, verdankt sich wohl
„dem Eindruck seiner Erfahrungen als Visitator", unter dem er dafür eintrat, „daß dem Volke
zunächst vor allem Buße aus dem Gesetz gepredigt werden müsse" (O. RITSCHL, Dogmengeschichte des Protestantismus, Bd. 2: Orthodoxie und Synkretismus in der altprotestantischen
Theologie, 1. Hälfte: Die Theologie der deutschen Reformation und die Entwicklung der lutherischen Orthodoxie in den philippistischen Streitigkeiten, Leipzig 1912, 242). O. Ritschl versteht
Melanchthons ‚Vorliebe' für die Lehre von der *poenitentia* als Ausdruck seiner „kirchlichen
Instincte […] und […] sein[es] ausgeprägte[n] Ordnungssinn[s]" (aaO., 275). Entsprechend
prominent ist die Ermahnung zur Buße auch im ‚Unterricht der Visitatoren' vertreten (vgl.
P. MELANCHTHON, Unterricht der Visitatoren an die Pfarrherrn im Kurfürstentum zu Sachsen
[1528], in Herzog Heinrichs zu Sachsen Fürstentum [1538. 1539], im Bistum zu Naumburg
[1545], in: WA 26, 175–240). Während hier die Buße allerdings vor allem *contritio* bedeutet,
umfasst sie in den ‚Loci' auch die *fides*.

[36] Vgl. A. RITSCHL, Die christliche Lehre von der Rechtfertigung und Versöhnung, 3 Bde.,
Bonn 1870–1874, Bd. 1, 187f. [Hervorhebung des Originals wurde durch Kursivsetzung wie-
dergegeben]: „Die Bedingung des Glaubens zum Verständnis der aus dem Gesetze zu schöpfen-
den *contritio* ist […] aus logischen, theologischen und psychologischen Gründen unumgänglich.
Die Verneinung der Sünde duch den Willen kann nur entschieden und wirksam sein in Folge der

untrennbar zusammengehörten, zum Zweck der lehrmäßigen Darstellung aber getrennt behandelt werden könnten. Außerdem kann nach Melanchthon die *nova obedientia* (neuer Gehorsam) als dritter, auf die ersten zwei Teile notwendig folgender Teil zur Buße gerechnet werden.[37]

Der ‚Doppelgestalt‘ der Buße entspreche das Verständnis vom Handeln Gottes im Wort als Gesetz und Evangelium: Die Bußpredigt geschehe durch die *vox Legis*, die den Menschen anklage und als Sünder entlarve, Gottes Zorn über die Sünde offenbare und so Reue bewirke.[38] Isoliert würde diese Reue in Verzweiflung und Gotteshass, ja in den Tod führen, weil das Gesetz bloß die Sünde aufdecke und anklage, nicht aber von ihr befreie.[39] Somit beginnt nach Melanchthon das Bußgeschehen zwar mit der Predigt des Gesetzes und dem daraus resultierenden Schrecken, es umfasse aber als wahre Buße darüber hinaus auch notwendig die ‚positive‘ Seite: Dem erschrockenen Geist werde die Verheißung der Barmherzigkeit Gottes, die sich in der Sündenvergebung ‚umsonst‘ wegen des Sohnes zeige, im Evangelium verkündigt, wodurch er aufgerichtet, getröstet werde, zum Glauben komme.[40] Der in der *vox Evangelii* begegnenden *promissio* korreliere mithin die *fides* wie der in der *vox Legis* begegnenden Anklage der Sünden die *contritio*. Und nur in dieser Korrelation – in ihrem „intueri Filium Dei sedentem ad dexteram Patris, Mediatorem interpellantem pro nobis, et statuere, quod tibi remittantur peccata, quod iustus, id est, acceptus reputeris seu pronuntieris

---

Bejahung des Werthes, welcher dem Gegentheil, dem Guten zukommt.“ Allerdings kritisiert Ritschl an gleicher Stelle, dass es weder Luther noch Melanchthon gelungen sei, diesen Sachverhalt, dass „ein Grad des Heilsglaubens schon als Bedingung der Wirkung des Gesetzes zur *contritio* voraus[gesetzt]“ (aaO., 188) werden müsse, deutlich herauszuarbeiten. Stattdessen habe Melanchthon gerade in dem ‚Unterricht der Visitatoren‘ zwar auf diese Tatsache hingewiesen, sie aber in der Lehrdarstellung verworfen, weil sie dem ‚gemeinen Mann‘ nicht ohne Gefahr der Verwirrung zu vermitteln sei (vgl. P. MELANCHTHON, Unterricht, 202 f.).

[37] Vgl. P. MELANCHTHON, Loci (1559), II, 541,36–542,4: „Voco poenitentiam [...] conversionem ad Deum et huius conversionis partes seu diversos motus docendi causa discerno. Dico partes esse contritionem et fidem. Has necessario sequi debet nova obedientia, quam si quis vult nominare tertiam partem, non repugno.“

[38] Vgl. P. MELANCHTHON, Loci (1559), II, 357,3–5.29–33: „[...] Legem Dei, quae est vox arguens peccatum in natura hominis et ostendens iram Dei adversus peccatum et veros pavores incutiens. [...] Quare semper in Ecclesia sonare oportet praedicationem poenitentiae, quae fit voce Legis, per quam Deus arguit peccata nostra cum externa tum interiora, qualia sunt non timere, non diligere Deum, non confidere Deo.“

[39] Vgl. P. MELANCHTHON, Loci (1559), I, 240,32 f.: „Iudicat et damnat Lex peccatum in natura hominis, non tollit.“; vgl. auch aaO., II, 553,3–9: „Sed ad contritionem, hoc est, ad hos terrores necesse est accedere consolationem, scilicet fidem, quae statuat nobis remitti peccata propter Filium Dei et tantae misericordiae agnitione rursus erigat nos, ne oppressi desperatione ruamus in aeternum exitium. Nisi enim accederet fides, contritio fieret mors aeterna.“

[40] Vgl. Vgl. P. MELANCHTHON, Loci (1559), II, 358,13–25: „[C]um mens hominis hac voce arguente peccata perterrefacta est, audiat promissionem in Evangelio propositam et statuat remitti sibi peccata gratis propter Christum per misericordiam, non propter contritionem aut dilectionem aut alia opera. Hoc modo cum fide se mens erigit, donantur remissio peccatorum et reconciliatio. [...] Quare ut habeat certam et firmam consolationem, pendet beneficium Dei non ex conditione dignitatis nostrae, sed ex sola misericordia propter Christum promissa.“

propter illum ipsum Filium, qui fuit victima"[41] – ist nach Melanchthon die *fides* eine solche, von der gelte: *iustificamur fide*.

Auch hinsichtlich des Wortes Gottes betont Melanchthon, dass es sich im Blick auf die Funktion nur um eine relative Unterscheidung, keine absolute Trennung handele, indem er festhält, dass auch das Evangelium anklage und umgekehrt das Gesetz auch für die Gläubigen eine positive Funktion besitze.[42]

Zur Erhellung dieser Skizze des Buß- bzw. Bekehrungsgeschehens soll Melanchthons Darstellung der anthropologisch-psychologischen Struktur dieses Vorgangs rekonstruiert werden. Zu diesem Zweck wird zuerst der anthropologische Bezugsrahmen (VII.1.2.1) erläutert und im Anschluss daran die Frage nach der *voluntas humana* in der Bekehrung (VII.1.2.2) erörtert.

1.2.1 Der anthropologische Bezugsrahmen

Die anthropologisch-psychologischen Annahmen, die dem oben dargelegten Verständnis der Buße zugrunde liegen, thematisiert Melanchthon zu Beginn der ‚Loci‘ im Anschluss an Gottes- und Schöpfungslehre im Abschnitt *de humanis viribus seu de libero arbitrio*.[43] Es werden von Melanchthon zwei Teile[44] des Menschen unterschieden: Ein erkennender und urteilender Teil, der *mens* (Geist)[45], *intellectus* (Verstand) oder *ratio* (Vernunft)[46] genannt werde und die *notitiae* (Kenntnisse) enthalte, und ein strebender Teil, der *voluntas* (Wille) genannt werde. Der *voluntas* werden von Melanchthon die *affectus* (Affekte) untergeord-

---

[41] P. MELANCHTHON, Loci (1559), II, 360,28–33.

[42] Vgl. P. MELANCHTHON, Loci (1559), II, 357,33–35: „Fit et voce Evangelii accusantis mundum, quod non audiat Filium Dei, non moveatur eius passione et resurrectione etc." sowie den *locus de usu Legis* (aaO., StA II/1, 321–326). Gegen diese Deutung des Evangeliums als „Buß- und Strafpredigt" (BSLK, 790,13) wendet sich die ‚Konkordienformel‘, weil sie die klare Unterscheidung von Gesetz und Evangelium gefährdet sieht, wodurch „dem Papstumb die Tür wiedrumb aufgetan wird" (FC Ep V, in: BSLK, 790–793, 793,1). In der ‚Solida Declaratio‘ wird dann auch explizit der missverständliche Sprachgebrauch der ‚Apologie‘ kritisiert, gleichzeitig aber zugestanden, dass sie insgesamt den Unterschied von Gesetz und Evangelium betone (vgl. FC SD V, in: BSLK, 951–961, 961,9–43).

[43] Vgl. P. MELANCHTHON, Loci (1559), I, 236–252. In den ‚Loci‘ von 1521 bildete der *locus de hominis viribus adeoque de libero arbitrio* noch den Anfang der Abhandlung (vgl. P. MELANCHTHON, Loci [1521], 24–47), Gottes- und Schöpfungslehre werden nicht explizit verhandelt.

[44] Während Melanchthon 1521 noch von Kräften (*vires*) spricht, die die menschliche Natur ausmachen würden (vgl. P. MELANCHTHON, Loci [1521], 26 [1,8]), formuliert er in den ‚Loci‘ 1559 neutraler, dass im Menschen zwei Teile (*partes*) vorhanden seien (vgl. DERS., Loci [1559], I, 237,17 ff.).

[45] Während der Begriff *mens* in den ‚Loci‘ von 1521 kaum Verwendung findet, wird er in den ‚Loci‘ von 1559 zum beherrschenden Ausdruck für die *pars cognoscens*. Daneben begegnen aber auch *conscientia* und *animus* in ähnlicher Bedeutung. Zu den terminologischen Schwierigkeiten vgl. den Exkurs im Anschluss an Kap. VII.1.2.2.

[46] In den ‚Loci‘ von 1521 wird von Melanchthon noch darauf verwiesen, dass *ratio* im philosophischen Sprachgebrauch in der Regel den „intellectum cum voluntate coniunctum" (vgl. P. MELANCHTHON, Loci [1521], 28 [1,14]) bezeichne und die *ratio* damit vom *intellectus* unterschieden sei.

net (sie seien *sub voluntate*), deren Quelle wiederum das *cor* (Herz)[47] sei.[48] Dass
Melanchthon diese Unterordnung nicht streng hierarchisch versteht, wird daran
erkennbar, dass nicht die *voluntas* die Affekte bestimme, sondern diese entweder
mit ihr übereinstimmen oder ihr widersprechen könnten.[49] *Voluntas* und *mens*
stünden wiederum in einem Abhängigkeitsverhältnis zueinander, indem einerseits die *voluntas* auf die *notitiae* der *mens* angewiesen sei, andererseits aber die
Entscheidung, ob dem intellektuellen *iudicium* Folge geleistet werde oder nicht,
nicht durch die *mens* selbst erfolge, sondern durch die *voluntas*. Es handelt sich
daher in Melanchthons Darstellung nicht um eine Gleichrangigkeit beider Vermögen in der wechselseitigen Bezogenheit:

„Nach diesen Bestimmungen ist der Wille insofern vom Intellekt abhängig, als dieser
ihm die Objekte nahebringt und vorstellt, angesichts derer er sich zu seinen actiones
entschließt. Diese Abhängigkeit aber ist nicht in der Weise eine unbedingt und absolut

---

[47] In den weiteren Ausführungen ist allerdings meist nicht von *cor*, sondern von *animus*
die Rede. Jedoch begegnet dieser Begriff auch im Sinne von *mens* oder *conscientia*. Zu den
terminologischen Schwierigkeiten vgl. den Exkurs im Anschluss an Kap. VII.1.2.2 dieser Arbeit.

[48] Die Stellung der Affekte wurde von Melanchthon in den ‚Loci‘ von 1521 anders bestimmt:
dort stehen sie gewissermaßen mit der *vis cognoscendi* auf einer Stufe (vgl. P. MELANCHTHON,
Loci [1521], 26 [1,8 f.]: „Est enim in eo [sc. homine] vis cognoscendi, est et vis, qua vel per-
sequitur vel refugit, quae cognovit. Vis cognoscendi est, qua sentimus aut intelligimus, ratio-
cinamur, alia cum aliis comparamus, aliud ex alio colligimus. Vis, e qua oriuntur, est, qua aut
adversamur aut persequimur cognita. Hanc vim alias voluntatem, alias affectum, alias appetitum
nominant.“ „Indem Melanchthon mit Gerson intellectus und affectus in dieser Weise auf eine
Stufe stellt und von einer Interaktion beider Seelenkräfte im Menschen ausgeht, rechnet er in
der neuplatonisch augustinischen Tradition den affectus auf die Seite der höheren Seelenkräfte
bzw. des appetitus spirituales“ (K.-H. ZUR MÜHLEN, Melanchthons Auffassung vom Affekt
in den Loci communes von 1521, in: Humanismus und Wittenberger Reformation. Festgabe
anläßlich des 500. Geburtstages des Praeceptor Germaniae Philipp Melanchthon am 16. Februar
1997, hg. v. M. BEYER/G. WARTENBERG, Leipzig 1996, 327–336, 329). In seiner späteren Theologie schwenke Melanchthon dann „wieder auf die aristotelisch-scholastische Linie“ (aaO.,
334) ein und rechne „den Affekt wieder auf die Seite des appetitus sensitivus“ (ebd., vgl. auch
P. MELANCHTHON, Loci [1559], I, 237,20 f.: „[…] et sub voluntate sunt appetitiones sensuum
seu affectus“; zum Unterschied zwischen neuplatonisch-augustinischer und aristotelisch-scho-
lastischer Affektenlehre vgl. auch K.-H. ZUR MÜHLEN, Die Affektlehre im Spätmittelalter
und in der Reformationszeit, in: ABG 35 [1992], 93–114).

[49] Vgl. P. MELANCHTHON, Loci (1559), I, 237,17–23: „In homine est pars cognoscens ac iudi-
cans, quae vocatur mens vel intellectus vel ratio, in hac parte sunt notitiae. Altera pars appetens
vocatur voluntas, quae vel obtemperat iudicio vel repugnat, et sub voluntate sunt appetitiones
sensuum seu affectus, quorum subiectum et fons est cor, qui interdum congruunt, interdum
pugnant cum voluntate.“ Insofern ist schon hier zu erwägen, ob die von Melanchthon behauptete Zweiteilung des Menschen nicht eigentlich eine Dreiteilung impliziert, indem ja durch
die Möglichkeit des Widerspruchs der Affekte gegenüber der Willenskraft eingeräumt wird, dass
das *cor* als *fons* der Affekte noch einmal von der Willens- und Erkenntniskraft unterschieden
werden muss (allerdings ist zu bemerken, dass das *cor* anscheinend *mens* und *voluntas* zugrunde
liegt und somit nicht ein ‚Teil‘ neben diesen ist). In den Loci 1521 werden *voluntas* und *cor* noch
miteinander identifiziert und als Quelle der Affekte bestimmt (vgl. P. MELANCHTHON, Loci
[1521], 36 [1,46]): „Quid enim est voluntas, si non affectuum fons est? Et cur non pro voluntatis
vocabulo cordis nomen usurpamus?“

determinierte, daß der Wille sich angesichts der ihm vorgestellten Objekte des Intellektes
nur so entscheiden könnte, wie diese Objekte [...] es fordern. [...] Übt der Wille gegenüber dem Intellekt auch kein ‚tyrannicum imperium' aus – das kann er darum nicht, weil
er so oder so, positiv oder negativ, von seinem iudicium abhängig ist –, so besitzt er ihm
gegenüber doch die praktische Herrschaft."[50]

Hinsichtlich der Frage nach dem *liberum arbitrium* unterscheidet Melanchthon
drei Perspektiven: Es gebe eine allgemeine Auffassung vom *liberum arbitrium*,
die *mens et voluntas coniunctae* bezeichne (1), dann die Betrachtungsweise der
voluntas als *captiva* im Blick auf die *impletio Legis in corde* (2) und schließlich
die Vorstellung *aliqua libertas voluntatis* als *facultas applicandi se ad gratiam* (3).

(1) Die allgemeine, seitens der Philosophie vertretene Auffassung vom *liberum
arbitrium* ist nach Melanchthon die eben angezeigte Verbindung von *mens* und
voluntas, also die Möglichkeit der *voluntas*, sich gegenüber den ihr von der
mens angezeigten Objekten zustimmend (oder auch abwehrend) zu verhalten.
Es bestehe hiernach eine gewisse Freiheit, die sich allerdings auf die *externa Legis
opera* beziehe. Melanchthon interpretiert diese Freiheit mit dem paulinischen
Gedanken der *iustitia carnis*, die auch für die *non renati*, für die ‚natürlichen',
nicht wiedergeborenen Menschen möglich sei.[51]

Im Hintergrund dieser Ausführungen stehen die melanchthonische Urstandslehre, sein Verständnis der Erbsünde und ihrer Konsequenzen sowie das Gesetzesverständnis:[52] Der Mensch sei zur Gottebenbildlichkeit erschaffen, was im
Urstand nicht nur die Kenntnis Gottes und seines Gesetzes beinhalte, sondern

---

[50] K. HAENDLER, Wort, 497f. Anders urteilt O. Ritschl, der davon ausgeht, dass der Wille der
„Herrschaft der Vernunft" unterworfen sei, da jener „dem richtigen Urteil" (DERS., Dogmen-
geschichte II/1, 287) der Erkenntnisfähigkeit gehorchen müsse. Dies kann aber im Blick auf
Melanchthons Ausführungen nicht zutreffend sein, da sonst der ‚Fall' bzw. der ‚Unglaube' keine
Möglichkeit des Menschen wäre (s. u.).

[51] Vgl. P. MELANCHTHON, Loci (1559), I, 237,26–29 und 238,29–239,3: „Vocantur autem
liberum arbitrium mens et voluntas coniunctae. Aut vocatur liberum arbitrium facultas voluntatis ad eligendum ac expetendum ea, quae monstrata sunt, et ad reiiciendum eadem". – „Cum
in natura hominis reliquum sit iudicium et delectus quidam rerum, quae sunt subiectae rationi
aut sensui, reliquus est etiam delectus externorum operum civilium. Quaere voluntas humana
potest suis viribus sine renovatione aliquo modo externa Legis opera facere. Haec est libertas
voluntatis, quam Philosophi recte tribuunt homini. Nam et Paulus discernens iustitiam carnis a
spirituali fatetur non renatos habere delectum aliquem et facere aliqua externa Legis opera [...]
et hanc vocat iustitiam carnis."

[52] Vgl. zum Folgenden auch W. MATZ, Mensch, 171–179, und L. HAIKOLA, Melanchthons
und Luthers Lehre von der Rechtfertigung. Ein Vergleich, in: Luther und Melanchthon. Referate
und Berichte des Zweiten Internationalen Kongresses für Lutherforschung (Münster, 08.-13.
August 1960), hg. v. V. VAJTA, Göttingen 1961, 89–103, 90–92. Haikola macht hinsichtlich der
Differenzen zwischen Luthers und Melanchthons Rechtfertigungslehre darauf aufmerksam,
dass diese vor allem in einer unterschiedlichen Wertung des Gesetzes gründeten, die sich in verschiedenen Auffassungen des Verhältnisses von Gott und Mensch widerspiegele: „Verkörpert
das Gesetz eine ewiggültige und objektive Ordnung, wie das bei Melanchthon der Fall ist,
so muß sowohl Gottes als auch des Menschen Handeln selbst vom selben Gesetz bestimmt
gedacht werden" (aaO., 90). So auch schon bei R. Seeberg (DERS., Lehrbuch IV/2, 439–441), der

auch – durch die Einwohnung des heiligen Geistes – die vollständige Übereinstimmung der *voluntas* mit dem Erkannten.[53] Die Kenntnisse seien der menschlichen Natur ‚eingepflanzt‘, an späterer Stelle verhandelt Melanchthon sie unter dem Begriff *Lex naturae*.[54] Durch den Fall stehe der Mensch zwar unter dem *peccatum originis* und es mangele ihm somit an der *iustitia originalis*, doch der Anspruch des göttlichen Gesetzes verfalle nicht, denn dieses gelte objektiv und ewig.

Dieser Anspruch des Gesetzes trete dem Menschen in Form seiner naturgegebenen *conscientia* entgegen. Der Mensch verstehe zwar nun im Urteil des Gewissens das Gesetz nicht mehr in seinem wahren, vollen Sinn,[55] es blieben aber, so Melanchthon, auch im *status corruptionis* dem Menschen die eingepflanzten, natürlichen Kenntnisse, auch wenn sie durch den Fall verdunkelt seien. Der Unterschied zwischen dem Sein des Menschen im Urstand und seinem Sein unter der Sünde liegt nach Melanchthon also in zwei Bereichen: Zum einen werde die *notitia* der *Lex Dei* verdunkelt, zum anderen – und das wird hinsichtlich der zweiten Perspektive das Entscheidende sein – könne der Mensch mit seiner korrumpierten Natur nicht mehr die völlige innere Übereinstimmung mit der *notitia* herstellen. Da der Mensch das Gesetz deshalb nicht vollständig erfüllen könne, sei ihm dieses als ‚Heilsweg‘ abgeschnitten;[56] da umgekehrt das Gesetz dennoch Gültigkeit beanspruche, stelle sich die Frage nach dem Nutzen

---

in Melanchthons Auffassung des Gesetzes und der daraus resultierenden „widerspruchsvollen Prinzipienlehre die orthodoxe Auffassung begründet" (aaO., 440) sieht.

[53] Vgl. P. MELANCHTHON, Loci (1559), I, 257,20–31: „Iustitia originalis fuit acceptatio humani generis coram Deo et in ipsa natura hominum lux in mente, qua firmiter assentiri verbo Dei poterat, et conversio voluntatis ad Deum et obedientia cordis congruens cum iudicio Legis Dei, quae menti insita erat. […] Homo conditus est ad imaginem et similitudinem Dei, quod interpretatur Paulus ac docet imaginem Dei esse mentem agnoscentem Deum et voluntatem liberam, iustam et congruentem cum Lege Dei […]." Wie schon oben angemerkt, fällt auch hier wieder auf, dass der behaupteten Zweiteilung des Menschen eine faktische Dreiteilung in *mens*, *voluntas* und *cor* entgegenzustehen scheint.

[54] Vgl. P. MELANCHTHON, Loci (1559), I, 315,16–23: „Est ergo vera definitio Legis naturae Legem naturae esse notitiam Legis divinae naturae hominis insitam. Ideo enim dicitur homo ad imaginem Dei conditus esse, quia in eo lucebat imago, hoc est, notitia Dei et similitudo quaedam mentis divinae, id est, discrimen honsetorum et turpium, et cum his notitiis congruebant vires hominis."

[55] Vgl. P. MELANCHTHON, Loci (1559), I, 257,38–258,6: „Peccatum originis est carentia iustitiae originalis, id est, est in natis ex virili semine amissio lucis in mente et aversio voluntatis a Deo et contumacia cordis, ne possint vere obedire Legi Dei, secuta lapsum Adae, propter quam corruptionem natis sunt rei et filii irae […]." Dass diesem verdunkelten Gesetzesverständnis, das die *Lex* nur auf die äußeren Werke beziehe, ein entsprechendes Christusverständnis entspreche, gemäß dem Christus nur als Lehrer der *disciplina* erscheine, legt H. Engelland überzeugend dar (vgl. DERS., Melanchthon, Glauben und Handeln, FGLP 4.Ser. I, München 1931, 277).

[56] Melanchthon betont ausdrücklich, dass die *disciplina* gemäß dem *usus politicus* weder die Forderung des Gesetzes vollständig erfülle, man vor Gott durch sie somit keine *iustitia* erlange, noch die Sündenvergebung verdienen könne (vgl. P. MELANCHTHON, Loci [1559], I, 239,12–14: „Etsi enim disciplina non mertur remissionem peccatorum nec est iustitia, qua coram Deo iusti dicimur, […]").

des Gesetzes: „Quis sit usus Legis, si Legis opera non merentur remissionem peccatorum, aut si non sumus iusti Lege?"[57]

Die Frage nach dem Nutzen des Gesetzes beantwortet Melanchthon (seit den ‚Loci' 1535) mit der „Unterscheidung dreifacher Gesetzeswirkungen"[58] und nennt als *primus usus* den *usus paedagogicus seu politicus*.[59] Voraussetzung dieses Wirkbereich des Gesetzes sei die oben angesprochene *libertas voluntatis sine renovatio*, die es ermögliche, „daß der Mensch im Äußeren von dem seiner Vernunft innewohnenden Gesetz den rechten Gebrauch mach[en] und so eine äußere Gerechtigkeit in den Werken"[60] leisten könne. Eingeschränkt wird bei Melanchthon diese Möglichkeit zwar durch zwei Faktoren, durch die schon genannte *infirmitas*, die durch das *peccatum originis* eingetreten sei, und durch die Verführung durch den Teufel;[61] anders als in den ‚Loci' von 1521 lehnt Melanchthon es aber in seinem Spätwerk ausdrücklich ab, diese Art der freien Willenskraft in äußeren Werken in letzter Konsequenz – aufgrund der Affektenlehre und der Vorstellung deterministischer Prädestination – doch wieder zu negieren, und räumt ausdrücklich die Faktizität *aliqua contingentia* ein.[62]

Die Notwendigkeit und den Nutzen der *disciplina* gemäß dem *usus politicus* sieht Melanchthon in vier Aspekten:[63] Zunächst sei sie der Gott wegen seines *mandatum* geschuldete Gehorsam; als solcher diene sie einerseits der Vermeidung von Strafen, andererseits der Wahrung des öffentlichen Friedens. Die vierte *causa*, sie ist nach Melanchthon die gewichtigste, bestehe darin, dass die *disciplina* eine *paedagogia in Christum* sei. In der zuletzt genannten Eigenschaft scheint ihr bei Melanchthon ein besonderes Gewicht in der Frage nach der Funktion der *voluntas* im Blick auf die *poenitentia* zuzukommen, so dass dieser Aspekt im entsprechenden Abschnitt noch genauer zu behandeln sein wird.[64]

(2) Abzielend auf die zweite, (biblisch begründete) kirchliche Perspektive auf die *voluntas* in Bezug auf die *impletio Legis*, nimmt Melanchthon den biblischen Sprachgebrauch auf und legt dar, dass die Begriffe *mens* und *cor*, die für *intellectus* und *voluntas vere* in Anspruch genommen würden, nicht nur auf das äußerliche Werk, sondern auf die Einheit von *iudicium* und *appetitiones vere*, auf die Übereinstimmung innerer Gesinnung und äußerlichen Werks, auf auf-

---

[57] P. MELANCHTHON, Loci (1559), I, 321,31–33.

[58] H. ENGELLAND, Melanchthon, 241.

[59] Vgl. P. MELANCHTHON, Loci (1559), I, 321,35.

[60] L. HAIKOLA, Luthers Lehre, 91.

[61] Vgl. P. MELANCHTHON, Loci (1559), I, 239,22–24: „Sed tamen hic sciendum est hanc ipsam libertatem duabus causis valde impediri, videlicet ab infirmitate, quae nobiscum nascitur, et a Diabolo."

[62] Vgl. P. MELANCHTHON, Loci (1559), I, 236,29–38 und auch Kap. VII.1.2.2 dieser Arbeit.

[63] Vgl. zu den *quatuor causae* P. MELANCHTHON, Loci (1559), I, 322f.

[64] Vgl. Kap. VII.1.2.2 der vorliegenden Untersuchung.

richtiges, nicht bloß geheucheltes Wollen zielten.[65] Hier kommt zur Geltung, was oben hinsichtlich Melanchthons Standpunkt bezüglich der Folge des *peccatum originis* schon angeführt wurde: Die menschliche Natur sei korrumpiert, der Forderung des stetigen und vollkommenen Herzensgehorsams gegenüber dem grundlegenden ersten Gebot zur Gottesliebe *ex toto corde* könne nicht mehr Folge geleistet werden.[66] Die Zustimmung (*assensus*), die von der *voluntas* gegenüber den von der *mens* bereitgestellten Kenntnissen zu leisten sei, werde aufgrund der *contumacia cordis* unsicher.[67]

Der Mensch könne diese ,Verkrümmung' nicht aus eigener Kraft ablegen, denn „das Herz [entziehe] sich letztlich der Macht sowohl des Intellektes wie auch des Willens"[68]. In dieser Hinsicht gilt nach Melanchthon, dass der Mensch schlechterdings keine Freiheit dazu besitze, diesen Zustand eigenmächtig zu ändern, die Möglichkeiten seiner *voluntas* seien in beiderlei Hinsichten – im Blick auf wahre Gesetzeserfüllung und im Blick auf Behebung der Verkrümmung – unzulänglich.[69] Der Gesetzesimperativ erscheine in dieser Perspektive dem Menschen als unerfüllbar; hierin liegt nach Melanchthon der *secundus* und *praecipuus usus Legis*, dass sie die Sünde aufdecke, und der Mensch angeklagt, in Schrecken versetzt und verdammt werde.[70] Diese Schrecken werden von Melanchthon in den ,Loci' 1559 meistens in der *mens*[71] lokalisiert, es begegnen aber auch die *conscientia* oder der *animus*[72] als anthropologischer Ort der *pavores*.

---

[65] Vgl. P. MELANCHTHON, Loci (1559), I, 237,35–238,3: „Ceterum in sermone Prophetarum et Apostolorum haec vocabula sunt, mens et cor, quae ambo sumuntur pro intellectu et voluntate vere, non simulate aliquid volente, hoc est, complectuntur iudicium et appetitiones veras, non simulatas, non externum opus tantum."

[66] Vgl. P. MELANCHTHON, Loci (1559), I, 312,12–16: „Non dubium est Lege divina flagitari interiorem et perfectam obedientiam, iuxta illud: ,Diligas Dominum Deum tuum ex toto corde.' Cum autem haec corrupta natura hominum non possit praestare integram obedientiam, sicut clare testatur Paulus […]".

[67] Vgl. P. MELANCHTHON, Loci (1559), I, 314,18 f.: „Manet notitia Legum, sed assensus est infirmus propter contumaciam cordis." Auch hier erscheint das *cor* erneut als dritte Größe jenseits von *mens* und *voluntas*.

[68] K. HAENDLER, Wort, 500.

[69] Vgl. P. MELANCHTHON, Loci (1559), I, 240,14–31: „Sed in Ecclesia Dei non tantum dicitur de externis moribus, sed de integra Legis impletione in corde. Mens in non renatis plena est dubitationum de Deo, corda sunt sine vero timore Dei, sine vera fiducia et habent impetus ingentes contra Legem Dei. […] Hic certum est homines non habere libertatem deponendi hanc pravitatem nobiscum nascentem aut deponendi mortem. […] Non potest voluntas exuere nascentem nobiscum pravitatem nec potest Legi Dei satisfacere, quia Lex Dei non tantum de externa disciplina et de umbra operum concionatur, sed postulat integram obedientiam cordis, ut Lex dicit: ,Diligas Dominum Deum tuum ex toto corde tuo et omnibus viribus' etc."

[70] Vgl. P. MELANCHTHON, Loci (1559), I, 323,23–26 [fehlerhafte Orthographie des Originals wurde durch die Vfn. korrigiert]: „Est igitur alius usus Legis divinae et praecipuus ostendere peccatum, accusare, perterrefacere et damnare omnes homines in hac corruptione naturae."

[71] Vgl. z. B. P. MELANCHTHON, Loci (1559), II, 358,13 f.: „Tertio, cum mens hominis hac voce arguente peccata perterrefacta est, audiat […]".

[72] Vgl. P. MELANCHTHON, Loci (1559), II, 550,3–6 und 554,11 f.: „Ac vocamus contritionem, ut in Ecclesia usitate loquitur, pavores conscientiae agnoscentis iram Dei adversus nostra peccata

Diese Schrecken zeichnen nach Melanchthon die Reue aus, sie seien, wie oben dargelegt, der Beginn der Buße, die allerdings keine wahre wäre, wenn nicht noch das ‚positive' Element hinzu käme, da das Gesetz für sich genommen die Sünde nur be- und verurteile, sie aber nicht beseitige.[73]

(3) Eine dritte Perspektive ergibt sich nach Melanchthon im Zusammenhang mit der Frage nach der Funktion der Willenskraft in der Hervorbringung von *actiones spirituales*, geistlichen Handlungen, wie sie die ‚lebendigen Glieder'[74] der Kirche auszeichnen würden.[75] Diese Handlungen bzw. *effectus* oder *motus spirituales* bestehen nach Melanchthon unter anderem in *agnitio Dei, timor, fides, fiducia in misericordiae Dei, dilectio, tolerantia* und *fortitudo in afflictionibus* und *in adeunda morte*.[76] Mit der *fides* begegnet ein Begriff, der wiederum auf den Ausgangspunkt der hier dargelegten Skizze der melanchthonischen Heilslehre, die Buße, zurückführt. Und in der Tat geht Melanchthon im weiteren Verlauf nicht nur der Funktion der *voluntas* in den Handlungen der Wiedergeborenen nach, sondern vor allem auch der Frage, wie sich die *voluntas* in der Bekehrung (*conversio*) verhält.

Zwar schließt Melanchthon zunächst aus, dass der menschliche Wille die *effectus spirituales* auch ohne den heiligen Geist hervorbringen könne.[77] Aber ebenfalls in diesem Zusammenhang begegnet die umstrittene Rede von dem *liberum arbitrium* als *facultas applicandi se ad gratiam*[78], von den *tres causae bonae actionis*, von der *voluntas*, die in der *conversio* nicht *otiosa* sei.[79] Diese Formulierungen wurden scharf kritisiert[80] und haben Melanchthon den Synergismusvorwurf eingehandelt. Es sollen daher an dieser Stelle die Darstellung

---

et dolentis propter peccatum.“ – „Contritio sine fide est horribilis pavor et dolor animi fugientis Deum [...]“.

[73] Vgl. P. MELANCHTHON, Loci (1559), I, 240,32 f.: „Iudicat et damnat Lex peccatum in natura hominis, non tollit.“

[74] Die Rede von den lebendigen Gliedern innerhalb der Kirche, die sich dadurch auszeichneten, dass sie den heiligen Geist hätten, findet sich bei P. MELANCHTHON, Loci (1559), I, 241,33–35 und 243,1–8.

[75] Vgl. dazu insgesamt P. MELANCHTHON, Loci (1559), I,241–247.

[76] Vgl. P. MELANCHTHON, Loci (1559), I, 241,8 f.26–28.

[77] Vgl. P. MELANCHTHON, Loci (1559), I, 241,20–35: „Nisi iuvaremur Spiritu sancto, multo tristiores lapsus et atrociores confusiones morum acciderent, ut fuerunt et sunt Ethnici et Anabaptistici furores. Haec autem sententia tenenda et vera est: Voluntas humana non potest sine Spiritu sancto efficere spirituales effectus, quos Deus postulat [...]. Testimonia colligenda sunt, [...] ut discamus eos, qui non reguntur Spiritu sancto, non esse viva membra Ecclesiae.“

[78] Vgl. P. MELANCHTHON, Loci (1559), I, 245,30–33.

[79] Vgl. P. MELANCHTHON, Loci (1559), I, 243–246.

[80] Die ‚Konkordienformel' verwirft in den *Negativa* des zweiten Artikels ausdrücklich die Rede von den *tres causae* und hält dagegen fest: „Reliquuntur igitur ante conversionem hominis duae tantum efficientes causae (ad conversionem efficaces), nimirum spiritus sanctus et verbum Dei, quod est instrumentum spiritus sancti, quo conversionem hominis efficit“ (FC Ep II, in: BSLK, 781,4–9; vgl. auch FC SD II, in: BSLK, 910,26–912,21). Über die entsprechenden Väterzitate, die Melanchthon anführt (vgl. P. MELANCHTHON, Loci [1559], I, 244,2 ff.), heißt es daher, dass sie „der Form gesunder Lehr nicht ähnlich, sunder derselben zuwider, und demnach,

des ‚Heilswegs‘ und insbesondere das oben bereits skizzierte Bußgeschehen unter Berücksichtigung der Funktion der *voluntas humana* noch einmal genauer analysiert werden.

1.2.2 Die Funktion der voluntas humana in der Bekehrung

Für den postlapsarischen, natürlichen Menschen ist nach Melanchthon die Gesetzeserfüllung als Heilsweg abgeschnitten. Dennoch begegne ihm die Forderung des Gesetzes auf zwei Wegen: Zum einen spreche ihn der Gesetzesimperativ in Form seines natürlichen, angeborenen Gewissens als Forderung der *disciplina* an. Diese entspreche aber lediglich dem *usus paedagogius Legis* und verfehle letztlich deren umfassenden Sinn. Zum anderen werde sofort nach dem Fall das *ministerium praedicandae poenitentiae* eingesetzt,[81] damit durch die Stimme des Gesetzes wahre Sündenerkenntnis gemäß dem *secundus* und *praecipuus usus Legis* bewirkt werde. Diese Sündenanklage und -erkenntnis sei mithin kein Werk der menschlichen *mens* bzw. *ratio*, denn „,Animalis homo non percipit ea, quae sunt Spiritus Dei,‘ id est, non vere statuit Deum irasci peccato nec sentit iram nec vere timet Deum […].“[82] Es bedürfe somit der Wirkung des heiligen Geistes,[83] damit die Gesetzesverkündigung ihr Ziel erreiche: die Vermittlung des vollen, ‚geistlichen‘ Gesetzesverständnisses und damit einhergehend die *perterrefactio* der *mens* bzw. *conscientia* und das Bewirken von *pavor et dolor animi* in der Anerkenntnis des menschlichen Versagens angesichts des umfassenden Gesetzesimperativs.

In dieser „negative[n] Wirkung des Gesetzes“[84] erschöpft sich nach Melanchthons Darstellung seine Aufgabe noch nicht vollständig, „seine letzte Mission [sei es], in und durch sein Versagen über sich selbst hinauszuweisen auf seinen Erfüller“[85]. Da die *iustitia Legis* als *iustitia propria* nicht zu erreichen sei, entstehe die Frage der *mentes perterrefactae* nach *consolatio extra sese*,[86] nach einer *iustitia aliena*. Daher werde gleichzeitig mit der Einsetzung des *ministerium*

---

wann von der Bekehrung zu Gott geredt, billich zu meiden“ (FC SD II, in: BSLK, 909,7–11; vgl. auch FC Ep II, in: BSLK, 780,5 ff.) seien.

[81] Vgl. P. MELANCHTHON, Loci (1559), II, 357,21–24. Der Terminus ‚Bußpredigt‘ ist aber letztlich unglücklich gewählt, da Buße nach Melanchthon eben nicht nur den ‚negativen‘ Aspekt der Reue, sondern auch den ‚positiven‘ Aspekt des Glaubens umfasst, die Predigt der Buße aber nur auf Anklage, Schrecken, Reue ziele. Im Vollsinn könne daher nur das Miteinander von *vox Legis* und *vox Evangelii* als Bußpredigt gelten.

[82] P. MELANCHTHON, Loci (1559), I, 242,22–24, unter Zitation von I Kor 2,14.

[83] Vgl. bspw. P. MELANCHTHON, Loci (1559), I, 242,9–28 oder besonders deutlich in II, 552,22–25: „Nam quod dicitur, ‚Spiritus sanctus arguet mundum,‘ id fit per verbum declarans iram Dei, et in huius verbi cogitatione Spiritus sanctus est efficax.“

[84] L. HAIKOLA, Luthers Lehre, 92; Haikola sieht Melanchthon in dieser Schilderung der negativen Wirkung des Gesetzes ganz auf der Linie Luthers.

[85] H. ENGELLAND, Melanchthon, 291.

[86] Vgl. P. MELANCHTHON, Loci (1559), II,23–27: „Hos si considerant, scirent mentes perterrefactas quaerere consolationem extra sese et hanc consolationem esse fiduciam, qua voluntas acquiescit in promissione misericordiae propter Mediatorem donatae.“

praedicandae poenitentiae auch die *promissio de venturo liberatore* gegeben.[87] An dieser Stelle kommt somit Christi Heilswerk in den Blick, das *beneficium Christi*, welches Melanchthon gemäß seiner Interpretation des Heilsgeschehens „in der Anlehnung an das scholastische Bußinstitut"[88] und unter Aufnahme der Grundgedanken der Satisfaktionstheorie Anselms[89] hauptsächlich als Genugtuung (*satisfactio*) bestimmt, durch die Gott versöhnt, sein Zorn besänftigt, die Vergebung der Sünden verdient werde.[90] Die *satisfactio* kann dabei in vierfacher Weise bestimmt werden, sie geschieht:

> „1. indem Christus den von dem Gesetze geforderten Gehorsam vollkommen geübt hat; 2. indem er Gottes Zorn gegen die Sünden aller Menschen oder die von diesen verwirkte Strafe auf sich abgeleitet hat; 3. indem er das Gesetz in den Gläubigen wiederherstellt, und zwar in diesem Leben *inchoatione*, in jenem *consummatione*; 4. indem er die Lehre des Gesetzes sanctionirt und bestätigt hat."[91]

---

[87] Es ist nach Melanchthon nicht möglich, dass Gott einfach über die Sünde des Menschen hinwegsieht, da er „der gerechte Richter an seinem Gesetz festhalten" (L. HAIKOLA, Luthers Lehre, 92) müsse. „Sein Wille im Gesetz ist und bleibt unerbittliches Gebot, das unbedingt ganz erfüllt sein will" (H. ENGELLAND, Melanchthon, 296).

[88] M. GRESCHAT, Melanchthon, 161. Der gravierende Unterschied zwischen Melanchthons und der scholastischen Auffassung wird aber ebenfalls festgehalten (aaO., 27): „Er [sc. Melanchthon] nimmt die alte Dreiteilung der Buße in contritio, confessio und satisfactio zunächst wie selbstverständlich auf [...]. Aber trotz dieser Beibehaltung der traditionellen Unterscheidungen ist das alte Bußinstitut praktisch durch seine Verknüpfung mit der reformatorischen Botschaft von der Rechtfertigung allein aus Gnaden im Kern zerbrochen. Die Genugtuung steht nicht mehr an letzter Stelle, sondern sie ist zum grundlegenden Fundament geworden, weil an die Stelle menschlicher Werke nun in ganzer Ausschließlichkeit die Versöhnungstat Christi gerückt ist."

[89] Den „entscheidende[n] Unterschied zwischen der Satisfaktionslehre Anselms und ihrer Aufnahme in der reformatorischen Theologie insbesondere bei Melanchthon" (F. NÜSSEL, Glauben, 46) sieht Nüssel allerdings darin, dass „als Subjekt des im Leiden und Sterben vollbrachten passiven Gehorsams" (ebd.) nicht „nur die menschliche Natur Christi, sondern die gottmenschliche Person des Mittlers" (ebd.) erscheint. Den Unterschied wiederum zwischen Luthers und Melanchthons Rezeption der Satisfaktionstheorie macht R. Seeberg darin aus, dass für „Luther [...] die reale Tatsache des Leidens Christi [maßgebend war], die einen Zweck gehabt haben muß, dann aber der Wille Gottes, der dies Mittel zur Erlösung geordnet hat [...], [während] Melanchthon dagegen [...] eine rationale Notwendigkeit für Gottes Ordnung" (R. SEEBERG, Lehrbuch IV/2, 468) konstruiert habe.

[90] Hinsichtlich des Werks Jesu Christi fällt auf, „daß sich in den Loci nirgends eine ausführliche Beschreibung" (F. NÜSSEL, Glauben, 46, Anm. 167) finden lässt, vielmehr das Werk meist indirekt in der Frage der Heilsvermittlung thematisiert wird, so bspw. in der Einleitung zum *locus de gratia et de iustificatione*, die den Irrtum der *Pharisaei* kritisiert, die „non intelligebant oportere victimam fieri pro genere humano ad placandam iram Dei adversus peccatum et aliam iustitiam donaturum esse" (P. MELANCHTHON, Loci [1559], II, 354,1–3), oder in der Erläuterung der Gründe der Notwendigkeit des ‚gratis', wenn es heißt, dass Christus *victima pro peccato* gewesen sei (vgl. aaO., 375,21–25). Der Opfergedanke wird auch im Zusammenhang der Sakramentenlehre genauer expliziert. Dort werden zwei Arten des Opfers unterschieden und das *sacrificium propitiatorium* bestimmt als „opus, quod meretur aliis remissionem culpae et poena aeternae, seu opus reconcilians Deum et placans iram Dei pro aliis et satisfactorium pro culpa et poena aeterna" (aaO., 533,27–30).

[91] O. RITSCHL, Dogmengeschichte II/1, 266.

Im Werk Christi besteht für Melanchthon somit der objektive Grund des Heils; Christus ist der Mittler (*mediator*), in seiner Sendung und seinem Tod zeigen sich *misericordia* und *ira Dei* gleichermaßen.[92] Diese *promissio misericordia propter Christum* begegne dem Menschen nun in der *vox Evangelii*, die „de exclusiva et de Mediatore, quod Deus vere te recipere velit gratis, id est, non propter tuam dignitatem aut merita, sed propter Filium Dei"[93], kündige. Von besonderer Relevanz sei die Exklusivpartikel *gratis*, die den entscheidenden Unterschied von Gesetz und Evangelium markiere.[94]

Nun stellt sich in dieser Hinsicht die Frage, welche Rolle der *voluntas* des Menschen in Bezug auf sein Heil zukomme. Zum einen wird nach Melanchthon vom Menschen gemäß dem *usus paedagogius* des Gesetzes gefordert, seine *libertas voluntatis* hinsichtlich der *disciplina* richtig auszuüben. Eine *pars disciplinae* bestehe darin, *audire et discere Evangelium*.[95] Das bloße Hören und Zur-Kenntnis-Nehmen eröffne aber den durch die *vox Legis* erschrockenen *mentes* nicht den Trost, den sie suchten, im Gegenteil, die Schrecken würden durch die bloße *notitia historiae* sogar noch vermehrt: „Quod enim terribilius est signum irae Dei quam placari Deum non alia victima potuisse nisi Filii morte?"[96]

Die *vox Evangelii* bewirkt nach Melanchthon mithin eine Verstärkung des Schreckens und der Reue, die aber in dieser Form keine wahre Bekehrungsreue sein könne, sondern in *timor servilis* bestehe, knechtischer Furcht vor Strafe, die bloß dazu führe, *Deum fugere*.[97] Was den *mentes perterrefactae* bei geschichtlicher Kenntnis zum Trost fehle, sei das Vertrauen, die *fiducia*, durch die der Einzelne darauf vertraue, dass der Inhalt der Kenntnis *für ihn* gelte und sich so an die Wohltat anschließe.[98] Erst durch *fiducia* könne die *voluntas* dem Urteil der *mens* zustimmen, sie sei mithin etwas von außerhalb der *mens* kommendes,

---

[92] Vgl. auch H. ENGELLAND, Melanchthon, 297: „Aber dennoch zeugt diese unerbitterliche Gerechtigkeit Gottes und das aus ihr motivierte Geschehen am Kreuz mit derselben Wirklichkeit von dem überwundenen Zorn, ist von innen gesehen Barmherzigkeit gegen die Menschen, ist Liebe Gottes."

[93] P. MELANCHTHON, Loci (1559), II, 375,37–376,3.

[94] Vgl. P. MELANCHTHON, Loci (1559), II, 377,21–33: „Quarta causa est, ut conspiciatur discrimen Legis et Evangelii. Nam etsi Lex habet promissiones, tamen non promittit gratis remissionem peccatorum seu reconciliationem seu imputationem iustitiae, sed tantum eum pronuntiat iustum, qui praestat integram obedientiam et est sine peccato […]. Sed Evangelium monstrat nobis Filium Dei Mediatorem et clamitat nobis propter hunc gratis donari reconciliationem. Insigne igitur discrimen facit Legis et Evangelii particula Gratis, qua amissa non potest non sequi magna Evangelii caligo." Vgl. zur Relevanz des ‚gratis' insgesamt aaO., 373–378.

[95] Zu den Schwierigkeiten hinsichtlich der Funktion der *disciplina* im Kontext der Heilszu- und -aneignung vgl. Kap. VII.1.2 der vorliegenden Arbeit.

[96] P. MELANCHTHON, Loci (1559), II, 365,6–8.

[97] Vgl. P. MELANCHTHON, Loci (1559), II, 553 f.

[98] Vgl. P. MELANCHTHON, Loci (1559), II, 365,14–16 und 379,16: „Huius historiae notitia auget pavores, si fides non est fiducia applicans nobis hoc beneficium". – „Sed hoc beneficium fide applicari oportet."

ein *motus in voluntate*. Durch diesen Glauben, der *notitia, assensus* und *fiducia* umfasse,[99] würden die *mentes perterrefactae* aufgerichtet.[100]

Kommt dieses positive Element hinzu, so verändert sich nach Melanchthon auch die Qualität der Reue: Sie bestehe nun in *timor filialis,* sie sei nicht nur Furcht aus Angst vor Strafe, „sed etiam puriore dolore, quod Deum offenderimus, cui debetur obedientia et gratitudo."[101] Melanchthon definiert die *fides* als das ‚positive' Element der Buße wie folgt: „Fides est assentiri universo verbo Dei nobis proposito adeoque et promissioni gratuitae reconciliationis donatae propter Christum Mediatorem estque fiducia misericordiae Dei promissae propter Christum Mediatorem."[102]

Indem es dieser Glaube sei, durch den der Mensch in ein wirkliches Verhältnis zu der objektiv vollbrachten Heilstat Christi gestellt werde, indem nämlich das *beneficium* durch den Fiduzialglauben ergriffen werde,[103] könne der Trost der *mentes perterrefactae* durch die *fiducia* als der *modus, quo fit iustificatio,* bestimmt werden: „Hoc modo cum fide se mens erigit, donantur remissio peccatorum et reconciliatio. [...] Iustificatio significat remissionem peccatorum et reconciliationem seu acceptationem personae ad vitam aeterna."[104]

Deutlich wird, dass *iustificatio* hier den rein deklaratorisch-forensischen Akt des *iustus pronuntiare* bezeichnet und – anders als in den ‚Loci' von 1521[105] und

---

[99] Vgl. P. MELANCHTHON, Loci (1559), II, 361,27–31 und 362,36–363,2: „Complectitur autem fiducia misericordiae et notitiam historiae, quia fides intuetur Christum, quem agnosci necesse est esse Filium aeterni Dei, pro nobis crucifixum, resuscitatum etc." – „Teneamus ergo vim verbi πιστεύω et sciamus significare utrumque, assentior et confido." K. HAENDLER legt überzeugend dar, dass dieser *notitia* und *fiducia* umfassende Glaubensbegriff „der Struktur der göttlichen Heilsoffenbarung" (DERS., Wort, 411) entspricht. „Der Glaube als notitia macht damit Ernst, daß Gott in concreto zum Heil des Menschen gehandelt hat. Der Glaube als fiducia bedenkt dieses und nimmt dieses an, daß er dort wirklich zum Heil gehandelt hat" (aaO., 404).

[100] Vgl. P. MELANCHTHON, Loci (1559), II, 358,18: „Hoc modo cum fide se mens erigit [...]". Es deutet sich hier allerdings erneut eine terminologische Schwierigkeit an, der unten eingehender nachgegangen werden soll, indem auch von der Aufrichtung der *animi* oder *corda* die Rede ist: „Ergo luctam hanc et consolationem intuentes intelligemus existere pavores et erigi animos fiducia intuente Filium Dei" (aaO., 369,17–19). – „Hoc credere certe est fiducia erigens et consolans animum" (aaO., 369,34f.). – „Deinde [...] docemus etiam, cum hoc modo corda sustentatur voce Evangelii et fide eriguntur [...]" (aaO., 384,7–9). Zu den Schwierigkeiten in der Verhältnisbestimmung von *mens, animus* und *cor* vgl. daher auch den Exkurs im Anschluss an dieses Kapitel.

[101] P. MELANCHTHON, Loci (1559), II, 553,29–31.

[102] P. MELANCHTHON, Loci (1559), II, 363,5–9.

[103] Vgl. P. MELANCHTHON, Loci (1559), II, 361,4f. und 370,10–12: „Nam haec misericordia fide seu fiducia apprehenditur." – „Et quia oportet apprehendi hoc beneficium, dicitur fide, id est, fiducia misericordiae promissae propter Christum."

[104] P. MELANCHTHON, Loci (1559), II, 358,18f.; 359,10–13 [Sperrung des Originals wurde durch die Vfn. aufgehoben].

[105] Schon in den ‚Loci' von 1521 unterscheidet Melanchthon die zwei Aspekte der *poenitentia,* er zieht hier allerdings gegenüber der Terminologie des scholastischen Bußinstituts noch die paulinischen Begriffe *mortificatio* und *vivificatio* bzw. *renovatio* vor. Indem er *poenitentia* und *iustificatio* miteinander identifiziert, gilt auch für die letztere, dass sie die effektive *renovatio* mit

in der ‚Apologie'[106] – die effektive Seite des Heilsgeschehens nicht mit umfasst.[107]

---

umfasst (vgl. P. Melanchthon, Loci [1521], 342 [8,61] und 344 [8,67]: „Est enim poenitentia vetustatis nostrae mortificatio et renovatio spiritus [...]." – „Non aliud enim poenitentia est nisi iustificatio"). Insgesamt fällt aber auf, dass der Begriff der *iustificatio* in den frühen ‚Loci' „neben dem schon präziser durchreflektierten *Glaubensbegriff* [...] lediglich eine *untergeordnete Rolle*" (A. Peters, Rechtfertigung, HST 12, Gütersloh 1984, 64) einnimmt: „So schlicht und klar von vornherein Melanchthons Lehre vom christlichen Glauben gewesen [...] ist, so unbestimmt und wenig entwickelt war zunächst noch sein Begriff von der Rechtfertigung" (O. Ritschl, Dogmengeschichte II/1, 238).

[106] Auch wenn einigen Forschern „Melanchthons Aussagen über die Rechtfertigung in der Apologie als ein Übergangsstadium" von einer imputativen und effektiven zu einer rein forensischen Rechtfertigungslehre gelten (M. Greschat, Melanchthon, 119; so auch O. Ritschl [Dogmengeschichte II/1, 246–251], der die effektiven Aussagen der ‚Apologie' rein ‚ideell' verstanden wissen möchte; R. Stupperich hält die Auffassung von der ‚Apologie' als Übergangsstadium für „vereinfacht" [Ders., Die Rechtfertigungslehre bei Luther und Melanchthon 1530–1536, in: Luther und Melanchthon. Referate und Berichte des Zweiten Internationalen Kongresses für Lutherforschung (Münster, 08.-13. August 1960), hg. v. V. Vajta, Göttingen 1961, 73–88, 80], H. Engelland widerspricht ihr entschieden [vgl. Ders., Melanchthon, 119]), lässt sich nicht leugnen, dass „in der Apologie die Rechtfertigung als Gerechtwerden und als Wiedergeburt beschrieben werden kann und also forensische und effektive Seite der Rechtfertigung noch nicht auseinandergetreten sind" (F. Nüssel, Glauben, 42; hier findet sich auch eine Skizze der Diskussion um die Rechtfertigungslehre der Apologie, vgl. aaO., 36–42). Vgl. dazu v. a. BSLK, 174,37–44: „Et quia iustificari significat ex iniustis iustos effici seu regenerari, significat et iustos pronuntiari seu reputari. Utroque enim modo loquitur scriptura. Ideo primum volumus hoc ostendere, quod sola fides ex iniusto iustum efficiat, hoc est, accipiat remissionem peccatorum." In der ‚Konkordienformel' müht man sich, diesen Befund dahin zu deuten, dass *regeneratio* nicht zwingend das effektive Geschehen im Sinne einer Erneuerung bedeuten müsse, sondern auch „allein pro remissione peccatorum et adoptione in filios Dei" (FC SD III, in: BSLK, 920,21–23) gebraucht werden könne.

[107] Spätestens mit dem ‚Römerbriefkommentar' von 1532 (vgl. P. Melanchthon, Commentarii in Epistolam Pauli ad Romanos [1532], hg. v. R. Stupperich, StA V, Gütersloh 1965, 30–56) versteht Melanchthon die Rechtfertigung als rein forensisches Geschehen (vgl. auch B. Hägglund, Rechtfertigung – Wiedergeburt – Erneuerung in der nachreformatorischen Theologie, in: KuD 5 [1959], 318–337, 319; M. Greschat, Melanchthon, 133–150; R. Stupperich, Rechtfertigungslehre, 82–84). Dem entspricht ein relational verstandener Glaubensbegriff, entsprechend bestimmt Melanchthon *fiducia* und *timor* als *nomina relativa* (vgl. P. Melanchthon, Loci [1559], II, 370,15–18; vgl. auch O. Ritschl, Dogmengeschichte II/1, 254f.: „Die Bedeutung des Ausdrucks relativ bestimmt sich [...] nach der [...] bekannten Regel der Dialektik, daß es relativen Begriffen überhaupt eigentümlich ist, sich gegenseitig zu definiren und auszulegen. Also hängt sie auch von den Correlationsverhältnissen der in Betracht kommenden Begriffe ab."). Es wird darin deutlich, dass die *iustificatio sola fide* nicht eine effektive Gerechtmachung des Menschen bedeutet, sondern als „ideelle Beziehung zu Gott" (aaO., 254) verstanden werden muss.

Melanchthon schließt damit die effektive Seite des Heilsgeschehens zwar nicht aus – er sieht sie als die mit der *remissio peccatorum* gleichzeitige *donatio Spiritus sancti*, der *novas virtutes* in den Gerechtfertigten entfacht (vgl. P. Melanchthon, Loci [1559], II, 359,19–23) –, er verhandelt sie aber in den späten ‚Loci' nicht unter dem Begriff der *iustificatio*. Diese Einschätzung kann als *opinio communis* der Melanchthonforschung gelten, wenngleich vereinzelt versucht wird, zu zeigen, dass auch für den späten Melanchthon die effektive *regeneratio* in der *iustificatio* inbegriffen sei, so v. a. bei H. Engelland (vgl. Ders., Melanchthon, 321–345). Allerdings bezeugen die Belege, die Engelland anführt, nur, dass Melanchthon die effektive Seite des Heilswerks nicht ausklammert und auch versucht, diese in einen notwendigen Zu-

Es ist mithin das Rechtfertigungsgeschehen die Antwort auf das *quaerere* der *mentes perterrefactae*, dem entspricht, dass sie primär unter dem Aspekt der *remissio peccatorum* gesehen wird.[108]

Es stellt sich nun aber Melanchthon das folgende Problem:[109] Er will einerseits an dem universalen Heilswillen Gottes unbedingt festhalten: Die *promissio* gelte gemäß dem im Evangelium offenbarten Willen Gottes universal,[110] damit ergehe die Berufung (*vocatio*) zum Heil an alle Menschen. Dem stehe aber andererseits die faktische Partikularität der Erwählung (*electio*) gegenüber; der Gegensatz von *electi* und *reiecti* scheint dann aber der *promissio universalis* zu widersprechen. Es muss daher nach Melanchthon, da in der göttlichen *voluntas* keine Widersprüchlichkeit bestehen könne, der Grund für diesen Unterschied in unterschiedlichen *actiones* des Menschen liegen.[111] Die Differenz bestehe genauer darin, ob der *promissio* die *fides* korreliere, oder ob *desperatio repudiat gratiam*. Einhergehend mit dem Indikativ der universalen *promissio* erfolge also gemäß dem *aeternum et immutabile mandatum Dei* der Imperativ, „quod praecipit agere poenitentiam, item audire Filium et credere nos propter Filium Dei recipi."[112] Hier wird deutlich, warum Melanchthon in den späten ,Loci' sowohl von der deterministischen Prädestinationslehre[113] als auch von der Relevanz der Affektenlehre Abstand nimmt:

---

sammenhang mit der *iustificatio* zu bringen. Der übergreifende Terminus ist in dieser Hinsicht aber gerade nicht *iustificatio*, sondern *poenitentia* bzw. *conversio*. Ob der Vorwurf berechtigt ist, es komme deshalb durch die begriffliche Unterscheidung „bei Melanchthon zu einem Auseinanderklaffen von Rechtfertigung und Heiligung" (G. HOFFMANN, Luther, 113), weil es ihm nicht mehr gelungen sei, „das annehmende und das erneuernde Handeln Gottes [...] so lebendig zusammenzuschauen [...], wie das Luther unvergleichlich vermochte" (ebd.), muss weiter unten noch genauer verhandelt werden (vgl. VII.1.3).

[108] Die *remissio peccatorum* wird von Melanchthon schon in den ,Loci' 1521 als der wesentliche Aspekt des Heilsgeschehens herausgestellt (vgl. P. MELANCHTHON, Loci [1521], 162 [410]; 204 [5,11]; 206 [6,1] u. ö.). In der ,Apologie' werden entsprechend *remissio peccatorum* und *iustificatio* in engsten Zusammenhang miteinander gebracht: „Consequi remissionem peccatorum est iustificari [...]. Sola fide in Christum [...] consequi remissionem peccatorum [...]. Igitur sola fide iustificamur" (ApolCA IV, in: BSLK, 175,31–38). In den ,Loci' 1559 findet sich schließlich die eindeutige Identifikation von *iustificatio* und *remissio peccatorum* im Kontext der Definition von ,Rechtfertigung' (vgl. P. MELANCHTHON, Loci [1559], II, 359,10–13).

[109] Vgl. zum Folgenden auch H. ENGELLAND, Melanchthon, 387–414; K. HAENDLER, Wort, 495–562; R. SEEBERG, Lehrbuch IV/2, 442–446.

[110] Vgl. P. MELANCHTHON, Loci (1559), II, 385,7–11 (unter Zitatition von I Tim 2,4): „,Deus vult Omnes homines salos fieri.' Nec vero de voluntate Dei secus iudicandum est, quam docet Evangelium, quod ideo ex sinu aeterni Patris prolatum est, ut certo nobis voluntas Dei patefieret."

[111] Vgl. P. MELANCHTHON, Loci (1559), I, 245,36–246,3: „Cum promissio sit universalis nec sint in Deo contradictoriae voluntates, necesse est in nobis esse aliquam discriminis causam, cur Saul abiiciatur, David recipiatur, id est, necesse est aliquam esse actionem dissimilem in his duobus."

[112] P. MELANCHTHON, Loci (1559), II, 548,17 f.

[113] Vgl. P. MELANCHTHON, Loci (1559), II, 384,20–27.

In den ‚Loci‘ von 1521 heißt es in der *summa* noch, dass die *voluntas* insgesamt in der Perspektive göttlicher Prädestination schlechterdings unfrei sei,[114] womit Melanchthon an die Position Laurentius Vallas anknüpft, die er dann in den ‚Loci‘ von 1559 ausdrücklich ablehnt.[115] Auch die *voluntas* im Blick auf bloß äußere Werke wird 1521 als nur scheinbar frei bestimmt: das ‚natürliche‘ Urteil meine zwar, in diesen Werken eine gewisse Freiheit zu entdecken, berücksichtige man aber die Affektenlehre, wonach der jeweils stärkste Affekt die *voluntas* bestimme und diese sich nur heuchlerisch, nicht aber *serio* dem Affekt widersetzen könne, dann sei die *voluntas* auch hinsichtlich der äußeren Werke unfrei.[116] Die so aufgefasste Affektenlehre vorausgesetzt, müsste die *voluntas* allerdings immer als unfrei gekennzeichnet werden. Dann aber wäre die Konsequenz, dass man sowohl den Fall Adams[117] als auch die Partikularität der Erwählung ursächlich auf Gott zurückführen müsste. Das gleiche Problem ergibt sich hinsichtlich einer streng deterministischen Prädestinationslehre.

Da für Melanchthon weder die göttliche Prädestination noch der Zwang der Affekte für die Differenz der *actiones* in Betracht kommt, muss er diese in *aliqua libertas voluntatis* gegründet sehen. Das entschiedene Festhalten an der Universalität des göttlichen Heilswillen einerseits, die – zumindest in den Augen Melanchthons – faktische Partikularität der *electio* andererseits, schließlich die Erfahrung des *certamen* in der Bekehrung,[118] motivieren daher die Rede von der „copulatio causarum, verbi Dei, Spiritus sancti et voluntatis"[119], von „aliqua

---

[114] Vgl. P. MELANCHTHON, Loci (1521), 44 (1,66): „Si ad praedestinationem referas humanam voluntatem, nec in externis nec in internis operibus ulla est libertas, sed eveniunt omnia iuxta destinationem divinam".

[115] Vgl. P. MELANCHTHON, Loci (1559), I, 236,29–37: „Valla et plerique alii detrahunt voluntati hominis libertatem ideo, quia fiant omnia decernente Deo. Haec imaginatio orta ex Stoicis disputationibus deducit eos ad tollendam bonarum et malarum actionum […]. Dixi autem supra non esse in Ecclesiam invehendas illas Stoicas opiniones nec defendam esse necessitatem fatalem omniam, sed aliquam contingentiam concedendam".

[116] Vgl. P. MELANCHTHON, Loci (1521), 44 (1,67 f.): „Si ad opera externa referas voluntatem, quaedam videtur esse iudicio naturae libertas. Si ad affectus referas voluntatem, nulla plane libertas est, etiam naturae iudicio". Die Kraft der Affekte kommt in den ‚Loci‘ von 1559 nur noch als Hemmung, nicht aber als Aufhebung der äußerlichen Freiheit in Betracht (vgl. P. MELANCHTHON, Loci [1559], I, 239,24–28: „Nam quia vitiosi affectus in hominibus sunt acres stimuli et magna animorum incendia, homines saepe obediunt illis contra consilium mentis, etiam cum possent se cohibere, si anniterentur […]").

[117] Die Unfreiheit der *voluntas* müsste gemäß einer streng genommenen Affektenlehre auch für den Menschen im Urstand gelten, nur dass hier der die *voluntas* bestimmende *affectus* nicht der *amor sui* wäre, wie es nach dem Fall der Fall ist. Damit müsste dann schon der Fall Adams selbst, wenn der Mensch seine Affekte nicht selbst bestimmen kann, auf den Willen Gottes zurückgeführt werden, indem nur so der ‚Affektwechsel‘ erklärt werden könnte.

[118] Vgl. P. MELANCHTHON, Loci (1559), I, 244,15–19. In dieser Erfahrung des *certamen* wird nach Melanchthon auch deutlich, dass die *conversio* nicht so geschieht, „ut si lapis in ficum verteretur" (aaO., 244,35); Melanchthon schließt somit auch ein quasi ‚magisches‘ Verständnis der Bekehrung aus.

[119] P. MELANCHTHON, Loci (1559), I, 246,7 f.

libertas in electione"[120] und von der *voluntas*, die in der Bekehrung „non esse otiosam."[121] Zwei Aspekte werden aber von Melanchthon festgehalten – wenn auch nicht immer ganz eindeutig:

Erstens: Offensichtlich steht es für Melanchthon nie zur Debatte, dass das *beneficium* selbst in keiner Weise an der Würdigkeit (*dignitas*) oder an Handlungen des Menschen hängt; die *voluntas humana* könne dem Menschen nicht Sündenvergebung und Annahme verdienen. Diese geschehe allein *propter Filium Dei*, die *gratia* ist und bleibt für Melanchthon *gratis*.

Zweitens: Die *voluntas* erscheint m. E. bei Melanchthon in der Rede von den *tres causae* nicht als – neben Wort Gottes und Geist – gleichwertige *causa*, sondern die Tätigkeit Gottes im Wort und darin die Wirksamkeit des heiligen Geistes gehen der Aktivität des Willens voran.[122] Dies wird an verschiedenen Stellen deutlich:

(1) Glaube und damit auch das Vertrauen[123] als *motus in voluntate*[124] werden von Melanchthon zu den *motus spirituales* gezählt. Der ‚natürliche Mensch‘ *sine Spirito sancto* könne aber nur *actiones carnales* hervorbringen, die Fähigkeit zu *actiones spirituales* sei ihm mit Verlust der *iustitia originalis* abhanden ge-

---

[120] P. MELANCHTHON, Loci (1559), I, 248,11.

[121] P. MELANCHTHON, Loci (1559), II, 385,25 f.

[122] Vgl. auch K. HAENDLER, Wort, 541 f.; das Verhältnis von menschlichem und göttlichem Wirken wird auch in den ‚Heubtartikeln‘ erkennbar: „[W]er ein funklin hatt solcher gedanken, das ehr gern widerumb in gottes gnaden sein wolt, der hatt ietzund ein anfang, und gott will ihn sterken [...]. Dises ist ein verheissung, zu trost geben den swachen, die ein kleins funklin und sehnen inn yhren hertzen fuelen, das sie wissen sollen *beides*: das *gott inn yhnen den anfang gemacht* und wolle sie ferner sterken" (P. MELANCHTHON: Heubtartikel Christlicher Lere. Melanchthons deutsche Fassung seiner Loci theologici nach dem Autograph und dem Originaldruck von 1553, hg. v. R. JENNET/J. SCHILLING, Leipzig 2002, 150,16–23 [Kursivsetzungen durch die Vfn.]). Wenn die Bewegung des Willens vorhanden ist, so zeigt sich darin, dass Gott bereits im Menschen (durch den heiligen Geist) den Anfang gemacht hat; die Bewegung verdankt sich sonach nicht dem Vermögen des Menschen selbst. Ist dies richtig, so kann der Vorwurf, Melanchthon sei in der Rede „vom Zusammenwirken dreier Ursachen" inkonsequent, denn er habe damit die „lebenslang entschieden durchgehaltene Unterscheidung von Gesetz und Evangelium", die „ihre Pointe darin [hat], daß sie dazu anleitet, das Handeln Gottes vom Handeln des Menschen zu unterscheiden" (O. BAYER, Freiheit? Das Verständnis des Menschen bei Luther und Melanchthon im Vergleich, in: LuJ 66 [1999], 135–150, 148) wenn auch vielleicht nicht ganz widerlegt, so doch relativiert werden.

[123] Melanchthon zufolge wird die *fides specialis* durch *notitia* einerseits, vor allem aber durch *fiducia* charakterisiert, vgl. P. MELANCHTHON, Loci (1559), II, 557,1–11: „Statuant igitur perterrefactae mentes certo se consequi remissio peccatorum gratis fide propter Christum. Nec intelligatur fides tantum de historiae notitia. [...] Nec satis est in genere credere, quod Deus aliquibus ignoscat, sicut et Diabolus credit. Non enim ignorat in Ecclesia reconciliationem esse, sed simul statuere debemus nobis ipsis ignosci, nos ipsos a Deo recipi. Hac fide speciali, ut sic dicam, quisque sibi applicare beneficium."

[124] Vgl. P. MELANCHTHON, Loci (1559), II, 363, 10 f.: „Nam fiducia est motus in voluntate necessario respondens assensioni".

kommen. Es bedürfe hier somit der vorherigen Hilfe durch den heiligen Geist, der durch die Stimme des Evangeliums wirksam sei:[125]

„Voluntas humana non potest sine Spiritu sancto efficere spirituales effectus, quos Deus postulat, scilicet verum timorem Dei, veram fiduciam misericordiae Dei, veram dilectionem Dei [...]. Sciendum est autem Spiritum sanctum efficacem esse per vocem Evangelii"[126].

(2) Wenn das Vertrauen als *motus in voluntate* bestimmt wird, klingt darin m. E. an, dass sich dieser *motus* nicht der *voluntas* selbst verdanke, sondern seine Quelle jenseits der *voluntas* liege.[127] Und entsprechend ordnet Melanchthon auch *fiducia* dem *cor* zu, bestimmt sie somit als *affectus*.[128] Dass der Mensch aber keine Freiheit dazu besitze, sein Herz und dessen Affekte selbst zu bestimmen, hält Melanchthon – wie oben dargelegt wurde –[129] entschieden fest. Es bedürfe somit, damit *fiducia* entstehen könne, einer Veränderung des Herzens; diese vollziehe sich nun aber durch das *verbum Dei* und „cum verbo Dei efficax est Spiritus sanctus, erigens et adiuvans corde"[130], so dass auch hier wiederum Wort Gottes und heiliger Geist als *causae* dem *motus in voluntate* vorgängig bestimmt sind.[131]

(3) Die Aktivität, die Melanchthon unter dieser Voraussetzung der *voluntas* bzw. dem Zusammenspiel von *mens* und *voluntas* zugesteht, wird von ihm sehr vorsichtig und immer nur in Relation zum vorgängigen Handeln Gottes im Wort durch den Geist bestimmt:

---

[125] Vgl. auch K. Haendler, Wort, 449: „In solchem Bezug auf das verbum vocale der Verkündigung erfährt also der generelle Wortbezug des Glaubens seine äußerste Verdichtung und Konkretheit. Zugleich wird in ihm die Externität des Wortes und damit die Externität des Glaubensgrundes und -bezuges evident".

[126] P. Melanchthon, Loci (1559), I, 241,24–27; 243,9f.

[127] So auch K. Haendler, Wort, 499: „Zwar sind die Affekte ‚sub voluntate', doch erfüllen sie ihn [sc. den Willen] als ‚motus in voluntate' und bestimmen ihn damit hinsichtlich der Richtung seines Wollens." – Dieser Feststellung, dass der *motus* sich nicht der *voluntas* selbst verdanke, entspricht auch die Aussage, dass die *fiducia* es sei, durch die (*qua*) „voluntas acquiescit in promissione misericordiae propter Mediatorem donatae" (P. Melanchthon, Loci [1559], II, 361,26f.). Wäre die *fiducia* selbst ein Produkt der *voluntas*, so würde sie sich durch sich selbst beruhigen.

[128] Vgl. P. Melanchthon, Loci (1559), I, 238,16–26 und 240,16–17: „Nam si natura hominis non esset corrupta peccato, haberet clariorem et firmiorem de Deo notitiam, non dubitaret de voluntate Dei, haberet verum timorem, veram fiduciam [...]. Nunc autem natura hominis oppressa morbo originis plena est dubitationum de Deo nec vere timet Deum nec vere confidit ei [...], et multae flammae sunt vitiosorum affectuum." – „Mens in non renatis plena est dubitationum de Deo, corda sunt sine vero timore Dei, sine vera fiducia et habent impetus ingentes contra Legem Dei."

[129] Vgl. Kap. VII.1.2.1 der vorliegenden Arbeit.

[130] P. Melanchthon, Loci (1559), II, 385,19f.

[131] Vgl. auch P. Melanchthon, Loci (1559), I, 242,3–8: „Et certum est Spiritum Dei in his dictis non significare rationem, sed Spiritum sanctum a Deo Patre et Domino nostro Iesu Christo procedentem et missum in corda piorum et accendentem agnitionem Dei per Evangelium et motus congruentes Legi Dei."

Als erstes – dieser Aspekt wurde bereits erläutert – wird gemäß dem *primus usus Legis* vom Menschen erwartet, dass er sein natürliches Vermögen zum Hören und Erwägen des Evangeliums nutzt. Von alleine könne der Mensch darüber nicht hinausgehen; wenn nun aber der Geist in den Herzen gemäß dem *secundus usus Legis* die wahre Sündenerkenntnis wirke, damit auch die *conscientia* neu qualifiziere[132] und *motus spirituales* entfache, so würden dadurch auch der *mens* und *voluntas* neue Handlungsmöglichkeiten eröffnet: Es bestehe die Möglichkeit, dass sie sich dieser Hilfe des heiligen Geistes widersetzen (*repugnare*), indem die *voluntas* sich der Bewegung durch den Herzensaffekt entgegenstelle,[133] also sich nicht durch die *fiducia* zum *assensus* gegenüber der *notitia* der *mens* bewegen lasse.[134] Hierzu hält Melanchthon entschieden fest, dass der heilige Geist nicht in denen wirksam sei, die auf diese Weise in freier Entscheidung in den Sünden *contra conscientiam* beharrten.[135]

Die Handlung des Menschen innerhalb der Bekehrung besteht nach Melanchthon mithin negativ darin, *non repugnare*, und positiv im *conatum assensus*.[136] Dieser Versuch wird von Melanchthon als nur *languide assentiri* bestimmt, es ist kraftloses Zustimmen der *voluntas*, das ohne die Hilfe des Geistes nichts bewirken würde.[137] Diese Freiheit der *voluntas* muss m. E. analog der Freiheit im Urstand verstanden werden, es ist die Freiheit des (wieder) befreiten Willens *coram Deo*.[138] Es kommt Melanchthon in beiden Fällen nicht darauf an, dass der Handlung der *voluntas libera* eine ,verdienstliche' Funktion zukomme, sondern es ist ihm daran gelegen, festzuhalten, dass die Abwendung von Gott, der Fall

---

[132] R. Seeberg macht hinsichtlich der Diskrepanz zwischen ,natürlicher' und geistgewirkter Sündenerkenntnis darauf aufmerksam, dass nach jener zwar „jeder vernünftige Mensch die Verkehrtheit der Sünde" (DERS., Lehrbuch IV/2, 465) einsehen könne, aber nur durch diese auch der „göttliche[] Zorn oder der Schuldcharakter der Sünde" (ebd.) erkannt werde.

[133] Die Möglichkeit der Diskrepanz zwischen *voluntas* und *affectus* wird von Melanchthon ausdrücklich eingeräumt, vgl. P. MELANCHTHON, Loci (1559), I, 237,19–23.

[134] Vgl. P. MELANCHTHON, Loci (1559), I, 243,18–21: „Sed cum mens audiens ac se sustentans non repugnat, non indulget diffidentiae, sed adiuvante etiam Spiritu sancto conatur assentiri, in hoc certamine voluntas non est otiosa."

[135] Vgl. P. MELANCHTHON, Loci (1559), I, 239,15–17: „Nec est efficax Spiritus sanctus in contumacibus, qui perseverant in delictis contra conscientiam."

[136] Weitere Funktionsbeschreibungen, die aber in der Stoßrichtung ähnlich sind, führt Haendler an, vgl. K. HAENDLER, Wort, 535–538.

[137] Vgl. P. MELANCHTHON, Loci (1559), I, 244,15–17: „Cum autem sit certamen ingens et difficile, voluntas non est otiosa, sed languide assentitur".

[138] Diese Freiheit unterscheidet sich von dem *liberum arbitrium*, der auch den *non renati* eignet und *mens et voluntas coniunctae* bezeichnet, qualitativ und quantitativ: diese vom Geist befreite Freiheit ist *magis libera* (vgl. P. MELANCHTHON, Loci [1559], I, 250,16), denn sie zeichnet nun das rechte Verhältnis von *mens* und *cor* aus, „quae ambo sumuntur pro intellectu et voluntate vere, non simulate aliquid volente, hoc est, complectuntur iudicium et appetitiones veras, non simulatas, non externum opus tantum" (aaO., 237,37–238,3). Vgl. dazu auch K. HAENDLER, Wort, 546–548.

bzw. die Verwerfung durch Unglaube, nicht ursächlich in Gott, sondern in einer „autonome[n] Entscheidung des Menschen selbst"[139] gründen würden.[140]

Wenn diese Beobachtungen hinsichtlich der Funktionsbestimmung der *voluntas* die Intention der Darstellung Melanchthons zutreffend beschreiben, dann kann bezüglich der Heilslehre weder von einem semipelagianischen Synergismus[141] noch von einem Auseinanderklaffen des forensischen und effektiven Aspekts des Heilsgeschehens gesprochen werden, wie im folgenden Kapitel (VII.1.3) kurz dargelegt werden soll. Was allerdings m. E. zugestanden werden muss, ist, dass die Ausführungen Melanchthons nicht nur *ein* Verständnis der Sache zulassen und insbesondere die nicht immer eindeutige Terminologie es erschwert, das intendierte Verständnis zu eruieren. Zwar entsprechen der soeben durchgeführten, schematisierenden Darstellung explizite Aussagen Melanchthons, andererseits werden durch jene aber die Vielfältigkeit der melanchthonischen Beschreibung, mithin auch Ungenauigkeiten und Unschärfen geglättet. Es soll daher vor dem nächsten Kapitel ein Exkurs die terminologischen Schwierigkeiten skizzieren.

EXKURS: *Terminologische Schwierigkeiten in der Soteriologie Melanchthons*

Während zwar einerseits das Verdienst Melanchthons hinsichtlich der ‚Loci' darin gesehen wird, dass er in ihnen „[e]indeutige Begriffe, saubere Definitionen und prägnante Zusammenfassungen"[142] bietet, so wird dieses andererseits dadurch in Frage gestellt, dass genauere Analysen darauf führen, dass einige dieser

---

[139] H. ENGELLAND, Melanchthon, 261.

[140] Vgl. zu dem gesamten Abschnitt auch die *Definitiones* von 1552/53, die den Loci beigefügt wurden: „Libertas voluntatis humanae ante lapsum est facultas, qua poterat Adam in rectitudine, qua conditus erat, manere et obedire Deo et sine ulla coactione se a Deo avertere. Libertas voluntatis humanae post lapsum, etiam in non renatis, est facultas, qua homo potest regere locomotivam, id est, imperare externis membris actiones convenientes Legi Dei et non convenientes et varias utriusque generis. Sed non potest tollere ex mente dubitationes et ex corde vitiosas inclinationes sine luce Evangelii et sine Spiritu sancto. Cum autem trahitur a Spiritu sancto, potest obsequi et repugnare. Fit igitur maior libertas, cum corda renata reguntur Spiritu sancto [...]. Ac tunc libertas est facultas, qua homo renatus gubernanti Spiritui sancto potest obtemperare et non solum regere locomotivam, sed etiam in corde motus Deo placentes, verbo Dei et Spiritu sancto accendente, retinere et resistere vitiosis motibus et potest sua sponte sine coactione discedere a verbo Dei et velle contraria verbo Dei" (P. MELANCHTHON, Definitiones multarum appellationum, quarum in Ecclesia usus est [1552/53], hg. v. H. ENGELLAND, StA II/2, Gütersloh 1953, 784,27–785,9).

[141] So auch H. BORNKAMM, Melanchthons Menschenbild, in: Philipp Melanchthon. Forschungsbeiträge zur vierhundertsten Wiederkehr seines Todestages dargeboten in Wittenberg 1960, hg. v. W. ELLIGER, Göttingen 1961, 76–90, 87: „Melanchthon wurde [...] kein Pelagianer, denn der Wille ist für ihn nicht von sich aus fähig, das Gute zu tun, sondern nur, wenn der Geist ihn von den Fesseln der Sünde befreit hat."

[142] U. KÖPF, Melanchthon, 118.

Begriffe und Definitionen eben dieser postulierten Eindeutigkeit entbehren.[143] Im Rahmen der vorliegenden Untersuchung kann zwar keine umfassende terminologische Untersuchung erfolgen, aber es soll zumindest auf die Schwierigkeiten hingewiesen werden, die eine eindeutige Interpretation erschweren.

Es bietet sich hierzu an, bei den Begriffsdefinitionen, die Melanchthon sowohl innerhalb der ‚Loci‘ als auch in einem Anhang zu diesen bietet, einzusetzen. Entsprechend dem obigen Ausgangspunkt der Erwägungen soll mit der Bestimmung der Buße begonnen werden:

„Voco poenitentiam, ut in Ecclesia loquimur, conversionem ad Deum et huius conversionis partes seu diversos motus docendi causa discerno. Dico partes esse contritionem et fidem. Has necessario sequi debet nova obedientia, quam si quis vult nominare tertiam partem, non repugno.“[144]

In dieser Bestimmung wird die Buße mit der Bekehrung identifiziert und zum umfassenden, die ‚positive‘ und ‚negative‘ Seite einschließenden, Hyperonym der subjektiv-erfahrbaren Seite des Heilsgeschehens. Dass dieser Terminus bei Melanchthon nicht nur die forensische, sondern auch die effektive Seite umgreift,[145] zeigt sich, wenn die Bekehrung wiederum mit der Wiedergeburt bzw. Erneuerung identifiziert wird: „Cum autem Spiritus sanctus in illa consolatione novus motus et novam vitam afferat, dicitur haec conversio regeneratio“[146].

Wenn aber in den ‚Loci‘ vom Ruf zur Buße oder von der Bußpredigt die Rede ist, so bedeutet Buße immer nur die negative Seite und korreliert der Rede von der Anerkennung des Zornes Gottes, von der Anklage durch das Gesetz, steht also an der Stelle, die in eben genannter Definition durch die Reue besetzt ist:[147] „Et quidem ut Lex hanc iram generi humano denuntiat, ita omnes

---

[143] Dieses Problem stellt bspw. Haendler hinsichtlich der „Undeutlichkeit und Verschwommenheit der melanchthonischen Ausführungen über das Verhältnis von assensus und fiducia“ (K. HAENDLER, Wort, 508) fest.

[144] P. MELANCHTHON, Loci (1559), II, 541,36–542,4.

[145] Aus diesem umfassenden Verständnis verbietet sich in den späten ‚Loci‘ eine Identifizierung von Buße und Rechtfertigung, da letztere rein forensisch-imputativ verstanden wird. 1521 heißt es hingegen: „Non aliud enim poenitentia est nisi iustificatio“ (P. MELANCHTHON, Loci [1521], 344 [8,67]). Und noch in der ‚Apologie‘ heißt es zumindest: „Sunt enim loci maxime cognati, doctrina poenitentiae et doctrina iustificationis“ (ApolCA XII, in: BSLK, 263,23–25).

[146] P. MELANCHTHON, Loci (1559), II, 384,16–18. Diese Identifikation erfolgt bereits in der ‚Apologie‘ (vgl. ApolCA XII, in: BSLK, 260,28f. und 262,43–47: „Paulus fere ubique, cum describit conversionem seu renovationem [...]“ – „Ex his omnibus apparet piis lectoribus nos eas partes poenitentiae ponere, quae proprie sunt in conversione seu regeneratione et remissione peccati“). Nach B. Hägglund ist bei Melanchthon Wiedergeburt „als ein Zwischenglied zwischen der Gerechterklärung und dem neuen Leben“ (B. HÄGGLUND, Rechtfertigung, 333) zu verstehen.

[147] Auf diese Differenz in der Verwendung des poenitentia-Begriffs macht auch H. ENGELLAND, Melanchthon, 288 f., aufmerksam.

calamitates humanae sunt quasi vox Legis nos de ira Dei admonens et omnes ad poenitentiam vocans."[148]

In dieser Bedeutung kann dann auch die Identifikation von *conversio* und *poenitentia* aufgehoben werden und vielmehr *poenitentia* als ein Teil der *conversio* neben der *fides* erscheinen: „In Petri conversione necesse est existere poenitentiam et fidem [...]."[149] „Necesse est igitur in nobis existere aliquam contritionem. [...] Hanc contritionem praecipiunt haec dicta: ‚Agite poenitentiam.'"[150]

Dass aber der Begriff *poenitentia* bei Melanchthon hauptsächlich im umfassenderen Sinn verwendet wird und dementsprechend seine oben skizzierte Funktion als Hyperonym der Hyponyme *contritio* und *fides* als die maßgebliche gelten muss, erhellt daraus, dass im *locus de poenitentia*[151] mit ihm nicht nur ein erst- und einmaliger Bekehrungsakt, sondern eine stetige Lebensbewegung der *sancti* bezeichnet wird.[152] Wenn *poenitentia* hier nur *contritio* bedeutete, würde dies dem zentralen Anliegen Melanchthons – *certa et firma consolatio* für die *animi* –[153] grundlegend widersprechen.

Schaut man nun auf den ersten Teil der Buße, die Reue, so wird diese von Melanchthon wie folgt beschrieben: „Ac vocamus contritionem, ut Ecclesia usitate loquitur, pavores conscientiae agnoscentis iram Dei adversus nostra peccata et dolentis propter peccatum."[154] Reue wird als Schrecken (*pavor*) beschrieben und im Gewissen lokalisiert. Zugeordnet werden dem Schrecken des Gewissens eine kognitive und eine affektive Seite: *agnoscere* und *dolere*. Entsprechend finden sich sowohl Aussagen, die die *conscientia* stärker auf die Seite der *mens* rücken, als auch solche, die sie nahezu synonym zu *cor* verwenden:

„Praedicatio poenitentiae, quae arguit nos, perterrefacit conscientias veris et seriis terroribus. In his corda rursus debent concipere consolationem."[155] – „Conscientia est syllogismus practicus in intellectu, in quo maior propositio est Lex Dei seu verbum Dei."[156]

---

[148] P. MELANCHTHON, Loci (1559), II, 358,9–12, vgl. auch aaO., 357,3–5.29–33.

[149] P. MELANCHTHON, Loci (1559), II, 374,38–375,1.

[150] P. MELANCHTHON, Loci (1559), II, 550,2–8.

[151] Vgl. P. MELANCHTHON, Loci (1559), II, 540–549.

[152] Vgl. P. MELANCHTHON, Loci (1559), II, 540,19–21: „Manent in hac vita etiam in sanctis multa peccata, quae assidua poenitentia agnoscenda et deploranda sunt." In dieser Hinsicht lässt sich noch einmal differenzieren zwischen der gerade angeführten Bußbewegung innerhalb des Lebens der Wiedergeborenen und der Notwendigkeit erneuter Bekehrung bei solchen, die *contra conscientiam* gefallen sind (vgl. aaO., 542,28–30: „Haec et similia dicta de renatis testantur posse eos labi et lapsos contra conscientiam non placere Deo, nisi rursus convertantur"). Diese Möglichkeit des Fallens aus der Gnade muss von Melanchthon in Konsequenz seiner Auffassung von der Freiheit des Willens *post regenerationem* zugestanden werden, da er diese analog zu der Willensfreiheit im Urstand fast (vgl. auch L. HAIKOLA, Luthers Lehre, 96).

[153] Vgl. bspw. P. MELANCHTHON, Loci (1559), II, 358, 19–25.

[154] P. MELANCHTHON, Loci (1559), II, 550,3–6.

[155] ApolCA IV, in: BSLK, 172,37–40.

[156] P. MELANCHTHON, Definitiones, 24f. Vgl. auch DERS., Liber de anima (1553), hg. v. K. G. BRETSCHNEIDER, CR 13, Halle 1846, 146: „Conscientia est totum argumentum seu iudicium in mente seu potentia cognoscente".

Letztlich scheint Melanchthon das Gewissen so zu beschreiben, dass es irgendwo zwischen *mens* und *voluntas* bzw. *cor* seine Funktion ausübe:[157]

„[...] tamen vult Deus in Ecclesia sua aliquo modo agnosci iram suam adversus peccatum, non vult contemni peccatum, non vult corda esse ferea et sine dolore"[158]. – „Deinde nec intelligunt ipsi, quale sit certamen conscientiae luctantis cum pavoribus et dubitatione, cum angitur de remissione peccatorum, nec norunt pavores, qui in vera poenitentia existunt. Hos si considerarent, scirent mentes perterrefactas quaerere consolationem extra sese et hanc consolationem esse fiduciam, qua voluntas acquiescit in promissione misericordiae propter Mediatorem donatae."[159]

Entsprechend werden auch die Attribute der Reue – *pavor, timor, dolor, terror, luctamen* – mit den verschiedenen *partes* in Verbindung gebracht:

„Haec sunt perspicua, si in veris doloribus, in vera invocatione experiamur, qualis lucta voluntatis, [...]."[160] – „[...] ita mens non dura, non obstinata expavescit et agnoscit Deum vere irasci peccato et punire peccatum. Hi terrores saepe descripti sunt in Psalmis."[161] – „[...] cum mens hominis hac voce arguente peccata perterrefacta est [...]."[162] – „Ergo luctam hanc consolationem intuentes intelligemus existere pavores et erigi animos fiducia intuente Filium Dei [...]."[163] – „Sed timor filialis est pavor, ad quem accedit fides, quae inter pavores erigit et consolatur animum et accedit ad Deum [...]. Contritio sine fide est horribilis pavor et dolor animi fugientis Deum [...]."[164]

Mehrfach findet sich in den angeführten Zitaten neben *mens, voluntas* und *cor* eine vierte Größe, die menschlichen *animi*. Im *locus de humanis viribus* wird dieser Begriff nicht näher erläutert, wodurch innerhalb der ‚Loci‘ wiederum eine gewisse Uneindeutigkeit entsteht, indem *animi* sowohl im Sinne von *mentes* als auch im Sinne von *voluntas* oder *corda* begegnet:

„Nam quia vitiosi affectus in hominibus sunt acres stimuli et magna animorum incendia, homines saepe obediunt illis contra consilium mentis [...]."[165] – „Haec sunt perspicua, si in veris doloribus, in vera invocatione experiamur, qualis sit lucta voluntatis [...]. [...] Si tantum expectanda esset illa infusio qualitatum sine ulla nostra actione, [...] nulla etiam lucta in animis esset."[166] – „Haec sententia magis perspicua erit intuenti veram luctam per-

---

[157] Gegen G. Frank, der der *conscientia* ihren eindeutigen „Ort in der kognitiven Fähigkeit der menschlichen Vernunft" (DERS., Die theologische Philosophie Philipp Melanchthons [1497–1560], EThSt 67, Leipzig 1995, 330) zuweist. Genau umgekehrt behauptet es R. Schäfer, der aufgrund der Zuordnung von Schrecken und Trost zum Gewissen davon ausgeht, dass dieses „in erster Linie ein den Affekten zugeordnetes Vermögen" (DERS., Christologie und Sittlichkeit in Melanchthons frühen Loci, BHTh 29, Tübingen 1961, 101) sei.

[158] P. MELANCHTHON, Loci (1559), II, 549,17–20.
[159] P. MELANCHTHON, Loci (1559), II, 361,19–27.
[160] P. MELANCHTHON, Loci (1559), I, 244,12–15.
[161] P. MELANCHTHON, Loci (1559), II, 358,3–7.
[162] P. MELANCHTHON, Loci (1559), II, 358,13–17.
[163] P. MELANCHTHON, Loci (1559), II, 369,17–21.
[164] P. MELANCHTHON, Loci (1559), II, 554,6–12.
[165] P. MELANCHTHON, Loci (1559), I, 239,24–29.
[166] P. MELANCHTHON, Loci (1559), I, 244,12–15; 245,10–14.

terrefactae mentis."[167] – „In hac lucta sentiemus voluntatem repugnantem diffidentiae et aliis vitiis non esse otiosam."[168] – „Haec dextre intellecta vera sunt, cum acquiescunt animi in Filio Dei monstrato in promissione […]."[169] – „Hos si considerarent, scirent mentes perterrefactas quaerere consolationem extra sese et hanc consolationem esse fiduciam, qua voluntas acquiescit in promissione misericordiae propter Mediatorem donatae."[170]

Es bietet sich daher an, zur Erläuterung Melanchthons 1553 erschienene Schrift ‚Liber de anima' heranzuziehen. Dort wird die *anima* im Anschluss an Aristoteles[171] als „Endelechia prima corporis physici organici, potentia vitam habentis"[172] bzw. theologisch als „spiritus intelligens, qui est altera pars substantiae hominis, nec extinguitur, cum a corpore discessit, sed immortalis est"[173], definiert. Die so verstandene Seele ist mithin „das nichtmaterielle Lebensprinzip, durch das etwas so ist, wie es ist."[174] Auf die Frage, wo die *anima* zu lokalisieren sei, gibt Melanchthon das Herz als *domicilium animae* an.[175] Weiter unterscheidet er *tres gradus* und *quinque potentiae* der Seele, wovon an dieser Stelle vor allem das höchste Seelenvermögen interessiert: es ist für Melanchthon die *potentia rationalis seu mens*, die wiederum in zwei *partes* unterschieden wird – *intellectus* und *voluntas*.[176] Nun erhellt einerseits im Blick auf die ‚Loci' aus dieser Darstellung, inwiefern der Begriff *animus* sowohl den Platz von *cor* – als Metonym für *animus* – als auch den von *mens* und *voluntas* – als höchste Vermögen des *animus* – einnehmen kann. Umgekehrt ergibt sich gleichzeitig eine neue terminologische Schwierigkeit, indem die ‚Loci' gerade nicht *mens* als Hyperonym zu *intellectus* und *voluntas* fassen, sondern als Synonym zu *intellectus*.[177]

Das in dieser Hinsicht schon nicht eindeutige Verhältnis der ‚Teile' des Menschen wird nun durch einige Formulierungen, die ihre Tätigkeit im Blick auf das Phänomen *fides* betreffen, noch uneindeutiger. Wieder sollen zunächst die

---

[167] P. Melanchthon, Loci (1559), II, 375,30–32.

[168] P. Melanchthon, Loci (1559), II, 385,24–26.

[169] P. Melanchthon, Loci (1559), I, 246,4–8.

[170] P. Melanchthon, Loci (1559), II, 361,23–27.

[171] Aristoteles entfaltet seine Auffassung über die Beschaffenheit der Seele in ‚De anima' und bestimmt sie dort als „Lebensprinzip eines Organismus" (F. Ricken, Art. Seele I. Antike, 3. Aristoteles, in: HWPh 9 [1995], 5 f., 5).

[172] P. Melanchthon, De anima, 11. Allerdings vertritt Melanchthon mit seiner Wortwahl (‚Endelechia' statt ‚Entelechia') eine „falsche Lesart" (H. Holzhey, Art. Seele IV. Neuzeit, 2. Aristotelische Schulphilosophie, in: HWPh 9 [1995], 28 f., 28), die wohl ursprünglich auf Cicero zurückgeht (vgl. K. Georgulis, Art. Entelechie, in: HWPh 2 [1972], 480 f.). Dies fällt allerdings insofern kaum ins Gewicht, als die „Grundkonzeption der aristotelischen Lehre […] sachlich weitgehend beibehalten" (W. Franzen/K. Georgulis, Art. Entelechie, in: HWPh 2 [1972], 506 f., 507) wird.

[173] P. Melanchthon, De anima, 16.

[174] G. Frank, Philosophie, 92.

[175] Vgl. P. Melanchthon, De anima, 19.

[176] Vgl. P. Melanchthon, De anima, 137–139.

[177] Vgl. P. Melanchthon, Loci (1559), I, 237.

Definitionen zugrunde gelegt werden, um anschließend die terminologischen Differenzen und Schwierigkeiten aufzuweisen:

„Teneamus ergo vim verbi πιστεύω et sciamus significare utrumque, assentior et confido. [...] Et vera est haec definitio fidei: Fides est assentiri universo verbo Dei nobis proposito adeoque et promissioni gratuitae reconciliationis donatae propter Christum Mediatorem estque fiducia misericordiae Dei promissae propter Christum Mediatorem. Nam fiducia est motus in voluntate necessario respondens assensioni, seu quo voluntas in Christo acquiescit [...]. [...] Id assentiri revera est haec fiducia amplectens promissionem."[178] – „Hic [sc. Eph 3,12] Paulus tribus insignibus vocabulis naturam fidei describit: Audet, accedit, confidenter."[179] – „Sit igitur haec definitio: Fides est assentiri universo verbo Dei nobis proposito, et quidem promissioni gratuitae reconciliationis donatae propter Christum Mediatorem. Estque fiducia misericordiae Dei promissae propter Christum Mediatorem. Nam fiducia est motus in voluntate, necessario respondens assensioni. Estque fides virtus apprehendens et applicans promissiones et quietans corda [...]."[180] – „Fides est assentiri omni verbo Dei nobis tradito et in hoc promissioni gratiae propter Filium Dei promissae, quo assensu apprehenditur promissio remissionis peccatorum et reconciliationis, et est fiducia acquiescens in Deo [...]. Et comprehendit Paulus simul in potentia cogitante notitiam et assensum et in voluntate fiduciam."[181]

Auffällig ist zunächst, dass Melanchthon die Worte, mit denen Paulus die *natura fidei* umschreibt, ohne weitere Begründung nicht in seine Definition des Glaubens aufnimmt. Stattdessen sind hier die entscheidenden Termini *notitia* und *assentiri* einerseits, *fiducia* und *aquiescire* andererseits. Diese werden in eine Relation zur *mens* einerseits und zur *voluntas* andererseits gesetzt. Nun gibt es aber auch Passagen, in denen diese Zuordnung wiederum durchbrochen wird, so bspw. im Zusammenhang der Frage nach der Funktion der *voluntas* in der Bekehrung. Dort wird die Zustimmung sowohl der *voluntas* als auch der *mens* zugeordnet:[182]

„Cumque ordimur a verbo, hic concurrunt tres causae bonae actionis, verbum Dei, Spiritus sanctus et humana volunta assentiens nec repugnans verbo Dei. Posset enim excutere, ut excutit Saul sua sponte. Sed cum mens audiens ac se sustentans non repugnant, non indulget diffidentiae, sed adiuvante etiam Spiritu sancto conatur assentiri, in hoc certamine voluntas non est otiosa."[183]

---

[178] P. MELANCHTHON, Loci (1559), II, 362,36–363,13.

[179] P. MELANCHTHON, Loci (1559), II, 365,33–35.

[180] P. MELANCHTHON, Loci (1559), II, 371,19–30.

[181] P. MELANCHTHON, Definitiones, 786,11–37; 364,11–24. Vgl. auch DERS., Loci (1559), II, 418,16–26: „[...] sed fides significat in intellectu notitiam et assensum promissionum de Christo ac in voluntate fiduciam, qua voluntas vult et accipit oblatam misericordiam et in ea acquiescit [...]."

[182] Vgl. zum Folgenden auch K. HAENDLER, Wort, 504–510; auch O. Ritschl bemerkt die wechselnde Zuordnung und macht in diesem Kontext auf die gegenseitigen Beziehungen von *notitia, assensus* und *fiducia* aufmerksam (vgl. DERS., Dogmengeschichte II/1, 297–301). Anders bei Seeberg, der behauptet, Melanchthon habe „den Assensus zur Voraussetzung der Fiducia" (R. SEEBERG, Lehrbuch IV/2, 470) gemacht.

[183] P. MELANCHTHON, Loci (1559), I, 243,14–21.

Im weiteren Verlauf der Argumentation ist dann aber der *assensus* nur noch Handlung der *voluntas*: „Cum autem sit certamen ingens et difficile, voluntas non est otiosa, sed languide assentitur […].“[184]

Hinsichtlich dieser scheinbar widersprüchlichen Aussagen liefern die ‚Loci‘ selbst keinen Schlüssel zur Deutung, sondern nur die Möglichkeit verschiedener Interpretationen. Es kann die obige Darlegung hinsichtlich der Potenzen der *anima* wiederum mehr Klarheit bringen. Geht man von einer nur relativen Trennung von *mens* und *voluntas* aus, indem sie nach Melanchthon beide der *potentia rationalis* angehören, so kann die wechselnde Zuordnung des *assensus* als Ausdruck der Vorstellung der Interaktion von *mens* und *voluntas* gedeutet werden. Diese Interaktion setzt allerdings einen wirklichen Einheitsgrund beider voraus: das Herz als Sitz der *anima*, die wiederum als Lebensprinzip beide bestimmt. Ist diese Interpretation zutreffend, so ist sie auch aufschlussreich hinsichtlich der Fragen nach dem vermeintlichen Synergismus und dem Zusammenhang von Rechtfertigung und Heilung in Melanchthons Darstellung der Heilslehre. Diesen Fragen soll daher im folgenden Abschnitt unter Berücksichtigung der bisher angestellten Untersuchung nachgegangen werden.

1.3 Die Frage nach dem Synergismus und dem Verhältnis von Rechtfertigung und Heiligung

Wie ist nun gemäß den bisherigen Ergebnissen im Blick auf die Frage nach dem vermeintlichen Synergismus in Melanchthons Bekehrungslehre zu urteilen? Konkret ist – im Blick auf Schleiermachers Soteriologie – zu klären, ob die dort rezipierten Passagen der ‚Loci‘ einen Synergismus oder eine Form der Glaubenswerkgerechtigkeit, nach der der Glaube in seinen psychologischen Komponenten zu einer vom Menschen zu erbringenden Leistung wird, intendieren oder zumindest zulassen. Muss geurteilt werden, dass Melanchthon das ‚reformatorische Anliegen‘ preisgegeben hat – und Schleiermacher sich ihm darin anschließt?

Es lässt sich nicht bestreiten, dass einige Passagen der späten ‚Loci‘ zumindest synergistisch klingende Formulierungen beinhalten – so vor allem die Rede von den *tres causae*. Es stellt sich daher die Frage, ob dies bedeutet, dass Melanchthons Darlegung der Soteriologie im Kern dem reformatorischen Ansatz widerspricht. In den vorherigen Abschnitten wurde eine Interpretation angestrebt, nach der zum einen Melanchthon in keiner Weise einen Synergismus in der Heilszu- und -aneignung intendiert und zum anderen auch die häufig kritisierten Passagen nicht notwendig synergistisch verstanden werden müssen. Es verhält sich der Interpretation gemäß vielmehr so, dass sich die Handlungen von *mens* und *voluntas* in der Bekehrung nicht dem natürlichen Vermögen des

---

[184] P. MELANCHTHON, Loci (1559), I, 244,15–19.

Menschen verdanken, sondern *re-actiones* auf das Handeln Gottes am Herzen des Menschen sind:

„Kurz: Was der menschliche Wille im Akt des Glaubens und der Heilsaneignung coram [D]eo und in bezug auf das Wort vermag und tut, vermag und tut er aus der Kraft Gottes im Geist, die ihn hierzu befähigt."[185] „Der Glaube, der nach dem Einwirken des Gesetzes im Herzen entsteht, ist das Werk des Heiligen Geistes und nicht des Menschen. [...] Die bloße Entgegennahme des Verdienstes Christi durch den Glauben ist die einzige Leistung, die vom Menschen gefordert wird, und selbst diese ist letztlich von Gott gewirkt."[186]

Wollte man hier von einem Synergismus sprechen, der „die Unversehrtheit des reformatorischen Anliegens in Frage"[187] stellt, so müsste man diesen auch schon für Luther selbst geltend machen, sofern dieser von der *cooperatio* des Menschen infolge des Geisthandelns spricht.[188] Beiden Reformatoren geht es aber m. E. nicht um eine menschliche Mitwirkung am Heil im Sinne einer Mitverursachung des Heils, sondern darum, dass das Heilshandeln Gottes am Menschen diesen nicht unbeteiligt sein lässt oder ihn auf ‚magische' Weise verändert, sondern eine am Menschen beschreibbare Realität ist, die dessen Menschlichkeit und damit auch geistige Lebendigkeit nicht aufhebt.

Trifft diese Lesart zu, so muss man allerdings dennoch zugeben, dass Melanchthons Ausführungen hierzu nicht unmissverständlich sind und insbesondere die Relevanz der Herzensänderung im Vorgang der Bekehrung nur implizit erkennbar wird.[189] Die Bedeutung des Herzens als eigentliches Zentrum des Menschen und ursprünglicher Ort seiner Gottesbeziehung wurde in den ‚Loci' von 1521 noch explizit betont.[190] Aber bereits hier und mehr noch später wird

---

[185] K. HAENDLER, Wort, 542. Vgl. auch ebd.: „Die actio Gottes hebt die actio des Menschen als re-actio nicht auf."

[186] L. HAIKOLA, Luthers Lehre, 95.

[187] G. HOFFMANN, Luther, 127 [Sperrung des Originals durch die Vfn. aufgelöst]: „Die alten Gnesiolutheraner haben mit reichlich grobem Geschütz geschossen, aber sie haben keine Gespenster gesehen, als sie den Kampf gegen den Synergismus Melanchthons und seiner Schule aufnahmen. Wenn die Melanchthon-Verteidiger in ihrer Mehrzahl wenigstens einen synergistischen Ansatz oder Einschlag zugeben müssen, so ist damit der Synergismus grundsätzlich anerkannt, auf ein Mehr oder Weniger kommt es nicht an; schon die Ansätze stellen die Unversehrtheit des reformatorischen Anliegens in Frage."

[188] Vgl. M. LUTHER, De servo arbitrio (1525), in: WA 18, Weimar 1908, 551–787, 754,1–15. Anders sieht es R. Seeberg (DERS., Lehrbuch IV/2, 443 f.), der zwar auch auf Ähnlichkeiten zwischen Luthers und Melanchthons Schilderung der Bekehrung hinweist – nämlich darin, dass beide davon ausgehen, „daß die Bekehrung sich nur in selbsttätigen Akten der Seele realisiert" (aaO., 446) –, aber bei Melanchthon dennoch im Unterschied zu Luther ein – wenn auch nicht semipelagianisches – „synergistisches Element" (aaO., 444) ausmacht und dieses darin sieht, dass die Mitwirkung des Menschen als „eine den anderen Ursachen gleichberechtigte Ursache in der Bekehrung" (ebd.) erscheine.

[189] In dieser Hinsicht ist eine Bemerkung H. Bornkamms zu erwägen (DERS., Menschenbild, 90): „Wir sind zunächst einmal wohl veranlaßt, die alte kirchengeschichtliche Wahrheit – eine der wichtigsten – zu bedenken, daß Gott auch auf krummen Zeilen gerade schreiben kann."

[190] Vgl. P. MELANCHTHON, Loci (1521), 40 (1,57). So auch W. Matz im Blick auf die ‚Loci' von 1521 (DERS., Mensch, 47): „Das Herz ist die biblische Bezeichnung des unmittelbarsten Ver-

das Verhältnis von *cor* und *voluntas* nicht eindeutig bestimmt: Mal erscheinen beide als identisch,[191] mal lässt sich deutlich zwischen ihnen unterscheiden.[192] In den ,Loci' von 1559 tritt dann insgesamt der biblische Begriff *cor* zugunsten des *animus*-Begriffs zurück, ohne dass Melanchthon diesen näher erläutert.[193]

Insgesamt versucht Melanchthon stärker als beispielsweise Luther, „die rational-menschlich nicht mehr zu erhellende Wirklichkeit des Glaubens dennoch in anthropologischen Kategorien zu umreißen."[194] Dabei läuft er Gefahr, indem er den Glauben gewissermaßen anthropologisch aufschlüsselt, den Anschein zu erwecken, die *fides* sei als Zusammenwirken von *notitia*, *assensus* und *fiducia* eine vom Menschen zu erbringende Leistung.[195] Dieser Eindruck wird noch verstärkt dadurch, dass der Aspekt der *notitia* mit dem *usus paedagogicus Legis*

---

hältnisses, in dem der Mensch vor Gott steht. Das Herz ist der Ort, an dem Gott den Menschen erkennt; es ist der vom Menschen selber nicht zu verändernde, innerste Ort, da an ihm die Affekte entstehen, die den Menschen bestimmen."

[191] Vgl. P. MELANCHTHON, Loci (1521), 36 (1,46); DERS., Loci (1559), I, 237,35–238,5.

[192] Die Unterscheidung von *voluntas* und *cor* wird insbesondere hinsichtlich der Affekte deutlich, deren *fons* das *cor* sei, und die *sub voluntate* seien (vgl. P. MELANCHTHON, Loci [1559], I, 237,17–25). Auf dieses Problem macht auch K. Haendler aufmerksam (vgl. DERS., Wort, 499 ff.). Er bestimmt – im Anschluss an H.-G. Geyer – das Herz als „Existenz- und Wesensmitte des Menschen, die vor und jenseits seines voluntativ-affektiven Vermögens und Sichverhaltens liegt" (aaO., 500).

[193] Das Verhältnis von *anima* und *cor* untersucht W. Gewehr in einem Aufsatz, allerdings nimmt er dabei hauptsächlich das frühmittelalterliche Denken in den Blick. In dieser Hinsicht macht er darauf aufmerksam, dass „die Bibel vor allem die Begriffe *anima* und *cor* als die geistigen Organe des Menschen bezeugt" (DERS., Zu den Begriffen *anima* und *cor* im frühmittelalterlichen Denken, in: ZRGG 27 [1975], 40–55, 53) und sich von daher ihre Vertauschbarkeit in theologischer Literatur erklärt. Zusammenfassend hält er fest, „daß sich zwischen den Begriffen *anima* und *cor* in ihrer Verwendung in der frühmittelalterlichen Psychologie keine fest umrissenen Grenzen ziehen lassen" (aaO., 54). Weiter heißt es: „Die Tatsache, daß unter dem Einfluß der biblischen Überlieferung *cor* auch für *mens* oder *intelligentia* stehen kann, weist wiederum auf die psychologischen Zusammenhänge zwischen dem Herzen und den Erkenntniskräften hin; denn das Herz ist Sitz der höchsten Seelenpotenz (*mens*)" (aaO., 55). Und ausblickend auf die weitere Entwicklung bemerkt Gewehr: „In den theologisch-dogmatischen Schriften wird allerdings der ursprünglich biblische Begriff *cor* vielfach von dem mehr philosophischen Terminus *anima* überschattet" (ebd.). Die letzte Aussage lässt im Blick auf die Entwicklung der ,Loci' von 1521 bis 1559 vermuten, dass Melanchthon von einer stärker biblischen Terminologie zu einer mehr philosophischen umgeschwenkt ist.

[194] M. GRESCHAT, Melanchthon, 158.

[195] Dieser Versuch, den Glauben auch in psychologischen Kategorien zu umschreiben und verständlich zu machen, bedeutet m. E. noch kein „Versagen gerade in dieser formalen Beziehung" (O. RITSCHL, Dogmengeschichte II/1, 233). Bereits Luther hat den Zusammenhang von äußerem Wort und innerem Geschehen im Menschen betont. Wenn das Wirken des heiligen Geistes bei ihm als ein ,Verinnerlichungswirken' beschrieben werden kann, so ist es legitim, dieses Verinnerlichen genauer erhellen zu wollen – auch wenn die entsprechende Beschreibung bei Melanchthon an ihre Grenzen gerät und insgesamt wohl nicht das ,Wesen des Glaubens' erfassen kann. Irrationalität, wie Ritschl sie anscheinend als maßgeblich für Form und Inhalt nicht nur des Glaubens, sondern auch der theologischen Reflexion auf ihn postuliert (vgl. DERS., Dogmengeschichte II/1, 233), sollte m. E. nicht Maßstab eines evangelischen Glaubensbegriffs sein.

in Verbindung gebracht werden kann, indem Melanchthon eine *pars disciplinae* darin sieht, *audire et discere Evangelium*[196], d. h. die Kenntnis zu erlangen. Wird in dieser Hinsicht nicht festgehalten, dass die *fides* sich nicht dem Vermögen des Menschen verdankt, sondern *fides apprehensiva* nur sein kann, indem sie wesentlich *fiducia* ist, die keine dem Menschen immanente, sondern eine durch das Heilswerk Jesu Christi und durch das Handeln des heiligen Geistes im Herzen des Menschen erst eröffnete Möglichkeit ist, so wird der „empfangende Glaube [...] [zur] Minimalleistung, die vom Menschen als Bedingung für die Rechtfertigung gefordert wird."[197] Ist aber die *fides* – wie mit der obigen Interpretation dargelegt – in letzter Instanz nicht vom Menschen, sondern von Gott gewirkt, indem *fiducia* zwar ein *motus in voluntate* ist, aber ein *motus*, der sich nicht einer Handlung des Menschen selbst, sondern dem Wirken des heiligen Geistes im und am Herzen verdankt, so ist Melanchthon vom Synergismusvorwurf freizusprechen, da so das „bloße Entgegennehmen des Verdienstes Christi durch den Glauben [...] die einzige Leistung [ist], die vom Menschen gefordert wird, und selbst diese [...] letztlich von Gott gewirkt [ist]."[198]

Problematisch bleibt aber auch diese Vorstellung, wenn man Melanchthons Interesse an der ‚Schuldzuweisung‘ hinsichtlich des Unglaubens mit in die Überlegung einbezieht. Denn ist mit dem dargelegten Gedankengang die Betrachtungsweise Melanchthons korrekt wiedergegeben, verdankt sich folglich im melanchthonischen Denken der Glaube nicht dem natürlichen Vermögen des Menschen, so lässt sich nicht plausibel machen, warum der Unglaube hingegen aus dem Fehlverhalten des Menschen resultieren soll. Denn der natürliche Mensch kann nach Melanchthon keinerlei *dignitas* vorweisen, die ein unterschiedliches Handeln Gottes motivieren könnte. Ist aber das Handeln Gottes an den Menschen und auch die Voraussetzung auf Seiten des Menschen grundsätzlich gleich, stellt sich die Frage, warum bei dem einen Menschen dieses

---

[196] An dieser Stelle entzündet sich die Frage, ob nicht die *disciplina* einen Heilswert erlangt, indem „disciplinae pars est, audire et discere Evangelium, per quod Spiritus sanctus est efficax" (P. MELANCHTHON, Loci [1559], I, 323,12–14), sie somit zumindest als die Bekehrung vorbereitend an Wert gewinnt. Wenn auch Melanchthon weiter entschieden daran festhält, dass die „disciplina non meretur remissionem peccatorum nec iustitia, qua coram Deo iusti dicimur" (aaO., 239,12–14; vgl. auch aaO., II, 356,26–357,1 u. ö.), so erhält sie faktisch „nun die Funktion einer positiven Hinführung zur conversio und zu Christus" (K. HAENDLER, Wort, 141, Anm. 6). Engelland versucht nachzuweisen, dass die *disciplina* bei Melanchthon keineswegs „eine die Bekehrung irgendwie ethisch vorbereitende [...] Bedeutung" (H. ENGELLAND, Melanchthon, 252–254, 252) erhalte, allerdings ist Haendler darin zuzustimmen, dass dieser Nachweis „nicht ganz [befriedigt] [...] [und] eine Reihe von Fragen offen läßt" (K. HAENDLER, Wort, 142, Anm. 6). Engelland selbst interpretiert die *disciplina* als „eine Art Predigt, die der Geist als *Organ* seiner Wirksamkeit gebrauchen und Menschen berufen *kann*. [...] Es ist gleichsam ein Heranführen des Blinden an die Lichtquelle, aber das Öffnen der Augen selbst wird weder erreicht noch angefangen oder vorbereitet" (H. ENGELLAND, Melanchthon, 253 [Hervorhebungen des Originals werden durch Kursivsetzung wiedergegeben).

[197] L. HAIKOLA, Luthers Lehre, 94.

[198] L. HAIKOLA, Luthers Lehre, 95.

Handeln zur *fiducia* als *motus in voluntate* führt, bei anderen aber nicht. Indem Melanchthon zunächst entschieden an der Universalität des göttlichen Heilswillens festhält, einen strengen prädestinatorischen Determinismus einerseits ablehnt, andererseits aber von der Partikularität der Erwählung ausgeht, bleibt hier ein ungelöster Widerspruch.

Ein weiteres Problem ergibt sich auch aus anderer Perspektive: Wenn nach Melanchthon der Unglaube in der Möglichkeit des befreiten Willens liegt – wie auch der ,Fall' in der Möglichkeit des ursprünglich freien Willens liegt –, so ist – und dies wird von Melanchthon auch ausdrücklich betont – jederzeit die Möglichkeit des erneuten Fallens gegeben.[199] Mit dieser Feststellung will Melanchthon einen ethischen Libertinismus hinsichtlich der *renati* verhindern; sie sollen sich im Blick auf ihr Heil nicht so in Sicherheit wiegen, dass sie meinen, ihr Verhalten sei im Blick auf dieses vollständig irrelevant. Melanchthon erklärt mit Nachdruck, dass *lapsus contra conscientia non placere Deo.* Zwar räumt er gleichzeitig ein, dass einem solchen Fall wiederum die Sündenvergebung folgen könne, wenn eine erneute Bekehrung stattfinde;[200] doch stellt m.E. die stetige Gefahr des Gnadenverlustes hinsichtlich des zentralen Anliegens Melanchthons – *certa et firma consolatio* für die *animi* –[201] eine ernsthafte Infragestellung dieser Sicherheit des Trostes dar. Bei Melanchthon gilt es, „nach der Bekerung furthin nicht widerumb in Sünden wider gewissen"[202] zu leben oder – positiv gewendet –, dass „oportere inchoari obedientiam et iustitiam bonae conscientiae"[203]. Somit geht es in dieser Hinsicht um den dritten Teil der Buße, die Frage nach dem neuen Gehorsam bzw. den *bona opera*. Nur wenn es Melanchthon gelingt, das Leben in Heiligung so mit dem Rechtfertigungsgeschehen zu verknüpfen, dass jenes nicht rückwirkend zur Bedingung von diesem wird, bleibt der Trost der *mentes perterrefactae* auch bestehen, wenn zugleich die *nova obedientia* gefordert werden kann.

In dieser Hinsicht wurde kritisiert, dass „es bei Melanchthon zu einem Auseinanderklaffen von Rechtfertigung und Heiligung" komme, weil es ihm nicht mehr gelungen sei, „das annehmende und das erneuernde Handeln Gottes [...] zusammenzuschauen [...], wie das Luther unvergleichlich vermochte."[204] Was

---

[199] Vgl. P. Melanchthon, Loci (1559), II, 542,8–37 u. ö.

[200] Vgl. P. Melanchthon, Loci (1559), II 543,8–18.

[201] Vgl. bspw. P. Melanchthon, Loci (1559), II, 358, 19–25. Vgl. auch H. Scheible, Melanchthon und Osiander über die Rechtfertigung (2002), in: ders., Aufsätze zu Melanchthon, Spätmittelalter, Humanismus, Reformation 49, Tübingen 2010, 202–217, 208: „Die Heilsgewissheit und der damit verbundene Gewissenstrost ist das zentrale Motiv der Theologie Melanchthons."

[202] P. Melanchthon, Examen ordinandorum (1552), StA VI, hg. v. R. Stupperich, Gütersloh 1955, 209.

[203] P. Melanchthon, Loci (1559), II, 399,8f.

[204] G. Hoffmann, Luther, 113. So auch R. Seeberg, Lehrbuch IV/2, 477: „Die wundervolle Erkenntnis in Luthers genuiner Rechtfertigungstheorie von der inneren Einheit des religiösen Erlebens der Gnade und der sittlichen Erneuerung [...] hat Melanchthon preisgegeben zuguns-

diesbezüglich bereits festgestellt wurde, ist, dass in der Tat der Begriff der *iustificatio* beim späten Melanchthon nicht mehr die effektive Seite des Heilsgeschehens mit einschließt. Dies bedeutet nun aber m. E. nicht, dass das Heilshandeln
Gottes nicht beide Aspekte umgreift.[205]

Melanchthon betont mit *simul* die Einheit von Sündenvergebung und Gabe
des heiligen Geistes im Blick auf das Handeln Gottes; die Unterscheidung und
auch Reihung von Sündenvergebung und Versöhnung einerseits sowie neuem
Gehorsam andererseits ergibt sich lediglich aus dem Bedürfnis der *mentes perterrefactae:*[206]

„Quamquam autem, [...] cum Deum remittit peccata, simul donat Spiritum sanctum
inchoantem novas virtutes, tamen mens perterrefacta primum quaerit remissionem peccatorum et reconciliationem"[207]. „Sic igitur haec definitio gratiae: Gratia est remissio
peccatorum seu misericordia propter Christum promissa seu acceptatio gratuita, quam
necessario comitatur donatio Spiritus Sancti."[208]

Dass dieses *simul* von Melanchthon nicht nur behauptet, sondern auch als *ne-
cessario* erwiesen wird, zeigt sich im Rückblick auf die Aspekte der Bekehrung:
Denn ist schon der „Glaube [...] auch im psychischen processus Werk und Gabe
Gottes und Christi kraft des Geistes"[209], so zeigt sich, dass das *simul* notwendig
ist, weil ohne den Geist auch der rechtfertigende Glaube nicht entstehen kann.[210]
„In diesem Sinne sind beide Aussagen richtig: *sola fide iustificamur* und *fides non*

---

ten eines mechanisch nachkonstruierten Paulinismus". Ritschl kritisiert – aus seinem starken
Interesse an der Sittlichkeit heraus – diese Zusammenhanglosigkeit von Rechtfertigung und
Heiligung nicht nur im Blick auf Melanchthon, sondern auch schon hinsichtlich Luthers Darstellung, die Verknüpfung beider werde lediglich behauptet, nicht aber am Gegenstand erwiesen
(vgl. A. RITSCHL, Lehre, Bd. 1, 178 f.). Auch als Melanchthon „ein engeres Verhältnis zwischen
Rechtfertigung und sittlicher Erneuerung aufzuweisen versucht hatte" (aaO., 185), sei ihm
dieses aufgrund seiner „dialectische[n] Impotenz" (ebd.) nicht gelungen.

[205] So auch A. PETERS, Rechtfertigung, 76 f.: „Melanchthon geht es keineswegs darum, die
effektive Erneuerung durch eine rein forensische Rechtfertigung zu verdrängen, sondern darum, das Neuwerden des Herzens völlig in das Vertrauen auf Christi fremde Gerechtigkeit zu
gründen" (aaO., 77). Auch B. Hägglund hält fest (DERS., Rechtfertigung, 319): „Die Begriffe
müssen auseinandergehalten und möglichst streng definiert weden; die Sache selbst, der tatsächliche Vorgang, um den es sich handelt, bildet eine Einheit, in der die einzelnen Momente so
zusammengehören, daß sie in concreto voneinander nicht unterschieden werden können."

[206] Vgl. auch A. PETERS, Rechtfertigung, 83: „Die Pneumakraft der gewandelten Herzen entspringt allein der Geistesgewißheit des Evangeliums; hierin geht der Glaube *sachlich*, wenn auch
nicht zeitlich, der Liebe voraus. *Zeitlich* gesehen gilt das ‚Zugleich' zwischen Glaube und Liebe;
indem durch ein neues Vertrauen die erschreckten Sinne aufgerichtet werden, wird ‚zugleich'
der Heilige Geist verliehen, der neue Regungen im Herzen anfacht".

[207] P. MELANCHTHON, Loci (1559), II, 359,19–23.

[208] P. MELANCHTHON, Loci (1559), II, 373,17–20.

[209] K. HAENDLER, Wort, 513.

[210] Es ergibt sich dann aber wiederum die Frage, ob nicht die Gabe des Geistes der Rechtfertigung vorgängig ist. Dieses Problem erblickt A. Ritschl im Blick auf die gesamte reformatorische Theologie (vgl. DERS., Lehre, Bd. 1, 186).

est sola"²¹¹. Im Blick auf die forensische Rechtfertigung gilt ohne Einschränkung *sola gratia* und entsprechend *sola fide*. Doch im Blick auf das Heilshandeln Gottes am Menschen erschöpft sich dieses nicht in der Ermöglichung der *fides*, sondern, indem das Herz als ‚Aktzentrum‘ des Menschen erneuert wird, wird das gesamte Leben des Menschen neu qualifiziert:

> „Cum autem Spiritus sanctus in illa consolatione novos motus et novam vitam afferat, dicitur haec conversio regeneratio"²¹². „Neque enim significat in renatis solam fidem esse, immo aliae virtutes, timor Dei, invocatio, gratiarum actio, dilectio, patientia et similis virtutes simul concipiuntur, cum eriguntur fide mentes perterrefactae.“²¹³

Das Leben im neuen Gehorsam wird damit auch nicht als verdienstliche Leistung des Menschen, sondern als Konsequenz des Heilshandeln Gottes am Menschen verstanden. Es gelte weiterhin, dass die *voluntas humana sine Spiritu sancto* keine *effectus sprituales* hervorbringen könne.²¹⁴ Diese zeichneten aber die *interior obedientia* aus, wie sie im Dekalog, insbesondere im ersten Gebot, von den Gläubigen gefordert werde.²¹⁵ Entsprechend dem bisher Ausgeführten hält Melanchthon dann auch als Antwort auf die Frage ‚*Quomodo possunt fieri bona opera?*‘ deutlich fest: „Sed interior obedientia non potest inchoari sine agnitione Evangelii et sine Spiritu sancto.“²¹⁶

Steht für Melanchthon die Heiligung insofern unter der gleichen Bedingung wie die Rechtfertigung, als sie keine dem Menschen eigene Möglichkeit sei, sondern in dem einen göttlichen Heilshandeln gründe und der Mensch nur durch das Wirken des heiligen Geistes an diesem partizipieren könne, so ist damit m. E. ein ‚Auseinanderklaffen‘ von Rechtfertigung und Heiligung nicht zu postulieren. Indem Melanchthon die effektive Seite des Heilshandeln Gottes vom Begriff der *iustificatio* abkoppelt, gelingt es ihm aber, ein konsequent forensisches Verständnis der Rechtfertigung darzulegen, wodurch ‚sola fide‘ auf Seiten des Menschen tatsächlich die einzige Bedingung bleibt.²¹⁷ Die allein aus Glaube imputierte Gerechtigkeit Christi gelte unabhängig von der in der im neuen Leben

---

²¹¹ H. Engelland, Melanchthon, 340 [Sperrungen des Originals wurden durch Kursivsetzung wieder gegeben].

²¹² P. Melanchthon, Loci (1559), II, 384,16–18.

²¹³ P. Melanchthon, Commentarii, 108,23–27.

²¹⁴ Vgl. P. Melanchthon, Loci (1559), I, 241,4–30.

²¹⁵ Vgl. P. Melanchthon, Loci (1559), II, 387–390. Gilt hinsichtlich des inneren Gehorsams vor allem die Forderung des ersten Gebots, so ist damit vor allem die *fides* gemeint. „So verstanden ist der Glaube die erste unter den Tugenden des neuen Gehorsams, die der heilige Geist entzündet, indem er zuerst das Herz bewegt, sich über die Versöhnung und Sündenvergebung klar zu werden“ (O. Ritschl, Dogmengeschichte II/1, 295). In dieser Hinsicht ist schon durch die Darlegungen zur *poenitentia* festgestellt, dass dieses ‚Werk‘ nicht durch das Vermögen des Menschen erbracht werden kann.

²¹⁶ P. Melanchthon, Loci (1559), II, 390,24–26.

²¹⁷ So auch M. Greschat, Melanchthon, 130, wo es schon im Blick auf die ‚Apologie‘ heißt, Melanchthon habe „das durch die historische Situation aufgegebene Problem der Verteidigung des reformatorischen ‚sola fide‘ überzeugend gelöst.“ Vgl. auch aaO., 144.

der Wiedergeborenen erst angefangenen Gerechtigkeit.[218] Zwar gehe notwendig mit der *iustificatio* die *regeneratio* einher, aber das neue Leben, der neue Gehorsam bedinge umgekehrt in keiner Weise die *iustificatio*.[219] Eine Schwierigkeit, die bereits angesprochen wurde, bleibt allerdings hinsichtlich des Lebens in neuem Gehorsam bestehen: Wenn sich die *actiones spirituales* nicht ursprünglich dem Handeln des Menschen verdanken, sondern durch *auxilium Spiritus sancti* zustande kommen, bleibt ungeklärt, warum der Geist diese „in aliis magis, in aliis minus excitat[ ]"[220].[221]

Nachdem nun eine ‚optimistische‘ Auslegung der Soteriologie Melanchthons expliziert wurde, soll im nächsten Schritt einerseits gezeigt werden, inwiefern diese Auslegung der Melanchthon-Rezeption Schleiermachers gerecht wird, und andererseits auch deutlich gemacht werden, in welchen Punkten sich Schleiermacher deutlich gegen Melanchthon abgrenzt.

2 Schleiermachers Melanchthonrezeption

Der Vergleich der soteriologischen Argumentationsfiguren von Schleiermacher und Melanchthon soll nicht über grundlegende Differenzen hinwegtäuschen: Allein die zwischen beiden Entwürfen liegenden dreihundert Jahre Geistesgeschichte verbieten vorschnelle Identifikationen selbst bei gleicher oder ähnlicher Begrifflichkeit. Dennoch lassen sich m. E. Strukturanalogien in den Denkfiguren ausweisen. Bevor diesen nachgegangen wird, sollen jedoch die wichtigsten Differenzpunkte benannt werden.

---

[218] Vgl. O. RITSCHL, Dogmengeschichte II/1, 245: „Wer also an Christus glaubt, der ist schon gerecht vor Gott und hat in seinem Vertrauen zu Gott trotz der in seinem Fleische bleibenden Sünden die Erfüllung der ersten Tafel des Gesetzes."

[219] Vgl. auch R. STUPPERICH, Rechtfertigungslehre, 79: „Eins war ihm [sc. Melanchthon] allerdings klar – und darin hat er sich weder von den Gegnern noch von seinen Freunden umstimmen lassen – daß der Mensch keine Gewißheit seiner Rechtfertigung haben könnte, wenn er annehmen müßte, sie hinge irgendwie von seiner *novitas* ab."

[220] P. MELANCHTHON, Loci (1559), II, 241, 9f.

[221] Diese Frage wird umso brennender, wenn Melanchthons Erwägungen über die Notwendigkeit der *bona opera* und deren Belohnung mit erwogen werden. Im Rahmen der hier angestrebten Untersuchung soll das Problem nur kurz an einer Aussage exemplarisch skizziert werden: Heißt es, dass die guten Werke notwendig seien, weil es notwendig sei, den Glauben zu erhalten, bekommen so die Werke eine auf den Glauben rückwirkende Funktion und erscheinen nicht mehr als dessen Früchte, sondern in gewisser Weise als seine (Mit-)Ursache (vgl. dazu P. MELANCHTHON, Loci [1559], II, 404–412, insbes. 405). Ritschl meint daher, Melanchthon sei der Gefahr, die Werke unter der Hand wiederum zur Bedingung der Rechtfertigung zu machen, erlegen; die Werke würden, „obschon sie von Haus aus vielmehr Früchte des Glaubens sind, weiterhin doch zugleich auch zur *conditio sine qua non* für den bleibenden Bestand und Besitz des einer stetigen Übung und Steigerung bedürftigen Glaubens. Und da nun vom Glauben die Rechtfertigung abhängt, erscheint mittelbar auch diese durch gute Werke der sich bekehrenden und wiedergeborenen Menschen mitbedingt" (O. RITSCHL, Dogmengeschichte II/1, 315).

Der Ausgangspunkt der dogmatischen Darstellungen ist ein grundlegend verschiedener: Melanchthon versteht seine ‚Loci' als ‚Summe der Schrift', Schleiermacher bietet die wissenschaftliche Darstellung der Aussagen des christlichfrommen Selbstbewusstseins. Allerdings geht einerseits auch schon Melanchthon gerade durch seine anthropologischen Überlegungen über das hinaus, was allein aus der Schrift zu erheben ist, und andererseits geht Schleiermacher auf das zurück, was ihm durch Schrift und Tradition an Begriffen, Argumentationsfiguren und ‚Material' vorgegeben ist.

Die Differenz beider Entwürfe im Blick auf die Relevanz der Pneumatologie für die soteriologischen Überlegungen ist offenkundig und wurde – allerdings in allgemeinerer Hinsicht – bereits an früherer Stelle bedacht und als solche relativiert.[222] Zwar klammert Schleiermacher die Lehre vom heiligen Geist aus den dort genannten Gründen in der Behandlung von Wiedergeburt und Heiligung aus, doch erhellt aus seinen späteren Ausführungen, dass für diejenigen, die nicht in unmittelbarer Gemeinschaft mit dem Erlöser leben, die „Einwohnung des heiligen Geistes"[223] und die durch die Wiedergeburt konstituierte Lebensgemeinschaft mit dem Erlöser einander bedingen würden. Jedoch muss wiederum eingeräumt werden, dass dasjenige, was Schleiermacher mit dem Begriff ‚heiliger Geist' beschreibt, nicht identisch ist mit der melanchthonischen Auffassung vom heiligen Geist als dritter Person der Trinität.

Einige der bei Melanchthon hinsichtlich der Beschaffenheit des Menschen und seiner Heilsteilhabe angeführten Gedanken und Argumente werden bei Schleiermacher dezidiert und explizit als unangemessen oder unzureichend abgewehrt: Während – wie oben gezeigt wurde – im Hintergrund von Melanchthons Ausführungen zum *liberum arbitrium* unter anderem seine Annahmen zu Urstand und Sündenfall des Menschen stehen, lehnt Schleiermacher die Vorstellung eines historisch verstandenen Stands ursprünglicher Vollkommenheit ausdrücklich ab[224] und hält den Versuch der Erklärung der allgemeinen Sündhaftigkeit durch die Lehre vom Sündenfall für unzureichend.[225] Es lassen sich in inhaltlicher Hinsicht allerdings Parallelen zwischen der melanchthonischen Urstands- und Sündenlehre und der Schleiermacherschen Auffassung von der ursprünglichen Vollkommenheit und der Sünde als Störung der menschlichen Natur feststellen. Bei beiden Theologen zeichnet sich der ‚ideale' Zustand des Menschen durch eine vollkommene Entsprechung zwischen Intellekt und Willen aus, während es durch die Sünde zu einer Störung dieses Verhältnisses komme, deren Grund Melanchthon im Herzen, Schleiermacher im Gefühl verortet.[226]

---

[222] Vgl. Kap. VI.4 dieser Arbeit.
[223] CG² II, § 124, 293.
[224] Vgl. Kap. II.4 der vorliegenden Untersuchung.
[225] Vgl. CG² II, § 72, 437–456.
[226] Vgl. in der vorliegenden Arbeit Kap. II.4, Kap. III.2 sowie Kap. VII.1.2.1.

Eine starke Differenz ergibt sich zwischen beiden Theologen in Bezug auf die Wertung der Funktion des Gesetzes: Bei Melanchthon hat das Gesetz in allen drei *usus*, insbesondere aber für das Zustandekommen der Bekehrung selbst eine zentrale Bedeutung.[227] Schleiermacher hingegen kann dem Gesetz aufgrund seiner Partikularität und Bezogenheit auf äußerliche Handlungen weder für die Bekehrung noch für das Leben der Wiedergeborenen eine positive Funktion zugestehen.[228] Bei näherer Betrachtung ergeben sich allerdings erneut Parallelen: Zunächst wird die offenkundige Differenz hinsichtlich der Wertung des Gesetzes dadurch relativiert, dass Melanchthon unter ‚Gesetz' gerade nicht auf äußerliche Handlungen zielende Einzelbestimmungen fasst, sondern ein umfassendes Gesetzesverständnis vertritt: es geht im letztlich um den inneren ‚Herzensgehorsam' gegenüber der Forderung der Gottesliebe. Die Vereinzelung und Veräußerlichung des Gesetzes sei erst eine Folge der Sünde. Die Schleiermachersche Kritik am Gesetzesverständnis trifft damit die melanchthonische Auffassung vom Gesetz nicht in ihrem Kern.

Bei Melanchthon gewinnt im Zusammenhang mit dem Gesetz auch das Gewissen eine besondere Rolle. Er versteht es als den Ort, an dem das Gesetz als Ausdruck des Willens Gottes auch dem nicht-erlösten Menschen als Forderung begegnet, auch wenn ihm das volle Verständnis dieser Gesetzesforderung verdunkelt bleibt. Im Hintergrund steht die Auffassung, dass eine Folge des Sündenfalls der Verlust der Urstandsgerechtigkeit in Form einer Inkongruenz von Einsicht und Willensbestimmung sei. Auch Schleiermacher bestimmt die Sünde gewissermaßen als ‚Asymmetrie' zwischen Intellekt und Wille[229] und seine Ausführungen über den Gewissenbegriff ähneln denen Melanchthons.[230] Jedoch wird bei Schleiermacher schon das Faktum des Gewissens und der durch es erhobenen ‚Gebote' als Folge jener Asymmetrie bestimmt; ohne „diese Ungleichmäßigkeit verbunden mit der Richtung auf die Gleichmäßigkeit [...] würde es kein Gewissen geben"[231]. Der göttliche Wille sei schlechthin *einer* und nicht in partikularen Gesetzen zu fassen, die Gebote des Gewissens setzten das sündhafte Sein schon voraus und in dem Maße könne für die Gewissensetzung nur insofern die göttliche Ursächlichkeit postuliert werden wie man sie auch für die Sünde selbst aussagen könne.

Dass und aus welchen Gründen Schleiermacher innerhalb der Christologie von dem traditionellen Gedanken der stellvertretenden Genugtuung sowie in-

---

[227] Es lässt sich allerdings fragen, ob Melanchthon, indem er zugesteht, dass die Unterscheidung von Gesetz und Evangelium in Bezug auf Entstehung von Reue und Glaube nur eine relative sei, weil auch das Evangelium Reue bewirke, nicht auch auf einem Weg dahin war, Reue und Glaube auf eine gemeinsame Quelle zurückzuführen.

[228] Vgl. Kap. VI.5.2.3 sowie Kap. VI.6.3 dieser Untersuchung.

[229] Vgl. zu Schleiermacher CG² I, § 68, 412–417, sowie Kap. III.2.1, zu Melanchthon Kap. VII.1.2.1 dieser Arbeit.

[230] Vgl. CG² I, § 83, 511–517, sowie die Darstellung in Kap. III.4 dieser Untersuchung.

[231] CG² I, § 83.1, 512.

nerhalb der Soteriologie von der deklaratorisch-forensischen Fassung des Rechtfertigungsaktes abweicht – dies wurde bereits weiter oben dargelegt[232] –, mar-
kiert ein weiteres Differenzmerkmal zu den ‚Loci' Melanchthons. Allerdings lässt
sich in Bezug auf den letzten Punkt erneut auch eine Parallele zwischen beiden
Dogmatikern aufweisen, wenn man bedenkt, aus welchem Grund Melanchthon
in seinen späteren Werken die Rechtfertigung strikt forensisch verstanden wissen
will: Es geht ihm um die Wahrung des *sola fide* in aller Radikalität; diese Intention vertritt aber auch Schleiermacher in seiner Rechtfertigungslehre: Dass
Rechtfertigung als Teilhabe an der Seligkeit Christi allein durch den vom Erlöser
bewirkten Glauben denkbar sei, stellt sich bei ihm als notwendiger Gedanke
dar. Gerade weil diese Teilhabe aber reale Teilhabe an der Seligkeit sei, bestimmt
Schleiermacher die Rechtfertigung als ‚wirksam'.

Schließlich bleibt als Unterschied zwischen Schleiermacher und Melanchthon
festzustellen, dass das Grunddilemma, das Melanchthon zur Rede von den ‚drei
Gründen in der Bekehrung' motiviert zu haben scheint, von Schleiermacher in
anderer Weise angegangen wird. Die für Melanchthon nur schwer lösbare Spannung von universalem Heilswillen Gottes einerseits, partikularer Heilsteilhabe
andererseits und schließlich der Ablehnung einer deterministischen Prädestinationslehre, die er letztlich auch mit dem *tres causae*-Argument nicht zu über-
winden vermag, wird von Schleiermacher im Sinne des einen, ewigen göttlichen
Ratschlusses zur Erlösung aufgelöst. Da aufgrund des Zusammenhangs von
Selbst- und Gattungsbewusstsein „die vollkommne Gewißheit des göttlichen
Ratschlusses unsrer Seligkeit"[233] es verbiete, dieses Dekret so zu fassen, dass
es die Verwerfung „eine[s] Theil[s] des menschlichen Geschlechtes von dieser
Gemeinschaft [sc. der Erlösung]"[234] vorsehe, könne der Unterschied zwischen
universeller Berufung und partikularer Erwählung nur so gefasst werden, dass
letztere sich nur aus den natürlichen Bedingungen der Entwicklung des neuen
Gesamtlebens in Raum und Zeit ergebe, ihr aber keine ‚ewige' Geltung zukomme.[235] Faktisch könne das christlich-fromme Selbstbewusstsein nicht von
einer dauerhaften Partikularität der Erwählung ausgehen, sondern erfordere die
Formel: „Es giebt Eine göttliche Vorherbestimmung, nach welcher aus der Ge-
sammtmasse des menschlichen Geschlechts die Gesammtheit der neuen Kreatur
hervorgerufen wird", wobei die „Gesammtheit […] gleich der Gesammtmas-
se"[236] *ist*.

---

[232] Vgl. Kap. V.2 und Kap. VI.5.3 der vorliegenden Untersuchung.

[233] CG² II, § 118.1, 249.

[234] CG² II, § 118, 249. Das Argument Schleiermachers lautet, dass „die in dem Bewußtsein der
Gnade gesetzte Seligkeit doch durch das mit Demüthigung verbundene Mitgefühl der Unseligkeit aufgehoben" (aaO., § 118.1, 250) werde.

[235] Vgl. dazu CG² II, §§ 117–120, 244–277.

[236] CG² II, § 119.3, 264 f. [Sperrung des Originals durch die Vfn. aufgelöst].

Obwohl sich für Schleiermacher hinsichtlich der Teilhabe an der Erlösung nicht das gleiche Problem ergibt, wie es Melanchthons Argumentation zugrunde liegt, nimmt jener dennoch auf die entsprechenden melanchthonischen Formulierungen Bezug. Seine Aufmerksamkeit richtet sich genau auf den Punkt, der Melanchthons Darlegungen synergistisch erscheinen lässt. Was zunächst synergistisch wirkt, stellt sich jedoch bei genauerer Betrachtung eher als Ausdruck des Interesses daran heraus, festzuhalten, dass das Heilshandeln Gottes am Menschen diesen nicht unbeteiligt sein lasse oder ihn ‚magisch' verändere. Melanchthon versucht die Frage, „quomodo contingat fides"[237], einer Antwort zuzuführen, indem er das Heilshandeln Gottes als eine am Menschen beschreibbare Realität auszuweisen sucht. Da er davon ausgeht, dass die Bekehrung sich nicht so vollziehe, „ut si lapis in ficum verteretur"[238], der Mensch somit nicht *pure passive* sei, lassen sich seine Ausführungen über die *tres causae* als Versuch der Klärung der zwei Fragen verstehen, denen auch Schleiermacher im Lehrsatz der Bekehrung nachgeht,

> „deren erste die ist, Wie sich das in dem Moment der Bekehrung gewiß vorhandene Thun des Subjekts zu der die Sinnesänderung und den Glauben hervorrufenden Einwirkung Christi verhält; die andere aber die, Wie sich der vorausgesetzte leidentliche Zustand während der Bekehrung zu der darauf folgenden Selbstthätigkeit in der Gemeinschaft Christi verhält."[239]

Vor diesem Hintergrund zeigen sich zwischen Schleiermachers und Melanchthons Ausführungen strukturelle Analogien. Zunächst ist beiden das Interesse gemeinsam, die Möglichkeit des Menschen, sein Heil aus sich heraus zu bewirken, strikt zu negieren. Die ‚Unfreiheit zum Guten' ist Bestandteil beider Konzeptionen: Es ist nach Melanchthon dem menschlichen Willen nicht möglich, *effectus spirituales* hervorzubringen, und die *contumacia cordis* mache es schlicht unmöglich, den durch Sündhaftigkeit gekennzeichneten Zustand aus dieser Korruption heraus selbstmächtig zu ändern; es ist nach Schleiermacher für den ‚natürlichen' Menschen die „vollkommne Unfähigkeit zum Guten"[240] auszusagen, die Unmöglichkeit, aus der ‚fleischlichen Gesinnung' heraus die Sinnesänderung selbst zu bewirken.[241]

Die Voraussetzung zur Entstehung des (Fiduzial-)Glaubens wird bei beiden daher als eine von außen stammende, schöpferische Tätigkeit am Innersten des Menschen beschrieben: bei Melanchthon steht dafür das Herz bzw. die Seele, bei Schleiermacher wird diese Änderung als Sinnesänderung beschrieben. Ebenso wird von beiden aber auch zugestanden, dass diese von außen stammende Tätigkeit, damit sie im Inneren wirksam werden könne, die ‚Öffnung' des Menschen

---

[237] ApolCA IV, in: BSLK, 172,26.
[238] P. Melanchthon, Loci (1559), I, 244,35.
[239] CG² II, § 108.6, 187 f.
[240] CG² I, § 70, 421.
[241] Vgl. Kap. VI.5.2.4 dieser Untersuchung.

voraussetze: Die erste Voraussetzung, die hierfür gegeben sein muss, ist bei beiden Theologen als eine Form der Anerkenntnis der Erlösungsbedürftigkeit qualifiziert, die nicht nur ein Bewusstsein eigener Sündhaftigkeit impliziert, sondern über sich selbst hinausweist. Damit dieses ‚Erlösungsbedürftigkeits-bewusstsein‘ sich einstellen kann, sei die Verkündigung und ihre Rezeption notwendig. Hier wird einerseits von beiden die Bereitschaft zur organischen Aufnahme des Wortes als ‚Mitbedingung‘ der Bekehrung eingeräumt. Während jedoch Melanchthon dieses Hören als Möglichkeit der *libertas voluntatis*, dem *usus paedagogius* des Gesetzes Gehorsam zu leisten, auffasst, geht Schleiermacher zwar auch auf dieses Verständnis ein, macht aber sogleich darauf aufmerksam, dass „schon jene Mitwirkung der psychischen Organe zur Auffassung des Wortes auch eine Zustimmung des Willens in sich schließt"[242], somit bereits hier nach den Möglichkeiten und Grenzen menschlichen Handelns in und für die Bekehrung zu fragen sei, die bei Melanchthon erst in Bezug auf die Folge des Hörens in Betracht kommen.

Die Handlung selbst wird nun bei Melanchthon in zwei Punkten charakterisiert: sie sei kein Widerstand und, positiv gewendet, der Versuch der Zustimmung, wobei letztere nur mit der Hilfe des heiligen Geistes einen wirksamen Erfolg erbringen könne. Schleiermacher wiederum bestimmt das Handeln auch so, dass es einerseits kein Widerstand sein dürfe, worin aber andererseits positiv auch eine Zustimmung des Willens sei, „die aber nichts weiter ist als das sich hingeben in die Einwirkung oder das Freilassen der lebendigen Empfänglichkeit für dieselbe"[243]. Mit dem Gedanken der lebendigen Empfänglichkeit kann Schleiermacher aber stärker als Melanchthon den Synergismusvorwurf abwehren. Die lebendige Empfänglichkeit verursache nicht die Aufnahme in die Lebensgemeinschaft, sondern sei nur die Möglichkeit des Aufgenommenwer-dens.[244] Es lässt sich vermuten, dass Schleiermacher sich der strukturellen Nähe seiner Argumentation zu Melanchthons Entfaltung der Frage der Beteiligung des Menschen in der Bekehrung bewusst ist, wenn er vehement betont, dass die mit dem Gedanken des Freilassens der lebendigen Empfänglichkeit implizierte Zustimmung des Willens keine *Mitwirkung* bedeute.[245]

Die Konsequenz der mit der ‚Öffnung‘ ermöglichten, aber nicht durch sie verursachten Wirksamkeit des Heilshandelns wird bei beiden Dogmatikern wiederum ähnlich bestimmt: Es werde eine Änderung des Innersten, des Herzens bzw. der Gesinnung, bewirkt. Mit dieser Änderung des ‚Personzentrums‘ werde

---

[242] CG² II, § 108.6, 189.

[243] CG² II, § 108.6, 189.

[244] Vgl. Kap. IV.3, Kap. V.2 sowie Kap. VI.5.2 der vorliegenden Arbeit.

[245] In der ersten Auflage der ‚Glaubenslehre‘ spricht Schleiermacher zwar noch nicht von der lebendigen Empfänglichkeit, doch begegnet dafür in der Frage nach der „Vorstellung von der Leidentlichkeit des Menschen selbst in der Wiedergeburt" (CG¹ II, § 130, Zusatz 2, 130) die ausdrückliche Betonung, dass „an eine *Ursächlichkeit* des Menschen nicht zu denken ist" (aaO., 131 [Hervorhebung durch die Vfn.]).

das gesamte Sein und Leben des Menschen neu qualifiziert, werde der Grund seines Willens neu bestimmt. Das Leben im ‚neuen Gehorsam‘, die guten Werke erscheinen damit als natürliche Konsequenz, nicht als verdienstliche Leistung des Menschen. Rechtfertigung und Heiligung stehen in einem notwendigen Zusammenhang, wobei jene immer als der Grund dieser, nicht umgekehrt, bestimmt wird. Schleiermacher denkt in dieser Hinsicht allerdings konsequenter als Melanchthon, insofern er die Realität der Änderung des Innersten so ernst nimmt, dass er von einer Unverlierbarkeit der Gnade der Wiedergeburt ausgehen kann und muss,[246] während Melanchthon die Möglichkeit erneuten Fallens (und erneuter Bekehrung) in seine Überlegungen einbezieht, dadurch allerdings – wie oben dargelegt wurde – einerseits sein eigentliches Anliegen, den sicheren Trost des Gewissens, gewissermaßen preisgibt und andererseits die Frage offenlässt, wie es angesichts eines erneuerten Herzens zum Fall kommen kann.[247]

Insgesamt lässt sich festhalten, dass nicht nur das starke soteriologische Interesse sowie die Zuhilfenahme anthropologischer Überlegungen zur Erhellung theologischer Gedanken Melanchthon und Schleiermacher verbinden. Auch in den einzelnen Argumentationsfiguren lassen sich zum Teil Ähnlichkeiten der Argumentationsweise sowie der Aussageintention erblicken, die darauf schließen lassen, dass Schleiermacher sich mit Melanchthons Theologie – insbesondere wie sie ihm in den ‚Loci‘ und der ‚Apologie‘ begegnete – intensiver auseinandergesetzt hat und sich ihr teilweise anschließen konnte.

Gerade die Abweichungen zeigen aber auch, dass Schleiermacher die ‚wunden Punkte‘ in den Ausführungen Melanchthons erkannt hat und bewusst umgehen wollte. So betont er entschiedener, dass die Tätigkeit des Menschen in der Bekehrung keinesfalls so bestimmt werden dürfe, dass sie als gleichrangige Mitwirkung (miss-)verstanden werden könne. Vor allem aber zieht er die grundsätzliche Folgerung, dass es die Vorstellung eines universalen Heilswillens Gottes bei strikter Fassung des Gottesgedankens nicht zulasse, eine nur partikulare Verwirklichung des Heils anzunehmen, wolle man nicht doch dem Menschen auf irgendeinem Wege wieder eine Mitursächlichkeit in Bezug auf das Heil zuerkennen: Wird auf der einen Seite festgehalten, dass der Mensch nur *sola fide* am Heil teilhaben kann, ist dieser Glaube wiederum nicht eigenes Werk, sondern durch die berufende Tätigkeit Christi, *solus Christus* bewirkt; verdankt sich diese aber ausschließlich dem universalen Heilswillen Gottes – *sola gratia* –, so muss auf der anderen Seite auch festgehalten werden, dass dieser Heilswille erst dann voll realisiert ist, wenn alle Menschen am Heil teilhaben. In der radikalen Betonung der Exklusivpartikel scheint Schleiermacher dem reformatorischen Anliegen fast

---

[246] Vgl. Kap. VI.6.2.1 dieser Arbeit.

[247] Die analoge Frage stellt sich hinsichtlich des ‚ersten‘ Sündenfalls. Schleiermacher macht zu Recht darauf aufmerksam, dass beide Fragen sich nicht schlüssig beantworten lassen, weil man dann annehmen müsste, dass der Mensch aus einer ‚guten Natur‘ heraus etwas wollen kann, was das Gutsein dieser Natur aufhebt.

treuer als Melanchthon, der sie zwar mit Emphase betont, im Durchdenken der ‚Loci‘ aber gelegentlich ihre Preisgabe riskiert.

Ein letzter Punkt, der Melanchthon und Schleiermacher in der Darstellung ihrer Soteriologie eint, wurde bisher ausgeklammert, scheint aber ein Indiz dafür zu sein, dass auch die großen Systematiker bei der Entfaltung der Frage, „quomodo contingat fides"[248], an ihre Grenzen stoßen: Sowohl Melanchthon als auch Schleiermacher, die doch dafür gerühmt werden, die ihnen überkommenen Gedanken geordnet, systematisiert und präzisiert zu haben, gelingt es nicht vollständig, zentrale Begriffe ihrer soteriologischen Darstellung eindeutig zu bestimmen und in ein klares Verhältnis zueinander zu setzen. Es stellt sich die Frage, ob sich dieses Faktum als ein Indiz für eine prinzipielle Problemstellung jeglicher systematischen Darstellung der Heilszu- und -aneignung werten lässt, der daher im abschließenden Fazit auch nachgegangen werden soll.

---

[248] ApolCA IV, in: BSLK, 172,26.

VIII Fazit

Ausgangspunkt dieser Untersuchung war die Annahme, dass mit einer gründlichen Analyse der Lehrstücke von Wiedergeburt und Heiligung ein wesentlicher Beitrag zur Erhellung des Verständnisses der ‚Glaubenslehre' Schleiermachers insgesamt geleistet wird. Unter der Berücksichtigung des Schleiermacherschen Verständnisses dogmatischer Theologie wurde weiterhin deutlich, dass eine Rekonstruktion der Soteriologie der ‚Glaubenslehre' weder ihren werkimmanenten noch den traditionsgeschichtlichen Kontext außer Acht lassen darf.

Hinsichtlich des Umgangs Schleiermachers mit der Tradition und ‚geltenden Lehre' zeigt sich sein starkes Interesse an der Übereinstimmung mit den Bekenntnisschriften. Den Grund dafür nennt Schleiermacher selbst in der Einleitung zur ‚Glaubenslehre': „Alle Säze, welche auf einen Ort in einem Inbegriff evangelischer Lehre Anspruch machen, müssen sich bewähren [...] durch Berufung auf evangelische Bekenntnißschriften"[1], weil in ihnen „das erste gemeinsam protestantische"[2] zum Ausdruck komme.[3] Insbesondere die ‚Kirchlichkeit' der dogmatischen Darstellung hängt somit für Schleiermacher daran, dass sie sich in Übereinstimmung mit den Bekenntnisschriften befindet.

Entsprechend dieser gewissermaßen normativen Funktion der lutherischen und reformierten Bekenntnisse stützt Schleiermacher seine soteriologischen Lehrsätzen umfassend mit Quellenbelegen.[4] Die einzige Ausnahme bildet der Lehrsatz „Von den Sünden der Wiedergebohrnen"[5]: Hier weicht Schleiermacher von einem Großteil der dogmatischen Tradition ab, indem er die Unverlierbarkeit der Gnade postuliert. Erst nachdem die eigene Ansicht dargelegt ist, rekurriert Schleiermacher auf die „entgegengesezten Formeln"[6] und begründet, wiederum auch im partiellen Rückgriff auf Bekenntnisse, warum diese Formeln nicht aufgenommen werden könnten.

Die ‚symbolische Bewährung' bedeutet für Schleiermacher allerdings nicht eine Buchstabentreue, sondern die sinngemäße Kongruenz der Aussagen. Meist

---

[1] CG² I, § 27, 175.
[2] CG² I, § 27.1, 176.
[3] Vgl. Kap. I.3 dieser Untersuchung.
[4] Besonders häufig werden die ‚Confessio Augustana' samt ihrer ‚Apologie' für die lutherische, die ‚Confessio Helvetica Posterior' für die reformierte Seite angeführt.
[5] CG² II, § 111, 210.
[6] CG² II, § 111.2, 213.

gelingt es ihm, in der Explikation der Soteriologie diese ‚Einigkeit dem Geiste nach‘ zu wahren, indem er treffende Bestimmungen dessen bietet, was der Sache nach in den Bekenntnissen intendiert ist.[7] Es fällt allerdings auch auf, dass die Zitation der Symbole zum Teil sehr selektiv erfolgt, so dass alle Gehalte und Begriffe, für die Schleiermacher keine Verwendung in seinem Entwurf hat, ausgetilgt werden.[8]

Was den Bezug auf, die Beeinflussung durch oder die Anknüpfung an andere dogmatische Entwürfe betrifft, so wurde bereits einleitend festgehalten, dass Schleiermacher sich nur sporadisch und meist ablehnend auf die Werke der Dogmatiker der altprotestantischen Orthodoxie bezieht. Die exemplarische Skizze zum Begriff der Wiedergeburt zeigt darüber hinaus,[9] dass die gängige Behauptung der terminologischen Anknüpfung der Soteriologie Schleiermachers an die Tradition, insbesondere an die *ordo-salutis*-Lehre der altprotestantischen Orthodoxie, zum Verständnis der Sache selbst kaum etwas beiträgt, da die Begrifflichkeit einerseits in der Anwendung und inhaltlichen Füllung variabel ist und andererseits ihr weitgehend biblischer Ursprung es erlauben würde, den Anknüpfungspunkt weit früher anzusetzen.

Eine Ausnahme hinsichtlich des Schleiermacherschen Umgangs mit dogmatischen Entwürfen stellt im Blick auf die Soteriologie der Rekurs auf Melanchthon dar. Die Auseinandersetzung mit der *tres-causae*-Lehre seiner späten ‚Loci‘ zeigt zum einen, dass der ihn treffende Synergismusvorwurf zwar nicht unverständlich, aber auch nicht zwingend ist. Zum anderen wird deutlich, dass die in der Forschung hinsichtlich des Verhältnisses von Melanchthons ‚Loci‘ und Schleiermachers ‚Glaubenslehre‘ postulierte ‚Verwandtschaft‘ sich nicht nur allgemein auf die soteriologische und anthropologische Konzentration erstreckt, sondern auch innerhalb dieser beiden Gebiete Strukturanalogien zwischen den Argumentationsfiguren der beiden Entwürfe vorliegen.[10] Dass es Schleiermacher gelungen ist, sich nicht seinerseits den Synergismusvorwurf einzuhandeln, liegt daran, dass er einerseits an entsprechender Stelle in der Auswahl der Begrifflichkeit wesentlich vorsichtiger ist und dass er andererseits mit der ‚lebendigen Empfänglichkeit‘ eine Erklärungsfigur gefunden hat, die eine Bestimmung des Tätigkeitszustands des Menschen in der Bekehrung erlaubt, der weder Mitwirkung noch bloße Passivität ist.

---

[7] Eine Ausnahme bildet m. E. hier nur die Anführung von ApolCA XII (in: BSLK, 257,4–8) im Blick auf die Sinnesänderung (vgl. Kap. VI.2 der vorliegenden Untersuchung).

[8] Vgl. z. B. die Ausführungen zu Beginn von Kap. VI.5.2.2 dieser Arbeit. Vgl. auch M. Ohst, Schleiermacher und die Bekenntnisschriften. Eine Untersuchung zu seiner Reformations- und Protestantismusdeutung, BHTh 77, Tübingen 1989, 230: Die „Zitationsweise mit ihren großzügigen Auslassungen ist charakteristisch. Nicht der ganze Sachgehalt des Artikels ist Gegenstand der Aufmerksamkeit, sondern durch Zitation werden diejenigen Sätze hervorgehoben, die sich als sachlich kongruent mit der im Leitsatz aufgestellten These erweisen lassen."

[9] Vgl. Kap. VI.3 dieser Arbeit.

[10] Vgl. Kap. VII der vorliegenden Untersuchung.

Neben dieser Übereinstimmung mit und Anknüpfung an die traditionelle Soteriologie gibt es bei Schleiermacher aber auch deutliche Abweichungen, teils formaler, teils inhaltlicher Art. Besonders deutlich werden die Differenzen bei der Rechtfertigungslehre,[11] die Schleiermacher nicht nur dem Lehrstück von der Wiedergeburt subsummiert; vielmehr hält er in der Explikation auch deutlich fest, dass er ‚Rechtfertigung‘ weder im Sinne einer göttlichen Deklaration noch im Sinne eines vom ewigen Ratschluss unterschiedenen Rechtfertigungsaktes versteht.

Der letzte Punkt ist die schlüssige Konsequenz der Gotteslehre Schleiermachers, nach der die göttliche Tätigkeit ewig und ungeteilt ist, so dass alles Vereinzelnde nur die zeitliche Realisierung des ewigen Ratschlusses, die „Heilsordnung für den menschlichen Geist"[12] betrifft. Dass wiederum die Rechtfertigung des Einzelnen von Schleiermacher gewissermaßen effektiv verstanden wird, erhellt, wenn man das Bewusstsein von ihr in seiner Zugehörigkeit zum Wiedergeburtsbewusstsein beachtet: Mit ‚Wiedergeburt‘ wird von Schleiermacher der Beginn des neuen Lebens beschrieben, wie es durch die Lebensgemeinschaft mit dem Erlöser konstituiert und bestimmt sei. Diese Lebensgemeinschaft bestimme wirksam das Sein des Erlösten, so dass auch die Rechtfertigung nicht allein ein Gerecht*erklären* sein könne.

„Predigtmäßig gesprochen: der Wahrhaftige kann den Menschen nicht für etwas ausgeben, was er nicht in irgendeinem Sinne ist. So ergibt sich die Formel, daß wir bei Gott gerecht sind durch das Leben Christi in uns oder auch, daß Christus uns rechtfertigt, indem er uns in die Lebensgemeinschaft mit sich aufnimmt."[13]

Obwohl Schleiermacher in der Entfaltung der Rechtfertigungslehre von ihren traditionellen Beschreibungsweisen abweicht,[14] zeigt die Rekonstruktion, dass er in aller Deutlichkeit und zum Teil strikter als die ihm vorgängige Tradition die Exklusivpartikel – *solus Christus, sola gratia, sola fide* –[15] zu wahren vermag. Seine Entfaltung der Entstehung und Wahrung des Gnadenbewusstseins fällt hinter diese Kriterien nicht zurück. Bekehrung und Rechtfertigung können auch im Schleiermacherschen Verständnis nicht vom Menschen bewirkt werden, sie hängen strikt von der Wirksamkeit Christi ab und kommen dem Einzelnen nicht aufgrund seiner Würdigkeit zu. Dementsprechend werden Heiligung und Wiedergeburt samt ihren Aspekten deutlich unterschieden, zugleich aber in ihrem notwendigen Zusammenhang entfaltet.

---

[11] Vgl. Kap. VI.5.3 der vorliegenden Arbeit.

[12] CG² II, § 117.4, 248.

[13] E. Hirsch, Geschichte der neuern evangelischen Theologie im Zusammenhang mit den allgemeinen Bewegungen des europäischen Denkens, Bd. 5., Gütersloh ²1960, 347.

[14] Es ist allerdings zu bemerken, dass der forensische Charakter der Rechtfertigungslehre noch nicht von Beginn an die protestantische Lehrweise ausmacht.

[15] Das *sola scriptura* wird von Schleiermacher in modifizierter Form geltend gemacht, vgl. CG² I, § 27, 175–182, CG² II, §§ 128–132, 316–341.

Allerdings hängt an diesem Zusammenhang m. E. auch eine Problematik der
Darstellung. Indem die Schleiermachersche Entfaltung dessen, was zur Wiedergeburt gehört, schwerpunktmäßig darauf abzielt, Wiedergeburt so zu beschreiben, dass sie der Ermöglichungsgrund der Heiligung ist, scheint der Eigenwert dessen, was das ‚ruhende Bewusstsein' als solches auszeichnet, der „Friede
des Herzen"[16], geschmälert. Die Fokussierung auf die Heiligung entspricht der
Bestimmung christlicher Frömmigkeit als teleologisch, doch scheint Schleiermacher hier fast hinter seine eigene Feststellung der ‚Reden', dass Religion weder
Metaphysik noch Moral sei,[17] zurückzufallen, wenn das eigentlich Religiöse, das
fromme Gefühl, nur insofern in den Blick gerät, als es eine ihm entsprechende
Tätigkeit motiviert. Besonders greifbar wird diese Gefahr in der Schleiermacherschen Bestimmung der Rechtfertigung als Adoption in die Gotteskindschaft: Hält
man sich ausschließlich an die entsprechende Darstellung in den Erläuterungen
des Lehrsatzes zur Rechtfertigung, so erhält der Gotteskindschaftsgedanke selbst
keine inhaltliche Füllung, sondern nur die funktionale Bestimmung, Grund der
Heiligung als Mitarbeit am Reich Gottes zu sein.

Gemeinsam ist schließlich der Schleiermacherschen und den vorherigen dogmatischen Darstellungen der Frage nach der Heilszueignung das Interesse an
einer Klärung der Begrifflichkeiten und ihrer Zusammenhänge.[18] Die Fülle biblischer und dogmatischer Begriffe sowie ihres jeweiligen Gehalts wird schon
vor Schleiermacher in einigen Bekenntnissen problematisiert bzw. zum Anlass
genommen, eindeutigere Bestimmungen zu treffen. Und auch die Ausbildung
der *ordo-salutis*-Lehre in der altprotestantischen Orthodoxie lässt neben der Intention, die tatsächlichen Veränderungen des menschlichen Innen- und Außen-
lebens durch den Glauben zu beschreiben, das Interesse erkennen, die Vielfalt
der Begrifflichkeiten in eine Ordnung und einen Zusammenhang zu bringen.
Selbst Vertreter des Pietismus, der doch stärker konkret lebens- als abstrakt
lehrbezogen ist, sehen die Notwendigkeit, die Hauptbegriffe der Soteriologie
eindeutiger zu bestimmen.

Schließlich verbindet, wie oben bereits angedeutet, ein Anliegen Schleiermachers Darstellung mit verschiedenen traditionellen Entwürfen. Indem Schleiermacher die gesamte dogmatische Darstellung als Entfaltung der Aussagen des
christlich-frommen Selbstbewusstseins charakterisiert, ist darin schon impliziert,
dass dieses Selbstbewusstsein selbst etwas ist, was in seiner Wirklichkeit nicht
nur vorausgesetzt, sondern auch beschreibbar sein muss. Dass es das Interesse
an der erfahr- und darstellbaren Glaubens*wirklichkeit* ist, das zur Ausbildung
der *ordo-salutis*-Lehre führt, legt Herms überzeugend dar.[19] Diese Intention

---

[16] CG² II, § 108.2, 179.
[17] Vgl. F. D. E. SCHLEIERMACHER, Reden, bes. 211 f.
[18] Vgl. dazu v. a. Kap. VI.3 der vorliegenden Arbeit.
[19] Vgl. E. HERMS, Die Wirklichkeit des Glaubens. Beobachtungen und Erwägungen zur
Lehre vom ordo salutis, in: EvTh 42 (1982), 541–566.

steht nicht für einen ‚Abfall' vom genuin Protestantischen: Bereits Luther setzt voraus, dass

„durch den Glauben auch eine Veränderung im psychischen Bestande des Menschen überhaupt erfolge […]. Es war deshalb kein Bruch mit Luthers Anschauung, wenn die Dogmatiker auch bei der Wiedergeburt im engeren Sinne eine tatsächliche Veränderung des seelischen Tatbestandes behaupteten."[20]

Es liegt nahe, zur Entfaltung der Veränderung des Menschen in der Entstehung des Glaubens ‚interdisziplinär' zu arbeiten. Bereits Melanchthon zieht psychologische Erwägungen zur Erhellung der Soteriologie heran. Bei Schleiermacher ist es nicht nur der Rekurs auf die Bewusstseinsstruktur, auf die geistigen Funktionen des Menschen, der über das Gebiet der Theologie hinausgreift, sondern vor allem auch der Gedanke der ‚lebendigen Empfänglichkeit'.[21] Mit diesem Gedanken gelingt es Schleiermacher, die zentrale Frage nach dem Verhältnis von göttlicher Ursächlichkeit und menschlicher Tätigkeit sowohl für die Christologie als auch für die Soteriologie zu klären und gleichzeitig den Zusammenhang beider zu vermitteln.

Welche Relevanz diesem Gedanken zukommt, zeigt sich besonders deutlich, wenn man vergleichend die erste Auflage der ‚Glaubenslehre' hinzuzieht. Dort spricht Schleiermacher m. E. nur einmal in einem Zusatz von lebendiger Empfänglichkeit.[22] In der zweiten Auflage begegnet der Gedanke dann aber gehäuft und an zentralen Stellen. Zunächst lässt sich daran ablesen, dass Schleiermacher seine Darlegung der ‚Glaubenslehre' nicht nur auf andere Weise neu zum Ausdruck gebracht, sondern auch weiterentwickelt hat. Indem er den Gedanken der lebendigen Empfänglichkeit nun verstärkt in die Darstellung einbringt, misst er selbst ihm enorme Bedeutung und anscheinend ein hohes Erschließungspotential zu.[23]

---

[20] W. ELERT, Morphologie des Luthertums, Bd. 1: Theologie und Weltanschauung des Luthertums hauptsächlich im 16. und 17. Jahrhundert, verbesserter ND der 1. Aufl. (1931), München 1958, 126 f. (vgl. auch R. SEEBERG, Art. Heilsordnung, in: RE 7 [1899], 593–599, 594: „Indem nun der Protestantismus seinen Ausgang an der Kritik und Ersetzung der katholischen Begriffe der Reue, des Glaubens und der Werke nimmt und indem er als die Form des religiösen Besitzes den Glauben erkennt, gilt sein Interesse von Anfang an der Entstehung und Entfaltung der religiösen Vorgänge im Christen."). Die Einschätzung der Frage, ob bereits Luther, auf dessen Begriffsreihung im dritten Artikel des Kleinen Katechismus sich in der Ausbildung des *ordo salutis* berufen wird, die Vorstellung einer Heilsordnung hat, ist in der Forschung umstritten, hängt allerdings auch von der jeweiligen Bewertung des Gedankens einer Heilsordnung selbst ab: Je stärker diese lediglich als „psychologische Entwicklung verstanden wird, als ein Übergang von einem Stadium zu einem anderen in einem […] psychologischen Prozeß" (R. PRENTER, Spiritus Creator. Studien zu Luthers Theologie, FGLP 10.VI, München 1954 [dän. 1944/²1946], 224) oder ihre Aspekte als „Stadien eines religiösen Läuterungsprozesses" (A. PETERS, Kommentar zu Luthers Katechismen, Bd. 2: Der Glaube, hg. v. G. SEEBASS, Göttingen 1990, 207) angesehen werden, desto deutlicher zeigt sich das Bemühen, Luthers Schriften als frei von jeglicher Vorstellung einer Heilsordnung zu erweisen.

[21] Vgl. Kap. IV.3 dieser Arbeit.

[22] Vgl. CG¹ II, § 130, Zusatz 2, 134.

[23] Das Motiv der ‚lebendigen Empfänglichkeit' begegnet auch in den Ausführungen zur

Dies lässt sich exemplarisch an einer zentralen Stelle im Vergleich beider Auflagen nachweisen. In der ersten Auflage bleibt es bezüglich des Verhältnisses von natürlichem Tun des Menschen zur göttlichen Gnadenwirkung im Moment der Bekehrung bei der bloßen Aufgabenstellung – „[...] und es bleibt also die Aufgabe, eine solche [sc. Selbsttätigkeit] zu finden, die aber doch keine Mitwirkung sei, oder, was dasselbe sein wird, den Gegensaz zwischen Mitwirkung und bloßer Leidentlichkeit zu vermitteln und in einen fließenden zu verwandeln"[24]. Schleiermacher findet bzw. bietet aber keine Lösung dieser Aufgabe. Hingegen erscheint genau in diesem Kontext in der zweiten Auflage die lebendige Empfänglichkeit als dieses „Mittelglied, [...] welches ein leidentlicher Zustand ist, aber doch das Minimum von Selbstthätigkeit in sich schließt"[25]. Schleiermacher selbst ist die Lösung der 1821/22 formulierten Aufgabe erst mit dem Gedanken der lebendigen Empfänglichkeit gelungen. Das diesem Gedanken innewohnende Erschließungspotential nutzt er dann auch in der Christologie und an anderen Stellen der ‚Glaubenslehre'.[26]

Im angeführten Vergleich zeigt sich allerdings noch ein weiterer Aspekt: In der ersten Auflage wird die oben dargelegte Frage noch als „eine Frage der zweiten

---

‚Christlichen Sitte' im Kontext der Explikation des reinigenden Handelns durch den „Einfluß der Gesammtheit auf die einzelnen als individuelle" (CS² I, 117 [Sperrung aufgelöst]). Allerdings findet sich im Manuskript von 1822 an entsprechender Stelle der Gedanke nicht explizit (vgl. CS² II, 102–104). Jonas hat der Rekonstruktion der Schleiermacherschen Darstellung der ‚Christlichen Sitte' die Vorlesungsnachschriften aus dem Semester 1822/23 zugrunde gelegt, sie allerdings durch spätere Nachschriften ergänzt. An entsprechender Stelle klingen vor allem die koaktive sowie die transformative Seite der lebendigen Empfänglichkeit an (aaO., I, 117 f. [Sperrungen aufgelöst]): „Ein Einfluß der Gesammtheit auf die einzelnen als individuelle muß von diesen immer auch gewollt sein. [...] Dieses Wollen aber des einzelnen ist nichts anderes, als seine lebendige Empfänglichkeit für den Einfluß des ganzen [...]. In dem einzelnen [...] ist die lebendige Empfänglichkeit; er will das ganze reinigend auf sich wirken lassen, und so wird das von der Gesammtheit auf ihn übergehende universelle in ihm ein individuelles, indem es sein individuelles mit afficirt." In einer Nachschrift der Vorlesung von 1826/27 finden sich Ausführungen über die Bedingungen des gemeinschaftsstiftenden Handelns Christi. Dort heißt es (CS² I, 315 f., Anm. [Sperrung aufgelöst]): „es ist gegründet auf eine Bereitwilligkeit es aufzunehmen". Diese Bereitwilligkeit wird näher spezifiziert als „eine *lebendige* Fähigkeit [...], die Wirksamkeit Christi aufzunehmen" (aaO., 316 [Hervorhebung durch die Vfn.]). Diese Fähigkeit sei „kein Beitragen zur Erlösung, sondern nur derjenige Zustand der Empfänglichkeit, der conditio sine qua non ist" (ebd.). Hier begegnen somit schon beide Aspekte – Lebendigkeit und Empfänglichkeit – in Beziehung aufeinander, ohne dass allerdings die direkte Zusammenstellung zum Ausdruck ‚lebendige Empfänglichkeit' vollzogen ist. Sachlich entsprechen diese Ausführungen allerdings denen der ‚Glaubenslehre' in ihrer zweiten Auflage. Auf der Basis dieser Edition der ‚Christlichen Sitte' lässt sich somit einerseits Schleiermachers Entwicklung des Motivs der ‚lebendigen Empfänglichkeit' ablesen; andererseits ist von ihr ausgehend nicht eindeutig zu klären, ab welchem Zeitpunkt Schleiermacher tatsächlich vermehrt von ‚lebendiger Empfänglichkeit' sprach und diesen Gedanken verstärkt in seine theologischen Explikationen einbringt.

[24] CG¹ II, § 130, Zusatz 2, 133.
[25] CG² II, § 108.6, 189.
[26] Vgl. CG² I, § 3.4, 26–30; § 4.1, 33 f.; § 4.2, 34–37; § 13.1, 107–110; § 14.1, 115–117; § 64.1, 398 f.; § 70.2, 423–425; CG² II, § 88.4, 26 f.; § 89.1, 28 f.; § 91.1, 35–37; § 94.2, 54–56; § 100.2, 106–108; § 101.1, 112 f.; § 103.2, 124–128; § 108.6, 187–191; § 109.4, 200–202; § 120.1, 267 f. u. ö.

Ordnung"[27] charakterisiert, die nicht in das eigentliche dogmatische Gebiet falle. Schleiermacher behandelt sie daher auch nur in einem Zusatz. In der zweiten Auflage fällt diese Einschränkung aber fort. In der Explikation der „Entstehungsweise des Glaubens"[28] sei die Frage nach dem Tätigkeitsverhältnis „nicht zu umgehen"[29], sie gehöre somit notwendigerweise in die dogmatische Behandlung. Einerseits lässt sich diese Änderung als eine konsequentere Wahrnehmung der Analogie zwischen Soteriologie und Christologie werten: In beiden Auflagen der ‚Glaubenslehre' wird die Frage nach dem Verhältnis von göttlicher Ursächlichkeit und Tätigkeit der menschlichen Natur im Akt der Personkonstitution des Erlösers innerhalb der dogmatischen Lehrsätze behandelt,[30] *obwohl* „die Beschreibung des ersten Anfanges [...] ein überverdienstliches Werk zu sein" scheint, „weil wir von demselben gar nicht unmittelbar afficirt werden"[31]. Insofern erscheint es nur folgerichtig, der analogen Frage auch innerhalb der Soteriologie nachzugehen, *obwohl* „wir den Augenblick der Bekehrung niemals als solchen in einem bestimmten Bewußtsein fixieren können"[32]. Andererseits könnte man allerdings auch vermuten, dass für Schleiermacher nur solche Fragen in das eigentlich dogmatische Gebiet gehören, für die er auch eine Antwort bereit hält.

Die vorliegende Untersuchung hat gezeigt, dass es Schleiermacher mit dem Gedanken der lebendigen Empfänglichkeit tatsächlich gelingt, in der Entfaltung der Bekehrung „[z]wischen der Skylla des Synergismus und der Charybdis des Determinismus sicher"[33] hindurchzufahren. Seine Darstellung der ‚Heilsordnung' lässt sich nicht als zu absolvierender Heilsweg verstehen, nicht als etwas, das der Mensch von sich aus bewirken kann. Die Einzelaspekte dessen, was unter ‚Wiedergeburt' beschrieben wird, sind keine ‚Stufen', sie folgen nicht aufeinander, sondern gründen in der Einheit der Konstitution des Gnadenbewusstseins. Nur ihrem Bewusstwerden nach können sie unterschieden und in Kausalzusammenhänge gebracht werden.

Zugleich wird erkennbar, dass die soteriologisch gefasste Heilsordnung bei Schleiermacher untrennbar verknüpft und verzahnt ist mit dem umfassenderen Gedanken der Heilsordnung im Sinne der Heilsökonomie.[34] Die dogmatische Darstellung der Wirklichkeit der göttlichen Heilsordnung setzt nach Schleiermacher ihre Wirklichkeit als eine, die den Darstellenden betrifft, voraus. Die

---

[27] CG¹ II, § 130, Zusatz 2, 131.

[28] CG² II, § 88.2, 23.

[29] CG² II, § 108.6, 187.

[30] Vgl. CG¹ II, § 119.1 f., 50–52; CG² II, § 97.1 f., 70–75.

[31] CG² II, § 97.1, 71. Zu den Gründen der dogmatischen Behandlung dieser Frage vgl. Kap. V.1.2 dieser Untersuchung.

[32] CG¹ II, § 130, Zusatz 2, 131.

[33] M. Marquardt, Die Vorstellung des ‚Ordo Salutis' in ihrer Funktion für die Lebensführung der Glaubenden, in: Lebenserfahrung, hg. v. W. Härle u. R. Preul, MJTh III, Marburg 1990, 29–53, 44.

[34] Vgl. E. Fahlbusch, Art. Heilsordnung 1., in: EKL 2 (1989), 471–475, bes. 471.

Darstellung selbst, die ‚Glaubenslehre', lässt sich als Explikation der Heilsordnung im allgemeineren Sinne begreifen – und auch nur in diesem Sinn begegnet der Begriff der ‚Heilsordnung' in der ‚Glaubenslehre'.[35] Innerhalb des Systems der ‚Glaubenslehre' findet sich mit der Entfaltung der Wiedergeburt dann die Explikation der Heilsordnung im engeren Sinn. Erst dem Wiedergeborenen erschließt sich der natürlich-geschichtliche Weltverlauf als zeitliche Realisierung des ewigen göttlichen Ratschlusses, so dass die Realität dessen, was in der Heilsordnung im engeren Sinn beschrieben wird, Voraussetzung für das Verständnis dessen, was mit Heilsordnung im umfassenderen Sinn bezeichnet wird, ist.

Trotz der genannten Stärken und Lösungswege, die Schleiermacher auf bestechend stringente Weise geliefert hat, bleiben im Blick auf die auch für die gegenwärtige Theologie weiterhin zentrale Frage nach dem Glauben und seiner Entstehung zwei Punkte zu klären.

Zum einen hängt zumindest bei Schleiermacher die ganze Darstellung an der Annahme „einer ursprünglichen Offenbarung Gottes an den Menschen oder in dem Menschen"[36], wie sie im Gefühl schlechthinniger Abhängigkeit gegeben sei. Daher kann Schleiermacher behaupten und es zur Basis seiner Darstellung machen, dass Frömmigkeit *wesentlich* zum Menschsein des Menschen gehöre. Auch die für die Bekehrung notwendige Steigerung der lebendigen Empfänglichkeit zum Bewusstsein der Erlösungsbedürftigkeit erklärt sich für Schleiermacher nur aus dem „nie gänzlich erloschne[n] Verlangen nach der Gemeinschaft mit Gott, welches mit zur ursprünglichen Vollkommenheit der menschlichen Natur gehört."[37] Eine solche Verortung des Religiösen in der Natur des Menschen ist aber m.E. aus verschiedenen Gründen mit Schwierigkeiten behaftet. Zum einen ist es angesichts der faktischen Existenz nicht-religiöser Menschen unangebracht, diesen entweder – entgegen ihrem eigenen Selbstverständnis – eine latente Religiosität zuzuschreiben oder ihnen ihr volles Menschsein abzusprechen. Zum anderen muss die Behauptung, dass Religiosität aus der Natur des Menschen zu erklären sei, nicht zwingend zu dem positiven, der Theologie dienlichen Schluss führen, dass religiöse Gemeinschaften „als ein für die Entwikkelung des menschlichen Geistes nothwendiges Element"[38] angesehen werden können. Dass sie – bei gleichem Ausgangspunkt der Argumentation, der Erklärung der Religiosität aus der menschlichen Natur heraus – auch als zu überwindende „Verirrung"[39] bewertet werden können, zeigen beispielsweise in neuerer Zeit die atheistisch motivierten Argumente zur evolutionären Genese von Religion.[40]

---

[35] Auch dies nur an wenigen Stellen, vgl. z.B. CG² I, § 12.3, 105; CG² II, § 117.4, 248.

[36] CG² I, § 4.4, 40.

[37] CG² II, § 108.6, 190.

[38] KD², § 22, 148.

[39] KD², § 22, 148.

[40] Vgl. R. Dawkins, Der Gotteswahn, übers. v. S. Vogel, Berlin 2008 (The God Delusion, London 2006), bes. Kap. 5: Die Wurzeln der Religion, 225–290; D. Dennett, Den Bann brechen. Religion als natürliches Phänomen, übers. v. F. Born, Frankfurt a.M./Leipzig 2008

Auf der anderen Seite hat die Rekonstruktion der Soteriologie Schleiermachers sowie deren Vergleich mit derjenigen Melanchthons zu einem – im Blick auf beide Systematiker – erstaunlichen Ergebnis geführt: Bei beiden sind zentrale Begriffe nicht eindeutig in ihrem Gehalt und ihrer Stellung bestimmt.[41] Dies erklärt sich einerseits daraus, dass bei beiden die jeweils nur relative Unterschiedenheit der Begriffe betont wird, die eine strikte Zuordnung und Bestimmung schwieriger werden lässt. Andererseits können die terminologischen Schwierigkeiten aber m. E. auch ein Indiz für die folgenden zwei Aspekte sein:

Erstens scheinen die terminologischen Schwierigkeiten sich dem Ursprung der Begriffe zu verdanken. Wie anhand des Wiedergeburtsbegriffs gezeigt wurde, haben die Zentralbegriffe der Soteriologie schon in der Bibel eine hohe Bedeutungsweite und -variabilität. Hinzu kommen die Unschärfen, die jede Übersetzung mit sich bringt, dies wird insbesondere hinsichtlich des Begriffs der *metanoia* fassbar. Schleiermacher schwankt selbst darin, wie er ihn übersetzen soll. In der ersten Auflage wählt er noch ‚Buße‘ als Übersetzung, in der zweiten dann ‚Bekehrung‘, ist in der Verwendung der Begriffe aber in keinem der beiden Fälle konsequent. Schließlich kommt hinzu, dass das Verständnis der Begriffe auch beeinflusst wird von ihrem je gegenwärtigen Gebrauch oder Nicht-Gebrauch in der Alltagssprache.[42] Es ist zu überdenken, ob sich die systematisch-theologische Reflexion in jedem Fall der biblischen und tradierten Begriffe bedienen sollte. Für die ‚Glaubenslehre‘ wurde gezeigt, dass die Verwendung des Bußbegriffs verzichtbar wäre. Ein solcher Verzicht hätte eine größere Klarheit der Entfaltung zur Folge. Eine gegenwärtige Darstellung müsste m. E. prüfen, welche soteriologischen Begriffe der Explikation des Phänomens dienlich sind – und welche lieber „der Geschichte zur Aufbewahrung übergeben werden."[43]

Zweitens scheint sich in der genannten Schwierigkeit auch die Grenze der Verknüpfung von Theologie und Psychologie zu zeigen. Die Zusammenfügung religiöser Terminologie mit psychologischen Erwägungen – und umgekehrt – funktioniert nicht reibungslos, sondern führt auch zu ‚unscharfen‘ Begriffen und nicht klar darstellbaren Verhältnisbestimmungen. Dies lässt sich als ein Zeichen dafür werten, dass der Glaube und seine Wirklichkeit im und am Inneren des Menschen beschreibbar sind, dass diese Beschreibungen aber nicht wiederum eine ‚psychologische Glaubensanleitung‘ sein können. Vielmehr weisen die Probleme, die selbst Schleiermacher und Melanchthon in der Explikation der Glaubenswirklichkeit haben, m. E. darauf hin, dass das Phänomen ‚Glaube‘ zwar

---

(Breaking the Spell. Religion as a Natural Phenomenon, New York 2006); E. VOLAND, Hat Gott Naturgeschichte? Die Evolution der Religiosität, in: Biologie in unserer Zeit 40 (2010), 29–35.

[41] Vgl. Kap. VI.3, Kap. VI.5.2.1, Kap. VI.5.2.2, Kap. VI.5.2.4, Kap. VI.5.3.3, den Exkurs zu Kap. VII.1.2.2 sowie Kap. VII.2 der vorliegenden Untersuchung.

[42] Wer heute von ‚Wiedergeburt‘ spricht, meint damit meist nicht den ‚Anfang des neuen Lebens‘ in der christlichen Gemeinschaft, sondern zielt auf Reinkarnationsvorstellungen.

[43] CG² II, Zusatz zum Hauptstück über das Geschäft Christi, 164.

humanwissenschaftlich erläuterbar, aber nicht in seinem letzten Kern zu erhellen ist. Diese Grenze der Möglichkeiten dogmatischer Theologie hält Schleiermacher in der ersten Auflage der ‚Glaubenslehre‘ noch deutlicher fest:

> „Denn die christliche Glaubenslehre ist nicht für diejenigen, welche den Glauben nicht haben, um ihn ihnen annehmlich zu machen, sondern nur für diejenigen, welche ihn haben, um sich über seinen Inhalt, nicht über seine Gründe, zu verständigen […]. In diesen Grenzen bleibt daher auch die folgende Darstellung eingeschlossen."[44]

Mit der Feststellung der Grenze ist jedoch nicht die Legitimität der Frage nach der Art und Weise der Glaubensentstehung bestritten. Vielmehr ist die protestantische Theologie mit ihrer Betonung des *sola fide* immer wieder vor die Aufgabe gestellt, diesen Glauben näher zu beschreiben, nach seiner Konstitution, seinem Unterschied zu anderen Phänomenen, seiner Vermittlung zu fragen. Die Antworten drohen scheinbar gerade dann als ‚Anleitungen‘ missverstanden zu werden, wenn sie die letzte Unschärfe nicht mehr zu erkennen geben. Die Berücksichtigung der Ergebnisse anderer Wissenschaften kann dabei fruchtbar sein – dies zeigt sich in Schleiermachers und Melanchthons Rückgriff auf psychologische Betrachtungen des Menschen. Eine gegenwärtige Beschäftigung mit dem Phänomen des Glaubens könnte beispielsweise auf Ergebnisse der Neurowissenschaft rekurrieren. Die Erkenntnis, dass der Mensch durch seine natürlichen Hirnfunktionen zu einer „social perception"[45] befähigt ist, welche die Konstruktion von „working models of other brains"[46] und interpersonale emotionale Synchronisation erlaubt, kann nicht nur zur Erläuterung der Frage, „how brain mechanisms […] might influence culture itself"[47], herangezogen werden. Bedenkt man die diesem Konzept zugrundeliegende Vorstellung, dass die ‚kulturellen Einheiten‘, die interpersonal vermittelt werden, strukturell als eine Verbindung einer bestimmten Auffassung oder Verhaltensweise mit einer Emotion verstanden werden, so kann m. E. erwogen werden, ob diese Theorie auch einen Beitrag zur Erhellung der Frage zu leisten vermag, wie durch Verkündigung Glaube – als Komplex aus *notitita*, *assensus* und *fiducia* – entstehen kann.

Die Frage, „quomodo contingat fides"[48], bleibt für die dogmatische Theologie bestehen. Die Auseinandersetzung mit ihr ist geboten. Gefährlich wird es dort, wo man meint, aus einer perspektivischen Beschreibung des Phänomens der Glaubenskonstitution eine allgemeingültige Anleitung zur Konstitution von Glaube ablesen zu können.

---

[44] CG¹ II, § 109.2, 8.

[45] M. S. A. GRAZIANO, God, Soul, Mind, Brain: A Neuroscientist's Reflections on the Spirit World, Teaticket 2010, 151; vgl. zur Thematik bes. aaO., Kap. 10, 151–165.

[46] M. S. A. GRAZIANO, God, 152.

[47] M. S. A. GRAZIANO, God, 151.

[48] ApolCA IV, in: BSLK, 172,26.

Literaturverzeichnis

Quellen

Ammon, C. F.: Biblische Theologie, 3 Bde., Erlangen ²1801/02.

Ders.: Inbegriff der evangelischen Glaubenslehre. Nach dem lateinischen, zu akademischen Vorlesungen bestimmten Lehrbuche, Göttingen 1805.

Baumgarten, S. J.: Untersuchung theologischer Streitigkeiten, 3 Bde., hg. v. J. S. Semler, Halle 1762–1764.

BSLK: Die Bekenntnisschriften der evangelisch-lutherischen Kirche, hg. im Gedenkjahr der Augsburgischen Konfession 1930, Göttingen ¹²1998.

BSRK: Bekenntnisschriften der reformierten Kirche. In authentischen Texten mit geschichtlicher Einleitung und Register, hg. v. E. F. K. Müller, Leipzig 1903.

Calvin, J.: Institutio Christianae Religionis (Genf, 1559), CR 58, Braunschweig 1886.

Ders.: Unterricht in der christlichen Religion/Institutio Christianae Religionis, n. d. letzten Ausg. von 1559 übers. u. bearb. v. O. Weber, i.A. d. Reformierten Bundes bearb. u. neu hg. v. M. Freudenberg, Neukirchen-Vluyn 2008.

Coccejus, J.: Summa theologiae ex scripturis repetita, Genf ²1665.

Francke, A. H.: Vom Kampff eines bußfertigen Suenders (05.06.1695), in: ders., Predigten, Bd 2, hg. v. E. Peschke, TGP Abt. 2, Bd. 10, Berlin/New York 1989, 15–41.

Ders.: Die Lehre unsers Herrn JESU Christi von der Wiedergeburt (30.05.1697), in: ders., Predigten, Bd. 1, hg. v. E. Peschke, TGP Abt. 2, Bd. 9, Berlin/New York 1987, 162–204.

Gerhard, J.: Loci theologici. Cum pro astruenda veritate, tum pro destruenda quorumvis contradicentium per theses nervose solide et copiose explicati (1657/1767), 9 Bde., hg. v. E. Preuss, Berlin 1863.

Hase, K.: Hutterus Redivivus oder Dogmatik der evangelisch-lutherischen Kirche. Ein dogmatisches Repetitorium für Studirende, Leipzig ⁶1845.

Heidegger, J. H.: Corpus Theologiae Christianae, Bd. 2, Zürich 1700.

Heppe, H.: Die Dogmatik der evangelisch-reformierten Kirche. Dargestellt und aus den Quellen belegt, neu durchges. u. hg. v. E. Bizer, Neukirchen 1935.

Hollaz, D.: Examen theologicum acroamaticum universam theologiam thetico-polemicam, Stargard 1707.

Kant, I.: Kritik der reinen Vernunft (1781/²1787), in: ders., Werkausgabe III/IV, hg. v. W. Weischedel, Frankfurt a. M. 1974.

Ders.: Die Religion innerhalb der Grenzen der bloßen Vernunft (1793/²94), in: ders., Werke in sechs Bänden, hg. v. W. Weischedel, Bd. IV, Darmstadt 1956, 649–879.

König, J. F.: Theologia positiva acroamatica (Rostock 1664), hg. u. übers. v. A. Stegmann, Tübingen 2006.

LEYDECKER, M.: Synopsis theologiae christianae, ut et Epistola de fecillima lectione textus Hebraici, Utrecht 1686.

LUTHERISCHES KIRCHENAMT (Hg.): Unser Glaube. Die Bekenntnisschriften der evangelisch-lutherischen Kirche. Ausgabe für die Gemeinde. Im Auftrag der Kirchenleitung der VELKD, bearb. v. H. G. PÖHLMANN, Gütersloh ⁴2000.

LUTHER, M.: Betbüchlein (1522), in: WA 10.2, Weimar 1907, 331–501.

DERS.: De captivitate Babylonica ecclesiae praeludium (1520), in: WA 6, Weimar 1888, 484–573.

DERS.: Enchiridion. Der kleine Katechismus für die gemeine Pfarrherrn und Prediger (1529), in: BSLK, 499–542.

DERS.: Der große Katechismus deutsch (1529), in: BSLK, 543–733.

DERS.: Luther an Wolfgang Capito in Straßburg (9. Juli 1537), in: WA Br. 8, Weimar 1938, 99f.

DERS.: Die Promotionsdisputation von Palladius und Tilemann (1. Juni 1537), in: WA 39/1, Weimar 1926, 198–257.

DERS.: De servo arbitrio (1525), in: WA 18, Weimar 1908, 551–787.

DERS.: Die Thesen für die Promotionsdisputation von Hieronymus Weller und Nikolaus Medler (11. September 1535), in: WA 39/1, Weimar 1926, 44–77.

DERS.: Die Vorlesung über den Römerbrief, WA 56, Weimar 1938.

MELANCHTHON, P.: Commentarii in Epistolam Pauli ad Romanos (1532), StA V, hg. v. R. STUPPERICH, Gütersloh 1965.

DERS.: Confessio doctrinae saxononicarum Ekklesiarum (1551), StA VI, hg. v. R. STUPPERICH, Gütersloh 1955, 80–167.

DERS.: Definitiones multarum appellationum, quarum in Ecclesia usus est (1552/53), StA II/2, hg. v. H. ENGELLAND, Gütersloh 1953.

DERS.: Examen ordinandorum (1552), StA VI, hg. v. R. STUPPERICH, Gütersloh 1955.

DERS.: Heubtartikel Christlicher Lere. Melanchthons deutsche Fassung seiner Loci theologici nach dem Autograph und dem Originaldruck von 1553, hg. v. R. JENNET/J. SCHILLING, Leipzig 2002.

DERS.: Liber de anima (1553), CR 13, hg. v. K. G. BRETSCHNEIDER, Halle 1846.

DERS.: Loci communes (1521), lt.-dt., übers. v. H. G. PÖHLMANN, hg. v. Lutherischen Kirchenamt der VELKD, Gütersloh ²1997.

DERS.: Loci praecipui theologici (1559), StA II/1+2, hg. v. H. ENGELLAND, Gütersloh 1952/3.

DERS.: Unterricht der Visitatoren an die Pfarrherrn im Kurfürstentum zu Sachsen (1528), in Herzog Heinrichs zu Sachsen Fürstentum (1538. 1539), im Bistum zu Naumburg (1545), in: WA 26, Weimar 1909, 175–240.

MUSÄUS, J.: De conversione hominis peccatoris ad deum, sive de resipiscentia theses theologicae, Jena 1670.

NIEMEYER, H. A.: Collectio Confessionum in Ecclesiis Reformatis publicatarum, Leipzig 1840.

NESTLE, E./ALAND, K.: Novum Testamentum Graece, Stuttgart ²⁷2001.

OLEVIAN, C.: De substantia foederis gratuiti inter Deum et electos, itemque de mediis, quibus ea ipsa substantia nobis communicatur, Genf 1585.

PLASGER, G./FREUDENBERG, M. (Hgg.): Reformierte Bekenntnisschriften. Eine Auswahl von den Anfängen bis zur Gegenwart, Göttingen 2005.

POLANUS, A.: Syntagma theologiae christianae, 2 Bde., Hanau 1609/10.

Reinhard, F. V.: Vorlesungen über die Dogmatik mit literarischen Zusätzen, hg. v. H. A. Schott, Sulzbach ⁵1824.

Ritschl, A.: Die christliche Lehre von der Rechtfertigung und Versöhnung, 3 Bde., Bonn 1870–1874.

Quenstedt, J. A.: Theologia didactico-polemica, sive, systema theologicum, in duas sectiones, didacticam et polemicam, divisum, Wittenberg ²1691.

Schiller, F.: Werke in zehn Bänden, Bd. 1, hg. v. E. Jenny, Basel 1945/6.

Schleiermacher, F. D. E.: Aufzeichnungen zum Kolleg (1831), in: KGA II.10.1, hg. v. A. Arndt, Berlin/New York 2002, 317–354.

Ders.: Der christliche Glaube (1821/22), 2 Bde., hg. v. H. Peiter, Berlin/New York 1984.

Ders.: Der christliche Glaube nach den Grundsätzen der evangelischen Kirche im Zusammenhange dargestellt (1821/22), Teilbd. 3: Marginalien und Anhang, KGA I.7/3, hg. v. U. Barth, Berlin/New York 1984.

Ders.: Der christliche Glaube nach den Grundsätzen der evangelischen Kirche im Zusammenhange dargestellt. Zweite Auflage (1830/31), 2 Bde., hg. v. R. Schäfer, Berlin/New York 2008.

Ders.: Die christliche Sitte nach den Grundsätzen der evangelischen Kirche im Zusammenhange dargestellt (Berlin ²1884), 2 Bde. neu hg. und eingel. v. E. Müller, ThST 7.1/7.2, Waltrop 1999.

Ders.: Über den eigentümlichen Wert und das bindende Ansehen symbolischer Bücher (1819), in: ders., Theologisch-dogmatische Abhandlungen und Gelegenheitsschriften, KGA I/10, hg. v. H.-F. Traulsen, Berlin/New York 1990, 117–144.

Ders.: Ethik (1812/13) mit späteren Fassungen der Einleitung, Güterlehre und Pflichtenlehre. Auf der Grundlage der Ausgabe von O. Braun, hg. u. eingel. v. H.-J. Birkner, Hamburg ²1990.

Ders.: Gespräch zweier selbst überlegender Christen über die Schrift: Luther in Bezug auf die neue preußische Agende, in: KGA I/9, hg. v. G. Meckenstock, Berlin/New York 2000, 381–472.

Ders.: Über die Glaubenslehre. Zwei Sendschreiben an Lücke (ThStKr 2 [1829], 255–284, 481–532), in: ders., Theologisch-dogmatische Abhandlungen und Gelegenheitsschriften, KGA I/10, hg. v. H.-F. Traulsen, Berlin/New York 1990, 307–394.

Ders.: An die Herren D. D. D. von Cölln und D. Schulz (1831), KGA I.10, hg. v. H.-F. Traulsen, Berlin/New York 1990, 395–426.

Ders.: Kurze Darstellung des theologischen Studiums zum Behuf einleitender Vorlesungen (1811/1830), hg. v. D. Schmid, Berlin/New York 2002.

Ders.: Psychologie. Aus Schleiermachers handschriftlichem Nachlasse und nachgeschriebenen Vorlesungen, hg. v. L. George, Friedrich Schleiermachers sämmtliche Werke III.6/4, Berlin 1862.

Ders.: Über die Religion. Reden an die Gebildeten unter ihren Verächtern (1799), in: ders., Schriften aus der Berliner Zeit, hg. v. G. Meckenstock, KGA I.2, Berlin/New York 1984.

Ders.: Rez. F. W. J. Schelling, Vorlesungen über die Methode des akademischen Studiums, Tübingen 1803, in: Jenaische Allgemeine Literaturzeitung 1 (1804), 137–151.

Ders.: Theologische Enzyklopädie [1831/32]. Nachschrift David Friedrich Strauß, SchlA 4, hg. v. W. Sachs, Berlin/New York 1987.

Ders.: Vorlesungen über die Dialektik (1811–1831), 2 Bde., KGA II.10.1/2, hg. v. A. Arndt, Berlin/New York 2002.

DERS.: Vorlesungen über die Kirchengeschichte, KGA II.6, hg. v. S. GERBER, Berlin/New York 2006.

SCHMID, H.: Die Dogmatik der evangelisch-lutherischen Kirche dargestellt und aus den Quellen belegt, neu hg. u. durchgesehen v. H. G. PÖHLMANN, Gütersloh ⁹1979.

SPENER, P. J.: Die evangelische Glaubens-Lehre 1688. Predigten über die Evangelien (1686/87). 1. Advent bis 4. p. Trin., eingel. v. D. BLAUFUSS/E. BEYREUTHER, P. J. SPENER, Schriften III.1/1, Hildesheim/Zürich/New York 1986.

DERS.: Der hochwichtige Articul von der Wiedergeburt (1696), Frankfurt a. M. 1715, in: DERS., Schriften, hg. v. E. BEYREUTHER, Bd. VII/1+2, Hildesheim/Zürich/New York 1994.

STRAUSS, D. F.: Die christliche Glaubenslehre in ihrer geschichtlichen Entwicklung und im Kampfe mit der modernen Wissenschaft, 2 Bde., ND der Ausgabe Tübingen/Stuttgart 1841, mit einer Einführung von W. ZAGER, Darmstadt 2009.

TWESTEN, A. D. C.: Vorlesungen ueber die Dogmatik der Evangelisch-Lutherischen Kirche. Nach dem Compendium des Herrn Dr. W. M. L. de Wette, Bd. 1, Hamburg 1826.

WITSIUS, H.: De oeconomia foederum Dei cum hominibus libri quatuor, Utrecht ³1694.

WOLLEB, J.: Compendium theologiae Christianae, accurata methodo sic adornatum, ut sit ad SS. Scripturas legendas, ad locos communes digerendos, ad controversias intelligendas, manuductio, Amsterdam 1655.

ZWINGLI, H.: De vera et falsa religione (1525), in: CR 90, Leipzig 1940, 590–912.

Sekundärliteratur

ALBRECHT, C.: Schleiermachers Theorie der Frömmigkeit. Ihr wissenschaftlicher Ort und ihr systematischer Gehalt in den Reden, in der Glaubenslehre und in der Dialektik, SchlA 15, Berlin/New York 1994.

AXT-PISCALAR, C.: Ohnmächtige Freiheit. Studien zum Verhältnis von Subjektivität und Sünde bei August Tholuck, Julius Müller, Sören Kierkegaard und Friedrich Schleiermacher, BHTh 94, Tübingen 1996.

DIES.: Art. Sünde VII. Reformation und Neuzeit, in: TRE 32 (2001), 400–436.

BADER, G.: Sünde und Bewußtsein der Sünde. Zu Schleiermachers Lehre von der Sünde (1981), in: ZThK 79 (1982), 60–79.

BARTH, K.: Die Kirchliche Dogmatik, Bd. IV/1–3.1: Die Lehre von der Versöhnung, Zürich 1959/⁴1982/⁴1985.

DERS.: Die protestantische Theologie im 19. Jahrhundert. Ihre Vorgeschichte und ihre Geschichte, Zürich ³1946.

BARTH, U.: Aufgeklärter Protestantismus, Tübingen 2004.

DERS.: Gott – die Wahrheit. Problemgeschichte und systematische Anmerkungen zum Verhältnis Hirsch/Schleiermacher, in: J. RINGLEBEN (Hg.), Christentumsgeschichte und Wahrheitsbewusstsein. Studien zur Theologie Emanuel Hirschs, Berlin/New York 1991, 98–157.

DERS.: Der Letztbegründungsgang der ‚Dialektik'. Schleiermachers Fassung des transzendentalen Gedankens, in: DERS., Aufgeklärter Protestantismus, 353–385.

DERS.: Die subjektivitätstheoretischen Prämissen der ‚Glaubenslehre'. Eine Replik auf K. Cramers Schleiermacher-Studie, in: DERS., Aufgeklärter Protestantismus, 329–351.

BAUR, J.: Salus Christiana. Die Rechtfertigungslehre in der Geschichte des christlichen Heilsverständnisses, Bd. 1: Von der christlichen Antike bis zur Theologie der deutschen Aufklärung, Gütersloh 1968.

BAYER, O.: Freiheit? Das Verständnis des Menschen bei Luther und Melanchthon im Vergleich, in: LuJ 66 (1999), 135–150.

BENRATH, G. A.: Art. Buße V. Historisch, in: TRE VII (1981), 452–473.

BIRKNER, H.-J.: Beobachtungen zu Schleiermachers Programm der Dogmatik. Wolfgang Trillhaas zum 60. Geburtstag (NZSTh 5 [1963], 119–131), in: DERS., Schleiermacher-Studien, 99–112.

DERS.: „Offenbarung" in Schleiermachers Glaubenslehre (1956), in: DERS., Schleiermacher-Studien, 81–98.

DERS.: Schleiermacher-Studien, SchlA 16, eingel. u. hg. v. H. FISCHER, m. e. Bibliogr. der Schriften H.-J. BIRKNERS v. A. v. SCHELIHA, Berlin/New York 1996.

DERS.: Theologie und Philosophie. Einführung in Probleme der Schleiermacher-Interpretation (1974), in: DERS., Schleiermacher-Studien, 157–192.

BÖHME, G.: Über Kants Unterscheidung von extensiven und intensiven Größen, in: KantSt 65 (1974), 239–258.

BONSIEPEN, W.: Die Begründung einer Naturphilosophie bei Kant, Schelling, Fries und Hegel: mathematische versus spekulative Naturphilosophie, PhA 70, Frankfurt a. M. 1995.

BORNKAMM, H.: Melanchthons Menschenbild, in: Philipp Melanchthon. Forschungsbeiträge zur vierhundertsten Wiederkehr seines Todestages dargeboten in Wittenberg 1960, hg. v. W. ELLIGER, Göttingen 1961, 76–90.

BRAUNGART, C.: Mitteilung durch Darstellung. Schleiermachers Verständnis der Heilsvermittlung, MThSt 48, Marburg 1998.

BRUNNER, E.: Die Mystik und das Wort. Der Gegensatz zwischen moderner Religionsauffassung und christlichem Glauben dargestellt an der Theologie Schleiermachers, Tübingen ²1928.

CHRIST, F.: Menschlich von Gott reden. Das Problem des Anthropomorphismus bei Schleiermacher, ÖTh 10, Gütersloh 1982.

CRAMER, K.: Die subjektivitätstheoretischen Prämissen von Schleiermachers Bestimmung des religiösen Bewußtseins, in: D. LANGE (Hg.), Friedrich Schleiermacher 1768–1834, 129–162.

DAWKINS, R.: Der Gotteswahn, übers. v. S. VOGEL, Berlin 2008 (The God Delusion, London 2006).

DENNETT, D.: Den Bann brechen. Religion als natürliches Phänomen, übers. v. F. BORN, Frankfurt a. M./Leipzig 2008 (Breaking the Spell. Religion as a Natural Phenomenon, New York 2006).

DEUSER, H.: Art. Rechtfertigung, in: EKL 3 (1992), 1455–1466.

DIERKEN, J.: Das Absolute und die Wissenschaft. Zur Architektonik des Wissens bei Schelling und Schleiermacher, in: PhJ 99 (1992), 307–328.

DERS.: Individualität und Identität. Schleiermacher über metaphysische, religiöse und sozialtheoretische Dimensionen eines Schlüsselthemas der Moderne, in: ZNThG 15 (2008), 183–207.

EBELING, G.: Beobachtungen zu Schleiermachers Wirklichkeitsverständnis (1973), in: DERS., Wort und Glaube III, 96–115.

DERS.: Interpretatorische Bemerkungen zu Schleiermachers Christologie, in: G. ME-CKENSTOCK (Hg.), Schleiermacher und die wissenschaftliche Kultur des Christentums, TBT 51, Berlin/New York 1991, 125–146.

DERS.: Schlechthinniges Abhängigkeitsgefühl als Gottesbewußtsein (1972), in: DERS., Wort und Glaube III, 116–136.

DERS.: Schleiermachers Lehre von den göttlichen Eigenschaften [1968], in: DERS., Wort und Glaube, Bd. 2: Beiträge zur Fundamentaltheologie und zur Lehre von Gott, Tübingen 1969, 305–342.

DERS.: Wort und Glaube, Bd. 3: Fundamentaltheologie, Soteriologie und Ekklesiologie, Tübingen 1975.

ELERT, W.: Morphologie des Luthertums, Bd. 1: Theologie und Weltanschauung des Luthertums hauptsächlich im 16. und 17. Jahrhundert, verbesserter ND der 1. Aufl. (1931), München 1958.

ENGELLAND, H.: Melanchthon, Glauben und Handeln, FGLP 4.Ser. I, München 1931.

FAHLBUSCH, E.: Art. Heilsordnung 1., in: EKL 2 (1989), 471–475.

FISCHER, H.: Friedrich Daniel Ernst Schleiermacher, München 2001.

FISCHER, K.: Satis est. Theologische Perspektiven zum Projekt Europäische Melanchthon-Akademie Bretten (2005), (http://www.konradfischer.de/pdfs/satis_est.pdf).

FRANK, G.: Die theologische Philosophie Philipp Melanchthons (1497–1560), EThSt 67, Leipzig 1995.

FRANZEN, W./GEORGULIS, K.: Art. Entelechie, in: HWPh 2 (1972), 506f.

GEORGULIS, K.: Art. Endelechie, in: HWPh 2 (1972), 480f.

GENNRICH, P.: Die Lehre von der Wiedergeburt, die christliche Zentrallehre in dogmengeschichtlicher und religionsgeschichtlicher Beleuchtung, Leipzig 1907.

GERDES, H.: Das Christusbild Sören Kierkegaards. Verglichen mit der Christologie Hegels und Schleiermachers, Düsseldorf/Köln 1960.

GESTRICH, C.: Luther und Melanchthon in der Theologiegeschichte des 19. und 20. Jahrhunderts, in: LuJ 66 (1999), 29–53.

GEWEHR, W.: Zu den Begriffen *anima* und *cor* im frühmittelalterlichen Denken, in: ZRGG 27 (1975), 40–55.

GLATZ, U.: Religion und Frömmigkeit bei Friedrich Schleiermacher. Theorie der Glaubenskonstitution, Forum Systematik 39, Stuttgart 2010.

GRAZIANO, M. S. A.: God, Soul, Mind, Brain: A Neuroscientist's Reflections on the Spirit World, Teaticket 2010.

GRESCHAT, M.: Melanchthon neben Luther. Studien zur Gestalt der Rechtfertigungslehre zwischen 1528 und 1537, UKG 1, Witten 1965.

GRILLMEIER, A.: Jesus Christus im Glauben der Kirche, Bd. 1: Von der Apostolischen Zeit bis zum Konzil von Chalcedon (451), Freiburg u. a. 1979.

GROVE, P.: Deutungen des Subjekts. Schleiermachers Philosophie der Religion, TBT 129, Berlin/New York 2004.

GUHRT, J./HAACKER, K.: Art. παλιγγενεσία, in: TBLNT 1 (1997), 657–659.

HAENDLER, K.: Wort und Glaube bei Melanchthon. Eine Untersuchung über die Voraussetzungen und Grundlagen des melanchthonischen Kirchenbegriffs, QFRG 37, Gütersloh 1968.

HÄGGLUND, B.: Rechtfertigung – Wiedergeburt – Erneuerung in der nachreformatorischen Theologie, in: KuD 5 (1959), 318–337.

HAIKOLA, L.: Melanchthons Lehre von der Kirche, in: Philipp Melanchthon. Forschungsbeiträge zur vierhundertsten Wiederkehr seines Todestages dargeboten in Wittenberg 1960, hg. v. W. ELLIGER, Göttingen 1961.

DERS.: Melanchthons und Luthers Lehre von der Rechtfertigung. Ein Vergleich, in: Luther und Melanchthon. Referate und Berichte des Zweiten Internationalen Kongresses für Lutherforschung (Münster, 08.-13. August 1960), hg. v. V. VAJTA, Göttingen 1961, 89–103.

HASLER, U.: Beherrschte Natur. Die Anpassung der Theologie an die bürgerliche Naturauffassung im 19. Jahrhundert (Schleiermacher, Ritschl, Herrmann), Basel 1982.

HERMS, E.: Philosophie und Theologie im Horizont des reflektierten Selbstbewußtseins, in: C. HELMER u. a. (Hgg.), Schleiermachers *Dialektik*. Die Liebe zum Wissen in Philosophie und Theologie, Tübingen 2003, 23–52.

DERS.: Platonismus und Aristotelismus in Schleiermachers Ethik, in: DERS., Menschsein im Werden. Studien zu Schleiermacher, Tübingen 2003, 150–172.

DERS.: Reich Gottes und menschliches Handeln, in: D. LANGE (Hg.), Friedrich Schleiermacher 1768–1834, 163–192.

DERS.: Die Wirklichkeit des Glaubens. Beobachtungen und Erwägungen zur Lehre vom ordo salutis, in: EvTh 42 (1982), 541–566.

HIRSCH, E.: Hilfsbuch zum Studium der Dogmatik. Die Dogmatik der Reformatoren und der altevangelischen Lehrer quellenmäßig belegt und verdeutscht, Berlin ³1958.

DERS.: Geschichte der neuern evangelischen Theologie im Zusammenhang mit den allgemeinen Bewegungen des europäischen Denkens, Bd. 5, Gütersloh ²1960.

DERS.: Schleiermachers Christusglaube. Drei Studien, Gütersloh 1968.

HOFFMANN, G.: Der Kleine Katechismus als Abriß der Theologie Martin Luthers, in: Luther 30 (1959), 49–63.

DERS.: Luther und Melanchthon. Melanchthons Stellung in der Theologie des Luthertums, in: ZSTh 15 (1938), 81–135.

HOLL, K.: Die Rechtfertigungslehre in Luthers Vorlesung über den Römerbrief mit besonderer Rücksicht auf die Frage der Heilsgewißheit (1910), in: DERS., Gesammelte Aufsätze zur Kirchengeschichte I: Luther, Tübingen ²/³1923, 111–154.

HOLZHEY, H.: Art. Seele IV. Neuzeit, 2. Aristotelische Schulphilosophie, in: HWPh 9 (1995), 28f.

HÜBNER, I.: Wissenschaftsbegriff und Theologieverständnis. Eine Untersuchung zu Schleiermachers Dialektik, SchlA 18, Berlin/New York 1997.

HÜBSCH, S.: Gewissen bei Schleiermacher, in: EvTh 56 (1996), 446–457.

HUXEL, K.: Ontologie des seelischen Lebens. Ein Beitrag zur theologischen Anthropologie im Anschluß an Hume, Kant, Schleiermacher und Dilthey, RPT 15, Tübingen 2004.

JUNKER, M.: Das Urbild des Gottesbewußtseins. Zur Entwicklung der Religionstheorie und Christologie Schleiermachers von der ersten zur zweiten Auflage der Glaubenslehre, SchlA 8, Berlin/New York 1990.

KÄFER, A.: Inkarnation und Schöpfung. Schöpfungstheologische Voraussetzungen und Implikationen der Christologie bei Luther, Schleiermacher und Barth, TBT 151, Berlin/New York 2010.

KOCH, M.: Der ordo salutis in der alt-lutherischen Dogmatik, Berlin 1899.

KÖPF, U.: Melanchthon als systematischer Theologe neben Luther, in: Der Theologe Melanchthon, hg. v. G. FRANK, Melanchthon-Schriften der Stadt Bretten 5, Stuttgart 2000.

KRICHBAUM, A.: Kierkegaard und Schleiermacher. Eine historisch-systematische Studie zum Religionsbegriff, Kierkegaard Studies. Monograph Series 18, Berlin/New York 2008.

KUGELMANN, L.: Antizipation: eine begriffsgeschichtliche Untersuchung, FSÖTh 50, Göttingen 1986.

KÜHN, U.: Christologie, Göttingen 2003.

LAMM, J. A.: Schleiermachers Treatise on Grace, in: HThR 101 (2008), 133–168.

LANGE, D.: Historischer Jesus oder mythischer Christus. Untersuchungen zu dem Gegensatz zwischen Friedrich Schleiermacher und David Friedrich Strauß, Gütersloh 1975.

DERS.: Neugestaltung christlicher Glaubenslehre, in: DERS. (Hg.): Friedrich Schleiermacher 1768–1834, 85–105.

DERS. (Hg.): Friedrich Schleiermacher 1768–1834. Theologe – Philosoph – Pädagoge, Göttingen 1985.

LAUSTER, J.: Prinzip und Methode. Die Transformation des protestantischen Schriftprinzips durch die historische Kritik von Schleiermacher bis zur Gegenwart, HUTh 46, Tübingen 2004.

LEUZE, R.: Sprache und frommes Selbstbewußtsein. Bemerkungen zu Schleiermachers Glaubenslehre, in: K.-V. SELGE (Hg.), Internationaler Schleiermacher-Kongreß Berlin 1984, Teilbd. 2, SchlA I/2, Berlin/New York 1985, 917–922.

LÜCKE, F.: Erinnerungen an Dr. Friedrich Schleiermacher, in: ThStKr 7/4 [1834], 745–813.

LÜLMANN, C.: Schleiermacher, der Kirchenvater des 19. Jahrhunderts, SGV 48, Tübingen 1907.

MARQUARDT, M.: Die Vorstellung des ‚Ordo Salutis‘ in ihrer Funktion für die Lebensführung der Glaubenden, in: Lebenserfahrung, hg. v. W. HÄRLE u. R. PREUL, MJTh III, Marburg 1990, 29–53.

MATTHIAS, M.: Ordo salutis – Zur Geschichte eines dogmatischen Begriffs, in: ZKG 115 (2004), 318–346.

MATZ, W.: Der befreite Mensch. Die Willenslehre in der Theologie Philipp Melanchthons, FKDG 81, Göttingen 2001.

MOJSISCH, B./JECK, U. R./PLUTA, O.: Art. Seele II. Mittelalter, in: HWPh 9 (1995), 12–22.

MÜLLER, J.: Wiedergeburt und Heiligung. Die Bedeutung der Struktur von Zeit für Schleiermachers Rechtfertigungslehre, Leipzig 2005.

NÜSSEL, F.: Allein aus Glauben. Zur Entwicklung der Rechtfertigungslehre in der konkordistischen und frühen nachkonkordistischen Theologie, FSÖTh 95, Göttingen 2000.

DIES.: Bund und Versöhnung. Zur Begründung der Dogmatik bei Johann Franz Buddeus, FSÖTh 77, Göttingen 1996.

DIES.: Die Sühnevorstellung in der klassischen Dogmatik und ihre neuzeitliche Problematisierung, in: J. FREY/J. SCHRÖTER (Hgg.), Deutungen des Todes Jesu im Neuen Testament, Tübingen 2005, 73–94.

OFFERMANN, D.: Schleiermachers Einleitung in die Glaubenslehre. Eine Untersuchung der „Lehnsätze", Berlin 1969.

OHST, M.: Schleiermacher und die Bekenntnisschriften. Eine Untersuchung zu seiner Reformations- und Protestantismusdeutung, BHTh 77, Tübingen 1989.

OSTHÖVENER, C.-D.: Das Christentum als Erlösungsreligion, in: U. BARTH/C.-D. OSTHÖVENER (Hgg.), 200 Jahre „Reden über die Religion". Akten des 1. Internationalen Kongresses der Schleiermacher-Gesellschaft Halle 14.-17. März 1999, SchlA 19, Berlin/New York 2000, 685–697.

DERS.: Erlösung. Transformation einer Idee im 19. Jahrhundert, BHTh 128, Tübingen 2004.

DERS.: Die Lehre von Gottes Eigenschaften bei Friedrich Schleiermacher und Karl Barth, TBT 76, Berlin/New York 1996.

PANNENBERG, W.: Systematische Theologie, 3 Bde., Göttingen 1988–1993.

PETERS, A.: Kommentar zu Luthers Katechismen, Bd. 2: Der Glaube, hg. v. G. SEEBASS, Göttingen 1990.

DERS.: Rechtfertigung, HAST 12, Gütersloh 1984.

POPKES, W.: Art. Wiedergeburt II. Neues Testament, in: TRE 26 (2004), 9–14.

PRENTER, R.: Spiritus Creator. Studien zu Luthers Theologie, FGLP 10.VI, München 1954 (dän.: 1944/²1946).

PREUL, R.: Schleiermachers Verhältnis zu Melanchthon, in: Melanchthons bleibende Bedeutung. Ringvorlesung der Theologischen Fakultät der Christian-Albrechts-Universität zum Melanchthon-Jahr 1997, hg. v. J. SCHILLING, Kiel 1998.

RICKEN, F.: Art. Seele I. Antike, in: HWPh 9 (1995), 1–11.

RINGLEBEN, J. (Hg.): Anmerkungen zur Christologie der Glaubenslehre Schleiermachers (1981, von H. GERDES), in: NZSTh 25 [1983], 112–125.

RINGWALD, A./GÄCKLE, V.: Art. γεννάω, in: TBLNT 1 (1997), 651–654.

RITSCHL, O.: Dogmengeschichte des Protestantismus, Bd. 2: Orthodoxie und Synkretismus in der altprotestantischen Theologie, 1. Hälfte: Die Theologie der deutschen Reformation und die Entwicklung der lutherischen Orthodoxie in den philippistischen Streitigkeiten, Leipzig 1912.

ROHLS, J.: Frömmigkeit als Gefühl schlechthinniger Abhängigkeit. Zu Schleiermachers Religionstheorie in der „Glaubenslehre", in: K.-V. SELGE (Hg.), Internationaler Schleiermacher-Kongreß Berlin 1984, Teilbd. 1, SchlA I.1, Berlin/New York 1985, 221–252.

RÖSSLER, M.: Schleiermachers Programm der Philosophischen Theologie, SchlA 14, Berlin/New York 1994.

SAUTER, G.: Art. Rechtfertigung IV.: Das 16. Jahrhundert, in: TRE 28 (1997), 315–328.

DERS.: Art. Rechtfertigung VI: Das 19. und 20. Jahrhundert, in: TRE 28 (1997), 336–352.

SCHÄFER, R.: Christologie und Sittlichkeit in Melanchthons frühen Loci, BHTh 29, Tübingen 1961.

SCHEEL, H.: Die Theorie von Christus als dem zweiten Adam bei Schleiermacher, Naumburg 1913.

SCHEIBLE, H.: Melanchthon und Osiander über die Rechtfertigung (2002), in: DERS., Aufsätze zu Melanchthon, SMHR 49, Tübingen 2010.

SCHLENKE, D. „Geist und Gemeinschaft". Die systematische Bedeutung der Pneumatologie für Friedrich Schleiermachers Theorie der christlichen Frömmigkeit, TBT 86, Berlin/New York 1999.

SCHRÖDER, M.: Die kritische Identität des neuzeitlichen Christentums. Schleiermachers Wesensbestimmung der christlichen Religion, BHTh 96, Tübingen 1996.

SCHWÖBEL, C.: Melanchthons ‚Loci communes' von 1521. Die erste evangelische Dogmatik, in: Melanchthons bleibende Bedeutung. Ringvorlesung der Theologischen Fakultät der Christian-Albrechts-Universität zum Melanchthon-Jahr 1997, hg. v. J. SCHILLING, Kiel 1998.

SEEBERG, R.: Art. Heilsordnung, in: RE 7 (1899), 593–599.

DERS.: Lehrbuch der Dogmengeschichte, Bd. IV/2: Die Fortbildung der reformatorischen Lehre und die gegenreformatorische Lehre, Graz ⁴1954.

SEIBERT, C. G.: Schleiermacher's Lehre von der Versöhnung. In ihrem Zusammenhang mit der Schleiermacher'schen Christologie überhaupt, sowie in ihrem Verhältnis zur rationalistischen, altorthodoxen und rein biblischen Lehre, Wiesbaden 1855.

SIGWART, C. v.: Schleiermacher's Erkenntnißtheorie und ihre Bedeutung für die Grundbegriffe der Glaubenslehre, in: JDTh 2 (1857), 267–327.

STADTLAND, T.: Rechtfertigung und Heiligung bei Calvin, BGLRK 32, Neukirchen-Vluyn 1972.

STEIGER, J. A.: Art. Ordo salutis, in: TRE 25 (1995), 371–375.

STEPHAN, H.: Die Lehre Schleiermachers von der Erlösung, Tübingen/Leipzig 1901.

STROHM, C.: Ethik im frühen Calvinismus. Humanistische Einflüsse, philosophische, juristische und theologische Argumentationen sowie mentalitätsgeschichtliche Aspekte am Beispiel des Calvin-Schülers Lambertus Daneus, AKG 65, Berlin/New York 1996.

STUPPERICH, R.: Die Rechtfertigungslehre bei Luther und Melanchthon 1530–1536, in: Luther und Melanchthon. Referate und Berichte des Zweiten Internationalen Kongresses für Lutherforschung (Münster, 08.-13. August 1960), hg. v. V. VAJTA, Göttingen 1961, 73–88.

THIEL, J. E.: Schleiermacher's doctrines of creation and preservation: some epistemological considerations, in: HeyJ 22 (1981), 32–48.

TRILLHAAS, W.: Der Mittelpunkt der Glaubenslehre Schleiermachers, in: NZSTh 10 (1968), 289–309.

VOLAND, E.: Hat Gott Naturgeschichte? Die Evolution der Religiosität, in: Biologie in unserer Zeit 40 (2010), 29–35.

WACKER, E.: Ordo Salutis. Die Heilsordnung (1898), neu hg. von M. PÖRKSEN, Breklum 1960.

WAGNER, F.: Art. Buße VI. Dogmatisch, in: TRE VII (1981), 473–487.

DERS.: Schleiermachers Dialektik. Eine kritische Interpretation, Gütersloh 1979.

WALLMANN, J.: Wiedergeburt und Erneuerung bei Philipp Jakob Spener. Ein Diskussionsbeitrag, in: DERS., Pietismus und Orthodoxie. Gesammelte Aufsätze III, Tübingen 2010, 40–65.

WENZ, G.: Geschichte der Versöhnungslehre in der evangelischen Theologie der Neuzeit, 2 Bde., MMHST 9, München 1984/6.

WERNLE, P.: Melanchthon und Schleiermacher. Zwei dogmatische Jubiläen, Tübingen 1921.

WEYMANN, V.: Glaube als Lebensvollzug und der Lebensbezug des Denkens. Eine Untersuchung zur Glaubenslehre Friedrich Schleiermachers, STGL 25, Göttingen 1977.

ZUR MÜHLEN, K.-H.: Die Affektenlehre im Spätmittelalter und in der Reformationszeit, in: ABG 35 (1992), 93–114.

DERS.: Melanchthons Auffassung vom Affekt in den Loci communes von 1521, in: Humanismus und Wittenberger Reformation. Festgabe anläßlich des 500. Geburtstages des Praeceptor Germaniae Philipp Melanchthon am 16. Februar 1997, hg. v. M. BEYER/ G. WARTENBERG, Leipzig 1996, 327–336.

Personenregister

Albrecht, Christian *19–22, 35, 38, 47,*
  132f., 141, 149, 166.
Ambrosius von Mailand *100.*
Ammon, Christoph Friedrich von *13, 62,*
  216.
Amsdorff, Nikolaus von *293.*
Aristoteles *90, 305,* 325.
Augustin *90, 100, 107, 305.*
Axt-Piscalar, Christine *87, 91, 94f.*

Bader, Günter *87.*
Baier, Johann Wilhelm *207.*
Barth, Karl *17, 47, 87, 124, 151, 153.*
Barth, Ulrich *57, 73f., 150,* 221, 222,
  224–226.
Baumgarten, Siegmund Jakob *61, 108.*
Baur, Ferdinand Christian *156.*
Baur, Jörg *2.*
Bayer, Oswald *318.*
Benrath, Gustav Adolf *216.*
Birkner, Hans-Joachim *13, 33, 36, 115.*
Böhme, Gernot *93f.*
Bonsiepen, Wolfgang *94.*
Bornkamm, Heinrich *321, 328.*
Braungart, Christiane *5f., 153.*
Brunner, Emil *18, 47f., 135, 143, 151, 219.*
Buddeus, Johann Franz *2, 61, 207.*

Calov, Abraham *103.*
Calvin, Johannes 42, 44, 100, *107f.,* 204,
  216f., 256f., *272.*
Chemnitz, Martin *61.*
Christ, Franz *66, 81, 148, 222, 225.*
Cicero *325.*
Cramer, Konrad 221, 222.
Coccejus, Johannes *218.*

Dawkins, Richard *350.*
Dennett, Daniel *350f.*

Deuser, Hermann 274.
Dierken, Jörg *13, 192.*
Dionysios Areopagita *67.*

Ebeling, Gerhard *28, 46f., 66–68, 135,*
  143, 148f., 199, 222.
Elert, Werner *256, 298, 347.*
Engelland, Hans *307f., 311–313, 315f.,*
  321f., 330, 333.

Fahlbusch, Erwin *2, 349.*
Fichte, Johann Gottlieb *116.*
Fischer, Hermann *13, 38, 134.*
Fischer, Konrad *44.*
Francke, August Hermann *206f.,* 217,
  250.
Frank, Günter *324f.*
Franzen, Winfried *325.*

Gäckle, Volker *203.*
Gennrich, Paul *202.*
Georgulis, Konstantin *325.*
Gerdes, Hayo *36, 123, 156, 163, 253, 271.*
Gerhard, Johann *61, 100, 120,* 199, *240f.,*
  242, 269.
Gestrich, Christoph *43, 45, 300.*
Gewehr, Wolf *329.*
Glatz, Uwe *2f., 9–11, 128, 197, 201, 219,*
  232, 269.
Graziano, Michael S.A. *352.*
Greschat, Martin *300, 312, 315, 329, 333.*
Grillmeier, Alois *166.*
Grove, Peter *222, 225.*
Guhrt, Joachim *202.*

Haacker, Klaus *202.*
Haendler, Klaus *298, 300, 306, 309, 314,*
  316, 318–320, 322, 326, 328–330, 332.
Hägglund, Bengt *315, 322, 332.*

Haikola, Lauri *299, 306, 308, 311 f., 323, 328, 330.*
Hase, Karl *70, 202, 216.*
Hasler, Ueli *37 f., 57, 64, 73 f., 89, 92.*
Heegewald, Ludwig August *137.*
Heidegger, Johann Heinrich *205,* 217.
Heppe, Heinrich *67, 69, 107, 128, 168, 172, 175, 190,* 217.
Herms, Eilert *2 f., 13, 90, 177, 202, 224, 236, 244, 346.*
Hirsch, Emanuel *1 f., 64, 88, 155, 179, 189 f., 207, 244, 255,* 258, *270 f., 298, 300 f., 345.*
Hoffmann, Georg *44, 255, 298, 300 f., 316, 328, 331.*
Holl, Karl *44, 300.*
Hollaz, David *62, 169, 200,* 205, *206, 215 f., 240, 268.*
Holzhey, Helmut *325.*
Hübner, Ingolf *13.*
Hübsch, Stefan *114, 116.*
Huxel, Kirsten *134, 162.*

Jeck, Udo Reinhold *90.*
Jonas, Ludwig *348.*
Junker, Maureen *30, 87, 89, 96, 98, 111, 127, 132, 150, 153, 156, 162.*

Käfer, Anne *112 f., 144 f.*
Kant, Immanuel *83, 92, 93* f., *116.*
Klamroth, Heinrich *14,* 43, *44.*
Koch, Max *2, 103, 190, 199, 207.*
König, Johann Friedrich *61, 190,* 205, *215, 273.*
Köpf, Ulrich *299–301, 321.*
Krichbaum, Andreas *222.*
Kugelmann, Lothar *94.*
Kühn, Ulrich *166.*

Lamm, Julia A. *38, 153, 181, 219.*
Lange, Dietz *47, 89, 153, 156.*
Lauster, Jörg *40.*
Leuze, Reinhard *222.*
Leydecker, Melchior *190.*
Lücke, Gottfried Christian Friedrich *17, 20, 32, 42, 166, 223.*
Lülmann, Christian *17.*

Luther, Martin *9, 41–45, 59, 93, 100, 103,* 203 f., *209, 214,* 255–257, *271, 275, 298,* 299 f., *303, 306, 311 f., 316,* 328 f., *331, 332,* 347.

Marquardt, Manfred *65,* 199, 252, *349.*
Matthias, Markus *2.*
Matz, Wolfgang *299 f., 306, 328.*
Melanchthon, Philipp *41–45,* 51, *56, 85, 92, 100, 102, 107 f., 131, 143,* 204, *207,* 215, *229, 230, 238,* 256, *259, 274, 285,* 297–341, 344, *347, 351* f.
Mojsisch, Burkhard *90.*
Morus, Samuel Friedrich Nathanael *61.*
Mosheim, Johann Lorenz von *61.*
Müller, Juliane *2 f., 6–9, 197, 201, 219, 225, 251, 254, 269.*
Musäus, Johannes *207, 215, 217.*

Neander, August Johann Wilhelm *16 f.*
Nüssel, Friederike *185, 207, 266, 301, 312, 315.*

Offermann, Doris *19, 22 f., 26, 134.*
Ohst, Martin *17, 33, 40, 344.*
Olevian, Caspar *217.*
Origenes *100.*
Osthövener, Claus-Dieter 11, *27 f., 66, 70, 81, 115, 132, 152, 198, 222, 225, 228, 245, 266.*

Pannenberg, Wolfhart *65.*
Paulus *85,* 203, *297, 306 f., 309, 322,* 326.
Peters, Albrecht *315, 332, 347.*
Pluta, Olaf *90.*
Polanus, Amandus *218.*
Popkes, Wiard *202 f.*
Prenter, Regin *347.*
Preul, Reiner *43, 131.*

Quenstedt, Johann Andreas *2,* 61, *62, 65, 69, 100, 190,* 205 f., *215 f., 260, 293.*

Reinhard, Franz Volkmar *61, 69, 100, 169.*
Ricken, Friedo *90, 325.*
Ringwald, Karl Heinrich *203.*
Ritschl, Albrecht *87, 301–303, 332.*

Ritschl, Otto *302, 306, 312, 315, 326, 329, 333 f.*

Rohls, Jan *56, 133.*

Rössler, Martin *13 f.*

Sauter, Gerhard *254, 256,* 274.

Schäfer, Rolf *324.*

Scheel, Hans *162.*

Scheible, Heinz *331.*

Schelling, Friedrich Wilhelm Joseph *73.*

Schiller, Friedrich *225.*

Schlenke, Doris *201, 208–210.*

Schmid, Heinrich *50, 58, 61, 65, 67, 107, 167, 172, 175, 190, 268.*

Schröder, Markus *14, 47, 144.*

Schwöbel, Christoph *301.*

Seeberg, Reinhold *2, 177, 199, 202, 300 f., 306, 312, 316, 320, 326, 328, 331, 347.*

Seibert, Carl Georg *4.*

Sigwart, Christoph von *25, 63 f., 136.*

Spener, Philipp Jacob *178,* 206.

Stadtland, Tjarko *204.*

Steiger, Johann Anselm *2, 199, 201 f., 206.*

Stephan, Horst Emil *2 f., 4–6, 48, 75, 84, 131, 202, 212, 246, 263 f., 295.*

Storr, Gottlob Christian *61.*

Strauß, David Friedrich *14, 156, 159.*

Strohm, Christoph *204.*

Stupperich, Robert *315, 334.*

Tayler, Jeremy *250.*

Teller, Wilhelm Abraham *250.*

Thiel, John E. *48, 154.*

Thiel, Rudolf *300.*

Thomas von Aquin *61.*

Trillhaas, Wolfgang *153–156.*

Twesten, August Detlev Christian *226.*

Valla, Laurentius *317.*

Voland, Eckart *351.*

Wacker, Emil *2.*

Wagner, Falk *216 f., 222, 224.*

Wallmann, Johannes *206.*

Wenz, Gunther *49, 155, 185.*

Wernle, Paul *43,* 45.

Weymann, Volker *135, 222, 224.*

Witsius, Hermann *190, 205.*

Wolleb, Johann *218.*

zur Mühlen, Karl-Heinz *305.*

Zwingli, Huldrych *56.*

Sachregister

Abhängigkeit/abhängig 18, 22, *25*, 26 f.,
  31, *47*, 53–76, 81 f., 84, *85*, *99*, 110–112,
  115, 129, 133, 140–143, *144*, 147 f., 151,
  160, 161 f., 172, *180*, 181, 187, 195,
  220, 222–226, 253, 258, 267 f., 278, 289,
  305 f., 350.
– schlechthinnige A. 26 f., *47*, 53–76,
  81 f., 84, *85*, 111 f., *115*, 133, 141 f., *144*,
  147 f., 151, *160*, 161 f., 172, *180*, 181,
  187, 220, 222–226, 253, 350.
Adoption s. Gotteskindschaft
Affekt *43*, 304 f., 308, 316 f., 319 f., 323 f.,
  329.
Allgegenwart 66–70, 161.
Allmacht 57, 61, *62*, 66–70, *72*, 88, 112 f.,
  137, 161, *171*.
Allwissenheit 66–70.
Analogie *21*, 26, 50, *73*, 140–142, 152–
  154, 165, *169*, 177, 179–185, 194–196,
  197, 209 f., 212, 233, 237–239, 242 f.,
  246, 248 f., 252, 261 f., 264 f., 276, *277*,
  278, 281 f., 289 f., 295, 334, 338, 344,
  349.
Anima, animus s. Seele
Anschauung *13*, 14, 98, 138 f., 146, 148.
Anthropologie: *15*, 21–24, 43, 54 f., *56*, 60,
  62–65, 72–78, 81–83, 88–100, *120*, 126 f.,
  130–152, 218, 240, 299, 302, 304–311,
  324 f., 329, 335, 350.
Apologetische Theologie 14, 17–21, 83,
  220.
Assensus s. Glaube
Atheismus *55 f.*, 350.

Bekehrung *4*, 5, 7 f., *10*, 30, *54*, 90, 93, *137*,
  144, *170*, *182*, *184*, 188, 194, 197–201,
  204–206, 208, 211–255, 257 f., 260–264,
  267–269, 271, 275–278, 280, 285, 289 f.,
  292 f., 295, 298, 302, *303*, 304, 310–323,

326–328, *329 f.*, 331–333, 336–340,
  344 f., 348–351.
Bekenntnis/Bekenntnisschriften 2, 3,
  9, 34, 40–42, *44*, 51, 58, 78, *85*, *90*,
  92, *99–101*, 102, *103–107*, *120*, *143 f.*,
  165 f., *167*, 200–202, 204, 207, *208*,
  214–218, *229*, 230, 239 f., *241*, 244,
  246, *251*, 255–260, *268*, 274, *283*,
  284 f., 288, 292, *293 f.*, 297 f., 301, *304*,
  310, 315, *316*, *322 f.*, *333*, *338*, *340*,
  343 f., 346.
– *Apologia Confessionis Augustanae 3*,
  41, *100 f.*, *107*, *201*, 204, 215, *216*, *218*,
  229, 230, 246, 256 f., *259*, 260, 274, *283*,
  294, 297 f., 301, *304*, 315, *316*, *322 f.*,
  333, *338*, *340*, *343 f.*
– *Articuli Smalcaldici* 41, *100*, *105*, *229*,
  240.
– *Athanasium 167.*
– *Confessio Anglicana* 42, *100*.
– *Confessio Augustana* 41, *44*, *85*, 92,
  100, 102, *120*, *216*, *240*, 255, 257 f., *283*,
  292, 297 f., *343*.
– *Confessio Belgica* 42, *100*, 102, 166,
  204, *240*, *259*, *283*.
– *Confessio Bohemica 100*, *105*.
– *Confessio Gallicana* 42, *100–102*, *107*,
  204, *259*, 260, *283 f.*, 292.
– *Confessio Helvetica Posterior* 41, *100*,
  102, 200, 214, 217, *218*, *240 f.*, *259*, *268*,
  283 f., 292, 294, *343*.
– *Confessio Helvetica Prior* 41, *100*, 166,
  241.
– *Confessio Tetrapolitana* 42, *218*.
– *Declaratio Thoruniensis* 42, *285*.
– *Formula Concordiae 9*, 41, *99 f.*, 102,
  103, *120*, *143 f.*, 204, 215, 239, *240*,
  255 f., *259*, 260, *283–285*, *293*, *304*, *310*,
  315.

Berufung 48, *124*, 177, 183, 195, *200*,
  204 f., 251, 316, *330*, 337, 340.
Bibel s. Schrift
Buße 8, *120*, 194, 198 f., *200 f.*, 203 f., 208,
  211, 214–219, 227–229, 232, 243–245,
  250, 256, 262, 287 f., 302–304, 308,
  310–312, 314, *315*, 316, 322–324, 331,
  333, 351.
– B.kampf 214, 217, 244, 250.

Certamen s. Kampf
Christentum *13*, 14–21, 27, 29–31, *48*,
  83 f., *88*, 110, *116*, 117, *120 f.*, 122 f., 125,
  134, 140, 151, *157*, 187, 189, 191–193,
  206, 210, *212*, 220, 251, 275.
– Wesen des C. 14, 17, 19–21, *29*, 30 f., *48*,
  83 f., *88*, 122 f., 134, 220.
Christologie 1, *4*, 5, 10, 30–32, 43, 46–51,
  53, 60, *64*, *69*, 71 f., 77–79, 87, *95*, 97 f.,
  110, *115*, 117 f., 121–128, 130–132, *143*,
  144, 148 f., 152–185, 189, 193–196,
  197, 209 f., 212, 228 f., 237–239, 242 f.,
  246, 248 f., 252, 258 f., 261–263, 265,
  268–270, 272, 278, 281 f., 289 f., 295,
  312 f., 336 f., 347–349.
Concursus s. Mitwirkung
Conscientia s. Gewissen
Consolatio s. Trost
Contritio s. Reue
Conversio s. Bekehrung
Cooperatio s. Mitwirkung
Cor s. Herz
Culpa s. Schuld

Denken *25 f.*, 38, *68*, *76*, 99, *116*, 139 f.,
  150, *157*, *160*, 163, *197*, 211, 224, 226,
  253, 261, 270, 274, *314*, 334.
Determinismus 64 f., 147, 252, 305 f., 308,
  316 f., 331, 337, 349.
Dialektik 10, *13*, *25*, *63 f.*, *73 f.*, *114*, *150*,
  154, *315*.
Dogmatik / dogmatische Theologie 2–4,
  11–40, 42, *44*, 46, *47*, *56*, 58, *66*, 67,
  86, *87*, 100, 124 f., 129, 132, 164–167,
  187–192, 200, 202, 207, 220, 244–246,
  249, 254, 257, 269, 275, 280 f., 301, 335,
  343, 346, 349, 352.

Einzelner s. Individuum
Ekklesiologie 31, 46, *49*, 50, 129 f., *154*, *176*,
  183, *188*, 208–210, *251*, 258, *276*, *282*.
Electio s. Erwählung
Empfänglichkeit 3, *4*, 5, 10, *24*, 27–29, 48,
  51, 60, 71–76, *85*, 92, 96, 98 f., 102–104,
  105, 106, 114, 117, 126 f., 130–152,
  156 f., 159–164, 170 f., 174, *175*, 177 f.,
  181–184, *219*, 228, 236–243, 246–249,
  251 f., 261, 273, 278, 281, 289 f., 295,
  339, 344, 347–350.
– lebendige E. 3, *4*, 5, 10, *24*, 48, 51, *85*,
  103 f., 106, 114, 117, 126 f., 130–152,
  157, 159–164, 170 f., 174, 178, 181 f.,
  184, 236–243, 246–249, 251 f., 273, 278,
  281, 289 f., 295, 339, 344, 347–350.
Empfindung 94, 138, 140, 146, *175 f.*, 184,
  231.
Endlichkeit 27, 57, 60, 62, 64, 68 f., 71 f.,
  74, *137*, 142, 147 f., 161 f., 166, *176*, *269*.
Entwicklung *13*, 14–18, *21 f.*, 26 f., 32, *37*,
  54, *56*, *63*, *75*, 78, 81 f., 91 f., 94–98, 109,
  117, 126, 128, 137, 140, 144 f., *147*, 148,
  151, 157–160, 189, 192 f., *197*, 244, 249,
  255, 257, 265 f., 279, 281, 301, 337.
Epoche 15 f., 18, 32, *36*, *274*.
Erhaltung 53–65, *127*, 154.
Erleuchtung 95, 200, 205, *239–241*.
Erlösung 3 f., 11, *18*, *30*, 31 f., 37 f., *43*,
  45 f., 48 f., *50*, 51, 53–55, *61*, *69*, 71 f.,
  75, 81–88, *95*, 97, 100–109, 112–114,
  117–119, 121–131, *132*, *144*, 145 f.,
  149, 153–160, 163, 167–185, 187, 190,
  193–197, *198*, 211 f., *220*, 228, *231*, *233*,
  235–239, 241 f., *244*, 246–249, 251 f.,
  261–263, 265 f., 269, 271 f., 276–278,
  280–282, 289, 297 f., *312*, 337–339, *348*,
  349 f.
– Erlöser *18*, 31 f., 37 f., 48, *50*, 54, *61*, 75,
  82, 84, *88*, *95*, 97, 117, 119, *120 f.*, 123–
  126, 131, *144 f.*, 146, 149, *153*, 154–160,
  163, 167–185, 187, 194–197, *231*, *233*,
  237–239, 242, 247–249, 261–263, 265 f.,
  269, 271 f., 276, 278, 280–282, 289, 349.
– E.sbewusstsein 54 f., 81–88, 121 f., 156,
  159, 176 f., 187, 190.
– E.sbedürftigkeit 48, 71, 86, *88*, 100 f.,
  104–106, 114, 117, 121, 131, 145 f., 178,

181 f., *220*, 235, 237 f., 242, 247–249, 251, 277, 339, 350.

Erneuerung 200, 202–204, *206*, 207, *306*, 308, *314–316*, 322, 331, *332*, 333, 340.

Erwählung *128*, 183, *240*, *272*, 316–318, 331, 337.

Eschatologie 46, 176, 202 f., 275, 280 f.

Ethik 10, *13*, *15*, 21 f., 54 f., *73 f.*, *114*, 132–134, 232–236.

Evangelium *205*, 300, 303 f., 313, 316, *318*, 319 f., *321*, 330, *332*, 333, *336*.

Ewigkeit/ewig *32*, 57, 66–70, *72*, 128, 164, 169–172, *202 f.*, 265, 269 f., *272*, *293*, *306*, 307, 337, 345, 350.
– e. Leben *202 f.*, *293*, 314.

Fiducia s. Glaube

Fleisch/fleischlich 90–98, 157, 159, *167*, 194, *203*, *205*, 230 f., 235 f., 238, 243, 247, 251, 279, 292, 306, 318, *334*, 338.

Freiheit/frei 10, *21*, *26*, 27, 48, 53, 56, 62–65, 68, 72, 75, 83 f., 101 f., *106*, 109, 112, 118, 131, 139–145, 147 f., 151 f., *162*, *180*, 181 f., *195*, *220*, 240, 242, *244*, 248 f., 252, 264, 288, 293, 302, 304, 306, *307*, 308–310, 313, 317–321, *323*, 331, 335, 339.

Frömmigkeit *15*, 20, *21*, 22–27, 29 f., *31*, 32, 37 f., *44*, 47, 55–57, *61*, 64, *66*, 67, 71, *73*, 75, 82 f., 87, 91, 97 f., 117, 122, 132–134, 138, 141, *147*, 148, 150 f., *174*, 179, 187 f., 191–193, *197*, 211, *219*, 220, *224*, *226*, 228, *236*, *244*, 346, 350.
– ästhetische F. 27–29, 150 f.
– teleologische F. 27–30, *73*, 83, *84*, 117, 150 f., *174*, 179, 187, *212*, 228, 275, 346.

Gattung 23 f., 76 f., *106*, 107, 116 f., 133, 140 f., *158*, 159, *277*, 337.
– G.sbewusstsein 23 f., 76 f., 107, 116 f., 133, 140 f., 159, *277*, 337.

Gefühl *10*, 22–24, 26 f., 34, *43*, *47 f.*, 54–56, 58–77, 81–85, 91, 96 f., 107, *115*, 133 f., 138, 140–142, *144*, 146–151, *160*, 163, 174, *183*, 184, 187, 197, 211, 213, *219*, 220–230, *233*, *236 f.*, 238, 245, 250, 253, 261, 335, 346, 350.

Gehorsam 93, 204, *215*, 252, 265 f., *289 f.*, 303, *307*, 308 f., 312, *313*, 314, *321*, 322, 331–334, 336, 339 f.

Geist/geistig *15*, 21 f., *23*, 41, *44*, *49*, 50, *56*, 63, *64*, 70, 73–77, 90–97, 99, *101*, 105, *108*, 120, *124 f.*, *128*, 133, 136, 139, 150, 157, 159, 164, 172, *176*, *184*, 193, 197, 200, 202, *203 f.*, 205, 208–210, *211*, 213, 235 f., *239–241*, 243, 276, *284*, *293*, 298, 303–314, *315*, 317–328, *329*, 330, 332–335, 339, 345, 350.
– göttlicher, heiliger G. *23*, 50, 70, *108*, *157*, 172, *184*, 193, 200, *202*, *204*, 205, 208–210, *211*, *239–241*, *276*, *284*, *293*, 307, 310 f., *315*, 317–322, 326, 328, *329*, 330, 332–335, 339.
– menschlicher G. *15*, 21 f., *56*, 63, 73–77, 90–97, 99, *101*, 120, *128*, 133, 139, 150, 159, 172, 303–314, 317–328, *329*, 345, 350.
– Gemeing. *50*, *124*, *208*, 209 f.

Gemeinschaft 1, *6*, 8, *15*, 19 f., 21, 23–27, 30 f., 48–50, 75–77, *83*, 84, *105*, 106, *115*, 123, 125, 129–134, 140, 146 f., *158*, 165 f., *169 f.*, 172–174, 178–184, 189–193, *195*, 197, 199, 209 f., 212, 214, 220, 227 f., 236 f., 239, 241 f., 245, 247, 249, 251, 253, 259–266, 268, 270–273, 276–278, 281, *282*, 284–286, 289 f., *293*, 335, 337–339, 345, 350.
– fromme, religiöse G. *6*, *15*, 19 f., *21*, 23–27, 30 f., 75, *83*, *98*, 106, 123, 130, 132–134, 146, *158*, 189, 191 f., 209 f., 220, 227, 251, 268, 285, 350.
– Lebensg. 8, *31*, 48, *49 f.*, 75, 130 f., 165 f., *169*, *172*, 178–184, 189–191, 193, 197, 210, 212, 214, 228, 230, 236 f., 241 f., 247, 249, 253, 259–261, 263–266, 270–273, 276–278, 281, 284, 286, 289 f., *293*, 335, 339, 345.

Gerechtigkeit *9*, 77, 93, 101 f., 110–116, 202, *203*, *240*, 253, 257, 259 f., 262, *270*, 274 f., *284*, 292, 298, *300*, 306–308, 311, *313*, 318, 327, *330*, 331, *332*, 333 f., 336.
– bürgerliche G. 101 f.
– fremde, imputierte G. 259, *270*, 274 f., *300*, 311, *312 f.*, 333.

– göttliche G. 110–116, *240*, 253, 262, *313*.

Gesamtleben *18*, *31*, 49, *50*, 75, 119, 121–126, 129 f., *131*, 157, 165, 179, *181*, 189–192, *195*, 198, 209 f., 228–230, *231*, 236, 247, *248*, 254, 264, 266, *272*, 276–280, 287 f., 290, 337.

– altes G. 49, 119, 125, 198, 228–230, 237, 254, 264, 277, 279 f.

– neues G. *18*, *31*, 49, *50*, 75, 119, 121–126, 129 f., *131*, 157, 179, *181*, 189–192, 209 f., 228, 236, 247, *248*, 254, 266, 277, 288, 290, 337.

Geschichte / geschichtlich 11 f., *13*, 14–16, 20, *21*, 22, 24, *31*, *33*, 36 f., *61*, *71*, *75*, *89*, *98*, *123*, 126, 148, 152, 155–159, *163*, 171, *172*.

Gesetz 92 f., *98*, 116, 118, *205*, 229, 257, 288, 294, 299 f., *302*, 303 f., 306–313, *318*, 319 f., 322 f., 329 f., 336, 339.

Gesinnung 194, 231–236, 238, 243, *244*, 247, 251, 266, 292, 294 f., 308, 338 f.

Gewissen 97 f., 114–116, 118, 255 f., *260*, 277, *304 f.*, 307, 309, 311, 320, 323 f., 331, 336, 340.

Gewissheit *56*, 97 f., *125*, 188, 219, *220*, 226 f., 230, 245, 249, 280, 284, 293.

Glaube 3, 8–11, 13, 29, 31, 38, 43, 71 f., 85, *95*, *98*, *103*, 105 f., 124 f., *132*, *135*, 170, *172*, 173, *176*, 187–192, 194, 198 f., *201*, 203–205, *206*, 207 f., 211, *212*, 213, 215–232, 236, 238, *240*, 243, 245–247, 249–252, 254, 256–258, 261–273, 275, 280, *284*, 285, 288 f., 292 f., 297 f., 300, 302–304, 310, *311*, 313 f., *315*, 316, 318–320, *322*, 323–333, *334*, *336*, 337 f., 340 f., 346 f., 349–352.

– aneignender, ergreifender G. 85, *103*, 218, 220, 227, 245, 257, 268, 272 f., 297 f., 307 f., 314, 326, 328, 330.

– *assensus* 218, 292, 314, *318*, 320, *322*, 326 f., 329, 339, 352.

– *fiducia* 85, 218, 297 f., 310, *311*, 313 f., *315*, 318–320, *322*, 324–326, 329–331, *332*, 338, 352.

– *notitia* 54, 218, 307, *309*, 313 f., *318 f.*, 320, 326, 329 f., 352.

Gnade 1, 2, 3, *30*, 38 f., *43*, 46–51, 53, *54 f.*, 65, 83 f., 86 f., 90, 98, 102, *103*, 104, 106, 111–113, 117–132, 143, 151 f., 155, 157, 177, *178*, 179 f., *181 f.*, 187, 193, 196–199, *200*, *202*, 205, 212 f., *217*, 231, 237 f., *239 f.*, 242, 246 f., 249–251, 253, 256 f., 259, 268, 270, 273, 277 f., *279 f.*, 283–286, 288, 293 f., 297, 299 f., 302, 306, 310, *312*, 316, 318, *323*, 331–333, *337*, 340, 343, 345, 348 f.

– G.nbewusstsein 1, 3, *30*, 39, *43*, 46–51, 86 f., 90, 98, 102, 104, 106, 111 f., 118–132, 151 f., 155, 157, 177, 179, 187, 193, 196–198, 212 f., 231, 246, 249, 253, 270, 297, *337*, 345, 349.

Gott 5, 11, 22, *23 f.*, 27, 29, *38*, 46–48, *50*, 54–57, 59–63, 65–78, 81–85, 87–93, 95–98, 101, *103*, 105, 108–117, 120–122, 125–129, 131, 133, *137*, 142, 144 f., 147–149, 151, *153*, 156–164, 166 f., 169–175, 177–180, 182, *183*, 187, 189 f., 194 f., 197, 203, 211 f., *214*, 215, *216*, 219, 220, 222–227, 231, 233, 237–239, *240*, 241–243, *244*, 247–249, *250*, 252–254, 257, 261–272, *274*, 275, 277, 279, 286, 289, 291–293, *298*, 303, 306–314, 316–322, 328, *329*, 330–333, *334*, 336–338, 340, 345, 350.

– Eigenschaften *46 f.*, 53, 57, 61, 66–70, 87 f., *98*, 110–116, 125, 129, *137*, 161, 170–172, 233, 253, 262, 265 f., 269 f., 272, 277, *313*.

– G.esbegriff 11, *47*, 66, 142, 151, 223–225.

– G.esbewusstsein 22, *23 f.*, 29, 54 f., 57, 60, 66, 71–78, 81–85, 88–93, 95–98, 101, 105, 108–110, 113–117, 119 f., 122, 131, 144, *145*, 147, 156–160, 163 f., 177–179, 182, 187, 194, *219*, 222–227, 231, 243, *244*, 247, 252 f., 261, 277, 279.

– G.esvorstellung 11, 27, *47 f.*, 66 f., 142, 223–225.

Gotteskindschaft 194, 198, *203*, 207, 211, 254, 258–261, 264–267, 271, 275, 282, 287, *315*, 346.

Gratia s. Gnade

Gut 62, *87*, 92, 97 f., 100–102, *103*, 116, 120, 145, 231, 235, 275, *303*, *321*, 338.

Hamartiologie 81–122, 145, 157–160, 193f., 227, 235, 253f., 279, *283*, 335f.
Häresie *33*, 88, *103*, 112, 121.
- manichäische H. 88, *103*, 112.
- pelagianische H. 88, 112, *121*.
Heil 1, 3–5, *43*, 48, 62, 71, *143f.*, 190, 202f., 205, *207*, 208, 217, 238, 240f., 252, 254, 256, 258, 268, 297, 299–302, 307, 310–317, 321f., 327–335, 337–341.
Heiligkeit *98*, 110–116, 253, 262, *271*, 277.
Heiligung *5*, 6–9, 29–31, 46–50, 79, 93, 103, 109, 117f., 122f., 130, 132, 152f., 165, *169*, *174*, 177, 180, 183, 185, 189–197, *200*, 201, *202*, 204, 206, *207*, 209f., *214*, 217, *218*, *228*, 230, *233*, 246, 248f., 260f., 263f., 266f., 273, 275–295, 298, 302, *316*, 327–335, 340, 345f.
Heilsordnung/Ordo salutis 2f., 45, *103*, 128, 172, 177, 190, 199, *200*, 201f., *207*, 208, *216*, 217, 299, 344–346, *347*, 349f.
Herz 3, *200*, *240*, 245, *250*, 305f., *307*, 308f., *314*, *318*, 319f., *321*, 323–330, *332*, 333, 335f., 338–340, 346.
Historische Theologie 12–16, *35*.
Hoffnung *202*, 275.

Ich 28, *90*, 99, 135f., 139, 289.
- Außer-i. 135f., 141, 289.
Identität/identisch 25, 27, 58f., *63*, 68f., 71, *73*, *76*, *95*, *98*, *105*, 116, 122f., 126, 138, 141, *150*, 154, 162, 169, 171, 178, 196, 210, *233*, *251*, 282, 291.
Illuminatio s. Erleuchtung
Individuum/individuell 18, *23f.*, 31, *44*, *48*, 49, *50*, *64*, *76*, 83–85, 99, 101, 104, *106*, 110, 114–116, 123f., 129f., 136, 142, 145f., 157, 160–163, 180, 182–184, 189, 191f., 208–210, *228*, 234, 247, *248*, 250, *251*, 258, 268–272, *276*, 279, 282, 286f., 289–291, 313, *348*.
Inkarnation 5, *145*, 149, 152, 167, 169, 209, 269f.
Intellectus s. Verstand
Iustificatio s. Rechtfertigung
Iustitia s. Gerechtigkeit

Kampf 159, *175*, 214, 217, 244, 250, 279f., 283, 286–288, 317, *320*, 324, 326f.

Ketzerei s. Häresie
Kirche *6*, 13–15, 18–33, 50, 77, 129f., 132–134, *154*, *166*, *176*, *183*, *188*, 208, *211*, *228*, 250, *251*, 258, *276*, *282*, 285, 310.
- K.nleitung 13–15, 18, 32.
Kirchengeschichte *13f.*, 15f., 43.
Körper/körperlich s. Leib/leiblich

Leben 8, *15*, *22*, 28, 30, *31*, 32, 45, *46*, 48, *49f.*, 54, *55f.*, 62, 64f., *74*, 75, *76*, 82, *83*, 86, *95*, 97–99, 103, 110, 114, 127, *128*, 130f., 134–152, 157–159, 163–166, *169*, 171f., *176*, 178–184, 189–191, 193f., 196–198, *199*, *201*, 203, 204f., 209–214, 216, 220, 228–231, 234, 236–238, 241–243, 245–250, 253f., 259–266, 270–273, 276–282, 284, 286f., 289–295, 312, 314, 322f., 325, 327f., 333–336, 339f., 345f.
- ewiges L. *202f.*, *293*, 314.
- L.sform 8, 30, 182, 197, 211–213, 216, *237*, 243, 247f., 261, 277.
- L.sgemeinschaft 8, *31*, 48, *49f.*, 75, 130f., 165f., *169*, *172*, 178–184, 189–191, 193, 197, 210, 212, 214, 228, 230, 236f., 241f., 247, 249, 253, 259–261, 263–266, 270–273, 276–278, 281, 284, 286, 289f., 293, 335, 339, 345.
Lehre *14f.*, 17, 32–36, 39–42, 100, *157*, *164*, 173, *178*, 188, 207f., *241*, 244, 280f., 299–301, 343.
Leib/leiblich 74–76, *77*, 91, 96, 110, *138f.*, 143, 166, *170*, 176, *183*, 240f., 249, 325, 339.
Libertas s. Freiheit
Liebe 24, *67*, *172*, 174, 203, 233–235, 257, 265f., 272, 291f., 294, 309, *313*, *317*, *332*, 336.
- göttliche L. *67*, *172*, 174, 233, 265f., 272, *313*.
Lex s. Gesetz

Mens s. Geist
Mitteilung 5, 23f., 32, 34f., *36*, 54, 58, *67*, 75, 77, 84, *112*, 117, 123, 125, *127*, 140, *144*, 156, *167*, 168, *176*, 178, 181, 195, *198*, 228f., *237*, 241f., 247, 268.

Mitwirkung *4f.*, *10*, *61f.*, 65, *103*, *112*, 113, *137*, *139*, *143*, 151, *171*, 239–241, 252, 284, 288, 293f., 328, 339f., 348.
- göttliche M. *61f.*, 65, *112*, 113, 293f.
- menschliche M. *4f.*, *10*, *103*, *137*, *139*, *143*, 151, *171*, *178*, 239–241, 252, 328, 339f., 348.
Monotheismus 26f., 30, 57, 98, 187.
Motivation *24*, *73*, 85, 150, 213f., 227, 230, 253, 266, 277f., 291–294, 346.
Mystik/mystisch *143*, 178f., *189f.*

Natur/natürlich 5, *13*, *21*, 22–24, 28f., *37f.*, 46, *50*, 55f., 59–64, 68f., *72–74*, *76*, 78, *88*: 89, 91, 95f., *98f.*, 101–103, *106*, 113, 115, *120*, 125–128, *131*, *137*, 143, 145, 147–149, 153, 156, *158*, 160, 162–176, 179, 181–183, 195, 209, 227, 235–239, 247–249, 261, 266, 269, 277, 282, 284, *289*, 291, *303f.*, *306*, 307, 309, *310*, *312*, *319*, 335, *340*, 349f.
- menschliche N. 5, *21*, 22–24, *50*, 55f., 60, *72*, *76*, 78, *88*, 89, 91, 95f., *98f.*, 101–103, *106*, 113, *120*, 126–128, *131*, *137*, *147*, 149, 153, 156, *158*, 160, 163–176, 181–183, 195, 209, 227, 236–239, 247f., 261, 266, 277, 282, 284, *289*, 291, *303f.*, *306*, 307, 309, *310*, *312*, *319*, 335, *340*, 349f.
- N.wissenschaft *13*, 22, 46, 59, 61, 173.
- N.zusammenhang 56f., 60–64, 68f., 126f., 147, 162, 164.
Neues Testament s. Schrift
Norm *13*, 35, *36*, 40f., 46, 188, 192f., 343.
Notitia s. Glaube

Obedientia s. Gehorsam
Offenbarung *54*, *71*, 113, *115*, 126, 147, *158*, 171, *172*, 223, 241, 252, 269, *314*, 316, 350.
Ordo salutis s. Heilsordnung/Ordo salutis
Organismus/organisch s. Leib/leiblich
Orthodoxie, altprotestantische 2, *6*, 45, *50*, *65*, *103*, 107, *128*, *167f.*, *175*, 177, *190*, 199–201, *202*, 204–207, 215–217, 240, 258, 299, 301, *306f.*, 344, 346.

Passivität/passiv 4f., *10*, 11, *48*, *84*, 103, 135–137, 143, *144*, 151, *169*, *219*, *237*, 242, 248, 338, 344.
Periode 15–18, *36*, 40, 255, 257.
Person/Persönlichkeit 5, 23f., *44*, 49, 76f., *95*, 99, 109, *115*, 130f., *137*, 147, 149, *153*, 154–177, *178*, 179f., 182–185, 187, 193–196, *197*, *209*, 210f., 237–239, 242f., 247–249, 252, 261–263, 265, 271–273, 276, 286f., 289, 292, *312*, 314, 339, 349.
- P.bildung *49*, 149, *153*, 168, 170f., 182–184, 195f., 237, 239, 242f., 248f., 261, 272, 349.
- P. Jesu Christi 5, *95*, *115*, 130f., *137*, *153*, 154–177, 179f., 182–185, 187, 194f., 237–239, 262, 265, 276, *312*.
- persönlich 23, *44*, 76f., 99, 109, 147, 160, *178*, 210, 242, 286f.
Philosophische Theologie 14, 20f.
Pneumatologie 46, *105*, *125*, 193, 200, 202f., 208–210, 335.
Poenitentia s. Buße
Polytheismus 26, 166.
Prädestination *272*, 308, 317, 331, 337.
Predigt s. Verkündigung
Protestantismus/protestantisch 1, 9, 16–19, 33, 40f., *44*, 49, 58, *90*, 129f., 254–258, 270–275, 343, 347.
Prozess 5, *15*, 17, *37*, *89*, 109, *116*, 122, 135f., 138, *139*, 146, 149f., 182, *201f.*, 213, *214*, 234, 246, 249, 277, 280–282, 286, 289, *347*.
Psychologie 22f., *76*, *90*, *116*, 132–152, 298f., *302*, 304–311, 327–330, 347, 351f.

Ratio s. Vernunft
Ratschluss *77f.*, *113*, 127f., 164, 169, 171f., 269–272, 337, 345, 350.
Rechtfertigung 2, 6–9, 60, *87*, *105*, 128, *184*, *190*, 194, 197–199, *201*, 202–204, 206f., 211f., 220, 246, 252–276, 282, 285–288, 293, 300–302, 304, *312*, 314–316, 321, *322*, 327–334, 337, 340, 345f.
- Akt der R. 267–272, 274, 337, 345.
- deklaratorische R. 257f., 267, 270–272, 274, 314f., 337, 345.

– effektive R. 9, *202*, 270f., 274f., 280f., 286, 314f., 321, *332*, 345.
– forensische R. 9, 204, 270, 274, 314f., 321f., *332*, 333, 337, 345.
Reconciliatio s. Versöhnung
Reflexion 34, *47*, 66, 124, 133, 139, 142, 151, *164*, 191, *201*, 221, 223–226, 245, 253, *329*, 351.
Reformation/reformatorisch 1–3, 9, 16, 18, 42, 44, *87*, 199, 202f., 207, *212*, 216–220, 240, 244–246, 252, 255–259, 274f., *283*, 300f., *312*, 327f., *332f.*, 340f.
Regeneratio s. Wiedergeburt
Reiz 73, 76, 95, *109*, 140, 143, 279.
Religion/religiös *15f.*, *21*, 29, 45, 58, 73, *116*, *135*, *151*, 182, *193*, 210, *219*, 220, 226, *227*, 243, 245, 274, 287, 289, 346, *347*, 350.
Religionsphilosophie 14, 19, 21, 24, 30, *31*, 57.
Remissio s. Sündenvergebung
Renovatio s. Erneuerung
Repräsentation 92, 104, 137f., *142*, 145f., *150*, 161f., 248.
Resipiscentia s. Sinnesänderung
Reue 8, 90, 93, 118, 194, 198f., *201*, 203–205, *214*, 215–218, 228–232, 236, 238, 243–245, 247, 249f., 262–264, 280, 286, 292, 302f., *309*, 310, *311f.*, 313f., 322–324, *336*, *347*.
Rezeptivität s. Empfänglichkeit

Sanctificatio s. Heiligung
Schöpfung 53, 57–65, *85*, *113*, 127f., *131*, 154, 163f., 171f., 181, *194*, 266, 270, 277.
– vollendete S. *113*, 127f., *131*, 163f., 171f., *194*, 266.
Schrift 40f., *72*, *90*, 100, *108*, *124*, 173, *176*, 200, 202f., 207, 216, 255, 260, *294*, 299, 335, *345*, 351.
Schuld 83, *84*, 85, 100f., 104–106, 108–110, 116, 253, *259*, 262f., 271, 286, *312*, *320*, 330.
Seele 1, *50*, 60, 90f., *102f.*, 130, *133*, 134, *151*, *167*, 175, *183*, 195, 199, *205*, *207*, 209f., 225, 234, 258, *259*, 262, 265, *276*,

304, 305, 309, *310*, *314*, *317*, 323–325, 327, *328*, 329, 331, 338, 347.
Selbstbewusstsein 22f., *24*, 26–28, *29*, 30, 53–55, *56*, 57, 60, 62, 64f., 70–72, 74, 76–78, 81–84, 86, 88–91, 96f., 104, 111f., 114f., 131, 133, *135*, 138–142, 144–148, 150f., *152*, 154–156, 162–164, *172*, *182*, 189–195, 197, *200*, *209*, 210, 213, 219–227, 230, 245, 253, 269, 282, 337, 346.
– frommes, höheres S. 22, *24*, 26–28, *29*, 53–55, 60, 70f., 74, 76, 78, 82, 86, 90, 111f., 131, 133, 146, 148, 154–156, 163f., *172*, *182*, 189–195, 219f., 223, 226, 230, 337, 346.
– persönliches S. 23, *76*, 89, 104, 140–142, 210, 269.
– sinnliches S. 26–28, *55*, 71, 74, 76, 81–84, 88–91, 131, 140, 144, 148, 163, 194, 222–226.
– Stufen des S. 22, 26–28, *55f.*, *81*, *131*, 133, 139f., 144f., 151, *152*.
– unmittelbares 22, 26–28, 96f., 114, *115*, 133, 138, 150, *172*, 213, *219*, 221–227, 230, 245, 253.
Selbsttätigkeit s. Tätigkeit
Seligkeit 1, 48, 121–123, 131, 177–179, 184, 194, 198f., 220, 227, 245, 250, 252, 255, 258f., 261f., 273, 275f., 282, 293–295, 337.
Sinnesänderung 8, 194, 198–200, *201*, 213, *214f.*, 216–218, 228f., 231–238, 243–247, 249, 290, 292, 338.
Sitte 28–30, 45, *83*, 91, *105*, 111, 116, *122*, *128*, *176*, *211*, *232*, *234*, 235, *237*, *244*, 287, *288*, 294f., *331f.*, *348*.
– S.nlehre 29f., *105*, 111, *116*, *122*, *128*, *211*, *232*, *234*, *237*, *244*, 287, *288*, 294f., *348*.
– Sittlichkeit/sittlich 28f., 45, *83*, 91, 116, *128*, *176*, *234*, 235, *244*, *331f.*
Sprache 1f., 6, 23, *33*, 34–36, *46*, *49*, 67, *68*, 75, *90*, *120*, 139, 142–144, 155, *157*, 164, 166f., *176*, *178*, 188, 191, 199f., 205–208, 223f., 240f., 245f., 251, 264, *268*, 277, 303, *304*, 318f., *325*, 339.

– dogmatische S. 1 f., 4–6, *33*, 34–36, *46*, 67, *68*, *120*, 164, 166 f., 188, 191, 207 f., 245 f., 277.
– fromme S. 23, 34, 36, 67.
– kirchliche S. 5 f., 35, *46*, 155, 246.
Strafe *105*, 110, 178, 185, 253, *259*, 262 f., 308, 312–314.
Sünde 8, *43*, 45, 49–51, *55*, 65, 81–122, 125–127, 145, 147, 157–160, 173, 175, 178, 180, 184 f., 187, 193 f., 197 f., *203*, 213, *214*, 227–230, 235–237, 239, 243, 247, 250 f., 253, 262–264, 271, 273, 275–288, 294, 297, 299, 303, 306 f., 309–312, 320, 323 f., 331, *334*, 335 f., 338 f., 343.
– S.nbewusstsein *43*, 50 f., 86–100, 106, 109–114, 116–122, 126 f., 145, 178, 180, 187, 193, 213, 230, 235, 262–264, 271, 273, 275, 279, 281, 286, 297, 339.
– S.nerkenntnis *87*, 92, 97 f., 114, *205*, 229, 294, 303, 309–311, 320, 324.
Sündlosigkeit 48, 71, 91 f., *95*, 97 f., 108, *115*, 117, 123–125, 131, 158–160, 165, 175 f., 180, 235, 249, 265, 280, 282, *283*.
Sündenvergebung 184 f., 194, 198, 211, 254, 258–264, 267, 271, 273, *274*, 275, 282 f., 286–288, 292, 303, *307*, 308, 312, *313*, 314, *315*, 316, *318*, *322*, 324, 326, *330*, 331 f., *333*.
Synergismus 65, 85, 102, 106, 114, *143*, *169*, 241, 247, 252, 298, 302, 310, 321, 327–334, 338 f., 344, 349.

Taufe 50, 202 f., 205, 214, 250 f., 285.
Tätigkeit 5, 8, 27–30, 48 f., *50*, 59 f., 65, *66*, 72–77, 83–85, 92–96, 99, 102, 104, 108 f., *112*, 118, 120, 126–128, 131 f., *133*, 136–145, 147–151, *153*, 154–159, 164, 167–174, 177–185, 194 f., 197, *198*, *205*, 213 f., *218*, 221, 227–230, *231*, 232–243, 247–249, 252, 261, 263, 266 f., 269–272, 276–279, 281 f., 289–293, 295, 316–319, 325, 327 f., 330–333, 338–340, 344–349.
– entstehende, werdende T. 8, 29 f., *73*, 148–150, 174, 179 f., 184, 194, 213 f., 232, 235, 242, 248, 278, 281, 292, 346.
– gemeinsame, gemeinschaftliche T. *44*, 104, 168 f., 174, 179 f., 183, 195, 248 f., 277, 281 f., 289–291.

– göttliche, schöpferische T. *49*, 59 f., 65, *66*, *112*, 118, 126–128, 141 f., 145, 147–149, *153*, 157 f., 164, 167–174, 180–184, 195, *198*, *205*, 214, *231*, 236–239, 241–243, 247, 252, 261, 263, 267, 269–272, 278, 281, 318, 328, 330–333, 338, 345, 347, 349.
– menschliche (Selbst-)T. 5, 27–30, 65, 72–77, 83–85, 96, 99, 102, 104, 108 f., 128, 137, 139–143, *144*, 148–151, 170, 172, 174, 183, *218*, 228–230, 233, 235–243, 247 f., 252, 261, 263, 267 f., 281 f., 289, 295, 338, 340, 344, 347–349.
Teleologie 27–30, *73*, 83, *84*, 117, 150 f., *174*, 179, 187, *212*, 228, 275, 346.
Theologie/theologisch 12–21, 36, 54, *59*, *188 f.*, 254, 256, 274, 347, 350 f.
Tradition/traditionell 2–4, 6, 8–12, 33, 35 f., *46*, 51, *58*, 60 f., *62*, 65, 67, 85, 89, 92, 100 f., 107 f., 111 f., *128*, 155, 163–177, 200–208, *214*, 217, *218*, 220, 229, 238, 240, 259 f., 267–273, 275, 284 f., 288, 292, *312*, 335 f., 343–346.
Trieb 60, 76, *92*, 113, 139, 144, *152*, 265 f., *294*.
Trost 256, 303, 311, 313 f., *318*, 322–325, 331, 333, 340.
Tugend 233 f., *333*.

Übel 62, 109–111, 114, *176*, 178, 184 f., 263.
Übernatürlichkeit 37, 53, *61*, *71*, *103*, 117, 123, 126 f., 148, 158, 163, 173, *179*, 237 f., 249 f., 269.
Unio s. Vereinigung
Unlust 81 f., 89, *91*, *175*, 229–231, 236, 243.
Unschuld *95*, 159.
Unseligkeit 45, 119–123, 178, 262, *337*.
Unsündlichkeit s. Sündlosigkeit
Urbild *98*, 152, 155–164, 171, 175, *176*, 187, 247, 263, 269.
Ursache/Ursächlichkeit 60, 62–72, 85, 100 f., 104, 108 f., 110–115, *137*, *142–144*, 147, 161 f., 172, 220, 221, *231*, 233, 237–239, 241–243, 247 f., 250, 267–269, *272*, 290, 293, 295, 316–321, 327 f., *334*, 336, 339 f., 347, 349.

Urstand 72, 77 f., *101*, 284, 306 f., *317*, 320, *323*, 335 f.

Verdienst 83, *84*, 148, *178*, 241 f., 247, *272*, 292, 295, 313, 320, 328, 330, 333, 340.
Vereinigung 5, *50*, 60, 128, *153*, *165*, 166–175, *178 f.*, 183, *189 f.*, 195–197, *200*, *205*, 209 f., 237, 242, 248 f., *260*, 261 f., 266, 270, 276, 278, 282, *289*, 290–292.
Verkündigung 34, *46*, 49, 143, *176*, 188 f., 191–193, 208 f., 240 f., 268, *302*, 303, 311 f., *319*, 330, 339, 352.
Vernunft 22, *25*, 37 f., *73 f.*, *93*, *101*, *167*, *184*, 234 f., 304, *305 f.*, 308, 311, *319 f.*, *324*, 325, 327.
Versöhnung *4*, 153 f., 174, 177–185, *198*, 212, 252, 254, 261 f., *265*, 273, 299, *303*, 312, *313*, 314, *318*, 326, 332, *333*.
Verstand *44*, 89, 96 f., *101*, 114 f., 159, *184*, *200*, 205, 211, 227, 233, 304–306, 308 f., 313 f., *317 f.*, 319 f., *321*, 323–327, *329*, 333, 335 f.
Vita s. Leben
Vocatio s. Berufung
Vollkommenheit 23, 48, 51, 53, *55*, 57, 69–78, 81 f., 88 f., 91, 95–98, 101, 108 f., 117, 123–125, *128*, 131, *138*, 147, 157, 163, 165, *170*, 175 f., 178, 180, 194, 197–199, 210, 220, 229, 237, 245–247, 249, 258, 262, 265, 276, 280, 282, 312, 335, 350.
– ursprüngliche V. 23, 51, 53, *55*, 57, 70–78, 81 f., 88 f., 91, 95–97, 101, 109, 117, *128*, *138*, 147, *170*, 237, 246, 335, 350.
Voluntas s. Wille

Weisheit 233 f.
Welt 26, *38*, 46, *47*, 49, 56–65, 68, 70–78, 87, 91, 95 f., *98*, 109–111, 121, 141, *142*, 143–145, 147 f., 157, 161–163, 171 f., 182, 202, 268 f., 350.
– W.bewusstsein 26, 56 f., 72, 141, *142*, 144, 147.

Werk *101*, *103*, 124, 180, 194, 197, *201*, 257, 271, *273*, 275–278, 282–285, 288–295, 298, *303*, 306, *307*, 308, 311, *312*, 317, *320*, 326 f., 331, 333, *334*, 340, *347*.
Wiedergeburt 4, 6–8, 30 f., 46–50, 79, 102, 117 f., 123, *127*, 128, 130, 132, 152 f., *169*, *174*, 180, 182 f., 185, 189–281, 283–286, 288 f., 290, 294 f., *315*, 322, *323*, 333–335, 340, 344–347, 349–351.
Wille *28 f.*, 62 f., 69 f., *73 f.*, *83*, *85*, 89, 96 f., 101 f., *106 f.*, 113–115, *116*, 118, 136, 139, 143 f., 150, 159, 181, *184*, 197, 205, 211–213, 218–220, 227 f., 230, 233, 235 f., *239*, 240 f., 243, *244*, 245, 247, *259*, 261, 265 f., 270, 278, 280, 282, 285, *287*, 290–292, 298, 302, 304–321, *323*, 324–331, 333, 335 f., 338–340, *348*.
– göttlicher W. 69 f., *83*, 113, *259*, 265 f., 270, *312*, 316, *317*, *319*, 324, 336 f., 340.
– Wollen 69, *73 f.*, *116*, 136, 139, 143, *150*, 181, *197*, 211, *227*, 235, *236*, 243, 266, 270, 278, 280, 282, *287*, 290–292, 309, *319*, *340*, *348*.
Wissen 25, 54 f., *56*, 60, *74*, 96 f., 133, *134*, 149 f., 197, 211, 213, 220, 223, 226 f., 285.
Wissenschaft / wissenschaftlich 12 f., *15*, 21, 22, *32*, 35, 45 f., *73 f.*, *164*, 166 f., 188 f., 351 f.
– positive W. 12 f., *189*.
Wohlgefallen 265 f., *272*, 280, 288–292.
Wort s. Sprache
Wunder 57, 61, 63, 126 f., 157 f., 241, *279*.

Zeit / zeitlich 6–9, *15*, 22, 32, 53, 60, 68 f., 75, 94, *95*, 110, 118, 128, *142*, 164, 169–172, 174 f., *199*, 213, 217, *231*, 234–236, 250, 269 f., 279, 281 f., *332*, 337, 345, 350.
Zorn *105*, *107 f.*, *250*, 272, 303, *307*, *309*, 311–313, *320*, 322–324.

Dogmatik in der Moderne

Herausgegeben von
Christian Danz, Jörg Dierken, Hans-Peter Großhans
und Friederike Nüssel

Die neue Reihe *Dogmatik in der Moderne* widmet sich materialdogmatischen Themen. In ihr werden Untersuchungen präsentiert, die das durch die Moderne gestellte Problemniveau eines unverzichtbaren, aber unterschiedlich ausfallenden Erfahrungsbezugs und der perspektivischen Pluralität methodischer Ansätze im Blick auf materialdogmatische Fragen reflektieren. Was folgt aus den nebeneinander vertretenen offenbarungstheologischen, subjektivitäts-theoretischen, geschichtstheologischen, idealistischen, hermeneutischen, sprachanalytischen, konfessionellen, kontextuellen und anderen Ansätzen für die Rechenschaft über das Christliche? Wie lassen sich seine Gehalte heute im Kontext religionspluralistischer europäischer Gesellschaften, aber auch angesichts der Herausforderungen der christlichen Ökumene entfalten?

Die Reihe *Dogmatik in der Moderne* versteht sich als Forum für Untersuchungen, denen es darum geht, die unterschiedlichen fundamentaltheologischen und methodischen Konzeptionen der jüngeren Zeit für das Verständnis der einzelnen Themen und Probleme der christlichen Lehre fruchtbar zu machen und darin zu bewähren – oder aus der Ausarbeitung der materialen Dogmatik Rückwirkungen und also neue Anregungen für die Prolegomena zur Dogmatik bzw. Fundamentaltheologie zu erhalten.

Die lieferbaren Bände:

1 *Zwischen historischem Jesus und dogmatischem Christus.* Zum Stand der Christologie im 21. Jahrhundert. Herausgegeben von Christian Danz und Michael Murrmann-Kahl. 2., durchgesehene und korrigierte Auflage 2011. X, 415 Seiten. Fadengeheftete Broschur.

2 *Awad, Najeeb:* God Without a Face? On the Personal Individuation of the Holy Spirit. 2011. XII, 307 Seiten. Fadengeheftete Broschur.

3 *Eberlein-Braun, Katharina:* Erkenntnis und Interpretation. Kritisches Denken unter den Voraussetzungen der Moderne bei Theodor W. Adorno und Karl Barth. 2011. XIII, 321 Seiten. Fadengeheftete Broschur.

4 *Holzbauer, Andreas:* Nation und Identität. Die politischen Theologien von Emanuel Hirsch, Friedrich Gogarten und Werner Elert aus postmoderner Perspektive. 2012. XIII, 426 Seiten. Fadengeheftete Broschur.

5 *Stubbe Teglbjærg Kristensen, Johanne:* Body and Hope. A Constructive Interpretation of Recent Eschatology by Means of the Phenomenology of the Body. 2013. X, 306 Seiten. Fadengeheftete Broschur.

6 *Mette, Kathrin:* Selbstbestimmung und Abhängigkeit. Studien zu Genese, Gehalt und Systematik der bewusstseins- und kulturtheoretischen Dimensionen von Falk Wagners Religionstheorie im Frühwerk. 2013. VIII, 342 Seiten. Fadengeheftete Broschur.

7 *Zwischen Geistvergessenheit und Geistversessenheit.* Perspektiven der Pneumatologie im 21. Jahrhundert. Herausgegeben von Christian Danz und Michael Murrmann-Kahl. 2014. VIII, 260 Seiten. Fadengeheftete Broschur.

8 *Sinn, Simone:* Religiöser Pluralismus im Werden. Religionspolitische Kontroversen und theologische Perspektiven von Christen und Muslimen in Indonesien. 2014. XIII, 672 Seiten. Fadengeheftete Broschur.

9 *Wagner, Falk:* Christentum in der Moderne. Ausgewählte Aufsätze. Herausgegeben von Jörg Dierken und Christian Polke. 2014. VIII, 533 Seiten. Fadengeheftete Broschur.

10 *Leibbezogene Seele?* Interdisziplinäre Erkundungen eines kaum noch fassbaren Begriffs. Herausgegeben von Jörg Dierken und Malte Dominik Krüger. 2015. X, 339 Seiten. Fadengeheftete Broschur.

11 *Schmidtke, Sabine:* Schleiermachers Lehre von Wiedergeburt und Heiligung. ‚Lebendige Empfänglichkeit‘ als soteriologische Schlüsselfigur der ‚Glaubenslehre‘. 2015. IX, 374 Seiten. Fadengeheftete Broschur.

Mohr Siebeck, Postfach 2040, D-72010 Tübingen.
Aktuelle Informationen im Internet unter www.mohr.de

Korr.
1. 16. 17. 23